市县域研究系列丛书

HENANSHENG XIANYU JINGJI YUNXING
FENXI BAOGAO

河南省县域经济运行分析报告（二）

上册

主编 耿明斋 李燕燕
副主编 赵岩 李甜
徐涛 原嘉昊

企业管理出版社
EMPH ENTERPRISE MANAGEMENT PUBLISHING HOUSE

图书在版编目（CIP）数据

河南省县域经济运行分析报告. 二. 上册 / 耿明斋等主编. -- 北京：企业管理出版社，2025.3. -- ISBN 978-7-5164-3253-2

Ⅰ. F127.614

中国国家版本馆 CIP 数据核字第 20258D6B52 号

书　名：	河南省县域经济运行分析报告（二）：上册
书　号：	ISBN 978-7-5164-3253-2
作　者：	耿明斋　李燕燕　等
责任编辑：	赵喜勤
出版发行：	企业管理出版社
经　销：	新华书店
地　址：	北京市海淀区紫竹院南路 17 号　　邮编：100048
网　址：	http://www.emph.cn　　电子信箱：zhaoxq13@163.com
电　话：	编辑部（010）68456991　　发行部（010）68414644
印　刷：	北京厚诚则铭印刷科技有限公司
版　次：	2025 年 4 月第 1 版
印　次：	2025 年 4 月第 1 次印刷
开　本：	710mm×1000mm　　1/16
印　张：	22.5 印张
字　数：	346 千字
定　价：	238.00 元（上下册）

版权所有　翻印必究·印装有误　负责调换

本书是河南省中原发展研究基金会2024年度资助项目"河南省县域经济运行分析报告（二）"的最终成果。

感谢河南省中原发展研究基金会对该项研究及本书出版的支持。

"市县域研究系列丛书"编委会

丛书主编：耿明斋　李燕燕
编委会成员（以姓氏笔画排序）：
　　　　　王永苏　王建国　刘　琼　李　甜　李少楠
　　　　　张国骁　周　立　屈桂林　赵　岩　原嘉昊
　　　　　柴　森　徐　涛

总　序

从 20 世纪 90 年代中期开始，我们就有意识地关注"中原"这块古老大地的发展问题。这里是中华文明的源头之一，历史悠久，传统积淀很深，农耕特色突出，与近 500 年来开启的以分工交易为制度背景，以工业化、城市化为核心内容的现代化之间，摩擦系数比较大。研究面越宽、研究越深入，越觉得中原地区对中国的现代化转型具有全局意义，对我们的吸引力也越大，一旦开启，就无法放下。

近 30 年来，我们这个团队以"中原崛起，河南振兴"为指向，以"工业化、城镇化和农业现代化"为题材，做了包括国家社会科学重大课题在内的各类项目上百项，发表各类文章不下百篇，出版著作几十种，撰写了很多报告。依托的研究平台也越来越大、越来越开放。先是河南大学改革发展研究院（1994—2009 年），继而是河南大学中原发展研究院（2009—2019 年），现在是河南中原经济发展研究院（2019 年至今）。

随着学术积累的增多，我们开始有意识地将相同或相近类型的研究成果进行集成，以"丛书"形式呈现，至今已有四套丛书问世。一是从 2009 年开始组织编撰的"传统农区工业化与社会转型"丛书，主要是学术专著，由社会科学文献出版社出版，至 2021 年年底共出版 26 种；二是 2010 年前后启动编撰的"中原经济区发展报告"系列，由以《中原经济区竞争力报告》为代表的各领域发展报告组成，也由社会科学文献出版社出版，持续 10 年，共出版 7 个系列 27 种；三是"中原发展研究报告集"系列，主要由每个年度完成的各种研究报告汇集而成，从 2016 年开始，至 2023 年年初已经出版 6 种（2021—2022 年合集），由河南大学出版社出版；四是"整村调查报告"系列，由 2017 年开始一年一度连续的整村调查项目成果构成，主要由中国经济出版社（2017 年度是河南大学出版社）出版，至 2024 年年初已出版 6 种。四类丛书总计已达 65 种，俨然是个庞大的体系！

从 2022 年开始，我们开始聚焦市县域经济发展和经济运行状况的研究与分析，为此我们拟编撰出版第五套丛书，取名"市县域研究系列"丛书。目前已经出版《河南省市域经济运行分析报告》和《河南省县域经济运行分析报告》两种，作为该系列丛书的第一批，已由企业管理出版社出版，此次出版的为《河南省县域经济运行分析报告（二）》。与前四套丛书一样，随着时间的推移，本套丛书品种也会不断增加。让我们共同期待新的批次和新的成果陆续与读者见面。

耿明斋

2025 年 2 月 25 日

目 录

河南省县域经济运行分析：登封篇 /1

- 一、登封市概况 · 1
- 二、总体经济运行分析 · 1
- 三、分产业经济运行分析 · 3
- 四、财政收支分析 · 8
- 五、金融业发展分析 · 10
- 六、居民收入分析 · 14
- 七、固定资产投资分析 · 15
- 八、社会消费分析 · 15
- 九、人口规模分析 · 18
- 十、公共服务分析 · 19
- 十一、县域发展特色产业——文化旅游业 · 20
- 十二、综述 · 21

河南省县域经济运行分析：荥阳篇 /23

- 一、荥阳市概况 · 23
- 二、总体经济运行分析 · 23
- 三、分产业经济运行分析 · 25
- 四、财政收支分析 · 30
- 五、金融业发展分析 · 32
- 六、居民收入分析 · 36
- 七、固定资产投资分析 · 37
- 八、社会消费分析 · 39
- 九、人口规模分析 · 40
- 十、公共服务分析 · 41
- 十一、县域发展特色产业——新材料产业 · 42
- 十二、综述 · 43

河南省县域经济运行分析：中牟篇 /45

- 一、中牟县概况 ········· 45
- 二、总体经济运行分析 ········· 45
- 三、分产业经济运行分析 ········· 47
- 四、财政收支分析 ········· 53
- 五、金融业发展分析 ········· 54
- 六、居民收入分析 ········· 56
- 七、固定资产投资分析 ········· 61
- 八、社会消费分析 ········· 61
- 九、人口规模分析 ········· 62
- 十、公共服务分析 ········· 63
- 十一、县域发展特色产业——文旅产业 ········· 64
- 十二、综述 ········· 65

河南省县域经济运行分析：长葛篇 /67

- 一、长葛市概况 ········· 67
- 二、总体经济运行分析 ········· 67
- 三、分产业经济运行分析 ········· 69
- 四、财政收支分析 ········· 75
- 五、金融业发展分析 ········· 77
- 六、居民收入分析 ········· 81
- 七、固定资产投资分析 ········· 83
- 八、社会消费分析 ········· 84
- 九、人口规模分析 ········· 85
- 十、公共服务分析 ········· 86
- 十一、县域发展特色产业——循环经济产业园 ········· 87
- 十二、综述 ········· 87

河南省县域经济运行分析：禹州篇 /90

- 一、禹州市概况 ········· 90
- 二、总体经济运行分析 ········· 90

三、分产业经济运行分析 ………………………………………… 92
四、财政收支分析 ………………………………………………… 97
五、金融业发展分析 ……………………………………………… 99
六、居民收入分析 ………………………………………………… 103
七、固定资产投资分析 …………………………………………… 104
八、社会消费分析 ………………………………………………… 106
九、人口规模分析 ………………………………………………… 107
十、公共服务分析 ………………………………………………… 109
十一、县域发展特色产业——禹州钧瓷 ………………………… 109
十二、综述 ………………………………………………………… 110

河南省县域经济运行分析：郸城篇 /112

一、郸城县概况 …………………………………………………… 112
二、总体经济运行分析 …………………………………………… 112
三、分产业经济运行分析 ………………………………………… 114
四、财政收支分析 ………………………………………………… 120
五、金融业发展分析 ……………………………………………… 123
六、居民收入分析 ………………………………………………… 126
七、固定资产投资分析 …………………………………………… 128
八、社会消费分析 ………………………………………………… 129
九、人口规模分析 ………………………………………………… 129
十、公共服务分析 ………………………………………………… 131
十一、县域发展战略分析 ………………………………………… 132
十二、县域发展特色产业——制伞业 …………………………… 132
十三、综述 ………………………………………………………… 133

河南省县域经济运行分析：鹿邑篇 /135

一、鹿邑县概况 …………………………………………………… 135
二、总体经济运行分析 …………………………………………… 135
三、分产业经济运行分析 ………………………………………… 137
四、财政收支分析 ………………………………………………… 143

五、金融业发展分析⋯⋯⋯⋯⋯⋯⋯⋯⋯⋯⋯⋯⋯⋯⋯⋯⋯⋯⋯⋯ 144
六、居民收入分析⋯⋯⋯⋯⋯⋯⋯⋯⋯⋯⋯⋯⋯⋯⋯⋯⋯⋯⋯⋯⋯ 147
七、固定资产投资分析⋯⋯⋯⋯⋯⋯⋯⋯⋯⋯⋯⋯⋯⋯⋯⋯⋯⋯⋯ 150
八、社会消费分析⋯⋯⋯⋯⋯⋯⋯⋯⋯⋯⋯⋯⋯⋯⋯⋯⋯⋯⋯⋯⋯ 151
九、人口规模分析⋯⋯⋯⋯⋯⋯⋯⋯⋯⋯⋯⋯⋯⋯⋯⋯⋯⋯⋯⋯⋯ 152
十、公共服务分析⋯⋯⋯⋯⋯⋯⋯⋯⋯⋯⋯⋯⋯⋯⋯⋯⋯⋯⋯⋯⋯ 154
十一、县域发展战略分析⋯⋯⋯⋯⋯⋯⋯⋯⋯⋯⋯⋯⋯⋯⋯⋯⋯⋯ 155
十二、县域发展特色产业⋯⋯⋯⋯⋯⋯⋯⋯⋯⋯⋯⋯⋯⋯⋯⋯⋯⋯ 155
十三、综述⋯⋯⋯⋯⋯⋯⋯⋯⋯⋯⋯⋯⋯⋯⋯⋯⋯⋯⋯⋯⋯⋯⋯⋯ 156

河南省县域经济运行分析：虞城篇 /159

一、虞城县概况⋯⋯⋯⋯⋯⋯⋯⋯⋯⋯⋯⋯⋯⋯⋯⋯⋯⋯⋯⋯⋯⋯ 159
二、总体经济运行分析⋯⋯⋯⋯⋯⋯⋯⋯⋯⋯⋯⋯⋯⋯⋯⋯⋯⋯⋯ 159
三、分产业经济运行分析⋯⋯⋯⋯⋯⋯⋯⋯⋯⋯⋯⋯⋯⋯⋯⋯⋯⋯ 162
四、财政收支分析⋯⋯⋯⋯⋯⋯⋯⋯⋯⋯⋯⋯⋯⋯⋯⋯⋯⋯⋯⋯⋯ 168
五、金融业发展分析⋯⋯⋯⋯⋯⋯⋯⋯⋯⋯⋯⋯⋯⋯⋯⋯⋯⋯⋯⋯ 168
六、居民收入分析⋯⋯⋯⋯⋯⋯⋯⋯⋯⋯⋯⋯⋯⋯⋯⋯⋯⋯⋯⋯⋯ 172
七、固定资产投资分析⋯⋯⋯⋯⋯⋯⋯⋯⋯⋯⋯⋯⋯⋯⋯⋯⋯⋯⋯ 175
八、社会消费分析⋯⋯⋯⋯⋯⋯⋯⋯⋯⋯⋯⋯⋯⋯⋯⋯⋯⋯⋯⋯⋯ 175
九、人口规模分析⋯⋯⋯⋯⋯⋯⋯⋯⋯⋯⋯⋯⋯⋯⋯⋯⋯⋯⋯⋯⋯ 176
十、公共服务分析⋯⋯⋯⋯⋯⋯⋯⋯⋯⋯⋯⋯⋯⋯⋯⋯⋯⋯⋯⋯⋯ 177
十一、县域发展特色产业——钢卷尺产业⋯⋯⋯⋯⋯⋯⋯⋯⋯⋯⋯ 178
十二、综述及建议⋯⋯⋯⋯⋯⋯⋯⋯⋯⋯⋯⋯⋯⋯⋯⋯⋯⋯⋯⋯⋯ 180

河南省县域经济运行分析：夏邑篇 /182

一、夏邑县概况⋯⋯⋯⋯⋯⋯⋯⋯⋯⋯⋯⋯⋯⋯⋯⋯⋯⋯⋯⋯⋯⋯ 182
二、总体经济运行分析⋯⋯⋯⋯⋯⋯⋯⋯⋯⋯⋯⋯⋯⋯⋯⋯⋯⋯⋯ 182
三、分产业经济运行分析⋯⋯⋯⋯⋯⋯⋯⋯⋯⋯⋯⋯⋯⋯⋯⋯⋯⋯ 184
四、财政收支分析⋯⋯⋯⋯⋯⋯⋯⋯⋯⋯⋯⋯⋯⋯⋯⋯⋯⋯⋯⋯⋯ 189
五、金融业发展分析⋯⋯⋯⋯⋯⋯⋯⋯⋯⋯⋯⋯⋯⋯⋯⋯⋯⋯⋯⋯ 190
六、居民收入分析⋯⋯⋯⋯⋯⋯⋯⋯⋯⋯⋯⋯⋯⋯⋯⋯⋯⋯⋯⋯⋯ 194

目录

七、固定资产投资分析 ································· 195
八、社会消费分析 ····································· 197
九、人口规模分析 ····································· 198
十、公共服务分析 ····································· 199
十一、县域发展特色产业——纺织服装产业 ··············· 200
十二、综述与建议 ····································· 201

河南省县域经济运行分析：柘城篇 /203

一、柘城县概况 ······································· 203
二、总体经济运行分析 ································· 203
三、分产业经济运行分析 ······························· 205
四、财政收支分析 ····································· 211
五、金融业发展分析 ··································· 213
六、居民收入分析 ····································· 216
七、固定资产投资分析 ································· 220
八、社会消费分析 ····································· 221
九、人口规模分析 ····································· 222
十、公共服务分析 ····································· 225
十一、县域发展特色产业 ······························· 225
十二、综述及发展建议 ································· 227

河南省县域经济运行分析：宁陵篇 /230

一、宁陵县概况 ······································· 230
二、总体经济运行分析 ································· 230
三、分产业经济运行分析 ······························· 232
四、财政收支分析 ····································· 238
五、金融业发展分析 ··································· 240
六、居民收入分析 ····································· 243
七、固定资产投资分析 ································· 245
八、社会消费分析 ····································· 245
九、人口规模分析 ····································· 246

十、公共服务分析……………………………………………… 247

十一、县域发展特色产业——农资化工产业……………… 248

十二、综述与建议…………………………………………… 249

河南省县域经济运行分析：尉氏篇 /251

一、尉氏县概况……………………………………………… 251

二、总体经济运行分析……………………………………… 251

三、分产业经济运行分析…………………………………… 254

四、财政收支分析…………………………………………… 259

五、金融业发展分析………………………………………… 262

六、居民收入分析…………………………………………… 262

七、固定资产投资分析……………………………………… 267

八、社会消费分析…………………………………………… 267

九、人口规模分析…………………………………………… 268

十、公共服务分析…………………………………………… 270

十一、县域发展战略分析…………………………………… 271

十二、综述…………………………………………………… 271

河南省县域经济运行分析：兰考篇 /273

一、兰考县概况……………………………………………… 273

二、总体经济运行分析……………………………………… 273

三、分产业经济运行分析…………………………………… 275

四、财政收支分析…………………………………………… 284

五、金融业发展分析………………………………………… 285

六、居民收入分析…………………………………………… 290

七、固定资产投资分析……………………………………… 293

八、社会消费分析…………………………………………… 294

九、人口规模分析…………………………………………… 296

十、公共服务分析…………………………………………… 298

十一、县域发展战略分析…………………………………… 299

十二、综述…………………………………………………… 300

目 录

河南省县域经济运行分析：通许篇 /301

  一、通许县概况……………………………………… 301
  二、总体经济运行分析……………………………… 301
  三、分产业经济运行分析…………………………… 303
  四、财政收支分析…………………………………… 307
  五、金融业发展分析………………………………… 310
  六、居民收入分析…………………………………… 312
  七、固定资产投资分析……………………………… 313
  八、社会消费分析…………………………………… 315
  九、人口规模分析…………………………………… 316
  十、公共服务分析…………………………………… 318
  十一、县域发展特色产业——酸辣粉……………… 319
  十二、综述…………………………………………… 322

河南省县域经济运行分析：杞县篇 /323

  一、杞县概况………………………………………… 323
  二、总体经济运行分析……………………………… 323
  三、分产业经济运行分析…………………………… 325
  四、财政收支分析…………………………………… 331
  五、金融业发展分析………………………………… 334
  六、居民收入分析…………………………………… 336
  七、固定资产投资分析……………………………… 338
  八、社会消费分析…………………………………… 338
  九、人口规模分析…………………………………… 339
  十、公共服务分析…………………………………… 341
  十一、县域发展战略分析…………………………… 342
  十二、县域发展特色产业——杞县大蒜…………… 342
  十三、综述…………………………………………… 343

河南省县域经济运行分析：登封篇

一、登封市概况

登封市（郑州市辖县级市），位于河南省中西部，中岳嵩山南麓。处于郑州都市区、中原城市群核心区，是华夏历史文明传承创新示范工程中的重要节点城市。根据2023年国家统计局统计用区划，登封市辖4个街道、8个镇、5个乡，总面积1220平方千米，截至2023年年底，登封市常住人口为72.87万人，城镇化率为61.96%。

登封市区位优势独特，郑少洛高速、永登高速、焦桐高速等多条高速公路穿境而过，国道207、省道316等交通干线纵横交错，是连接中原地区和西部地区的重要交通枢纽。登封市历史悠久、文化灿烂，是世界文化遗产天地之中历史建筑群所在地，拥有少林寺、中岳庙、嵩阳书院等众多名胜古迹。登封市还拥有丰富的自然资源，嵩山是国家森林公园、世界地质公园，山水秀丽，生态环境优美。登封市工业基础雄厚，以装备制造、新材料、新能源等产业为主导，形成了较为完善的工业体系。同时，登封市积极推进产业转型升级，加快发展文化旅游、现代服务业等新兴产业，努力实现经济社会高质量发展。

二、总体经济运行分析

从GDP总量来看，2023年登封市GDP总量490亿元；2022年登封市GDP总量478亿元，相当于郑州市GDP总量的3.70%，在郑州市辖6个县（县级市）[①]中排第6位，GDP总量在河南省102个县（市）中的排名一直处于靠前位置，2022年排第16位。

从GDP增速来看，2023年登封市GDP增速为5.4%，低于郑州市

[①] 全书统一简称为县（市）。

GDP 增速 2.0 个百分点，高于河南省 GDP 增速 1.3 个百分点；2022 年登封市 GDP 增速为 0.5%，低于郑州市 GDP 增速 0.5 个百分点，低于河南省 GDP 增速 2.6 个百分点，在郑州市辖 6 个县（市）中排第 5 位，在河南省 102 个县（市）中排第 98 位，处于下游水平（见表 1）。

表1　2008—2023 年登封市地区生产总值及增速

年份	登封市GDP	占郑州市GDP的比重	在郑州市的排名	在河南省的排名	登封市GDP增速	在郑州市的排名	在河南省排名	与郑州市GDP增速对比	与河南省GDP增速对比
2008	240	7.99	5	7	11.5	6	86	-1.9	-0.6
2009	259	8.58	5	7	11.8	1	52	0.6	0.9
2010	313	7.75	5	8	14.0	2	24	1.2	1.5
2011	433	8.69	4	4	15.1	3	21	1.1	3.2
2012	431	7.77	6	7	11.4	4	46	-0.9	1.3
2013	451	7.27	6	8	9.1	5	70	-1.3	0.1
2014	483	7.13	6	7	9.7	4	33	0.3	0.8
2015	522	7.14	6	6	8.7	4	64	-1.3	0.4
2016	572	7.05	6	6	8.3	3	74	-0.2	0.2
2017	640	6.97	6	7	7.0	4	87	-1.2	-0.8
2018	703	6.93	5	5	6.6	4	82	-1.5	-1.0
2019	448	3.87	6	16	1.6	6	100	-4.9	-5.4
2020	453	3.77	6	14	2.4	6	67	-0.4	1.1
2021	466	3.67	6	14	0.5	6	99	-3.8	-5.8
2022	478	3.70	6	16	0.5	5	98	-0.5	-2.6
2023	490	3.60	—	—	5.4	—	—	-2.0	1.3

数据来源：历年河南省统计年鉴、郑州市统计年鉴。

从人均 GDP 来看，2023 年登封市人均 GDP 为 67000 元，相当于郑州市人均 GDP 的 63.2%，相当于河南省人均 GDP 的 111.6%。2022 年登封市人均 GDP 为 65297 元，相当于郑州市人均 GDP 的 64.5%，相当于河南省人均GDP的105.1%，在郑州市辖6个县（市）中排第6位，在河南省102个县（市）中排第24位（见表2），在全省县（市）中处于上游水平。

从人均GDP增速来看，2023年登封市人均GDP增速为2.7%，2022年人均GDP增速为0.2%，在郑州市辖6个县（市）中排第4位，在河南省102个县（市）中排第98位（见表2），在全省县（市）中处于下游水平。

表2　2008—2023年登封市人均地区生产总值及增速

年份	登封市人均GDP（元）	在郑州市的排名	在河南省的排名	与郑州市相比（%）	与河南省相比（%）	登封市人均GDP增速（%）	在郑州市的排名	在河南省的排名
2008	36937	5	13	90.7	195.7	10.9	6	87
2009	39573	5	12	89.5	195.1	11.2	1	53
2010	47271	5	10	94.9	197.1	12.5	2	61
2011	64478	2	4	118.0	231.1	13.6	3	61
2012	63841	5	8	108.5	209.4	10.7	4	76
2013	66261	5	9	105.4	200.1	8.3	4	77
2014	70447	6	11	105.4	195.8	8.8	4	68
2015	75519	6	9	107.9	197.1	7.8	4	84
2016	81961	5	8	110.3	198.4	7.4	3	87
2017	90931	4	7	111.6	198.8	6.0	3	87
2018	98708	3	4	109.6	194.5	5.4	3	89
2019	62065	6	21	65.4	114.2	0.2	6	100
2020	62516	6	20	65.0	112.8	0.6	5	84
2021	63785	6	23	64.0	107.3	-0.4	6	100
2022	65297	6	24	64.5	105.1	0.2	4	98
2023	67000	—	—	63.2	111.6	2.7	—	—

数据来源：历年河南省统计年鉴、郑州市统计年鉴。

三、分产业经济运行分析

（一）产业格局与发展方向

登封市已形成以文化旅游产业为引领，装备制造、新材料产业为主导,多产业协同发展的产业格局。一是文化旅游产业。登封市文旅产业已形成"历史遗迹+文化体验+生态旅游"的融合发展模式,集聚了产业链及众多关联项目。拥有少林寺、中岳庙、嵩阳书院等世界闻名的文旅项目,涵盖宗教文化、国学教育、武术体验等多种业态。二是装备制造产业。登封市聚集了登电科诚、新登中瓷等多家规模以上(以下简称规上)装备制造企业,以及众多配套企业,主要分布在高端装备制造、智能制造、节能环保装备等领域,部分企业的产品在国内市场具有较高的占有率,并逐步拓展国际市场。三是新材料产业。登封市在新材料产业方面,重点发展新型建材、先进金属材料、高性能复合材料等。以磴槽集团等企业为代表,不断加大研发投入,提升产品质量和技术水平。四是其他产业协同发展。登封市在发展主导产业的同时,积极推动现代服务业、特色农业等产业协同发展。现代服务业不断提升,涵盖商贸物流、金融服务、文化创意等领域;特色农业方面,形成了以中药材种植、特色林果、生态养殖等为主的产业布局,促进农民增收致富,为经济社会发展提供了有力支撑。

(二)产业结构分析

从三次产业占比来看,登封市第一产业占比从2008年的2.86%曲折上升至2023年的5.70%;第二产业占比从2008年的73.20%曲折下降至2023年的45.40%;第三产业占比从2008年的23.94%曲折上升到2023年的48.90%。由此可以看出,近年来登封市的支柱产业由第二产业逐年向第三产业转移,呈"三、二、一"梯次(见表3和图1)。

表3 2008—2023年登封市三产结构变化情况

年份	第一产业占比(%)	第二产业占比(%)	第三产业占比(%)
2008	2.86	73.20	23.94
2009	2.97	77.12	19.90
2010	2.94	78.11	18.95
2011	2.38	75.51	22.11
2012	2.81	72.38	24.81
2013	2.90	70.13	26.98
2014	2.82	62.25	34.93

续表

年份	第一产业占比（%）	第二产业占比（%）	第三产业占比（%）
2015	3.13	58.89	37.98
2016	3.09	56.03	40.88
2017	2.83	54.03	43.14
2018	2.70	53.49	43.81
2019	3.62	51.37	45.01
2020	4.99	47.44	47.57
2021	6.04	44.80	49.16
2022	5.96	46.25	47.79
2023	5.70	45.40	48.90

数据来源：历年河南省统计年鉴、登封市统计公报及政府网站。

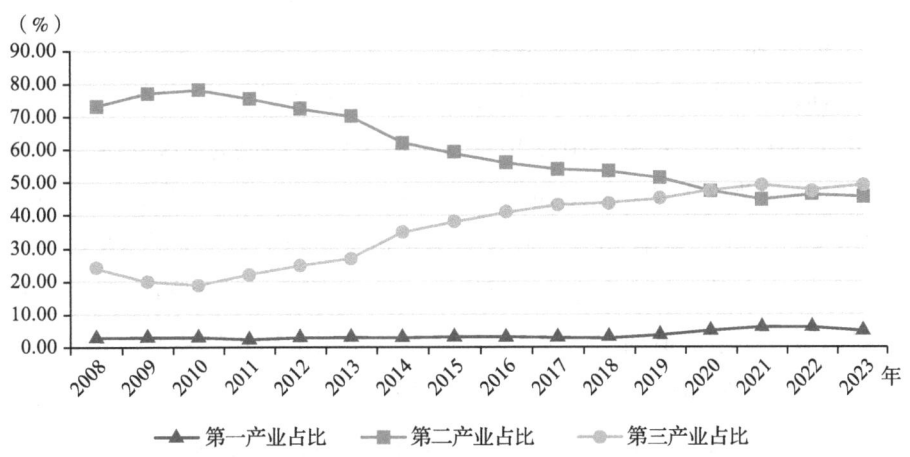

图1 2008—2023年登封市三产结构变化情况

数据来源：历年郑州市统计年鉴。

（三）工业发展情况分析

从工业发展情况来看，2023年登封市规上工业增加值增速为8.8%，低于郑州市规上工业增加值增速4.0个百分点；2022年登封市规上工业增加值增速为5.2%，在郑州市辖6个县（市）中排第4位，在河南省102个县（市）中排第76位，高于郑州市规上工业增加值增速0.8个百分点（见表4）。

表4 2016—2023年登封市工业发展情况

年份	登封市规上工业增加值增速（%）	郑州市规上工业增加值增速（%）	增速与郑州市对比（%）	登封市增速在郑州市的排名	登封市增速在河南省的排名
2016	7.0	6.0	1.0	4	91
2017	6.4	7.8	−1.4	5	87
2018	6.0	6.8	−0.8	5	84
2019	−1.2	6.1	−7.3	6	99
2020	8.0	6.1	1.9	4	13
2021	−9.0	10.4	−19.4	6	98
2022	5.2	4.4	0.8	4	76
2023	8.8	12.8	−4.0	—	—

数据来源：历年河南省统计年鉴、登封市统计公报及政府网站。

（四）服务业发展情况分析

从服务业增加值来看，2023年登封市服务业增加值为240亿元，占郑州市的比重为2.97%。2022年登封市服务业增加值为229亿元，占郑州市的比重为3.02%，在郑州市辖6个县（市）中排第6位，在河南省102个县（市）中排第14位，在全省县（市）中处于领先水平。从服务业增加值增速来看，2023年登封市服务业增加值同比增速为3.6%，2022年登封市服务业增加值同比增速为−1.9%，在郑州市辖6个县（市）中排第6位，在河南省102个县（市）中排第102位（见表5）。

表5 2008—2023年登封市服务业发展情况

年份	登封市服务业增加值（亿元）	占郑州市服务业增加值的比重（%）	增加值在郑州市的排名	增加值在河南省的排名	登封市服务业增加值增速（%）	增速在郑州市的排名	增速在河南省的排名
2008	57	4.55	5	8	12.6	2	64
2009	51	3.63	6	11	7.0	6	100
2010	59	3.60	6	11	7.3	6	88
2011	96	4.85	5	6	12.5	4	20

续表

年份	登封市服务业增加值（亿元）	占郑州市服务业增加值的比重（%）	增加值在郑州市的排名	增加值在河南省的排名	登封市服务业增加值增速（%）	增速在郑州市的排名	增速在河南省的排名
2012	107	4.70	5	6	8.1	4	86
2013	122	4.71	5	6	9.4	2	30
2014	169	5.37	4	4	10.3	2	33
2015	198	5.58	5	5	13.5	3	22
2016	234	5.62	5	5	10.6	5	58
2017	276	5.57	5	5	9.3	5	73
2018	308	5.55	5	5	7.8	5	76
2019	202	2.92	6	12	4.5	5	97
2020	215	3.04	6	11	3.4	1	15
2021	229	3.07	6	13	5.8	2	84
2022	229	3.02	6	14	−1.9	6	102
2023	240	2.97	—	—	3.6	—	—

数据来源：历年河南省统计年鉴、登封市统计公报及政府网站。

（五）重点企业分析

登封市重点企业情况见表6。

表6 登封市重点企业情况

序号	公司名称	公司简介
1	登封市嵩基（集团）有限公司	公司始创于1988年，是集煤炭开采、水泥产销、铝电生产、地产开发和贸易投资为一体的综合型企业集团。近几年，集团公司年产原煤200万吨，年产水泥300万吨，年产铝锭、铝棒15万吨，房地产年开发量20万平方米，总资产35亿元，净资产26亿元，年实现销售收入45亿元，年实现利税5.6亿元。其旗下的嵩基水泥有限公司日产4500吨水泥熟料生产线总投资5.1亿元，年实现销售收入6.1亿元，利税1.8亿元；中岳电力有限公司总装机容量110兆瓦，固定资产5.3亿元，年发电能力10亿千瓦·时。连年被省、市评为"百强企业"和"骨干企业"

续表

序号	公司名称	公司简介
2	河南克莱威纳米碳材料有限公司	由南昌市孙晓刚教授团队历经20多年技术研发，郑州市磴槽集团有限公司投资5.5亿元合作创办。下设江西克莱威纳米碳材料有限公司和河南克莱威纳米碳材料有限公司。河南克莱威纳米碳材料有限公司投资4.5亿元建设年生产500吨晶须碳纳米管粉体项目。截至2023年10月，已建成的6条全智能生产线可年产高纯碳纳米管200吨，产值2.5亿元，实现利税7000万元
3	郑州登峰熔料有限公司	是河南省高新技术企业和河南省先进技术企业，以生产销售鸭牌铝酸盐水泥系列产品等为主。现有5条规模化回转窑生产线和2条电熔生产线，年产量30万吨以上。公司于1992年经原对外经济贸易部批准为全国首家铝酸盐水泥有直接出口权的企业，产品远销日、美、德等30多个国家和地区
4	郑州中瓷科技有限公司	公司成立于2011年12月，是一家以氧化铝电子陶瓷基板为先导的国家高新技术企业。公司在技术研发和产品创新上成果丰硕，研发的氧化锆增韧氧化铝陶瓷基板（ZTA）热循环次数等主要性能指标达到国际领先水平，是热敏打印机陶瓷基板、高反射率陶瓷基板国内唯一批量生产企业，镀铜陶瓷基板（DPC）、5.5英寸+7.5英寸等大规格氧化铝陶瓷基板国内主要生产企业。公司先后取得了多项体系认证，拥有已授权专利36项，其中发明专利5项，实用新型专利31项，并获得2个科技进步奖三等奖。2024年完成了A+轮融资
5	郑州市磴槽集团有限公司	公司于1996年成立，是以登封市磴槽煤矿为主体组建的综合性企业集团。集团现拥有职工6000多名，年产原煤200万吨，年产值7亿元，年实现利税2亿元。集团下属企业众多，如金岭煤矿于2004年正式投产，成为河南省地方煤矿的样板企业。集团母体企业磴槽煤矿1987年被原煤炭工业部首批命名为"质量标准化矿井"，连续10多年被评为多项国家级和省级先进单位，是省煤炭系统十面红旗单位之一，省工业行业利税百强企业

四、财政收支分析

从财政收入来看，2023年登封市一般公共预算收入31.07亿元，占郑州市一般公共预算收入的2.67%；2022年登封市一般公共预算收入

29.30 亿元，占郑州市一般公共预算收入的 2.59%，在郑州市辖 6 个县（市）中排第 6 位，在河南省 102 个县（市）中排第 15 位。从财政支出来看，2023 年登封市一般公共预算支出 49.16 亿元，占郑州市一般公共预算支出的 3.24%；2022 年登封市一般公共预算支出 52.74 亿元，占郑州市一般公共预算支出的 3.62%，在郑州市辖 6 个县（市）中排第 6 位，在河南省 102 个县（市）中排第 33 位（见表 7）。

表7　2008—2023 年登封市财政收支情况

年份	一般公共预算收入（亿元，%）				一般公共预算支出（亿元，%）			
	登封市一般公共预算收入	占郑州市一般公共预算收入的比重	在郑州市的排名	在河南省的排名	登封市一般公共预算支出	占郑州市一般公共预算支出的比重	在郑州市的排名	在河南省的排名
2008	13.21	5.07	2	3	17.19	5.94	2	4
2009	14.80	4.90	2	2	23.47	6.65	2	4
2010	16.93	4.38	2	2	23.42	5.49	3	7
2011	20.23	4.03	3	4	28.90	5.10	5	9
2012	23.96	3.95	5	6	35.37	5.05	5	10
2013	27.10	3.75	5	6	40.33	4.94	5	10
2014	26.06	3.13	6	8	38.70	4.21	5	14
2015	26.28	2.79	6	8	41.16	3.72	5	19
2016	23.57	2.33	6	7	45.14	3.42	6	24
2017	25.03	2.37	6	8	52.56	3.47	6	20
2018	27.51	2.39	6	9	62.59	3.55	6	14
2019	29.45	2.41	6	11	58.58	3.07	6	30
2020	31.57	2.51	6	11	61.89	3.60	6	24
2021	27.36	2.24	6	15	50.49	3.11	6	30
2022	29.30	2.59	6	15	52.74	3.62	6	33
2023	31.07	2.67	—	—	49.16	3.24	—	—

数据来源：历年河南省统计年鉴、登封市统计公报及政府网站。

从人均一般公共预算收入看，2023年登封市人均一般公共预算收入为4264元，相当于郑州市人均一般公共预算收入的47.58%，相当于河南省人均一般公共预算收入的92.75%；2022年登封市人均一般公共预算收入为3997元，相当于郑州市人均一般公共预算收入的45.34%，相当于河南省人均一般公共预算收入的92.58%，在郑州市辖6个县（市）中排第5位，在河南省102个县（市）中排第27位。从人均一般公共预算支出看，2023年登封市人均一般公共预算支出为6746元，相当于郑州市人均一般公共预算支出的57.75%，相当于河南省人均一般公共预算支出的59.85%；2022年人均预算支出为7194元，相当于郑州市人均一般公共预算支出的63.37%，相当于河南省人均一般公共预算支出的66.72%，在郑州市辖6个县（市）中排第4位，在河南省102个县（市）中排第51位（见表8）。

从财政自给率看，2023年登封市财政自给率为63.20%，2022年登封市财政自给率为55.55%，在郑州市辖6个县（市）中排第6位，在河南省102个县（市）中排第20位（见表8）。

五、金融业发展分析

从金融机构年末存款情况来看，2023年登封市金融机构存款年末余额530亿元，占郑州市金融机构存款年末余额的1.74%；2022年登封市金融机构存款年末余额467亿元，占郑州市金融机构存款年末余额的1.61%，在郑州市辖6个县（市）中排第6位，在河南省102个县（市）中排第24位。从金融机构年末贷款情况来看，2023年登封市金融机构贷款年末余额342亿元，占郑州市金融机构贷款年末余额的0.9%；2022年登封市金融机构贷款年末余额302亿元，占郑州市金融机构贷款年末余额的0.9%，在郑州市辖6个县（市）中排第6位，在河南省102个县（市）中排第19位（见表9）。

从存贷比来看，2023年登封市存贷比为64.5%；2022年登封市存贷比为64.6%，在郑州市辖6个县（市）中排第4位，在河南省102个县（市）中排第26位（见表9）。

从人均存款余额来看，2023年登封市人均存款余额72714元，相当于郑州市人均存款余额的31.05%，相当于河南省人均存款余额的71.00%；

表 8 2008—2023 年登封市人均财力及财政自给率

年份	一般公共预算收入/常住人口	与郑州市相比	与河南省相比	在郑州市的排名	在河南省的排名	一般公共预算支出/常住人口	与郑州市相比	与河南省相比	在郑州市的排名	在河南省的排名	登封市财政自给率	在郑州市的排名	在河南省的排名
2008	2027	57.88	189.41	1	5	2637	67.74	108.99	1	6	76.84	1	2
2009	2258	56.26	190.27	1	5	3582	76.31	116.96	1	4	63.04	4	7
2010	2530	56.66	172.29	1	5	3500	71.03	96.37	1	5	72.29	2	4
2011	3005	52.98	165.10	1	4	4293	67.12	95.60	1	5	69.98	2	3
2012	3535	52.63	165.16	1	4	5221	67.29	99.40	1	4	67.72	2	5
2013	3966	50.37	157.17	2	5	5902	66.46	101.21	1	3	67.20	6	9
2014	3783	42.55	133.22	4	7	5617	57.35	89.87	2	9	67.35	5	8
2015	3785	38.41	121.75	4	8	5928	51.28	84.57	5	17	63.86	4	6
2016	3360	32.31	104.18	6	12	6436	47.36	84.43	4	17	52.20	6	15
2017	3540	33.10	102.13	6	12	7433	48.48	88.93	4	12	47.63	6	21
2018	3834	33.73	100.43	6	13	8725	50.15	93.36	5	11	43.95	6	26
2019	4054	34.32	99.30	6	13	8063	43.68	78.54	6	28	50.28	6	16
2020	4328	43.37	103.21	5	13	8486	62.24	81.33	4	32	51.00	6	15
2021	3737	38.92	84.96	6	27	6896	54.10	65.41	4	45	54.19	6	25
2022	3997	45.34	92.58	5	27	7194	63.37	66.72	4	51	55.55	6	20
2023	4264	47.58	92.75	—	—	6746	57.75	59.85	—	—	63.20	—	—

数据来源：历年河南省统计年鉴、郑州市统计年鉴。

表9 2008—2023年登封市金融机构年末存贷款余额情况

年份	存款年末余额	占郑州市的比重（亿元，%）	在郑州市的排名（%）	在河南省的排名	贷款年末余额	占郑州市的比重（亿元，%）	在郑州市的排名（%）	在河南省的排名	登封市存贷比	在郑州市的排名（%）	在河南省的排名
2008	119	2.43	3	4	49	1.4	2	11	40.9	5	60
2009	146	2.23	3	4	56	1.1	3	14	38.5	5	70
2010	163	2.05	3	4	67	1.2	5	16	40.9	5	69
2011	189	2.11	3	5	74	1.2	6	17	39.1	6	67
2012	216	2.07	3	5	90	1.3	6	17	41.7	6	56
2013	236	1.90	4	7	99	1.1	6	18	41.9	6	54
2014	254	1.82	5	9	108	1.0	6	20	42.3	6	66
2015	284	1.68	5	10	120	0.9	6	20	42.1	6	67
2016	300	1.58	6	14	132	0.9	6	20	44.0	6	59
2017	330	1.62	6	14	159	0.9	6	17	48.2	5	52
2018	339	1.56	6	17	178	0.8	6	19	52.7	5	44
2019	350	1.50	6	19	203	0.8	6	18	58.0	4	33
2020	398	1.59	6	19	242	0.9	6	16	61.0	4	26
2021	417	1.59	6	24	277	0.9	6	16	66.4	4	24
2022	467	1.61	6	24	302	0.9	6	19	64.6	4	26
2023	530	1.74	—	—	342	0.9	—	—	64.5	—	—

数据来源：历年河南省统计年鉴、郑州市统计年鉴。

2022年登封市人均存款余额63663元，相当于郑州市人均存款余额的28.13%，相当于河南省人均存款余额的67.91%，在郑州市辖6个县（市）中排第4位，在河南省102个县（市）中排第36位。从人均贷款余额来看，2023年登封市人均贷款余额为46911元，相当于郑州市人均贷款余额的16.56%，相当于河南省人均贷款余额的55.13%；2022年登封市人均贷款余额为41150元，相当于郑州市人均贷款余额的15.37%，相当于河南省人均贷款余额的53.79%，在郑州市辖6个县（市）中排第6位，在河南省102个县（市）中排第26位（见表10）。

表10　2008—2023年登封市人均存贷款情况

年份	人均存款（元，%）					人均贷款（元，%）				
	登封市人均存款余额	在郑州市的排名	在河南省的排名	与郑州市相比	与河南省相比	登封市人均贷款余额	在郑州市的排名	在河南省的排名	与郑州市相比	与河南省相比
2008	18319	2	6	27.71	113.23	7491	3	10	15.42	68.12
2009	22231	2	5	25.56	109.99	8552	4	16	13.07	60.38
2010	24422	3	7	26.47	99.22	9997	4	17	15.14	59.24
2011	28141	2	5	27.80	99.92	11013	5	17	15.96	59.52
2012	31871	2	5	27.55	95.02	13285	5	18	17.66	62.38
2013	34602	4	8	25.54	88.12	14495	5	22	14.26	59.02
2014	36917	5	8	24.81	86.06	15610	6	27	13.47	55.30
2015	40936	4	6	23.13	83.38	17219	6	31	13.02	53.14
2016	42789	6	13	21.90	77.51	18829	6	28	11.87	50.44
2017	46612	6	14	22.63	77.56	22459	6	25	12.33	52.88
2018	47243	6	17	22.00	72.96	24880	6	24	11.89	51.31
2019	48204	6	22	21.37	68.66	27957	6	25	11.41	49.73
2020	54528	4	23	27.53	70.91	33233	6	22	14.74	52.55
2021	56923	4	28	27.60	68.25	37805	6	26	15.36	53.80
2022	63663	4	36	28.13	67.91	41150	6	26	15.37	53.79
2023	72714	—	—	31.05	71.00	46911	—	—	16.56	55.13

数据来源：历年河南省统计年鉴、郑州市统计年鉴。

六、居民收入分析

从居民收入看，2023 年登封市居民人均可支配收入为 33065 元，相当于郑州市居民人均可支配收入的 75.52%，相当于河南省居民人均可支配收入的 110.46%；2022 年登封市居民人均可支配收入为 31325 元，相当于郑州市居民人均可支配收入的 76.31%，相当于河南省居民人均可支配收入的 110.99%，在郑州市辖 6 个县（市）中排第 5 位，在河南省 102 个县（市）中排第 9 位。从居民收入增速看，2023 年登封市居民人均可支配收入同比增长 5.6%；2022 年登封市居民人均可支配收入同比增长 4.6%（见表 11）。

表 11　2017—2023 年登封市居民人均可支配收入情况

年份	登封市居民人均可支配收入（元）	在郑州市的排名	在河南省的排名	与郑州市相比（%）	与河南省相比（%）	登封市居民人均可支配收入增速（%）
2017	23219	5	8	75.99	115.11	—
2018	25228	5	7	76.21	114.86	8.7
2019	27422	5	7	76.30	114.72	8.7
2020	28376	5	7	76.13	114.37	3.5
2021	29958	5	9	75.82	111.74	5.6
2022	31325	5	9	76.31	110.99	4.6
2023	33065	—	—	75.52	110.46	5.6

数据来源：历年河南省统计年鉴、郑州市统计年鉴。

从城镇居民人均可支配收入看，2023 年登封市城镇居民人均可支配收入为 40213 元，相当于郑州市城镇居民人均可支配收入的 82.51%，相当于河南省城镇居民人均可支配收入的 104.49%；2022 年登封市城镇居民人均可支配收入为 38482 元，相当于郑州市城镇居民人均可支配收入的 83.14%，相当于河南省城镇居民人均可支配收入的 99.99%，在郑州市辖6个县（市）中排第5位，在河南省102个县（市）中排第13位。从农村居民人均可支配收入看，2023年登封市农村居民人均可支配收入为26005元，相当于郑州市农村居民人均可支配收入的85.59%，相当于河南省农村居民人均可支配收入的129.68%；2022年登封市农村居民人均可支配收入24327元，相当于郑州市农村居民人均可支配收入的86.15%，相当于河南省农村居民人均可支配收入的130.11%，在郑州市辖6个县（市）中排第6位，在河南省102个县（市）中排第11位（见表12）。

从城乡居民收入对比来看，2023年登封市城乡居民人均可支配收入比为1.5∶1；2022年登封市城乡居民人均可支配收入比为1.6∶1，在河南省102个县（市）中排第24位，近年来登封市城乡居民收入差距整体呈缩小趋势（见表12）。

七、固定资产投资分析

从固定资产投资增速来看，2023年登封市固定资产投资增长11.3%，高于郑州市4.5个百分点，高于河南省4.6个百分点；2022年登封市固定资产投资增长13.1%，高于郑州市21.6个百分点，高于河南省6.4个百分点（见表13）。

八、社会消费分析

从社会消费情况来看，2023年登封市社会消费品零售总额（以下简称社消零总额）为170.1亿元；2022年登封市社消零总额为155.2亿元，在郑州市辖6个县（市）中排第5位，在河南省102个县（市）中排第24位，占当年登封市GDP的比重为11.0%；从人均社会消费品零售额（以下简称人均社消零额）来看，2023年登封市的人均社消零额为23336元；2022年登封市的人均社消零额为21171元，在郑州市辖6个县（市）中排第5位，在河南省102个县（市）中排第32位（见表14）。

表12　2008—2023年登封市分城乡居民人均可支配收入及城乡收入比

年份	登封市城镇居民人均可支配收入	城镇（元，%）在郑州市的排名	在河南省的排名	与郑州市相比	与河南省相比	登封市农村居民人均可支配收入	农村（元，%）在郑州市的排名	在河南省的排名	与郑州市相比	与河南省相比	登封市城乡居民收入比	城乡收入比在全省的排名
2008	12426	5	7	78.99	93.92	6546	6	6	86.72	146.97	1.9	16
2009	13910	5	7	81.26	96.79	7135	6	6	87.86	148.43	1.9	12
2010	15365	5	8	81.31	96.45	8136	6	6	88.20	147.28	1.9	13
2011	17565	5	10	81.27	96.54	9788	6	7	88.58	148.21	1.8	15
2012	19778	5	9	81.57	96.75	11121	6	7	88.75	147.79	1.8	14
2013	21795	5	10	81.89	97.31	11983	6	9	85.54	141.39	1.8	19
2014	23953	5	7	82.33	101.19	13277	6	9	85.82	133.22	1.8	19
2015	25689	5	7	82.60	100.44	14683	6	10	85.74	135.29	1.7	22
2016	27333	5	6	82.29	100.37	15784	6	9	85.66	134.94	1.7	21
2017	29711	5	8	82.42	100.52	17063	6	10	85.43	134.15	1.7	22
2018	32296	5	6	82.72	101.32	18599	6	9	85.90	134.47	1.7	22
2019	34750	5	8	82.57	101.61	20217	6	10	85.90	133.32	1.7	26
2020	35480	5	7	82.73	102.10	21329	6	11	86.06	132.41	1.7	26
2021	37325	5	11	82.49	100.62	22950	6	11	85.66	130.89	1.6	25
2022	38482	5	13	83.14	99.99	24327	6	11	86.15	130.11	1.6	24
2023	40213	—	—	82.51	104.49	26005	—	—	85.59	129.68	1.5	—

数据来源：历年河南省统计年鉴、郑州市统计年鉴。

表 13　2010—2023 年登封市固定资产投资情况

年份	登封市固定资产投资增速（%）	郑州市固定资产投资增速（%）	河南省固定资产投资增速（%）	登封市增速与郑州市对比（%）	登封市增速与河南省对比（%）
2010	—	—	22.2	—	—
2011	—	25.1	27.0	—	—
2012	—	22.7	21.4	—	—
2013	—	23.6	22.5	—	—
2014	—	20.1	19.2	—	—
2015	—	19.6	16.5	—	—
2016	—	11.3	13.7	—	—
2017	—	8.2	10.4	—	—
2018	5.3	10.9	8.1	-5.7	-2.9
2019	4.8	2.8	8.0	2.0	-3.2
2020	16.6	3.6	4.3	13.0	12.3
2021	0.7	-6.2	4.5	6.9	-3.8
2022	13.1	-8.5	6.7	21.6	6.4
2023	11.3	6.8	6.7	4.5	4.6

数据来源：历年河南省统计年鉴、郑州市统计年鉴。

表 14 2008—2023 年登封市社会消费情况

年份	社消零总额（亿元，%）				人均社消零额（元）		
	社消零总额	在郑州市的排名	在河南省的排名	占GDP的比重	人均社消零额	在郑州的排名	在河南省的排名
2008	67.1	5	5	34.6	10295	5	5
2009	79.9	5	5	35.9	12187	5	5
2010	89.2	5	6	33.7	13325	5	5
2011	103.1	5	6	27.8	15321	5	5
2012	119.8	5	6	24.8	17676	5	5
2013	136.6	5	6	24.8	19993	4	4
2014	161.3	5	6	22.2	23416	4	4
2015	191.7	5	5	25.4	27615	4	4
2016	221.1	5	5	26.8	31520	4	4
2017	247.7	5	5	28.5	35036	4	4
2018	248.5	5	5	27.9	34639	5	5
2019	164.1	6	20	13.5	22588	6	25
2020	154.2	6	21	12.2	21139	6	24
2021	166.5	6	21	12.2	22740	6	28
2022	155.2	5	24	11.0	21171	5	32
2023	170.1	—	—	11.4	23336	—	—

数据来源：历年河南省统计年鉴，郑州市、登封市统计公报。

九、人口规模分析

从人口情况看，2023 年登封市常住人口 72.87 万人；2022 年登封市常住人口 73.31 万人，在郑州市辖 6 个县（市）中排第 6 位，在河南省 102 个县（市）中排第 36 位。2020 年登封市户籍人口为 73.45 万人，常住人口 72.93 万人，人口流出 0.52 万人，人口流失率为 0.71%（见表 15）。2020 年以后的户籍人口数据不再公开。

从城镇化率看，2023年登封市城镇化率为61.96%，2022年登封市城镇化率为61.43%，在河南省102个县（市）中排第8位（见表15）。

表15 2008—2023年登封市人口情况

年份	户籍人口（万人）	常住人口（万人）	常住人口在全市排名	常住人口在全省排名	外流人口（万人）	人口流失率（%）	常住人口占全市比重（%）	登封市城镇化率（%）	城镇化率在全省排名
2008	—	65.16	4	55	—	—	8.76	—	—
2009	—	65.52	4	54	—	—	8.71	—	—
2010	68.46	66.92	5	52	1.54	2.25	7.73	—	—
2011	—	67.32	5	49	—	—	7.60	—	—
2012	—	67.76	5	47	—	—	7.50	—	—
2013	—	68.34	5	43	—	—	7.44	47.99	11
2014	—	68.89	5	42	—	—	7.35	49.76	10
2015	—	69.43	5	41	—	—	7.26	51.53	9
2016	—	70.14	5	41	—	—	7.21	53.62	9
2017	—	70.71	5	40	—	—	7.16	55.41	9
2018	—	71.74	5	38	—	—	7.08	57.24	8
2019	—	72.65	5	37	—	—	7.02	58.24	9
2020	73.45	72.93	6	39	0.52	0.71	5.78	58.51	10
2021	—	73.22	6	38	—	—	5.75	60.87	8
2022	—	73.31	6	36	—	—	5.71	61.43	8
2023	—	72.87	—	—	—	—	5.60	61.96	—

数据来源：历年河南省统计年鉴、郑州市统计公报、人口普查数据。

十、公共服务分析

从义务教育情况来看，2023年登封市共有中小学115所，在校学生数合计150002人，专任教师数8481人，生师比为17.7∶1。从医疗卫生情况来看，2023年每千人床位数为7.55张，每千人卫生技术人员数为8.00人（见表16）。

表 16 2008—2023 年登封市义务教育和医疗情况

	年份	2020	2021	2022	2023
学校数	合计（所）	140	133	125	115
	小学学校数（所）	91	83	75	66
	初中学校数（所）	49	50	50	49
在校学生数	合计（人）	154277	145100	141401	150002
	小学在校生数（人）	82387	74937	72213	74393
	初中在校生数（人）	71890	70163	69188	75609
专任教师数	合计（人）	8624	8192	8243	8481
	小学（人）	3157	3048	2980	2926
	初中（人）	5467	5144	5263	5555
医疗卫生	卫生机构床位数/千人	7.78	7.35	7.67	7.55
	卫生技术人员数/千人	6.92	7.22	7.58	8.00

数据来源：历年河南省统计年鉴、郑州市统计年鉴。

十一、县域发展特色产业——文化旅游业

（一）旅游资源丰富

登封市拥有"天地之中"历史建筑群世界文化遗产，包括中岳庙、少林寺、嵩阳书院等 8 处古建筑，现有国家级重点文物保护单位 24 处，位居全国县（市）单项之首。同时，登封市地处中岳嵩山脚下，拥有中岳嵩山世界地质公园。

（二）文旅业态多元

大型实景演出如"禅宗少林·音乐大典"以中岳嵩山的自然景观为天然舞台，以少林、禅武文化内涵为底蕴，呈现出美轮美奂的视觉盛宴；还有"梦回武周·曌福华夏"实景演艺等，让游客亲临大唐盛世、梦回武周文化。同时，依托功夫文化、嵩山文化、天文文化、地质文化、红色文化等打造具有嵩山风格、国家标准、国际视野的研学旅行精品工程，着力把嵩山景区建设成为"全国研学旅游示范基地""全国中小学生研学实践教育营地"。

（三）产业规模较大

登封市2023年全年旅游接待游客2800万人次，旅游综合收入达到325亿元。文旅产业的发展带动了当地交通、餐饮、住宿、购物等相关产业的协同发展，提供了大量的就业机会，促进了经济社会的转型发展。

（四）发展目标明确

登封市将全力打好"文旅文创融合"战役，加快推进天中湖康养文旅示范区等总投资169亿元的14个文旅项目的建设，精心策划了一批精品民宿、美食街区等文旅消费项目。登封市将着眼于全省"行走河南·读懂中国"文旅品牌建设，聚焦"天地之中、华夏之源、功夫郑州"城市品牌，打造世界知名的文旅IP。

十二、综述

综上所述，登封市各经济指标的总量和人均指标在全省县（市）排名中处于上游水平，部分增速指标处于中下游水平。其中，GDP总量在全省县（市）中处于上游水平；人均GDP在全省县（市）中处于上游水平；GDP增速和人均GDP增速在全省县（市）中处于下游水平，近年来经济增速有所放缓；支柱产业由第二产业逐年向第三产业转移，呈"三、二、一"梯次；财政收入和财政支出在全省县（市）中处于上游水平，人均财政收入在全省县（市）中处于上游水平，人均财政支出在全省县（市）中处于中游水平，财政自给率处于上游水平；存款余额和贷款余额在全省县（市）中均处于上游水平，存贷比较高，金融市场和投资市场活跃度较高；居民人均可支配收入在全省县（市）中上游水平，城乡居民可支配收入差距整体呈缩小趋势；社消零总额和人均社消零额在全省县（市）中均处于中上游水平；对人口的吸引力较弱，属于人口净流出城市，城镇化率处于上游水平。

根据以上分析，提出以下几点建议。

第一，旅游资源整合与品牌塑造。进一步整合登封市丰富的旅游资源，打造统一的旅游品牌形象，提升登封市文旅品牌的知名度。加强旅游基础设施建设，改善景区之间的交通连接，提高景区的接待能力和服务质量。鼓励旅游企业结合虚拟现实（VR）、增强现实（AR）技术，开发沉浸式的历史文化体验项目，推出具有创新性的文旅产品。加强文旅产业与农业的融合，开发乡村旅游线路，促进文旅产业与体育产业的结合，举办具有影响力的体育赛事，如武术比赛、登山比赛等。

第二，推动产业升级与创新。设立专项产业升级基金，支持装备制造和新材料企业技术改造与创新，给予税收优惠和资金补贴。加强产学研合作，建立合作基地，攻克关键技术难题。针对现代服务业出台扶持政策，吸引企业入驻，鼓励传统服务业利用新技术转型并给予奖励。

第三，优化财政金融支持。提高财政资金使用效率，重点投入关键领域，加强资金使用监管。引导金融机构加大对本地企业信贷支持，建立考核机制并给予奖励。鼓励金融机构创新金融产品和服务，开发适合本地中小企业和文旅产业的产品。

（注：因 2024 年《河南统计年鉴》和《郑州市统计年鉴》等尚未发布，本文 2023 年相关数据来源为各地统计公报，故暂未对 2023 年数据进行排名，采用 2022 年数据排名情况撰写。全书同）

河南省县域经济运行分析：荥阳篇

一、荥阳市概况

荥阳市（郑州市辖县级市），西望古都洛阳，南眺中岳嵩山，北濒九曲黄河，东接省会郑州，位于中原经济区、郑州都市区、郑州国家中心城市建设的重要节点。根据2023年国家统计局统计用区划，荥阳市辖2个街道、11个镇、1个乡，总面积943.2平方千米，截至2023年年底，荥阳市常住人口为73.78万人，城镇化率为59.90%。

荥阳市区位优势明显，陇海铁路、郑西高铁、连霍高速、郑州绕城高速等交通干线穿境而过，是郑州西部的交通枢纽和重要门户。荥阳市历史文化悠久，拥有丰富的自然和人文景观，如古荥汉代冶铁遗址、虎牢关、环翠峪等景区。同时，荥阳市也是象棋文化的发源地，"楚河汉界"的鸿沟就在荥阳市广武镇。

二、总体经济运行分析

从GDP总量来看，按照民政行政区划口径，2023年荥阳市GDP总量为561亿元；2022年荥阳市GDP总量为559亿元，占郑州市GDP总量的4.32%，在郑州市辖6个县（市）中排第5位，GDP总量在河南省102个县（市）中的排名一直处于靠前位置，2022年排第10位（见表1）。

从GDP增速来看，2023年荥阳市GDP增速为5.2%，低于郑州市GDP增速2.2个百分点，高于河南省GDP增速1.1个百分点；2022年荥阳市GDP增速为0.1%，低于郑州市GDP增速0.9个百分点，低于河南省GDP增速3.0个百分点，在郑州市辖6个县（市）中排第6位，在河南省102个县（市）中排第99位，处于下游水平（见表1）。

表1 2008—2023年荥阳市地区生产总值及增速

年份	荥阳市GDP	占郑州市GDP的比重	在郑州市的排名	在河南省的排名	荥阳市GDP增速	在郑州市的排名	在河南省的排名	与郑州市GDP增速对比	与河南省GDP增速对比
2008	306	10.20	4	4	13.8	3	38	0.4	1.7
2009	316	10.48	4	4	10.4	4	84	−0.8	−0.5
2010	359	8.88	4	4	13.0	5	34	0.2	0.5
2011	433	8.69	5	5	13.8	5	37	−0.2	1.9
2012	458	8.25	5	5	11.1	5	56	−1.2	1.0
2013	520	8.39	5	5	9.2	4	65	−1.2	0.2
2014	570	8.41	5	5	9.2	5	44	−0.2	0.3
2015	588	8.05	5	5	8.6	5	70	−1.4	0.3
2016	630	7.76	5	5	8.1	4	84	−0.4	0.0
2017	679	7.39	5	5	5.0	5	94	−3.2	−2.8
2018	701	6.91	6	6	1.8	5	100	−6.3	−5.8
2019	536	4.62	5	9	4.1	5	98	−2.4	−2.9
2020	546	4.55	5	9	3.1	5	48	0.3	1.8
2021	554	4.37	5	9	1.7	5	98	−2.6	−4.6
2022	559	4.32	5	10	0.1	6	99	−0.9	−3.0
2023	561	4.12	—	—	5.2	—	—	−2.2	1.1

数据来源：历年河南省统计年鉴、郑州市统计年鉴

从人均GDP来看，2023年荥阳市人均GDP为76300元，相当于郑州市人均GDP的72.0%，相当于河南省人均GDP的127.0%；2022年荥阳市人均GDP为76203元，相当于郑州市人均GDP的75.3%，相当于河南省人均GDP的122.7%，在郑州市辖6个县（市）中排第5位，在河南省102个县（市）中排第13位，处于上游水平（见表2）。

从人均GDP增速来看，2023年荥阳市人均GDP增速为0.1%；2022年人均GDP增速为−0.2%，在郑州市辖6个县（市）中排第5位，在河南

省102个县（市）中排第99位，处于下游水平（见表2）。

表2 2008—2023年荥阳市人均地区生产总值及增速

年份	荥阳市人均GDP（元）	在郑州市的排名	在河南省的排名	与郑州市相比（%）	与河南省相比（%）	荥阳市人均GDP增速（%）	在郑州市的排名	在河南省的排名
2008	51096	1	2	125.4	270.7	13.5	4	49
2009	52484	1	2	118.7	258.8	10.0	4	78
2010	58968	1	2	118.4	245.9	11.7	3	67
2011	70473	1	2	129.0	252.6	12.8	4	70
2012	74571	1	2	126.8	244.6	11.1	3	66
2013	84594	1	2	134.5	255.4	9.1	3	69
2014	92693	1	2	138.7	257.6	9.1	3	60
2015	95558	2	2	136.5	249.3	8.5	3	71
2016	101816	2	2	137.0	246.5	7.6	2	83
2017	108905	2	2	133.7	238.1	4.1	5	95
2018	109925	2	2	122.1	216.6	−0.5	6	102
2019	81216	5	11	85.5	149.4	0.7	5	99
2020	75638	5	12	78.7	136.4	0.2	6	90
2021	75787	5	12	76.1	127.5	0.4	5	99
2022	76203	5	13	75.3	122.7	−0.2	5	99
2023	76300	—	—	72.0	127.0	0.1	—	—

数据来源：历年河南省统计年鉴、郑州市统计年鉴。

三、分产业经济运行分析

（一）产业格局与发展方向

荥阳市目前已形成以先进制造业为核心，新材料产业为特色，文旅产业与现代服务业协同发展，都市现代农业为基础的产业格局。一是先进制造业。荥阳市先进制造业围绕"一体两翼多园"的现代产业空间布局，已形成多个产业集群。以郑州中车为龙头的轨道交通装备产业集群不断壮大，涵盖机车制造、维修保养等领域；以郑煤机综机为代表的高端成套装备产业集群，在煤矿机械、工程机械等方面具有较强竞争力；以三华科技、郑矿机器等企业为支撑的节能环保装备产业集群，在节能环保技术和设备研发方面取得显著成效。二是新材料产业。荥阳市新材料产业以超硬材料为主导，以华晶金刚石、白鸽磨料磨具有限公司等企业为龙头，涵盖金刚石、立方氮化硼等超硬材料及制品，在国内外市场具有较高的知名度和影响力。同时，积极发展高端合金材料、高性能纤维及复合材料、纳米材料等前沿新材料领域，不断完善新材料产业体系。三是现代服务业。聚焦"两中心一基地"建设，加快推进健康、时尚等生活性服务业项目。积极培育"智慧商店""智慧街区""智慧商圈"，完善"互联网+"消费生态体系，提升生活性服务业的品质和水平。四是都市现代农业。立足农业农村资源禀赋，荥阳市形成了多样化的农业产业布局。如北部优质粮食种植区、南部特色果蔬种植区、西部生态养殖区等。同时，积极发展"南果北种"等特色种植模式，丰富农产品种类，继续加强河阴石榴、荥阳柿子等特色农产品品牌的培育和推广，提高品牌知名度和市场竞争力，打造更多具有荥阳特色的农产品品牌。

（二）产业结构分析

从三次产业占比来看，荥阳市第一产业占比从2008年的5.51%曲折下降至2023年的4.50%，第二产业占比从2008年的68.79%曲折下降至2023年的47.50%，第三产业占比从2008年的25.71%逐年增加到2023年的48.00%。由此可以看出，近年来荥阳市的支柱产业由第二产业逐年向第三产业转移，呈"三、二、一"梯次（见表3和图1）。

表3 2008—2023年荥阳市三产结构变化情况

年份	第一产业占比	第二产业占比	第三产业占比
2008	5.51	68.79	25.71
2009	5.53	70.57	23.90
2010	5.42	70.84	23.74
2011	4.70	71.92	23.38
2012	5.37	69.62	25.01
2013	4.96	69.97	25.07

续表

年份	第一产业占比	第二产业占比	第三产业占比
2014	4.81	67.08	28.11
2015	5.19	62.33	32.48
2016	4.66	59.39	35.95
2017	4.27	57.70	38.03
2018	4.18	55.17	40.65
2019	5.04	49.43	45.52
2020	5.23	49.00	45.77
2021	5.91	47.90	46.19
2022	5.70	48.20	46.10
2023	4.50	47.50	48.00

数据来源：历年河南省统计年鉴、荥阳市统计公报及政府网站。

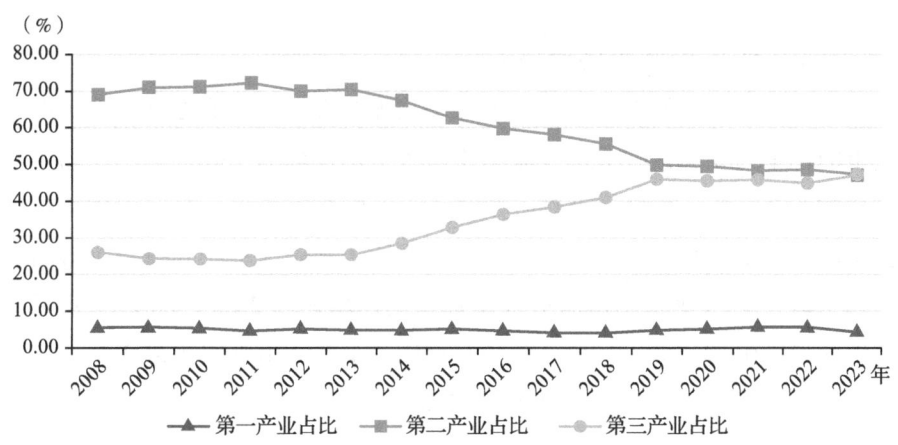

图1　2008—2023年荥阳市三产结构变化情况

数据来源：历年郑州市统计年鉴。

（三）工业发展情况分析

从工业发展情况来看，近年来荥阳市的规上工业增加值增速处于正增长，2023年荥阳市规上工业增加值增速为5.1%，低于郑州市规上工业增加值增速7.7个百分点；2022年荥阳市规上工业增加值增速为1.4%，在郑州市辖6个县（市）中排第5位，在河南省102个县（市）中排第92位，低于郑州市规上工业增加值增速3.0个百分点（见表4）。

表4 2016—2023年荥阳市工业发展情况

年份	荥阳市规上工业增加值增速（%）	郑州市规上工业增加值增速（%）	增速与郑州市对比（%）	荥阳市增速在郑州市的排名	荥阳市增速在全省的排名
2016	8.0	6.0	2.0	3	86
2017	6.4	7.8	−1.4	4	86
2018	−4.6	6.8	−11.4	6	101
2019	5.3	6.1	−0.8	3	93
2020	9.9	6.1	3.8	2	8
2021	2.8	10.4	−7.6	5	87
2022	1.4	4.4	−3.0	5	92
2023	5.1	12.8	−7.7	—	—

数据来源：历年河南省统计年鉴、荥阳市统计公报及政府网站。

（四）服务业发展情况分析

从服务业增加值来看，2023年荥阳市服务业增加值为270亿元，占郑州市的比重为3.34%；2022年荥阳市服务业增加值为258亿元，占郑州市的比重为3.40%，在郑州市辖6个县（市）中排第5位，在河南省102个县（市）中排第9位，在全省县（市）中处于领先水平。从服务业增加值增速来看，2023年荥阳市服务业增加值同比增速为3.2%；2022年荥阳市服务业增加值增速为−0.9%，在郑州市辖6个县（市）中排第3位，在河南省102个县（市）中排第98位（见表5）。

表5 2008—2023年荥阳市服务业发展情况

年份	荥阳市服务业增加值（亿元）	占郑州市服务业增加值的比重（%）	增加值在郑州市的排名	增加值在河南省的排名	荥阳市服务业增加值增速（%）	增速在郑州市的排名	增速在河南省的排名
2008	79	6.23	3	3	10.7	3	76
2009	75	5.32	4	4	11.4	3	76
2010	85	5.17	4	4	10.8	4	53

续表

年份	荥阳市服务业增加值（亿元）	占郑州市服务业增加值的比重（%）	增加值在郑州市的排名	增加值在河南省的排名	荥阳市服务业增加值增速（%）	增速在郑州市的排名	增速在河南省的排名
2011	101	5.12	4	4	11.0	5	44
2012	115	5.04	4	4	7.6	5	91
2013	130	5.04	4	4	8.9	5	44
2014	160	5.10	5	5	8.0	6	76
2015	191	5.37	6	6	9.2	6	88
2016	226	5.44	6	6	10.6	4	57
2017	258	5.21	6	6	7.8	5	93
2018	285	5.14	6	6	6.7	6	87
2019	244	3.53	5	8	4.7	4	96
2020	250	3.53	5	8	0.7	6	85
2021	256	3.43	5	9	4.4	4	94
2022	258	3.40	5	9	−0.9	3	98
2023	270	3.34	—	—	3.2	—	—

数据来源：历年河南省统计年鉴、荥阳市统计公报及政府网站。

（五）重点企业分析

荥阳市重点企业情况见表6。

表6　荥阳市重点企业情况

序号	公司名称	公司简介
1	白鸽磨料磨具有限公司	公司前身为中国第二砂轮厂，始建于1956年，是国家"一五"期间156个重点建设项目之一。1993年白鸽（集团）股份有限公司成立，同年在深圳证券交易所上市，2006年"股改"退市后成立白鸽磨料磨具有限公司。公司占地89.93万平方米，建筑面积53.64万平方米，拥有设备3429台（套），员工数量众多。具有年产固结磨具1.6万吨、涂附磨具700万平方米、超硬材料及制品150万克拉的生产能力，可生产近400余个品种20余万种规格的磨料磨具产品，占国内同行业生产品种总数的95%以上，产品不仅畅销全国，而且远销欧洲、美国、日本等70多个国家和地区

续表

序号	公司名称	公司简介
2	郑州华晶金刚石股份有限公司	该公司是省内唯一具有省级重点实验室的超硬材料生产企业，在超硬材料领域技术实力雄厚。2023年，其智能全自动钻石切割打磨生产设备经中国机械工程学会验收通过，由其切磨的培育钻石圆形裸钻被认定达到了国内外手工切磨裸钻的最高级切工品质，是全球首家掌握智能全自动钻石切磨设备制造和生产线建设的企业
3	郑州中车四方轨道车辆有限公司	该公司成立于2014年，位于郑州荥阳市京城路以西、科学大道以南，注册资本6亿元，占地650余亩，是中车青岛四方机车车辆股份有限公司的一级子公司。主营业务包括城际动车组、轻轨地铁造修和高速动车组检修等。依托郑州铁路枢纽的地理优势，在中国中车、四方股份公司的资本技术扶持下，立足郑州，辐射中原，致力于打造具有国际竞争力的轨道交通装备造修基地
4	河南辉龙铝业股份有限公司	该公司成立于2003年，注册资本1亿元，拥有500T-2600T先进挤压机共12台及配套生产线，具备年产各种合金铝型材5万余吨的生产能力，是目前中原地区技术装备先进、生产线配套完善的大型专业化铝合金型材生产基地之一。产品涵盖交通运输、高列车辆、IT电子设备等多个领域，销售至全国10多个省份，并配套出口澳大利亚、日本、韩国等全球多个国家和地区
5	郑州博大面业有限公司	该公司成立于2001年，占地面积163.5亩，厂房面积41300平方米。公司目前拥有自动化挂面生产线13条，异形面生产线5条，面粉生产线1条，日加工小麦250吨，年生产能力达13万吨挂面和8万吨面粉，员工1700余人。作为"国家守合同重信用企业""国家级农业产业化重点龙头企业"和"河南省质量管理先进企业"，其主要产品"博大""春绿"牌挂面、面粉、异形面，有26个系列300多个品种，已被评为"中国名牌产品""绿色食品"，"博大"商标被认定为"河南省著名商标"，产品销售网络遍及全国各省市，并远销澳大利亚、新西兰、朝鲜、韩国等国家和地区

四、财政收支分析

从财政收入来看，2023年荥阳市一般公共预算收入50.30亿元，占郑州市一般公共预算收入的4.31%；2022年荥阳市一般公共预算收入50.22亿元，占郑州市一般公共预算收入的4.44%，在郑州市辖6个县（市）中排第4位，在河南省102个县（市）中排第6位。从财政支出来看，2023年荥阳市一般公共预算支出66.60亿元，占郑州市一般公共预算支出的4.38%；2022年荥阳市一般公共预算支出68.07亿元，占郑州市一般公共预算支出的4.67%，在郑州市辖6个县（市）中排第4位，在河南省102个县（市）中排第13位（见表7）。

表7　2008—2023年荥阳市财政收支情况

年份	一般公共预算收入（亿元，%）				一般公共预算支出（亿元，%）			
	荥阳市一般公共预算收入	占郑州市一般公共预算收入的比重	在郑州市的排名	在河南省的排名	荥阳市一般公共预算支出	占郑州市一般公共预算支出的比重	在郑州市的排名	在河南省的排名
2008	9.06	3.48	5	10	14.16	4.89	5	10
2009	10.16	3.37	5	9	17.37	4.92	6	12
2010	11.62	3.00	6	11	18.39	4.31	6	23
2011	14.08	2.80	6	10	22.46	3.96	6	27
2012	16.50	2.72	6	9	27.48	3.92	6	30
2013	20.15	2.78	6	9	29.12	3.57	6	33
2014	26.48	3.18	5	7	32.21	3.51	6	34
2015	31.60	3.35	4	6	40.79	3.69	6	23
2016	37.22	3.68	4	4	56.40	4.27	4	7
2017	42.91	4.06	3	3	60.14	3.97	4	7
2018	46.90	4.07	3	3	70.42	3.99	4	8
2019	50.04	4.09	3	3	77.46	4.05	4	10
2020	52.68	4.18	3	3	77.98	4.53	4	10
2021	49.03	4.01	4	5	67.22	4.14	4	13
2022	50.22	4.44	4	6	68.07	4.67	4	13
2023	50.30	4.31	—	—	66.60	4.38	—	—

数据来源：历年河南省统计年鉴、荥阳市统计公报及政府网站。

从人均一般公共预算收入看，2023年荥阳市人均一般公共预算收入为6818元，相当于郑州市人均一般公共预算收入的76.07%，相当于河南省人均一般公共预算收入的148.30%；2022年荥阳市人均一般公共预算收入为6842元，相当于郑州市人均一般公共预算收入的77.62%，相当于河南省人均一般公共预算收入的158.50%，在郑州市辖6个县（市）中排第1位，在河南省102个县（市）中排第4位。从人均一般公共预算支出看，2023年荥阳市人均一般公共预算支出为9027元，相当于郑州市人均一般公共预算支出的77.27%，相当于河南省人均一般公共预算支出的80.09%；2022年荥阳市人均一般公共预算支出为9274元，相当于郑州市人均一般公共预算支出的81.68%，相当于河南省人均一般公共预算支出的86.01%，在郑州市辖6个县（市）中排第2位，在河南省102个县（市）中排第24位（见表8）。

从财政自给率看，2023年荥阳市财政自给率为75.53%；2022年荥阳市财政自给率为73.78%，在郑州市辖6个县（市）中排第3位，在河南省102个县（市）中排第7位（见表8）。

五、金融业发展分析

从金融机构年末存款情况来看，2023年荥阳市金融机构存款年末余额599亿元，占郑州市金融机构存款年末余额的1.97%；2022年荥阳市金融机构存款年末余额550亿元，占郑州市金融机构存款年末余额的1.89%，在郑州市辖6个县（市）中排第5位，在河南省102个县（市）中排第14位。从金融机构年末贷款情况来看，2023年荥阳市金融机构贷款年末余额442亿元，占郑州市金融机构贷款年末余额的1.2%；2022年荥阳市金融机构贷款年末余额392亿元，占郑州市金融机构贷款年末余额的1.1%，在郑州市辖6个县（市）中排第3位，在河南省102个县（市）中排第6位（见表9）。

从存贷比来看，2023年荥阳市存贷比为73.7%；2022年荥阳市存贷比为71.2%，在郑州市辖6个县（市）中排第3位，在河南省102个县（市）中排第15位（见表9）。

表8 2008—2023年荥阳市人均财力及财政自给率

年份	一般公共预算收入/常住人口	与郑州市相比	与河南省相比	在郑州市的排名	在河南省的排名	一般公共预算支出/常住人口	与郑州市相比	与河南省相比	在郑州市的排名	在河南省的排名	荥阳市财政自给率	在郑州市的排名	在河南省的排名
2008	1510	43.11	141.09	4	9	2360	60.61	97.52	3	10	63.97	5	12
2009	1686	41.99	142.01	4	9	2882	61.39	94.09	4	14	58.49	5	11
2010	1893	42.39	128.90	4	9	2995	60.77	82.45	4	18	63.21	5	10
2011	2294	40.45	126.05	5	10	3658	57.19	81.46	4	19	62.71	6	13
2012	2685	39.98	125.46	6	11	4473	57.65	85.16	6	17	60.04	6	11
2013	3276	41.61	129.82	5	8	4735	53.32	81.20	6	22	69.18	3	6
2014	4303	48.39	151.51	2	5	5234	53.44	83.74	6	22	82.21	2	2
2015	5132	52.08	165.07	2	4	6625	57.31	94.52	2	8	77.47	2	3
2016	5993	57.63	185.82	2	4	9082	66.83	119.14	1	2	65.99	2	4
2017	6846	64.02	197.50	2	3	9596	62.59	114.80	2	3	71.35	2	4
2018	7230	63.61	189.37	2	4	10855	62.40	116.17	1	4	66.60	2	5
2019	7469	63.24	182.96	2	4	11562	62.64	112.62	2	6	64.60	2	7
2020	7216	72.30	172.07	1	3	10681	78.34	102.37	2	9	67.56	1	4
2021	6694	69.70	152.17	1	4	9177	71.99	87.05	1	15	72.94	3	10
2022	6842	77.62	158.50	1	4	9274	81.68	86.01	2	24	73.78	3	7
2023	6818	76.07	148.30	—	—	9027	77.27	80.09	—	—	75.53	—	—

数据来源：历年河南省统计年鉴、郑州市统计年鉴。

表 9 2008—2023 年荥阳市金融机构年末存贷款余额情况

年份	存款年末余额	占郑州市的比重	在郑州市的排名	在河南省的排名	贷款年末余额	占郑州市的比重	在郑州市的排名	在河南省的排名	荥阳市存贷比	在郑州市的排名	在河南省的排名
2008	82	1.67	4	12	37	1.0	5	18	45.3	4	51
2009	106	1.62	5	12	53	1.1	5	16	50.5	4	41
2010	124	1.55	5	14	76	1.3	4	14	61.5	2	19
2011	146	1.63	5	14	90	1.5	4	11	61.7	1	14
2012	169	1.62	6	15	100	1.5	4	12	59.3	1	16
2013	206	1.66	6	14	114	1.2	5	15	55.2	2	30
2014	232	1.66	6	14	138	1.3	5	12	59.5	2	28
2015	267	1.58	6	14	147	1.2	5	14	55.0	3	36
2016	363	1.91	5	9	187	1.2	4	9	51.6	3	43
2017	378	1.86	5	11	232	1.3	3	6	61.6	2	16
2018	396	1.82	5	10	272	1.3	3	5	68.8	3	11
2019	411	1.76	5	12	298	1.2	3	5	72.5	3	11
2020	432	1.73	5	15	324	1.1	3	5	75.0	3	9
2021	471	1.79	5	16	372	1.2	3	5	79.0	3	8
2022	550	1.89	5	14	392	1.1	3	6	71.2	3	15
2023	599	1.97	—	—	442	1.2	—	—	73.7	—	—

数据来源：历年河南省统计年鉴、郑州市统计年鉴。

从人均存款余额来看,2023 年荥阳市人均存款余额 81228 元,相当于郑州市人均存款余额的 34.69%,相当于河南省人均存款余额的 79.31%;2022 年荥阳市人均存款余额 74951 元,相当于郑州市人均存款余额的 33.12%,相当于河南省人均存款余额的 79.95%,在郑州市辖 6 个县(市)中排第 2 位,在河南省 102 个县(市)中排第 17 位。从人均贷款余额来看,2023 年荥阳市人均贷款余额为 59840 元,相当于郑州市人均贷款余额的 21.13%,相当于河南省人均贷款余额的 70.32%;2022 年荥阳市人均贷款余额为 53348 元,相当于郑州市人均贷款余额的 19.93%,相当于河南省人均贷款余额的 69.73%,在郑州市辖 6 个县(市)中排第 1 位,在河南省 102 个县(市)中排第 8 位(见表 10)。

表 10 2008—2023 年荥阳市人均存贷款情况

年份	荥阳市人均存款余额	在郑州市的排名	在河南省的排名	与郑州市相比	与河南省相比	荥阳市人均贷款余额	在郑州市的排名	在河南省的排名	与郑州市相比	与河南省相比
2008	13694	4	11	20.71	84.64	6197	4	16	12.76	56.35
2009	17534	4	11	20.16	86.75	8862	3	12	13.54	62.57
2010	20144	4	10	21.83	81.84	12393	2	8	18.77	73.44
2011	23816	4	8	23.53	84.56	14684	2	8	21.28	79.36
2012	27486	5	10	23.76	81.95	16298	2	10	21.66	76.52
2013	33546	5	9	24.76	85.43	18515	3	8	18.22	75.39
2014	37701	4	7	25.33	87.88	22441	2	8	19.36	79.49
2015	43406	2	4	24.52	88.41	23883	2	9	18.05	73.71
2016	58441	2	3	29.91	105.87	30164	2	5	19.02	80.80
2017	60237	2	3	29.25	100.23	37080	2	4	20.36	87.31
2018	61032	2	5	28.42	94.56	41987	2	5	20.07	86.58
2019	61288	2	5	27.16	87.30	44407	2	5	18.12	78.99

续表

年份	人均存款（元，%）					人均贷款（元，%）				
	荥阳市人均存款余额	在郑州市的排名	在河南省的排名	与郑州市相比	与河南省相比	荥阳市人均贷款余额	在郑州市的排名	在河南省的排名	与郑州市相比	与河南省相比
2020	59124	3	16	29.84	76.88	44320	2	6	19.66	70.08
2021	64232	3	17	31.14	77.01	50751	1	5	20.62	72.23
2022	74951	2	17	33.12	79.95	53348	1	8	19.93	69.73
2023	81228	—	—	34.69	79.31	59840	—	—	21.13	70.32

数据来源：历年河南省统计年鉴、郑州市统计年鉴。

六、居民收入分析

从居民收入看，2023年荥阳市居民人均可支配收入为35198元，相当于郑州市居民人均可支配收入的80.39%，相当于河南省居民人均可支配收入的117.59%；2022年荥阳市居民人均可支配收入为33309元，相当于郑州市居民人均可支配收入的81.14%，相当于河南省居民人均可支配收入的118.02%，在郑州市辖6个县（市）中排第4位，在河南省102个县（市）中排第5位。从居民收入增速看，2023年荥阳市居民人均可支配收入同比增长5.7%；2022年荥阳市居民人均可支配收入同比增长4.5%（见表11）。

表11　2017—2023年荥阳市居民人均可支配收入情况

年份	荥阳市居民人均可支配收入（元）	在郑州市的排名	在河南省的排名	与郑州市相比（%）	与河南省相比（%）	荥阳市居民人均可支配收入增速（%）
2017	24732	4	5	80.94	122.62	—
2018	26699	4	5	80.65	121.56	8.0
2019	28997	4	5	80.68	121.31	8.6
2020	30149	4	5	80.88	121.52	4.0

续表

年份	荥阳市居民人均可支配收入（元）	在郑州市的排名	在河南省的排名	与郑州市相比（%）	与河南省相比（%）	荥阳市居民人均可支配收入增速（%）
2021	31861	4	5	80.64	118.84	5.7
2022	33309	4	5	81.14	118.02	4.5
2023	35198	—	—	80.39	117.59	5.7

数据来源：历年河南省统计年鉴、郑州市统计年鉴。

从城镇居民人均可支配收入看，2023年荥阳市城镇居民人均可支配收入为40941元，相当于郑州市城镇居民人均可支配收入的84.00%，相当于河南省城镇居民人均可支配收入的106.38%；2022年荥阳市城镇居民人均可支配收入为39253元，相当于郑州市城镇居民人均可支配收入的84.80%，相当于河南省城镇居民人均可支配收入的102.00%，在郑州市辖6个县（市）中排第4位，在河南省102个县（市）中排第8位。从农村居民人均可支配收入看，2023年荥阳市农村居民人均可支配收入为28840元，相当于郑州市农村居民人均可支配收入的94.42%，相当于河南省农村居民人均可支配收入的143.82%；2022年荥阳市农村居民人均可支配收入26853元，相当于郑州市农村居民人均可支配收入的95.10%，相当于河南省农村居民人均可支配收入的143.62%，在郑州市辖6个县（市）中排第4位，在河南省102个县（市）中排第5位（见表12）。

从城乡居民收入对比来看，2023年荥阳市城乡居民人均可支配收入比为1.4∶1；2022年荥阳市城乡居民人均可支配收入比为1.5∶1，在河南省102个县（市）中排第8位，近年来城乡居民收入差距整体呈缩小趋势（见表12）。

七、固定资产投资分析

从固定资产投资增速来看，2023年荥阳市固定资产投资增长8.2%，高于郑州市1.4个百分点，高于河南省1.5个百分点；2022年荥阳市固定

表12 2008—2023年荥阳市分城乡居民人均可支配收入及城乡收入比

年份	荥阳市城镇居民人均可支配收入	城镇（元，%）在郑州市的排名	城镇（元，%）在河南省的排名	与郑州市相比	与河南省相比	荥阳市农村居民人均可支配收入	农村 在郑州市的排名	农村 在河南省的排名	与郑州市相比	与河南省相比	城乡收入比 荥阳市城乡居民收入比	城乡收入比 在河南省的排名
2008	13232	2	2	84.11	100.01	7455	3	3	98.77	167.38	1.8	8
2009	14401	4	4	84.13	100.20	7973	3	3	98.18	165.86	1.8	6
2010	15892	3	3	84.10	99.76	9050	3	3	98.10	163.83	1.8	7
2011	18188	3	3	84.16	99.96	10846	3	3	98.15	164.23	1.7	7
2012	20436	4	4	84.29	99.97	12326	3	3	98.36	163.80	1.7	7
2013	22582	3	3	84.85	100.82	13323	3	3	95.10	157.20	1.7	9
2014	24863	2	2	85.45	105.03	14748	3	3	95.33	147.98	1.7	9
2015	26652	2	2	85.70	104.21	16224	4	4	94.74	149.49	1.6	11
2016	28465	1	2	85.70	104.52	17458	4	4	94.75	149.25	1.6	11
2017	30856	2	3	85.59	104.39	18924	3	3	94.74	148.79	1.6	10
2018	33232	2	3	85.12	104.26	20589	4	4	95.09	148.86	1.6	8
2019	35757	2	3	84.96	104.55	22360	4	4	95.00	147.45	1.6	9
2020	36544	2	3	85.21	105.16	23634	3	3	95.36	146.72	1.5	9
2021	38408	4	5	84.89	103.54	25525	4	4	95.28	145.58	1.5	8
2022	39253	4	8	84.80	102.00	26853	4	5	95.10	143.62	1.5	8
2023	40941	—	—	84.00	106.38	28840	—	—	94.92	143.82	1.4	—

数据来源：历年河南省统计年鉴、郑州市统计年鉴。

资产投资增长25.9%，高于郑州市34.4个百分点，高于河南省19.2个百分点（见表13）。

表13　2010—2023年荥阳市固定资产投资情况

年份	荥阳市固定资产投资增速（%）	郑州市固定资产投资增速（%）	河南省固定资产投资增速（%）	荥阳市增速与郑州市对比（%）	荥阳市增速与河南省对比（%）
2010	—	—	22.2	—	—
2011	—	25.1	27.0	—	—
2012	—	22.7	21.4	—	—
2013	—	23.6	22.5	—	—
2014	—	20.1	19.2	—	—
2015	—	19.6	16.2	—	—
2016	—	11.3	13.7	—	—
2017	—	8.2	10.4	—	—
2018	-16.6	10.9	8.1	-27.5	-24.7
2019	11.4	2.8	8.0	8.6	3.4
2020	-4.3	3.6	4.3	-7.9	-8.6
2021	-2.2	-6.2	4.5	4.0	-6.7
2022	25.9	-8.5	6.7	34.4	19.2
2023	8.2	6.8	6.7	1.4	1.5

数据来源：历年河南省统计年鉴、郑州市统计年鉴。

八、社会消费分析

从社消零总额来看，2023年荥阳市社消零总额为159.3亿元；2022年荥阳市社消零总额为153.2亿元，在郑州市辖6个县（市）中排第6位，在河南省102个县（市）中排第27位，占当年荥阳市GDP的比重为10.8%。从人均社消零额来看，2023年荥阳市的人均社消零额为21591元；2022年荥阳市的人均社消零额为20872元，在郑州市辖6个县（市）中排第6位，在河南省102个县（市）中排第34位（见表14）。

表14 2008—2023年荥阳市社会消费情况

年份	社消零总额（亿元，%）				人均社消零额（元）		
	社消零总额	在郑州市的排名	在河南省的排名	占GDP的比重	人均社消零额	在郑州市的排名	在河南省的排名
2008	78.6	4	4	40.5	13102	1	1
2009	93.2	4	4	41.9	15464	1	1
2010	103.9	4	4	39.3	16928	1	1
2011	118.5	4	4	31.9	19306	1	1
2012	137.3	4	4	28.4	22345	1	1
2013	156.5	4	4	28.4	25454	1	1
2014	187.4	3	3	25.8	30450	1	1
2015	222.8	4	4	29.5	36176	1	1
2016	256.9	4	4	31.1	41366	1	1
2017	288.9	4	4	33.2	46099	1	1
2018	307.7	4	4	34.5	47429	1	1
2019	167.0	5	19	13.7	24922	4	12
2020	159.0	5	19	12.6	21779	5	23
2021	167.5	5	20	12.3	22873	5	27
2022	153.2	6	27	10.8	20872	6	34
2023	159.3	—	—	10.7	21591	—	—

数据来源：历年河南省统计年鉴，郑州市、荥阳市统计公报。

九、人口规模分析

从人口情况看，2023年荥阳市常住人口73.78万人；2022年荥阳市常住人口73.40万人，在郑州市辖6个县（市）中排第5位，在河南省102个县（市）中排第35位。2020年荥阳市户籍人口为71.86万人，常住人口73.01万人，人口流入1.15万人，人口流入率为1.60%（见表15）。2020年以后的户籍人口数据不再公开导致部分数据缺失。

从城镇化率看，2023年荥阳市城镇化率为59.90%；2022年荥阳市城镇化率为59.20%，在河南省102个县（市）中排第12位（见表15）。

表15 2008—2023年荥阳市人口情况

年份	户籍人口（万人）	常住人口（万人）	常住人口在郑州市的排名	常住人口在河南省的排名	外流人口（万人）	人口流失率（％）	常住人口占郑州市的比重（％）	荥阳市城镇化率（％）	城镇化率在河南省的排名
2008	—	60.00	6	64	—	—	8.07	—	—
2009	—	60.29	6	63	—	—	8.02	—	—
2010	65.09	61.39	6	62	3.70	5.68	7.09	—	—
2011	—	61.40	6	61	—	—	6.93	—	—
2012	—	61.45	6	60	—	—	6.80	—	—
2013	—	61.50	6	59	—	—	6.69	48.02	10
2014	—	61.54	6	59	—	—	6.56	49.77	9
2015	—	61.58	6	59	—	—	6.44	51.54	8
2016	—	62.10	6	58	—	—	6.39	53.62	8
2017	—	62.67	6	58	—	—	6.34	55.43	8
2018	—	64.87	6	54	—	—	6.40	57.28	7
2019	—	67.00	6	50	—	—	6.47	58.77	7
2020	71.86	73.01	5	38	−1.15	−1.60	5.79	58.08	12
2021	—	73.25	5	37	—	—	5.75	59.08	12
2022	—	73.40	5	35	—	—	5.72	59.20	12
2023	—	73.78	—	—	—	—	5.67	59.90	—

数据来源：历年河南省统计年鉴、郑州市统计公报、人口普查数据。

十、公共服务分析

从义务教育情况来看，2023年荥阳市共有中小学81所，在校学生数合计88428人，专任教师数5088人，生师比17.4∶1。从医疗卫生情况来看，2023年每千人床位数为5.08张，每千人卫生技术人员数为5.97人（见表16）。

表16 2020—2023年荥阳市义务教育和医疗情况

年份		2020	2021	2022	2023
学校数	合计（所）	83	83	83	81
	小学学校数（所）	60	59	59	58
	初中学校数（所）	23	24	24	23
在校学生数	合计（人）	77348	81019	84070	88428
	小学在校生数（人）	53745	57679	60304	63964
	初中在校生数（人）	23603	23340	23766	24464
专任教师数	合计（人）	4918	5208	5113	5088
	小学（人）	2969	3087	2929	2876
	初中（人）	1949	2121	2184	2212
医疗卫生	卫生机构床位数/千人	4.33	4.41	4.40	5.08
	卫生技术人员数/千人	5.50	5.58	5.70	5.97

数据来源：历年河南省统计年鉴、郑州市统计年鉴。

十一、县域发展特色产业——新材料产业

（一）龙头企业带动效应显著

荥阳市目前已聚集了超硬材料、磨料磨具、空心玻璃微球材料、合金材料等新材料企业120多家，集中在荥阳市先进制造业开发区新材料产业园片区，其中，32家规上企业包括高新技术企业12家、省级专精特新企业6家、国家专精特新"小巨人"企业2家。以郑州华晶金刚石股份有限公司、白鸽磨料磨具有限公司等企业为龙头，形成了较强的产业集聚效应。白鸽磨料磨具有限公司固结磨具混配料生产系统完善，旗下的新材料及精密制造产业园已入驻企业25家，70%以上是磨料磨具磨削行业企业。华晶公司是省内唯一具有省级重点实验室的超硬材料生产企业，2023年，其自主研发的智能全自动钻石切割打磨生产设备经中国机械工程学会验收通过，由其切磨的培育钻石圆形裸钻被认定达到了国内外手工切磨裸钻的最高级切工品质，成为全球首家掌握智能全自动钻石切磨设备制造和生产线建设的企业。

（二）产业园区建设初现集群效应

2013年4月，郑州市新材料产业园区全面启动开发建设，规划用地面积10平方千米。该园区可充分发挥郑州地区新材料行业人力资源、科研研发和产业基础优势，大力发展以超硬材料及制品、新型研磨材料、先进功能陶瓷为主体的新材料产业。白鸽新材料及精密制造产业园已入驻企业25家，以超硬材料、培育钻石、新材料及下游的精密制造为主导产业，是郑州市第三批重点小微企业园。园区建成运营后，预计将引进新材料上下游配套企业50家左右，年产值15亿~20亿元，就业人数1000人左右。

（三）科研合作与创新平台建设方兴未艾

荥阳市政府积极引导白鸽磨料磨具有限公司、郑州华晶金刚石股份有限公司等科技型企业与郑州大学、河南大学、河南工业大学、河南省科学院等院校和科研机构开展深度合作，为企业提供手续办理绿色通道、高新技术企业及专精特新企业申报指导等优惠政策，取得了郑州大学荥阳研究院、河南省微球先进材料产业研究院等一批重要成果。同时，荥阳市新材料研发中试总部基地正在建设中，建成后将充分运用各类科技成果转移转化公共服务平台，完善中试项目对接机制，打造省级中试基地、省级科技企业孵化器、省级技术转移示范机构，实现产业化＋基金＋上市孵化一条龙科技服务。

（四）产业发展目标清晰明确

荥阳市计划到2026年，巩固提升新材料产业在荥阳经济中的支柱地位，基本建成具有全国竞争力的新材料产业链集群，保持新材料产业增加值年度增速均高于规上工业增速2个百分点以上，新材料产业规模超过80亿元。

十二、综述

综上所述，荥阳市各经济指标的总量和人均指标在河南省各县（市）排名中处于上游水平，部分增速指标处于中下游水平。其中，GDP总量在河南省各县（市）中处于上游水平；人均GDP在河南省各县（市）中处于上游水平；GDP增速和人均GDP增速在河南省各县（市）中处于下游水平，近年来经济增速有所放缓；支柱产业由第二产业逐年向第三产业转移，呈"三、二、一"梯次；财政收入和财政支出在河南省各县（市）中处于上游水平，人均财政收入在河南省各县（市）中处于上游水平，人均财政支出在河南省各县（市）中处于上游水平，财政自给率处于上游水平；存款余额和贷款余额在河南省各县（市）中均处于上游水平，存贷比较高，金融市场和投资市场活跃度较高；居民人均可支配收入在河南省各县（市）中处于中上游水平，城乡居民可支配收入差距整体呈缩小趋势；社消零总额和人均社消零额在河南省各县（市）中均处于中上游水平；对人口的吸引力逐年增强，属于人口净流入城市，城镇化率处于上游水平。

根据以上分析，提出以下几点建议。

第一，强化工业创新支持。加大对先进制造业和新材料产业的创新投入，设立专项创新基金，对于关键技术研发项目给予资金倾斜。鼓励企业与高校、科研机构建立更紧密的产学研合作关系，加速科研成果的转化，提高工业产业的科技含量和附加值，增强产业竞争力。

第二，提升现代服务业质量与效率。加快荥阳市服务业信息化建设，对于商家采用智慧零售系统、智能支付设备等进行店铺升级改造的，给予一定金额的设备购置补贴或税收减免。加强对生活性服务业从业人员的培训，提升服务质量，打造具有荥阳特色的服务品牌，吸引更多的消费人群，促进服务业的快速发展。

第三，制定人才引进激励政策。针对荥阳市重点发展的先进制造业、新材料产业和文旅产业等领域，制定具有吸引力的人才引进政策。例如对于高端技术人才、管理人才和文化创意人才等，给予高额的安家补贴、购房优惠和生活津贴。加强与高校和科研机构的合作，建立人才培养基地，根据荥阳市产业发展需求，设置相关专业课程，开展订单式人才培养。

河南省县域经济运行分析：中牟篇

一、中牟县概况

中牟县（郑州市辖县），西邻省会郑州，东接古都开封，处于中原经济区、郑州都市区、郑州航空港经济综合实验区"三区"叠加发展区域。根据2023年国家统计局统计用区划，中牟县辖4个街道、10个乡镇，总面积917平方千米，截至2023年年底，中牟县常住人口为146.00万人，城镇化率为63.06%。

中牟县区位优越，连霍高速、郑民高速、京港澳高速、安罗高速"井"字形环绕，是河南省自由贸易区郑州片区联动区、中原科技城协同区，是郑开同城化战略的中心地带。中牟县具有较为突出的文旅资源，已建成方特旅游度假区、建业电影小镇、只有河南·戏剧幻城等八大主题公园。

二、总体经济运行分析

从GDP总量来看，按照民政行政区划口径，2023年中牟县GDP总量为1487亿元；2022年中牟县GDP总量为1412亿元，占郑州市GDP总量的10.92%，在郑州市辖6个县（市）中排第2位，GDP总量在河南省102个县（市）中的排名一直处于靠前位置，2022年排第2位（见表1）。

从GDP增速来看，2023年中牟县GDP增速为9.7%，高于郑州市GDP增速2.3个百分点，高于河南省GDP增速5.6个百分点；2022年中牟县GDP增速为2.4%，高于郑州市GDP增速1.4个百分点，低于河南省GDP增速0.7个百分点，在郑州市辖6个县（市）中排第2位，在河南省102个县（市）中排第87位，处于下游水平（见表1）。

从人均GDP来看，2022年中牟县人均GDP为97687元，相当于郑州市人均GDP的96.6%，在郑州市辖6个县（市）中排第2位，在河南省

表1 2008—2023年中牟县地区生产总值及增速

年份	GDP总量（亿元，%）			GDP增速（%）				
	中牟县GDP	占郑州市GDP的比重	在郑州市的排名	在河南省的排名	中牟县GDP增速	在郑州市的排名	在河南省的排名	与郑州市GDP增速对比	与河南省GDP增速对比
2008	194	6.46	6	16	13.4	4	46	0.0	1.3
2009	223	7.39	6	12	11.1	3	66	-0.1	0.2
2010	265	6.55	6	11	13.2	3	30	0.4	0.7
2011	371	7.46	6	8	20.7	1	2	6.7	8.8
2012	483	8.70	4	4	15.6	1	5	3.3	5.5
2013	551	8.89	4	4	8.4	6	84	-2.0	-0.6
2014	726	10.72	1	1	12.0	1	8	2.6	3.1
2015	755	10.32	2	2	13.5	2	5	3.5	5.2
2016	825	10.17	2	2	5.2	6	100	-3.3	-2.9
2017	870	9.47	2	2	2.4	6	100	-5.8	-5.4
2018	891	8.78	2	2	1.2	6	101	-6.9	-6.4
2019	1216	10.50	2	2	6.9	2	75	0.4	-0.1
2020	1259	10.49	2	2	4.5	2	12	1.7	3.2
2021	1363	10.74	2	2	7.0	2	51	2.7	0.7
2022	1412	10.92	2	2	2.4	2	87	1.4	-0.7
2023	1487	10.92	—	—	9.7	—	—	2.3	5.6

数据来源：历年河南省统计年鉴、郑州市统计年鉴。

102个县（市）中排第5位，处于上游水平（见表2）。

从人均GDP增速来看，2022年中牟县人均GDP增速为1.2%，在郑州市辖6个县（市）中排第3位，在河南省102个县（市）中排第96位，在全省县（市）中处于下游水平（见表2）。

表2 2008—2022年中牟县人均地区生产总值及增速

年份	中牟县人均GDP（元）	在郑州市的排名	在河南省的排名	与郑州市相比（%）	中牟县人均GDP增速（%）	人均GDP增速在郑州市的排名	人均GDP增速在河南省的排名
2008	28742	6	19	70.6	14.1	1	35
2009	32890	6	16	74.4	10.8	3	67
2010	37675	6	18	75.7	9.1	5	84
2011	47415	6	16	86.8	8.3	5	95
2012	54809	6	11	93.2	2.7	6	101
2013	59964	6	14	95.3	3.9	6	101
2014	77899	3	4	116.5	10.5	1	27
2015	75696	5	8	108.1	6.1	6	94
2016	75851	6	12	102.1	−3.6	6	102
2017	76832	6	12	94.3	−1.7	6	102
2018	77615	6	13	86.2	−0.2	5	101
2019	102741	2	3	108.2	3.7	4	97
2020	89191	3	7	92.8	2.7	3	59
2021	95368	3	6	95.8	5.7	2	76
2022	97687	2	5	96.6	1.2	3	96

数据来源：历年河南省统计年鉴、郑州市统计年鉴。

三、分产业经济运行分析

（一）产业格局与发展方向

中牟县目前已形成以文旅产业为特色，装备制造、都市生态农业为主导，多产业协同发展的产业格局。一是文旅产业。中牟县文旅产业已形成

"主题公园+文创聚落+创新园区"的融合发展生态，集聚了产业链及关联项目68个。拥有只有河南·戏剧幻城、郑州方特欢乐世界、电影小镇、郑州海昌海洋旅游度假区等多个知名文旅项目，涵盖文化演艺、主题游乐、海洋旅游等多种业态。二是装备制造业。聚集了凯雪冷链、欧帕机器人等17家规上装备制造企业，以及100余家其他装备零部件及配件企业，主要分布在工业机器人、冷链装备和汽车装备三大领域。三是都市生态农业。立足农业农村资源禀赋，形成了多样化的农业产业布局，如刁家乡的"安罗高速经济带、北部优质蔬菜、中部草莓区、西部特色菌类种植区、南部农产品冷链物流区"产业布局框架，同时还积极发展"南果北种"等特色种植模式。

（二）产业结构分析

从三次产业占比来看，中牟县第一产业占比从2008年的16.50%曲折下降至2023年的5.50%；第二产业占比从2008年的56.29%曲折下降至2023年的22.80%；第三产业占比从2008年的27.21%逐年增加到2023年的71.70%。由此可以看出，近年来中牟县的支柱产业由第二产业逐年向第三产业转移，呈"三、二、一"梯次（见表3和图1）。

表3　2008—2023年中牟县三产结构变化情况

年份	第一产业占比（%）	第二产业占比（%）	第三产业占比（%）
2008	16.50	56.29	27.21
2009	16.10	56.90	27.00
2010	17.30	57.00	25.70
2011	11.80	67.40	20.80
2012	14.20	58.80	27.00
2013	11.10	55.00	33.90
2014	9.40	55.60	35.00
2015	8.70	39.50	51.80
2016	8.30	34.90	56.80
2017	8.00	31.30	60.70

续表

年份	第一产业占比（%）	第二产业占比（%）	第三产业占比（%）
2018	7.40	30.30	62.30
2019	5.40	29.40	65.20
2020	5.30	29.30	65.40
2021	6.70	25.70	67.60
2022	6.60	25.30	68.10
2023	5.50	22.80	71.70

数据来源：历年河南省统计年鉴、中牟县统计公报及政府网站。

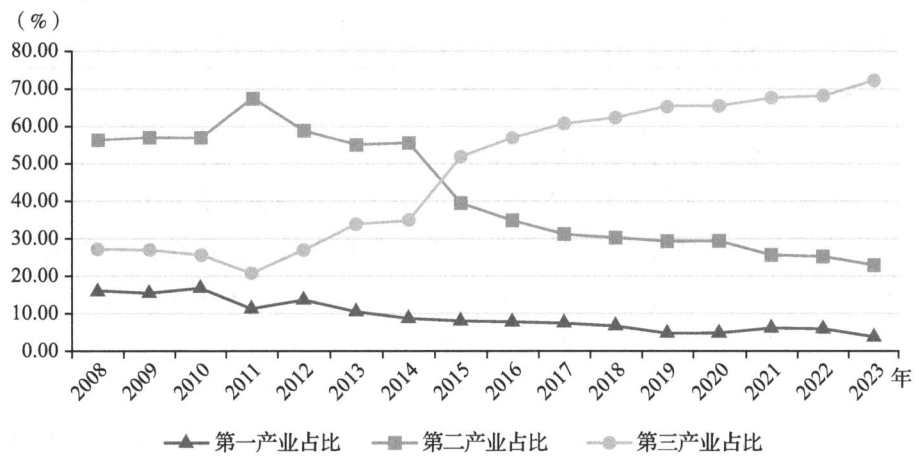

图1　2008—2023年中牟县三产结构变化情况

数据来源：历年郑州市统计年鉴。

（三）工业发展情况分析

从工业发展情况来看，2021—2023年中牟县的规上工业增加值增速处于负增长，2023年中牟县规上工业增加值增速为-4.2%，低于郑州市规上工业增加值增速17.0个百分点；2022年中牟县规上工业增加值增速为-13.1%，在郑州市辖6个县（市）中排第6位，在河南省102个县（市）中排第99位，低于郑州市规上工业增加值增速17.5个百分点（见表4）。

表4 2016—2023年中牟县工业发展情况

年份	中牟县规上工业增加值增速（%）	郑州市规上工业增加值增速（%）	中牟县增速与郑州市增速对比（%）	中牟县增速在郑州市的排名	中牟县增速在河南省的排名
2016	7.5	6.0	1.5	5	89
2017	−5.5	7.8	−13.3	6	98
2018	28.3	6.8	21.5	1	1
2019	−3.5	6.1	−9.6	5	97
2020	10.7	6.1	4.6	2	8
2021	−4.5	10.4	−14.9	5	93
2022	−13.1	4.4	−17.5	6	99
2023	−4.2	12.8	−17.0	—	—

数据来源：历年河南省统计年鉴、中牟县统计公报及政府网站。

（四）服务业发展情况分析

从服务业增加值来看，2008—2023年中牟县服务业始终保持较快的上升速度，2023年中牟县服务业增加值为653亿元；2022年中牟县服务业增加值为614亿元，占郑州市的比重为8.10%，在郑州市辖6个县（市）中排第1位，在河南省102个县（市）中排第1位，在全省处于领先水平。从服务业增加值增速来看，2022年中牟县服务业增加值同比增长2.2%，在郑州市辖6个县（市）中排第2位，在河南省102个县（市）中排第93位（见表5）。

表5 2008—2023年中牟县服务业发展情况

年份	中牟县服务业增加值（亿元）	占郑州市服务业增加值的比重（%）	增加值在郑州市的排名	增加值在河南省的排名	中牟县服务业增加值增速（%）	增速在郑州市的排名	增速在河南省的排名
2008	53	4.18	6	11	13.4	1	55
2009	60	4.24	5	7	7.1	5	96
2010	70	4.25	5	7	13.1	2	29
2011	83	4.18	6	8	13.6	2	13

续表

年份	中牟县服务业增加值（亿元）	占郑州市服务业增加值的比重（%）	增加值在郑州市的排名	增加值在河南省的排名	中牟县服务业增加值增速（%）	增速在郑州市的排名	增速在河南省的排名
2012	92	4.04	6	9	7.4	6	92
2013	104	4.04	6	8	9.1	4	38
2014	143	4.57	6	8	9.8	3	44
2015	207	5.82	4	4	26.0	1	2
2016	258	6.19	4	4	11.1	2	44
2017	326	6.56	3	3	11.0	1	36
2018	373	6.72	3	3	14.4	1	2
2019	557	8.07	2	2	8.2	2	37
2020	569	8.03	2	2	2.6	2	33
2021	601	8.04	2	2	6.6	2	76
2022	614	8.10	1	1	2.2	2	93
2023	653	8.09	—	—	—	—	—

数据来源：历年河南省统计年鉴、中牟县统计公报及政府网站。

（五）重点企业分析

中牟县重点企业情况见表6。

表6 中牟县重点企业情况

序号	公司名称	公司简介
1	郑州凯雪冷链股份有限公司	该公司于2006年成立，拥有三大生产基地，是一家专业研发、生产、销售全系列冷链设备方案的综合性高新技术企业。产品覆盖预冷机、商用冷库、冷藏车制冷机组、商用冷柜、客车空调全系列冷链设备，其中国内首创研发凯雪新能源制冷机组已批量生产使用。被评为郑州市"链主"企业，设有省级院士工作站、河南省冷链设备工程研究中心、郑州市冷链装备产业研究院等研发机构，自主研发授权专利300余项，获得河南省科技进步奖二等奖，还荣获中国驰名商标、国家级专精特新"小巨人"企业、河南省单项冠军企业等众多荣誉称号

续表

序号	公司名称	公司简介
2	郑州比克电池有限公司	该公司成立于2013年，作为一家集锂离子电池研发、生产、销售为一体的国家高新技术企业，其产品涵盖方型铝壳锂电池、18650型圆柱锂电池等，广泛应用于高端数码产品、动力汽车和储能等领域，是众多行业巨头的合格供应商。设有三级研发中心等多个研发平台，拥有专职研发技术人员近400人，自主发明专利1200余项，目前已发展成为中国北方最大的动力电池生产基地之一
3	郑州日产汽车有限公司中牟工厂	该厂占地面积约81万平方米，建筑面积约28万平方米，生产流水线47条，形成年产18万辆汽车的生产能力。是国内首条、世界第三条柔性化承载与非承载车型混流生产线，能够混线生产皮卡、SUV、乘用车和电动车，实现5个平台、8种车型的共线柔性化生产。主要生产的皮卡系车型稳居国内皮卡市场前三位，NISSAN D22皮卡连续5年在高档皮卡车市场占有率持续保持在55%以上，用户忠诚度高达85%以上
4	河南欧帕工业机器人有限公司	该公司于2009年成立，地处中牟县官渡高新技术产业开发区，为中牟县工业机器人领域装备制造龙头企业，集研发、设计、生产、销售及售后于一体，致力于重型码垛机器人、自动码垛机械手等工业智能制造设备的研发与应用。核心产品拥有完全自主知识产权，主要零部件及关键技术能够实现完全自主化。该公司是河南省专精特新中小企业、创新型中小企业，拳头产品MR-1600重型码垛机器人系列设备入选河南省2024年首台套重大技术装备名单
5	仁合熙德隆药业有限公司	该公司成立于2014年，是一家专业研发、生产、销售高端抗肿瘤药品的企业，是国家高新技术企业、河南省专精特新企业、河南省"瞪羚"企业。自主研发的药品吉西他滨，是河南省化学制药抗肿瘤领域第一个自主研发获批并通过仿制药质量和疗效一致性评价品种和唯一中标国采品种的企业。其生产的注射用卡铂、注射用甲氨蝶呤、注射用硫酸长春新碱等产品在市场上具有较高占有率，在全国抗肿瘤领域奠定了坚实的品牌基础
6	河南省弘亿国际农业科技股份有限公司	该公司2011年成立于中牟县姚家乡，是河南省农业产业化重点龙头企业。公司定位为都市观光农业，致力于打造中原都市观光农业的航母。公司以高技术保证高效益，建设有多种异型温室，经营内容包括果蔬种植与展示、花卉生产与展示、农史与农艺博览、农事体验活动等。二期工程还计划与农户合作开展规模化农业生产经营，打造中原浆果生产基地和高档水产品生产基地，并开发产前产后配套项目

四、财政收支分析

从财政收入来看，2023 年中牟县一般公共预算收入 55.70 亿元，占郑州市一般公共预算收入的 4.78%；2022 年中牟县一般公共预算收入 53.95 亿元，占郑州市一般公共预算收入的 4.77%，在郑州市辖 6 个县（市）中排第 2 位，在河南省 102 个县（市）中排第 2 位。从财政支出来看，2023 年中牟县一般公共预算支出 78.20 亿元，占郑州市一般公共预算支出的 5.15%；2022 年中牟县一般公共预算支出 71.95 亿元，占郑州市一般公共预算支出的 4.94%，在郑州市辖 6 个县（市）中排第 3 位，在河南省 102 个县（市）中排第 9 位（见表 7）。

表 7　2008—2023 年中牟县财政收支情况

年份	一般公共预算收入（亿元，%）				一般公共预算支出（亿元，%）			
	中牟县一般公共预算收入	占郑州市一般公共预算收入的比重	在郑州市的排名	在河南省的排名	中牟县一般公共预算支出	占郑州市一般公共预算支出的比重	在郑州市的排名	在河南省的排名
2008	7.63	2.93	6	13	13.76	4.75	6	13
2009	9.06	3.00	6	11	17.72	5.02	5	10
2010	12.17	3.15	5	9	22.60	5.30	4	8
2011	19.22	3.83	5	7	30.38	5.36	2	5
2012	27.18	4.48	1	1	44.04	6.29	1	1
2013	29.91	4.13	3	3	43.52	5.33	2	6
2014	31.65	3.80	3	4	50.71	5.52	2	5
2015	36.05	3.82	2	2	58.29	5.27	2	5
2016	41.62	4.12	2	2	70.07	5.30	2	4
2017	48.02	4.54	2	2	79.77	5.27	2	2
2018	53.00	4.60	2	2	108.56	6.16	1	1
2019	57.27	4.68	2	2	101.43	5.31	2	2

续表

年份	一般公共预算收入（亿元，%）				一般公共预算支出（亿元，%）			
	中牟县一般公共预算收入	占郑州市一般公共预算收入的比重	在郑州市的排名	在河南省的排名	中牟县一般公共预算支出	占郑州市一般公共预算支出的比重	在郑州市的排名	在河南省的排名
2020	61.01	4.85	2	2	90.47	5.26	3	3
2021	56.78	4.64	2	2	80.38	4.95	2	6
2022	53.95	4.77	2	2	71.95	4.94	3	9
2023	55.70	4.78	—	—	78.20	5.15	—	—

数据来源：历年河南省统计年鉴、中牟县统计公报及政府网站。

从人均一般公共预算收入看，2022年中牟县人均预算收入为3728元，相当于郑州市人均一般公共预算收入的42.29%，相当于河南省人均一般公共预算收入的86.36%，在郑州市辖6个县（市）中排第5位，在河南省102个县（市）中排第32位。从人均一般公共预算支出看，2022年中牟县人均一般公共预算支出为4972元，相当于郑州市人均一般公共预算支出的43.79%，相当于河南省人均一般公共预算支出的46.11%，在郑州市辖6个县（市）中排第6位，在河南省102个县（市）中排第101位（见表8）。

从财政自给率看，2022年中牟县财政自给率为74.99%，在郑州市辖6个县（市）中排第2位，在河南省102个县（市）中排第6位（见表8）。

五、金融业发展分析

从金融机构年末存款情况来看，2023年中牟县金融机构存款年末余额809亿元，占郑州市金融机构存款年末余额的2.66%；2022年中牟县金融机构存款年末余额715亿元，占郑州市金融机构存款年末余额的2.46%，在郑州市辖6个县（市）中排第2位，在河南省102个县（市）中排第6位。从金融机构年末贷款情况来看，2023年中牟县金融机构贷款年末余额746亿元，占郑州市金融机构贷款年末余额的2.0%；2022年中牟县金

表8　2008—2023年中牟县人均财力及财政自给率

年份	一般公共预算收入/常住人口	与郑州市相比	与河南省相比	在郑州市的排名	在河南省的排名	一般公共预算支出/常住人口	与郑州市相比	与河南省相比	在郑州市的排名	在河南省的排名	中牟县财政自给率	在郑州市的排名	在河南省的排名
2008	1128	32.21	105.40	6	17	2034	52.26	84.08	6	18	55.44	6	20
2009	1338	33.32	112.71	6	15	2618	55.76	85.46	6	19	51.11	6	17
2010	1672	37.43	113.82	6	14	3105	63.01	85.49	3	16	53.84	6	16
2011	2291	40.40	125.91	6	11	3623	56.63	80.67	6	21	63.25	5	12
2012	2943	43.81	137.49	5	8	4769	61.47	90.80	4	13	61.71	5	9
2013	3268	41.50	129.50	6	9	4754	53.53	81.52	5	21	68.73	5	8
2014	3335	37.50	117.42	6	11	5343	54.55	85.48	5	15	62.42	6	12
2015	3449	35.00	110.94	6	11	5577	48.25	79.56	6	27	61.85	6	10
2016	3680	35.39	114.10	5	10	6196	45.59	81.28	5	22	59.39	5	12
2017	4233	39.58	122.11	4	9	7032	45.86	84.13	5	21	60.20	4	11
2018	4563	40.14	119.51	4	9	9346	53.72	100.01	3	9	48.82	5	18
2019	4747	40.20	116.29	4	9	8408	45.56	81.91	5	22	56.46	3	10
2020	4313	43.22	102.85	6	14	6396	46.91	61.30	6	81	67.44	2	5
2021	3930	40.93	89.35	5	23	5564	43.65	52.78	6	78	70.64	4	12
2022	3728	42.29	86.36	5	32	4972	43.79	46.11	6	101	74.99	2	6
2023	3815	42.57	82.99	—	—	5356	45.85	47.52	—	—	71.23	—	—

数据来源：历年河南省统计年鉴、郑州市统计年鉴

融机构贷款年末余额643亿元，占郑州市金融机构贷款年末余额的1.9%，在郑州市辖6个县（市）中排第2位，在河南省102个县（市）中排第3位（见表9）。

从存贷比来看，2023年中牟县存贷比为92.2%；2022年中牟县存贷比为89.9%，在郑州市辖6个县（市）中排第1位，在河南省102个县（市）中排第4位（见表9）。

从人均存款余额来看，2023年中牟县人均存款余额55438元，相当于郑州市人均存款余额的23.68%，相当于河南省人均存款余额的54.13%；2022年中牟县人均存款余额49439元，相当于郑州市人均存款余额的21.85%，相当于河南省人均存款余额的52.71%，在郑州市辖6个县（市）中排第6位，在河南省102个县（市）中排第76位。从人均贷款余额来看，2023年中牟县人均贷款余额为51096元，相当于郑州市人均贷款余额的18.04%，相当于河南省人均贷款余额的60.04%；2022年中牟县人均贷款余额为44466元，相当于郑州市人均贷款余额的16.61%，相当于河南省人均贷款余额的58.09%，在郑州市辖6个县（市）中排第4位，在河南省102个县（市）中排第19位（见表10）。

六、居民收入分析

从居民收入看，2023年中牟县居民人均可支配收入为32592元，相当于郑州市居民人均可支配收入的74.44%，相当于河南省居民人均可支配收入的108.88%；2022年中牟县居民人均可支配收入为30525元，相当于郑州市居民人均可支配收入的74.36%，相当于河南省居民人均可支配收入的108.16%，在郑州市辖6个县（市）中排第6位，在河南省102个县（市）中排第13位。从居民收入增速看，2023年中牟县居民人均可支配收入同比增长6.8%；2022年中牟县居民人均可支配收入同比增长4.3%（见表11）。

表9 2008—2023年中牟县金融机构年末存贷款余额情况

年份	存款年末余额（亿元）	占郑州市的比重	在郑州市的排名	在河南省的排名	贷款年末余额（亿元）	占郑州市的比重	在郑州市的排名	在河南省的排名	存贷比	存贷比在郑州市的排名	存贷比在河南省的排名
2008	59	1.19	6	34	29	0.8	6	31	50.3	2	38
2009	79	1.21	6	25	42	0.9	6	28	52.9	2	35
2010	119	1.49	6	16	62	1.1	6	18	52.5	4	35
2011	145	1.61	6	15	81	1.3	5	15	56.2	4	27
2012	185	1.77	5	10	96	1.4	5	14	51.9	4	29
2013	232	1.86	5	8	122	1.3	4	12	52.6	4	35
2014	273	1.95	4	7	149	1.4	4	9	54.5	4	37
2015	392	2.32	2	2	191	1.5	2	3	48.7	5	52
2016	520	2.74	2	2	254	1.6	2	3	48.8	4	48
2017	616	3.03	2	2	348	1.9	2	2	56.5	3	30
2018	585	2.69	2	2	404	1.9	2	3	69.0	2	10
2019	622	2.66	2	2	463	1.8	2	3	74.5	2	9
2020	649	2.60	2	3	506	1.8	2	3	77.9	2	7
2021	695	2.64	2	5	564	1.8	2	3	81.1	2	7
2022	715	2.46	2	6	643	1.9	2	3	89.9	1	4
2023	809	2.66	—	—	746	2.0	—	—	92.2	—	—

数据来源：历年河南省统计年鉴、郑州市统计年鉴。

表 10　2008—2023 年中牟县人均存贷款情况

年份	人均存款余额	人均存款 在郑州市的排名	人均存款 在河南省的排名	人均存款 与郑州市相比	人均存款 与河南省相比	人均贷款余额	人均贷款 在郑州市的排名	人均贷款 在河南省的排名	人均贷款 与郑州市相比	人均贷款 与河南省相比
2008	8660	6	35	13.10	53.53	4358	6	41	8.97	39.64
2009	11703	6	30	13.46	57.90	6189	6	33	9.46	43.70
2010	16337	6	20	17.71	66.38	8578	6	23	12.99	50.83
2011	17249	6	28	17.04	61.24	9697	6	23	14.05	52.41
2012	19991	6	31	17.28	59.60	10381	6	27	13.80	48.74
2013	25299	6	24	18.68	64.43	13301	6	26	13.09	54.16
2014	28728	6	23	19.30	66.97	15653	5	26	13.51	55.45
2015	375534	6	12	21.21	76.45	18277	5	22	13.82	56.41
2016	45984	4	8	23.53	83.30	22450	4	15	14.16	60.14
2017	54277	3	6	26.35	90.32	30636	3	7	16.82	72.14
2018	50386	5	12	23.46	77.82	34764	3	7	16.62	71.69
2019	51534	5	14	22.84	73.41	38388	3	8	15.67	68.29
2020	45894	6	50	23.17	59.68	35766	4	16	15.87	56.56
2021	48109	6	56	23.32	57.68	39007	4	20	15.85	55.51
2022	49439	6	76	21.85	52.71	44466	4	19	16.61	58.09
2023	55438	—	—	23.68	54.13	51096	—	—	18.04	60.04

数据来源：历年河南省统计年鉴、郑州市统计年鉴。

表11 2017—2023年中牟县居民人均可支配收入情况

年份	居民人均可支配收入（元）	在郑州市的排名	在河南省的排名	与郑州市相比（%）	与河南省相比（%）	居民人均可支配收入增速（%）
2017	22355	6	10	73.16	110.83	—
2018	24333	6	9	73.50	110.79	8.9
2019	26474	6	9	73.66	110.76	8.8
2020	27493	6	10	73.76	110.82	3.9
2021	29271	6	12	74.08	109.18	6.5
2022	30525	6	13	74.36	108.16	4.3
2023	32592	—	—	74.44	108.88	6.8

数据来源：历年河南省统计年鉴、郑州市统计年鉴。

从城镇居民人均可支配收入看，2023年中牟县城镇居民人均可支配收入为38592元，相当于郑州市城镇居民人均可支配收入的79.18%，相当于河南省城镇居民人均可支配收入的100.28%；2022年中牟县城镇居民人均可支配收入为36650元，相当于郑州市城镇居民人均可支配收入的79.18%，相当于河南省城镇居民人均可支配收入的95.23%，在郑州市辖6个县（市）中排第6位，在河南省102个县（市）中排第23位。从农村居民人均可支配收入看，2023年中牟县农村居民人均可支配收入为27608元，相当于郑州市农村居民人均可支配收入的90.87%，相当于河南省农村居民人均可支配收入的137.68%；2022年中牟县农村居民人均可支配收入25492元，相当于郑州市农村居民人均可支配收入的90.28%，相当于河南省农村居民人均可支配收入的136.34%，在郑州市辖6个县（市）中排第5位，在河南省102个县（市）中排第7位（见表12）。

从城乡居民收入对比来看，2023年中牟县城乡居民人均可支配收入比为1.4∶1；2022年中牟县城乡居民人均可支配收入比为1.4∶1，在河南省102个县（市）中排第5位，近年来城乡居民收入差距整体呈缩小趋势（见表12）。

表 12　2008—2023 年中牟县分城乡居民人均可支配收入及城乡收入比

年份	城镇 城镇居民人均可支配收入	城镇 在郑州市的排名	城镇 在河南省的排名	城镇 与郑州市相比	城镇 与河南省相比	农村 农村居民人均可支配收入	农村 在郑州市的排名	农村 在河南省的排名	与郑州市相比	与河南省相比	城乡收入比 中牟县城乡居民收入比	城乡收入比 在河南省的排名
2008	11844	6	18	75.29	89.52	6830	5	5	90.49	153.35	1.7	5
2009	13140	6	17	76.77	91.43	7445	5	5	91.68	154.88	1.8	4
2010	14509	6	21	76.78	91.08	8489	5	5	92.02	153.67	1.7	4
2011	16588	6	23	76.75	91.17	10216	5	5	92.45	154.69	1.6	3
2012	18661	6	23	76.97	91.28	11632	5	5	92.83	154.58	1.6	3
2013	20609	6	22	77.43	92.01	12555	5	6	89.62	148.14	1.6	6
2014	22741	6	22	78.16	96.07	13858	5	6	89.58	139.05	1.6	7
2015	24359	6	17	78.33	95.24	15349	5	6	89.63	141.43	1.6	7
2016	25966	6	19	78.18	95.35	16561	5	6	89.88	141.58	1.6	6
2017	28199	6	20	78.22	95.40	17969	5	6	89.96	141.28	1.6	6
2018	30709	6	18	78.66	96.34	19586	5	6	90.46	141.61	1.6	7
2019	33135	6	20	78.73	96.88	21310	5	7	90.54	140.53	1.6	7
2020	33798	6	18	78.81	97.26	22332	5	7	90.11	138.64	1.5	7
2021	35826	6	21	79.18	96.58	24186	5	7	90.28	137.95	1.5	7
2022	36650	6	23	79.18	95.23	25492	5	7	90.28	136.34	1.4	5
2023	38592	—	—	79.18	100.28	27608	—	—	90.87	137.68	1.4	—

数据来源：历年河南省统计年鉴、郑州市统计年鉴。

七、固定资产投资分析

从固定资产投资增速来看，2023年中牟县固定资产投资同比增长6.6%，低于郑州市0.2个百分点，低于河南省0.1个百分点；2022年中牟县固定资产投资同比增长6.6%，高于郑州市15.1个百分点，低于河南省0.1个百分点（见表13）。

表13 2010—2023年中牟县固定资产投资情况

年份	中牟县固定资产投资增速（%）	郑州市固定资产投资增速（%）	河南省固定资产投资增速（%）	中牟县增速与郑州市对比（%）	中牟县增速与河南省增速（%）
2010	—	—	22.2	—	—
2011	—	25.1	27.0	—	—
2012	—	22.7	21.4	—	—
2013	—	23.6	22.5	—	—
2014	—	20.1	19.2	—	—
2015	—	19.6	16.5	—	—
2016	—	11.3	13.7	—	—
2017	13.3	8.2	10.4	5.1	2.9
2018	6.8	10.9	8.1	−4.1	−1.3
2019	−0.9	2.8	8.0	—	—
2020	16.0	3.6	4.3	12.4	11.7
2021	−7.0	−6.2	4.5	−0.8	−11.5
2022	6.6	−8.5	6.7	15.1	−0.1
2023	6.6	6.8	6.7	−0.2	−0.1

数据来源：历年河南省统计年鉴、郑州市统计年鉴。

八、社会消费分析

从社会消费情况来看，2023年中牟县社消零总额为406.4亿元；2022年中牟县社消零总额为360.6亿元，在郑州市辖6个县（市）中排第2位，在河南省102个县（市）中排第2位，占当年中牟县GDP的比重为

25.5%。从人均社消零额来看,2023年中牟县的人均社消零额为27836元;2022年中牟县的人均社消零额为24918元,在郑州市辖6个县(市)中排第2位,在河南省102个县(市)中排第15位(见表14)。中牟县的居民消费能力较强,消费驱动经济增长的效果较好。

表14 2008—2023年中牟县社会消费情况

年份	社会消费品零售总额(亿元,%)			人均社消零额(元)		
	社消零总额	在郑州市的排名	在河南省的排名	占GDP的比重	人均社消零额	在郑州的排名	在河南省的排名
2008	54.1	6	8	27.9	7991	6	8
2009	64.9	6	8	29.2	9589	6	7
2010	75.8	6	8	28.6	10411	6	8
2011	87.5	6	9	23.6	10434	6	15
2012	101.8	6	9	21.1	11028	6	21
2013	107.7	6	15	19.5	11760	6	23
2014	80.6	6	28	11.1	8495	6	75
2015	94.4	6	25	12.5	9029	6	80
2016	106.2	6	24	12.9	9387	6	84
2017	207.4	6	7	23.8	18286	6	24
2018	234.7	6	6	26.3	20206	6	19
2019	350.0	2	2	28.8	29010	3	7
2020	330.6	2	2	26.3	23371	3	15
2021	354.6	2	2	26.0	24548	3	18
2022	360.6	2	2	25.5	24918	2	15
2023	406.4	—	—	27.3	27836	—	—

数据来源:历年河南省统计年鉴,郑州市、中牟县统计公报。

九、人口规模分析

从人口情况看,2023年中牟县常住人口146.00万人;2022年中牟县常住人口144.71万人,在郑州市辖6个县(市)中排第2位,在河南省102个县(市)中排第2位。2020年中牟县户籍人口为92.28万人,常住人口 141.45 万人，人口流入 49.17 万人，人口流入率为 53.28%（见表 15）。
2020 年以后的户籍人口数据不再公开。

从城镇化率看，2023 年中牟县城镇化率为 63.06%；2022 年中牟县城镇化率为 62.45%，在河南省 102 个县（市）中排第 6 位（见表 15）。

表 15　2008—2023 年中牟县人口情况

年份	户籍人口（万人）	常住人口（万人）	常住人口在全市排名	常住人口在全省排名	外流人口（万人）	人口流失率（%）	常住人口占全市比重（%）	中牟县城镇化率（%）	城镇化率在全省排名
2008	—	67.64	3	47	—	—	9.10	—	—
2009	—	67.70	3	50	—	—	9.00	—	—
2010	75.95	72.78	4	39	3.17	4.17	8.40	—	—
2011	—	83.87	1	24	—	—	9.47	—	—
2012	—	92.35	1	15	—	—	10.23	—	—
2013	—	91.55	1	15	—	—	9.96	38.40	32
2014	—	94.92	1	12	—	—	10.12	40.17	31
2015	—	104.52	1	8	—	—	10.92	45.39	17
2016	—	113.09	1	5	—	—	11.63	48.34	15
2017	—	113.44	1	5	—	—	11.48	51.30	14
2018	—	116.16	1	4	—	—	11.46	53.68	14
2019	—	120.63	1	3	—	—	11.65	55.68	14
2020	92.28	141.45	2	2	-49.17	-53.28	11.21	60.93	6
2021	—	144.46	2	2	—	—	11.34	61.75	6
2022	—	144.71	2	2	—	—	11.28	62.45	6
2023	—	146.00	—	—	—	—	11.22	63.06	—

数据来源：历年河南省统计年鉴、郑州市统计公报、人口普查数据。

十、公共服务分析

从义务教育情况来看，2022 年中牟县共有中小学 102 所，在校学生数合计 127508 人，专任教师数 7757 人，生师比 16.4∶1。从医疗卫生情况来看，平均每千名常住人口配备卫生机构床位数、卫生技术人员数逐年上升，医疗资源配备逐步优化，2022年中牟县每千人床位数为5.35张，每千人卫生技术人员数为6.29人（见表16）。

表16 2019—2022年中牟县义务教育和医疗情况

年份		2019	2020	2021	2022
学校数	合计（所）	100	100	100	102
	小学学校数（所）	76	76	76	76
	初中学校数（所）	24	24	24	26
在校学生数	合计（人）	115173	122315	126204	127508
	小学在校生数（人）	80933	83032	85398	85655
	初中在校生数（人）	34240	39283	40806	41853
专任教师数	合计（人）	5972	5592	6470	7757
	小学（人）	3513	2904	4101	4077
	初中（人）	2459	2688	2369	3680
医疗卫生	卫生机构床位数/千人	5.15	4.94	4.92	5.35
	卫生技术人员数/千人	6.04	6.05	6.25	6.29

数据来源：历年河南省统计年鉴、郑州市统计年鉴。

十一、县域发展特色产业——文旅产业

中牟县文旅产业集群发展态势蓬勃，已成为县域经济的重要支柱。中牟县凭借优越的地理位置，处于郑开"半小时生活圈"，且紧邻省会郑州和古都开封，交通便利，吸引了庞大的客源。在政策的大力支持下，众多文旅项目纷纷入驻，汇聚了方特旅游度假区、只有河南·戏剧幻城、电影小镇、郑州海昌海洋公园等8家主题公园，形成了极具规模的主题公园集群。2023年累计接待游客3080万人次，实现旅游收入151.4亿元，效益显著。其中，只有河南·戏剧幻城是中国规模最大、演出时长最长的戏剧聚落群，获评多项荣誉，成为展示河南文化的重要"窗口"；郑州方特旅游度假区是中国最大主题乐园之一，游客接待量和总营收在全国方特乐园中均排名第一；电影小镇作为中原首家电影情景文化旅游小镇，成为全省

城市夜经济发动机之一。

中牟县积极塑造"中国中牟·幻乐之城"城市品牌，获评首批河南省文化和旅游消费示范县，知名度与影响力不断提升。特色活动丰富多彩，如夏日吃瓜大会联动八大主题乐园，推出多种吃瓜方式和特色活动，线上线下总曝光量达1.2亿。文旅产业涵盖演出、游乐、餐饮、购物、住宿等多个领域，产业链完善，带动4.5万人就业。同时，推动文旅与农业、文创等产业融合发展，为县域经济注入新动力。

十二、综述

综上所述，中牟县各经济指标的总量在河南省各县（市）排名中处于上游水平，部分人均指标和增速指标处于中下游水平。其中，GDP总量在河南省各县（市）中处于上游水平；人均GDP在河南省各县（市）中处于上游水平；GDP增速和人均GDP增速在河南省各县（市）中处于下游水平，近年来经济增速有所放缓；支柱产业由第二产业逐年向第三产业转移，呈"三、二、一"梯次；财政收入和财政支出在河南省各县（市）中处于上游水平，人均财政收入在河南省各县（市）中处于中游水平，人均财政支出在河南省各县（市）中处于下游水平，财政自给率处于上游水平；存款余额和贷款余额在河南省各县（市）中均处于上游水平，存贷比较高，金融市场和投资市场活跃度较高；居民人均可支配收入在河南省各县（市）中处于中上游水平，城乡居民可支配收入差距整体呈缩小趋势；社消零总额和人均社消零额在河南省各县（市）中均处于上游水平，消费驱动经济增长的效果较好；对人口的吸引力较大，流入人口较多，城镇化率处于上游水平。

根据以上分析，提出以下几点建议。

第一，提升文旅产业品质与内涵。加大对文旅产业的文化挖掘和创意投入，引导企业深入挖掘河南本地文化特色，打造更多具有文化深度和内涵的演艺节目和体验活动；设立文化创意产业基金，对优秀的文化创意项目进行资助和奖励，吸引更多的文化创意人才参与文旅产业的开发。加强文旅产业的数字化建设，推动景区的智慧化管理，同时通过大数据分析游客的消费行为和偏好，为景区的精准营销和产品优化提供依据，进一步提高文旅产业的经济效益。

第二，推动工业转型升级。制定有针对性的产业扶持政策，对重点企业开展智能化改造、绿色制造升级，给予税收优惠和土地使用优惠等政策支持，提高工业生产效率和产品附加值，扭转规上工业增加值负增长的局面。加强工业产业园区建设，完善园区的基础设施和公共服务平台。例如，在园区内建设共享的研发中心、检测中心和物流配送中心，降低企业的运营成本。同时，通过园区的产业集聚效应，促进企业之间的合作与协同创新，形成完整的产业链，提高工业产业的整体竞争力。

第三，促进城乡融合与农村经济振兴。利用中牟县都市生态农业的优势，推动城乡融合发展，加大对农村基础设施建设的投入，改善农村的交通、水利、通信等条件。实施农村电商扶持政策，鼓励农民开展线上销售农产品。同时，建立农村电商服务平台，为农民提供产品包装、品牌建设、物流配送等"一站式"服务，拓宽农产品销售渠道，增加农民收入，缩小城乡居民收入差距。

河南省县域经济运行分析：长葛篇

一、长葛市概况

长葛市（河南省辖县级市），由许昌市代管，位于河南省中部、许昌市北部，根据2023年国家统计局统计用区划，长葛市辖4个街道、12个乡镇，总面积650平方千米，耕地面积67.54万亩，占全域面积的69.27%。2022年年底，长葛市常住人口70.90万人，城镇化率为57.69%。

长葛市区位优越，北距郑州60千米，新郑国际机场25千米、毗邻郑州航空港经济综合实验区，京港澳、郑栾、兰南3条高速公路，京广、郑万、郑合3条高铁线路，京广铁路、107国道、240国道9条交通大动脉穿境而过。在郑州都市圈总体规划中，长葛处于郑州、开封、许昌"金三角"区域的中心。同时，长葛也是郑许一体化发展规划中的重要节点城市、桥头堡。独特的区位优势、便利的交通条件使长葛能够很好地享受到政策辐射、发展辐射和产业外溢。

二、总体经济运行分析

从GDP总量来看，2022年长葛市GDP总量833亿元，占许昌市GDP总量的22.23%，在许昌市辖4个县（市）中排第2位，仅低于禹州市，GDP总量在河南省102个县（市）中的排名由2008年的第10位曲折上升至2022年的第5位，处于上游水平。

从GDP增速来看，2008—2022年长葛市GDP增速逐年下降，2022年长葛市GDP增速为0.7%，低于许昌市GDP增速1.6个百分点，同时低于河南省GDP增速2.4个百分点，在许昌市辖4个县（市）中排第4位，在河南省102个县（市）中排第97位，处于下游水平（见表1）。

表1 2008—2022年长葛市地区生产总值及增速

年份	长葛市GDP	占许昌市GDP的比重	在许昌市的排名	在河南省的排名	长葛市GDP增速	在许昌市的排名	在河南省的排名	与许昌市GDP增速对比	与河南省GDP增速对比
2008	222	20.93	2	10	13.6	2	42	1.0	1.5
2009	221	21.46	2	13	13.2	2	27	0.7	2.3
2010	260	19.74	2	12	15.1	1	15	1.5	2.6
2011	326	20.50	2	12	16.8	1	8	1.6	4.9
2012	370	21.58	2	10	13.3	1	12	1.1	3.2
2013	411	21.59	2	10	11.7	1	12	1.1	2.7
2014	466	22.31	2	9	10.3	3	24	1.0	1.4
2015	494	22.76	2	8	11.7	1	10	2.7	3.4
2016	553	23.25	2	9	10.4	1	7	1.5	2.3
2017	592	22.48	2	8	9.6	1	10	0.9	1.8
2018	630	22.26	2	8	9.0	2	11	0.4	1.4
2019	776	22.86	2	5	7.7	2	36	0.6	0.7
2020	781	22.66	2	5	3.5	1	30	0.8	2.2
2021	825	22.56	2	5	5.3	2	75	-0.2	-1.0
2022	833	22.23	2	5	0.7	4	97	-1.6	-2.4

数据来源：历年河南省统计年鉴、许昌市统计年鉴。

从人均GDP来看，2022年长葛市人均GDP为117388元，相当于许昌市人均GDP的137.27%，在许昌市辖4个县（市）中排第1位，在河南省102个县（市）中排第2位，仅低于巩义市，处于绝对的上游水平。

从人均GDP增速来看，2008—2022年长葛市人均GDP增速波动较大，整体呈下降趋势，2022年增速为0.8%，低于许昌市人均GDP增速

1.0个百分点，低于河南省人均GDP增速2.7个百分点，在许昌市辖4个县（市）中排第4位，在河南省102个县（市）中排第97位，处于下游水平（见表2）。

表2　2008—2022年长葛市人均地区生产总值及增速

年份	长葛市人均GDP	与许昌市相比	在许昌市的排名	在河南省的排名	长葛市人均GDP增速	在许昌市的排名	在河南省的排名	与许昌市人均GDP增速对比	与河南省人均GDP增速对比
2008	33159	138.60	1	16	13.1	2	54	0.9	1.3
2009	32768	124.94	1	18	12.6	2	31	0.4	2.4
2010	38123	124.85	1	16	13.8	3	49	0.2	1.3
2011	47465	128.55	1	15	16.0	3	37	0.6	3.8
2012	54275	135.87	1	13	14.0	1	19	1.6	4.6
2013	60660	136.94	1	12	12.5	1	20	2.0	4.1
2014	68888	142.12	1	12	10.5	1	25	1.5	2.3
2015	72776	145.08	1	11	11.2	1	21	2.8	3.5
2016	80709	148.03	1	9	9.4	1	23	1.4	1.9
2017	85624	142.92	1	11	8.6	2	30	0.8	1.5
2018	90532	141.48	1	9	8.3	2	30	0.4	1.1
2019	110771	170.10	1	2	7.0	2	68	0.7	0.6
2020	110107	139.60	1	1	3.4	1	34	1.1	2.5
2021	116167	139.26	1	1	5.3	2	77	0.8	-1.1
2022	117388	137.27	1	2	0.8	4	97	-1.0	-2.7

数据来源：历年河南省统计年鉴、许昌市统计年鉴。

三、分产业经济运行分析

（一）产业格局与发展方向

长葛市是名副其实的工业强县（市），连续多年入选中国信息通信研究院发布的中国工业百强县（市）榜单，且排名逐年稳步提升。截至2023

年年底，市场主体总数达到8.5万户，规上企业总数达到902家，规上工业企业达到545家；主板上市企业3家，新三板挂牌企业4家，已成为河南省上市挂牌企业最多的县（市）之一；同时拥有重点上市后备企业6家，新三板挂牌后备企业10家，形成有活力、有后劲的上市后备梯队；另外，长葛市的民营企业也取得了较好的发展，其中金汇集团、黄河集团两家企业入围中国民营制造业企业500强。

长葛市虽然没有得天独厚的自然资源，也没有大型国有企业入驻，但是创造出了河南省领先的民营经济和特色产业。近年来，长葛市规划建设了2个省级产业集聚区、1个省级特色商业区、7个特色专业园区和长葛产业新城等载体平台，形成了"332"的产业结构，即高端装备、再生金属加工、超硬材料及制品3个优势产业，包装印刷、卫浴洁具、食品加工3个特色产业，电子信息、生物医药2个新兴产业。同时，长葛市的农业也较为先进，连续10年保持全国生猪调出大县、河南省产粮大县，被确定为河南省乡村振兴示范市、美丽乡村建设示范市；还是全国最大的蜂蜡出口基地，蜂胶产量占全国的80%、蜂蜡产量占全国的70%，被农业农村部确定为全国蜂产品一二三产业融合发展先导区。

（二）产业结构分析

从三次产业占比来看，长葛市第一产业占比从2008年的7.81%逐步下降至2022年的4.10%；第二产业占比从2008年的71.49%曲折下降至2022年的69.90%；第三产业占比从2008年的20.70%曲折增加到2022年的26.00%。由此可以看出长葛市一直以工业为支柱产业，产业结构上长期保持第二产业主导，第一产业占比相对较低且仍在保持缓慢速度向第三产业转移，2008—2022年一直保持"二、三、一"梯次（见表3和图1）。

表3 2008—2022年长葛市三产结构变化情况

年份	第一产业占比（%）	第二产业占比（%）	第三产业占比（%）
2008	7.81	71.49	20.70
2009	8.17	74.33	17.50
2010	7.54	75.82	16.64
2011	6.75	76.64	16.60

续表

年份	第一产业占比（%）	第二产业占比（%）	第三产业占比（%）
2012	6.32	77.05	16.63
2013	5.90	77.34	16.76
2014	5.34	74.54	20.12
2015	5.09	73.60	21.32
2016	4.80	73.99	21.21
2017	3.95	73.68	22.37
2018	3.64	72.79	23.57
2019	3.65	71.88	24.47
2020	4.05	70.70	25.25
2021	3.78	70.60	25.62
2022	4.10	69.90	26.00

数据来源：历年河南省统计年鉴、长葛市统计公报及政府网站。

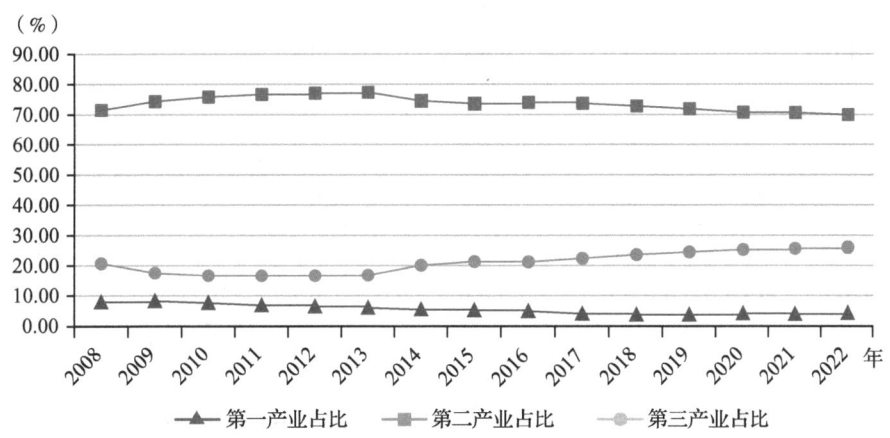

图1 2008—2022年长葛市三产结构变化情况

数据来源：历年许昌市统计年鉴。

（三）工业发展情况分析

从工业发展情况来看，长葛市具有非常好的工业基础，但是近年规上工业的发展速度有所放缓。截至 2023 年年底，长葛市规上工业企业数为 545 家，2022 年长葛市规上工业增加值增速为 -0.5%，在许昌市辖 4 个县（市）中排第 4 位，在河南省 102 个县（市）中排第 97 位，低于许昌市规上工业增加值增速 2.8 个百分点（见表 4）。

表 4　2008—2023 年长葛市工业发展情况

年份	长葛市规上工业企业数（家）	长葛市规上工业增加值增速（%）	许昌市规上工业增加值增速（%）	长葛市规上工业增加值增速与许昌市对比（%）	增速在许昌市的排名	增速在河南省的排名
2008	—	21.6	19.6	2.0	1	71
2009	—	18.6	17.9	0.7	1	48
2010	—	24.0	20.7	3.3	1	30
2011	—	24.6	21.7	2.9	1	41
2012	—	19.3	17.4	1.9	1	42
2013	—	16.6	14.8	1.8	1	28
2014	—	14.4	11.9	2.5	1	25
2015	—	14.2	9.1	5.1	1	19
2016	—	12.3	8.9	3.4	1	13
2017	—	10.7	9.0	1.7	1	10
2018	—	9.5	8.5	1.0	1	19
2019	529	8.9	8.4	0.5	1	42
2020	542	4.0	4.2	-0.2	3	69
2021	567	7.3	6.6	0.7	3	71
2022	523	-0.5	2.3	-2.8	4	97
2023	545	—	2.0	—	—	—

数据来源：历年河南省统计年鉴、长葛市统计公报及政府网站。

（四）服务业发展情况分析

从服务业增加值来看，2008—2022 年长葛市始终保持较快的上升速度，2022 年长葛市服务业增加值为 217 亿元，占许昌市服务业增加值的 13.49%，在许昌市辖 4 个县（市）中排第 3 位，在河南省 102 个县（市）

中排第 16 位。从服务业增加值增速来看，2022 年长葛市服务业增加值增速为 2.0%，在许昌市辖 4 个县（市）中排第 2 位，在河南省 102 个县（市）中排第 75 位（见表 5）。

表 5　2008—2022 年长葛市服务业发展情况

年份	长葛市服务业增加值（亿元）	占许昌市服务业增加值的比重（%）	增加值在许昌市的排名	增加值在河南省的排名	长葛市服务业增加值增速（%）	增速在许昌市的排名	增速在河南省的排名
2008	46	22.50	2	15	10.8	2	75
2009	39	16.58	2	18	12.0	3	65
2010	43	16.34	2	18	9.1	4	72
2011	54	15.97	2	16	11.5	3	33
2012	62	15.87	2	16	10.5	3	44
2013	69	15.86	2	17	8.3	4	61
2014	94	14.77	3	17	8.5	4	70
2015	105	14.62	3	18	11.0	3	69
2016	117	14.36	3	19	9.7	4	81
2017	132	14.27	3	20	9.9	4	65
2018	149	14.18	3	19	9.2	3	61
2019	190	13.44	3	16	5.7	4	89
2020	197	13.64	3	16	1.9	2	52
2021	211	13.54	3	16	6.0	3	81
2022	217	13.49	3	16	2.0	2	75

数据来源：历年河南省统计年鉴、长葛市统计公报及政府网站。

（五）重点企业分析

长葛市重点企业情况介绍见表 6。

表6 长葛市重点企业情况介绍

序号	公司名称	公司简介
1	河南黄河旋风股份有限公司	A股上市，民营企业，主要生产超硬材料及制品全产业链。成立于1979年，于1998年上市，总资产28亿元，员工6100多人，是国内最大的金刚石生产基地，人造金刚石年生产能力达15亿克拉，产量居全国第一、世界前三，"旋风牌"系列产品畅销日本、美国、欧洲等发达国家或地区及东南亚市场。该公司是少数被国家列为"火炬计划"的重点高新技术企业，拥有国家级企业技术中心和企业博士后科研工作站，近年来先后获国家优质工程奖金奖2项、科技进步奖8项、国家专利权76项。财报显示，由于近几年培育钻石价格下跌，该公司经营业绩波动，出现亏损，许昌市国有产业投资有限公司近两年合计收购该公司16.17%的股权，成为该公司的实际控制人
2	河南森源电气股份有限公司	A股上市，由长葛开关厂股份制改造而来，主要生产电气装置、充电桩、光伏风力发电等装备制造相关设备。该公司成立于1992年，于2010年上市，是国家重点高新技术企业、国家级知识产权优势企业，全面服务于电网（国网、南网）、清洁能源发电（光伏、风电、核电）、石油化工、新基建轨道交通等重点行业，产品相继装备了数十个国家重点轨道交通项目。公司累计承接国内外光伏发电、风力发电EPC总包项目超过1000MW，累计智能光伏箱变、智能风电箱变出货量占国内光伏、风电总装机量的10%以上。财报显示，自2018年以来，公司经营业绩下滑，出现亏损，2021年股市中森源电气更名为ST森源，后许昌市国有产业投资有限公司陆续注资控股、转变战略，2022年开始扭亏为盈
3	河南新天地药业股份有限公司	A股上市，民营企业，主要生产医药中间体、原料药和制剂。成立于2005年，于2022年上市，总资产17.38亿元，员工1000多人，是全球第二大D酸生产企业和国内主要对甲苯磺酸生产企业。公司曾牵头起草D酸的行业标准，并参与编制了对甲苯磺酸的行业标准。其中，左旋对羟基苯甘氨酸系列产品是公司的主要产品之一，销往国内外主要阿莫西林原料药和制剂生产厂商
4	河南佳和高科电气设备股份有限公司	新三板上市，民营企业，主要生产高、低压成套设备及电气元件。成立于2007年，于2016年登陆新三板，是原国家电力部、国家机械工业部生产高、低压设备定点企业，原国家经济贸易委员会"两网"改造推荐企业，中国电器工业协会会员单位，产品遍布全国30多个省（自治区、直辖市）

续表

序号	公司名称	公司简介
5	河南德威科技股份有限公司	新三板上市，民营企业，从事再生金属加工行业，主要生产压铸镁合金、铝镁合金型材、镁合金汽车轮毂。成立于2009年，于2015年登陆新三板，公司占地面积12万平方米，年产约100万只镁合金汽车轮毂，与小鹏汽车等多家知名企业有合作关系，近年来，镁合金汽车轮毂更是获得欧美标准体系认证，进入欧美市场，德国奔驰、美国通用等国外车企纷纷与德威科技达成合作
6	河南汇达印通科技股份有限公司	新三板上市，民营企业，主要生产印刷版材。于2003年建厂，厂区占地101亩，员工180人，总资产约4.3亿元，2017年获批国家级高新科技企业，于2019年登陆新三板。目前年产量可达2400万平方米，其中UV-CTP和热敏-CTP版材的产品性能达到国际标准，国内市场占有率达10%，同时出口到欧洲、东盟、东南亚、美洲、非洲等几十个国家，产品供不应求。财报显示，2023年公司实现营业收入4.83亿元，净利润791.82万元
7	宝润达新型材料股份有限公司	新三板上市，民营企业，主要生产新型建筑节能保温材料、新型墙体、屋面材料和系统集成产品等，主营业务体系涵盖智慧冷链系统、节能保温一体化系统、洁净室净化系统、工业围护系统等全球主流节能环保系统化供应商，产品远销国内外市场。成立于2011年，总资产约4.07亿元，于2020年登陆新三板。财报显示，2023年公司实现营业收入3.59亿元，净利润2609.88万元，同比增长1.81%
8	河南卓宇蜂业有限公司	养蜂产品全产业链龙头企业，成立于1920年，是农业产业化国家重点龙头企业和河南省老字号企业，主要产品有六大系列100多个品种，其中长葛枣花蜜和长葛蜂胶被认定为国家地理标志产品，洋槐蜂蜜、荆条蜂蜜、百花蜂蜜被认定为国家绿色食品。在全国建有20多个养蜂基地，带动就业近300人

四、财政收支分析

从财政收入来看，2023年长葛市一般公共预算收入39.96亿元，占许昌市一般公共预算收入的18.86%①，2022年长葛市一般公共预算收入38.91亿元，占许昌市一般公共预算收入的19.08%，在许昌市辖4个县（市）中

---

① 因成稿时《河南统计年鉴（2024）》尚未发布，故未对2023年度相关数据进行全省、全市排名，仍以2022年排名情况为准。下同。

排第 1 位，在河南省 102 个县（市）中排第 8 位。从财政支出来看，2023 年长葛市一般公共预算支出 51.34 亿元，占许昌市一般公共预算支出的 14.73%，2022 年长葛市一般公共预算支出 53.48 亿元，占许昌市一般公共预算支出的 15.42%，在许昌市辖 4 个县（市）中排第 2 位，在河南省 102 个县（市）中排第 32 位（见表 7）。

表 7　2008—2023 年长葛市财政收支情况

年份	长葛市一般公共预算收入	占许昌市一般公共预算收入的比重	在许昌市的排名	在河南省的排名	长葛市一般公共预算支出	占许昌市一般公共预算支出的比重	在许昌市的排名	在河南省的排名
2008	5.71	13.71	2	20	11.13	14.52	2	33
2009	6.45	13.70	2	20	13.91	13.87	2	33
2010	7.50	13.06	2	19	15.95	13.61	2	35
2011	10.13	13.66	2	17	20.86	13.88	2	32
2012	13.00	14.39	2	16	25.85	14.49	2	33
2013	15.11	13.93	2	14	27.87	13.76	2	38
2014	17.41	13.90	2	13	33.84	15.30	2	31
2015	19.59	14.14	2	12	34.24	13.72	2	36
2016	22.62	17.15	1	9	39.04	14.73	2	34
2017	24.33	16.75	1	9	42.88	14.97	2	36
2018	29.14	17.54	1	8	45.59	14.19	2	45
2019	32.20	17.90	1	8	52.03	14.36	2	38
2020	33.46	18.41	1	9	53.96	14.83	2	35
2021	37.21	19.68	1	10	42.44	11.77	4	51
2022	38.91	19.08	1	8	53.48	15.42	2	32
2023	39.96	18.86	—	—	51.34	14.73	—	—

数据来源：历年河南省统计年鉴、长葛市统计公报及政府网站。

从人均财力看，2022年长葛市人均预算收入为5488元，相当于许昌市人均一般公共预算收入的117.88%，相当于河南省人均一般公共预算收入的127.12%，在许昌市辖4个县（市）中排第1位，在河南省102个县（市）中排第9位。2022年人均预算支出为7543元，相当于许昌市人均预算支出的95.27%，相当于河南省人均预算支出的69.96%，在许昌市辖4个县（市）中排第1位，在河南省102个县（市）中排第39位（见表8）。

从财政自给率看，2022年长葛市财政自给率为72.75%，在许昌市辖4个县（市）中排第1位，在河南省102个县（市）中排第8位（见表8）。2008—2022年长葛市的财政自给率整体呈上升趋势，地方财政的自我"造血能力"逐渐增强，对于转移性支付的依赖程度相对较低。

五、金融业发展分析

从金融机构年末存款情况来看，2022年长葛市金融机构存款年末余额496亿元，占许昌市金融机构存款年末余额的15.14%，在许昌市辖4个县（市）中排第2位，仅低于禹州市，在河南省102个县（市）中排名第20位。从金融机构年末贷款情况来看，2022年长葛市金融机构贷款年末余额353亿元，占许昌市金融机构贷款年末余额的13.5%，在许昌市辖4个县（市）中排第2位，仅低于禹州市，在河南省102个县（市）中排第12位（见表9）。

从存贷比来看，2022年长葛市存贷比为71.1%，在许昌市辖4个县（市）中排第1位，在河南省102个县（市）中排第16位。2008—2022年长葛市的存贷比一直在全省、全市排名中处于相对靠前的位置，长葛市较优的工业基础和较多的企业数量为金融市场带来了活力，投资市场相对活跃。

从人均存款余额来看，2022年长葛市人均存款余额70011元，相当于许昌市人均存款余额的93.53%，相当于河南省人均存款余额的74.65%，在许昌市辖4个县（市）中排第1位，在河南省102个县（市）中排第19位。从人均贷款余额来看，2022年长葛市人均贷款余额为49783元，相当于许昌市人均贷款余额的83.15%，相当于河南省人均贷款余额的65.04%，在许昌市辖4个县（市）中排第1位，在河南省102个县（市）中排第11位（见表10）。

表 8　2008—2022 年长葛市人均财力及财政自给率

年份	人均财力（元，%） 一般公共预算收入/常住人口	与许昌市相比	与河南省相比	在许昌市的排名	在河南省的排名	一般公共预算支出/常住人口	与许昌市相比	与河南省相比	在许昌市的排名	在河南省的排名	财政自给率（%） 长葛市财政自给率	在许昌市的排名	在河南省的排名
2008	849	87.95	79.36	2	23	1656	93.16	68.43	1	33	51.28	2	23
2009	955	87.40	80.45	2	25	2059	88.50	67.24	2	39	46.37	2	23
2010	1091	81.83	74.26	2	25	2320	85.28	63.86	2	40	47.02	2	25
2011	1479	85.53	81.25	2	22	3045	86.90	67.80	1	36	48.56	2	20
2012	1913	90.59	89.36	2	19	3803	91.24	72.40	1	36	50.30	2	19
2013	2239	88.53	88.74	2	19	4130	87.47	70.82	2	41	54.22	2	17
2014	2571	88.08	90.52	2	18	4998	96.95	79.96	1	27	51.44	2	21
2015	2876	88.84	92.50	1	14	5027	86.21	71.72	2	45	57.21	2	15
2016	3283	106.79	101.80	1	13	5665	91.69	74.32	1	36	57.95	1	13
2017	3508	103.82	101.18	1	13	6182	92.81	73.96	1	40	56.73	1	13
2018	4171	109.46	109.25	1	11	6527	88.58	69.84	1	56	63.91	1	8
2019	4582	111.07	112.23	1	10	7404	89.08	72.13	1	49	61.88	1	8
2020	4712	113.54	112.36	1	10	7600	91.44	72.83	1	48	62.00	1	9
2021	5241	121.40	119.15	1	7	5977	72.64	56.69	3	69	87.69	1	2
2022	5488	117.88	127.12	1	9	7543	95.27	69.96	1	39	72.75	1	8

数据来源：历年河南省统计年鉴、许昌市统计年鉴。

表 9　2008—2022 年长葛市金融机构年末存贷款余额情况

年份	长葛市金融机构存款年末余额	占许昌市的比重	在许昌市的排名	在河南省的排名	长葛市金融机构贷款年末余额	占许昌市的比重	在许昌市的排名	在河南省的排名	长葛市存贷比	许昌市存贷比	河南省存贷比	在许昌市的排名	在河南省的排名
	存款（亿元，%）				贷款（亿元，%）				存贷比（%）				
2008	74	14.19	2	18	51	13.6	2	8	69.1	72.4	68.0	1	11
2009	91	13.75	2	17	71	14.8	1	5	78.4	72.7	70.1	1	8
2010	113	13.56	2	17	86	15.3	1	7	76.6	67.7	68.6	1	9
2011	126	12.97	2	19	103	14.8	1	3	81.8	71.7	65.7	1	4
2012	147	12.41	2	20	116	13.6	1	6	78.5	71.6	63.3	1	5
2013	168	11.90	2	22	125	12.5	1	10	74.7	70.8	62.4	2	7
2014	193	12.58	2	21	150	12.8	2	8	77.7	76.1	65.8	2	6
2015	233	13.43	2	17	169	12.4	2	9	72.4	78.3	66.0	2	9
2016	287	14.36	2	17	187	12.8	2	8	65.4	73.3	67.6	2	12
2017	310	14.26	2	19	201	12.4	2	10	64.8	74.3	70.7	2	13
2018	322	13.89	2	22	219	12.5	2	10	68.0	75.3	74.9	1	12
2019	343	13.63	2	21	231	11.6	2	14	67.5	79.2	80.1	1	17
2020	405	14.59	2	18	274	12.3	2	13	67.6	80.5	82.2	1	20
2021	447	15.24	2	18	314	12.8	2	12	70.1	83.8	84.4	2	20
2022	496	15.14	2	20	353	13.5	2	12	71.1	80.0	81.6	1	16

数据来源：历年河南省统计年鉴、许昌市统计年鉴。

表 10　2008—2022 年长葛市人均存贷款情况

年份	长葛市人均存款余额	人均存款（元，%） 在许昌市的排名	人均存款（元，%） 在河南省的排名	与许昌市相比	与河南省相比	长葛市人均贷款余额	人均贷款（元，%） 在许昌市的排名	人均贷款（元，%） 在河南省的排名	与许昌市相比	与河南省相比
2008	11050	1	20	91.05	68.30	7640	1	7	86.96	69.48
2009	13427	1	21	87.76	66.43	10526	1	8	94.66	74.31
2010	16375	1	19	84.99	66.53	12536	1	7	96.08	74.29
2011	18400	1	23	81.22	65.33	15058	1	7	92.66	81.38
2012	21691	1	25	78.13	64.67	17017	1	7	85.61	79.90
2013	24869	1	29	75.64	63.33	18571	1	11	79.73	75.62
2014	28487	1	27	79.71	66.41	22131	1	9	81.41	78.40
2015	34185	1	18	84.42	69.63	24760	1	8	78.09	76.42
2016	41615	1	16	89.38	75.38	27202	1	8	79.70	72.87
2017	44680	1	18	88.42	74.35	28945	1	9	77.08	68.15
2018	46136	1	18	86.68	71.26	31378	1	11	78.26	64.71
2019	48805	1	18	84.55	69.52	32917	1	12	72.02	58.56
2020	57002	1	19	89.98	74.12	38520	1	10	75.58	60.91
2021	63014	1	19	94.04	75.55	44194	1	12	78.67	62.89
2022	70011	1	19	93.53	74.65	49783	1	11	83.15	65.04

数据来源：历年河南省统计年鉴、许昌市统计年鉴。

六、居民收入分析

从居民收入看，2022年长葛市居民人均可支配收入为30035元，相当于许昌市居民人均可支配收入的99.06%，相当于河南省居民人均可支配收入的106.42%，在许昌市辖4个县（市）中排第2位，在河南省102个县（市）中排第17位。从居民收入增速看，2022年长葛市居民人均可支配收入同比增长4.8%（见表11）。

表11 2017—2022年长葛市居民人均可支配收入情况

年份	居民人均可支配收入（元）	在许昌市的排名	在河南省的排名	与许昌市相比（%）	与河南省相比（%）	居民人均可支配收入增速（%）
2017	21572	2	14	98.88	106.95	—
2018	23459	2	14	98.48	106.81	8.7
2019	25573	2	16	98.55	106.99	9.0
2020	26721	2	15	99.20	107.70	4.5
2021	28650	2	16	98.70	106.86	7.2
2022	30035	2	17	99.06	106.42	4.8

数据来源：历年河南省统计年鉴、许昌市统计年鉴。

从城镇居民人均可支配收入看，2022年长葛市城镇居民人均可支配收入为36610元，相当于许昌市城镇居民人均可支配收入的95.74%，相当于河南省城镇居民人均可支配收入的95.13%，在许昌市辖4个县（市）中排第2位，在河南省102个县（市）中排第25位。从农村居民人均可支配收入看，2022年长葛市农村居民人均可支配收入为23148元，相当于许昌市农村居民人均可支配收入的101.94%，相当于河南省农村居民人均可支配收入的123.81%，在许昌市辖4个县（市）中排第2位，在河南省102个县（市）中排第19位（见表12）。

从城乡居民收入对比来看，2022年长葛市城乡居民人均可支配收入比为1.6∶1，在河南省102个县（市）中排第23位，城乡居民收入差距相对较小（见表12）。

表12 2008—2022年长葛市分城乡居民人均可支配收入及城乡收入比

年份	城镇 长葛市城镇居民人均可支配收入	城镇 在许昌市的排名	城镇 在河南省的排名	城镇 与许昌市相比	城镇 与河南省相比	农村 长葛市农村居民人均可支配收入	农村 在许昌市的排名	农村 在河南省的排名	农村 与许昌市相比	农村 与河南省相比	城乡收入比 长葛市城乡居民收入比	城乡收入比 在河南省的排名
2008	11492	2	25	92.32	86.86	6144	2	14	105.21	137.94	1.9	12
2009	12768	2	24	93.75	88.84	6545	2	15	103.86	136.16	2.0	14
2010	14237	2	26	93.84	89.37	7385	2	14	102.61	133.69	1.9	17
2011	16421	2	25	93.82	90.25	8802	2	14	101.75	133.28	1.9	19
2012	18490	2	25	93.93	90.45	10002	2	15	101.86	132.92	1.8	19
2013	20400	2	26	93.94	91.08	11215	2	16	101.89	132.33	1.8	20
2014	22360	2	25	94.14	94.46	12372	2	16	101.91	124.14	1.8	21
2015	23828	2	26	94.46	93.17	13612	2	16	101.92	125.42	1.8	24
2016	25553	2	25	94.58	93.83	14619	2	16	101.82	124.98	1.7	23
2017	27900	2	25	94.75	94.39	15870	2	16	101.79	124.77	1.8	24
2018	30244	2	25	94.76	94.89	17282	2	16	101.88	124.95	1.8	24
2019	32647	2	26	94.97	95.46	18916	2	16	101.93	124.74	1.7	27
2020	33185	2	27	95.02	95.50	20118	2	15	102.08	124.89	1.6	25
2021	35458	2	25	95.33	95.59	21868	2	15	101.89	124.73	1.6	24
2022	36610	2	25	95.74	95.13	23148	2	19	101.94	123.81	1.6	23

数据来源：历年河南省统计年鉴、许昌市统计年鉴。

七、固定资产投资分析

从固定资产投资总额来看，长葛市 2020 年达到 575 亿元，2021 年起不再公开固定资产投资总额，仅公布增速。从固定资产投资增速来看，近年来长葛市的固定资产投资增速大于许昌市域和河南省域的固定资产投资增速，2023 年长葛市固定资产投资增长 13.1%，高于许昌市 7.0 个百分点，高于河南省 6.4 个百分点（见表 13）。

表 13　2008—2023 年长葛市固定资产投资情况

年份	长葛市固定资产投资总额（亿元）	长葛市固定资产投资增速（%）	许昌市固定资产投资增速（%）	河南省固定资产投资增速（%）	长葛市增速与许昌市对比（%）	长葛市增速与河南省增速（%）
2008	100	—	33.7	30.7	—	—
2009	111	—	31.1	31.6	—	—
2010	127	—	26.7	22.2	—	—
2011	163	—	26.9	27.0	—	—
2012	202	—	23.9	21.4	—	—
2013	250	—	23.4	22.5	—	—
2014	300	—	19.4	19.2	—	—
2015	354	—	17.9	16.5	—	—
2016	415	—	17.2	13.7	—	—
2017	470	13.3	11.8	10.4	1.5	2.9
2018	516	9.7	10.2	8.1	−0.5	1.6
2019	516	—	5.2	8.0	—	—
2020	575	11.4	1.7	4.3	9.7	7.1
2021	—	10.5	7.1	4.5	3.4	6.0
2022	—	11.2	3.8	6.7	7.4	4.5
2023	—	13.1	6.1	6.7	7.0	6.4

数据来源：历年河南省统计年鉴、许昌市统计年鉴。

八、社会消费分析

从社会消费情况来看，2022年长葛市社消零总额为208.7亿元，在许昌市辖4个县（市）中排第2位，在河南省102个县（市）中排第13位，占当年长葛市GDP的比重为25.1%；从人均社消零额来看，2022年长葛市的人均社消零额为29432元，在河南省102个县（市）中排第6位（见表14）。长葛市的居民消费能力较强，社消零总额和人均社消零额在全省排名中一直处在靠前的位置，消费驱动经济增长的效果较好。

表14 2008—2022年长葛市社会消费情况

年份	社消零总额（亿元，%）				人均社消零额（元）	
	社消零总额	在许昌市的排名	在河南省的排名	占GDP的比重	人均社消零额	在河南省的排名
2008	49.5	2	15	22.3	7361	12
2009	59.2	2	14	26.8	8756	11
2010	67.3	2	16	25.9	9792	14
2011	80.2	2	16	24.6	11704	13
2012	93.4	2	16	25.2	13733	12
2013	108.2	2	14	26.3	16033	8
2014	120.8	2	15	25.9	17833	9
2015	136.4	2	15	27.6	20026	8
2016	153.4	2	15	27.8	22267	9
2017	172.3	2	16	29.1	24839	10
2018	164.8	2	18	26.1	23589	12
2019	227.7	2	8	29.3	32406	3
2020	201.0	2	10	25.7	28304	4
2021	219.1	2	11	26.6	30863	5
2022	208.7	2	13	25.1	29432	6

数据来源：历年河南省统计年鉴，许昌市、长葛市统计公报。

九、人口规模分析

从人口情况看，2022 年长葛市常住人口 70.90 万人，在许昌市辖 4 个县（市）中排第 2 位，在河南省 102 个县（市）中排第 41 位。2020 年，长葛市户籍人口为 78.25 万人，常住人口 71.01 万人，人口外流 7.24 万人，人口流失率为 9.25%。2020 年以后的户籍人口数据不再公开导致部分缺失（见表 15）。

从城镇化率看，长葛市 2022 年城镇化率为 57.69%，高于河南省城镇化率 0.62 个百分点，低于全国城镇化率 7.53 个百分点。2013—2022 年长葛市城镇化率在河南省 102 县（市）中的排名曲折下降，2013 年在河南省 102 个县（市）中排第 12 位，2022 年在河南省 102 个县（市）中排名滑落至第 17 位（见表 15）。

表 15　2008—2022 年长葛市人口情况

年份	户籍人口（万人）	常住人口（万人）	常住人口在许昌市的排名	常住人口在河南省的排名	外流人口（万人）	人口流失率（%）	常住人口占许昌市的比重（%）	长葛市城镇化率（%）	城镇化率在河南省的排名
2008	70.61	67.19	3	51	3.42	4.84	15.59	—	—
2009	70.91	67.55	3	51	3.36	4.74	15.67	—	—
2010	75.54	68.77	2	48	6.77	8.96	15.96	—	—
2011	75.91	68.50	2	46	7.41	9.76	15.97	—	—
2012	76.53	67.98	2	46	8.55	11.17	15.88	—	—
2013	76.87	67.48	2	47	9.39	12.22	15.73	46.61	12
2014	77.21	67.71	2	45	9.50	12.30	15.78	48.27	12
2015	77.59	68.11	2	45	9.48	12.22	15.91	50.18	11
2016	78.07	68.91	2	42	9.16	11.73	16.06	52.10	11
2017	78.52	69.36	2	42	9.16	11.67	16.13	53.98	10
2018	78.83	69.86	2	42	8.97	11.38	16.02	55.73	10
2019	79.07	70.27	2	41	8.80	11.13	16.12	57.38	10
2020	78.25	71.01	2	44	7.24	9.25	16.21	55.88	18

续表

年份	户籍人口（万人）	常住人口（万人）	常住人口在许昌市的排名	常住人口在河南省的排名	外流人口（万人）	人口流失率（%）	常住人口占许昌市的比重（%）	长葛市城镇化率（%）	城镇化率在河南省的排名
2021	—	71.00	2	41			16.21	57.04	17
2022	—	70.90	2	41			16.19	57.69	17

数据来源：历年河南省统计年鉴、许昌市统计公报。

十、公共服务分析

从义务教育情况来看，2022 年长葛市共有中小学 161 所，在校学生数合计 96851 人，专任教师数 6782 人。从医疗卫生情况来看，平均每千名常住人口配备卫生机构床位数、卫生技术人员数逐年上升，医疗资源配备逐步优化，2022 年每千人床位数为 3.37 张，每千人卫生技术人员数为 4.28 人（见表 16）。

表 16　2019—2022 年长葛市义务教育和医疗情况

年份		2019	2020	2021	2022
学校数	合计（所）	164	164	162	161
	小学学校数（所）	130	129	128	127
	初中学校数（所）	34	35	34	34
在校学生数	合计（人）	99690	99406	97977	96851
	小学在校生数（人）	67767	67828	66487	63869
	初中在校生数（人）	31923	31578	31490	32982
专任教师数	合计（人）	6458	6650	6836	6782
	小学（人）	3443	3348	3432	3309
	初中（人）	3015	3302	3404	3473
医疗卫生	卫生机构床位数/千人	2.54	2.63	3.18	3.37
	卫生技术人员数/千人	3.39	3.86	4.11	4.28

数据来源：历年河南省统计年鉴、许昌市统计年鉴。

十一、县域发展特色产业——循环经济产业园

在国家"碳达峰、碳中和"战略加持下，全国加快发展壮大绿色经济和循环经济。长葛市作为国家循环经济试点单位、国家城市矿产示范基地，不锈钢、铝、铜、镁四大主要金属的再生金属产业已有40余年发展历史，循环经济产业园位于长葛市大周镇，这个8万多人口的小镇，一半的人从事金属回收加工，有1000多家经济实体，2022年回收量400万吨，加工量320万吨，园区主营业务收入超过900亿元，年节约标煤约700万吨，减排二氧化碳1800余万吨，形成从废旧金属回收、冶炼、简单加工、精深加工到销售的循环经济产业链条，通过加快经济结构战略性调整，推动产业向"低污染、高收益"转变。

循环经济产业园也催生出一批智能化程度高、科技含量高、绿色化程度高的龙头企业：德威科技主导产品是镁合金汽车轮毂，其建成了全球第一条镁合金汽车轮毂工业生产线，不仅拥有领先同行业的专利技术，也是国际镁合金汽车轮毂标准的制定者；百菲萨集团是目前在豫投资体量最大的德国独资企业，2023年落户长葛开始投产，每年可"吃掉"11万吨电炉除尘灰、4万吨氧化锌粉，进一步拉长再生金属加工产业链条；凯美特靠着生产再生铝起家，年产铝板20万吨，产值40多亿元，生产的铝制幕墙、再生铝天花板等产品，打入了杭州亚运会等高端市场；德佰特是一家专业从事煤矿机械液压油缸的制造型企业，其实施的机电液压油缸再制造项目，每年可以实现3万个老旧油缸"换旧胜新"，生产的液压支架达到德国制造质量水平。

十二、综述

综上所述，长葛市县域经济总体实力在全市、全省的各个县（市）排名中整体处于上游水平。其中，GDP总量在省、市辖县域均处于上游水平；人均GDP在省、市辖县域处于领先地位；GDP增速和人均GDP增速在省、市辖县域处于下游水平，近年来经济增速有所放缓；财政收入和人均财政收入在省、市辖县域排名中处于上游水平，财政支出和人均财政支出在省、市辖县域排名中处于中等偏上水平，财政自给率较高；存款余额

和贷款余额在省、市辖县域排名中均处于上游水平，存贷比较高，金融市场和投资市场活跃度较高；居民人均可支配收入在省、市辖县域中处于上游水平，城乡居民可支配收入差距较小；人口流失程度较低，外来流入的务工人员较多，城镇化率较高。工业基础雄厚、优势产业多样。第二产业是长葛市绝对的支柱产业，营商环境较为良好、民营经济较为活跃、市场主体数量庞大，龙头企业和上市企业较多，连续多年入榜中国工业百强县（市），形成了具有辐射效应和带动效应的产业链群。

根据以上分析，提出以下几点建议。

第一，提升土地的使用效率。长葛市是典型的"人多地少"，产业基础坚实，企业数量又较多的城市，在保证耕地红线的原则下，本来就十分有限的土地资源更加捉襟见肘。所以要提升土地的使用效率，一方面完善低效企业退出机制，盘活闲置、低效用地，引导园区产业更新，加快落后产能和低效资产"腾笼换鸟"；另一方面加快推进农业现代化进程和农业规模化经营，整合优化碎片化耕地和居住空间格局，为工业发展和城市建设腾出空间，提升土地的使用效率。

第二，加大对实体经济的保护和培育。龙头企业和上市民营企业是长葛市产业发展的中流砥柱，也是经济社会发展最宝贵的资源，但是由于外部环境不确定因素依然较多、经济持续回升向好的基础还不牢固、新旧动能转换仍不够快等因素，导致部分企业出现了经营性的困难和危机，所以要加大对实体经济的保护和培育。一方面持续优化营商环境，放宽民间投资市场准入，实施负面清单制度，吸引更多民间资本参与重大工程和项目建设；另一方面加大助企帮扶力度，坚持市场主体"个转企、小升规、规改股、股上市"梯次培育机制，促进企业转型升级。

第三，抢抓机遇，加快"融郑、通港、联许"。"融郑"，即快速融入郑州都市圈，加强产业协同，拓展产业链条，建设成为郑许融合发展先行区；"通港"，即加快许港产业带建设，吸纳交通枢纽物流功能外溢，大力推动与郑州航空港经济综合实验区的规划、交通、产业、平台、项目、政策对接，构建空港门户融合发展区；"联许"，即加快推进许长同城化，推进空间融合，产业分工协作、优势互补。

第四，延伸发展第三产业。与第二产业相比，长葛市的第三产业占比稍显不足，可以探索"产业+物流"和"产业+电商"的发展模式。一方面，长葛市有着天然的区位优势，交通运输便利，可以积极建立与新郑航空港的联动机制，鼓励指导传统工业企业建立海外渠道、打开国际市场，促进国际项目合作和外贸物流产业发展；另一方面，积极探索"互联网+"时代电子商务发展，完善人才、技术、配套基础设施建设等服务体系，为电商的发展提供有力保障，有效推动传统企业数字化转型升级。

河南省县域经济运行分析：禹州篇

一、禹州市概况

禹州市（河南省辖县级市），因大禹治水有功受封于此而得名，由许昌市代管。禹州市位于河南省中部、许昌市西北部，根据2023年国家统计局统计用区划，禹州市辖5个街道、19个镇、2个乡，总面积1469平方千米，截至2023年年底，禹州市常住人口110.90万人，城镇化率为53.65%。

禹州市区位优越，北距郑州市80千米，距新郑国际机场60千米，毗邻郑州航空港经济综合实验区，盐洛、郑栾、焦平三条高速穿境而过，郑渝高铁在禹州按地级站标准设站。禹州市历史文化源远流长，全市地面历史文化遗存2420处，其中，全国重点文物保护单位9处，省级文物保护单位28处，是中国"五大名瓷"之一——钧瓷的唯一产地，也是明清时期全国四大中药材集散地之一。

二、总体经济运行分析

从GDP总量来看，2023年禹州市GDP总量761亿元，在许昌市辖4个县（市）中排第1位；2022年禹州市GDP总量927亿元，占许昌市GDP总量的24.74%，在许昌市辖4个县（市）中排第1位，GDP总量在河南省102个县（市）中的排名一直处于靠前位置，2022年排第4位，处于领先水平。

从GDP增速来看，2008—2022年禹州市GDP增速逐年下降，2023年禹州市GDP增速为1.4%，高于许昌市GDP增速0.5个百分点，低于河南省GDP增速2.7个百分点，在许昌市辖4个县（市）中排第1位；2022年禹州市GDP增速为2.7%，高于许昌市GDP增速0.4个百分点，低于河南省GDP增速0.4个百分点，在许昌市辖4个县（市）中排第2位，在河南省102个县（市）中排第85位，处于下游水平（见表1）。

表1 2008—2023年禹州市地区生产总值及增速

年份	禹州市GDP	占许昌市GDP的比重	在许昌市的排名	在河南省的排名	禹州市GDP增速	在许昌市的排名	在河南省的排名	与许昌市GDP增速对比	与河南省GDP增速对比
2008	265	24.98	1	5	15.2	1	25	2.6	3.1
2009	292	28.41	1	5	13.6	1	22	1.1	2.7
2010	331	25.18	1	6	14.0	3	23	0.4	1.5
2011	385	24.22	1	7	15.5	1	16	0.3	3.6
2012	403	23.51	1	7	12.2	3	27	0.0	2.1
2013	452	23.76	1	7	10.8	3	26	0.2	1.8
2014	488	23.37	1	6	10.5	1	21	1.2	1.6
2015	512	23.60	1	7	9.5	2	44	0.5	1.2
2016	565	23.77	1	9	9.1	3	29	0.3	1.0
2017	645	24.51	1	6	9.5	2	12	0.8	1.7
2018	698	24.65	1	7	9.2	1	5	0.6	1.6
2019	833	24.54	1	3	7.8	1	31	0.7	0.8
2020	850	24.63	1	3	3.1	2	47	0.4	1.8
2021	904	24.73	1	3	6.3	1	63	0.8	0.0
2022	927	24.74	1	4	2.7	2	85	0.4	−0.4
2023	761	23.51	1	—	1.4	1	—	0.5	−2.7

数据来源：历年河南省统计年鉴、许昌市统计年鉴。

从人均GDP来看，2023年禹州市人均GDP为68666元，相当于许昌市人均GDP的92.92%；2022年禹州市人均GDP为83620元，相当于许昌市人均GDP的97.78%，在许昌市辖4个县（市）中排第2位，在河南省102个县（市）中的排名逐年提升，至2022年在全省县（市）中排第10位，处于领先水平（见表2）。

从人均GDP增速来看，2008—2022年禹州市人均GDP增速整体呈下降的趋势，2022年人均GDP增速为2.8%，高于许昌市人均GDP增速1.0个百分点，低于河南省人均GDP增速0.7个百分点，在许昌市辖4个县（市）中排第2位，在河南省102个县（市）中排第89位，处于下游水平（见表2）。

表2　2008—2023年禹州市人均地区生产总值及增速

年份	人均GDP总量（元，%）				人均GDP增速（%）			
	禹州市人均GDP	与许昌市相比	在许昌市的排名	在河南省排名	禹州市人均GDP增速	在许昌市的排名	在河南省的排名	与许昌市人均GDP增速对比	与河南省人均GDP增速对比
2008	22502	94.06	4	31	14.8	1	31	2.6	3.0
2009	25495	97.21	2	26	16.8	1	6	4.6	6.6
2010	29555	96.79	2	26	16.5	1	29	2.9	4.0
2011	34078	92.29	4	29	14.7	4	45	−0.7	2.5
2012	35780	89.57	4	27	12.4	3	43	0.0	3.0
2013	40067	90.45	4	25	10.7	3	39	0.2	2.3
2014	43098	88.92	4	23	10.2	2	35	1.2	2.0
2015	45050	89.81	3	22	9.0	2	60	0.6	1.3
2016	49374	90.56	3	27	8.4	2	59	0.4	0.9
2017	56023	93.51	2	20	8.8	1	26	1.0	1.7
2018	60240	94.14	2	20	8.6	1	26	0.7	1.4
2019	71566	109.89	2	14	7.3	1	58	1.0	0.9
2020	76553	97.06	2	11	3.3	2	42	1.0	2.4
2021	81466	97.66	2	10	6.3	1	73	1.0	−0.1
2022	83620	97.78	2	10	2.8	2	89	1.0	−0.7
2023	68666	92.92	—	—	—	—	—	—	—

数据来源：历年河南省统计年鉴、许昌市统计年鉴。

三、分产业经济运行分析

（一）产业格局与发展方向

禹州市的第二产业和第三产业均有较好的基础，协同发展，持续推进建设"工业强市、文明新城"。从工业来看，禹州市坚持把制造业高质量发展作为主攻方向，充分发挥高新区在培育壮大高科技产业集群上的优势，以中小企业创业园、药慧园、铸造产业园为引领，持续推动新材料、装备制造、医药健康三大主导产业做大做优做强。一是链式发展做强新材料产业，形成了"新型建筑材料产业、超硬材料产业、熔炼原辅材料产业"三个领域产业集群；二是迈向高端做大装备制造产业，形成了以压滤机等环保装备、汽车零部件、机床零部件等为代表的支柱产业；三是抢抓机遇做优医药健康产业，形成了包括种植、加工、研发、生产、流通、健康养生等在内的全产业链发展格局。同时大力发展禹州钧瓷特色产业，禹州市是中国"五大名瓷"之一——钧瓷的原产地，2003年，钧瓷成为国家地理标志保护产品。

从服务业来看，禹州市是中国优秀旅游城市、河南省首批历史文化名城、中国最具魅力宜居宜业宜游城市、国家园林城市，夏禹文化、钧瓷文化、中药文化源远流长，有神垕古镇、大鸿寨、钧官窑址博物馆、中国钧瓷文化园、中医药文化博物馆等旅游景点，定期举办禹州钧瓷文化旅游节、药王孙思邈医药文化节、禹州大鸿寨红叶文化节等节会，培育发展沉浸式文旅、研学旅行、精品民宿等旅游新业态，着力打造一批近郊乡村游休憩地、景区周边游承接地、农耕文化游体验地、康养休闲游目的地，持续擦亮城市文化名片。

（二）产业结构分析

从三次产业占比来看，禹州市第一产业占比从2008年的8.33%逐步下降至2022年的3.80%。第二产业占比从2008年的69.46%曲折下降至2022年的55.20%。第三产业占比从2008年的22.21%曲折增加到2022年的41.00%。由此可以看出近年来禹州市的支柱产业由第二产业逐年向第三产业转移，呈"三、二、一"梯次（见表3和图1）。

表3 2008—2022年禹州市三产结构变化情况

年份	第一产业占比（%）	第二产业占比（%）	第三产业占比（%）
2008	8.33	69.46	22.21
2009	7.80	72.54	19.66
2010	7.72	72.67	19.61

续表

年份	第一产业占比（%）	第二产业占比（%）	第三产业占比（%）
2011	7.53	71.83	20.64
2012	7.40	69.82	22.77
2013	7.04	70.20	22.76
2014	6.63	60.59	32.78
2015	5.90	58.21	35.89
2016	5.21	57.85	36.94
2017	4.09	58.89	37.02
2018	3.69	57.50	38.81
2019	3.72	56.62	39.66
2020	4.10	55.34	40.56
2021	3.77	54.70	41.53
2022	3.80	55.20	41.00

数据来源：历年河南省统计年鉴、禹州市统计公报及政府网站。

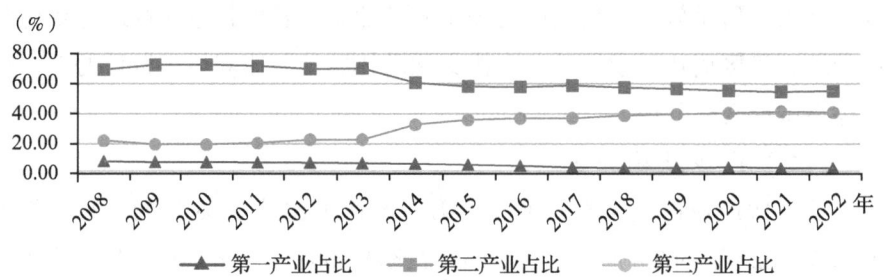

图1　2008—2022年禹州市三产结构变化情况

数据来源：历年许昌市统计年鉴。

（三）工业发展情况分析

从工业发展来看，2023年禹州市规上工业增加值增速为1.2%，低于许昌市规上工业增加值增速0.8个百分点；2022年禹州市规上工业增加值增速为4.2%，在许昌市辖4个县（市）中排第3位，在河南省102个县（市）中排第84位，高于许昌市规上工业增加值增速1.9个百分点（见表4）。

表4 2008—2023年禹州市工业发展情况

年份	禹州市规上工业增加值增速（%）	许昌市规上工业增加值增速（%）	禹州市增速与许昌市对比（%）	禹州市增速在许昌市的排名	禹州市增速在河南省的排名
2008	21.1	19.6	1.5	2	77
2009	18.1	17.9	0.2	4	58
2010	20.1	20.7	−0.6	4	82
2011	22.6	21.7	0.9	4	65
2012	17.1	17.4	−0.3	4	67
2013	14.7	14.8	−0.1	4	56
2014	14.1	11.9	2.2	4	35
2015	9.5	9.1	0.4	3	72
2016	9.4	8.9	0.5	4	63
2017	9.7	9.0	0.7	2	19
2018	9.0	8.5	0.5	4	39
2019	8.7	8.4	0.3	2	46
2020	3.7	4.2	−0.5	4	76
2021	7.5	6.6	0.9	2	67
2022	4.2	2.3	1.9	3	84
2023	1.2	2.0	−0.8	—	—

数据来源：历年河南省统计年鉴、禹州市统计公报及政府网站。

（四）服务业发展情况分析

从服务业增加值来看，2008—2022年禹州市始终保持较快的上升速度，2022年禹州市服务业增加值为380亿元，占许昌市的23.66%，在许昌市辖4个县（市）中排第1位，在河南省102个县（市）中排第3位，处于领先水平。从服务业增加值增速来看，2022年禹州市服务业增加值同比增长1.8%，在许昌市辖4个县（市）中排第3位，在河南省102个县（市）中排第76位（见表5）。

表5　2008—2022年禹州市服务业发展情况

年份	禹州市服务业增加值（亿元）	占许昌市服务业增加值的比重（%）	增加值在许昌市的排名	增加值在河南省的排名	禹州市服务业增加值增速（%）	增速在许昌市的排名	增速在河南省的排名
2008	59	28.80	1	6	16.0	1	26
2009	57	24.67	1	8	13.7	1	43
2010	65	24.57	1	8	10.1	2	61
2011	79	23.44	1	10	10.8	4	45
2012	92	23.67	1	8	10.8	2	41
2013	103	23.71	1	9	8.8	2	48
2014	160	25.21	1	6	10.6	1	21
2015	184	25.52	1	7	13.8	1	17
2016	209	25.56	1	8	11.1	3	41
2017	239	25.74	1	8	11.4	1	28
2018	271	25.86	1	8	10.1	2	44
2019	330	23.38	1	3	7.7	1	54
2020	345	23.82	1	3	2.2	1	47
2021	375	24.05	1	3	8.4	1	52
2022	380	23.66	1	3	1.8	3	76

数据来源：历年河南省统计年鉴、禹州市统计公报及政府网站。

（五）重点企业分析

禹州市重点企业情况介绍见表6。

表6　禹州市重点企业情况

序号	公司名称	公司简介
1	禹州市恒利来新材料股份有限公司	新三板上市，民营企业，专注于绿色铸造专用新材料的研发、生产、销售和服务，主要产品包括包芯线、发热保温冒口套、绿色智能喂线处理装备等铸造用改性新材料，产品广泛应用于高铁、风电、核电、军工等高端装备制造业。成立于2000年，于2023年上市，先后获评国家级专精特新重点"小巨人"企业、国家知识产权优势企业、国家服务型制造业示范企业、国家高新技术企业、国家级企业标准领跑者等多项国家级荣誉，成为"行业领跑者"

续表

序号	公司名称	公司简介
2	河南大张过滤设备有限公司	主要生产过滤机、压滤机等过滤产品设备，产品主要应用于环保、矿业、冶金、医药、石油、化工、煤炭、食品等领域。成立于2016年，占地面积202亩，厂房面积70000平方米，投资1.5亿元，是集生产、制造、科研、销售、国际贸易为一体的综合性科技型企业。该公司2020年入选河南省技术创新示范企业，2021年入选河南省"瞪羚"企业
3	河南禹州市药王制药有限公司	始建于1956年，历经50多年风雨变迁，于2002年6月在禹州市制药厂、禹州市制药集团的基础上，成立了禹州市药王制药有限公司。公司现有员工2000余人，厂房占地面积7.2万平方米，建筑面积2.3万平方米，固定资产1.5亿元，主要生产"禹星牌"中成药片剂、丸剂、散剂、颗粒剂、胶剂等，其中以国家中药保护品种中风回春片、活血壮筋丸、舒筋活血丸、石黄抗菌片等产品为主
4	禹州市厚生堂中药有限公司	源自1912年设立的厚生堂大药堂，是一个有着厚重历史的老店，历经尹氏四代传承，发明了中药"无汁蒸制"新工艺，炮制的九蒸黄精、玉竹等养生保健品品质优良，备受市场青睐，使"尹记厚生堂"这一老店焕发出勃勃生机。禹州市厚生堂中药有限公司成立于2015年，总资产2500多万元，建设有许昌市企业技术中心、许昌市中药蒸制工程技术中心，是国家科技型中小企业、禹州市创新示范企业、高新技术企业、"两化"融合备选企业
5	大宋官窑股份有限公司	是一家集研制、生产、经营陶瓷艺术品为一体的企业，前身荣昌钧瓷坊于1995年在"钧瓷之都"神垕镇创立，该公司成立于2005年，目前在全国32个城市均设有门店

四、财政收支分析

从财政收入来看，2023年禹州市一般公共预算收入33.57亿元，占许昌市一般公共预算收入的15.84%，2022年禹州市一般公共预算收入30.51亿元，占许昌市一般公共预算收入的14.96%，在许昌市辖4个县（市）中排第2位，在河南省102个县（市）中排第13位。从财政支出来看，2023年禹州市一般公共预算支出59.60亿元，占许昌市一般公共预算支出的17.10%，2022年禹州市一般公共预算支出58.67亿元，占许昌市一般公共预算支出的16.92%，在许昌市辖4个县（市）中排第1位，在河南省102个县（市）中排第26位（见表7）。

表7 2008—2023年禹州市财政收支情况

年份	一般公共预算收入（亿元，%）				一般公共预算支出（亿元，%）			
	一般公共预算收入	占许昌市一般公共预算收入的比重	在许昌市的排名	在河南省的排名	一般公共预算支出	占许昌市一般公共预算支出的比重	在许昌市的排名	在河南省的排名
2008	12.60	30.28	1	4	19.39	25.31	1	2
2009	14.24	30.24	1	3	23.80	23.74	1	3
2010	16.52	28.75	1	3	26.79	22.85	1	3
2011	20.79	28.03	1	3	31.82	21.17	1	3
2012	24.34	26.93	1	5	39.71	22.26	1	5
2013	27.04	24.92	1	7	45.10	22.27	1	4
2014	30.02	23.97	1	5	46.24	20.90	1	6
2015	32.06	23.14	1	5	52.56	21.06	1	6
2016	16.92	12.83	2	16	53.19	20.07	1	8
2017	18.72	12.88	2	17	55.21	19.28	1	12
2018	20.87	12.56	2	18	59.54	18.53	1	19
2019	23.02	12.80	2	19	65.67	18.12	1	22
2020	24.06	13.24	2	17	61.28	16.83	1	25
2021	27.24	14.40	2	16	53.46	14.83	1	27
2022	30.51	14.96	2	13	58.67	16.92	1	26
2023	33.57	15.84	—	—	59.60	17.10	—	—

数据来源：历年河南省统计年鉴、禹州市统计公报及政府网站。

从人均一般公共预算收入看，2023年人均一般公共预算收入为3027元，相当于许昌市人均一般公共预算收入的62.56%，相当于河南省人均一般公共预算收入的65.84%；2022年人均一般公共预算收入为2753元，相当于许昌市人均一般公共预算收入的59.14%，相当于河南省人均一般公共预算收入的63.78%，在许昌市辖4个县（市）中排第4位，在河南省102个县（市）中排第46位。从人均一般公共预算支出看，2023年人均一般公共预算支出为5374元，相当于许昌市人均一般公共预算支出的67.52%，相当于河南省人均一般公共预算支出的47.68%；2022年人均一般公共预算支出为5295元，相当于许昌市人均一般公共预算支出的66.88%，相当于河南省人均一般公共预算支出的49.11%，在许昌市辖4个县（市）中排第4位，在河南省102个县（市）中排第96位（见表8）。

从财政自给率看，2023年禹州市财政自给率为56.32%，2022年禹州市财政自给率为52.00%，在许昌市辖4个县（市）中排第3位，在河南省102个县（市）中排第28位，整体呈下降趋势（见表8），地方财政的自我"造血能力"逐渐减弱，对于转移性支付的依赖程度越来越大。

五、金融业发展分析

从金融机构存款情况来看，2023年禹州市金融机构存款年末余额625亿元，占许昌市金融机构存款年末余额的17.68%；2022年禹州市金融机构存款年末余额571亿元，占许昌市金融机构存款年末余额的17.41%，在许昌市辖4个县（市）中排第1位，在河南省102个县（市）中排名第11位。从金融机构贷款情况来看，2023年禹州市金融机构贷款年末余额410亿元，占许昌市金融机构贷款年末余额的14.4%；2022年禹州市金融机构贷款年末余额358亿元，占许昌市金融机构贷款年末余额的13.6%，在许昌市辖4个县（市）中排第1位，在河南省102个县（市）中排第10位（见表9）。

从存贷比来看，2023年禹州市存贷比为65.5%，2022年禹州市存贷比为62.7%，在许昌市辖4个县（市）中排第2位，在河南省102个县（市）中排第31位（见表9）。

表8 2008—2023年禹州市人均财力及财政自给率

年份	一般公共预算收入/常住人口	与许昌市相比	与河南省相比	在许昌市的排名	在河南省的排名	一般公共预算支出/常住人口	与许昌市相比	与河南省相比	在许昌市的排名	在河南省的排名	财政自给率	在许昌市的排名	在河南省的排名
2008	1066	110.45	99.66	1	19	1641	92.31	67.80	2	34	64.99	1	10
2009	1281	117.30	107.96	1	16	2142	92.06	69.94	1	36	59.82	1	10
2010	1459	109.49	99.37	1	17	2367	87.03	65.17	1	34	61.65	1	11
2011	1844	106.69	101.35	1	17	2823	80.59	62.87	3	50	65.32	1	9
2012	2157	102.17	100.78	1	16	3520	84.44	67.01	3	50	61.29	1	10
2013	2394	94.66	94.89	1	16	3994	84.59	68.49	3	49	59.94	1	13
2014	2647	90.68	93.20	1	16	4077	79.08	65.23	3	58	64.92	1	10
2015	2811	86.82	90.40	2	16	4608	79.02	65.74	3	61	61.00	1	11
2016	1473	47.90	45.66	4	49	4630	74.94	60.74	4	73	31.80	4	41
2017	1620	47.95	46.74	4	48	4779	71.74	57.17	4	86	33.90	4	40
2018	1797	47.15	47.06	4	48	5126	69.57	54.85	4	93	35.05	4	39
2019	1972	47.81	48.31	4	48	5627	67.70	54.82	4	94	35.05	3	36
2020	2168	52.23	51.69	4	48	5521	66.43	52.91	4	99	39.26	3	30
2021	2456	56.89	55.83	4	45	4821	58.59	45.73	4	94	50.94	2	31
2022	2753	59.14	63.78	4	46	5295	66.88	49.11	4	96	52.00	3	28
2023	3027	62.56	65.84	—	—	5374	67.52	47.68	—	—	56.32	—	—

数据来源：历年河南省统计年鉴、许昌市统计年鉴。

表 9　2008—2023 年禹州市金融机构年末存贷款余额情况

年份	存款（亿元，%）金融机构存款年末余额	占许昌市的比重	在许昌市的排名	在河南省的排名	贷款（亿元，%）金融机构贷款年末余额	占许昌市的比重	在许昌市的排名	在河南省的排名	存贷比（%）禹州市存贷比	许昌市存贷比	河南省存贷比	在许昌市的排名	在河南省的排名
2008	112	21.40	1	6	53	14.0	1	7	47.3	72.4	68.0	3	44
2009	135	20.52	1	5	65	13.5	2	9	47.9	72.7	70.1	3	51
2010	159	19.21	1	6	79	14.0	2	12	49.3	67.7	68.6	4	42
2011	164	16.86	1	9	88	12.6	2	13	53.8	71.7	65.7	4	30
2012	184	15.50	1	11	97	11.4	2	13	52.8	71.6	63.3	4	26
2013	218	15.48	1	11	123	12.3	2	11	56.3	70.8	62.4	4	28
2014	250	16.33	1	10	157	13.5	1	6	62.8	76.1	65.8	4	21
2015	273	15.78	1	12	181	13.3	1	5	66.1	78.3	66.0	4	17
2016	346	17.33	1	10	190	13.0	1	7	54.9	73.3	67.6	4	31
2017	380	17.50	1	10	217	13.4	1	8	57.0	74.3	70.7	4	29
2018	388	16.73	1	11	229	13.1	1	9	59.0	75.3	74.9	4	31
2019	421	16.73	1	10	255	12.8	1	11	60.6	79.2	80.1	4	29
2020	468	16.87	1	10	284	12.7	1	10	60.6	80.5	82.2	4	28
2021	500	17.04	1	12	330	13.4	1	9	65.9	83.8	84.4	3	26
2022	571	17.41	1	11	358	13.6	1	10	62.7	80.0	85.4	2	31
2023	625	17.68	1	—	410	14.4	1	—	65.5	80.6	86.4	—	—

数据来源：历年河南省统计年鉴、许昌市统计年鉴。

从人均存款余额来看，2023年禹州市人均存款余额56361元，相当于许昌市人均存款余额的69.84%，相当于河南省人均存款余额的60.09%；2022年禹州市人均存款余额51513元，相当于许昌市人均存款余额的68.82%，相当于河南省人均存款余额的54.92%，在许昌市辖4个县（市）中排第4位，在河南省102个县（市）中排第68位。从人均贷款余额来看，2023年禹州市人均贷款余额为36941元，相当于许昌市人均贷款余额的56.82%，相当于河南省人均贷款余额的48.26%；2022年禹州市人均贷款余额为32284元，相当于许昌市人均贷款余额的53.92%，相当于河南省人均贷款余额的42.18%，在许昌市辖4个县（市）中排第4位，在河南省102个县（市）中排第44位（见表10）。

表10 2008—2023年禹州市人均存贷款情况

年份	人均存款（元，%）					人均贷款（元，%）				
	人均存款余额	在许昌市的排名	在河南省的排名	与许昌市相比	与河南省相比	人均贷款余额	在许昌市的排名	在河南省的排名	与许昌市相比	与河南省相比
2008	9471	2	28	78.04	58.54	4475	3	38	50.94	40.70
2009	12176	2	29	79.58	60.24	5828	2	36	52.41	41.15
2010	14094	2	32	73.15	57.26	6950	2	33	53.26	41.18
2011	14544	3	42	64.20	51.64	7823	4	32	48.13	42.27
2012	16321	4	50	58.79	48.66	8617	4	39	43.35	40.46
2013	19339	4	51	58.82	49.25	10890	4	38	46.75	44.34
2014	22081	4	51	61.78	51.47	13866	4	36	51.01	49.12
2015	23971	4	56	59.20	48.82	15834	4	34	49.94	48.87
2016	30134	3	45	64.72	54.59	16542	4	36	48.47	44.31
2017	32915	3	49	65.14	54.77	18760	4	35	49.96	44.17
2018	33429	4	64	62.81	51.63	19720	4	39	49.18	40.67
2019	36090	4	64	62.52	51.41	21865	4	40	47.84	38.90

续表

年份	人均存款（元，%）					人均贷款（元，%）				
	人均存款余额	在许昌市的排名	在河南省的排名	与许昌市相比	与河南省相比	人均贷款余额	在许昌市的排名	在河南省的排名	与许昌市相比	与河南省相比
2020	42173	4	58	66.57	54.84	25562	4	43	50.15	40.42
2021	45098	4	67	67.31	54.07	29720	4	40	52.91	42.30
2022	51513	4	68	68.82	54.92	32284	4	44	53.92	42.18
2023	56361	—	—	69.84	60.09	36941	—	—	56.82	48.26

数据来源：历年河南省统计年鉴、许昌市统计年鉴。

六、居民收入分析

从居民收入看，2023年禹州市居民人均可支配收入为32276元，相当于许昌市居民人均可支配收入的101.87%，相当于河南省居民人均可支配收入的107.83%；2022年禹州市居民人均可支配收入为30453元，相当于许昌市居民人均可支配收入的100.44%，相当于河南省居民人均可支配收入的107.90%，在许昌市辖4个县（市）中排第1位，在河南省102个县（市）中排第14位。从居民收入增速看，2023年禹州市居民人均可支配收入同比增长6.0%。2022年禹州市居民人均可支配收入同比增长4.3%（见表11）。

表11 2017—2023年禹州市居民人均可支配收入情况

年份	居民人均可支配收入（元）	在许昌市的排名	在河南省的排名	与许昌市相比（%）	与河南省相比（%）	居民人均可支配收入增速（%）
2017	21684	1	13	99.39	107.51	—
2018	23641	1	13	99.24	107.64	9.0
2019	25780	1	14	99.35	107.85	9.0
2020	26967	1	14	100.12	108.69	4.6

续表

年份	居民人均可支配收入（元）	在许昌市的排名	在河南省的排名	与许昌市相比（％）	与河南省相比（％）	居民人均可支配收入增速（％）
2021	29202	1	13	100.60	108.92	8.3
2022	30453	1	14	100.44	107.90	4.3
2023	32276	—	—	101.87	107.83	6.0

数据来源：历年河南省统计年鉴、许昌市统计年鉴。

从城镇居民人均可支配收入看，2023年禹州市城镇居民人均可支配收入为40696元，相当于许昌市城镇居民人均可支配收入的106.43%，相当于河南省城镇居民人均可支配收入的105.75%；2022年禹州市城镇居民人均可支配收入为38644元，相当于许昌市城镇居民人均可支配收入的101.06%，相当于河南省城镇居民人均可支配收入的100.42%，在许昌市辖4个县（市）中排第1位，在河南省102个县（市）中排第10位。从农村居民人均可支配收入看，2023年禹州市农村居民人均可支配收入为24979元，相当于许昌市农村居民人均可支配收入的110.01%，相当于河南省农村居民人均可支配收入的133.60%；2022年禹州市农村居民人均可支配收入23300元，相当于许昌市农村居民人均可支配收入的102.61%，相当于河南省农村居民人均可支配收入的124.62%，在许昌市辖4个县（市）中排第1位，在河南省102个县（市）中排第18位（见表12）。

从城乡居民收入对比来看，2023年禹州市城乡居民人均可支配收入比为1.63∶1，2022年禹州市城乡居民人均可支配收入比为1.66∶1，在河南省102个县（市）中排第36位，近年来城乡居民收入差距整体呈缩小趋势（见表12）。

七、固定资产投资分析

从固定资产投资总额来看，禹州市2020年达到829亿元，2020年起不再公开固定资产投资总额，仅公布增速。从固定资产投资增速来看，除

表 12　2008—2023 年禹州市分城乡居民人均可支配收入及城乡收入比

年份	城镇 城镇居民人均可支配收入	城镇 在许昌市的排名	城镇 在河南省的排名	城镇 与许昌市相比	城镇 与河南省相比	农村 农村居民人均可支配收入	农村 在许昌市的排名	农村 在河南省的排名	农村 与许昌市相比	农村 与河南省相比	城乡收入比 城乡居民收入比	城乡收入比 在河南省的排名
2008	11863	1	17	95.30	89.66	6324	1	9	108.29	141.98	1.88	13
2009	13643	1	10	100.18	94.93	6725	1	10	106.71	139.90	2.03	22
2010	15239	1	9	100.45	95.66	7565	1	11	105.11	136.95	2.01	26
2011	17622	1	8	100.68	96.85	9033	1	11	104.42	136.78	1.95	29
2012	19860	1	8	100.89	97.15	10207	1	11	103.95	135.64	1.95	30
2013	21896	1	8	100.82	97.76	11432	1	11	103.86	134.89	1.92	30
2014	23950	1	8	100.83	101.17	12600	1	13	103.79	126.43	1.90	30
2015	25478	1	8	101.00	99.62	13838	1	14	103.62	127.50	1.84	30
2016	27274	1	8	100.95	100.15	14869	1	15	103.57	127.12	1.83	32
2017	29730	1	7	100.97	100.58	16140	1	15	103.52	126.90	1.84	32
2018	32227	1	7	100.97	101.11	17576	1	15	103.61	127.08	1.83	32
2019	34757	1	8	101.11	101.63	19220	1	14	103.57	126.75	1.81	32
2020	35330	1	9	101.16	101.67	20422	1	13	103.62	126.78	1.73	31
2021	37574	1	9	101.02	101.29	22219	1	13	103.53	126.73	1.69	31
2022	38644	1	10	101.06	100.42	23300	1	18	102.61	124.62	1.66	36
2023	40696	—	—	106.43	105.75	24979	—	—	110.01	133.60	1.63	—

数据来源：历年河南省统计年鉴、许昌市统计年鉴。

2018 年和 2020 年外，近年来禹州市的固定资产投资增速均大于许昌市域和河南省域，2023 年禹州市固定资产投资增长 15.4%，高于许昌市 9.3 个百分点，高于河南省 8.7 个百分点（见表 13）。

表 13 2008—2023 年禹州市固定资产投资情况

年份	禹州市固定资产投资总额（亿元）	禹州市固定资产投资增速（%）	许昌市固定资产投资增速（%）	河南省固定资产投资增速（%）	禹州市增速与许昌市对比（%）	禹州市增速与河南省增速（%）
2008	125	—	33.7	30.7	—	—
2009	146	—	31.1	31.6	—	—
2010	186	—	26.7	22.2	—	—
2011	239	—	26.9	27.0	—	—
2012	297	—	23.9	21.4	—	—
2013	367	—	23.4	22.5	—	—
2014	439	—	19.4	19.2	—	—
2015	517	—	17.9	16.5	—	—
2016	607	—	17.2	13.7	—	—
2017	687	—	11.8	10.4	—	—
2018	750	9.2	10.2	8.1	−1.1	1.1
2019	815	8.6	5.2	8.0	3.4	0.6
2020	829	1.8	1.7	4.3	0.1	−2.5
2021	—	8.2	7.1	4.5	1.1	3.7
2022	—	8.5	3.8	6.7	4.7	1.8
2023	—	15.4	6.1	6.7	9.3	8.7

数据来源：历年河南省统计年鉴、许昌市统计年鉴。

八、社会消费分析

从社会消费情况来看，2023 年禹州市社消零总额为 351.1 亿元，2022 年禹州市社消零总额为 326.8 亿元，在许昌市辖 4 个县（市）中排第 1 位，在河南省 102 个县（市）中排第 3 位，占当年禹州市 GDP 的比重为 35.3%。

从人均社消零额来看，2023年禹州市的人均社消零额为31657元；2022年禹州市的人均社消零额为29494元，在河南省102个县（市）中排第5位（见表14）。禹州市的居民消费能力较强，社消零总额和人均社消零额在全省排名中一直处在靠前的位置，消费驱动经济增长的效果较好。

表14　2008—2023年禹州市社会消费情况

年份	社消零总额（亿元，%）				人均社消零额（元）	
	社消零总额	在许昌市的排名	在河南省的排名	占GDP的比重	人均社消零额	在河南省的排名
2008	64.6	1	6	24.3	5465	26
2009	76.9	1	6	26.3	6920	21
2010	92.1	1	5	27.8	8140	21
2011	109.2	1	5	28.4	9690	20
2012	127.3	1	5	31.5	11282	19
2013	147.4	1	5	32.6	13049	18
2014	164.4	1	5	33.7	14501	19
2015	185.9	1	6	36.3	16296	20
2016	208.9	1	6	37.0	18183	20
2017	234.5	1	6	36.3	20297	20
2018	225.2	1	7	32.3	19392	24
2019	287.4	1	3	34.5	24629	14
2020	309.7	1	3	36.5	27903	5
2021	340.2	1	3	37.6	30675	6
2022	326.8	1	3	35.3	29494	5
2023	351.1	—	—	46.1	31657	—

数据来源：历年河南省统计年鉴，许昌市、禹州市统计公报。

九、人口规模分析

从人口情况看，2023年禹州市常住人口110.90万人；2022年禹州市常住人口110.80万人，在许昌市辖4个县（市）中排第1位，在河南省

102 个县（市）中排第 6 位。2020 年，禹州市户籍人口为 134.02 万人，常住人口 110.99 万人，人口外流 23.03 万人，人口流失率为 17.18%（见表 15）。2020 年以后的户籍人口数据不再公开。

从城镇化率看，禹州市 2023 年城镇化率为 53.65%，禹州市 2022 年城镇化率为 52.67%，低于河南省城镇化率 4.4 个百分点，低于全国城镇化率 12.55 个百分点，在河南省 102 个县（市）中排第 29 位（见表 15）。

表 15 2008—2023 年禹州市人口情况

年份	户籍人口（万人）	常住人口（万人）	常住人口在许昌市的排名	常住人口在河南省的排名	外流人口（万人）	人口流失率（%）	常住人口占许昌的比重（%）	禹州市城镇化率（%）	城镇化率在河南省的排名
2008	121.36	118.18	1	7	3.18	2.62	27.42	—	—
2009	121.74	111.12	1	10	10.62	8.72	25.78	—	—
2010	125.47	113.17	1	5	12.30	9.80	26.26	—	—
2011	125.96	112.70	1	5	13.26	10.53	26.27	—	—
2012	126.52	112.82	1	5	13.70	10.83	26.36	—	—
2013	127.10	112.93	1	4	14.17	11.15	26.32	39.37	27
2014	127.66	113.40	1	4	14.26	11.17	26.43	41.03	27
2015	128.29	114.07	1	4	14.22	11.08	26.65	43.19	26
2016	129.09	114.87	1	4	14.22	11.02	26.78	45.25	25
2017	129.87	115.53	1	4	14.34	11.04	26.87	47.14	23
2018	130.38	116.15	1	5	14.23	10.91	26.64	48.89	23
2019	126.98	116.70	1	5	10.28	8.10	26.77	50.57	22
2020	134.02	110.99	1	7	23.03	17.18	25.34	50.92	29
2021	—	110.90	1	7	—	—	25.32	52.03	29
2022	—	110.80	1	6	—	—	25.30	52.67	29
2023	—	110.90	—	—	—	—	—	53.65	—

数据来源：历年河南省统计年鉴、许昌市统计公报。

十、公共服务分析

从义务教育情况来看，2023年禹州市共有中小学401所，在校学生数合计181233人，专任教师数9051人。从医疗卫生情况来看，平均每千名常住人口配备卫生机构床位数、卫生技术人员数逐年上升，医疗资源配备逐步增强，2023年每千人床位数为6.98张，每千人卫生技术人员数为7.72人（见表16）。

表16　2008—2023年禹州市义务教育和医疗情况

年份		2020	2021	2022	2023
学校数	合计（所）	433	432	399	401
	小学学校数（所）	361	357	318	316
	初中学校数（所）	72	75	81	85
在校学生数	合计（人）	179475	179344	183035	181233
	小学在校生数（人）	105401	105876	103239	98256
	初中在校生数（人）	74074	73468	79796	82977
专任教师数	合计（人）	9570	12532	10667	9051
	小学（人）	5136	6883	4768	4737
	初中（人）	4434	5649	5899	4314
医疗卫生	卫生机构床位数/千人	5.40	5.77	4.99	6.98
	卫生技术人员数/千人	6.01	6.40	7.16	7.72

数据来源：历年河南省统计年鉴、许昌市统计年鉴。

十一、县域发展特色产业——禹州钧瓷

钧瓷始于唐、盛于宋，以其"入窑一色，出窑万彩"的自然窑变艺术著称，特别是宋代至明代中期，钧瓷一直被宫廷定为御用珍品，享有"黄金有价钧无价"之誉。钧窑是宋代五大名窑之一，与汝窑、官窑、哥窑、定窑齐名。宋钧官窑遗址于1964年被考古工作者发现，始建于宋徽宗时期，原是专为皇家烧造宫廷用品的官办窑场，迄今已有900多年历史，该遗址1988年被国务院公布为国家级重点文物保护单位。

禹州是钧瓷的唯一产地，其钧瓷产业发展日新月异，不但成为体现禹州市文化底蕴的特色名片，也形成了极具特色的文化产业集群。2003 年，钧瓷成功申报为国家地理标志保护产品；2008 年，禹州市的钧瓷烧制技艺入选第二批中国非物质文化遗产代表性名录；2009 年，钧瓷河南省地方标准上升为国家标准，同年，"禹州钧瓷"成功注册为地理标志证明商标；2015 年，国家地理标志产品（钧瓷）保护示范区获批筹建。2024 年，禹州钧瓷产业已形成集生产、仓储、交易、旅游、会展"五位一体"的完整链条，全市钧瓷生产企业 200 余家，从业人数 3.2 万人，年产量 240 万件（套），年产值 26 亿元，瓷企利用现代科学的技术和理念改良烧制方法，逐步破解"窑变"之谜，结束了靠天吃饭、靠运气烧窑的情况，使得钧瓷从皇家御用飞进了寻常百姓家。同时，钧瓷也是极具文化特色的旅游 IP，在发祥地禹州神垕古镇形成了集吃、住、游、购、娱为一体的旅游打卡地，顺应当前国潮崛起的新浪潮，全面带动服务业的发展。

十二、综述

综上所述，禹州市各经济指标的总量在河南省各县（市）排名中处于上游水平，部分人均指标处于中游水平。其中，GDP 总量在省、市辖县域中均处于领先水平；人均 GDP 在省、市辖县域中处于上游地位；GDP 增速和人均 GDP 增速在全省各县（市）中处于下游水平，近年来经济增速有所放缓；财政收入和财政支出在省、市辖县域排名中处于上游水平，人均财政收入在全省各县（市）中处于中游水平，人均财政支出在全省各县（市）中处于下游水平，财政自给率处于中上游水平；存款余额和贷款余额在省、市辖县域排名中均处于上游水平，存贷比较高，金融市场和投资市场活跃度较高；居民人均可支配收入在省、市辖县域中处于上游水平，城乡居民可支配收入差距整体呈缩小趋势；社消零总额和人均社消零额在省、市辖县域中均处于领先水平，消费驱动经济增长的效果较好；人口流失程度较大，外出务工人员较多，城镇化率处于中等偏上水平。

根据以上分析，提出以下几点建议。

第一，聚焦人口流动规律，优化县域空间格局。禹州市是人口大市，且乡村外出务工人员数量较多，随着农业现代化和大量剩余劳动力的非农就业转移，乡村人口会加快向城镇聚集，乡村人口减少的趋势是不可逆的，"空心村"现象会越来越严重，耕地撂荒和土地闲置的情况在所难免。所以要探索土地制度改革，加快推进农业现代化进程和农业规模化经营，整合优化碎片化耕地和居住空间格局，为工业发展和城市建设腾出空间，提升土地的使用效率。

第二，持续推进主导产业升级，形成有辐射效应的产业集群。一方面，近年来禹州市的制造业有一定的基础，未来的发展可以产业链为基础、以产业园为载体、以研究院为导向、以龙头企业为抓手，持续推进研究成果转化和产业技术升级，将科技创新推向新高度，逐渐形成有辐射效应的特色产业集群；另一方面，要提高产品标准质量，打造禹州知名品牌。

第三，落实人才引进政策，培养专业技术人才。一方面，围绕产业园员工的住房需求，加快保障性住房、人才公寓等方面的建设工作，同时增加对返乡留乡创业就业人员的契税补贴和生活补贴，免除返乡留乡人才的后顾之忧；另一方面，布局当地职业院校的建设，依托企业和重点项目研究院，搭建产学研一体平台，培养专业技术人才，"一站式"解决用工和就业的需求。

河南省县域经济运行分析：郸城篇

一、郸城县概况

郸城县，相传春秋时道家创始人老子在此将"丹"炼成，故称"丹成"，后谐称郸城。郸城县地处河南东部，东临安徽省，素有"两省三县通衢"之称，境内高等级公路四通八达，G344横贯东西，G220纵贯南北，S211、S214、S324交汇于此。根据2023年国家统计局统计用区划，郸城县辖3个街道、9个镇、10个乡，共有50个社区和481个行政村。总面积1490平方千米，耕地面积163.7万亩，占全域面积的73.24%。2023年末，郸城县常住人口93.39万人，城镇化率为38.48%。

郸城县教育事业成就显著，2023年郸城县高考成绩全省领先，其中一本、二本上线人数，一本、二本、三本上线率，尖子生人数，文科、理科录取分等多个教育指标位列周口市第一，高招成绩全省领先。创造了全省有名气、全国有影响的郸城教育经验和郸城一高名校，成为展示智慧郸城的亮丽名片。同时历史文化悠久，发现有段寨遗址属大汶口文化、汲冢遗址属龙山文化。

二、总体经济运行分析

从GDP总量来看，2022年郸城县GDP总量392.9亿元，占周口市GDP总量的10.9%，在周口市辖8个县（市）中排第4位，GDP总量在河南省102个县（市）中的排名由2008年的第46位曲折上升至2022年的第30位（见表1）。

从GDP增速来看，2008—2022年郸城县GDP一直保持正增长但增速逐年下降，2022年郸城县GDP增速为5.8%，高于周口市GDP增速2.9个百分点，同时高于河南省GDP增速2.7个百分点，在周口市辖8个县（市）中排第3位，在河南省102个县（市）中排第15位，在省市经济增速都有所放缓的背景下，郸城县仍保持了相对较快的GDP增速（见表1）。

表1 2008—2022年郸城县地区生产总值及增速

年份	郸城县GDP	占周口市GDP的比重	在周口市的排名	在河南省的排名	郸城县GDP增速	在周口市的排名	在河南省的排名	与周口市GDP增速对比	与河南省GDP增速对比
2008	101.4	10.3	3	46	13.8	2	39	1.5	1.7
2009	116.4	10.5	3	43	11.5	2	57	−0.5	0.6
2010	137.3	11.2	3	41	12.0	1	51	0.9	−0.5
2011	153.1	10.8	3	43	11.2	3	72	0.6	−0.7
2012	171.4	10.8	3	41	12.0	1	33	1.3	1.9
2013	187.5	10.5	3	41	10.4	1	33	1.1	1.4
2014	196.0	9.8	6	51	8.3	7	82	−0.8	−0.6
2015	203.9	9.8	6	50	9.4	4	45	0.4	1.1
2016	221.7	9.8	6	50	8.6	6	60	0.1	0.5
2017	239.7	9.5	6	48	7.6	6	68	−0.3	−0.2
2018	261.5	9.7	5	46	8.4	6	34	0.2	0.8
2019	327.8	10.2	5	35	7.8	3	32	0.3	0.8
2020	339.6	10.4	5	32	2.5	4	63	0.8	1.2
2021	366.9	10.5	5	31	7.2	4	50	0.9	0.9
2022	392.9	10.9	4	30	5.8	3	15	2.9	2.7

数据来源：历年河南省统计年鉴、周口市统计年鉴。

从人均GDP来看，2022年郸城县人均GDP为40876元，相当于周口市人均GDP的99.8%，在周口市辖8个县（市）中排第4位，在河南省102个县（市）中排第77位，处于中等偏下的水平；从人均GDP增速来看，2008—2022年郸城县人均GDP增速有一定的波动，但始终保持较快的增长速度，2022年增速为8.3%，高于周口市人均GDP增速4.2个百分点，高于河南省人均GDP增速4.8个百分点，在周口市辖8个县（市）中排第1位，在河南省102个县（市）中排第6位，在省市经济增速都有所放缓的背景下，郸城县仍保持了相对较快的人均 GDP 增速（见表 2）。

表 2　2008—2022 年郸城县人均地区生产总值及增速

年份	人均GDP	与周口市相比	在周口市的排名	在河南省的排名	人均GDP增速	在周口市的排名	在河南省的排名	与周口市人均GDP增速对比	与河南省人均GDP增速对比
2008	8468	88.4	6	96	13.8	2	40	1.7	2.0
2009	9781	92.1	5	95	12.2	1	40	2.1	2.0
2010	12591	97.6	5	88	22.2	1	3	5.1	9.7
2011	15373	98.0	4	85	21.8	2	7	3.8	9.6
2012	17574	99.2	4	83	14.4	1	15	2.9	5.0
2013	19605	96.4	5	84	12.6	1	18	2.2	4.2
2014	20653	91.3	7	88	9.1	4	59	0.0	0.9
2015	21562	91.2	7	92	9.8	2	43	1.0	2.1
2016	23434	91.2	7	90	8.5	5	55	0.1	1.0
2017	25383	88.7	7	91	7.8	7	61	−0.4	0.7
2018	27542	89.4	7	89	9.4	6	13	0.4	2.2
2019	35630	96.6	6	76	9.0	3	7	0.9	2.6
2020	33661	93.0	7	86	2.4	7	64	0.3	1.5
2021	37301	96.3	6	82	9.9	2	17	2.6	3.5
2022	40876	99.8	4	77	8.3	1	6	4.2	4.8

数据来源：历年河南省统计年鉴、周口市统计年鉴。

三、分产业经济运行分析

（一）产业格局与发展方向

近年来，郸城县构建了以"三主一特"为核心的产业格局，即食品加工、生物医药和生物可降解新材料三大主导产业，以及制伞特色产业，加快推进产业园建设工作。

食品加工产业。郸城县依托全国粮食生产先进县、超级产粮大县的自身优势，利用当地丰富的小麦、玉米、甘薯等农产品资源，大力发展食品加工产业，计划建设总占地5000亩的小麦粮食精深加工产业园，引进国内知名粮食加工企业。2022年4月19日，周口国家农高区获得国务院批复并落户郸城县，郸城被定位为小麦全产业链生产基地。

生物医药产业。郸城高新区"建圈强链"构建战略性新兴产业体系，以巨鑫生物、神农药业、百年康鑫等企业为龙头，计划建设总占地2760亩的生物医药产业园，为生物医药产业的发展提供有力支持。

生物可降解新材料产业。培育了"金丹"等多个驰名商标，其中上市企业金丹科技的乳酸生产规模亚洲第一、世界第二。计划建设总占地2340亩的生物可降解新材料产业园，正在打造千亿级生物可降解新材料基地。

制伞特色产业。郸城县抢抓沿海制伞企业向内地转移的机遇，依托庞大的制伞务工人员和企业家的资源优势，以打造"中国伞业之乡"为目标，建设总占地1000亩的伞业产业园，大力发展制伞特色产业。

（二）产业结构分析

从三次产业占比来看，2022年郸城县第一产业占比18.5%，第二产业占比44.5%，第三产业占比37.0%。从三产结构演变趋势来看，第一产业占比从2008年的29.6%逐步下降到2022年的18.5%；第二产业占比从2008年的50.3%逐步下降到2022年的44.5%；第三产业占比从2008年的20.2%逐步提升到2022年的37.0%，至2022年呈现"二、三、一"梯次（见表3和图1）。

表3　2008—2022年郸城县三产结构变化情况

年份	第一产业占比（%）	第二产业占比（%）	第三产业占比（%）
2008	29.6	50.3	20.2
2009	29.6	52.0	18.3
2010	28.7	53.4	17.9
2011	28.1	53.7	18.2
2012	26.9	54.5	18.6

续表

年份	第一产业占比（%）	第二产业占比（%）	第三产业占比（%）
2013	26.5	54.6	18.9
2014	25.1	48.5	26.4
2015	24.4	47.9	27.7
2016	23.0	48.0	29.0
2017	20.8	48.1	31.0
2018	19.2	47.4	33.4
2019	15.9	47.0	37.1
2020	19.1	43.4	37.5
2021	19.2	43.4	37.4
2022	18.5	44.5	37.0

数据来源：历年河南省统计年鉴、郸城县统计公报及政府网站。

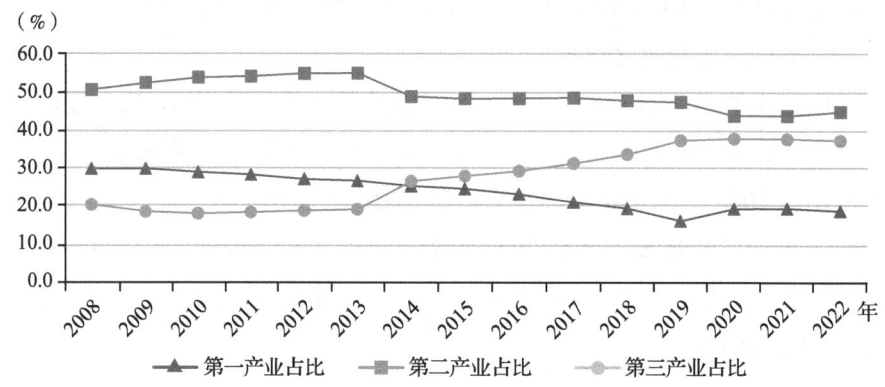

图1 2008—2022年郸城县三产结构变化情况

数据来源：历年河南省统计年鉴、郸城县统计公报及政府网站。

（三）工业发展情况分析

从工业发展情况来看，2022年郸城县规上工业增加值增速为10.9%，高于周口市规上工业增加值增速9.0个百分点，在周口市辖8个县（市）中排第3位，在河南省102个县（市）中排第8位（见表4）。

表4 2008—2023年郸城县工业发展情况

年份	郸城县规上工业增加值增速（%）	周口市规上工业增加值增速（%）	郸城县增速与周口市对比（%）	郸城县增速在周口市的排名	郸城县增速在河南省的排名
2008	24.5	21.5	3.0	2	50
2009	18.1	17.7	0.4	4	61
2010	22.5	21.7	0.8	6	57
2011	20.1	21.9	−1.8	8	84
2012	20.3	19.7	0.6	6	38
2013	16.3	16.4	−0.1	4	35
2014	10.4	12.3	−1.9	8	87
2015	12.1	10.7	1.4	4	41
2016	9.7	9.8	−0.1	7	50
2017	8.1	8.3	−0.2	5	71
2018	8	8.2	−0.2	8	63
2019	8.3	8.5	−0.2	8	78
2020	4.1	3.6	0.5	4	65
2021	10.7	7.8	2.9	4	33
2022	10.9	1.9	9.0	3	8
2023	—	5.0	—	—	—

数据来源：历年河南省统计年鉴、郸城县统计公报及政府网站。

（四）服务业发展情况分析

从服务业增加值来看，2008—2022年郸城县始终保持较快的上升速度，2022年郸城县服务业增加值为145.3亿元，占周口市服务业增加值的9.5%，在周口市辖8个县（市）中排第5位，在河南省102个县（市）中排第41位。从服务业增加值增速来看，2022年郸城县服务业增加值同比增速为4.7%，在周口市辖8个县（市）中排第1位，在河南省102个县（市）中排第8位（见表5）。

表5　2008—2022年郸城县服务业发展情况

年份	郸城县服务业增加值（亿元）	占周口市服务业增加值的比重（%）	增加值在周口市的排名	增加值在河南省的排名	郸城县服务业增加值增速（%）	增速在周口市的排名	增速在河南省的排名
2008	20.4	8.5	6	68	17.2	3	13
2009	21.3	7.9	6	70	14.4	5	38
2010	24.5	8.0	6	71	9.6	6	66
2011	27.9	7.7	6	72	8.8	5	75
2012	31.9	7.8	6	71	10.2	7	47
2013	35.5	7.9	6	71	/	/	/
2014	51.7	8.6	6	60	9.2	8	60
2015	56.6	8.4	6	63	11.2	7	66
2016	64.4	8.4	6	64	11.2	3	40
2017	74.4	8.4	6	61	10.8	6	41
2018	87.3	8.5	6	60	12.2	2	15
2019	121.5	9.2	5	44	10.2	3	6
2020	127.3	9.3	5	44	2.8	1	28
2021	137.3	9.3	5	43	7.9	4	62
2022	145.3	9.5	5	41	4.7	1	8

数据来源：历年河南省统计年鉴、郸城县统计公报及政府网站。

（五）重点企业分析

郸城县重点企业情况介绍见表6。

表6　郸城县重点企业情况

序号	公司名称	公司简介
1	河南金丹乳酸科技股份有限公司	成立于1984年，于2020年4月22日在深圳证券交易所创业板成功上市。具有年产10万吨乳酸及系列产品的生产能力，乳酸生产规模居世界第二位、亚洲第一位。致力于中国乳酸技术的开发研究，拥有国家博士后科研工作站和国家企业技术中心，并建有全国首家乳酸工程技术研究中心和河南省淀粉生物质化工工程技术中心，多次荣获国家和省级科学技术成果奖，拥有国家专利20多项

续表

序号	公司名称	公司简介
2	巨鑫生物制药股份有限公司	成立于2012年，位于郸城县高新区，占地258亩，现有员工416人，是主要从事药品制造行业的医药中间体、原料药、试剂，以及制剂产品的研发、生产、销售和出口的高新技术企业，产品抗艾滋病类中间体阿巴卡韦和治疗心脑血管类中间体产品盐酸地尔硫卓是国家"863"计划产品；原料药核心产品苄星氯唑西林，是通过GMP认证、有批准文号的产品。产品远销欧美、俄罗斯、日韩和印度等70多个国家和地区。公司重视新产品、新技术的研发和成果转化，依托邓子新院士和武汉大学、郑州大学等国内科研团队，共获得国家专利46项、国家"863"计划项目2项、河南省、周口市重大科技专项各1个；建立有国家级博士后工作站、河南省院士工作站及多个研究中心。公司于2017年启动上市工作，现被列入省重点上市后备企业
3	河南百年康鑫药业有限公司	成立于1998年3月，主要从事中药相关产品的研发生产与销售，产品中有12个国家基本药物目录品种、33个国家医保品种。其中冬凌草滴丸、抗病毒口服液、寒痹停片系国家中药保护品种，且"冬凌草滴丸"已进入国家医保药品目录。黄连上清片全国销量第一，复方丹参片、香砂养胃丸、舒筋活血片、清热解毒口服液等产品畅销全国。"百年康鑫"品牌荣获河南十大医药品牌、中国驰名商标
4	河南天豫薯业股份有限公司	成立于1993年，是经河南省政府批准的河南省农业产业化重点龙头企业，主要从事红薯产业的良种繁育、种植推广、精深加工、市场销售，以及出口创汇的科技产业型加工企业，是全国食品工业优秀龙头企业，河南省高成长型民营企业。综合年淀粉生产能力达到5万吨，粉条生产能力3万吨，粉丝生产能力1万吨，商品薯窖存能力2万吨。产品不仅内销到全国20个省市，而且外贸出口到韩国、日本、美国、加拿大、澳大利亚、新西兰等十多个国家和地区，年淀粉出口量占总销量的80%，年粉条出口量占60%以上。2020年12月28日，入选河南省农业产业化省重点龙头企业名单

续表

序号	公司名称	公司简介
5	郸城县正星粉业有限公司	前身是原郸城县石槽面粉厂，后组建成立公司，占地面积4万多平方米，总建筑面积1.8万平方米，现有员工138人，其中制粉高级工程师3人，初级职称以上技术人员26人。公司主要产品是"正星"和"豫王"牌系列面粉，产品品种主要有：超级特精粉、高筋粉、糕点、馒头、面条、饺子专用粉等十几个品种。2020年12月28日，入选河南省农业产业化重点龙头企业名单。同时入选2024年度第一批河南省专精特新中小企业拟认定名单

四、财政收支分析

从财政收入来看，2023年郸城县一般公共预算收入18.0亿元，占周口市一般公共预算收入的8.9%。2022年郸城县一般公共预算收入16.6亿元，占周口市一般公共预算收入的9.2%，在周口市辖8个县（市）中排第5位，在河南省102个县（市）中排第46位。从财政支出来看，2023年郸城县一般公共预算支出66.2亿元，占周口市一般公共预算支出的9.1%。2022年郸城县一般公共预算支出65.8亿元，占周口市一般公共预算支出的9.5%，在周口市辖8个县（市）中排第4位，在河南省102个县（市）中排第18位（见表7）。

表7 2008—2023年郸城县财政收支情况

年份	一般公共预算收入（亿元，%）				一般公共预算支出（亿元，%）			
	郸城县一般公共预算收入	占周口市一般公共预算收入的比重	在周口市的排名	在河南省的排名	郸城县一般公共预算支出	占周口市一般公共预算支出的比重	在周口市的排名	在河南省的排名
2008	2.0	7.9	4	61	13.3	10.4	1	15
2009	2.5	8.2	4	52	16.5	10.1	3	22
2010	3.4	8.8	4	49	19.9	10.3	2	15
2011	4.2	8.6	4	52	25.2	10.3	2	15
2012	5.1	8.4	4	54	34.3	10.6	2	12

续表

年份	一般公共预算收入（亿元，%）				一般公共预算支出（亿元，%）			
	郸城县一般公共预算收入	占周口市一般公共预算收入的比重	在周口市的排名	在河南省的排名	郸城县一般公共预算支出	占周口市一般公共预算支出的比重	在周口市的排名	在河南省的排名
2013	6.5	8.6	5	47	36.3	10.2	3	14
2014	8.0	8.8	5	44	39.1	10.2	3	13
2015	8.8	8.8	5	42	45.7	10.5	2	12
2016	9.6	9.2	4	40	48.7	10.2	3	15
2017	8.1	7.2	6	64	52.6	10.2	3	19
2018	8.9	6.9	6	68	60.3	9.8	3	17
2019	10.0	7.1	6	69	66.8	10.2	3	18
2020	12.3	8.3	5	54	73.0	10.6	2	14
2021	13.7	8.6	5	52	66.3	9.8	4	16
2022	16.6	9.2	5	46	65.8	9.5	4	18
2023	18.0	8.9	—	—	66.2	9.1	—	—

数据来源：历年河南省统计年鉴、郸城县统计公报及政府网站。

从人均财力看，郸城县的人均一般公共预算收入和支出整体低于周口市域和河南省域的人均水平。2023年郸城县人均一般公共预算收入为1927元，相当于周口市人均一般公共预算收入的82.6%，相当于河南省人均一般公共预算收入的41.9%。2022年郸城县人均预算收入为1733元，相当于周口市人均一般公共预算收入的84.8%，相当于河南省人均一般公共预算收入的40.1%，在周口市辖8个县（市）中排第5位，在河南省102个县（市）中排第77位。2023年郸城县人均一般公共预算支出为7094元，相当于周口市人均一般公共预算支出的84.0%，相当于河南省人均一般公共预算支出的62.9%。2022年郸城县人均预算支出为6884元，相当于周口市人均预算支出的87.9%，相当于河南省人均预算支出的63.8%，在周口市辖8个县（市）中排第5位，在河南省102个县（市）中排第61位（见表8）。

表 8　2008—2023 年郸城县人均财力及财政自给率

年份	人均财力（元，%）									财政自给率		
	一般公共预算收入/常住人口	与周口市相比	与河南省相比	在周口市的排名	在河南省的排名	一般公共预算支出/常住人口	与周口市相比	与河南省相比	在周口市的排名	在河南省的排名	财政自给率	在周口市的排名	在河南省的排名
2008	168	65.1	15.7	6	91	1113	85.5	46.0	6	94	15.1	5	84
2009	213	69.4	18.0	5	85	1398	86.2	45.7	7	97	15.2	5	75
2010	338	79.0	23.0	5	74	1985	91.6	54.6	3	70	17.1	4	70
2011	423	77.7	23.2	5	78	2543	93.0	56.6	3	68	16.6	4	73
2012	528	77.3	24.7	5	75	3575	97.3	68.1	2	43	14.8	5	80
2013	687	79.3	27.2	5	76	3807	94.4	65.3	5	60	18.0	4	74
2014	849	82.1	29.9	4	73	4137	95.2	66.2	4	53	20.5	5	76
2015	932	81.8	30.0	5	73	4832	98.1	68.9	2	50	19.3	6	80
2016	1015	86.2	31.5	4	68	5144	95.4	67.5	5	56	19.7	6	78
2017	858	67.3	24.8	8	94	5583	95.3	66.8	5	59	15.4	7	92
2018	931	62.5	24.4	8	97	6304	88.5	67.5	7	67	14.8	7	94
2019	1050	64.5	25.7	8	96	7003	92.4	68.2	6	64	15.0	7	96
2020	1234	75.1	29.4	6	89	7300	95.5	70.0	2	60	16.9	7	91
2021	1412	79.0	32.1	5	84	6852	89.6	65.0	5	46	20.6	5	87
2022	1733	84.8	40.1	5	77	6884	87.9	63.8	5	61	25.2	5	77
2023	1927	82.6	41.9	—	—	7094	84.0	62.9	—	—	27.2	—	—

数据来源：历年河南省统计年鉴、周口市统计年鉴。

— 122 —

从财政自给率看，2023年郸城县财政自给率为27.2%。2022年郸城县财政自给率为25.2%，在周口市辖8个县（市）中排第5位，在河南省102个县（市）中排第77位（见表8）。2008—2023年郸城县的财政自给率处于较低水平，地方财政"造血能力"较弱，对于转移性支付的依赖程度较高。

五、金融业发展分析

从金融机构年末存款情况来看，2022年郸城县金融机构存款年末余额490.1亿元，占周口市的9.7%，在周口市辖8个县（市）中排第4位，在河南省102个县（市）中排第21位。从金融机构年末贷款情况来看，2022年郸城县金融机构贷款年末余额154.2亿元，占周口市的6.9%，在周口市辖8个县（市）中排第5位，在河南省102个县（市）中排第68位（见表9）。

从存贷比来看，2022年郸城县存贷比为31.5%，低于周口市12.7个百分点，低于河南省50.1个百分点，在周口市辖8个县（市）中排第8位，在河南省102个县（市）中排第101位（见表9）。2008—2022年郸城县的存贷比整体排名呈下降趋势，且从2017年以来连续多年在周口市域和河南省域排名垫底，说明郸城县投资市场较冷，金融机构的贷款业务较少、盈利能力较低。

从人均存款余额来看，2022年郸城县人均存款余额51312元，相当于周口市人均存款余额的89.8%，相当于河南省人均存款余额的54.7%，在周口市辖8个县（市）中排第6位，在河南省102个县（市）中排第69位。从人均贷款余额来看，2022年郸城县人均贷款余额为16141元，相当于周口市人均贷款余额的63.9%，相当于河南省人均贷款余额的21.1%，在周口市辖8个县（市）中排第7位，在河南省102个县（市）中排第101位（见表10）。2008—2022年郸城县的人均贷款余额整体排名呈下降趋势，自2017年以来连续多年在周口市域和河南省域的排名中垫底，说明郸城县的民间投资较为疲软，市场缺乏信心，信贷需求较低。

表 9　2008—2022 年郸城县金融机构年末存贷款余额情况

年份	存款 金融机构存款年末余额	占周口市的比重	在周口市的排名	在河南省的排名	贷款 金融机构贷款年末余额	占周口市的比重	在周口市的排名	在河南省的排名	存贷比	周口市存贷比	河南省存贷比	在周口市的排名	在河南省的排名
2008	58.7	8.8	4	33	35.0	8.9	2	23	59.6	59.5	68.0	3	19
2009	71.0	9.0	4	33	47.9	9.6	2	21	67.4	63.1	70.1	2	13
2010	84.5	9.1	4	35	51.4	9.1	2	25	60.9	60.5	68.6	2	20
2011	103.7	9.2	4	33	53.1	9.2	2	29	51.2	51.4	65.7	2	34
2012	127.3	9.1	4	31	57.9	9.1	2	33	45.4	45.5	63.3	2	42
2013	149.6	9.0	4	32	62.6	8.9	3	42	41.9	42.5	62.4	3	55
2014	174.2	9.3	4	31	66.7	8.2	3	50	38.3	43.5	65.8	4	77
2015	194.9	9.2	5	33	65.3	7.1	4	58	33.5	43.5	66.0	4	91
2016	221.5	9.2	5	33	58.0	5.9	4	81	26.2	40.7	67.6	6	99
2017	253.7	9.4	5	30	53.5	4.9	8	93	21.1	40.9	70.7	8	101
2018	288.7	9.5	5	28	72.7	5.9	6	88	25.2	40.7	74.9	8	101
2019	320.2	9.4	5	28	85.2	5.7	7	83	26.6	44.0	80.1	8	101
2020	369.2	9.5	5	27	112.7	6.4	5	72	30.5	45.4	82.2	8	100
2021	422.9	9.7	5	22	136.3	6.8	5	67	32.2	46.0	84.4	8	101
2022	490.1	9.7	4	21	154.2	6.9	5	68	31.5	44.2	81.6	8	101

数据来源：历年河南省统计年鉴、周口市统计年鉴。

表 10　2008—2022 年郸城县人均存贷款情况

年份	人均存款余额	人均存款（元，%）在周口市的排名	在河南省的排名	与周口市相比	与河南省相比	人均贷款余额	人均贷款（元，%）在周口市的排名	在河南省的排名	与周口市相比	与河南省相比
2008	4894	8	96	73.0	30.3	2918	4	60	73.1	26.5
2009	6018	5	93	76.2	29.8	4055	3	52	81.5	28.6
2010	8439	5	82	81.1	34.3	5137	4	54	81.5	30.4
2011	10464	5	84	83.2	37.2	5355	4	59	82.8	28.9
2012	13264	7	78	83.2	39.5	6027	4	60	83.1	28.3
2013	15699	8	79	83.3	40.0	6570	4	72	82.0	26.8
2014	18431	7	73	86.3	43.0	7056	4	82	75.9	25.0
2015	20610	7	77	86.0	42.0	6902	5	92	66.2	21.3
2016	23394	7	80	86.1	42.4	6121	6	98	55.3	16.4
2017	26939	6	76	87.9	44.8	5682	8	101	45.3	13.4
2018	30168	7	76	86.1	46.6	7591	8	101	53.2	15.7
2019	33585	7	77	85.3	47.8	8936	8	101	51.5	15.9
2020	36916	6	80	86.1	48.0	11273	7	100	57.9	17.8
2021	43725	6	73	88.6	52.4	14096	7	100	62.1	20.1
2022	51312	6	69	89.8	54.7	16141	7	101	63.9	21.1

数据来源：历年河南省统计年鉴、周口市统计年鉴。

六、居民收入分析

从居民收入看，2022年郸城县居民人均可支配收入为21471元，相当于周口市居民人均可支配收入的97.7%，相当于河南省居民人均可支配收入的76.1%，在周口市辖8个县（市）中排第3位，在河南省102个县（市）中排第82位。从居民收入增速看，2023年郸城县居民人均可支配收入同比增长6.1%，高于周口市居民人均可支配收入增速1.0个百分点（见表11）。

表11　2017—2023年郸城县居民人均可支配收入情况

年份	郸城县居民人均可支配收入（元）	在周口市的排名	在河南省的排名	与周口市相比（%）	与河南省相比（%）	郸城县居民人均可支配收入增速（%）	周口市居民人均可支配收入增速（%）	郸城县与周口市增速对比
2017	14185	7	93	93.2	70.3	—	10.2	—
2018	15652	7	93	93.4	71.3	10.3	8.6	1.7
2019	17884	3	82	97.6	74.8	14.3	10.1	4.2
2020	18673	3	83	97.5	75.3	4.4	4.5	−0.1
2021	20248	3	84	97.7	75.5	8.4	8.5	−0.1
2022	21471	3	82	97.7	76.1	6.0	5.8	0.2
2023	—	—	—	—	—	6.1	5.1	1.0

数据来源：历年河南省统计年鉴、周口市统计年鉴。

从城镇居民人均可支配收入看，2022年郸城县城镇居民人均可支配收入为31410元，相当于周口市城镇居民人均可支配收入的99.0%，相当于河南省城镇居民人均可支配收入的81.6%，在周口市辖8个县（市）中排第3位，在河南省102个县（市）中排第78位。从农村居民人均可支配收入看，2022年农村居民人均可支配收入为15449元，相当于周口市农村居民人均可支配收入的101.6%，相当于河南省农村居民人均可支配收入的82.6%，在周口市辖8个县（市）中排第5位，在河南省102个县（市）中排第86位（见表12）。

从城乡居民收入对比来看，2022年郸城县城乡居民人均可支配收入比为2∶1，城乡收入差距在河南省102个县（市）中排第78位，2008—

表12 2008—2022年郸城县分城乡居民人均可支配收入及城乡收入比

年份	郸城县城镇居民人均可支配收入	在周口市的排名	在河南省的排名	与周口市相比	与河南省相比	郸城县农村居民人均可支配收入	在周口市的排名	在河南省的排名	与周口市相比	与河南省相比	郸城县城乡居民收入比	在河南省的排名
2008	9946	5	73	95.6	75.2	3607	5	81	100.1	81.0	2.8	85
2009	10962	3	71	96.5	76.3	3915	5	80	100.2	81.4	2.8	83
2010	12222	3	72	96.4	76.7	4508	5	80	100.0	81.6	2.7	79
201	14121	3	69	96.8	77.6	5455	4	76	100.1	82.6	2.6	76
2012	16084	3	69	97.5	78.7	6227	4	77	100.4	82.8	2.6	77
2013	17725	3	71	98.2	79.1	6987	4	79	100.5	82.4	2.5	79
2014	19480	3	70	98.7	82.3	7788	4	77	100.6	78.1	2.5	79
2015	20721	3	71	98.6	81.0	8716	5	84	101.6	80.3	2.4	82
2016	22192	3	72	98.8	81.5	9448	5	85	101.8	80.8	2.3	84
2017	24079	3	73	99.0	81.5	10368	5	85	101.9	81.5	2.3	82
2018	26102	3	74	98.9	81.9	11318	5	87	102.0	81.8	2.3	81
2019	28098	3	77	98.8	82.2	12432	5	88	102.0	82.0	2.3	80
2020	28468	3	77	98.6	81.9	13209	5	88	102.0	82.0	2.2	82
2021	30389	3	76	98.6	81.9	14418	5	88	102.0	82.2	2.1	82
2022	31410	3	78	99.0	81.6	15449	5	86	101.6	82.6	2.0	78

数据来源：历年河南省统计年鉴、周口市统计年鉴。

2022年城乡居民的人均可支配收入的差距在不断缩小（见表12）。

七、固定资产投资分析

从固定资产投资来看，郸城县2017年固定资产投资总额达到207.5亿元，2018年起不再公开固定资产投资总额，仅公布增速。从增速来看，2023年郸城县固定资产投资增长12.3%，高于周口市1.8个百分点，高于河南省5.6个百分点（见表13）。

表13　2008—2023年郸城县固定资产投资情况

年份	郸城县固定资产投资总额（亿元）	郸城县固定资产投资增速（%）	周口市固定资产投资增速（%）	河南省固定资产投资增速（%）	郸城县增速与周口市对比（%）	郸城县增速与河南省增速（%）
2008	—	—	35.4	30.7	—	—
2009	—	—	30.4	31.6	—	—
2010	78.8	20.4	20.2	22.2	0.2	−1.8
2011	83.6	21.0	26.3	27.0	−5.3	−6.0
2012	100.0	20.0	24.1	21.4	−4.1	−1.4
2013	108.1	23.5	23.7	22.5	−0.2	1.0
2014	128.5	18.9	19.4	19.2	−0.5	−0.3
2015	157.5	—	16.9	16.5	—	—
2016	189.0	—	15.9	13.7	—	—
2017	207.5	9.8	9.9	10.4	−0.1	−0.6
2018	—	9.7	9.7	8.1	0.0	1.6
2019	—	9.5	9.8	8.0	−0.3	1.5
2020	—	7.4	5.7	4.3	1.7	3.1
2021	—	12.8	6.3	4.5	6.5	8.3
2022	—	11.8	11.7	6.7	0.1	5.1
2023	—	12.3	10.5	6.7	1.8	5.6

数据来源：历年河南省统计年鉴、周口市统计年鉴。

八、社会消费分析

从社会消费情况来看，2022年郸城县社消零总额为154.4亿元，占当年郸城县GDP的比重为39.3%，在周口市辖8个县（市）中排第4位，在河南省102个县（市）中排第25位；从人均社消零额来看，2008—2022年郸城县人均社消零额逐年上升，2022年为16165元，在河南省102个县（市）中排第70位（见表14）。

表14　2008—2022年郸城县社会消费情况

年份	社消零总额（亿元，%）				人均社消零额（元）	
	社消零总额	在周口市的排名	在河南省的排名	占GDP的比重	人均社消零额	在河南省的排名
2008	26.1	6	50	25.7	2175	99
2009	31.4	6	50	27.0	2658	99
2010	40.3	6	41	29.3	4025	92
2011	47.7	6	42	31.1	4811	92
2012	55.7	6	40	32.5	5797	87
2013	63.8	6	40	34.0	6692	87
2014	71.8	6	41	36.6	7596	85
2015	80.9	6	41	39.7	8553	83
2016	90.9	6	39	41.0	9596	82
2017	102.1	6	40	42.6	10837	84
2018	109.5	6	38	41.9	11438	82
2019	141.2	5	28	43.1	14805	66
2020	137.6	5	28	40.5	13755	75
2021	149.8	5	28	40.8	15485	72
2022	154.4	4	25	39.3	16165	70

数据来源：历年河南省统计年鉴，周口市、郸城县统计公报。

九、人口规模分析

从人口情况看，2023年郸城县常住人口为93.4万人，2022年郸城县常住人口95.5万人,在周口市辖8个县(市)中排第2位,在河南省102个县(市)中排第12位,人口规模较大。2020年,郸城县户籍人口为158.9万人,常住人口100.0万人,人口外流58.9万,人口流失率为37.1%(见表15)。虽然2020年以后的户籍人口数据缺失,但从2008—2020年的数据可以看出,郸城县的人口流失率逐年曲折增加。

从城镇化率看,2013—2023年郸城县城镇化率不断提升,但是在河南省的排名却不断下降,2022年城镇化率为37.5%,在河南省102个县(市)中排第95位(见表15)。

表15 2008—2023年郸城县人口情况

年份	户籍人口(万人)	常住人口(万人)	常住人口在周口市的排名	常住人口在河南省的排名	外流人口(万人)	人口流失率(%)	常住人口占周口市的比重(%)	郸城县城镇化率(%)	城镇化率在河南省的排名
2008	131.4	119.9	2	6	11.4	8.7	12.1	—	—
2009	131.9	118.0	2	6	13.9	10.5	11.8	—	—
2010	131.1	100.1	3	11	30.9	23.6	11.2	—	—
2011	131.7	99.1	3	11	32.6	24.8	11.1	—	—
2012	132.3	96.0	3	11	36.3	27.4	10.9	—	—
2013	132.9	95.3	4	12	37.6	28.3	10.8	32.2	65
2014	133.5	94.5	4	13	39.0	29.2	10.7	33.4	66
2015	134.2	94.6	4	13	39.6	29.5	10.7	35.0	68
2016	135.0	94.7	4	13	40.4	29.9	10.7	36.7	68
2017	135.9	94.2	4	15	41.7	30.7	10.7	38.3	68
2018	136.6	95.7	3	14	40.9	29.9	11.0	39.9	69
2019	137.2	95.3	3	14	41.9	30.5	11.0	41.4	70
2020	158.9	100.0	2	11	58.9	37.1	11.1	35.8	95
2021	—	96.7	2	12	—	—	10.9	36.8	94
2022	—	95.5	2	12	—	—	10.8	37.5	95
2023	—	93.4	—	—	—	—	10.8	38.5	—

数据来源:历年河南省统计年鉴、周口市统计年鉴。

从三产从业人员数量来看，2008—2017年第一产业从业人员数占比较高，基本与第二、第三产业从业人数之和持平。2018—2019年第一产业从业人员数占比锐减，2019年第一产业从业人员数与第二、第三产业从业人员数之和的比为37∶63（见表16）。

表16 2008—2019年郸城县三产从业人员数

年份	第一产业从业人员数占比（%）	第二产业从业人员数占比（%）	第三产业从业人员数占比（%）
2008	53	20	27
2009	53	20	27
2010	53	20	27
2011	50	50	
2012	50	50	
2013	50	50	
2014	50	50	
2015	49	51	
2016	49	51	
2017	48	52	
2018	44	56	
2019	37	63	

数据来源：历年河南省统计年鉴、周口市统计年鉴。

十、公共服务分析

从义务教育情况来看，2022年郸城县共有中小学371所，在校学生数合计194209人，专任教师数11623人，平均每千名在校中小学生配备专任教师数为59.85人。从医疗卫生情况来看，平均每千名常住人口配备卫生机构床位数、卫生技术人员数逐年上升，医疗资源配备逐步优化，2022年每千人床位数为6.93张，每千人卫生技术人员数为7.76人（见表17）。

表17　2019—2022年郸城县义务教育和医疗情况

	年份	2019	2020	2021	2022
学校数	合计（所）	396	388	386	371
	小学学校数（所）	338	333	329	321
	初中学校数（所）	58	55	57	50
在校学生数	合计（人）	192358	194511	191629	194209
	小学在校生数（人）	125935	128770	128685	126259
	初中在校生数（人）	66423	65741	62944	67950
专任教师数	合计（人）	11886	12217	11873	11623
	小学（人）	7862	8323	7890	7864
	初中（人）	4024	3894	3983	3759
医疗卫生	卫生机构床位数/千人	4.82	5.69	6.48	6.93
	卫生技术人员数/千人	5.66	6.04	6.85	7.76

数据来源：历年河南省统计年鉴、周口市统计年鉴。

十一、县域发展战略分析

郸城县2024年政府工作报告明确了重点工作方向：①坚持创新驱动引领，推动新质生产力培育再获新突破。②坚持延链补链强链，推动产业能级再有新提升。③坚持抢抓发展机遇，推动农业高新技术产业示范区建设再上新台阶。④坚持投资消费并重，推动扩大有效需求再增新动力。⑤坚持深化改革开放，推动经济发展再蓄新动能。⑥坚持聚焦提级扩能，推动城市建设再展新形象。⑦坚持建设农业强县，推动乡村振兴再谱新篇章。⑧坚持治理保护同步，推动生态环境再添新底色。⑨坚持厚植为民情怀，推动群众生活再增新福祉。

十二、县域发展特色产业——制伞业

自20世纪80年代出现"打工潮"以来，郸城县的外出务工人员逐渐增加，其中从事制伞产业的务工人员在15万人以上，且发展至今全国有300多名郸城籍制伞业企业家。近年来随着沿海地区制伞产业内地转移回流，郸城县抓住机遇，依托庞大的制伞务工人员群体和返乡创业的企业家，充分发挥资源优势和政策优势，大力发展制伞特色产业。现有制伞企业100余家，在乡村设有200多个加工点，辐射2000多个班组，从业人员40000余人，实现了"县有总部、乡有分厂、村有车间、家有班组"的生产经营模式。

2020年4月，郸城县伞业产业园开工建设，该项目总投资26亿元，占地1000亩，一期投资12亿元，占地476亩，总建筑面积35万平方米，主要建设了标准化生产车间、会议中心、展示中心、电子商务中心、物流园等，配套建设了可容纳5000人居住生活的第三综合服务中心。目前已有三和雨具、兆亿伞业等6家自建企业建成投产，16家企业入驻经营，20余家制伞企业达成了入驻意向。产业集聚效应不断增强。全县制伞业年产值达10亿元，有效带动了群众增收致富。郸城伞业产业园也被评为"2022年河南省农民工返乡创业示范园区"。此外，产业园内多个"郸城生产"已经走向世界，其中，三和雨具年产塑胶环保雨伞2000万把，占据日本塑胶环保雨伞市场40%的份额。

十三、综述

综上所述，郸城县县域经济总体实力在周口市辖县域中处于中等位次。GDP总量在省市排名中处于中等偏上位次，人均GDP在省市排名中处于中等偏下位次；GDP增速和人均GDP增速近两年均高于全市水平，在省市排名中处于上游水平。人均财力在省市排名中处于中等偏下位次，财政自给率较低；人均贷款余额和存贷比在省市排名中处于偏下位次；居民人均可支配收入在省市排名中处于中等偏下位次，城乡居民可支配收入差距逐渐缩小；人口规模巨大，外出务工人员较多，城镇化率较低。农业基础雄厚、工业发展迅速。近年来不断加快主导产业布局、传统产业提升和新发展产业培育，以特色农产品为基础，演化出食品加工、生物医药和生物可降解新材料三大主导产业，制伞特色产业。

根据以上分析，郸城县经济发展可以从以下几点切入：一是持续推进主导产业升级，形成有辐射效应的产业集群。近年来郸城县的制造业取得了长足的发展，以"金丹"等龙头企业为核心延伸出上下游的产业链，形成了链条效应和规模效应,未来的发展中可以产业链为基础、以产业园为载体、以研究院为导向、以龙头企业为抓手,持续推进研究成果转化和产业技术升级,将科技创新推向新高度,逐渐形成有辐射效应的特色产业集群。二是聚焦人口流动规律,持续推进现代化进程。郸城县外出务工的人员较多,人口流动较为活跃,有必要深入研究村庄—乡镇—县城的人口流动趋势和人口流动方向,这有助于优化城镇空间布局,提高要素聚集的效率,同时也有助于加快农业现代化的进程。

针对郸城县的发展现状,提出以下几点建议。

第一,加快推进产业园建设,做好招商服务工作。一方面联合各部门成立专班小组,推进产业园后期的建设工作和重点项目的落地工作,解决各个环节的难点堵点;另一方面优化营商环境,出台惠企政策,提升手续审批效率,做好服务型政府,为产业园的招商引资工作打好基础,引入上下游产业,打造优势强链和产业集群。

第二,研发特色产品体系,打造伞业知名品牌。整合中小型制造工厂,培育制伞龙头企业,搭建标准化生产线,为返乡熟练工人提供稳定的岗位,打造地方知名品牌。加强市场调研工作,促进品类转型升级,紧抓年轻客户需求,在雨伞制造的基础上研发遮阳伞、防晒衣、遮阳帽、户外运动装备等衍生系列产品,向高端伞具市场拓展,提高产品质量标准,擦亮郸城制造的名片。

第三,坚持投资消费并重,激发金融市场活力。国有大行发挥头雁作用,地方城商行立足主责主业,优化金融服务,创新金融产品,提高授信额度,为企业投资和居民消费提供金融"活水"。

河南省县域经济运行分析：鹿邑篇

一、鹿邑县概况

鹿邑县（河南省直管县），位于河南省东部、周口市东北部，地处豫皖两省交界处，北靠商丘市柘城县，西接淮阳县，南望郸城县，东邻安徽省亳州市，是连接中原经济区和皖江经济带、长三角的枢纽城市。根据2023年国家统计局统计用区划，鹿邑县辖4个街道、20个乡镇，共有54个社区和511个行政村，还有1个省级先进制造业开发区和1个农场管委会。总面积1238平方千米，耕地面积125万亩，占全域面积的67.31%。2023年年底，鹿邑县常住人口89.46万人，城镇化率为40.93%。

鹿邑县也是中国道家学派创始人老子的出生地，中国道教的发祥地之一，拥有"老子故里、道家之源、道教祖庭、李姓之根"等美誉，拥有丰厚的文化底蕴，被中国文联审批、中宣部备案为"中国老子文化之乡"。

二、总体经济运行分析

从GDP总量来看，2022年鹿邑县GDP总量490亿元，占周口市GDP总量的13.55%，在周口市辖8个县（市）中排第1位，GDP总量在河南省102个县（市）中的排名由2008年的第46位曲折上升至2022年的第15位（见表1）。

从GDP增速来看，2008—2022年鹿邑县GDP一直保持正增长，但是增速逐年下降，2023年鹿邑县GDP增速为5.5%，在周口市辖8个县（市）中排第1位；2022年鹿邑县GDP增速为5.8%，高于周口市GDP增速2.9个百分点，同时高于河南省GDP增速2.7个百分点，在周口市辖8个县（市）中排第2位，在河南省102个县（市）中排第15位，在省市经济增速都有所减缓的背景下，鹿邑县仍保持了相对较快的GDP增速（见表1）。

表1 2008—2023年鹿邑县地区生产总值及增速

年份	鹿邑县GDP	占周口市GDP的比重	在周口市的排名	在河南省的排名	鹿邑县GDP增速	在周口市的排名	在河南省的排名	与周口市GDP增速对比	与河南省GDP增速对比
2008	125	12.68	2	46	12.2	5	71	−0.1	0.1
2009	136	12.22	2	43	12.3	1	45	0.3	1.4
2010	155	12.66	2	41	10.8	7	85	−0.3	−1.7
2011	176	12.45	2	43	11.2	2	71	0.6	−0.7
2012	191	12.02	2	41	11.0	6	61	0.3	0.9
2013	222	12.39	1	41	10.3	2	37	1.0	1.3
2014	244	12.26	2	51	9.9	1	28	0.8	1.0
2015	260	12.46	2	50	9.0	6	57	0.0	0.7
2016	285	12.62	1	50	9.5	1	21	1.0	1.4
2017	305	12.13	2	48	9.0	1	20	1.1	1.2
2018	330	12.27	2	46	9.2	1	7	1.0	1.6
2019	399	12.47	1	35	8.5	1	4	1.0	1.5
2020	421	12.88	1	32	2.9	1	52	1.2	1.6
2021	456	13.04	1	31	7.9	3	34	1.6	1.6
2022	490	13.55	1	15	5.8	2	15	2.9	2.7
2023	—	—	—	—	5.5	1	—	0.7	1.4

数据来源：历年河南省统计年鉴、周口市统计年鉴。

从人均GDP来看，2022年鹿邑县人均GDP为53308元，相当于周口市人均GDP的130.18%，在周口市辖8个县（市）中排第1位，在河南省102个县（市）中排第46位，处于中等偏上的水平。

从人均GDP增速来看，2008—2022年鹿邑县人均GDP增速波动较大、整体呈下降趋势，但近年来相较于周口市域和河南省域的人均GDP增速来说仍保持相对较快的增速，2022年增速为8.2%，高于周口市人均GDP增速4.1个百分点，高于河南省人均GDP增速4.7个百分点，在周口市辖8个县（市）中排第3位，在河南省102个县（市）中排第8位，在省市经济增速都有所减缓的背景下，鹿邑县仍保持了相对较快的人均GDP增速（见表2）。

表2　2008—2022年鹿邑县人均地区生产总值及增速

年份	人均GDP总量（元，%）				人均GDP增速（%）				
	鹿邑县人均GDP	与周口市相比	在周口市的排名	在河南省的排名	鹿邑县人均GDP增速	在周口市的排名	在河南省的排名	与周口市人均GDP增速对比	与河南省人均GDP增速对比
2008	11676	121.90	2	70	12.1	4	68	−0.1	0.3
2009	12609	118.71	2	70	11.4	2	51	1.3	1.2
2010	15630	121.17	2	67	20.0	2	12	2.9	7.5
2011	19509	124.31	1	59	22.6	1	3	4.6	10.4
2012	21429	120.98	1	57	12.1	8	47	0.7	2.7
2013	24982	122.79	1	56	11.0	3	34	0.6	2.6
2014	27513	121.60	1	54	10.0	1	39	0.9	1.8
2015	29204	123.52	1	55	8.8	5	62	0.0	1.1
2016	32057	124.82	1	54	9.3	1	30	1.8	1.8
2017	34640	120.99	1	53	10.1	1	8	1.9	3.0
2018	37672	122.24	1	54	9.9	4	9	0.9	2.7
2019	45278	122.73	1	42	7.8	8	36	−0.3	1.4
2020	44143	121.95	1	51	2.0	6	75	0.0	1.1
2021	48496	125.20	1	49	9.4	3	24	2.1	3.0
2022	53308	130.18	1	46	8.2	3	8	4.1	4.7

数据来源：历年河南省统计年鉴、周口市统计年鉴。

三、分产业经济运行分析

（一）产业格局与发展方向

近年来，鹿邑县抓住新一轮东部沿海地区产业升级、产业区域转移的机遇，实施"凤还巢"工程，通过政策推动、乡情感动、项目带动，引导一大批熟悉市场需求、掌握生产技能、积累了经营经验的外出务工人员返乡投资创业，把昔日的"劳务输出"大县变成了"雁归经济"的热土。

鹿邑县依托省级先进制造业开发区开发建设多处"区中园"，分别是食品工业园、美妆彩妆产业园、绿色纸业产业园、宋河酒业产业园、生物医药产业园、智能制造产业园、智慧物流产业园和创客小镇（双创孵化"智慧岛"），已经入驻食品加工、美妆彩妆等工业企业510家，其中规上企业180家，工业总产值230亿元，从业人员3.1万人。围绕"大项目—产业链—产业群—产业基地"的发展方向，以澄明食品、正一产业、护理佳纸业、宋河酒业、河南光合生物科技、通大数控、溢丰纺织、多走路鞋业等龙头骨干企业带动，正在逐步形成以食品加工、美妆彩妆、生物医药为主导产业，绿色纸业、智能制造、智慧物流为新兴产业的"3+3"现代产业体系，培育出"百亿级"化妆刷特色产业集群，形成"百亿级"火锅食材全链条食品加工产业集群，为建设"豫东承接产业转移示范区"、打造"河南面向东南沿海开放桥头堡"夯实基础。

另外，加快推进国家5A级旅游景区建设，打造老子元典文化旅游胜地。以5A级创建为目标，充分发挥老子故里文化资源优势，以老子文化产业园为依托，挖掘老子文化、李氏文化、道家文化深厚内涵，打响"老子故里、道家之源、道教祖庭、李姓之根"四大文化特色品牌。同时，重点推动白酒产业转型升级，振兴新宋河酒业，重塑"宋河粮液""鹿邑大曲"两大名牌。

（二）产业结构分析

从三次产业占比来看，2022年鹿邑县第一产业占比16.43%；第二产业占比41.29%；第三产业占比42.28%。从三产结构演变趋势来看，第一产业占比从2008年的25.85%逐步下降至2022年的16.43%，第二产业占比从2008年的45.04%先增加后下降至2022年的41.29%，第三产业占比从2008年的29.11%逐步增加到2022年的42.28%。鹿邑县的产业结构长期保持第二产业主导，第一产业占比逐渐向第三产业占比转移，至2022年呈现"三、二、一"梯次（见表3和图1）。

表 3　2008—2022 年鹿邑县三产结构变化情况

年份	第一产业占比（%）	第二产业占比（%）	第三产业占比（%）
2008	25.85	45.04	29.11
2009	25.48	47.26	27.26
2010	25.43	48.53	26.03
2011	26.46	47.27	26.27
2012	24.34	48.87	26.79
2013	22.23	52.10	25.67
2014	19.59	49.83	30.58
2015	18.74	47.18	34.08
2016	17.93	46.34	35.73
2017	16.10	45.51	38.38
2018	15.26	43.83	40.91
2019	14.38	42.38	43.24
2020	17.10	39.76	43.14
2021	16.97	39.59	43.44
2022	16.43	41.29	42.28

数据来源：历年河南省统计年鉴、鹿邑县统计公报及政府网站。

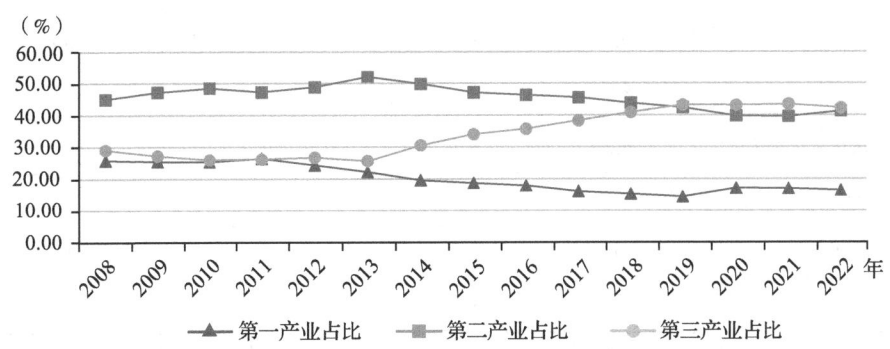

图 1　鹿邑县 2008—2022 年三产结构变化情况

数据来源：历年河南省统计年鉴。

（三）工业发展情况分析

从工业发展情况来看，截至 2021 年年底，鹿邑县规上工业企业数为 181 家，2022 年鹿邑县规上工业增加值增速为 10.8%，在周口市辖 8 个县（市）中排第 4 位，在河南省 102 个县（市）中排第 10 位，高于周口市规上工业增加值增速 8.9 个百分点（见表 4）。

表 4　2008—2023 年鹿邑县工业发展情况

年份	鹿邑县规上工业企业数（家）	鹿邑县规上工业增加值增速（%）	周口市规上工业增加值增速（%）	鹿邑县增速与周口市对比（%）	鹿邑县增速在周口市的排名	鹿邑县增速在河南省的排名
2008	—	19.9	21.5	-1.6	7	90
2009	—	18.2	17.7	0.5	3	56
2010	—	23.0	21.7	1.3	4	45
2011	—	21.1	21.9	-0.8	5	77
2012	—	20.4	19.7	0.7	4	36
2013	—	17.2	16.4	0.8	1	25
2014	—	14.3	12.3	2.0	1	29
2015	—	10.3	10.7	-0.4	7	62
2016	150	10.1	9.8	0.3	1	32
2017	150	9.2	8.3	0.9	1	37
2018	151	9.0	8.2	0.8	4	36
2019	151	8.9	8.5	0.4	1	43
2020	172	4.2	3.6	0.6	2	63
2021	181	11.7	7.8	3.9	1	25
2022	—	10.8	1.9	8.9	4	10
2023	—	—	5.0	—	—	—

数据来源：中国县域统计年鉴、历年河南省统计年鉴、鹿邑县统计公报及政府网站。

（四）服务业发展情况分析

从服务业增加值来看，2008—2022 年鹿邑县始终保持较快的上升幅度，2022年鹿邑县服务业增加值为207亿元，占周口市服务业增加值的13.54%，在周口市辖8个县（市）中排第1位，在河南省102个县（市）中排第18位。从服务业增加值增速来看，2022年鹿邑县服务业增加值增速为2.9%，在周口市辖8个县（市）中排第3位，在河南省102个县（市）中排第56位（见表5）。

表5 2008—2022年鹿邑县服务业发展情况

年份	鹿邑县服务业增加值（亿元）	占周口市服务业增加值的比重（%）	增加值在周口市的排名	增加值在河南省的排名	鹿邑县服务业增加值增速（%）	增速在周口市的排名	增速在河南省的排名
2008	36	15.18	1	21	16.3	5	22
2009	37	13.68	1	19	15.9	2	25
2010	40	13.28	1	27	6.2	8	92
2011	46	12.71	1	30	8.4	6	77
2012	51	12.58	1	30	7.2	8	93
2013	57	12.62	1	31	7.3	5	78
2014	75	12.39	2	29	10.6	2	22
2015	88	13.08	2	28	11.9	4	52
2016	102	13.31	2	28	9.7	8	82
2017	117	13.20	2	28	11.2	3	31
2018	135	13.15	2	26	11.5	4	21
2019	172	13.06	1	19	9.3	7	13
2020	182	13.33	1	18	2.2	6	43
2021	198	13.48	1	18	9.4	1	36
2022	207	13.54	1	18	2.9	3	56

数据来源：历年河南省统计年鉴、鹿邑县统计公报及政府网站。

（五）重点企业分析

鹿邑县重点企业情况介绍见表6。

表6 鹿邑县重点企业情况

序号	公司名称	公司简介
1	鹿邑县澄明食品有限公司	成立于2019年，是一家创新型复合调味料生产企业，河南省农业产业化龙头，主要生产番茄底料、番茄沙司、牛油底料等，产品销往永辉超市、盒马鲜生、红旗超市、丹尼斯超市、胖东来超市、锅圈食汇等全国1万余家大型火锅餐饮店及连锁商超。目前拥有7条自动化生产线，建成1个省级智能车间，年产值超5.5亿元，带动500余人就业。另外，澄明食品工业园发展模式正在被全国其他地区"复制"，四川省广元市澄明食品科技产业园和湖北省荆州市澄明水产品科技产业园正在紧锣密鼓建设中
2	河南正一产业有限公司	成立于2017年，是河南省专精特新中小企业、河南省高新技术企业，中韩合资企业（创始人是鹿邑人，另外一个股东是韩国人），实行研发、生产一体化，专做中高档化妆刷，发力国内、国际电子商务，打造全产业链生产和线上线下融合销售模式。目前，公司产品畅销日韩、东南亚、欧洲，年销售额达1.3亿元。除了生产化妆刷，还生产面膜、口红、粉扑等，产业链条不断延伸，合作方有多个国际大品牌。其创始人也是河南省化妆刷协会会长
3	优奈新材料（河南）有限公司	成立于2020年11月，公司现有员工143人，主要从事家用纺织品、无纺布复合材料、纸制品制造及销售。在护理佳产业园区内建设环保可降解无纺布新材料生产线4条，年产能3万吨，产量占全国同类产品总产能的10%，年产值5亿元，达到全国第一。新材料主要用于生产一次性工业用无尘擦拭布，医疗卫生用擦拭布、隔离服等防疫用品，家用擦拭布，卫生用品辅材，湿巾和湿厕纸等
4	河南省宋河酒业股份有限公司	前身是1968年建立的国营"鹿邑酒厂"，并于1988年更名为宋河酒厂，2002年被辅仁药业收购改制并更名为"宋河酒业"。2022年申请破产，进入破产重整工作。据该公司官网介绍，宋河酿酒工业园区占地面积1800余亩，下辖4个分厂、2个全资子公司，拥有纯粮固态发酵窖池1万余条，酿酒生产班组126个，拥有酒类行业国家级评委11人，省市级酿造技师100多人，旗下涵盖"国字宋河"、"宋河粮液"和"鹿邑大曲"三大主导品牌，年产原酒能力达3万吨，存储能力达16万吨以上。2023年，商务部等公布中华老字号复核结果，该企业品牌入选

四、财政收支分析

从财政收入来看,2022年鹿邑县一般公共预算收入18.26亿元,占周口市一般公共预算收入的10.14%,在周口市辖8个县(市)中排第2位,在河南省102个县(市)中排第35位。从财政支出来看,2022年鹿邑县一般公共预算支出56.81亿元,占周口市一般公共预算支出的8.23%,在周口市辖8个县(市)中排第5位,在河南省102个县(市)中排第28位(见表7)。

表7　2008—2022年鹿邑县财政收支情况

年份	一般公共预算收入	占周口市一般公共预算收入的比重	在周口市的排名	在河南省的排名	一般公共预算支出	占周口市一般公共预算支出的比重	在周口市的排名	在河南省的排名
2008	2.52	9.89	2	46	12.86	9.98	3	21
2009	3.18	10.31	2	41	16.12	9.89	4	23
2010	3.90	10.19	1	41	18.02	9.30	4	26
2011	4.57	9.37	1	43	24.64	10.06	3	17
2012	6.01	10.00	1	37	32.79	10.13	3	13
2013	7.72	10.15	2	36	35.58	10.05	4	15
2014	10.07	11.07	2	30	41.63	10.88	2	12
2015	10.37	10.32	2	32	42.68	9.84	4	18
2016	11.07	10.66	2	33	47.67	10.02	4	18
2017	12.52	11.20	2	31	53.70	10.46	2	16
2018	14.24	11.01	1	29	58.25	9.43	5	21
2019	15.53	11.02	1	32	56.33	8.58	7	34
2020	15.93	10.75	1	32	60.74	8.81	5	26
2021	16.90	10.68	2	33	57.46	8.49	5	24
2022	18.26	10.14	2	35	56.81	8.23	5	28

数据来源:历年河南省统计年鉴、鹿邑县统计公报及政府网站。

从人均财力看，鹿邑县的人均一般公共预算收入和支出整体低于河南省域的人均水平。2022年鹿邑县人均一般公共预算收入为1998元，相当于周口市人均一般公共预算收入的97.77%，相当于河南省人均一般公共预算收入的46.29%，在周口市辖8个县（市）中排第3位，在河南省102个县（市）中排第63位。2022年鹿邑县人均一般公共预算支出为6218元，相当于周口市人均一般公共预算支出的79.35%，相当于河南省人均一般公共预算支出的57.66%，在周口市辖8个县（市）中排第6位，在河南省102个县（市）中排第75位（见表8）。

从财政自给率看，2022年鹿邑县财政自给率为32.14%，在周口市辖8个县（市）中排第2位，在河南省102个县（市）中排第57位（见表8）。2008—2022年鹿邑县的财政自给率处于较低水平，地方财政的自我"造血能力"较弱，对于转移性支付的依赖程度较高。

五、金融业发展分析

从金融机构年末存款情况来看，2022年鹿邑县金融机构存款年末余额479亿元，占周口市金融机构存款年末余额的9.51%，在周口市辖8个县（市）中排第5位，在河南省102个县（市）中排第22位。从金融机构年末贷款情况来看，2022年鹿邑县金融机构贷款年末余额215亿元，占周口市金融机构贷款年末余额的9.7%，在周口市辖8个县（市）中排第2位，在河南省102个县（市）中排第34位（见表9）。

从存贷比来看，2022年鹿邑县存贷比为44.9%，高于周口市0.7个百分点，低于河南省36.7个百分点，在周口市辖8个县（市）中排第2位，在河南省102个县（市）中排第75位（见表9）。2008—2022年鹿邑县的存贷比整体呈下降趋势，近年来虽然在周口市域排名靠前，但是在河南省域排名中处于中等偏下的水平，贷款规模不足存款规模的一半，投资市场较冷，金融机构的贷款业务较少、盈利能力较低。

从人均存款余额来看，2022年鹿邑县人均存款余额52430元，相当于周口市人均存款余额的91.77%，相当于河南省人均存款余额的55.90%，在周口市辖8个县（市）中排第5位，在河南省102个县（市）中排第63位。从人均贷款余额来看，2022年鹿邑县人均贷款余额为23526元，相当

表 8 2008—2022 年鹿邑县人均财力及财政自给率

年份	一般公共预算收入/常住人口	人均财力（元，%） 与周口市相比	与河南省相比	在周口市的排名	在河南省的排名	一般公共预算支出/常住人口	与周口市相比	与河南省相比	在周口市的排名	在河南省的排名	财政自给率 财政自给率	在周口市的排名	在河南省的排名
2008	235	91.33	21.97	3	70	1199	92.17	49.56	3	79	19.61	2	68
2009	294	95.64	24.77	2	65	1489	91.77	48.62	4	90	19.74	2	58
2010	430	100.34	29.27	1	57	1985	91.63	54.66	2	67	21.66	1	55
2011	509	93.49	27.96	1	60	2745	100.37	61.13	2	58	18.54	3	68
2012	677	99.08	31.61	1	55	3688	100.40	70.23	1	42	18.34	1	63
2013	870	100.53	34.49	1	54	4013	99.51	68.81	2	47	21.69	2	62
2014	1134	109.74	39.91	1	50	4688	107.91	75.00	1	37	24.18	2	60
2015	1166	102.27	37.50	2	55	4800	97.48	68.48	3	52	24.29	2	56
2016	1243	105.59	38.55	2	54	5352	99.27	70.20	1	47	23.23	3	60
2017	1436	112.51	41.42	1	51	6157	105.09	73.66	3	42	23.32	3	56
2018	1621	108.79	42.47	1	52	6633	93.16	70.98	5	55	24.45	1	53
2019	1758	108.05	43.06	1	54	6374	84.14	62.09	7	78	27.58	1	49
2020	1667	101.45	39.75	1	60	6355	83.12	60.91	7	84	26.23	1	52
2021	1828	102.24	41.56	3	64	6214	81.27	58.93	7	65	29.42	1	61
2022	1998	97.77	46.29	3	63	6218	79.35	57.66	6	75	32.14	2	57

数据来源：历年河南省统计年鉴、周口市统计年鉴。

表 9 2008—2022 年鹿邑县金融机构年末存贷款余额情况

年份	鹿邑县金融机构存款年末余额	存款（亿元，%）占周口市的比重	在周口市的排名	在河南省的排名	鹿邑县金融机构贷款年末余额	贷款（亿元，%）占周口市的比重	在周口市的排名	在河南省的排名	鹿邑县存贷比	存贷比（%）周口市存贷比	河南省存贷比	在周口市的排名	在河南省的排名
2008	55	8.32	5	42	35	8.8	3	24	63.3	59.5	68.0	2	15
2009	64	8.03	5	44	42	8.4	3	27	66.1	63.1	70.1	3	16
2010	79	8.45	5	42	47	8.4	3	30	60.0	60.5	68.6	3	23
2011	99	8.82	5	36	48	8.3	3	36	48.5	51.4	65.7	4	40
2012	127	9.02	5	33	56	8.7	3	36	43.9	45.5	63.3	3	44
2013	149	9.01	5	33	77	10.9	1	28	51.4	42.5	62.4	1	40
2014	174	9.24	5	32	89	10.9	1	27	51.3	43.5	65.8	1	44
2015	196	9.27	4	32	96	10.5	2	28	49.3	43.5	66.0	1	50
2016	225	9.40	4	30	100	10.3	2	35	44.5	40.7	67.6	2	57
2017	265	9.85	4	29	111	10.1	2	34	41.9	40.9	70.7	2	63
2018	298	9.79	3	24	134	10.8	2	29	44.9	40.7	74.9	2	62
2019	333	9.76	2	23	151	10.1	2	29	45.4	44.0	80.1	2	67
2020	381	9.85	3	21	164	9.4	2	34	43.1	45.4	82.2	2	79
2021	430	9.83	2	19	192	9.6	2	32	44.8	46.0	84.4	2	80
2022	479	9.51	5	22	215	9.7	2	34	44.9	44.2	81.6	2	75

数据来源：历年河南省统计年鉴、周口市统计年鉴。

于周口市人均贷款余额的93.10%，相当于河南省人均贷款余额的30.73%，在周口市辖8个县（市）中排第2位，在河南省102个县（市）中排第82位，虽然在周口市域排名靠前，但是在河南省域排名中处于中等偏下的水平（见表10）。

表10　2008—2022年鹿邑县人均存贷款情况

年份	人均存款（元，%）					人均贷款（元，%）				
	鹿邑县人均存款余额	在周口市的排名	在河南省的排名	与周口市相比	与河南省相比	鹿邑县人均贷款余额	在周口市的排名	在河南省的排名	与周口市相比	与河南省相比
2008	5146	5	90	76.78	31.81	3257	3	52	81.60	29.62
2009	5882	7	98	74.52	29.10	3886	4	58	78.05	27.43
2010	8670	4	77	83.27	35.23	5198	3	53	82.51	30.80
2011	11060	4	73	87.93	39.27	5364	3	58	82.89	28.99
2012	14247	4	70	89.40	42.48	6250	3	56	86.22	29.35
2013	16822	4	69	89.25	42.84	8651	1	51	107.99	35.22
2014	19576	4	65	91.63	45.63	10034	1	51	107.96	35.54
2015	21998	4	65	91.84	44.80	10834	1	54	103.97	33.44
2016	25304	3	63	93.13	45.84	11247	2	65	101.61	30.13
2017	30338	4	61	98.93	50.48	12723	2	65	101.47	29.96
2018	33896	4	60	96.77	52.35	15229	2	62	106.79	31.40
2019	37661	3	59	95.66	53.65	17095	2	62	98.59	30.41
2020	39839	4	69	92.90	51.81	17189	2	83	88.35	27.18
2021	46451	3	61	94.10	55.69	20810	2	79	91.70	29.62
2022	52430	5	63	91.77	55.90	23526	2	82	93.10	30.73

数据来源：历年河南省统计年鉴、周口市统计年鉴。

六、居民收入分析

从居民收入看，2022年鹿邑县居民人均可支配收入为24180元，相当于周口市居民人均可支配收入的109.99%，相当于河南省居民人均可支配收入的85.68%，在周口市辖8个县（市）中排第2位，在河南省102个县（市）中排第50位。从居民收入增速看，2022年鹿邑县居民人均可支配收入同比增长5.9%，高于周口市居民人均可支配收入增速0.1个百分点（见表11）。

表11　2017—2022年鹿邑县居民人均可支配收入情况

年份	鹿邑县居民人均可支配收入（元）	在周口市的排名	在河南省的排名	与周口市相比（%）	与河南省相比（%）	鹿邑县居民人均可支配收入增速（%）	周口市居民人均可支配收入增速（%）	鹿邑县增速与周口市对比
2017	16558	2	54	108.75	82.09	—	10.2	—
2018	18278	2	50	109.05	83.22	10.4	8.6	1.8
2019	20118	2	50	109.81	84.16	10.1	10.1	0.0
2020	21044	2	50	109.93	84.82	4.6	4.5	0.1
2021	22843	2	50	110.23	85.20	8.5	8.5	0.0
2022	24180	2	50	109.99	85.68	5.9	5.8	0.1

数据来源：历年河南省统计年鉴、周口市统计年鉴。

从城镇居民人均可支配收入看，2022年鹿邑县城镇居民人均可支配收入为32689元，相当于周口市城镇居民人均可支配收入的103.05%，相当于河南省城镇居民人均可支配收入的84.94%，在周口市辖8个县（市）中排第1位，在河南省102个县（市）中排第71位。从农村居民人均可支配收入看，2022年鹿邑县农村居民人均可支配收入为17803元，相当于周口市农村居民人均可支配收入的117.11%，相当于河南省农村居民人均可支配收入的95.22%，在周口市辖8个县（市）中排第1位，在河南省102个县（市）中排第56位（见表12）。

从城乡居民收入对比来看，2022年鹿邑县城乡居民人均可支配收入比为1.8∶1，城乡收入差距在河南省102个县（市）中排第51位，2008—2022年城乡居民人均可支配收入的差距在不断缩小（见表12）。

表 12 2008—2022年鹿邑县分城乡居民人均可支配收入及城乡收入比

年份	鹿邑县城镇居民人均可支配收入	城镇（元，%） 在周口市的排名	在河南省的排名	与周口市相比	与河南省相比	鹿邑县农村居民人均可支配收入	农村（元，%） 在周口市的排名	在河南省的排名	与周口市相比	与河南省相比	城乡收入比 鹿邑县城乡居民收入比	在河南省的排名
2008	10175	2	66	97.78	76.90	4011	2	65	111.26	90.05	2.5	63
2009	11357	2	64	99.94	79.02	4349	2	65	111.29	90.47	2.6	65
2010	12516	2	68	98.72	78.57	5036	2	62	111.67	91.17	2.5	58
2011	14356	2	67	98.44	78.90	6036	2	60	110.80	91.40	2.4	57
2012	16222	2	66	98.30	79.35	6875	2	60	110.90	91.36	2.4	59
2013	18122	1	62	100.42	80.91	7755	2	61	111.58	91.50	2.3	61
2014	20024	1	59	101.43	84.59	8670	2	60	111.99	87.00	2.3	61
2015	21163	2	64	100.69	82.75	10101	1	52	117.78	93.07	2.1	53
2016	22661	1	64	100.85	83.21	10959	1	52	118.11	93.69	2.1	52
2017	24768	1	64	101.87	83.79	11989	1	52	117.89	94.26	2.1	51
2018	27047	1	64	102.44	84.86	13140	1	52	118.43	95.00	2.1	50
2019	29292	1	63	103.01	85.65	14454	1	52	118.54	95.32	2.0	50
2020	29760	1	63	103.10	85.64	15234	1	52	117.64	94.57	2.0	51
2021	31769	1	67	103.06	85.64	16583	1	55	117.27	94.58	1.9	52
2022	32689	1	71	103.05	84.94	17803	1	56	117.11	95.22	1.8	51

数据来源：历年河南省统计年鉴、周口市统计年鉴。

七、固定资产投资分析

从固定资产投资来看，鹿邑县 2020 年固定资产投资总额达到 279 亿元，2020 年起不再公开固定资产投资总额，仅公布增速。从固定资产投资增速来看，2013—2023 年鹿邑县的固定资产投资增速虽然整体呈下降趋势，但近年来相较于周口市域和河南省域来说仍保持相对较快的增速，2023 年鹿邑县固定资产投资增长 15.0%，高于周口市 4.5 个百分点，高于河南省 8.3 个百分点（见表 13）。

表 13 2008—2023 年鹿邑县固定资产投资情况

年份	鹿邑县固定资产投资总额（亿元）	鹿邑县固定资产投资增速（%）	周口市固定资产投资增速（%）	河南省固定资产投资增速（%）	鹿邑县增速与周口市对比（%）	鹿邑县增速与河南省对比（%）
2008	61	—	35.4	30.7	—	—
2009	50	—	30.4	31.6	—	—
2010	57	—	20.2	22.2	—	—
2011	69	—	26.3	27.0	—	—
2012	87	—	24.1	21.4	—	—
2013	113	26.6	23.7	22.5	2.9	4.1
2014	135	28.8	19.4	19.2	9.4	9.6
2015	160	18.6	16.9	16.5	1.7	2.1
2016	189	22.3	15.9	13.7	6.4	8.6
2017	215	13.7	9.9	10.4	3.8	3.3
2018	243	13.1	9.7	8.1	3.4	5.0
2019	267	10.0	9.8	8.0	0.2	2.0
2020	279	4.3	5.7	4.3	-1.4	0.0
2021	—	10.1	6.3	4.5	3.8	5.6
2022	—	18.7	11.7	6.7	7.0	12.0
2023	—	15.0	10.5	6.7	4.5	8.3

数据来源：历年河南省统计年鉴、周口市统计年鉴。

八、社会消费分析

从社会消费情况来看，2022年鹿邑县社消零总额为267.5亿元，在周口市辖8个县（市）中排第1位，在河南省102个县（市）中排第6位，占当年鹿邑县GDP的比重为54.6%；从人均社消零额来看，2008—2022年鹿邑县人均社消零额逐年上升，2022年为29276元，在河南省102个县（市）中排第7位（见表14）。鹿邑县的居民消费能力较强，尤其从2019年起至今，鹿邑县的社会消费品零售总额和人均社会消费品零售额在全省排名中一直处在靠前的位置，消费驱动经济增长的效果较好。

表14 2008—2022年鹿邑县社会消费情况

年份	社消零总额（亿元，%）				人均社消零额（元）	
	社消零总额	在周口市的排名	在河南省的排名	占GDP的比重	人均社消零额	在河南省的排名
2008	39.9	2	21	32.0	3721	65
2009	48.0	2	20	35.3	4432	62
2010	55.0	2	21	35.4	6061	50
2011	64.9	2	21	36.8	7228	49
2012	75.2	2	21	39.3	8462	47
2013	86.0	2	21	38.8	9696	47
2014	97.7	2	19	40.0	10999	48
2015	110.7	2	19	42.7	12452	48
2016	124.7	2	19	43.7	14002	46
2017	140.1	2	19	45.9	16057	43
2018	155.8	2	19	47.2	17739	37
2019	236.1	2	7	59.2	26716	9
2020	234.6	2	7	55.8	24544	11
2021	261.1	1	6	57.3	28236	9
2022	267.5	1	6	54.6	29276	7

数据来源：历年河南省统计年鉴，周口市、鹿邑县统计公报。

九、人口规模分析

从人口情况看，2023年鹿邑县常住人口为89.46万人，2022年鹿邑县常住人口为91.37万人，在周口市辖8个县（市）中排第6位，在河南省102个县（市）中排第19位，人口规模较大。2020年，鹿邑县户籍人口为138.44万人，常住人口95.58万人，人口外流42.86万人，人口流失率为30.96%。虽然2020年以后的户籍人口数据不再公开导致部分缺失，但从2008—2020年的数据可以看出，鹿邑县的人口流失率逐年增加，接近1/3的常住人口流出（见表15）。

从城镇化率看，鹿邑县2023年城镇化率为40.93%，低于河南省城镇化率17.15个百分点、低于全国城镇化率25.27个百分点。2013—2022年鹿邑县城镇化率在河南省102县（市）中的排名曲折下降，2013年城镇化率为31.70%，在河南省102个县（市）中排第45位，2022年城镇化率为39.96%，在河南省102个县（市）中排名滑落至第86位（见表15）。

表15 2008—2023年鹿邑县人口情况

年份	户籍人口（万人）	常住人口（万人）	常住人口在周口市的排名	常住人口在河南省的排名	外流人口（万人）	人口流失率（%）	常住人口占周口市的比重（%）	鹿邑县城镇化率（%）	城镇化率在河南省的排名
2008	117.33	107.25	5	12	10.08	8.59	10.83	—	—
2009	117.80	108.22	5	12	9.58	8.13	10.78	—	—
2010	118.53	90.75	6	19	27.78	23.44	10.15	—	—
2011	119.10	89.75	6	19	29.35	24.64	10.03	—	—
2012	119.60	88.89	6	20	30.71	25.68	10.09	—	—
2013	120.14	88.67	6	19	31.47	26.19	10.09	31.70	45
2014	120.77	88.80	6	19	31.97	26.47	10.09	32.56	45
2015	121.42	88.92	6	18	32.50	26.77	10.09	33.58	45
2016	122.22	89.07	6	19	33.15	27.12	10.10	34.56	45
2017	123.00	87.22	6	19	35.78	29.09	9.95	35.55	42

续表

年份	户籍人口（万人）	常住人口（万人）	常住人口在周口市的排名	常住人口在河南省的排名	外流人口（万人）	人口流失率（%）	常住人口占周口市的比重（%）	鹿邑县城镇化率（%）	城镇化率在河南省的排名
2018	123.83	87.82	6	18	36.01	29.08	10.12	36.53	40
2019	124.49	88.37	5	17	36.12	29.01	10.20	37.53	39
2020	138.44	95.58	5	16	42.86	30.96	10.60	38.46	87
2021	—	92.47	6	18	—	—	10.45	39.34	86
2022	—	91.37	6	19	—	—	10.37	39.96	86
2023	—	89.46	—	—	—	—	—	40.93	—

数据来源：历年河南省统计年鉴、周口市统计公报。

从三产从业人员数占比来看，2008—2017年第一产业从业人员数占比较高，大于第二产业和第三产业从业人数之和。2018—2019年第一产业从业人员数占比锐减，第二产业和第三产业从业人数持续增加，2022年三产从业人员数的比例为34∶31∶35（见表16）。

表16 2008—2022年鹿邑县三产从业人员数占比情况

年份	第一产业从业人员数占比（%）	第二产业从业人员数占比（%）	第三产业从业人员数占比（%）
2008	58	21	21
2009	58	21	21
2010	58	21	21
2011	55	22	23
2012	55	22	23
2013	55	22	23
2014	55	22	23
2015	54	23	23
2016	54	23	23
2017	53	23	24

续表

年份	第一产业从业人员数占比（%）	第二产业从业人员数占比（%）	第三产业从业人员数占比（%）
2018	49	28	24
2019	41	33	26
2020	—	—	—
2021	32	33	34
2022	34	31	35

数据来源：历年河南省统计年鉴、周口市统计年鉴。

十、公共服务分析

从义务教育情况来看，2022年鹿邑县共有中小学212所，在校学生数合计148073人，专任教师数10114人，平均每千名在校中小学生配备专任教师数为68.30人。从医疗卫生情况来看，平均每千名常住人口配备卫生机构床位数、卫生技术人员数逐年上升，医疗资源配备逐步优化，2022年每千人床位数为7.95张，每千人卫生技术人员数为7.18人（见表17）。

表17 2019—2022年鹿邑县义务教育和医疗情况

年份		2019	2020	2021	2022
学校数	合计（所）	255	249	244	212
	小学学校数（所）	200	194	189	159
	初中学校数（所）	55	55	55	53
在校学生数	合计（人）	140860	141087	145847	148073
	小学在校生数（人）	99919	100847	103237	100774
	初中在校生数（人）	40941	40240	42610	47299
专任教师数	合计（人）	10121	10627	11305	10114
	小学（人）	6038	7123	6879	5456
	初中（人）	4083	3504	4426	4658
医疗卫生	卫生机构床位数/千人	6.30	5.93	6.12	7.95
	卫生技术人员数/千人	5.44	5.02	5.83	7.18

数据来源：历年河南省统计年鉴、周口市统计年鉴。

十一、县域发展战略分析

鹿邑县在 2024 年政府工作报告中，明确了重点工作方向：一是强化创新驱动引领，推动新旧动能接续转换。二是充分释放内需潜力，促进投资消费两端发力。三是聚焦培育优势产业，持续巩固县域发展优势。四是立足丰厚文化底蕴，深化文旅文创融合发展。五是持续推进城镇更新，全面推动城乡融合发展。六是锚定农业强县目标，全面实施乡村振兴战略。七是筑牢生态安全屏障，深入推进绿色低碳发展。八是做好基本民生保障，切实提升群众生活品质。九是全力化解风险隐患，坚决守牢安全发展底线。

十二、县域发展特色产业

（一）火锅、烧烤、预制菜——澄明食品产业园

澄明食品工业园位于鹿邑县先进制造业开发区，根据澄明食品产业园官方公众号介绍，园区于 2019 年 10 月开始筹建，总规划建设占地面积 6500 亩，目前已建成 2300 亩，已投资 20 亿元。目前已有 12 家现代化食品工厂建成投产，另有 4 家正在筹建中，已提供 4000 多个就业岗位，2023 年营收突破 36 亿元，完税近亿元。围绕火锅、烧烤、预制菜三大板块，建成及规划基地包括：澄明火锅食材基地、酸辣粉基地、豆制品食材基地、烧烤食材基地、预制菜食材基地等。

澄明食品产业园模式有两个特点：一是打造澄明食品工业园"N 个一"食品工程，施行"单品单厂"的经营模式，例如"一只羊""一个番茄""一个丸子""一个辣椒"等，避免同园区同类竞争。二是澄明食品产业园采用"五链耦合"的新型工业园发展模式，简单来说就是政府提供土地设立园区、上游入驻企业生产优质产品、下游龙头企业出资搭建销售渠道、投资机构引入资本用于建设生产、带动当地农民种植养殖提供原材料，最终达到政府增税、农民增收、上游发展、下游盈利、资本增值的共赢局面，"产供销"一体化，形成三二一产联动发展的新局面。鹿邑县澄明食品产业园模式是可复制的，目前已经被多个省份城市引进并开始产业园建设工作。

（二）一个农业县的"美丽产业"——化妆刷产业园

鹿邑县是典型的内陆传统农业县，工业化和商业化起步较晚，外出务工人员较多。20 世纪 80 年代初，鹿邑县及其周边农村几乎家家户户养羊，一批尾毛从业者开始创业开办尾毛加工厂；20 世纪 90 年代初，随着经济全球化和加工贸易的兴起，承接从日韩转移过来的化妆刷加工企业在深圳、东莞、天津等城市形成了集聚，一批在家从事尾毛初加工的鹿邑人，陆续走出家乡到东莞、深圳、天津、义乌等城市创办尾毛化妆刷加工企业，并带出和培养了一大批熟练工；2015 年鹿邑县政府实施"凤还巢"工程，吸引全国各地鹿邑籍化妆刷产业老板带着技术和工人返乡创业，快速带动了鹿邑县的化妆刷加工行业的发展，逐步成为鹿邑县的特色产业。

目前总占地 1500 亩的化妆刷产业园已经建成投入使用，园区集聚 160 余家化妆刷企业，带动相关产业经营主体 1000 多家，带动就业 6.6 万多人；年产高、中档化妆刷 1.5 亿套，年销售额突破 130 亿元，化妆刷产业占据全国该产业份额 50% 以上；出口创汇 43 亿元，化妆刷出口量在全国该品类出口量中占比超过 90%，很多国际品牌的配套化妆刷也在这里代工生产。另外，鹿邑县在国内化妆刷原材料市场也占据了较大份额，95% 的动物尾毛、85% 的人造纤维都产自鹿邑；同时也形成了尾毛、口管、铝皮、木柄、拉丝、箱包等配套完整的化妆刷产业链。2017 年鹿邑被中国轻工业联合会评为"中国化妆刷之乡"；2022 年鹿邑"中国化妆刷之乡"称号顺利通过复查验收，并升级为"中国化妆刷之城"。

十三、综述

综上所述，鹿邑县县域经济总体实力在周口市辖 8 个县（市）的排名中整体处于上游水平，但在河南省 102 个县（市）的排名中整体处于中等水平。其中，GDP 总量和 GDP 增速在市辖县域中均排第一，在省辖县域排名中处于上游水平，在省市经济增速都有所减缓的背景下，鹿邑县仍取得了较好的经济增长；人均 GDP 在市辖县域中排第一，在省辖县域排名中处于中等水平，人均 GDP 增速在省市辖县域中排名靠前；财政收入在省市辖县域排名中处于中等偏上水平，财政支出在省市辖县域排名中处于中等水平，人均财力在省市辖县域排名中处于中等偏下水平，财政自给率较低；人均存款余额在省市辖县域排名中处于中等偏下水平，人均贷款余额和存贷比在市辖县域中排名靠前、省辖县域中排名中等偏下；居民人均可支配收入在市辖县域中排名靠前、省辖县域中排名中等水平，城乡居民可支配收入差距逐渐缩小；人口规模巨大，外出务工人员较多，城镇化率较低。工业基础较好、特色产业多样。逐步形成以食品加工、美妆彩妆、生物医药为主导产业，绿色纸业、智能制造、智慧物流为新兴产业的"3+3"现代产业体系。

根据以上分析，提出以下几点建议。

第一，聚焦人口流动规律，优化县域空间格局。鹿邑县是一个人口大县，随着现代农业日趋市场化、规模化，农业剩余劳动力被释放出来，导致人口城镇化迁徙较为活跃，乡村外出务工人员数量较多、人口流失率较高。但是随着剩余劳动力的非农就业转移，农村劳动力会加快向县城、省辖市、省会城市乃至省外发达地区流动聚集，乡村人口减少的趋势是不可逆的，"空心村"现象会越来越严重，耕地撂荒和土地闲置的情况在所难免。所以，从稀缺资源优化配置和公共基础设施、公共服务体系的供给水平与供给效率的角度来说，传统村落结构重组和县域内居住空间重新布局不可避免。可以作为农业现代化先行示范区，积极探索土地制度改革，充分整合农村闲置土地，为发展非农产业提供建设空间。

第二，以县城为核心载体，加速推进新型城镇化。县城作为县域空间内就业岗位相对充足、资源要素聚集、公共基础设施和公共服务体系相对完善的中心地区，是承接农业剩余劳动力的重要角色。推进以县城和人口聚集的乡镇建成区为中心、合并重整周边的空心村，进而做大做强中心城区，全面提升城市功能，增强县城综合承载能力，重点任务是抓好产业转移、市政设施、人居环境、公共服务、环境基础设施等方面的建设，提升县城发展质量，吸引农村转移人口和产业人才不断向县城集聚，加速推动县域的城镇化进程。

第三，加快推进三产融合，建设现代化产业体系。围绕食品加工、化妆刷生产、生物医疗等特色产业高质量发展，以现代工业园区为抓手，襟带左右、两端延伸，托起农业和服务业的立体化、现代化发展；完善三产全产业以延伸产业链、持续巩固品牌培育以提升价值链、重点加强产销衔接，以打造供应链，实现"粮头食尾、农头工尾"；同时通过农业＋新业态的拓展和品牌化战略的实施，不断生成新业态、新技术、新模式、新布局，进一步提升农业产业的附加值和市场竞争力，为乡村振兴和农业现代化提供有力支撑。

第四，提升投资驱动质量，激发金融市场活力。鹿邑县的社消零指标和存款指标均处于全省上游水平，但是贷款指标处于全省的中等偏下水平，说明消费驱动经济增长的效果较好，但是经营主体缺乏信心，投资市场较冷，金融机构的贷款业务较少、盈利能力较低。所以要培育壮大市场主体，以产业项目为核心，加大招商引资力度、优化营商环境质量、吸引社会资本投资，通过一系列优惠政策和政府服务筑巢引凤、固巢养凤、助力凤飞，进而吸引更多的社会投资和市场主体，促进投资市场的良性循环发展。同时，地方金融机构要优化金融服务，创新金融产品，提高授信额度，为企业投资和居民消费提供金融"活水"。

河南省县域经济运行分析：虞城篇

一、虞城县概况

虞城县隶属商丘市管辖，位于河南省东部，黄河故道南岸，豫鲁苏皖四省交界处。东与夏邑县接壤，西和商丘新区相邻，南与安徽省亳州市毗连，北同山东省单县隔故黄河相望，东北与安徽省砀山县接壤。截至2020年年底，全县户籍人口138.1万人。2022年年底，全县常住人口87.37万人，辖26个乡镇、635个行政村、26个居委会，区划面积1543.57平方千米，耕地面积147.79万亩。

虞城县文化灿烂，历史悠久。全县有古文化遗址7处、名胜古迹10处、古文物1350多件，其他古遗址10余处。其中"魏堌堆遗址""营廓遗址"被列为省级文物保护单位。"伊尹墓""木兰祠"作为词条收入《中国名胜词典》。

虞城县还是中国钢卷尺城、全国科技进步先进县、全国粮食生产先进县、全国食品工业强县，培育成装备制造、食品加工、纺织服装3个百亿级产业集群，新兴产业医药制造初具规模。"虞城荠菜、虞城苹果、虞城酥梨、惠楼山药、张集乔藕"等获国家农产品地理标志认证。

二、总体经济运行分析

从GDP总量来看，2023年虞城县实现GDP 342.6亿元，占商丘市GDP总量的11.0%。2022年虞城县实现GDP 370亿元，占商丘市GDP总量的11.3%，经济规模较大，总体实力较强，在商丘市占有重要地位，自2008年以来一直处在商丘市辖7个县（市）中第2位，2022年在河南省102个县（市）中排第32位，较2008年前进12个位次（见表1）。

从GDP增速来看，2023年虞城县GDP增速为3.7%，高于商丘市GDP增速0.1个百分点，低于河南省GDP增速0.5个百分点。2022年增速为6.4%，高于商丘市GDP增速1.3个百分点，高于河南省GDP增速3.3个百分点，在商丘市辖7个县（市）中排第1位，在河南省102个县（市）中排第5位（见表1）。

表1 2008—2023年虞城县地区生产总值及增速

年份	虞城县GDP	占商丘市GDP的比重	在商丘市的排名	在河南省的排名	虞城县GDP增速	在商丘市的排名	在河南省的排名	与商丘市GDP增速对比	与河南省GDP增速对比
2008	105.5	11.3	2	44	12.6	2	63	0.6	0.5
2009	116.1	11.2	2	44	12.1	3	47	0.9	1.2
2010	131.5	11.5	2	44	11.9	4	53	−0.1	−0.6
2011	150.6	11.4	2	46	11.5	4	69	−0.3	−0.4
2012	163.0	11.5	2	46	11.2	2	50	0	1.1
2013	180.8	11.8	2	46	10.9	2	24	0.4	1.9
2014	200.3	11.8	2	43	8.9	5	57	−0.3	0
2015	215.0	11.9	2	41	9.3	2	51	0.6	1
2016	235.5	11.9	2	41	9	4	34	0.4	0.9
2017	262.2	11.8	2	37	8.6	5	35	−0.1	0.8
2018	288.7	10.9	2	36	8.5	5	30	−0.2	0.9
2019	338.4	11.6	2	33	7.2	6	53	−0.2	0.4
2020	345.7	12.0	2	30	1.3	5	90	2.4	0
2021	360.8	11.7	2	32	4.2	3	84	0.2	−2.1
2022	370.0	11.3	2	32	6.4	1	5	1.3	3.3
2023	342.6	11.0	2	—	3.7	—	—	0.1	−0.5

数据来源：历年河南省统计年鉴、虞城县政府工作报告。

从人均GDP来看，虞城县2022年实现人均GDP为42161元，相当于商丘市人均GDP的99.8%，在商丘市辖7个县（市）中排第2位，在河南省102个县（市）中排第74位。从2008到2019年，虞城县人均GDP在全省的排名提前25个位次，2020年以来明显下滑（见表2）。因虞城县为人口大县，故人均GDP在全省的位次与GDP总量在全省的位次相差较大，呈现总量靠前、人均落后的特点。

从人均GDP增速来看，2022年虞城县人均GDP增速为11.1%，高于商丘市人均GDP增速5.4个百分点，高于河南省人均GDP增速7.6个百分点，增速在商丘市辖7个县（市）中排第1位，在河南省102个县（市）中排第3位（见表2）。

表2 2008—2022年虞城县人均地区生产总值及增速

年份	人均GDP总量（元，%）				人均GDP增速（%）			
	虞城县人均GDP	与商丘市相比	在商丘市的排名	在河南省的排名	虞城县人均GDP增速	在商丘市的排名	在河南省的排名	与商丘市人均GDP增速对比	与河南省人均GDP增速对比
2008	10390	85.9	3	80	10.2	6	94	-0.4	-9.2
2009	11450	89.6	3	78	12.3	3	38	2.7	4.9
2010	13420	89.0	3	79	15.7	4	34	1.6	-2.6
2011	15747	89.5	3	81	14.2	5	57	0.2	-2.1
2012	17526	92.5	4	84	14.4	2	14	3.3	5.1
2013	20196	95.8	3	78	15.2	1	6	4.0	6.6
2014	22515	96.4	4	82	9.6	5	47	-0.1	0.9
2015	24498	98.2	3	78	10.8	1	24	1.9	4.2
2016	27574	101.7	3	73	12.0	1	2	3.5	4.2
2017	31382	103.2	3	65	11.0	1	3	2.5	0.4
2018	34854	106.7	3	62	9.4	1	14	1.0	-1.5
2019	41066	103.4	3	55	7.7	3	43	0.8	0.5
2020	36337	97.1	4	77	1.2	5	82	2.1	-0.8
2021	39369	99.8	2	72	8.1	2	48	2.7	1.7
2022	42161	99.8	2	74	11.1	1	3	5.4	7.6

数据来源：历年河南省统计年鉴。

三、分产业经济运行分析

（一）产业格局与发展方向

虞城县近年来致力于推动农业大县向农业强县转变，稳住粮食播种面积的同时注重提高单产，累计建成高标准农田100多万亩。在稳住农业基本盘的前提下，大力发展中药材、速生菜、食用菌等优势特色产业。"虞紫苏1号""虞紫苏2号""佩兰—虞伤力草1号"新品种通过河南省中药材品种鉴定专业委员会鉴定，2020年10月被省农业农村厅等单位授予"河南省中药材产业发展十强县"称号。依据各乡镇的菜农种植习惯和发展趋势，大力推广速生菜种植，建设荠菜种植基地、小青菜种植基地、香菜种植基地三大速生菜基地。2023年，全县荠菜种植面积达12万亩，年产量约27万吨，全产业链产值达44亿元。虞城县已成为全国最大的集种植、加工和供应于一体的荠菜生产基地，荠菜产业发展态势强劲。食用菌产业实现由粗放式经营向精细化生产的转变、种植品种由单一化向多元化的转变，香菇、平菇、木耳、双孢菇、金针菇、草菇、灵芝等在规模效益、新产品开发和无公害生产上取得了新突破。全县食用菌年产量2.5万吨，总产值超2亿元，迈入了河南省食用菌生产先进县的行列。

虞城县积极实施"工业强县、民营富县"战略，以装备制造、食品加工、纺织服装为主导产业。截至2024年6月，虞城县工业企业已发展到6000余家，规上工业企业317家。随着高新区电镀产业园三期、食品工业园、华美医疗健康产业园、彩印包装园一期、利斯特棉业二期、啤匠科技智能制造项目等一批重大工业项目开工建设，虞城县将进一步推动产业链式布局、专业化配套、集群化发展。

装备制造业主要以五金工量具产业为主，虞城县稍岗镇有582家具有一定规模的企业、4200家小微企业，有超过10万本地和外地人参与卷尺生产和销售工作。重点企业有邦特工量具、珂铭工量具、建波工量具等骨干企业。通过多年的发展，虞城县工量具的制造工艺水平已有很大的提高，形成系列化、标准化的产品线，初步构建了完整的产业链条。拥有年产钢带20万吨、钢卷尺15亿只、五金工具3亿只（件）的加工生产能力，年产值超120亿元，五金工量具产销总量占到全国的80%以上，出口总量占到全国的 50%，产品远销亚洲、欧洲、美洲的许多国家和地区，是虞城县工业经济增长的重要支撑力量。

食品加工业实力不断增强，目前有食品企业 500 余家，小微企业占比 80% 以上，拥有科迪食品、金豆子蔬菜、通宝食品、懂菜科技、春发面粉、广利达食品等重点食品企业，形成粮食加工、速冻食品、饼干、罐头、乳制品、饮料、饲料、酿酒等多个产业领域，虞城已发展成为全国最大的荠菜种植加工基地、全省速冻食品加工基地、奶牛养殖基地、乳品加工基地。

现有纺织、服饰加工企业 90 多家，其中规上企业 45 家，从业人数有 1.2 万多人，纺纱规模达到 160 万锭，年生产各类服装 3500 万（件套），毛毯 600 万件，鞋 500 万双，袜子 800 万双，产品曾远销亚洲、欧洲、非洲的许多个国家和地区，主要龙头企业有：商丘市汇丰棉业有限公司、河南乔治白服饰有限公司、河南利斯特棉业有限公司，初步形成棉花加工、纺纱织布、服装加工的产业链。

虞城县借助交通四通八达的区位优势，围绕"对外开放桥头堡、枢纽经济新高地"目标，高标准建设商丘电商物流产业园，逐渐由获取物流价值向获取经济价值、产业价值、城市地位转变。项目全部建成后，将容纳物流、电商、云仓储企业 150 家以上，覆盖周边半径 150 千米快递网点，年交易额达到 120 亿元，带动 1.2 万人就业，力争打造成为豫鲁苏皖四省接合部最大的区域分拨中心和现代智慧电商物流园区。坐落于虞城县产业集聚区的商丘保税物流中心自 2018 年封关运营以来，进出口业务实现了跨越式增长，由 2018 年的 10.2 亿元到 2022 年的 69.93 亿元，实现了运营 5 年业务增长 6.8 倍的成绩。2023 年完成保税贸易 64.30 亿元，在全国保税物流中心进出口总值排名中排第 12 位，出口排第 6 位，两项指标在全省保税物流中心排名中均排第 1 位，保持中部领先位次。

（二）产业结构分析

从三次产业占比来看，2023 年虞城县第一产业占比 19.8%；第二产业占比 34.8%；第三产业占比 45.4%。从三产结构演变趋势来看，2008—2019 年虞城县第一产业占比连续下降了 19.8 个百分点，第二产业占比提升了 9.6 个百分点。三次产业结构从"二、一、三"演变为"二、三、一"，再到 2023 年的"三、二、一"梯次，但第一产业占比与其他县域相比仍然较高（见表3和图1）。

表3 2008—2023年虞城县三产结构变化情况

年份	第一产业占比（%）	第二产业占比（%）	第三产业占比（%）
2008	35.1	35.4	29.5
2009	33.2	36.7	30.1
2010	31.2	37.8	31.0
2011	27.9	40.4	31.7
2012	26.2	41.3	32.5
2013	24.3	42.9	32.8
2014	22.5	42.0	35.5
2015	21.0	40.6	38.4
2016	19.2	40.2	40.7
2017	17.3	40.8	42.0
2018	16.3	40.5	43.2
2019	15.3	45.0	39.7
2020	18.3	42.6	39.1
2021	19.4	41.9	38.7
2022	18.5	42.5	39.0
2023	19.8	34.8	45.4

数据来源：历年河南省统计年鉴、虞城县统计公报及政府网站。

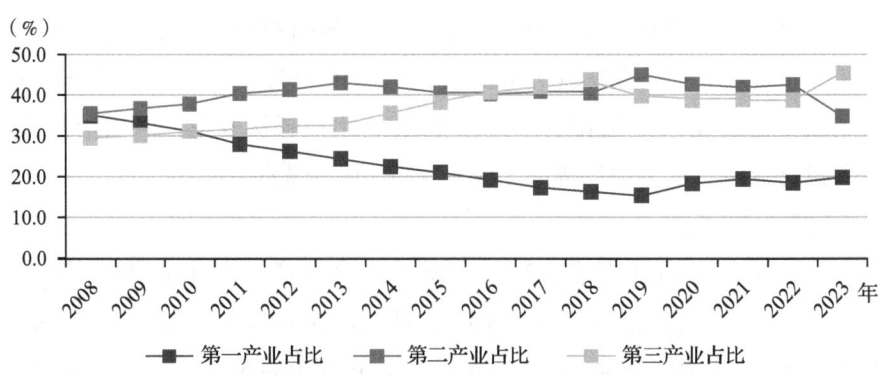

图1 2008—2023年虞城县三产结构变化情况

数据来源：历年河南省统计年鉴、虞城县统计公报及政府网站。

（三）工业发展情况分析

从工业发展情况来看，规上工业增加值增速波动幅度较大。2023年虞城县规上工业增加值增速为0.4%，低于商丘市增速；2022年虞城县规上工业增加值增速为7.3%，在商丘市辖7个县（市）中排第3位，在河南省102个县（市）中排43位（见表4）。

表4 2008—2023年虞城县工业发展情况

年份	虞城县规上工业增加值增速（%）	商丘市规上工业增加值增速（%）	虞城县规上工业增加值增速在商丘市的排名	虞城县规上工业增加值增速在河南省的排名	虞城县和商丘市规上工业增加值增速对比（%）
2008	38.6	20	2	5	18.6
2009	23.6	13.3	4	12	10.3
2010	26	17.9	3	9	8.1
2011	26	20.5	6	29	5.5
2012	23.3	17.1	2	6	6.2
2013	19.3	16.2	5	10	3.1
2014	11.7	11.8	4	70	−0.1
2015	9.9	9.3	1	64	0.6
2016	9.1	9.1	5	73	0
2017	8.2	8.3	3	67	−0.1
2018	8.5	8.6	6	51	−0.1
2019	8.5	8.8	7	63	−0.3
2020	−0.4	−4.8	6	91	4.4
2021	7.7	3.7	2	62	4
2022	7.3	7.0	3	43	0.3
2023	0.4	1.7	—	—	−1.3

数据来源：历年河南省统计年鉴、虞城县统计公报及政府网站。

截至2023年11月，全县共有规上工业企业317家。2023年全县实施"三大改造"项目22个，新增省级智能车间1家、省级工程技术研究中心3家、省重点研发专项企业2家、高新技术企业6家、专精特新企业7家，完成国家科技型中小企业备案42家。

（四）服务业发展情况分析

从服务业发展情况来看，2023年虞城县服务业增加值为155.5亿元，占商丘市服务业增加值的10.3%，其中，进出口总额20.6亿元，居全市第1位，商丘保税物流中心进出口总值居全国第12位，出口总值居全国第6位，两项指标均居全省第1位。2022年虞城县服务业增加值在商丘市辖7个县（市）中排第3位，在河南省102个县（市）中排第43位（见表5）。

从服务业增加值增速来看，2023年虞城县服务业增加值增速为4.6%；2022年增速为4.7%，在商丘市辖7个县（市）中排第1位，在河南省102个县（市）中排第8位（见表5）。

表5　2008—2023年虞城县服务业发展情况

年份	虞城县服务业增加值（亿元）	增加值占商丘市服务业增加值的比重（%）	增加值在商丘市的排名	增加值在河南省的排名	虞城县服务业增加值增速（%）	增速在商丘市的排名	增速在河南省的排名
2008	31.1	13.8	2	31	13.1	4	58
2009	34.9	12.9	2	28	18.2	2	5
2010	40.8	13.1	2	24	14.9	5	13
2011	47.7	12.9	2	23	10.7	3	50
2012	53.0	12.6	2	28	11.1	5	35
2013	59.3	12.5	2	27	9.3	5	33
2014	71.2	12.1	2	33	10.5	3	24
2015	82.7	12.2	2	31	13.7	2	20
2016	95.8	12.3	2	31	11.9	3	20
2017	110.0	12.3	2	30	10.7	4	47
2018	124.9	12.2	2	29	10.3	6	39
2019	134.4	10.5	3	40	8.2	6	36
2020	135.1	10.4	4	41	1.0	6	79
2021	139.7	10.3	2	41	5.2	2	88
2022	144.4	10.1	3	43	4.7	1	8
2023	155.5	10.3	—	—	4.6	—	—

数据来源：历年河南省统计年鉴、虞城县统计公报及政府网站。

（五）重点企业分析

（1）金豆子农业股份有限公司，农业产业化国家重点龙头企业，成立于2011年10月，总部位于商丘市虞城县，是集各类芽苗菜及种子的种植、研发、生产、销售为一体的农副产品初加工企业。已建成运营现代化芽苗菜工厂16家，日产芽苗菜1500吨，销售区域覆盖豫、鲁、苏、皖、陕等200多个县市地区，服务超市2000多家，与500多家农贸市场建立长期战略合作伙伴关系，覆盖人口约3亿人，创造就业岗位1万个。近年来，公司还致力于推动农业产业升级和农产品深加工领域的发展，通过技术创新和模式创新，不断提升农产品的附加值和市场竞争力。

（2）科迪食品集团股份有限公司，创建于1985年，是中国最大的速冻食品和方便面生产加工基地之一，也是新兴的乳业发展基地。"科迪"品牌已成为全国食品行业知名品牌。是全国农业产业化重点龙头企业、河南省百户重点工业企业、河南省10家粮食转化重点龙头企业和河南省重点畜牧养殖及乳品加工基地。2022年改制为国有企业，由河南国资商丘市发展投资集团有限公司控制。

（3）商丘市珂铭工量具有限公司，是生产钢卷尺、螺丝刀、美工刀等手动工具的专业工具公司，集研发、生产和销售于一体的工贸型进出口企业。工厂占地面积10000平方米，现有员工超过200人，位于中国钢卷尺之城的虞城县稍岗工业开发区。产品畅销中东、非洲、东南亚等30多个国家和地区，年出口额5000万元，被授予出口创汇基地、守合同重信用单位等。公司拥有国内外先进的机械设备，以自主产品为核心，发挥人才优势，致力于为中国和全球采购商提供规格齐全，技术精良的手动工具产品，"珂铭"牌钢卷尺已经深得国内外用户好评，畅销海外市场。

（4）河南邦特工量具有限公司，成立于2005年，拥有占地42000平方米的标准化生产车间，年产值突破8000万元，开发出纤维尺、激光尺等多个创新产品，累计申请国内外各类专利14项，70%的产品出口到德国、荷兰、俄罗斯等国家和地区。其中，小小激光卷尺配有LCD显示屏、单位切换键、激光测量键、USB充电等功能，可进行直线距离、面积、体积和勾股测量等，适合不同环境下的各种测量需求。

四、财政收支分析

从财政收支来看，2023年虞城县一般公共预算收入11.9亿元，占商丘市一般公共预算收入的5.9%。2022年虞城县一般公共预算收入12.7亿元，占商丘市一般公共预算收入的6.1%，在商丘市辖7个县（市）中排第3位，在河南省102个县（市）中排第66位。其中，税收收入2022年为8.0亿元，占虞城县一般公共预算收入的63.0%，占商丘市税收收入的6.3%。2023年虞城县一般公共预算支出为50.2亿元，占商丘市一般公共预算支出的6.6%。2022年虞城县一般公共预算支出为48.3亿元，占商丘市一般公共预算支出的8.7%，在商丘市辖7个县（市）中排第4位，在河南省102个县（市）中排第44位（见表6）。

从人均财力看，虞城县人均一般公共预算收入、人均一般公共预算支出都比较低。2022年虞城县人均一般公共预算收入达到1458元，相当于商丘市人均一般公共预算收入的54.4%，相当于河南省人均一般公共预算收入的33.8%，在全省102个县（市）中排第92名；人均一般公共预算支出5524元，相当于商丘市人均一般公共预算支出的77.3%，相当于河南省人均一般公共预算支出的51.2%，在全省102个县（市）中排第91名（见表7）。

从财政自给率看，2023年虞城县财政自给率为23.7%，较2022年有所下降。2022年虞城县财政自给率为26.4%，在商丘市辖7个县（市）中排第4位，在河南省102个县（市）中排第71位（见表7）。

五、金融业发展分析

从金融机构年末存贷情况来看，2022年虞城县金融机构存款年末余额450.4亿元，占商丘市的9.8%，在商丘市辖7个县（市）中排第3位，在河南省102个县（市）中排第28位。2022年虞城县金融机构贷款年末余额192.8亿元，占商丘市的7.4%，在商丘市辖7个县（市）中排第2位，在河南省102个县（市）中排第42位（见表8）。

从存贷比来看，2022年虞城县存贷比为42.8%，低于商丘市14.2个百分点，低于河南省38.8个百分点。在商丘市辖7个县（市）中排第6位，在河南省102个县（市）中排第78位（见表8）。

表6 2008—2023年虞城县财政收支情况

年份	虞城县一般公共预算收入	占商丘市一般公共预算收入的比重	在商丘市的排名	在河南省的排名	虞城县税收收入	占一般公共预算收入的比重	占商丘市税收收入的比重	虞城县一般公共预算支出	占商丘市一般公共预算支出的比重	在商丘市的排名	在河南省的排名
2008	1.5	4.8	2	78	—	—	—	11.8	10.0	3	30
2009	1.8	5.1	2	77	—	—	—	15.6	10.3	2	27
2010	2.2	5.2	2	75	—	—	—	18.9	10.5	2	20
2011	3.1	5.4	2	70	—	—	—	26.0	11.3	2	11
2012	4.3	6.1	2	61	—	—	—	28.4	9.9	3	26
2013	5.6	6.6	2	58	4.4	78.0	7.0	32.5	10.3	3	24
2014	7.0	7.0	2	52	5.0	71.1	6.9	35.6	10.1	2	19
2015	7.9	7.1	2	50	5.5	69.1	7.1	38.8	10.2	3	28
2016	8.2	7.0	3	53	5.7	68.6	7.0	41.3	9.8	3	29
2017	8.6	6.6	3	55	6.0	70.5	6.9	45.2	9.8	3	31
2018	10.0	6.5	2	57	7.1	70.3	6.5	53.1	10.6	3	30
2019	10.8	6.3	3	58	7.7	70.7	6.4	55.2	10.3	3	35
2020	11.3	6.3	3	57	7.9	70.3	6.8	58.7	10.4	3	32
2021	12.0	6.3	3	61	8.4	69.9	6.8	45.0	8.1	5	42
2022	12.7	6.1	3	66	8.0	63.0	6.3	48.3	8.7	4	44
2023	11.9	5.9	—	—	—	—	—	50.2	6.6	—	—

数据来源：历年河南省统计年鉴、商丘市、虞城县统计公报。

表7 2008—2023年虞城县人均财力及财政自给率

年份	人均财力（%）									财政自给率（%）		
	一般公共预算收入/常住人口	与商丘市相比	与河南省相比	在河南省的排名	一般公共预算支出/常住人口	与商丘市相比	与河南省相比	在河南省的排名	虞城县财政自给率	在商丘市的排名	在河南省的排名
2008	147	36.2	13.7	94	1159	76.4	47.9	86	12.7	2	91
2009	179	39.6	15.1	93	1549	80.1	50.6	81	11.6	2	87
2010	234	39.9	15.9	95	1981	80.9	54.5	71	11.8	2	92
2011	319	41.6	17.5	93	2707	87.0	60.3	62	11.8	5	96
2012	475	49.6	22.2	84	3155	80.7	60.1	75	15.1	2	76
2013	634	53.7	25.1	84	3654	84.5	62.7	69	17.3	3	79
2014	793	47.6	27.9	81	4012	68.9	64.2	63	19.8	3	78
2015	912	59.9	29.3	77	4476	85.3	63.9	68	20.4	3	74
2016	981	60.8	30.4	74	4914	84.7	64.5	64	20.0	3	77
2017	1032	58.4	29.8	80	5447	85.9	65.2	67	18.9	3	75
2018	1213	57.8	31.8	76	6420	93.5	68.7	61	18.9	3	73
2019	1318	56.3	32.3	79	6718	91.6	65.4	70	19.6	4	73
2020	1185	51.4	28.3	92	6164	85.8	59.1	93	19.2	4	76
2021	1356	55.0	30.8	89	5099	70.8	48.4	88	26.6	4	71
2022	1458	54.4	33.8	92	5524	77.3	51.2	91	26.4	4	71
2023	—	—	—	—	—	—	—	—	23.7	—	—

数据来源：历年河南省统计年鉴、虞城县政府网站。

表 8　2008—2022 年虞城县金融机构年末存贷款余额情况

年份	虞城县金融机构存款年末余额	存款（亿元，%） 占商丘市的比重	在商丘市的排名	在河南省的排名	虞城县金融机构贷款年末余额	贷款（亿元，%） 占商丘市的比重	在商丘市的排名	在河南省的排名	虞城县存贷比	存贷比（%） 商丘市存贷比	河南省存贷比	在商丘市的排名	在河南省的排名
2008	46.2	7.7	3	54	21.0	5.1	6	56	45.6	68.0	68.0	6	49
2009	57.5	8.0	3	52	28.1	5.4	5	54	48.8	71.8	70.1	5	46
2010	73.8	8.2	3	48	31.9	5.3	5	54	43.2	67.4	68.6	5	63
2011	93.6	8.5	3	44	30.7	5.2	5	69	32.8	53.5	65.7	7	87
2012	116.8	8.6	3	41	48.2	6.9	3	44	41.2	51.8	63.3	4	58
2013	134.6	8.6	3	41	66.3	8.0	3	39	49.3	53.5	62.4	3	44
2014	156.2	8.9	3	39	81.8	8.1	3	33	52.4	57.2	65.8	3	42
2015	187.1	9.5	3	36	84.2	7.4	3	43	45.0	57.5	66.0	4	60
2016	211.8	9.3	3	37	88.0	6.8	3	47	41.5	56.3	67.6	4	63
2017	238.2	8.9	3	39	93.5	6.5	3	50	39.2	53.3	70.7	4	68
2018	278.6	9.5	3	32	111.2	6.9	3	46	39.9	55.4	74.9	4	72
2019	309.0	9.5	3	31	126.7	6.4	4	48	41.0	60.9	80.1	5	76
2020	351.1	9.7	3	29	153.9	6.8	3	41	43.8	62.5	82.2	6	77
2021	387.0	9.7	3	29	171.8	7.1	2	44	44.4	60.7	84.4	6	82
2022	450.4	9.8	3	28	192.8	7.4	2	42	42.8	57.0	81.6	6	78

数据来源：历年河南省统计年鉴。

从人均存贷款余额来看，2022年虞城县人均存款余额为51546元，相当于商丘市人均存款余额的86.8%，相当于河南省人均存款余额的55.0%，在商丘市辖7个县（市）中排第2位，在河南省102个县（市）中排第66位。2022年虞城县人均贷款余额为22065元，相当于商丘市人均贷款余额的65.2%，相当于河南省人均贷款余额的28.8%，在商丘市辖7个县（市）中排第4位，在河南省102个县（市）中排第89位（见表9）。

表9 2008—2022年虞城县人均存贷款情况

年份	虞城县人均存款余额	在商丘市的排名	在河南省的排名	与商丘市相比	与河南省相比	虞城县人均贷款余额	在商丘市的排名	在河南省的排名	与商丘市相比	与河南省相比
2008	4523	7	101	58.3	28.0	2060	6	87	39.0	18.7
2009	5712	7	101	61.7	28.3	2788	6	82	42.0	19.7
2010	7742	7	95	63.1	31.5	3347	5	86	40.5	19.8
2011	9749	7	93	65.4	34.6	3196	7	94	40.0	17.3
2012	12983	7	83	70.2	38.7	5354	4	70	55.9	25.1
2013	15110	7	87	70.5	38.5	7450	3	61	65.0	30.3
2014	17582	6	81	60.4	41.0	9205	3	60	55.3	32.6
2015	21579	3	66	79.4	44.0	9707	4	68	62.1	30.0
2016	25180	3	65	80.2	45.6	10459	4	72	59.1	28.0
2017	28687	3	68	77.9	47.7	11259	4	75	57.4	26.5
2018	33705	3	63	84.5	52.1	13452	4	71	60.8	27.7
2019	37610	3	60	84.7	53.6	15425	5	75	57.1	27.4
2020	36895	5	81	79.3	48.0	16169	5	87	55.6	25.6
2021	43893	3	71	84.5	52.6	19483	5	90	61.8	27.7
2022	51546	2	66	86.8	55.0	22065	4	89	65.2	28.8

数据来源：历年河南省统计年鉴。

六、居民收入分析

从居民收入看，2023年虞城县居民人均可支配收入为23775元，相当于商丘市居民人均可支配收入的 94.8%，相当于河南省居民人均可支配收入的 79.4%。2022 年虞城县居民人均可支配收入为 22484 元，在商丘市辖 7 个县（市）中排第 3 位，在河南省 102 个县（市）中排第 71 位（见表 10）。

从居民收入增速看，虞城县居民人均可支配收入增速从 2017—2020 年呈现下降趋势，从 11.0% 下降至 5.0%，2021 年回升至 8.8%，2022—2023 年再次下降至 5.7%，2023 年高于商丘市居民人均可支配收入增速 0.8 个百分点（见表 10）。

表 10　2017—2023 年虞城县居民人均可支配收入情况

年份	虞城县居民人均可支配收入（元）	在商丘市的排名	在河南省的排名	与商丘市相比（%）	与河南省相比（%）	虞城县居民人均可支配收入增速（%）	商丘市居民人均可支配收入增速（%）	虞城县增速与商丘市增速对比
2017	15304	3	74	91.7	75.9	11.0	11.0	0
2018	16866	3	74	91.7	76.8	9.8	10.2	−0.4
2019	18637	3	68	92.4	78.0	10.9	9.7	1.2
2020	19564	3	68	92.6	78.9	5.0	6.8	−1.8
2021	21289	3	71	93.8	79.4	8.8	7.5	1.3
2022	22484	3	71	94.1	79.7	5.6	5.3	0.3
2023	23775	—	—	94.8	79.4	5.7	4.9	0.8

数据来源：历年河南省统计年鉴、虞城县政府网站。

分城镇、农村居民人均可支配收入看，2022 年虞城县城镇居民人均可支配收入为 34545 元，在商丘市辖 7 个县（市）中排第 3 位，在河南省 102 个县（市）中排第 48 位，相当于商丘市城镇居民可支配收入的 96.0%，相当于河南省城镇居民可支配收入的 89.8%。2023 年虞城县农村居民人均可支配收入为 17127 元，略高于商丘市农村居民人均可支配收入，相当于河南省农村居民人均可支配收入的 85.4%；2022 年虞城县农村居民人均可支配收入为 15903 元，在商丘市辖 7 个县（市）中排第 2 位，在河南省 102 个县（市）中排第 78 位。从城乡居民收入对比来看，2022 年虞城县城乡居民人均可支配收入比约为 2.2∶1，在全省排第 88 位（见表 11）。

表 11 2008—2023 年虞城县分城乡居民人均可支配收入及城乡收入比

年份	城镇（元，%）虞城县城镇居民人均可支配收入	在商丘市的排名	在河南省的排名	与商丘市相比	与河南省相比	农村（元，%）虞城县农村居民人均可支配收入	在商丘市的排名	在河南省的排名	与商丘市相比	与河南省相比	城乡收入比 虞城县城乡居民收入比	在河南省的排名
2008	10649	2	52	90.6	80.5	3563	3	86	95.0	80.0	3.0	94
2009	11820	3	46	93.0	82.2	3851	3	86	95.0	80.1	3.1	94
2010	13167	3	47	92.9	82.7	4463	3	81	95.5	80.8	3.0	92
2011	14892	3	49	92.2	81.8	5494	2	74	97.5	83.2	2.7	82
2012	16858	3	47	92.1	82.5	6285	2	76	97.8	83.5	2.7	82
2013	18611	3	49	92.1	83.1	7090	2	75	98.2	83.7	2.6	83
2014	20454	3	48	91.8	86.4	7884	2	75	98.2	79.1	2.6	83
2015	21846	3	47	92.7	85.4	8795	2	80	99.0	81.0	2.5	90
2016	23550	3	46	93.4	86.5	9485	2	84	98.8	81.1	2.5	91
2017	25811	3	45	93.5	87.3	10401	2	84	98.9	81.8	2.5	92
2018	28289	3	43	94.3	88.8	11405	2	82	99.1	82.5	2.5	93
2019	30442	3	46	94.1	89.0	12648	2	82	99.8	83.4	2.4	89
2020	30929	3	46	94.1	89.0	13609	2	77	100.0	84.5	2.3	88
2021	33248	3	46	95.7	89.6	14807	2	80	100.1	84.5	2.2	89
2022	34545	3	48	96.0	89.8	15903	2	78	100.2	85.1	2.2	88
2023	—	—	—	—	—	17127	—	—	101.2	85.4	—	—

数据来源：历年河南省统计年鉴、虞城县政府网站。

七、固定资产投资分析

从固定资产投资增速来看，2023年虞城县固定资产投资增长12.2%，高于商丘市6.1个百分点，高于河南省10.1个百分点（见表12）。

表12 2008—2023年虞城县固定资产投资情况

年份	虞城县固定资产投资增速（%）	商丘市固定资产投资增速（%）	河南省固定资产投资增速（%）	虞城增速与商丘市对比（%）	虞城增速与河南省对比（%）
2008	34.9	33.2	30.7	1.7	4.2
2009	28.9	29.9	31.6	−1.0	−2.7
2010	22.2	22.0	22.2	0.2	0
2011	20.2	25.2	27.0	−5.0	−6.8
2012	17.9	20.7	21.4	−2.8	−3.5
2013	20.4	22.6	22.5	−2.2	−2.1
2014	20.1	18.4	19.2	1.7	0.9
2015	13.2	14.0	16.5	−0.8	−3.3
2016	15.5	15.2	13.7	0.3	1.8
2017	11.6	11.8	10.4	−0.2	1.2
2018	12.6	11.2	8.1	1.4	4.5
2019	13.0	10.9	8.0	2.1	5.0
2020	6.6	6.0	4.3	0.6	2.3
2021	12.0	8.3	4.5	3.7	7.5
2022	15.1	13.0	6.7	2.1	8.4
2023	12.2	6.1	2.1	6.1	10.1

数据来源：历年河南省统计年鉴、虞城县政府网站。

八、社会消费分析

从社会消费情况来看，2022年虞城县社消零总额为125.6亿元，占虞城县GDP的比重为33.9%，在商丘市辖7个县（市）中排第3位，在河南省102个县（市）中排第36位；人均社消零额逐年上升，2022年为

14378 元，在河南省 102 个县（市）中排第 79 位（见表 13）。

表 13　2008—2022 年虞城县社会消费情况

年份	社消零总额	在商丘市的排名	在河南省的排名	占 GDP 的比重	人均社消零额	在河南省的排名
2008	24.2	4	58	22.9	2371	96
2009	28.8	4	58	24.8	2864	97
2010	33.1	4	62	25.1	3468	97
2011	39.0	4	63	25.9	4067	97
2012	45.3	3	63	27.8	5033	96
2013	51.9	3	63	28.7	5826	96
2014	57.5	3	62	28.7	6475	97
2015	65.1	3	62	30.3	7504	97
2016	73.7	3	60	31.3	8759	94
2017	82.9	3	61	31.6	9981	92
2018	92.0	4	53	31.9	11129	85
2019	122.3	3	35	36.1	14886	64
2020	116.8	3	35	33.8	12274	82
2021	122.7	3	38	34.0	13914	79
2022	125.6	3	36	33.9	14378	79

数据来源：历年河南省统计年鉴。

九、人口规模分析

从人口情况看，虞城县 2022 年常住人口为 87.37 万人，占商丘市常住人口的 11.30%，在商丘市辖 7 个县（市）中排第 3 位，在河南省 102 个县（市）中排第 22 位，人口规模较大。2020 年人口外流 42.95 万人，人口流失率为 31.1%。从城镇化率看，2013—2022 年虞城县城镇化率不断提升，2022 年城镇化率为 43.85%，在全省 102 个县（市）中排第 63 位（见表 14）。

表 14 2008—2022 年虞城县人口情况

年份	户籍人口（万人）	常住人口（万人）	常住人口在商丘市的排名	常住人口在河南省的排名	外流人口（万人）	人口流失率（％）	常住人口占商丘市的比重（％）	虞城县城镇化率（％）	城镇化率在河南省的排名
2008	109.37	102.07	3	16	7.30	6.67	13.14	—	—
2009	109.86	100.68	3	16	9.18	8.36	12.89	—	—
2010	116.00	95.33	2	14	20.67	17.82	12.97	—	—
2011	116.62	96.00	3	13	20.62	17.68	13.04	—	—
2012	117.20	90.00	3	19	27.20	23.21	12.29	—	—
2013	117.74	89.05	2	18	28.69	24.37	12.24	30.69	77
2014	118.38	88.85	2	18	29.53	24.95	14.69	32.24	75
2015	113.96	86.71	3	21	27.25	23.91	11.92	33.9	75
2016	113.05	84.10	3	24	28.95	25.61	11.55	35.62	75
2017	112.68	83.02	3	26	29.66	26.32	11.37	37.33	75
2018	112.36	82.65	3	26	29.71	26.44	11.28	38.97	74
2019	112.09	82.15	3	26	29.94	26.71	11.20	40.55	74
2020	138.10	95.15	2	18	42.95	31.10	12.17	42.35	63
2021	—	88.16	3	22	—	—	11.42	43.21	63
2022	—	87.37	3	22	—	—	11.30	43.85	63

数据来源：历年河南省统计年鉴。

十、公共服务分析

从义务教育情况来看，2022 年虞城县共有中小学 307 所，在校学生数合计 169775 人，专任教师数 10728 人，平均每千名在校中小学生配备专任教师数为 63 人。从医疗卫生情况来看，平均每千名常住人口配备卫生机构床位数、卫生技术人员数逐年上升，医疗资源配备逐步优化，2022 年每千人床位数为 6.60 张，每千人卫生技术人员数为 7.26 人（见表 15）。

表15　2008—2022年虞城县义务教育和医疗情况

年份		2019	2020	2021	2022
学校数	合计（所）	320	321	311	307
	小学学校数（所）	273	273	263	259
	初中学校数（所）	47	48	48	48
在校学生数	合计（人）	166860	172195	172194	169775
	小学在校生数（人）	116165	122302	122044	118296
	初中在校生数（人）	50695	49893	50150	51479
专任教师数	合计（人）	10561	10876	11020	10728
	小学（人）	6350	6313	6320	6285
	初中（人）	4211	4563	4700	4443
医疗卫生	卫生机构床位数/千人	4.60	4.07	5.76	6.60
	卫生技术人员数/千人	5.44	4.98	5.33	7.26

数据来源：历年河南省统计年鉴。

十一、县域发展特色产业——钢卷尺产业

（一）中国卷尺发展史

中华人民共和国成立之前，国内没有钢卷尺工厂，所有的卷尺都需进口。1949年后的中国卷尺史，大致可以分为四个板块。

1. 上海

1956年，上海远东皮尺制造厂借鉴国外样品采用皮卷尺部分生产工艺研制成钢卷尺。1963年4月，远东皮尺制造厂正式改名为上海卷尺厂，1964年，产品开始外销，1963—1979年，产量平均以每年15%的速度递增，20世纪80年代开始产量突破1000万支。1986年，首次引进了尺带双色套印设备。1990年年底，沪产钢卷尺形成自卷式钢卷尺、摇卷式钢卷尺和量油尺三大系列共25种品种、41种规格。高峰期的上海卷尺厂共有职工470人，厂房面积9700余平方米。

1964年，钢卷尺内销商标为"上海牌"，主要由上海五金站和上海市日用五金公司供销经理部收购并销往全国各地，部分产品由上海卷尺厂自行销售。外销用"三圈牌"商标，由中国机械进出口公司上海市分公司收

购,销往50多个国家和地区。1980年年初,年出口量约占全国总出口量的75%。上海卷尺厂在20世纪50—80年代的整整30年间,占全国卷尺生产、销售绝对的垄断地位。

1992年,在上海卷尺厂的技术支持下,广东榕申卷尺有限公司在揭阳正式成立,并为"上海三圈牌"钢卷尺代工。2001年,广东榕申卷尺有限公司出资成立上海汇一尺业有限公司,并成功收购原上海卷尺厂所持有的"上海三圈品牌"。

2. 浙江余姚

1982年的余姚锻压工具厂已经连续亏损了数年,在改革开放的浪潮中风雨飘摇。当时正是上海卷尺厂一家独大垄断市场的天下,上海卷尺厂用的都是20世纪30年代英国的欧式工艺。强大的海内外市场前景,让中日双方都看到了卷尺制造的未来,余姚锻压工具厂决定引进全套日系设备合资建厂。而日本的设备,意味着涂料、油墨、钢带都要从日本进口,印刷材料、工艺全变了。

1984年,余姚锻压工具厂占股50%,日方占股25%,中国银行占股25%,注册资金230万元,合约期10年,成立中日合资长城精工有限公司,由此正式开始了中国卷尺的余姚篇章。1986年,长城精工作为唯一一家中国企业参展德国科隆五金展。1994年,随着10年合约到期,投资清算后日本文化精工株式会社正式退出,众多的余姚卷尺厂开始崛起,并最终形成了整个余姚手工具产业带。今天的长城精工仍然是余姚地区最主要的卷尺工厂,长城精工的品牌也依然活跃在手工具内销的舞台上。

3. 商丘虞城

20世纪80年代,虞城县稍岗镇外出务工人员从国营卷尺厂购买报废的残尺条,截开后卖给周围乡村学生和农村建筑工人,几户先行者很快成了远近闻名的万元户。1992年,虞城县第一家钢卷尺厂——虞城中州卷尺厂诞生。一批乡里能人也率先办起工厂,实现了庭院式作坊到机械化制造的转型。1995年,通过自主研发或引入整套设备,稍岗镇的部分钢卷尺工厂开始实现自动化生产,生产技术设施达到当时行业先进水平。经过30年的发展,稍岗镇钢卷尺产业已十分成熟,这个户籍人口只有8.2万人的小镇,已拥有582家具备一定规模的企业、4200余家小微企业。钢卷尺厂、五金厂一家挨着一家，一条街从头走到尾，尺头钩、尺带、外壳、弹簧、齿轮、尾带……一把钢卷尺所需的所有零部件都能配齐。欧洲、非洲、美洲等 120 多个国家和地区都有稍岗镇钢卷尺的销售网点，年出口创汇 4000 多万美元。

4. 海外投资工厂

这个板块主要是一些海外的产业转移在大陆设的工厂，例如：韩国最大的卷尺工厂科美龙（Komelon）在青岛设立的"青岛正道工具有限公司"、日本最大的手工具品牌田岛工具（TAJIMA）在上海设立的"上海田岛工具有限公司"、中国台湾省的 INDEX 在珠海设立的"珠海友博精密工具有限公司"（后被 TTI 收购部分资产及业务，并更名为珠海创机精密工业有限公司）等，都是专门生产卷尺的厂商。

（二）虞城钢卷尺产业特点

1. 优势——产业规模大、集聚强、链条完整

当前虞城县钢卷尺相关企业超过 4800 家，上下游零部件企业超过 3000 家。钢卷尺年产量高达 15 亿只，占到全球产量的 85%。虞城的卷尺已销往全球 120 多个国家和地区，年产值近 130 亿元。庞大的产业基础，还带动了当地卷尺上下游产业的发展。

2. 劣势——缺少知名品牌，单个企业规模较小

无论是根据相关行业报告，还是各电商平台搜索钢卷尺可见的销量排行，虞城钢卷尺的影响力都难以凸显。在知名钢卷尺品牌中，多以得力、长城精工、德力西等品牌被人们熟知，虞城作为中国钢卷尺城，则缺少相应的知名代表性品牌。在虞城县五金工量具企业及配套企业中，小微企业占到 96% 以上，企业规模有待提升。

十二、综述及建议

通过以上分析，虞城县总体经济实力较强，经济总量处在全市、全省上游位次，经济增长速度也在多个年份呈现出快于省、市的趋势。从产业结构来看，农业仍然有较重要的地位，第二产业、第三产业近年来占比趋于平衡。财政收支情况呈现出低收入、高支出的特征，财政自给率较低；金融存贷款情况则呈现出存款多、贷款少，存贷比逐渐降低的趋势。人口规模较大，人口外流比较明显，城镇化率在全省位次由下游向中游提升。人均 GDP、人均一般公共预算收入/支出、人均存/贷款、居民人均可支配收入等均处在全省下游位次，城乡收入差距较大。主导产业、特色产业格局明确，产业基础较强，但产业能级有待提高，传统产业有待加速创新升级，新兴产业需加快布局。

根据前文梳理，对虞城县装备制造产业发展提出以下几点建议。

第一，打造本土知名品牌。市场竞争激烈，品牌建设已成为企业成功的关键。虞城县如何充分利用本土优势，将地方特色转化为品牌力量，是摆在面前的重大课题。中小企业应紧跟时代潮流，关注消费者需求变化，通过市场调研、产品创新、服务升级等方式，让每一款产品都体现品牌的创新和品质追求，及时调整品牌策略，保持品牌的活力和竞争力。

第二，技术创新提升长远竞争力。一把钢卷尺的原理和结构不复杂，但做好一把卷尺并不简单。要有精度、耐摔、耐用、防刮、人体工程学设计等环节，卷尺已经交叉了化工材料、机械加工、塑料加工、热处理等数个领域，仅仅靠买来尺带、尺壳进行组装自然很难提高和掌握其产品的核心产品力，更难形成自己品牌的鲜明个性和价值主张。此外，要对行业前景有前瞻性判断，考虑到未来工量具产品的可替代性，要想保持长远的活力，必须提前谋划产品转型和技术迭代。

第三，顺应趋势，从追随者变为引领者。工量具行业的未来发展趋势，一是数字化和智能化提供更便捷的测量体验；二是高精度和高性能；三是绿色环保；四是定制化和多功能。虞城以工量具制造为主的装备制造业作为主导产业，应抓住时机顺应市场需求变化和行业趋势，形成新的竞争优势，实现行业角色从追随者到引领者的转变。

河南省县域经济运行分析：夏邑篇

一、夏邑县概况

夏邑县隶属商丘市管辖，位于豫鲁苏皖四省接合部，东接商丘永城市、宿州砀山县，西连商丘虞城县，南临亳州市谯城区，北依菏泽市单县。截至2020年年底，全县户籍人口135.2万人。2022年年底，全县常住人口90.3万人。现辖24个乡镇、743个行政村（社区），区划面积1481平方千米，耕地面积149.43万亩。

夏邑历史悠久，上古时期栗陆在此建都，夏代属虞地，秦置栗县，北魏时称"下邑"，金末取"华夏之邑"之意，改称"夏邑"，相沿至今。地处黄淮冲积平原，土壤和地下水中富含多种微量元素，西瓜、小麦等农产品均达到富硒、富锶产品标准，素有"中原粮仓"和"蘑菇之乡"之美誉。生态优美，先后被命名为全国城市环境综合整治优秀县城、国家园林县城。

二、总体经济运行分析

从GDP总量来看，2023年夏邑县实现GDP 308.3亿元，占商丘市GDP总量的9.9%。2022年夏邑县实现GDP 348.5亿元，占商丘市GDP总量的10.7%，自2008年起，除2019年外，其余年份夏邑县GDP一直在商丘市辖7个县（市）中排第3位，2022年在河南省102个县（市）中排第35位，较2008年前进16个位次（见表1）。

从GDP增速来看，2023年夏邑县GDP增速为-1.5%，低于商丘市GDP增速5.1个百分点，低于河南省GDP增速5.6个百分点。2022年增速为5.2%，高于商丘市GDP增速0.1个百分点，高于河南省GDP增速2.1个百分点，在商丘市辖7个县（市）中排第4位，在河南省102个县（市）中排第37位（见表1）。

表1 2008—2023年夏邑县地区生产总值及增速

年份	夏邑县GDP	占商丘市GDP的比重	在商丘市的排名	在河南省的排名	夏邑县GDP增速	在商丘市的排名	在河南省的排名	与商丘市GDP增速对比	与河南省GDP增速对比
2008	94.9	10.2	3	51	12.6	3	64	0.6	0.5
2009	102.9	10.0	3	49	11	5	70	−0.2	0.1
2010	117.5	10.3	3	53	12	3	50	0	−0.5
2011	132.6	10.1	3	54	11.6	3	68	−0.2	−0.3
2012	144.0	10.2	3	56	10.9	5	67	−0.3	0.8
2013	156.2	10.2	3	57	11.1	1	20	0.6	2.1
2014	176.5	10.4	3	55	9.5	2	36	0.3	0.6
2015	189.9	10.5	3	55	9.1	3	55	0.4	0.8
2016	208.4	10.6	3	55	9.1	2	30	0.5	1
2017	230.4	10.4	3	51	8.7	3	29	0	0.9
2018	253.3	9.5	3	49	8.7	4	22	0	1.1
2019	317.8	10.9	4	38	7.5	4	48	0.1	0.7
2020	328.3	11.4	3	35	1.3	6	91	2.4	0
2021	334.4	10.8	3	34	2.4	6	95	−1.6	−3.9
2022	348.5	10.7	3	35	5.2	4	37	0.1	2.1
2023	308.3	9.9	—	—	−1.5	—	—	−5.1	−5.6

数据来源：历年河南省统计年鉴、夏邑县政府网站。

从人均GDP来看，夏邑县2022年人均GDP为38597元，相当于商丘市人均GDP的91.4%，在商丘市辖7个县（市）中排第4位，在河南省102个县（市）中排第84位。2008—2019年夏邑县人均GDP在全省的排名提前20个位次，2020年以来明显下滑（见表2）。因夏邑县为人口大县，故人均GDP在全省的位次与GDP总量在全省的位次相差较大，呈现总量靠前、人均落后的特点。

从人均GDP增速来看，2022年夏邑县人均GDP增速为4.8%，低于商丘市人均GDP增速0.9个百分点，高于河南省人均GDP增速1.3个百分点，增速在商丘市辖七个县（市）中排第 5 位，在河南省县（市）中排第 62 位（见表 2）。

表 2　2008—2022 年夏邑县人均地区生产总值及增速

年份	夏邑县人均 GDP	与商丘市人均 GDP 对比	在商丘市的排名	在河南省的排名	夏邑县人均 GDP 增速	在商丘市的排名	在河南省的排名	与商丘市人均 GDP 增速对比	与河南省人均 GDP 增速对比
2008	8947	74.0	5	89	10.2	5	92	−0.4	−9.2
2009	9849	77.1	6	92	12.6	2	30	3.1	5.2
2010	12126	80.4	6	90	20.8	1	8	6.6	2.5
2011	14555	82.7	6	90	18.7	2	21	4.7	2.4
2012	15912	84.0	6	93	11.6	4	60	0.6	2.3
2013	17508	83.1	6	93	12.7	3	17	1.6	4.1
2014	20037	85.8	6	92	11.0	1	18	1.3	2.3
2015	21732	87.1	5	89	9.9	2	39	1.1	3.3
2016	23979	88.4	5	87	9.7	4	14	1.2	1.9
2017	26581	87.4	5	86	9.0	3	21	0.5	−1.6
2018	29271	89.6	5	84	8.8	4	21	0.5	−2.1
2019	36989	93.1	5	69	8.3	1	16	1.4	1.1
2020	36483	97.5	3	76	2.4	2	67	3.3	0.4
2021	37177	94.3	4	83	2.4	6	93	−3.0	−4.0
2022	38597	91.4	4	84	4.8	5	62	−0.9	1.3

数据来源：历年河南省统计年鉴。

三、分产业经济运行分析

（一）产业格局与发展方向

夏邑是农业大县，农业曾长期在国民经济中占主导地位。20 世纪 90 年代起，夏邑开始有平菇、灵芝等食用菌种植，后来立足资源、区位、气候等优势和市场需求，把发展食用菌生产作为调整农业结构、促进农民增收的"一号工程"，形成了以双孢菇为主，香菇、平菇等多菇并举和区域化布局、规范化栽培、精深化加工、产业化运作的生产模式，成为豫东最大的食用菌生产基地和河南省最大的双孢菇生产基地。当前夏邑县有食用菌大棚1万余座，从事食用菌生产的菇农达到2万余人，全县食用菌总面积稳定在1.2万亩左右，年产量14.2万吨，产值超10亿元，食用菌产业成为夏邑县农业支柱产业之一。

20世纪90年代末，夏邑县提出"工业兴县、民营富县"战略，并制定了一系列优惠政策，大力开展招商引资。随着工业化步伐加快，以纺织为主的轻工业逐渐成为夏邑县工业发展的支柱。近年来，夏邑县建立了纺纱、织布、印染、服装加工（家纺）4个产业链，全球五大帽类供应商之一健锋帽业、世界第一缝纫线大洋纱线、全球最大的氨纶包芯纱生产企业天虹纺织、江北最大织布企业华鹏纺织、知名运动品牌赛琪等品牌均落户夏邑。随着纺织服装产业发展壮大，夏邑县荣获中国新兴纺织基地县、中国棉纺织名城、国家火炬高端纺织服装特色产业基地、河南省服装产业基地等称号。截至2023年，夏邑县发展纺织服装企业500余家，年纺纱能力320万锭、织布能力17万吨、服装加工能力1.7亿件，产品覆盖棉纺、毛纺、化纤纺、织布、染色、服装、家纺、毛毯、织袜、箱包等多个领域。

与此同时，夏邑县大力发展以新能源汽车为主的装备制造产业，并相继引入飞江新能源、华茂汽车、环龙智能机器人、轻跑新能源等项目。立足自身产业优势，夏邑逐渐梳理出"五系一本一整治"的产业发展模式，即重点培育以"轻跑系""飞江系""桂柳系""军工系""纺织系"为代表的夏邑五大主导产业，做大做强以淮海铸造为代表的夏邑本土企业，想方设法盘活僵尸企业和低效用地。《夏邑县招商引资和承接产业转移三年行动计划（2023—2025年）》中制定了发展目标，即"通过三年行动计划，推动引资总量再突破、重大项目再扩量、引资实效再提升，主导产业规模进一步扩大。2023—2025年，力争引进产业链延伸项目100个以上，其中10亿元以上项目15个，世界500强、中国500强以及行业领军企业项目5个。"

(二)产业结构分析

从三次产业占比来看,2022年夏邑县第一产业占比20.8%;第二产业占比38.5%;第三产业占比40.7%。从三产结构演变趋势来看,2008—2019年夏邑县第一产业占比连续下降了19.6个百分点;第二产业占比提升了6.4个百分点。三次产业结构从"一、二、三"演变为"二、三、一",再到2016年以来的"三、二、一"梯次,但第一产业占比与其他县域相比仍然较高(见表3和图1)。

表3 2008—2022年夏邑县三产结构变化情况

年份	第一产业占比(%)	第二产业占比(%)	第三产业占比(%)
2008	36.0	35.2	28.9
2009	35.1	36.8	28.1
2010	34.2	36.6	29.3
2011	31.7	37.9	30.4
2012	29.7	38.9	31.4
2013	28.0	38.1	33.9
2014	26.9	39.0	34.1
2015	25.0	38.6	36.4
2016	23.2	38.3	38.5
2017	20.4	39.1	40.6
2018	18.8	39.0	42.1
2019	16.4	41.6	42.0
2020	19.5	38.6	42.0
2021	21.2	38.3	40.5
2022	20.8	38.5	40.7

数据来源:历年河南省统计年鉴、夏邑县政府网站。

(三)工业发展情况分析

从工业发展情况来看,规上工业增加值增速波动幅度较大。2023年夏邑县规上工业增加值增速为-9.0%,低于商丘市增速;2022年夏邑县规上工业增加值增速为6.7%,在商丘市辖7个县(市)中排第5位,在河南省102个县(市)中排59位。2022年夏邑县规上工业企业数为224个(见表4)。

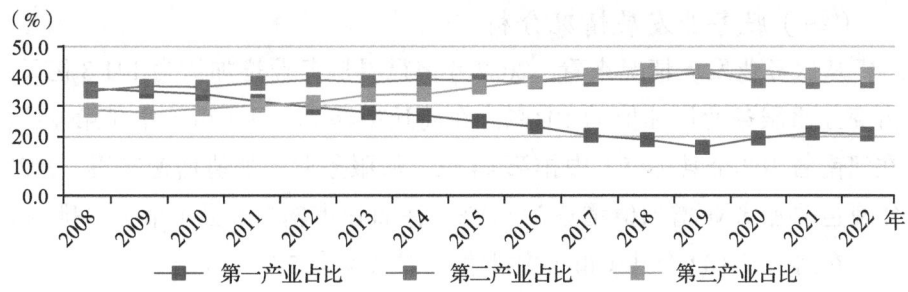

图1 2008—2022年夏邑县三产结构变化情况

数据来源：历年河南省统计年鉴、夏邑县政府网站。

表4 2008—2023年夏邑县工业发展情况

年份	夏邑县规上工业增加值增速（%）	商丘市规上工业增加值增速（%）	夏邑县规上工业增加值增速在商丘市的排名	夏邑县规上工业增加值增速在河南省的排名	夏邑县规上工业增加值增速和商丘市对比（%）	夏邑县规上工业企业数
2008	38.6	20.0	2	5	18.6	—
2009	23.6	13.3	4	12	10.3	—
2010	26.0	17.9	3	9	8.1	—
2011	26.0	20.5	6	29	5.5	—
2012	23.3	17.1	2	6	6.2	—
2013	19.3	16.2	5	10	3.1	108
2014	11.7	11.8	4	70	−0.1	122
2015	9.9	9.3	1	64	0.6	164
2016	9.1	9.1	5	73	0.0	189
2017	8.2	8.3	3	67	−0.1	191
2018	8.5	8.6	6	51	−0.1	187
2019	8.5	8.8	7	63	−0.3	194
2020	−0.4	−4.8	6	91	4.4	202
2021	7.7	3.7	2	62	4.0	149
2022	6.7	7.0	5	59	−0.3	224
2023	−9.0	1.7	—	—	−10.7	—

数据来源：历年河南省统计年鉴、夏邑县政府网站。

（四）服务业发展情况分析

从服务业发展情况来看，2022年夏邑县服务业增加值为141.8亿元，占商丘市服务业增加值的10.0%。在商丘市辖7个县（市）中排第4位，在河南省102个县（市）中排第44位。从服务业增加值增速来看，2022年夏邑县服务业增加值增速为4.4%，在商丘市辖7个县（市）中排第2位，在河南省102个县（市）中排第17位（见表5）。

表5 2008—2022年夏邑县服务业发展情况

年份	夏邑县服务业增加值（亿元）	增加值占商丘市服务业增加值的比重（%）	增加值在商丘市的排名	增加值在河南省的排名	夏邑县服务业增加值增速（%）	增速在商丘市的排名	增速在河南省的排名
2008	27.4	12.2	3	38	17.6	1	9
2009	28.9	10.7	4	38	16.1	6	23
2010	34.4	11.0	4	37	16.8	4	8
2011	40.3	10.9	3	37	11.0	2	42
2012	45.2	10.7	4	38	10.8	6	39
2013	53.0	11.1	3	37	13.3	1	1
2014	60.1	10.2	4	43	13.2	1	5
2015	69.1	10.2	4	42	13.7	3	21
2016	80.2	10.3	4	42	12.1	2	14
2017	93.4	10.5	4	42	11.4	3	29
2018	106.7	10.5	4	42	11.0	4	29
2019	133.6	10.5	4	41	8.8	3	20
2020	137.8	10.6	2	39	1.8	3	63
2021	135.6	10.0	4	44	2.2	6	101
2022	141.8	10.0	4	44	4.4	2	17

数据来源：历年河南省统计年鉴、夏邑县政府网站。

（五）重点企业分析

（1）河南淮海精诚工业科技有限公司，成立于1989年，是以汽车部件、电梯部件、太阳能部件和管道消防部件产品为主的集设计、研发、生产和销售为一体的高新技术企业。企业占地40万平方米，注册资金4亿元，固定资产总额超过5亿元，拥有职工1600余人。年生产能力达19万吨，技术、装备水平和新产品研发均处于国内领先水平，在全国同类型企业中排前50位，入围2022年河南民营企业制造业100强榜单，连续20年蝉联夏邑县财税贡献榜首。现成为美国福特汽车、德国蒂森电梯、芬兰通力电梯等世界500强企业的配件供应商，并成为比亚迪、陕汽集团、宇通集团、徐工集团等企业铸件的主要供应商。

（2）河南大洋纱线有限公司，2010年10月落地夏邑县，当前年装机总量60万纱锭，年产涤纶缝纫线12万吨。拥有国内领先的涤纶纺织设备，高品质涤纶缝纫线占据国内高端纺织市场，部分产品出口外销，先后成为美国AE制线集团、华美线业、天津纺织、萌恒服装等一大批国内国际知名品牌的优质供应商。大洋沙线被誉为"世界第一缝纫线"。

（3）天虹（夏邑）纺织有限公司，由中国500强企业天虹国际集团有限公司投资兴建，总投资60亿元，主要生产细绒棉高支纱、纯棉特高支纱等高端全棉纱线，设计年产能100万纱锭。2023年纺纱产量1.9万吨，销售1.98万吨，销售额6.3亿元，利润总额979万元，缴纳税款1055万元。

（4）河南健锋帽业有限公司，成立于2016年12月9日，总投资3.8亿元，是"全球五大帽类供应商"之一——江苏捷锋帽业集团的全资子公司，2018年建成，当年投产当年达效。现发展成为有1500多名员工、年销售4.5亿元、纳税总额2660万元的外贸企业，产品远销北美洲、南美洲、欧洲等多个国家和地区，年加工生产各类帽子1600多万顶，是NBA、MLB等众多运动品牌和沃尔玛、迪士尼等国际知名品牌的主要合作供应商。

四、财政收支分析

从财政收支来看，2023年夏邑县一般公共预算收入12.9亿元，占商丘市一般公共预算收入的6.4%。2022年夏邑县一般公共预算收入12.4亿元，占商丘市一般公共预算收入的6.0%，在商丘市辖7个县（市）中排第4位，在河南省102个县（市）中排第68位。其中，税收收入2023

为 7.7 亿元，占夏邑县一般公共预算收入的 59.7%，占商丘市税收收入的 6.4%。2023 年夏邑县一般公共预算支出为 52.6 亿元，占商丘市一般公共预算支出的 6.9%。2022 年夏邑县一般公共预算支出为 55.4 亿元，占商丘市一般公共预算支出的 10.0%，在商丘市辖 7 个县（市）中排第 2 位，在河南省 102 个县（市）中排第 31 位（见表 6）。

从人均财力看，夏邑县人均一般公共预算收入、人均一般公共预算支出都比较低。2022 年夏邑县人均一般公共预算收入 1376 元，相当于商丘市人均一般公共预算收入的 51.3%，相当于河南省人均一般公共预算收入的 31.9%，在全省 102 个县（市）中排第 95 名；人均一般公共预算支出 6130 元，相当于商丘市人均一般公共预算支出的 85.7%，相当于河南省人均一般公共预算支出的 56.9%，在全省 102 个县（市）中排第 76 名（见表 7）。

从财政自给率看，2023 年夏邑县财政自给率为 24.5%，2022 年为 22.4%，在商丘市辖 7 个县（市）中排第 5 位，在河南省 102 个县（市）中排第 87 位（见表 7）。

五、金融业发展分析

从金融机构年末存贷情况来看，2023 年夏邑县金融机构存款年末余额 516.1 亿元，占商丘市的 10.2%；2022 年为 458.7 亿元，占商丘市的 10.0%，在商丘市辖 7 个县（市）中排第 2 位，在河南省 102 个县（市）中排第 27 位。2023 年夏邑县金融机构贷款年末余额 201.8 亿元，占商丘市的 6.8%；2022 年夏邑县金融机构贷款年末余额 173.4 亿元，占商丘市的 6.6%，在商丘市辖 7 个县（市）中排第 4 位，在河南省 102 个县（市）中排第 57 位（见表 8）。

从存贷比来看，2023 年夏邑县存贷比为 39.1%，低于商丘市 18.9 个百分点，低于河南省 43.9 个百分点。2022 年夏邑县存贷比为 37.8%，在商丘市辖 7 个县（市）中排第 7 位，在河南省 102 个县（市）中排第 89 位（见表 8）。

从人均存贷款余额来看，2022 年夏邑县人均存款余额为 50789 元，相当于商丘市人均存款余额的 85.5%，相当于河南省人均存款余额的 54.2%，在商丘市辖 7 个县（市）中排第 3 位，在河南省 102 个县（市）中排第 70

表6 2008—2023年夏邑县财政收支情况

年份	夏邑县一般公共预算收入	占商丘市一般公共预算收入的比重	在商丘市的排名	在河南省的排名	夏邑县税收收入	占一般公共预算收入的比重	占商丘市税收收入的比重	夏邑县一般公共预算支出	占商丘市一般公共预算支出的比重	在商丘市的排名	在河南省的排名
2008	1.1	3.5	3	93	—	—	—	12.1	10.3	2	27
2009	1.2	3.4	5	95	—	—	—	15.2	10.1	3	28
2010	1.6	3.7	5	94	—	—	—	18.1	10.1	3	25
2011	2.5	4.5	4	83	—	—	—	23.0	10.1	3	25
2012	3.4	4.8	4	81	—	—	—	29.1	10.1	2	25
2013	4.3	5.0	5	79	3.5	80.3	5.5	33.1	10.5	2	22
2014	5.6	5.5	4	74	4.2	76.1	5.8	35.3	10.0	3	21
2015	6.5	5.9	4	70	4.7	72.7	6.2	40.9	10.7	2	22
2016	7.0	5.9	4	69	5.1	73.5	6.3	47.4	11.2	2	19
2017	7.2	5.6	4	71	4.6	63.8	5.3	48.3	10.4	2	27
2018	9.0	5.8	4	67	6.5	72.2	6.0	54.0	10.7	2	29
2019	10.0	5.8	4	68	7.2	72.2	6.1	56.7	10.5	2	33
2020	10.7	6.0	4	65	7.4	68.9	6.4	59.9	10.7	2	30
2021	11.5	6.1	4	66	7.9	68.1	6.4	61.1	11.0	2	20
2022	12.4	6.0	4	68	7.7	61.7	6.0	55.4	10.0	2	31
2023	12.9	6.4	—	—	7.7	59.7	6.4	52.6	6.9	—	—

数据来源：历年河南省统计年鉴、商丘统计年鉴及夏邑县政府网站。

表7 2008—2022年夏邑县人均财力及财政自给率

年份	人均财力（元，%）						财政自给率（%）		
	一般公共预算收入/常住人口	与商丘市相比	与河南省相比	在河南省的排名	一般公共预算支出/常住人口	与商丘市相比	与河南省相比	在河南省的排名	夏邑县财政自给率	在商丘市的排名	在河南省的排名
2008	103	25.3	9.6	102	1139	75.0	47.1	89	9.0	7	102
2009	118	26.0	9.9	102	1486	76.8	48.5	91	7.9	7	102
2010	175	29.9	11.9	102	1985	81.1	54.7	68	8.8	7	102
2011	279	36.4	15.3	100	2534	81.5	56.4	70	11.0	7	101
2012	373	38.9	17.4	99	3225	82.5	61.4	69	11.6	7	96
2013	488	41.3	19.3	97	3742	86.5	64.2	62	13.0	7	96
2014	634	38.0	22.3	96	4019	69.0	64.3	61	15.8	6	93
2015	749	49.2	24.1	95	4695	89.5	67.0	56	15.9	6	93
2016	801	49.6	24.8	96	5457	94.1	71.6	43	14.7	7	94
2017	833	47.2	24.0	96	5575	87.9	66.7	60	14.9	6	93
2018	1036	49.4	27.1	91	6241	90.9	66.8	69	16.6	6	87
2019	1173	50.1	28.7	89	6645	90.7	64.7	72	17.7	6	83
2020	1196	51.9	28.5	91	6681	93.0	64.0	72	17.9	7	85
2021	1279	51.9	29.1	94	6766	93.9	64.2	47	18.9	7	94
2022	1376	51.3	31.9	95	6130	85.7	56.9	76	22.4	5	87

数据来源：历年河南省统计年鉴，夏邑县政府网站。

表 8 2008—2023 年夏邑县金融机构年末存贷款余额情况

年份	存款（亿元，%）				贷款（亿元，%）				存贷比（%）			
	夏邑县金融机构存款年末余额	占商丘市的比重	在商丘市的排名	在河南省的排名	夏邑县金融机构贷款年末余额	占商丘市的比重	在商丘市的排名	在河南省的排名	夏邑县存贷比	商丘市存贷比	河南省存贷比	在商丘市的排名	在河南省的排名
2008	65.9	10.9	2	23	32.0	7.8	3	26	48.6	68.0	68.0	5	40
2009	76.7	10.6	2	28	38.7	7.5	4	31	50.4	71.8	70.1	4	42
2010	95.7	10.6	2	25	43.7	7.2	3	34	45.7	67.4	68.6	4	54
2011	118.5	10.8	2	23	43.7	7.4	4	40	36.9	53.5	65.7	4	76
2012	145.0	10.7	2	23	47.1	6.7	4	46	32.5	51.8	63.3	5	83
2013	166.3	10.7	2	25	58.3	7.0	4	46	35.1	53.5	62.4	6	81
2014	186.3	10.6	2	25	67.6	6.7	4	48	36.3	57.2	65.8	7	85
2015	211.0	10.7	2	26	72.8	6.4	4	52	34.5	57.5	66.0	7	89
2016	243.5	10.6	2	23	75.0	5.8	5	56	30.8	56.3	67.6	7	93
2017	273.5	10.2	2	24	75.8	5.3	6	66	27.7	53.3	70.7	7	95
2018	295.7	10.1	2	25	83.4	5.1	6	69	28.2	55.4	74.9	7	97
2019	329.6	10.1	2	26	108.3	5.5	6	62	32.9	60.9	80.1	7	93
2020	370.4	10.2	2	26	139.0	6.1	5	55	37.5	62.5	82.2	7	91
2021	404.9	10.1	2	26	155.1	6.4	4	56	38.3	60.7	84.4	7	92
2022	458.7	10.0	2	27	173.4	6.6	4	57	37.8	57.0	81.6	7	89
2023	516.1	10.2	—	—	201.8	6.8	—	—	39.1	58.0	83.0	—	—

数据来源：历年河南省统计年鉴，夏邑县政府网站。

— 193 —

位。2022年夏邑县人均贷款余额为19197元，相当于商丘市人均贷款余额的56.7%，相当于河南省人均贷款余额的25.1%，在商丘市辖7个县（市）中排第7位，在河南省102个县（市）中排第94位（见表9）。

表9　2008—2022年夏邑县人均存贷款情况

年份	人均存款（元，%）					人均贷款（元，%）				
	夏邑县人均存款余额	在商丘市的排名	在河南省的排名	与商丘市相比	与河南省相比	夏邑县人均贷款余额	在商丘市的排名	在河南省的排名	与商丘市相比	与河南省相比
2008	6188	2	68	79.8	38.2	2060	6	87	39.0	18.7
2009	7480	2	69	80.9	37.0	2788	6	82	42.0	19.7
2010	10476	2	55	85.4	42.6	3347	5	86	40.5	19.8
2011	13040	2	54	87.4	46.3	3196	7	94	40.0	17.3
2012	16098	2	53	87.1	48.0	5354	4	70	55.9	25.1
2013	18821	2	54	87.8	47.9	7450	3	61	65.0	30.3
2014	21234	2	56	73.0	49.5	9205	3	60	55.3	32.6
2015	24237	2	54	89.1	49.4	9707	4	68	62.1	30.0
2016	28055	2	55	89.3	50.8	10459	4	72	59.1	28.0
2017	31596	2	54	85.9	52.6	11259	4	75	57.4	26.5
2018	34176	2	58	85.7	52.8	13452	4	71	60.8	27.7
2019	38637	2	53	87.0	55.0	15425	5	75	57.1	27.4
2020	41308	2	60	88.8	53.7	16169	5	87	55.6	25.6
2021	44863	2	68	86.4	53.8	19483	5	90	61.8	27.7
2022	50789	3	70	85.5	54.2	19197	7	94	56.7	25.1

数据来源：历年河南省统计年鉴。

六、居民收入分析

从居民收入看，2022年夏邑县居民人均可支配收入为23427元，相当于商丘市居民人均可支配收入的98.0%，相当于河南省居民人均可支配收入的83.0%，在商丘市辖7个县（市）中排第2位，在河南省102个县（市）中排第62位（见表10）。

从居民收入增速看，夏邑县居民人均可支配收入增速在2017—2022年间，除2018年和2020年外，其余年份均快于商丘市。2022年夏邑县增速为5.4%，高于商丘市增速0.1个百分点（见表10）。

表10 2017—2022年夏邑县居民人均可支配收入情况

年份	夏邑县居民人均可支配收入（元）	在商丘市的排名	在河南省的排名	与商丘市对比（%）	与河南省对比（%）	夏邑县居民人均可支配收入增速（%）	商丘市居民人均可支配收入增速（%）	夏邑县增速与商丘市增速对比
2017	15790	2	62	94.6	78.3	11.6	11.0	0.6
2018	17398	2	61	94.6	79.2	10.2	10.2	0
2019	19425	2	60	96.3	81.3	11.7	9.7	2.0
2020	20447	2	60	96.8	82.4	5.3	6.8	−1.5
2021	22237	2	60	98.0	82.9	8.8	7.5	1.3
2022	23427	2	62	98.0	83.0	5.4	5.3	0.1

数据来源：历年河南省统计年鉴、商丘统计年鉴。

分城镇、农村居民人均可支配收入看，2022年夏邑县城镇居民人均可支配收入为36196元，在商丘市辖7个县（市）中排第2位，在河南省102个县（市）中排第30位，相当于商丘市城镇居民可支配收入的100.6%，相当于河南省城镇居民可支配收入的94.1%。2022年夏邑县农村居民人均可支配收入为15811元，在商丘市辖7个县（市）中排第3位，在河南省102个县（市）中排第80位，相当于商丘市农村居民可支配收入的99.6%，相当于河南省农村居民可支配收入的84.6%。从城乡居民收入对比来看，2022年夏邑县城乡居民人均可支配收入比约为2.3∶1，在全省排第95位（见表11）。

七、固定资产投资分析

从固定资产投资增速来看，2010—2022年，夏邑县固定资产增速除个别年份外，大部分年份快于商丘市、河南省固定资产投资增速。2023年有较大降幅，负增长29.2%（见表12）。

表11 2008—2022年夏邑县分城乡居民人均可支配收入及城乡收入比

年份	夏邑县城镇居民人均可支配收入	城镇（元，%） 在商丘市的排名	在河南省的排名	与商丘市相比	与河南省相比	夏邑县农村居民人均可支配收入	农村（元，%） 在商丘市的排名	在河南省的排名	与商丘市相比	与河南省相比	夏邑县城乡居民收入比	城乡收入比 在河南省的排名
2008	10597	3	54	90.2	80.1	3480	7	93	92.8	78.1	3.0	97
2009	11868	2	45	93.3	82.6	3800	5	90	93.7	79.1	3.1	98
2010	13244	2	44	93.4	83.1	4370	5	86	93.5	79.1	3.0	97
2011	15099	2	46	93.5	83.0	5445	3	77	96.6	82.5	2.8	91
2012	17182	2	42	93.8	84.0	6222	3	78	96.8	82.7	2.8	91
2013	19072	2	42	94.4	85.2	7011	3	77	97.1	82.7	2.7	93
2014	20865	2	42	93.7	88.1	7778	3	78	96.9	78.0	2.7	93
2015	22388	2	40	95.0	87.5	8698	3	85	97.9	80.1	2.6	95
2016	24179	2	39	95.9	88.8	9415	3	86	98.0	80.5	2.6	97
2017	26718	2	35	96.8	90.4	10329	3	87	98.2	81.2	2.6	98
2018	29283	2	31	97.6	91.9	11325	3	86	98.4	81.9	2.6	97
2019	31919	2	32	98.7	93.3	12594	3	83	99.4	83.1	2.5	97
2020	32487	2	31	98.9	93.5	13589	3	79	99.9	84.4	2.4	96
2021	34871	2	30	100.3	94.0	14790	3	81	100.0	84.4	2.4	96
2022	36196	2	30	100.6	94.1	15811	3	80	99.6	84.6	2.3	95

数据来源：历年河南省统计年鉴。

表12　2010—2023年夏邑县固定资产投资情况

年份	夏邑县固定资产投资增速（%）	商丘市固定资产投资增速（%）	河南省固定资产投资增速（%）	夏邑增速与商丘市对比（%）	夏邑增速与河南省对比（%）
2010	26.7	22.0	22.2	4.7	4.5
2011	31.7	25.2	27.0	6.5	4.7
2012	18.8	20.7	21.4	−1.9	−2.6
2013	23.4	22.6	22.5	0.8	0.9
2014	22.4	18.4	19.2	4.0	3.2
2015	15.1	14.0	16.5	1.1	−1.4
2016	16.7	15.2	13.7	1.5	3.0
2017	12.2	11.8	10.4	0.4	1.8
2018	13.0	11.2	8.1	1.8	4.9
2019	13.2	10.9	8.0	2.3	5.2
2020	6.3	6.0	4.3	0.3	2.0
2021	9.2	8.3	4.5	0.9	4.7
2022	14.8	13.0	6.7	1.8	8.1
2023	−29.2	6.1	2.1	−35.3	−31.3

数据来源：历年河南省统计年鉴、夏邑县政府网站。

八、社会消费分析

从社会消费情况来看，2023年夏邑县社消零总额为129.5亿元，占夏邑县GDP的比重为42.0%；2022年为126.5亿元，占夏邑县GDP的比重为36.3%，在商丘市辖7个县（市）中排第2位，在河南省102个县（市）中排第35位；2022年夏邑县人均社消零额为14011元，在河南省102个县（市）中排第83位（见表13）。

表13 2008—2023年夏邑县社会消费情况

年份	社消零总额（亿元，%）				人均社消零额（元，%）	
	社消零总额	在商丘市的排名	在河南省的排名	占GDP的比重	人均社消零额	在河南省的排名
2008	27.9	3	44	29.4	2619	91
2009	33.2	3	44	32.2	3235	92
2010	38.4	3	48	32.6	4201	87
2011	45.2	2	46	34.1	4977	88
2012	48.7	2	53	33.8	5405	93
2013	55.9	2	52	35.8	6326	91
2014	62.0	2	53	35.1	7066	89
2015	70.3	2	51	37.0	8070	91
2016	79.5	2	49	38.1	9153	89
2017	89.4	2	50	38.8	10327	89
2018	92.8	3	49	36.6	10724	88
2019	123.3	2	34	38.8	14458	70
2020	118.0	2	34	36.0	13165	77
2021	123.9	2	35	37.1	13729	82
2022	126.5	2	35	36.3	14011	83
2023	129.5	—	—	42.0	—	—

数据来源：历年河南省统计年鉴。

九、人口规模分析

从人口情况看，夏邑县2022年常住人口为90.3万人，占全市常住人口的11.7%，在商丘市辖7个县（市）中排第2位，在河南省102个县（市）中排第21位，人口规模较大。2020年人口外流45.6万人，人口流失率为33.7%。从城镇化率看，2013—2022年夏邑县城镇化率不断提升，2022年城镇化率为44.2%，在全省102个县（市）中排第61位（见表14）。

表14 2008—2022年夏邑县人口情况

年份	户籍人口（万人）	常住人口（万人）	常住人口在商丘市的排名	常住人口在河南省的排名	外流人口（万人）	人口流失率（%）	常住人口占商丘市的比重（%）	夏邑县城镇化率（%）	城镇化率在河南省的排名
2008	114.3	106.5	2	13	7.8	6.8	13.7	—	—
2009	114.8	102.6	2	15	12.3	10.7	13.1	—	—
2010	118.2	91.3	3	18	26.9	22.7	12.4	—	—
2011	118.8	90.9	3	17	27.9	23.5	12.3	—	—
2012	119.4	90.1	2	17	29.3	24.5	12.3	—	—
2013	119.9	88.4	3	20	31.5	26.3	12.1	32.2	64
2014	120.6	87.8	3	20	32.8	27.2	14.5	33.8	63
2015	121.2	87.1	2	20	34.2	28.2	12.0	35.5	65
2016	121.1	86.8	2	20	34.3	28.3	11.9	37.3	64
2017	121.8	86.6	2	21	35.3	29.0	11.9	39.0	63
2018	122.5	86.5	2	20	36.0	29.4	11.8	40.6	61
2019	123.1	85.3	2	21	37.8	30.7	11.6	42.2	61
2020	135.2	89.7	3	22	45.6	33.7	11.5	42.7	57
2021	—	90.3	2	21	—	—	11.7	43.5	60
2022	—	90.3	2	21	—	—	11.7	44.2	61

数据来源：历年河南省统计年鉴。

十、公共服务分析

从义务教育情况来看，2022年夏邑县共有中小学253所，在校学生数合计149351人，专任教师数11038人，平均每千名在校中小学生配备专任教师数为63人。从医疗卫生情况来看，平均每千名常住人口配备卫生机构床位数、卫生技术人员数逐年上升，医疗资源配备逐步优化，2022年每千人床位数为7.64张，每千人卫生技术人员数为6.99人（见表15）。

表15　2008—2022年夏邑县义务教育和医疗情况

	年份	2019	2020	2021	2022
学校数	合计（所）	319	313	241	253
	小学学校数（所）	279	270	197	208
	初中学校数（所）	40	43	44	45
在校学生数	合计（人）	133418	142156	146094	149351
	小学在校生数（人）	97161	103691	105763	105261
	初中在校生数（人）	36257	38465	40331	44090
专任教师数	合计（人）	9408	9970	10861	11038
	小学（人）	6224	6512	7282	7037
	初中（人）	3184	3458	3579	4001
医疗卫生	卫生机构床位数/千人	5.04	4.83	5.54	7.64
	卫生技术人员数/千人	4.98	4.88	6.09	6.99

数据来源：历年河南省统计年鉴。

十一、县域发展特色产业——纺织服装产业

夏邑县纺织服装产业覆盖化纤生产、棉纺、毛纺、化纤纺、织布、印染、水洗、印花、服装面料、休闲服装、运动装、针织服装、绒布、毛毯、家纺、箱包、花边等多个领域，拥有涵盖从初级原材料至中间原材料，再到各类终端产品、衍生产品生产的较为完整的纺织服装产业链条，先后荣获"中国新兴纺织基地县""中国棉纺织名城""国家火炬高端纺织服装特色产业基地""河南省服装产业基地"等称号，是河南省最大的县级纺织服装生产基地。

从行业主要产品产量来看，夏邑县纱产量在全省占比不断提高，2021年占到全省产量的18.0%，在全国占2.1%；布的产量在2020年、2021年一度占据全省产量的10%以上，服装产量在全省占比也超过12%（见表16）。

表16　2018—2022年夏邑县纺织服装业主要产品产量

年份	纱（万吨，%） 产量	纱 占河南省的比重	纱 占全国的比重	布（万米，%） 产量	布 占河南省的比重	布 占全国的比重	服装（万件，%） 产量	服装 占河南省的比重
2018	20.6	5.9	0.7	13361	7.2	0.2	7923	5.9
2019	34.2	10.6	1.2	11562	8.8	0.2	9016	8.1
2020	35.0	11.8	1.3	12975	10.1	0.3	9043	12.6
2021	59.3	18.0	2.1	17850	10.5	0.4	9200	12.1
2022	45.8	15.5	1.7	11289	7.8	0.2	9646	11.3

数据来源：历年中国统计年鉴、河南统计年鉴和商丘统计年鉴。

从产业发展势头来看，夏邑县2018—2022年间纺织业规上工业企业增加值增速，无论是与全市纺织服装、服饰业对比，还是与全省纺织业对比，都具有明显的优势。而纺织服装、服饰业规上企业增加值增速除2021年外，其余年份均快于全省水平（见表17）。从这5年的数据表现来看，夏邑县纺织服装行业作为当地支柱产业，近年来保持了良好的发展活力。

表17　2018—2022年夏邑县纺织服装行业规上工业企业增加值增速

年份	纺织业（%） 夏邑县	纺织业（%） 河南省	纺织服装、服饰业（%） 夏邑县	纺织服装、服饰业（%） 河南省
2018	7.8	3.7	11.6	11.2
2019	42.5	11.9	13.9	12.8
2020	6.6	7.2	5.0	3.2
2021	15.1	1.1	2.1	7.0
2022	8.7	6.9	0.4	−6.8

数据来源：历年河南统计年鉴和商丘统计年鉴。

十二、综述与建议

通过以上分析，夏邑县总体经济实力有较大提升，经济总量逐渐在全市、全省处在上游地位，经济增长速度也在多个年份呈现出快于省、市的趋势。从产业结构来看，农业仍然有较重的地位，第二产业、第三产业近年来占比趋于平衡。财政收支情况呈现出低收入、高支出的特征，财政自给率较低，但逐渐改善；金融存贷款情况则呈现出存款多、贷款少，存贷比逐渐降低的趋势。人口规模较大，人口外流比较明显，城镇化率在全省位次处在中下游水平。人均GDP、人均一般公共预算收入/支出、人均存/贷款、农村居民人均可支配收入等均处在全省下游位次，城乡收入差距较大。主导产业优势突出，新的产业支撑正在加速布局。

基于以上分析，对夏邑县经济社会发展提出以下建议：一是加快纺织服装产业生产转型，全面提升企业智能化水平，采用自动化、数字化、智能化成套装备，围绕"设备换芯、生产换线、机器换人"进行智能化改造，实现智能生产和智能管理，成本降低、利税提升。二是延链补链装备制造业，瞄准新能源汽车和通用设备市场，攻克关键零部件、依赖进口的技术壁垒，推进技术成果转化和系统零部件开发，提升产业能级，与纺织服装产业共同形成县域产业支撑。三是做好乡村产业振兴，承接劳动密集型产业向乡村转移，加强农村剩余劳动力非农劳动技能培训，促进农民就业，提升农村居民收入水平，缩小城乡收入差距。

河南省县域经济运行分析：柘城篇

一、柘城县概况

柘城县位于豫鲁苏皖四省接合处、商丘市西南部，地处黄河冲积平原的东南翼，属豫东平原，地势平坦，是一个以平原为地貌特征的农业大县。全县平均海拔47.85米，国土面积1048平方千米，辖22个乡镇（街道）、501个行政村（社区），耕地面积106万亩，2020年全县户籍人口111.68万人，按户籍人口计算，人均耕地面积不足1亩，2023年常住人口77.08万人，城镇化率41.69%。

柘城历史可追溯到夏商时代，夏称"株野"，商名"秋地"，秦时置县，至隋更名柘城，至今已有2200多年的县治历史。柘城县是全国重要的辣椒交易集散基地和价格形成中心，被誉为"中国辣椒之都"，是农业农村部命名的"中国三樱椒之乡"，也是河南省新型工业化产业示范基地，是国家超硬材料及制品高新技术产业化基地，也被外界赞誉为"中国金刚石微粉之乡""中国钻石之都"。

二、总体经济运行分析

从GDP总量看，2008—2022年间，柘城县GDP总量稳步增长，2023年GDP总量有所下降（统计调整），达284.25亿元，2022年GDP总量在商丘市7个县（市）中排第4位，在河南省102个县（市）中排第50位[①]，在河南省的排名较2008年提升了25个位次（见表1）。

从柘城县GDP占商丘市GDP的比重看，占比呈先增加后下降趋势，2022—2023年占比略有下滑。2023年柘城县GDP占商丘市GDP的比重为

---

① 因2024年《河南统计年鉴》尚未发布，本篇2023年相关数据来源为各地统计公报，故暂未对2023年数据进行排名，采用2022年数据排名情况撰写。

9.1%（见表1）。

从GDP增速看，有多个年份柘城县GDP增速不及商丘市和河南省的GDP增速。2023年柘城县GDP增速4.0%，高出商丘市0.4个百分点，低于河南省0.1个百分点（见表1）。

表1　2008—2023年柘城地区生产总值及增速

年份	柘城县GDP	占商丘市的比重	在商丘市的排名	在河南省的排名	柘城县GDP增速（%）	在商丘市的排名	在河南省的排名	柘城县GDP增速与商丘市对比	柘城县GDP增速与河南省对比
2008	74.82	8.0	6	75	11.2	6	89	−0.8	−0.8
2009	88.77	8.6	5	66	14.9	1	11	3.7	3.9
2010	104.88	9.1	5	63	13.2	1	29	1.2	0.8
2011	115.38	8.8	5	71	10.3	5	86	−1.5	−1.7
2012	127.34	9.0	5	70	10.9	5	64	−0.3	0.8
2013	139.76	9.1	5	69	9.8	6	51	−0.7	0.8
2014	157.94	9.3	5	65	8.7	6	71	−0.5	−0.2
2015	168.63	9.3	5	66	8.2	7	83	−0.5	−0.2
2016	184.49	9.3	5	64	9.0	4	31	0.4	0.8
2017	205.42	9.3	5	63	9.0	2	21	0.3	1.2
2018	226.44	8.5	5	61	8.7	3	20	0.0	1.1
2019	271.87	9.3	5	49	7.2	7	54	−0.2	0.4
2020	281.80	9.6	4	43	1.3	4	89	2.1	0.2
2021	295.14	9.6	4	44	3.2	4	89	−0.8	−2.8
2022	304.25	9.3	4	50	3.7	7	76	−1.4	0.6
2023	284.25	9.1	—	—	4.0	3	—	0.4	−0.1

数据来源：历年河南省统计年鉴。

从人均GDP看，柘城县人均GDP整体不断增加，2018—2019年曾追赶上商丘市人均GDP水平，但整体上不及河南省平均水平。柘城县2022

年人均GDP达到39480元，相当于商丘市人均GDP的93.5%、相当于河南省人均GDP的63.6%（见表2）。

从人均GDP增速看，柘城县人均GDP增速多数年份跑赢省、市增速。2022年柘城县人均GDP增速4.0%，在商丘市7个县（市）中排第6位，在河南省102个县（市）中第70位（见表2）。

三、分产业经济运行分析

（一）产业格局与发展方向

柘城当前正着力打造国家超硬材料及制品高新技术产业化基地、辣椒生产加工出口基地、生态医药制造基地和现代商贸物流基地，着力创建县域经济高质量发展先进县。

超硬材料方面，按照做大单晶、做精微粉，积极发展高端制品，壮大钻石首饰规模的发展路径，积极向复合金刚石材料、工具材料等新材料领域拓展，重点突破适用于机械加工、地质勘探、光学玻璃，以及电子元器件等的刀具、钻头、磨具、线锯、拉丝模等制品。

食品及农副产品深加工方面，大力推进辣椒产业发展，形成集种植、储存、加工、研发、运输、交易为一体的全产业链条标杆，带动其他农产品生产、加工、销售向纵深发展。同时，依托肉牛、蛋鸭养殖基地，加快发展肉牛、蛋鸭及鸭蛋加工产业，力争到"十四五"末，形成完整的养殖—屠宰—深加工—销售产业链条，全链条总销售额超过百亿元。

生物医药方面，按照"巩固原料药优势，引进成品药"的发展思路，力争到2025年，新建成投产医药制造项目15个，主营业务收入突破200亿元，建成全国名副其实的医药健康产业基地。

（二）产业结构分析

柘城县三产结构存在两个阶段性特征，2019年之前，柘城县第一产业占比下降较为迅速，第二、三产业占比相继增加。2019年之后，第一产业占比回升，第二产业占比相对下滑。

2023年柘城县第一产业占比25.01%，第二产业占比30.48%，第三产业占比44.51%，近5年第二产业占比逐年下滑（见表3和图1）。

表 2　2008—2022 年柘城县人均 GDP 及增速

年份	柘城县人均 GDP（元）	人均 GDP 总量（元，%）					人均 GDP 增速				
		与商丘市相比（%）	与河南省相比（%）	在商丘市的排名	在河南省的排名	柘城县人均 GDP 增速（%）	在商丘市的排名	在河南省的排名	柘城县人均 GDP 增速与商丘市对比	柘城县人均 GDP 增速与河南省对比
2008	8729	72.2	48.4	6	92	9.6	7	97	-0.9	-2.2
2009	10315	80.7	53.0	5	88	14.4	1	16	4.9	4.2
2010	12933	85.8	56.0	4	84	20.1	2	11	6.0	7.6
2011	15547	88.3	54.2	4	83	20.5	1	13	6.5	8.3
2012	18113	95.6	57.5	2	78	17.1	1	5	6.0	7.7
2013	20067	95.2	58.7	4	81	10.8	5	38	-0.3	2.4
2014	22725	97.3	61.3	3	79	8.9	7	64	-0.8	0.7
2015	24488	98.2	62.6	4	79	9.2	4	52	0.4	1.5
2016	27045	99.7	63.5	4	74	10.0	3	10	1.5	2.5
2017	30089	98.9	64.5	4	73	8.9	4	24	0.4	1.8
2018	33099	101.3	66.0	4	69	8.4	5	28	0.0	1.2
2019	39768	100.1	70.5	4	57	7.3	6	57	0.4	0.9
2020	36235	96.8	65.4	5	78	0.2	6	91	1.1	-0.7
2021	38017	96.4	64.0	3	79	3.3	5	89	-1.3	-3.1
2022	39480	93.5	63.6	3	82	4.0	6	70	-1.9	0.3

数据来源：历年河南省统计年鉴。

表3　2008—2023年柘城县三产结构变化情况

年份	第一产业占比（%）	第二产业占比（%）	第三产业占比（%）
2008	40.50	27.95	31.56
2009	38.30	29.33	32.37
2010	36.59	30.56	32.84
2011	33.81	32.73	33.45
2012	31.41	33.89	34.70
2013	29.69	34.97	35.33
2014	27.09	36.27	36.63
2015	25.22	35.36	39.42
2016	23.56	35.33	41.11
2017	20.70	37.11	42.19
2018	19.45	36.95	43.61
2019	17.76	41.47	40.77
2020	21.69	38.30	40.01
2021	23.08	37.36	39.56
2022	23.38	37.09	39.53
2023	25.01	30.48	44.51

数据来源：历年河南省统计年鉴、柘城县人民政府网站。

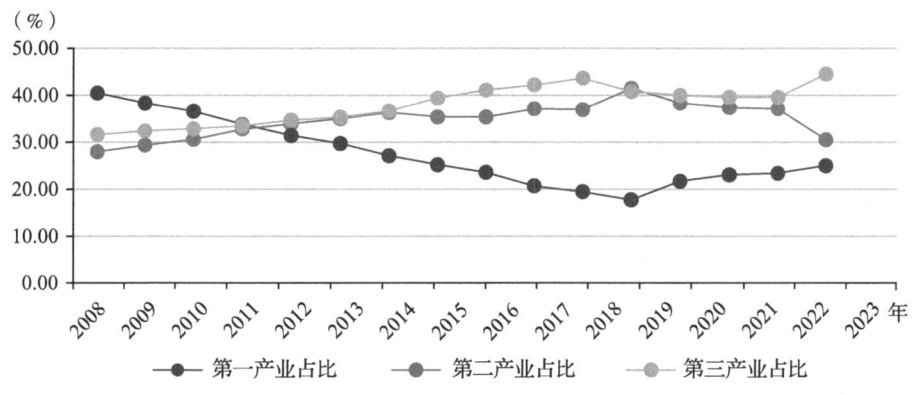

图1　2008—2023年柘城县三产结构变化情况

数据来源：历年河南省统计年鉴、柘城县人民政府网站。

（三）工业发展情况分析

近年来，柘城县规上工业发展增速放缓，2019—2022年增速在商丘市7个县（市）、河南省102个县（市）中的位次逐年下滑，2022年柘城县规上工业增加值增速为3.1%，低于商丘市3.9个百分点，低于河南省2个百分点，居全市最后一位、全省第87位（见表4）。

全县规上工业企业数量逐年增加，2022年达到162家，占商丘市规上工业企业数量（1899家）的8.5%（见表4）。

从规上工业增加值增速与商丘市、河南省增速对比来看，除2015年、2022年不及省、市增速水平外，其余年份均快于商丘市和河南省增速水平（见表4）。

表4 2008—2022年柘城县工业发展情况

年份	柘城县规上工业增加值增速（%）	商丘市规上工业增加值增速（%）	河南省规上工业增加值增速（%）	柘城县规上工业增加值增速在商丘市的排名	柘城县规上工业增加值增速在河南省的排名	柘城县规上工业企业数（个）
2008	35.0	15.8	19.8	4	10	—
2009	23.8	13.3	14.6	3	11	—
2010	31.9	17.9	19.0	1	2	—
2011	27.1	20.5	19.6	1	20	—
2012	23.7	17.1	14.6	1	3	—
2013	19.8	16.2	11.8	1	6	—
2014	11.8	11.6	11.2	3	67	—
2015	7.1	9.3	8.6	7	90	—
2016	9.3	9.2	8.0	3	69	—
2017	8.2	8.1	8.0	4	68	—
2018	8.8	8.6	7.2	3	43	97
2019	9.1	8.8	7.8	2	32	114
2020	5.2	-4.8	0.4	3	36	118

续表

年份	柘城县规上工业增加值增速（%）	商丘市规上工业增加值增速（%）	河南省规上工业增加值增速（%）	柘城县规上工业增加值增速在商丘市的排名	柘城县规上工业增加值增速在河南省的排名	柘城县规上工业企业数（个）
2021	7.4	3.7	6.3	6	70	144
2022	3.1	7.0	5.1	7	87	162

数据来源：历年河南省统计年鉴。

（四）服务业发展情况分析

从服务业增加值看，总量不断增长，但占商丘市服务业增加值的比重不断下降。2023年服务业增加值总量为126.50亿元，占商丘市服务业增加值的比重为8.38%，2022年柘城县服务业增加值在商丘市7个县（市）中排第5位，河南省102个县（市）中排第58位（见表5）。

柘城县服务业增加值增速波动较大，2023年增速为2.80%；2022年增速为2.70%，商丘市7个县（市）中排最后一位，河南省102个县（市）中排第65位（见表5）。

表5 2008—2023年柘城县服务业发展情况

年份	柘城县服务业增加值（亿元）	占商丘市服务业增加值的比重（%）	在商丘市的排名	在河南省的排名	柘城县服务业增加值增速（%）	在商丘市的排名	在河南省的排名
2008	23.61	10.48	5	51	13.00	5	61
2009	28.73	10.57	5	39	25.63	1	1
2010	34.44	11.03	3	36	17.40	2	4
2011	38.60	10.48	5	40	6.90	7	90
2012	44.19	10.50	5	39	11.50	4	27
2013	49.38	10.39	5	39	8.40	6	56
2014	57.86	9.85	5	45	10.10	5	36
2015	66.47	9.80	5	45	12.70	4	33
2016	75.85	9.74	5	45	11.60	5	28
2017	86.67	9.72	5	45	11.90	2	22

续表

年份	柘城县服务业增加值（亿元）	占商丘市服务业增加值的比重（%）	在商丘市的排名	在河南省的排名	柘城县服务业增加值增速（%）	在商丘市的排名	在河南省的排名
2018	98.74	9.68	5	45	10.99	4	28
2019	110.85	8.68	5	50	8.59	5	27
2020	112.74	8.65	5	52	1.45	4	70
2021	116.76	8.62	5	56	4.40	3	93
2022	120.28	8.45	5	58	2.70	7	65
2023	126.50	8.38	—	—	2.80		

数据来源：历年河南省统计年鉴、柘城县人民政府网站。

（五）重点企业

柘城县重点企业的情况见表6。

表6 柘城县龙头公司企业简介

序号	公司名称	公司简介
1	河南省力量钻石股份有限公司	2021年9月24日，该公司在深圳证券交易所创业板上市，成为柘城县第一家上市的本土企业，也是商丘市首家创业板上市企业，公司成立于2010年，是一家专业从事培育钻石和超硬材料研发、生产制造的高新技术企业。主营业务涵盖金刚石单晶、金刚石微粉及培育钻石三大系列，主要应用于精密制造、地质钻探、航天军工、光伏新能源、第三代半导体、珠宝首饰等相关领域。形成了以培育钻石为核心的三大产品体系，可年产工业金刚石单晶30亿克拉，培育钻石300万克拉，金刚石微粉20亿克拉。产业规模在行业内位居前列，具备独有的产业链优势
2	惠丰钻石股份有限公司	该公司是一家专业从事金刚石微粉研发生产和销售的高新技术企业，主要涉及金刚石复合片、线锯、砂轮、抛光研磨等金刚石制品相关领域，以及半导体材料加工、工程陶瓷、光电技术等下游终端，客户分布国内外，综合实力雄居国内金刚石微粉行业第一方阵。2022年7月18日，在北京证券交易所上市，成为"北交所金刚石微粉第一股"

续表

序号	公司名称	公司简介
3	河南厚德钻石科技有限公司	该公司成立于2014年3月，是一家专注于人造金刚石系列产品研发、生产、销售的高新技术企业。公司始创于1995年，自主创新研发的金刚石、金刚石微粉、金刚石破碎及整形料，广泛应用于汽车工业、航空航天、清洁能源、电子、太阳能光伏、半导体衬底材料、光电、散热、空调压缩机、轴承、5G手机背板、石油钻、生物医疗、工程机械、建筑建材及其他超硬材料的切割、研磨和抛光领域
4	河南业达峰新材料有限公司	该公司成立于2022年7月，是一家专注毛坯钻石加工的企业，拥有世界最先进的以色列钻石激光切割设备与钻石打磨设备，企业的成立，补齐了柘城县金刚石产业在切割加工环节的短板
5	河南海乐电子科技有限公司	该公司成立于2010年8月，现有员工600余人，是一家主营业务为PCB电路板的开发、生产及销售的企业，产品覆盖通信、电脑、家电、智能机器人、汽车电子等多个领域
6	河南万克钻石工具有限公司	该公司于2010年4月21日成立，经营范围包括人造金刚石微粉、金刚石制品、金刚石纳米复合材料及工具，机械设备的加工与销售，相关产品的进出口贸易等
7	河南省北科种业有限公司	该公司是一家集辣椒新品种的选育、繁育及辣椒深加工、储藏、购销于一体的现代种子企业。有现代化种子加工生产线，辣椒去杂、去把、色选、抛光等一体化生产线。公司聘有高级育种专家，在海南建设有育种试验站，目前在农业农村部登记的品种有40多个

四、财政收支分析

从一般公共预算收支总量及在省市的位次看，2023年柘城县一般公共预算收入为11.20亿元，2022年一般公共预算收入为11.11亿元，在商丘市7个县（市）中排第6位，在河南省102个县（市）中排第78位。2023年柘城县一般公共预算支出达到50.00亿元，2022年一般公共预算支出51.85亿元，在商丘市7个县（市）中排第3位，在河南省102个县（市）中排第35位（见表7）。

表7 2008—2023年柘城县财政收支情况

年份	一般公共预算收入（亿元）	占商丘市一般公共预算收入的比重（%）	在商丘市的排名	在河南省的排名	一般公共预算支出（亿元）	占商丘市一般公共预算支出的比重（%）	在商丘市的排名	在河南省的排名	财政自给率（%）	在商丘市的排名	在河南省的排名
2008	1.03	3.3	6	98	10.78	9.1	4	38	9.55	6	101
2009	1.28	3.6	4	94	13.87	9.2	4	34	9.20	6	100
2010	1.62	3.8	4	93	15.51	8.6	4	37	10.42	5	99
2011	2.38	4.2	5	87	20.08	8.8	4	37	11.86	3	94
2012	3.32	4.7	5	84	28.16	9.8	4	27	11.78	6	95
2013	4.38	5.1	4	77	29.77	9.5	4	29	14.72	5	91
2014	5.52	5.5	5	77	31.83	9.0	4	35	17.34	5	89
2015	6.26	5.7	5	75	35.70	9.4	4	34	17.55	5	90
2016	6.60	5.6	5	73	38.44	9.1	4	36	17.17	5	88
2017	7.15	5.5	5	73	40.74	8.8	4	42	17.54	4	82
2018	8.58	5.6	5	71	45.55	9.1	5	46	18.83	4	74
2019	9.71	5.7	5	72	50.72	9.4	4	41	19.14	5	76
2020	10.31	5.7	5	68	55.99	10.0	4	34	18.42	5	82
2021	10.43	5.5	6	75	45.66	8.2	3	38	22.84	5	81
2022	11.11	5.4	6	78	51.85	9.4	3	35	21.43	6	89
2023	11.20	5.6	—	—	50.00	8.9	—	—	22.40	—	—

数据来源：历年河南省统计年鉴、柘城县人民政府网站。

从一般公共预算收支占商丘市的比重看，2023年柘城县一般公共预算收入占商丘市一般公共预算收入的比重为5.6%，相比2008年提高了2.3个百分点。2023年柘城县一般公共预算支出占商丘市一般公共预算支出的比重为8.9%，较2008年有所下滑（见表7）。

从财政自给率及在省、市的排名看，两者均处于省、市靠后方阵。2023年柘城县财政自给率为22.40%，低于商丘市财政自给率（35.77％）13.37个百分点，低于河南省（40.79％）18.39个百分点。2022年柘城县财政自给率在商丘市7个县（市）中排第6位，在河南省102个县（市）中排第89位（见表7）。

2023年柘城县税收收入为6亿元，税收占一般公共预算收入的比重为53.8%，税收占全市税收收入的比重为5%。

从人均一般公共预算收支绝对量及占省、市的比重看，柘城县人均财力较弱，排名居全省下游靠后方阵。2023年柘城县人均一般公共预算收入为1453元，相当于商丘市的55.4%，相当于河南省的31.6%；人均一般公共预算支出为6487元，相当于商丘市的88.4%，相当于河南省的57.6%。2022年柘城县人均一般公共预算收入在商丘市7个县（市）中排第5位，在河南省102个县（市）中排第94位；2022年柘城县人均一般公共预算支出在商丘市7个县（市）中排第2位，在河南省102个县（市）中排第67位（见表8）。

五、金融业发展分析

柘城县金融机构年末存贷款余额逐年提高，在河南省的位次逐渐提升。2022年金融机构存款年末余额达到382.44亿元，在商丘市7个县（市）中排第4位，在河南省102个县（市）中排第46位。2022年金融机构贷款年末余额为164.07亿元，在商丘市7个县（市）中排第6位，在河南省102个县（市）中排第63位（见表9）。

金融机构年末存贷款余额占商丘市的比重整体提高。2022年柘城县存款余额占商丘市存款余额的比重为8.3%，贷款余额占商丘市贷款余额的比重为6.3%，各自分别较2008年提升了1.2个、2.3个百分点（见表9）。

表 8 2008—2023 年柘城县人均财力情况

年份	人均一般公共预算收入（元）	在商丘市的排名	在河南省的排名	与商丘市相比（%）	与河南省相比（%）	人均一般公共预算支出（元）	在商丘市的排名	在河南省的排名	与商丘市相比（%）	与河南省相比（%）
2008	118	6	100	28.9	11.0	1231	5	75	81.1	50.9
2009	151	6	99	33.3	12.7	1640	4	68	84.8	53.5
2010	208	5	99	35.6	14.2	1998	5	66	81.6	55.0
2011	336	3	89	43.9	18.5	2836	1	48	91.2	63.2
2012	475	4	85	49.6	22.2	4035	1	27	103.2	76.8
2013	631	4	85	53.5	25.0	4285	1	33	99.0	73.5
2014	794	3	80	47.7	28.0	4579	2	44	78.6	73.3
2015	918	3	74	60.3	29.5	5233	2	37	99.7	74.7
2016	968	4	77	60.0	30.0	5635	2	37	97.1	73.9
2017	1046	3	76	59.2	30.2	5963	2	47	94.0	71.3
2018	1252	3	68	59.7	32.8	6648	2	54	96.9	71.1
2019	1423	3	68	60.8	34.9	7434	1	47	101.4	72.4
2020	1318	4	81	57.2	31.4	7158	1	62	99.6	68.6
2021	1353	5	90	54.9	30.8	5925	4	72	82.3	56.2
2022	1442	5	94	53.8	33.4	6727	2	67	94.1	62.4
2023	1453	—	—	55.4	31.6	6487	—	—	88.4	57.6

数据来源：历年河南省统计年鉴。

表 9 2008—2022 年柘城县金融机构年末存贷款余额情况

年份	存款余额（亿元，%）			金融机构贷款年末余额	贷款余额（亿元，%）			柘城县存贷比	存贷比（%）	
	金融机构存款年末余额	在商丘市的排名	在河南省的排名	占商丘市年末存款余额的比重		在商丘市的排名	在河南省的排名	占商丘市年末贷款余额的比重		在商丘市的排名	在河南省的排名
2008	42.84	4	65	7.1	16.54	6	78	4.0	38.6	7	65
2009	49.84	5	72	6.9	18.01	5	85	3.5	36.14	7	80
2010	61.44	5	65	6.8	22.16	5	86	3.6	36.07	7	82
2011	77.24	5	61	7.0	26.65	3	81	4.5	34.5	5	80
2012	100.18	5	57	7.4	30.41	3	81	4.3	30.36	7	90
2013	116.60	5	57	7.5	40.23	3	79	4.8	34.5	7	83
2014	131.34	5	53	7.5	52.35	3	69	5.2	39.86	5	70
2015	145.82	4	56	7.4	57.20	3	76	5.0	39.23	6	74
2016	166.30	4	60	7.3	57.15	3	83	4.4	34.37	6	84
2017	191.17	4	57	7.1	61.93	3	84	4.3	32.39	6	88
2018	220.73	4	52	7.6	85.16	3	66	5.3	38.58	5	78
2019	253.69	4	51	7.8	110.38	4	60	5.6	43.51	4	70
2020	291.99	4	49	8.0	130.98	3	60	5.8	44.86	5	75
2021	326.59	4	48	8.1	150.61	2	62	6.2	46.12	5	29
2022	382.44	4	46	8.3	164.07	6	63	6.3	42.90	5	75

数据来源：历年河南省统计年鉴。

从柘城县存贷比看，存贷比整体提升，但数值较低且与省、市差距大。2022年存贷比为42.90%，在商丘市7个县（市）中排第5位，在河南省102个县（市）中排第75位（见表9）。

柘城县人均存贷款余额绝对量均稳步增长，占省、市的比重均明显提升，但人均存贷款水平与省、市平均水平相比差距较大，有效投资明显不足。

2022年柘城县人均存款余额49514元，是2008年的10.2倍，相当于商丘市人均存款余额的83.3%，相当于河南省人均存款余额的52.5%，占市、省的比重分别较2008年提升了20.2个、22.3个百分点。2022年柘城县人均存款余额在商丘市7个县（市）中排第4位，在河南省102个县（市）中排第75位，在河南省的排名较2008年提升了22个位次（见表10）。

2022年柘城县人均贷款余额为21286元，是2008年的11.3倍，相当于商丘市人均贷款余额的62.9%，相当于河南省人均贷款余额的27.6%，占市、省的比重分别较2008年提升了27.1个、10.4个百分点。2022年柘城县人均贷款余额在商丘市7个县（市）中排第6位，在河南省102个县（市）中排第92位（见表10）。

六、居民收入分析

柘城县居民人均可支配收入逐年提高，占省、市水平的比重均有所上升，但整体水平依然较低，离省、市的平均水平还有一定差距。

2022年柘城县居民人均可支配收入为21160元，相当于商丘市居民人均可支配收入的88.6%，相当于河南省居民人均可支配收入的75.0%，在商丘市7个县（市）中排第6位，在河南省102个县（市）中排88位（见表11）。

河南省县域经济运行分析：柘城篇

表 10　2008—2022 年柘城县人均存贷款情况

年份	柘城县人均存款余额	人均存款（元，%） 在商丘市的排名	在河南省的排名	与商丘市相比	与河南省相比	柘城县人均贷款余额	人均贷款（元，%） 在商丘市的排名	在河南省的排名	与商丘市相比	与河南省相比
2008	4892	6	97	63.1	30.2	1889	7	96	35.8	17.2
2009	5894	6	96	63.7	29.2	2130	7	98	32.1	15.0
2010	7915	6	92	64.6	32.2	2855	7	96	34.5	16.9
2011	10910	5	77	73.2	38.7	3764	5	85	47.1	20.3
2012	14352	3	67	77.6	42.8	4357	7	86	45.5	20.5
2013	16779	4	70	78.3	42.7	5789	6	83	50.6	23.6
2014	18895	4	72	64.9	44.0	7531	7	77	45.2	26.7
2015	21378	5	73	78.6	43.5	8386	6	80	53.6	25.9
2016	24378	4	74	77.6	44.2	8377	7	88	47.3	22.4
2017	27982	4	70	76.0	46.6	9065	5	87	46.2	21.3
2018	32219	4	68	80.8	49.8	12430	5	81	56.2	25.6
2019	37187	4	61	83.8	53.0	16180	4	68	59.9	28.8
2020	37329	4	78	80.3	48.5	16745	4	86	57.6	26.5
2021	42386	4	81	81.6	50.8	19547	5	88	62.0	27.8
2022	49514	4	75	83.3	52.5	21286	6	92	62.9	27.6

数据来源：历年河南省统计年鉴。

表11 2017—2022年柘城县居民人均可支配收入情况

年份	柘城县居民人均可支配收入（元）	在商丘市的排名	在河南省的排名	与商丘市相比（%）	与河南省相比（%）	柘城县居民人均可支配收入增速（%）	商丘市居民人均可支配收入增速（%）	柘城县增速与商丘市增速对比
2017	14301	6	90	85.7	70.9	—	11.03	—
2018	15851	6	89	86.2	72.2	10.83	10.21	0.6
2019	17622	6	86	87.3	73.7	11.18	9.72	1.5
2020	18516	6	85	87.7	74.6	8.00	4.67	3.3
2021	20119	6	86	88.6	75.0	8.66	7.49	1.2
2022	21160	6	88	88.6	75.0	5.20	5.23	0.03

数据来源：历年河南省统计年鉴。

分常住地来看，柘城县城乡居民人均可支配收入总额逐年提高，在全省的位次有所提升，但城乡居民人均可支配收入总量依然处于全省下游，与省、市平均水平差距较大。

2022年柘城县城镇居民人均可支配收入达到31745元，相当于商丘市城镇居民人均可支配收入的88.2%，相当于河南省的82.5%，占市、省的比重分别较2008年提升了10.2个、13.3个百分点。2022年城镇居民人均可支配收入在商丘市7个县（市）中排第6位，在河南省102个县（市）中排第76位，在河南省的位次较2008年提升了15个位次（见表12）。

2022年柘城县农村居民人均可支配收入为15602元，是2008年的4.46倍，相当于商丘市农村居民人均可支配收入的98.3%，相当于河南省的83.4%，占市、省的比重分别较2008年提升了5.2个、5.0个百分点。2022年农村居民人均可支配收入在商丘市7个县（市）中排第4位，在河南省102个县（市）中排第83位，在河南省的位次较2008年提升7个位次（见表12）。

从城乡居民收入对比来看，柘城县城乡收入差距逐年缩小，但差距依然明显，2022年城乡居民人均可支配收入比约为2.03∶1，在全省102个县（市）中排第78位（见表12）。

表 12　2008—2022 年柘城县分城乡居民人均可支配收入及城乡收入比

年份	城镇居民人均可支配收入	在商丘市的排名	在河南省的排名	与商丘市相比	与河南省相比	农村居民人均可支配收入	在商丘市的排名	在河南省的排名	与商丘市相比	与河南省相比	城乡收入比	在河南省的排名
2008	9161	6	91	78.0	69.2	3491	5	90	93.1	78.4	2.62	71
2009	10533	6	87	82.8	73.3	3814	4	89	94.1	79.3	2.76	81
2010	11808	6	82	83.3	74.1	4363	6	87	93.3	79.0	2.71	78
2011	13520	6	87	83.7	74.3	5358	4	80	95.1	81.1	2.52	70
2012	15413	6	81	84.2	75.4	6096	4	82	94.9	81.0	2.53	74
2013	17092	6	79	84.6	76.3	6889	4	81	95.5	81.3	2.48	74
2014	18664	6	82	83.8	78.8	7681	4	81	95.7	77.1	2.43	72
2015	19899	6	82	84.4	77.8	8574	4	88	96.5	79.0	2.32	76
2016	21471	6	79	85.1	78.8	9273	4	89	96.5	79.3	2.32	78
2017	23619	6	76	85.6	79.9	10191	4	89	96.9	80.1	2.32	80
2018	25933	6	75	86.5	81.4	11170	4	89	97.1	80.8	2.32	85
2019	28215	6	75	87.3	82.5	12410	4	89	98.0	81.8	2.27	83
2020	28667	6	75	87.3	82.5	13403	4	84	98.5	83.2	2.14	79
2021	30731	6	75	88.4	82.8	14609	4	84	98.8	83.3	2.10	81
2022	31745	6	76	88.2	82.5	15602	4	83	98.3	83.4	2.03	78

数据来源：历年河南省统计年鉴。

七、固定资产投资分析

近几年，柘城县固定资产投资增速放缓，2022年固定资产投资增长8.3%，低于商丘市固定资产投资增速4.7个百分点，高于河南省增速1.6个百分点。2008—2020年，固定资产投资总额在商丘市7个县（市）中排名稳定，一直处于第6位（见表13）。

从固定资产投资增速与省、市增速对比来看，除2013年、2015年外，柘城县固定资产投资增速在多数年份快于河南省增速（见表13）。

表13 2008—2022年柘城县固定资产投资情况

年份	固定资产投资（亿元）	固定资产投资在商丘市排名	固定资产投资在河南省排名	房地产投资（亿元）	柘城县固定资产投资增速（%）	商丘市固定资产投资增速（%）	河南省固定资产投资增速（%）
2008	44.09	6	77	—	35.1	33.2	32.4
2009	49.19	6	66	—	37.2	29.9	31.6
2010	56.45	6	69	9.78	23.8	22.0	22.2
2011	77.27	6	64	9.59	33.5	25.2	27.0
2012	95.98	6	60	13.54	21.9	20.7	21.4
2013	118.49	6	61	23.49	21.5	22.6	22.5
2014	144.88	6	60	21.04	20.0	18.4	19.2
2015	130.10	6	86	24.86	-10.3	14.0	16.5
2016	169.16	6	77	29.44	28.0	15.2	13.7
2017	189.76	6	77	37.25	11.7	11.8	10.4
2018	213.67	6	69	42.24	12.6	11.2	8.1
2019	238.67	6	66	27.54	12.0	10.9	8.0
2020	253.66	6	65	35.48	6.3	6.0	4.3
2021	—	—	—	—	8.9	8.3	4.5
2022	—	—	—	—	8.3	13.0	6.7

数据来源：历年河南省统计年鉴、商丘市统计年鉴。

八、社会消费分析

柘城县社消零总额及其占 GDP 的比重和其在河南省的位次均不断提高。2019 年柘城县社消零总额突破 100 亿元，2022 年达到 120.19 亿元，占 GDP 的比重为 39.5%，在商丘市 7 个县（市）中排第 4 位，在河南省 102 个县（市）中排第 41 位，在河南省的位次较 2008 年提升了 22 个位次（见表 14）。

柘城县人均社消零额绝对量逐年增长，近年稳居商丘市第 2 位。2022 年人均社消零额达到 15593 元，是 2008 年的近 6 倍，相当于商丘市人均社消零额的 79.4%，相当于河南省的 63.1%，在商丘市 7 个县（市）中排第 2 位，在河南省 102 个县（市）中排第 74 位，在商丘市、河南省的位次分别较 2008 年提升了 4 个、18 个位次（见表 14）。

社消零总额分行业看，批发和零售业与住宿和餐饮业总额波动变化，批发和零售业总额占社消零总额的比重下降、住宿和餐饮业占比整体提升，2022 年批发和零售业占社消零总额的比重为 82.4%，住宿和餐饮业占比为 17.6%（见表 15）。

表 14 2008—2022 年柘城县社会消费情况

年份	社消零总额（亿元，%）				人均社消零额（元，%）			
	社消零总额	在商丘市的排名	在河南省的排名	占GDP的比重	人均社消零额	在商丘市的排名	在河南省的排名	与商丘市相比	与河南省相比
2008	22.90	5	63	30.6	2615	6	92	70.6	42.7
2009	27.42	5	63	30.9	3243	5	91	88.0	46.0
2010	32.00	5	65	30.5	4122	6	89	74.6	48.9
2011	37.80	5	65	32.8	5339	3	80	82.1	54.1
2012	44.04	4	64	34.6	6309	2	79	83.3	55.9
2013	50.35	4	64	36.0	7246	2	78	83.3	56.7
2014	55.80	4	64	35.3	8028	2	80	67.5	56.2
2015	63.23	4	66	37.5	9270	2	77	82.9	58.1
2016	69.63	4	65	37.7	10207	2	76	80.9	57.8
2017	78.44	4	64	38.2	11481	2	79	81.2	58.5

续表

年份	社消零总额（亿元，%）				人均社消零额（元，%）				
	社消零总额	在商丘市的排名	在河南省的排名	占GDP的比重	人均社消零额	在商丘市的排名	在河南省的排名	与商丘市相比	与河南省相比
2018	96.15	2	47	42.5	14034	2	60	91.7	65.1
2019	117.59	4	40	43.3	17237	2	44	85.4	72.7
2020	111.95	4	41	39.7	14312	2	68	79.3	63.2
2021	118.27	4	43	40.1	15349	2	73	79.6	62.2
2022	120.19	4	41	39.5	15593	2	74	79.4	63.1

数据来源：历年河南省统计年鉴。

表15　2018—2022年柘城县社消零总额分行业情况

年份	分行业			
	其中批发和零售业（亿元）	占社消零的比重（%）	其中住宿和餐饮业（亿元）	占社消零的比重（%）
2018	87.73	91.2	8.41	8.7
2019	105.11	89.4	12.48	10.6
2020	94.16	84.1	17.79	15.9
2021	105.89	89.5	12.38	10.5
2022	99.04	82.4	21.15	17.6

数据来源：历年河南省统计年鉴、商丘市统计年鉴。

九、人口规模分析

从人口情况看，柘城县2022年常住人口为77.08万人，占全市常住人口的10.0%。2020年柘城县户籍人口为111.68万。2022年常住人口在商丘市7个县（市）中排第4位，在河南省102个县（市）中排第30位。2020年人口外流33.46万人，人口流失率近30%（见表16）。

从城镇化率看，2013—2022年柘城县城镇化率不断提升，2022年城镇化率为41.69%，在全省排第77位，较商丘市城镇化率低6.12个百分点，较河南省城镇化率低15.41个百分点（见表16）。

表 16 2008—2022 年柘城县人口情况

年份	柘城县户籍人口（万人）	柘城县常住人口（万人）	柘城县常住人口在商丘市的排名	柘城县常住人口在河南省的排名	柘城县外流人口（万人）	柘城县人口流失率（%）	柘城县常住人口占商丘市的比重（%）	柘城县城镇化率（%）	柘城县城镇化率在河南省的排名	商丘市城镇化率（%）	河南省城镇化率（%）
2008	95.33	87.56	4	23	7.77	8.15	11.3	—	—	31.5	36.0
2009	95.72	84.56	4	25	11.16	11.66	10.8	—	—	33.4	37.7
2010	100.30	77.63	4	31	22.67	22.60	10.6	—	—	29.8	38.8
2011	100.74	70.80	5	43	29.94	29.72	9.6	—	—	31.5	40.5
2012	101.22	69.80	5	41	31.42	31.04	9.5	—	—	33.5	42.0
2013	101.69	69.49	5	41	32.20	31.66	9.5	29.29	86	35.0	43.6
2014	102.36	69.51	5	41	32.85	32.09	11.5	30.91	85	36.5	45.1
2015	102.89	68.21	5	44	34.68	33.71	9.4	32.62	86	38.2	47.0
2016	103.18	68.22	5	44	34.96	33.88	9.4	34.38	85	40.0	48.8
2017	103.83	68.32	5	44	35.51	34.20	9.4	36.13	86	41.7	50.6
2018	104.40	68.51	5	44	35.89	34.38	9.4	37.78	85	43.3	52.2
2019	104.90	68.22	5	44	36.68	34.97	9.3	39.37	86	44.83	54.0

续表

年份	柘城县户籍人口（万人）	柘城县常住人口（万人）	柘城县常住人口在商丘市的排名	柘城县常住人口在河南省的排名	柘城县外流人口（万人）	柘城县人口流失率（%）	柘城县常住人口占商丘市的比重（%）	柘城县城镇化率（%）	柘城县城镇化率在河南省的排名	商丘市城镇化率（%）	河南省城镇化率（%）
2020	111.68	78.22	4	33	33.46	29.96	10.0	40.05	77	46.19	55.4
2021	—	77.05	4	32	—	—	10.0	41.07	76	47.21	56.5
2022	—	77.08	4	30	—	—	10.0	41.69	77	47.81	57.1

数据来源：历年河南省统计年鉴、商丘市统计年鉴。

表17 2018—2022年柘城县义务教育和医疗情况

年份	学校数 合计（所）	小学学校数（所）	初中学校数（所）	在校学生数 合计（人）	小学在校生数（人）	初中在校生数（人）	专任教师数 合计（人）	小学（人）	初中（人）	医疗卫生 卫生机构床位数/千人	卫生技术人员数/千人
2018	284	223	61	109658	75244	34414	9567	6115	3452	—	6.4
2019	207	145	62	114523	79514	35009	9708	6039	3669	—	7.4
2020	204	142	62	121125	86618	34507	9806	6807	2999	—	6.6
2021	195	136	59	123498	88937	34561	9851	6820	3031	—	6.9
2022	185	131	54	—	89308	—	10124	6211	3913	—	8.9

数据来源：历年商丘市统计年鉴。

— 224 —

十、公共服务分析

基础教育阶段，柘城县学校数有所减少，在校学生数不断增多，其中，基础教育学校数由 2018 年的 284 所降至 2022 年的 185 所，在校学生数由 2018 年的 109658 人增加至 2021 年的 123498 人（见表 17）。

千人卫生技术人员数均整体提升，2022 年柘城县每千人拥有卫生技术人员数为 8.9 人。

十一、县域发展特色产业

（一）辣椒产业富民

柘城县是全国重要的干辣椒交易集散地和河南省辣椒出口第一大县，柘城辣椒产业发展的历史可以追溯到 20 世纪 70 年代，因其相对于小麦等粮食作物收益好，相对于棉花等经济作物易管理、耐储存，可以利用冬闲时节采摘，农户种植积极性高，种植面积逐年扩大。

2024 年，柘城辣椒年交易额达 200 亿元，产品出口 20 多个国家和地区，全县辣椒种植面积 40 万亩，年产干椒 12 万吨，辣椒年加工能力超过 30 万吨，产品涵盖从辣椒粉、辣椒油到辣椒酱等 8 大系列 26 个品种，带动 20 万人从事辣椒产业，贵州老干妈 80% 以上的辣椒来自柘城。柘城县有省市级农业产业化龙头企业 20 多家，全县培育北科种业、传奇种业、奥农种业等良种繁育龙头企业 16 家，研发培育优良品种 800 多个，在全国 6 大辣椒主产区推广种植 260 万亩，占全国三樱椒种植面积的 40%，"柘城辣椒"成为业内最具影响力的区域性品牌，其品牌价值已经突破 62 亿元，越来越多的农民通过辣椒产业走上致富路。

（二）钻石产业发光

金刚石超硬材料产业是柘城县的主导产业，也是传统优势产业，拥有 40 多年的发展历史。柘城被誉为"中国钻石之都"，被科技部认定为"商丘国家超硬材料及制品高新技术产业化基地"。力量钻石股份有限公司、惠丰钻石科技股份有限公司先后在深圳证券交易所 A 股和北京证券交易所主板上市。

柘城县的金刚石超硬材料产业发展始于20世纪70年代，当时郑州磨料磨具磨削研究所聚晶金刚石方面的工程师冯金章，回到柘城县创办了第一家金刚石企业——柘城县邵园金刚石厂，培养出了一批懂金刚石技术的柘城人。从家庭作坊起步，柘城人相继开办了大大小小的金刚石企业，包括后来的上市公司惠丰钻石、力量钻石。

如今，柘城县已构建起包括金刚石原辅材料、工业级金刚石单晶、金刚石微粉、宝石级金刚石、金刚石制品、钻石首饰等年产值超200亿的拥有完整产业链的高科技超硬材料产业集群，全县拥有金刚石超硬材料产业企业120余家，金刚石微粉年产量和出口量分别占到全国的70%和50%，年产金刚石单晶60亿克拉、金刚石微粉110亿克拉、培育钻石毛坯及加工销售600万克拉，加工销售钻石首饰800万克拉。同时，柘城县把创新发展作为金刚石产业发展重要引擎，培育了金刚石超硬产业高新技术企业32家，建成省级工程技术研究中心18家，院士工作站1家，省级重点实验室1家。培育省级专精特新中小企业11家，国家认定专精特新"小巨人"企业2家，国家制造业单项冠军企业1家，拥有金刚石超硬材料产业专利1320余件，授权发明专利49件。

（三）养殖业突出

立足自然条件和资源禀赋，柘城县日照充足、降水充沛、风景优美，非常适合农业发展。近年来，柘城县把发展肉牛奶牛产业作为实施乡村振兴战略的重要抓手，大力推进肉牛奶牛产业高质量发展。自20世纪80年代开始，柘城群众就开始饲养品种肉牛，至今已有40余年历史。目前培育莲旺牧业、万犇牧业、汇洋畜牧等大型肉牛繁育养殖基地20家，其中莲旺牧业是河南省规模最大的单体肉牛母牛繁育基地。该县发展存栏50头肉牛以上的养牛场70家，存栏10头肉牛以上的养牛场212家，培育肉牛奶牛养殖基地（专业户）568家，肉牛存栏达9.01万头，出栏3.67万头，初步形成了从秸秆回收、饲草种植、饲料加工到种牛繁育、肉牛育肥、牛制品深加工、品牌牛肉、生物制药等的全产业链肉牛养殖发展新格局。先后被授予"河南省养牛大县培育县""河南省绿色种养循环农业试点县"称号，享有"中国肉牛之乡"美誉。

十二、综述及发展建议

整体来看，柘城县经济发展充满活力，经济总量及增速在省市的位次不断提升，产业转型也不断取得新成效，呈现出新的亮点，经济发展态势总体良好。但个别经济指标仍处于全省中下游水平，距离全省先进县市水平仍存在较大差距，如人均GDP较低（2022年39480元，仅为河南省的63.6%，在全省排第82位）、居民人均可支配收入低（2022年为21160元，仅为河南省的75%，在全省排第88位）、产业结构仍需进一步优化（近年第二产业占比逐年降低，第一产业占比不断提升）、规上工业增加值增速近年逐步放缓（近4年在全省位次逐步下滑）、转移支付性财政收入占比较大，财政自给率居全省末位（2022年居全省89位）、人均存贷款水平低等。

当然，经济指标在全省的位次低、人均水平低等多受到柘城历史因素和发展环境的影响，从目前柘城县产业发展来看，特别是主导产业金刚石超硬材料产业具有行业"话语权"，柘城金刚石超硬材料产业为当地贡献了一半以上的生产总值，在上下游企业链中，诞生了以力量钻石和惠丰钻石为首的细分领域龙头企业，已经形成集群发展态势，整体实力不容小觑。但从柘城金刚石产业延伸到整个超硬材料产业发展的视角看，目前柘城县超硬材料产业甚至整个河南省超硬材料产业都面临一定的挑战，主要体现在以下方面。

第一，产品多而不优，技术含量有待提高。柘城县甚至河南省超硬材料产业中，上游原材料产品居多，高端超硬材料制品及功能化应用产品较少，存在上中游产品低价销往国外，加工成高端产品后高价进口国内的现象，进口价格往往是出口价格的6~20倍。同时，中高档产品竞争力薄弱，产品专用化程度和精细化程度不够，部分中低端产品产能过剩。还存在产品应用实验室欠缺或不够完善、前沿技术研究薄弱及未来可持续发展高端人才支撑不足等问题。

第二，生产有优势，但下游环节存在短板。2022年，河南省生产培育的钻石毛坯占全国产量的80%、全球产量的40%，原料优势十分突出，但在打磨、鉴定、销售等中下游环节存在明显短板。在几百个企业中，只有三磨所、黄河旋风、中南钻石、郑州华晶、富耐克等几家规模较大或技术研发型企业生产超硬材料制成品。由于低端产品多，高端产品少，我国超硬材料产品长期处于价值链低端，价格体系也一直被国外控制。

第三，高端产业低端化竞争。河南超硬材料产业现有规上企业约300家，产值规模400亿元左右，平均单个企业仅1亿多元。2022年，除中南钻石、黄河旋风的销售收入超过20亿元，以及三磨所、力量钻石、郑州华晶、四方达、惠丰钻石等销售收入超过5亿元外，其他90%的行业企业销售收入都低于1亿元。企业规模小，研发投入意愿低，很多企业虽然有技术支撑，但是无技术储备和技术人才，行业周期上行时"大家一起好"，行业周期下行时"大家一起倒"，发展潜力弱，抗风险能力低，大都在产业链低端竞争、在低端产品上竞争。

第四，应用端与发达国家差距大。我国超硬材料产业规模仅为千亿级别，与我国工业化程度和进度不相匹配，主要是应用端开发的深度与广度远远不够，尤其在电子信息、国防军工、新能源和汽车加工业等新兴高端领域应用明显落后于国外先进水平。一方面，我国工业领域整体发展水平不高、应用端设备先进性不足，应用端对技术更新需求拉动力不强，超硬材料替代缓慢；另一方面，我国超硬材料行业自身的关键装备制造水平低，在产品开发能力、工艺技术等方面差距巨大，不能满足我国新兴产业的加工需求。

对超硬材料产业发展有以下几点思考。

第一，从产业发展条件来看，鉴于当前省内超硬材料发展"内卷"严重，建议省政府能从省级层面统筹超硬材料产业发展，依托当地产业既有优势，聚焦超硬材料各关键环节，推动错位发展，打造各具竞争力的特色产业。例如制订培育钻石产业绿电优先使用方案，释放用电优惠政策，在降低生产成本的基础上，也能够为培育钻石贴上绿色标签，助推培育钻石企业参与绿色能源产品的国际竞争。

第二，就金刚石微粉行业来看，最关键的还是技术和应用的创新。目前行业运用的主流技术相对落后，虽说运用了一些新的设备，但是核心的破碎、分级等技术并没有取得关键性突破。这并非企业一家之力可以完成，希望政策层面高位推动，发挥产学研用合力，共同实现技术和应用上的突破与创新。

第三，就培育钻石市场销售来看，2023年市场价格出现较大波动，折射出当前我国的产业链仍不算完整，尤其是在培育钻石的切割、设计及终端销售领域，接下来应加大培育支持的力度；未来几年，也可以在文旅与培育钻石上谋划文章。

第四，从国内外需求端来看，美国培育钻石有70%的渗透率，欧洲有50%，中国仅有5%，这是一个增量市场，特别是国内市场，未来空间巨大，现在已经有比较大的增长。未来培育钻石在饰品消费领域是一个重要的发展方向，希望在钻石设计、镶嵌、加工领域提供一些政策支持。

河南省县域经济运行分析：宁陵篇

一、宁陵县概况

宁陵县隶属商丘市，位于河南省东南部，东与商丘市交界，西和睢县毗连，南同柘城县为邻，北枕黄河故道与商丘市和民权县相连。总面积约为798平方千米，下辖14个乡镇、360个行政村、5个社区，2022年常住人口52.4万人，户籍人口为73.4万人。

宁陵县历史悠久，文化底蕴丰厚。远古时期葛天氏族创造了我国有文字记载的最早乐舞——"葛天氏之乐"，因此宁陵也被尊为中国音乐、舞蹈的发源地。西汉武帝元狩元年（公元前122年）开始设立宁陵县，至今已有2100多年的历史。这里曾是战国四君子之一信陵君的封地，也是三国时期曹操的起兵之地。

宁陵县地势平坦，自西北向东南略有倾斜，属黄河冲积平原，以沙土和两合土为主。黄河故堤横穿东北部，西部有沙丘分布。农作物以小麦、玉米、红薯、大豆等为主，全县常年粮食作物产量稳定在2亿公斤以上，是国家评定的全国商品粮基地县。金顶谢花酥梨、花生、白蜡条被誉为"宁陵三宝"。

二、总体经济运行分析

从GDP总量来看，2023年宁陵县完成GDP 191.2亿元，占商丘市GDP总量的6.1%。2022年宁陵县完成GDP 201.2亿元，占商丘市GDP总量的6.2%，自2008年以来一直处在商丘市辖7个县（市）末位，2022年在河南省102个县（市）中排第90位，较2008年前进8个位次（见表1）。

从GDP增速来看，2023年宁陵县GDP增速为3.6%，与商丘市GDP增速持平，低于河南省GDP增速0.5个百分点。2022年宁陵县GDP增速为5.0%，低于商丘市GDP增速0.1个百分点，高于河南省GDP增速

1.9个百分点,在商丘市辖7个县(市)中排第6位,在河南省102个县(市)中排第44位(见表1)。

表1 2008—2023年宁陵县地区生产总值及增速

年份	宁陵县GDP	占商丘市GDP的比重	在商丘市的排名	在河南省的排名	宁陵县GDP增速	在商丘市的排名	在河南省的排名	与商丘市GDP增速对比	与河南省GDP增速对比
2008	47.8	5.1	7	98	12.5	4	65	0.5	0.4
2009	55.2	5.3	7	98	11.7	4	56	0.5	0.8
2010	62.7	5.5	7	98	11.3	6	72	−0.7	−1.2
2011	69.1	5.2	7	99	10.1	7	91	−1.7	−1.8
2012	74.2	5.2	7	100	11.0	3	60	−0.2	0.9
2013	81.7	5.3	7	99	10.4	4	34	−0.1	1.4
2014	89.6	5.3	7	100	8.4	7	80	−0.8	−0.5
2015	96.3	5.3	7	99	8.6	5	74	−0.1	0.3
2016	105.3	5.3	7	99	8.2	6	82	−0.4	0.1
2017	116.9	5.3	7	99	8.0	6	58	−0.7	0.2
2018	128.3	4.8	7	99	8.0	6	47	−0.7	0.4
2019	181.7	6.2	7	84	7.8	2	30	0.4	1.0
2020	187.9	6.5	7	83	1.9	3	77	3.0	0.6
2021	192.8	6.3	7	87	2.6	5	94	−1.4	−3.7
2022	201.2	6.2	7	90	5.0	6	44	−0.1	1.9
2023	191.2	6.1	—	—	3.6	—	—	0	−0.5

数据来源:历年河南省统计年鉴、宁陵县政府网站。

从人均GDP来看,2022年宁陵县人均GDP为38034元,相当于商丘市人均GDP的90.1%,在商丘市辖7个县(市)中排第5位,在河南省102个县(市)中排第87位。2019年宁陵县人均GDP在全省的排名较2008年提前21个位次,2020年以来明显下滑。从人均GDP增速来看,2022年宁陵县人均GDP增速为8.8%,高于商丘市人均GDP增速3.1个百分点,高于河南省人均GDP增速5.3个百分点,在商丘市辖7个县(市)中排第2位,在河南省102个县(市)中排第5位(见表2)。

表2　2008—2022年宁陵县人均地区生产总值及增速

年份	人均GDP总量（元，%）			人均GDP增速（%）				
	宁陵县人均GDP	与商丘市相比	在商丘市的排名	在河南省的排名	宁陵县人均GDP增速	在商丘市的排名	在河南省的排名	与商丘市人均GDP增速对比	与河南省人均GDP增速对比
2008	8615	71.2	7	94	12.2	1	65	1.6	−7.2
2009	9840	77.0	7	93	10.3	5	73	0.8	2.9
2010	11545	76.6	7	94	15.1	6	42	0.9	−3.2
2011	13090	74.4	7	95	13.2	6	64	−0.8	−3.1
2012	14010	74.0	7	99	10.5	6	79	−0.5	1.2
2013	15753	74.7	7	99	12.8	2	16	1.6	4.2
2014	17536	75.1	7	98	10.1	3	37	0.4	1.4
2015	18950	76.0	7	98	9.2	5	53	0.3	2.6
2016	20918	77.1	7	96	9.2	5	33	0.7	1.4
2017	23268	76.5	7	97	8.2	6	43	−0.3	−2.4
2018	25353	77.6	7	96	7.1	6	63	−1.2	−3.8
2019	35749	90.0	6	73	7.4	5	52	0.5	0.2
2020	33403	89.3	6	88	1.8	4	79	2.7	−0.2
2021	35174	89.2	6	94	5.2	3	79	−0.2	−1.2
2022	38034	90.1	5	87	8.8	2	5	3.1	5.3

数据来源：历年河南省统计年鉴。

三、分产业经济运行分析

（一）产业格局与发展方向

宁陵县作为农业大县，以优质小麦、花生、玉米等为主要农作物，同时以酥梨、花生、白蜡条（杆）闻名全国。这些特色农产品不仅在国内市场享有盛誉，还带动了相关加工和出口业务。

在工业领域，宁陵县的主导产业主要包括农资化工产业、电子信息产业和农副产品深加工产业。宁陵县是全国第二、中原最大的优质复合肥特色产业基地，引进史丹利、嘉施利、中利丰、拉多美等一批知名品牌。这些企业形成了复合肥年生产能力达千万吨的农资化工产业集群，为农业生产提供了有力支持。以智慧产业园建设为载体，大力发展电子信息产业，智慧产业园已初具规模，吸引了金坤科技、宁宇电子等一批电子及设备制造企业入驻，成为宁陵县经济新的增长极。除此之外，服装产业也是宁陵的传统产业之一。立足花生、酥梨、小麦等农副产品资源，宁陵县还发展了农副产品深加工业，进一步提升了农产品的附加值和市场竞争力。

第三产业持续增长，对全县经济的贡献率逐年提升，现代服务业如电子商务、金融服务、旅游业等呈现出强劲的增长势头。宁陵县依托丰富的自然资源和人文景观，大力发展旅游业，通过举办梨花节、桃花节等节庆活动，吸引了大量游客前来观光旅游，带动了餐饮、住宿、购物等相关产业的发展。同时，宁陵县还积极打造文化产业研学游和革命基地红色游，丰富了旅游产品的种类和内涵。

（二）产业结构分析

从三次产业占比来看，2023年宁陵县第一产业占比21.1%；第二产业占比32.2%；第三产业占比46.7%。从三产结构演变趋势来看，2008—2023年宁陵县第一产业占比下降了11.4个百分点，第二产业占比下降了5.3个百分点。三次产业结构从"二、一、三"演变为"二、三、一"，再到2019年以来的"三、二、一"梯次，但第一产业占比与其他县域相比仍然较高（见表3和图1）。

表3　2008—2023年宁陵县三产结构变化情况

年份	第一产业占比（%）	第二产业占比（%）	第三产业占比（%）
2008	32.5	37.5	29.9
2009	30.6	40.6	28.8
2010	29.7	41.9	28.4
2011	28.4	42.7	28.9
2012	26.7	44.4	28.9
2013	27.2	43.6	29.2
2014	28.1	40.5	31.4
2015	26.4	40.0	33.6
2016	24.9	40.0	35.1

续表

年份	第一产业占比（%）	第二产业占比（%）	第三产业占比（%）
2017	21.5	43.0	35.5
2018	20.4	42.9	36.7
2019	15.8	38.7	45.4
2020	18.9	36.2	44.9
2021	20.4	36.0	43.6
2022	20.4	36.7	42.9
2023	21.1	32.2	46.7

数据来源：历年河南省统计年鉴、宁陵县政府网站。

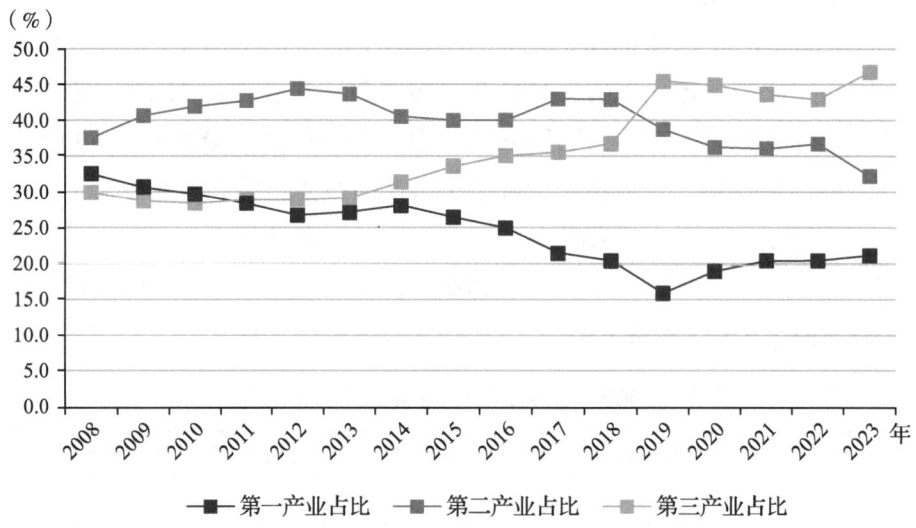

图1 宁陵县2008—2023年三产结构变化情况

数据来源：历年河南省统计年鉴、宁陵县政府网站。

（三）工业发展情况分析

从工业发展情况来看，2023年宁陵县规上工业增加值增速为5.4%，高于商丘市增速3.7个百分点；2022年宁陵县规上工业增加值增速为6.7%，在商丘市辖7个县（市）中排第6位，在河南省102个县（市）中排第60位。2022年宁陵县规上工业企业数为99个（见表4）。

表4 2008—2023年宁陵县工业发展情况

年份	宁陵县规上工业增加值增速（%）	商丘市规上工业增加值增速（%）	宁陵县规上工业增加值增速在商丘市的排名	宁陵县规上工业增加值增速在河南省的排名	宁陵县规上工业增加值增速和商丘市对比（%）	宁陵县规上工业企业数
2008	38.6	20.0	3	6	18.6	—
2009	25.2	13.3	2	5	11.9	—
2010	28.0	17.9	2	5	10.1	—
2011	26.1	20.5	5	27	5.6	—
2012	22.3	17.1	4	14	5.2	—
2013	19.2	16.2	6	11	3.0	62
2014	11.6	11.8	5	71	−0.2	74
2015	8.9	9.3	6	86	−0.4	92
2016	9.2	9.1	4	71	0.1	87
2017	8.0	8.3	6	76	−0.3	90
2018	8.7	8.6	4	44	0.1	74
2019	8.9	8.8	5	40	0.1	70
2020	4.2	−4.8	4	62	9.0	73
2021	7.6	3.7	3	64	3.9	83
2022	6.7	7.0	6	60	−0.3	99
2023	5.4	1.7	—	—	3.7	—

数据来源：历年河南省统计年鉴、宁陵县政府网站。

（四）服务业发展情况分析

从服务业发展情况来看，2023年宁陵县服务业增加值为89.2亿元，占商丘市服务业增加值的5.9%；2022年宁陵县服务业增加值为86.4亿元，占商丘市服务业增加值的6.1%，在商丘市辖7个县（市）中排末位，在河南省102个县（市）中排第90位。从服务业增加值增速来看，2023年宁陵县服务业增加值增速为1.4%；2022年宁陵县服务业增加值增速为2.9%，在商丘市辖7个县（市）中排第6位，在河南省102个县（市）中排第56位（见表5）。

表5 2008—2023年宁陵县服务业发展情况

年份	宁陵县服务业增加值（亿元）	增加值占商丘市服务业增加值的比重（%）	增加值在商丘市的排名	增加值在河南省的排名	宁陵县服务业增加值增速（%）	增速在商丘市的排名	增速在河南省的排名
2008	14.3	6.3	7	90	17.6	1	9
2009	15.9	5.8	7	93	16.1	6	23
2010	17.8	5.7	7	93	16.8	4	8
2011	20.0	5.4	7	94	11.0	2	42
2012	21.5	5.1	7	94	10.8	6	39
2013	23.8	5.0	7	95	13.3	1	1
2014	28.1	4.8	7	97	13.2	1	5
2015	32.3	4.8	7	97	13.7	3	21
2016	36.9	4.7	7	95	12.1	2	14
2017	41.5	4.7	7	96	11.4	3	29
2018	47.1	4.6	7	95	11.0	4	29
2019	82.6	6.5	7	83	8.8	3	20
2020	84.3	6.5	7	83	1.8	3	63
2021	84.0	6.2	7	89	2.2	6	101
2022	86.4	6.1	7	90	2.9	6	56
2023	89.2	5.9	—	—	1.4	—	—

数据来源：历年河南省统计年鉴、宁陵县政府网站。

（五）重点企业分析

（1）史丹利化肥宁陵有限公司，是商丘市人民政府招商引资的重点企业，成立于2011年12月，总投资额为10亿元，注册资本达到1亿元。公司位于河南省商丘市宁陵县产业集聚区工业大道与黄河路交叉口附近，占地面积达到500亩，是史丹利集团旗下的重要子公司之一。主要从事复混肥料、复合肥料、掺混肥料、有机肥料、有机—无机复混肥料、各种作物专用肥、缓控释肥料，以及其他新型肥料的研发、生产、销售；同时提供化肥仓储和化肥销售服务及农药（不含危险化学品）的销售。公司建有

4条15万吨/年蒸汽转鼓造粒新型复合肥生产线、1条20万吨/年高塔造粒新型复合肥生产线、1条20万吨BB肥生产线，年产能达到100万吨，是中原地区最大的复合肥生产基地。

（2）宁陵县豫东牧业开发有限公司，成立于2000年3月，总部位于商丘市宁陵县华堡镇胡庄村。经过多年的发展，现已成为集繁育、养殖、加工、销售于一体的综合性牧业企业，经营范围主要为瘦肉型种猪、仔猪、种兔、种犬、品种山羊、牛的繁育养殖、加工销售。养殖规模庞大，拥有标准化、智能化羊舍36栋，存栏繁殖种羊12000多只。公司注重技术创新和研发投入，成功培育出豫东波尔山羊、豫东肉山羊、豫东白山羊、豫东黑山羊等优良品种，并通过绿色食品认证。2020年12月入选河南省人民政府公布的农业产业化省重点龙头企业名单，2022年入选国家畜禽种业阵型企业、畜禽养殖标准化示范场。荣获河南省畜牧行业高质量发展典范企业、河南省优秀科技型企业、河南省农业产业化优秀龙头企业、河南省美丽牧场等荣誉称号。

（3）河南省义江民族服饰有限公司，成立于2010年6月，经营范围广泛，涵盖服饰、头巾、围巾、毛巾、纺织品制造加工、地毯、床上用品、针织内衣、鞋子、帽子加工及销售等多个领域。具有一定生产规模，占地34.7亩，建筑面积37955平方米，员工人数达到200~299人（2023年数据），年产系列服饰达到200万件，产品销往阿尔及利亚、阿联酋、沙特阿拉伯、科威特、埃及，以及东南亚等国家和地区。2021年公司实现销售收入1.9亿元，2022年实现销售收入1.11亿元。

（4）拉多美（宁陵）化肥有限公司，是广东拉多美化肥有限公司的全资控股子公司，隶属于拉多美科技集团。拉多美科技集团是一家集新型肥料研发、制造、营销、服务于一体的高新技术企业，是国内腐植酸钾肥料龙头企业，拥有广州南沙、河南宁陵、广东湛江三个生产基地。宁陵基地成立于2014年，占地面积360亩，经营范围包括复肥（复合肥料、掺混肥料、有机—无机复混肥料）的生产、销售、研究、开发、技术咨询；水溶肥料生产、销售、研究、开发、技术咨询；机械设备销售等。产品拥有腐植酸钾复合肥、全水溶长效硝基复合肥、功能灌溉肥等7个品类、100多个畅销品种。

四、财政收支分析

从财政收支来看，2023年宁陵县一般公共预算收入6.7亿元，占商丘市一般公共预算收入的3.3%；2022年宁陵县一般公共预算收入6.4亿元，占商丘市一般公共预算收入的3.1%，在商丘市辖7个县（市）中排末位，在河南省102个县（市）中排第101位。其中，税收收入2023年为4.6亿元，占宁陵县一般公共预算收入的68.8%，占商丘市税收收入的3.8%。2023年宁陵县一般公共预算支出为38.4亿元，占商丘市一般公共预算支出的5.0%；2022年宁陵县一般公共预算支出为33.4亿元，占商丘市一般公共预算支出的6.0%，在商丘市辖7个县（市）中排末位，在河南省102个县（市）中排第81位（见表6）。

表6 2008—2023年宁陵县财政收支情况

年份	一般公共预算收入				税收（亿元，%）			一般公共预算支出			
	一般公共预算收入	占商丘市的比重	在商丘市的排名	在河南省的排名	宁陵县税收收入	占一般公共预算收入的比重	占商丘市的比重	宁陵县一般公共预算支出	占商丘市的比重	在商丘市的排名	在河南省的排名
2008	0.8	2.6	7	100	—	—	—	7.7	6.6	7	79
2009	1.0	2.8	7	100	—	—	—	10.5	7.0	7	76
2010	1.3	3.1	7	100	—	—	—	12.2	6.8	7	72
2011	1.7	3.0	7	100	—	—	—	15.0	6.6	7	76
2012	2.2	3.1	7	99	—	—	—	18.2	6.4	7	76
2013	2.7	3.1	7	99	2.3	85.3	3.6	20.6	6.6	7	73
2014	3.1	3.1	7	100	2.1	67.5	2.9	21.1	6.0	7	81
2015	4.0	3.6	7	99	2.8	70.0	3.7	25.2	6.6	7	73
2016	4.3	3.6	7	99	2.8	65.8	3.4	27.7	6.6	7	76
2017	4.7	3.6	7	99	3.2	68.5	3.7	29.6	6.4	7	77
2018	5.7	3.7	7	99	3.9	68.8	3.6	36.3	7.2	7	67
2019	6.5	3.8	7	98	4.6	70.4	3.9	37.1	6.9	7	74
2020	6.9	3.8	7	97	4.9	71.4	4.2	38.3	6.8	7	75

续表

年份	一般公共预算收入（亿元，%）				税收（亿元，%）			一般公共预算支出（亿元，%）			
	一般公共预算收入	占商丘市的比重	在商丘市的排名	在河南省的排名	宁陵县税收收入	占一般公共预算收入的比重	占商丘市的比重	宁陵县一般公共预算支出	占商丘市的比重	在商丘市的排名	在河南省的排名
2021	6.3	3.3	7	101	4.9	78.0	4.0	29.3	5.3	7	81
2022	6.4	3.1	7	101	4.6	71.5	3.6	33.4	6.0	7	81
2023	6.7	3.3	—	—	4.6	68.8	3.8	38.4	5.0	—	—

数据来源：历年河南省统计年鉴，商丘统计年鉴及宁陵县政府网站。

从人均财力看，宁陵县人均一般公共预算收入、支出都比较低，2023年人均一般公共预算收入1312元；2022年人均一般公共预算收入1219元，相当于商丘市人均一般公共预算收入的45.5%，相当于河南省人均一般公共预算收入的28.2%，在全省排第101名。2023年宁陵县人均一般公共预算支出7522元，2022年人均一般公共预算支出6368元，相当于商丘市人均一般公共预算支出的89.1%，相当于河南省人均一般公共预算支出的59.1%，在全省排第71名（见表7）。

从财政自给率看，2023年宁陵县财政自给率为17.4%；2022年为19.1%，在商丘市辖7个县（市）中排末位，在河南省102个县（市）中排第95位（见表7）。

表7 2008—2023年宁陵县人均财力及财政自给率

年份	人均财力（元，%）								财政自给率（%）		
	一般公共预算收入/常住人口	与商丘市相比	与河南省相比	在河南省的排名	一般公共预算支出/常住人口	与商丘市相比	与河南省相比	在河南省的排名	宁陵县财政自给率	在商丘市的排名	在河南省的排名
2008	146	35.9	13.6	95	1383	91.1	57.1	55	10.6	4	98
2009	178	39.2	15.0	94	1871	96.7	61.1	49	9.5	5	99
2010	253	43.2	17.2	88	2325	95.0	64.0	38	10.9	4	96
2011	313	40.8	17.2	95	2821	90.7	62.8	51	11.1	6	100

续表

年份	人均财力（元，%）								财政自给率（%）		
	一般公共预算收入/常住人口	与商丘市相比	与河南省相比	在河南省的排名	一般公共预算支出/常住人口	与商丘市相比	与河南省相比	在河南省的排名	宁陵县财政自给率	在商丘市的排名	在河南省的排名
2012	412	42.9	19.2	96	3452	88.3	65.7	55	11.9	5	94
2013	528	44.8	20.9	95	4039	93.4	69.3	45	13.1	6	95
2014	609	36.5	21.4	97	4124	70.8	66.0	54	14.8	7	96
2015	791	52.0	25.5	93	4982	94.9	71.1	46	15.9	7	94
2016	849	52.7	26.3	90	5522	95.2	72.4	41	15.4	6	92
2017	927	52.5	26.7	88	5879	92.7	70.3	49	15.8	7	90
2018	1115	53.1	29.2	87	7138	104.0	76.4	38	15.6	7	90
2019	1287	55.0	31.5	83	7313	99.8	71.2	53	17.6	7	84
2020	1220	53.0	29.1	90	6799	94.6	65.2	70	17.9	6	84
2021	1178	47.8	26.8	97	5499	76.3	52.2	81	21.4	6	85
2022	1219	45.5	28.2	101	6368	89.1	59.1	71	19.1	7	95
2023	1312	50.0	28.5	—	7522	102.6	66.7	—	17.4	—	—

数据来源：历年河南省统计年鉴、宁陵县政府网站。

五、金融业发展分析

从金融机构年末存贷情况来看，2023年宁陵县金融机构存款年末余额273.1亿元，占商丘市的5.4%；2022年为249.2亿元，占商丘市的5.4%，在商丘市辖7个县（市）中排末位，在河南省102个县（市）中排第84位。2023年宁陵县金融机构贷款年末余额180.5亿元，占商丘市的6.1%；2022年为165.7亿元，占商丘市的6.3%，在商丘市辖7个县（市）中排第5位，在河南省102个县（市）中排第61位（见表8）。

从存贷比来看，2023年宁陵县存贷比为66.1%，高于商丘市8.1个百分点，低于河南省16.9个百分点。2022年宁陵县存贷比为66.5%，在商丘市辖7个县（市）中排第1位，在河南省102个县（市）中排第23位（见表8）。

表 8 2008—2023 年宁陵县金融机构年末存贷款余额情况

年份	宁陵县金融机构存款年末余额	占商丘市的比重	在商丘市的排名	在河南省的排名	宁陵县金融机构贷款年末余额	占商丘市的比重	在商丘市的排名	在河南省的排名	宁陵县存贷比	商丘市存贷比	河南省存贷比	在商丘市的排名	在河南省的排名
	存款（亿元，%）				贷款（亿元，%）				存贷比（%）				
2008	29.3	4.9	7	96	28.4	6.9	4	34	97.1	68.0	68.0	1	4
2009	34.7	4.8	7	97	43.1	8.3	2	26	124.4	71.8	70.1	1	2
2010	47.1	5.2	7	94	51.1	8.4	2	26	108.5	67.4	68.6	1	3
2011	59.3	5.4	7	88	35.3	6.0	4	56	59.6	53.5	65.7	2	19
2012	68.7	5.1	7	91	32.8	4.7	5	75	47.8	51.8	63.3	3	35
2013	77.5	5.0	7	92	28.8	3.5	7	91	37.1	53.5	62.4	4	73
2014	88.9	5.1	7	92	43.8	4.4	7	86	49.3	57.2	65.8	4	49
2015	100.7	5.1	7	90	50.3	4.4	5	85	49.9	57.5	66.0	3	48
2016	114.6	5.0	7	90	71.6	5.6	4	61	62.5	56.3	67.6	1	17
2017	130.5	4.9	7	91	85.1	5.9	4	57	65.2	53.3	70.7	1	12
2018	153.5	5.3	7	86	96.2	5.9	4	58	62.7	55.4	74.9	1	24
2019	169.7	5.2	7	84	130.9	6.6	3	47	77.2	60.9	80.1	1	6
2020	193.4	5.3	7	85	143.4	6.3	4	50	74.2	62.5	82.2	1	11
2021	212.2	5.3	7	86	154.4	6.3	5	59	72.8	60.7	84.4	1	15
2022	249.2	5.4	7	84	165.7	6.3	5	61	66.5	57.0	81.6	1	23
2023	273.1	5.4	—	—	180.5	6.1	—	—	66.1	58.0	83.0	—	—

数据来源：历年河南省统计年鉴、宁陵县政府网站。

从人均存贷款余额来看，2023年宁陵县人均存款余额为53495元，相当于商丘市人均存款余额的80.6%，相当于河南省人均存款余额的52.4%；2022年为47531元，在商丘市辖7个县（市）中排第5位，在河南省102个县（市）中排第84位。2023年宁陵县人均贷款余额为35354元，相当于商丘市人均贷款余额的91.8%，相当于河南省人均贷款余额的41.7%；2022年为31604元，在商丘市辖7个县（市）中排第2位，在河南省102个县（市）中排第46位（见表9）。

表9 2008—2023年宁陵县人均存贷款情况

年份	人均存款（元，%）					人均贷款（元，%）				
	宁陵县人均存款余额	在商丘市的排名	在河南省的排名	与商丘市相比	与河南省相比	宁陵县人均贷款余额	在商丘市的排名	在河南省的排名	与商丘市相比	与河南省相比
2008	5234	4	88	67.5	32.3	5082	2	21	96.3	46.2
2009	6154	4	90	66.5	30.4	7656	2	19	115.2	54.1
2010	9008	3	71	73.5	36.6	9776	2	18	118.2	57.9
2011	11127	3	72	74.6	39.5	6627	2	46	83.0	35.8
2012	13027	6	82	70.5	38.8	6226	3	57	65.0	29.2
2013	15166	6	85	70.8	38.6	5631	7	85	49.2	22.9
2014	17409	7	84	59.8	40.6	8579	4	66	51.5	30.4
2015	19930	7	83	73.3	40.6	9953	3	63	63.6	30.7
2016	22869	7	82	72.8	41.4	14290	2	46	80.8	38.3
2017	25918	7	83	70.4	43.1	16904	2	44	86.1	39.8
2018	30174	6	75	75.6	46.6	18907	2	42	85.5	39.0
2019	33413	6	78	75.3	47.6	25786	2	30	95.5	45.9
2020	34364	7	95	73.9	44.7	25482	2	44	87.7	40.3
2021	39766	7	92	76.6	47.7	28932	2	44	91.8	41.2
2022	47531	5	84	80.0	50.7	31604	2	46	93.4	41.3
2023	53495	—	—	80.6	52.4	35354	—	—	91.8	41.7

数据来源：历年河南省统计年鉴。

六、居民收入分析

从居民收入看，2023年宁陵县居民人均可支配收入为20807元，相当于商丘市居民人均可支配收入的83.0%，相当于河南省居民人均可支配收入的69.5%；2022年为19749元，在商丘市辖7个县（市）中排名末位，在河南省102个县（市）中排第99位（见表10）。

从居民收入增速看，宁陵县居民人均可支配收入增速在2017—2022年间，除了2017年、2018年、2020年外，其余年份都快于商丘市。2023年宁陵县增速为5.4%，高于商丘市增速0.5个百分点（见表10）。

表10　2017—2023年宁陵县居民人均可支配收入情况

年份	宁陵县居民人均可支配收入（元）	在商丘市的排名	在河南省的排名	与商丘市相比（%）	与河南省相比（%）	宁陵县居民人均可支配收入增速（%）	商丘市居民人均可支配收入增速（%）	宁陵县增速与商丘市增速对比
2017	13495	7	99	80.9	66.9	10.9	11	-0.1
2018	14770	7	99	80.3	67.2	9.5	10.2	-0.7
2019	16417	7	99	81.4	68.7	11.1	9.7	1.4
2020	17247	7	98	81.7	69.5	5.1	6.8	-1.7
2021	18751	7	99	82.6	69.9	8.7	7.5	1.2
2022	19749	7	99	82.6	70.0	5.3	5.3	0
2023	20807	—	—	83.0	69.5	5.4	4.9	0.5

数据来源：历年河南省统计年鉴、商丘统计年鉴。

分城镇、农村居民人均可支配收入看，2023年宁陵县城镇居民人均可支配收入为30746元，相当于商丘市城镇居民可支配收入的82.3%，相当于河南省城镇居民可支配收入的76.4%；2022年为29563元，在商丘市辖7个县（市）中排末位，在河南省102个县（市）中排第95位。2023年宁陵县农村居民人均可支配收入为16187元，相当于商丘市农村居民可支配收入的95.6%，相当于河南省农村居民可支配收入的80.7%；2022年为15085元，在商丘市辖7个县（市）中排末位，在河南省102个县（市）中排第91位。从城乡居民收入对比来看，2022年宁陵县城乡居民人均可支配收入比约为2.0∶1，在全省102个县（市）中排第67位（见表11）。

表11 2008—2023年宁陵县分城乡居民人均可支配收入及城乡收入比

年份	宁陵县城镇居民人均可支配收入	城镇（元，%）在商丘市的排名	在河南省的排名	与商丘市相比	与河南省相比	宁陵县农村居民人均可支配收入	农村（元，%）在商丘市的排名	在河南省的排名	与商丘市相比	与河南省相比	城乡收入比 宁陵县城乡居民收入比	在河南省的排名
2008	9059	7	94	77.1	68.5	3487	6	91	93.0	78.3	2.6	68
2009	10146	7	92	79.8	70.6	3745	7	93	92.4	77.9	2.7	74
2010	11293	7	93	79.7	70.9	4082	7	94	87.3	73.9	2.8	83
2011	12868	7	94	79.7	70.7	4902	7	96	87.0	74.2	2.6	79
2012	14554	7	93	79.5	71.2	5596	7	97	87.1	74.4	2.6	79
2013	16096	7	93	79.6	71.9	6268	7	97	86.9	74.0	2.6	80
2014	17528	7	94	78.7	74.0	6947	7	97	86.6	69.7	2.5	80
2015	18757	7	95	79.6	73.3	8417	7	91	94.7	77.6	2.2	65
2016	20183	7	95	80.0	74.1	9094	7	94	94.7	77.7	2.2	68
2017	22060	7	96	79.9	74.6	9986	7	95	95.0	78.5	2.2	69
2018	24000	7	96	80.0	75.3	10938	7	94	95.1	79.1	2.2	68
2019	26088	7	95	80.7	76.3	12043	7	94	95.1	79.4	2.2	69
2020	26594	7	94	80.9	76.5	12934	7	93	95.2	80.3	2.1	67
2021	28536	7	94	82.1	76.9	14085	7	93	95.1	80.3	2.0	68
2022	29563	7	95	82.2	76.8	15085	7	91	95.1	80.7	2.0	67
2023	30746	7	—	82.3	76.4	16187	—	—	95.6	80.7	1.9	—

数据来源：历年河南省统计年鉴。

七、固定资产投资分析

从固定资产投资增速来看，2010—2023年，宁陵县固定资产投资增速除个别年份外，大部分年份快于商丘市、河南省固定资产投资增速。2023年宁陵县固定资产投资增速为13.3%（见表12）。

表12 2010—2023年宁陵县固定资产投资情况

年份	宁陵县固定资产投资增速（%）	商丘市固定资产投资增速（%）	河南省固定资产投资增速（%）	宁陵增速与商丘市对比（%）	宁陵增速与河南省对比（%）
2010	33.4	22.0	22.2	11.4	11.2
2011	27.4	25.2	27.0	2.2	0.4
2012	25.3	20.7	21.4	4.6	3.9
2013	22.8	22.6	22.5	0.2	0.3
2014	-17.0	18.4	19.0	-35.4	-36.2
2015	37.6	14.0	16.5	23.6	21.1
2016	15.7	15.2	13.7	0.5	2.0
2017	12.1	11.8	10.4	0.3	1.7
2018	12.7	11.2	8.1	1.5	4.6
2019	13.0	10.9	8.0	2.1	5.0
2020	6.4	6.0	4.3	0.4	2.1
2021	9.1	8.3	4.5	0.8	4.6
2022	14.8	13.0	6.7	1.8	8.1
2023	13.3	6.1	2.1	7.2	11.2

数据来源：历年河南省统计年鉴、宁陵县政府网站。

八、社会消费分析

从社会消费情况来看，2023年宁陵县社消零总额为76.9亿元，占宁陵县GDP的比重为40.2%；2022年为73.5亿元，占宁陵县GDP的比重为36.6%，在商丘市辖7个县（市）中排末位，在河南省102个县（市）中排第79位。2022年宁陵县人均社消零额为14026元，在河南省102个县（市）中排第82位（见表13）。

表13 2008—2023年宁陵县社会消费情况

年份	社消零总额（亿元，%）				人均社消零额（元，%）	
	社消零总额	在商丘市的排名	在河南省的排名	占GDP的比重	人均社消零额	在河南省的排名
2008	16.8	7	88	35.2	3004	82
2009	20.0	7	88	36.3	3558	82
2010	23.4	7	88	37.4	4481	80
2011	27.6	7	88	40.0	5184	85
2012	27.3	7	92	36.8	5180	94
2013	31.2	7	92	38.1	6103	94
2014	34.5	7	94	38.5	6746	94
2015	39.0	7	93	40.5	7709	94
2016	43.9	7	94	41.7	8761	93
2017	49.3	7	94	42.1	9782	94
2018	54.6	7	91	42.6	10735	87
2019	72.6	7	77	39.9	14287	73
2020	69.5	7	78	37.0	12351	80
2021	72.8	7	79	37.8	13646	83
2022	73.5	7	79	36.6	14026	82
2023	76.9	—	—	40.2	15064	—

数据来源：历年河南省统计年鉴。

九、人口规模分析

从人口情况看，宁陵县2023年常住人口为51.1万人，占商丘市常住人口的6.7%；2022年常住人口52.4万人，在商丘市辖7个县（市）中排末位，在河南省102个县（市）中排第70位。2022年户籍人口73.4万人，人口外流21.0万人，人口流失率为28.6%。从城镇化率看，2013—2023年，宁陵县城镇化率不断提升，2023年城镇化率为43.5%；2022年为42.5%，在全省102个县（市）中排第69位（见表14）。

表 14　2008—2023 年宁陵县人口情况

年份	户籍人口（万人）	常住人口（万人）	常住人口在商丘市的排名	常住人口在河南省的排名	外流人口（万人）	人口流失率（%）	常住人口占商丘市的比重（%）	宁陵县城镇化率（%）	城镇化率在河南省的排名
2008	59.5	55.9	7	71	3.6	6.0	7.2	—	—
2009	59.7	56.3	7	71	3.4	5.7	7.2	—	—
2010	63.7	52.3	7	71	11.5	18.0	7.1	—	—
2011	64.0	53.3	7	71	10.7	16.7	7.2	—	—
2012	64.3	52.7	7	72	11.6	18.1	7.2	—	—
2013	64.6	51.1	7	74	13.6	21.0	7.0	27.7	93
2014	65.1	51.1	7	74	14.0	21.6	8.4	29.3	92
2015	65.5	50.6	7	73	14.9	22.8	6.9	31.0	92
2016	65.9	50.1	7	74	15.7	23.9	6.9	32.7	92
2017	66.3	50.4	7	74	15.9	24.0	6.9	34.4	92
2018	66.7	50.9	7	74	15.8	23.7	6.9	36.0	92
2019	67.0	50.8	7	74	16.2	24.2	6.9	37.6	93
2020	73.1	56.3	7	62	16.9	23.0	7.2	41.0	69
2021	73.3	53.4	7	69	19.9	27.2	6.9	41.9	69
2022	73.4	52.4	7	70	21.0	28.6	6.8	42.5	69
2023	—	51.1	—	—	—	—	6.7	43.5	—

数据来源：历年河南省统计年鉴。

十、公共服务分析

从义务教育情况来看，2022 年宁陵县共有中小学 152 所，在校学生数合计 87809 人，专任教师数 5679 人，平均每千名在校中小学生配备专任教师数为 65 人。从医疗卫生情况来看，平均每千名常住人口配备卫生机构床位数、卫生技术人员数逐年上升，医疗资源配备逐步优化。2022 年每千人床位数为 8.67 张，每千人卫生技术人员数为 7.24 人（见表 15）。

表15 2008—2022年宁陵县义务教育和医疗情况

年份		2019	2020	2021	2022
学校数	合计（所）	169	162	162	152
	小学学校数（所）	139	130	130	120
	初中学校数（所）	30	32	32	32
在校学生数	合计（人）	84956	86385	87158	87809
	小学在校生数（人）	62421	63996	63595	63115
	初中在校生数（人）	22535	22389	23563	24694
专任教师数	合计（人）	5393	5682	5701	5679
	小学（人）	3596	3536	3435	3408
	初中（人）	1797	2146	2266	2271
医疗卫生	卫生机构床位数/千人	4.31	4.17	5.50	8.67
	卫生技术人员数/千人	6.83	6.21	6.62	7.24

数据来源：历年河南省统计年鉴。

十一、县域发展特色产业——农资化工产业

农资化工产业是宁陵县的重要支柱产业之一。宁陵县已经形成了以史丹利、嘉施利、三宁复合肥等为重点企业的农资化工产业集群，这些企业共同构成了宁陵县农资化工产业的核心力量。该产业集群的复合肥年设计产能近1000万吨，是全国县级最大的新型复合肥特色产业基地。宁陵县还获得科技部的认可，被授予"国家火炬商丘宁陵新型复合肥特色产业基地"称号。

农资化工产业在全球范围内分布广泛，但主要集中在亚洲、北美洲和欧洲三大洲。这三个地区不仅拥有庞大的农业生产需求，还具备完善的农资化工生产体系和技术支持。作为全球最大的农业生产国之一，中国也是农资化工产业的重要生产国。中国在氮肥、磷肥和钾肥等化肥生产能力方面均位居世界前列，同时农药生产也具备相当规模。美国是农资化工产业的另一个重要生产国，其化肥和农药生产均具备先进技术和强大市场。印度作为农业大国，对农资产品的需求巨大，同时也拥有一定的农资化工生

产能力，在化肥和农药领域均有一定市场份额。俄罗斯在化肥生产方面具备优势，特别是钾肥生产，是全球重要的钾肥出口国之一。

农资化工产业链包括原材料供应、生产加工、产品销售等多个环节。原材料主要包括矿石、天然气、石油等。这些原材料在全球范围内分布不均，导致不同地区的农资化工生产成本和竞争力存在差异。生产加工环节是农资化工产业的核心。全球范围内拥有众多农资化工生产企业和加工厂，这些企业通过技术创新和规模扩张不断提高生产效率和产品质量。销售市场遍布全球，农资化工产品的国际贸易量不断增加。同时，不同国家和地区对农资化工产品的需求也存在差异，导致市场格局的多样化和复杂化。

结合宁陵县实际，推动农资化工产业规模扩大、能级提高，应进一步加大科技创新力度，加大创新投入，鼓励企业研发高效、环保的农资产品，提升产品竞争力。进一步完善农资化工产业链布局，形成从原材料供应、生产加工到农化服务的完整产业链。通过招商引资、项目合作等方式，引进上下游企业，提升产业链的整体水平。引导企业注重品牌建设，提升产品的市场知名度和美誉度。通过参加国内外展会、举办产品推介会等方式，扩大产品影响力。同时，加强品牌保护，维护品牌形象。在推动农资化工产业发展的同时，注重环保和可持续发展。加强环保监管，推动企业采用环保生产工艺和设备，减少污染物排放。同时，开发绿色农资产品，满足现代农业的环保需求。

十二、综述与建议

综上所述，宁陵县的经济增长保持稳定态势，GDP总量持续增长，占商丘市GDP的比重保持稳定。依托优质农作物如小麦、花生、玉米等，形成了具有竞争力的农业生产体系；工业领域以农资化工产业、电子信息产业和农副产品深加工产业为主导。财政收支情况保持平稳，但相较于商丘市和其他县市，一般公共预算收入和支出在总量和增速上处于中等偏下水平；财政自给率虽有所提高，但仍然排名靠后。存贷比高于商丘市，但低于河南省平均水平，表明其资金运用效率有待提升。居民收入在全省排名靠后，人均社会消费排名也处在较后位次。人口规模适中，户籍人口外流率不断增加,城镇化率在全省的排名有较大提升。

针对宁陵县的发展特点,对其经济社会发展提出以下建议。

第一,对农资化工产业、电子信息产业加大支持力度,吸引更多知名品牌和高端技术企业入驻,形成更具竞争力的产业集群。鼓励企业进行技术创新和产品研发,提升产品附加值和市场占有率。加强对传统服装产业的改造升级,引入现代化生产技术和设计理念,提高产品质量和市场竞争力。加大对"宁陵三宝"(酥梨、花生、白蜡条)等特色农产品的品牌宣传力度,提升其市场竞争力。

第二,鼓励金融机构加大对县域经济的支持力度,提高存贷比,增加对中小企业的贷款投放。引入更多金融机构入驻宁陵县,丰富金融服务种类,提升金融服务水平。同时,结合以上宁陵县金融机构贷款余额数据分析,还应加强对金融风险的防控,确保贷款支持能够对经济增长起到应有作用,保障县域金融市场的稳定健康发展。

第三,要加强区域合作与交流,深化与周边地区的合作。加强与商丘市、睢县、柘城县、民权县等周边地区的合作与交流,共同推进区域协调发展。推动基础设施互联互通,实现资源共享和优势互补。完善城镇基础设施建设,提高城镇综合承载能力,吸引更多人口向城镇集中。

河南省县域经济运行分析：尉氏篇

一、尉氏县概况

尉氏县地处豫东平原，自秦始皇三年置县，距今已有 2200 多年的历史，境内文物古迹众多，现存有三国时期阮籍啸台、北宋兴国寺塔、清末刘青霞故居等多处国家级和省级文物保护单位。自 2022 年将洧川镇、岗李乡、大马乡、大营镇 4 个乡（镇）移交郑州航空港经济综合实验区管理后，现尉氏县下辖 12 个乡镇、1 个街道办事处和 1 个先进制造业开发区，区划面积 1100 平方千米，2022 年常住人口 73.7 万人，耕地面积 97.7 万亩。

尉氏县现代农业基础稳固，2023 年粮食作物播种面积 131.8 万亩、总产量 62.2 万吨，实现"十九连丰"，在全省粮食安全责任制考核中，连续 5 年取得优秀等次。"尉氏小麦"成功获批为国家地理标志农产品。尉氏东邻开封通许，西与郑州中牟、新郑相接，南邻许昌、周口，地处郑开同城化、郑汴许一体化、郑州大都市圈的核心引擎区，县城规划区域与郑州航空港国际陆港、国际汽车城、会展贸易区直接相邻，具有优越的区位优势和战略机遇。

二、总体经济运行分析

从 GDP 总量来看，2023 年尉氏县实现 GDP 455.1 亿元，占开封市 GDP 的 18.0%；2022 年尉氏县实现 GDP 471.7 亿元，占开封市 GDP 的 17.8%，在开封市辖 4 个县中排第 1 位，在河南省 102 个县（市）中排第 18 位，总体实力较强，在开封市占有重要地位，在全省县（市）中排名靠前（见表 1）。

从 GDP 增速来看，2008—2023 年尉氏县 GDP 一直保持正增长，2023 年尉氏县 GDP 增速为 1.2%，高于开封市 GDP 增速 0.3 个百分点，低于河南省 GDP 增速 2.9 个百分点；2022 年增速为 4.4%，高于开封市 GDP 增速

0.1个百分点，高于河南省 GDP 增速 1.3 个百分点，在开封市辖 4 个县中排第 3 位，在河南省 102 个县（市）中排第 61 位。近年来在省、市经济增速都有所放缓的背景下，尉氏县仍保持了相对较快的增长速度，除 2009 年、2010 年、2018 年、2023 年等少数年份外，大多数年份增速都高于省、市水平（见表 1）。

表1 2008—2023 年尉氏县地区生产总值及增速

年份	尉氏县GDP	占开封市GDP的比重	在开封市的排名	在河南省的排名	尉氏县GDP增速	在开封市的排名	在河南省的排名	与开封市GDP增速对比	与河南省GDP增速对比
2008	145.9	21.2	1	25	14.8	1	29	1.7	2.7
2009	161.2	23.0	1	23	11.9	1	51	-0.2	1.0
2010	184.4	19.9	1	23	12.2	3	46	0.0	-0.3
2011	216.6	20.2	1	21	14.1	1	34	1.2	2.2
2012	240.9	20.0	1	20	13.2	1	14	2.1	3.1
2013	272.0	19.9	1	21	12.4	1	8	1.6	3.4
2014	290.9	19.5	1	20	10.3	2	23	0.7	1.4
2015	311.2	19.4	1	18	10.0	2	33	0.6	1.7
2016	338.0	19.3	1	18	8.9	2	36	0.4	0.8
2017	360.5	19.1	1	20	8.0	2	59	0.2	0.2
2018	373.2	18.6	1	19	5.3	4	92	-1.7	-2.3
2019	437.0	18.5	1	18	7.6	2	44	0.4	0.8
2020	431.8	18.2	1	15	2.5	1	62	0.5	1.2
2021	459.8	18.0	1	16	7.6	3	42	0.4	1.3
2022	471.7	17.8	1	18	4.4	3	61	0.1	1.3
2023	455.1	18.0	—	—	1.2	—	—	0.3	-2.9

数据来源：历年河南省统计年鉴。

从人均 GDP 来看，尉氏县 2023 年人均 GDP 为 61731 元，相当于开封市人均 GDP 的 114.6%；2022 年尉氏县人均 GDP 为 60352 元，相当于开封市人均 GDP 的 107.6%，在开封市辖 4 个县中排第 1 位，在河南省 102 个县（市）中排第 30 位。从人均 GDP 增速来看，2008—2023 年尉氏县人均 GDP 增速不断波动，但始终保持正增长，2023 年增速为 7.3%，高于开封市人均 GDP 增速 5.6 个百分点，高于河南省人均 GDP 增速 2.9 个百分点；2022 年增速为 11.2%，高于开封市人均 GDP 增速 5.4 个百分点，高于河南省人均 GDP 增速 7.7 个百分点，在开封市辖 4 个县中排第 1 位，在河南省 102 个县（市）中排第 2 位（见表 2）。

表2 2008—2023年尉氏县人均地区生产总值及增速

年份	尉氏县人均GDP	与开封市相比	在开封市的排名	在河南省的排名	尉氏县人均GDP增速	在开封市的排名	在河南省排名	与开封市人均GDP增速对比	与河南省人均GDP增速对比
2008	19350	129.2	1	36	17.6	1	14	4.5	-1.8
2009	21275	128.4	1	33	11.3	1	52	-0.5	3.9
2010	22483	113.8	1	38	3.6	4	99	-8.7	-14.7
2011	24642	107.3	2	42	6.5	4	100	-7.1	-9.8
2012	27489	106.0	2	42	13.6	1	23	2.2	4.3
2013	31143	106.2	2	41	12.8	1	15	1.9	4.2
2014	33337	102.7	2	42	10.4	4	30	-0.4	1.7
2015	35788	101.3	3	43	10.4	4	32	-0.3	3.8
2016	39145	101.4	3	43	9.7	1	15	1.1	1.9
2017	41990	101.2	3	42	8.6	2	31	0.9	-2.0
2018	43724	92.3	3	42	5.9	4	81	-0.9	-5.0
2019	51438	107.3	3	33	8.1	1	24	1.2	0.9
2020	51388	104.5	2	34	2.9	1	56	1.5	0.9
2021	55250	104.2	1	33	8.6	1	39	0.8	2.2
2022	60352	107.6	1	30	11.2	1	2	5.4	7.7
2023	61731	114.6	—	—	7.3	—	—	5.6	2.9

数据来源：历年河南省统计年鉴。

三、分产业经济运行分析

(一)产业格局与发展方向

近年来,作为与郑州航空港区关系最紧密的邻居和郑州大都市区重要组团,尉氏县凭借得天独厚的区位优势,经济社会取得了较快的发展。将汽车零部件产业作为重点培育的主导产业和主攻方向,优化升级传统产业,重点培育传统龙头企业转型升级,支持纺织服装、节能环保、橡胶制品等传统产业,向汽车零部件产业优化转型。同时围绕国家、省、市关于大健康产业的战略部署和郑州航空港区生物医药产业布局,规划建设占地1000亩的豫港国际健康生物医药和医疗器械产业园,发挥比福制药、优德医疗、双优医疗、瑞福祥医养集团等企业的带动作用,初步形成集生物医药、医疗器械、健康养老于一体的大健康产业集群,大健康产业初具雏形。

(二)产业结构分析

从三次产业占比来看,2023年尉氏县第一产业占比13.0%;第二产业占比48.3%;第三产业占比38.7%。从三产结构演变趋势来看,2008年以来,尉氏县第一产业占比基本保持平稳略有下降;第二产业占比从57.2%逐步下降到48.3%;第三产业占比从21.2%逐步提升到38.7%。2009年起第三产业占比超过第一产业,至2023年呈现"二、三、一"梯次(见表3和图1)。

表3　2008—2023年尉氏县三产结构变化情况

年份	第一产业占比(%)	第二产业占比(%)	第三产业占比(%)
2008	21.6	57.2	21.2
2009	20.0	57.7	22.3
2010	21.5	56.7	21.8
2011	20.1	57.8	22.1
2012	19.7	58.0	22.3
2013	18.9	58.7	22.4
2014	17.2	54.8	28.0
2015	16.5	53.1	30.4

续表

年份	第一产业占比（%）	第二产业占比（%）	第三产业占比（%）
2016	15.4	53.0	31.6
2017	13.8	53.0	33.2
2018	13.4	50.9	35.7
2019	12.3	49.2	38.5
2020	14.9	47.1	38.1
2021	14.6	47.2	38.2
2022	13.8	50.4	35.8
2023	13.0	48.3	38.7

数据来源：历年河南省统计年鉴、尉氏县统计公报及政府网站。

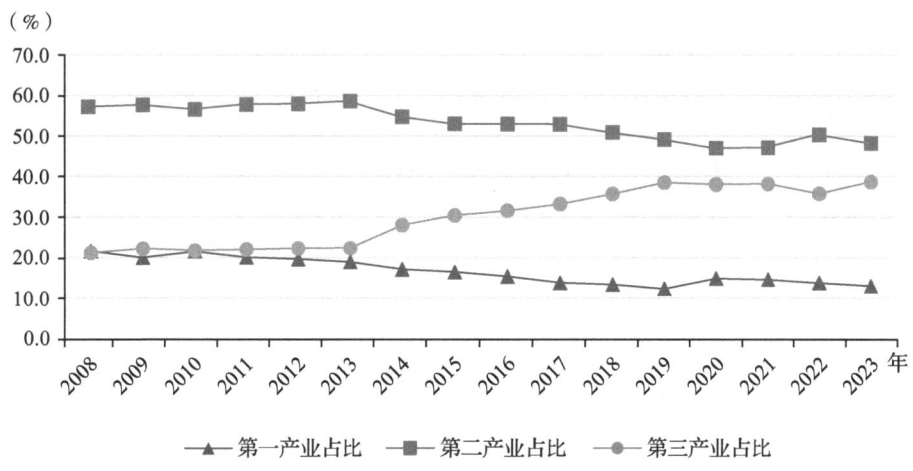

图1 2008—2023年尉氏县三产结构变化情况

数据来源：历年河南省统计年鉴、尉氏县统计公报及政府网站。

（三）工业发展情况分析

从工业发展情况来看，2023年尉氏县规上工业增加值增速为-3.1%，较开封市增速低3.2个百分点。2022年尉氏县规上工业增加值增速为4.5%，较开封市增速低1.4个百分点，在开封市辖4个县中排第3位，在河南省102个县（市）中排第83位，排名波动较大（见表4）。

表4 2008—2023年尉氏县工业发展情况

年份	尉氏县规上工业增加值增速（%）	开封市规上工业增加值增速（%）	尉氏县增速与开封市对比（%）	尉氏县增速在开封市的排名	尉氏县增速在河南省的排名
2008	23.5	20.9	2.6	4	57
2009	16.9	17.8	−0.9	3	72
2010	22.7	21.6	1.1	1	49
2011	24.3	23.6	0.7	3	48
2012	21.5	17.8	3.7	1	22
2013	18.9	17.2	1.7	1	12
2014	14.7	13.7	1.0	1	20
2015	11.4	10.3	1.1	1	48
2016	10.0	9.0	1.0	1	38
2017	9.2	8.2	1.0	2	38
2018	3.7	7.7	−4.0	4	95
2019	8.7	8.8	−0.1	2	45
2020	4.4	2.9	1.5	3	56
2021	9.1	8.7	0.4	3	50
2022	4.5	5.9	−1.4	3	83
2023	−3.1	0.1	−3.2	—	—

数据来源：历年河南省统计年鉴、尉氏县统计公报及政府网站。

（四）服务业发展情况分析

从服务业发展情况来看，2023年尉氏县服务业增加值为176.3亿元，占开封市服务业增加值的13.9%。2022年尉氏县服务业增加值为168.7亿元，占开封市服务业增加值的13.5%，在开封市辖4个县（市）中排第3位，在河南省102个县（市）中排第34位（见表5）。

从服务业增加值增速来看，2023年尉氏县服务业增加值增速较上年负增长1.1%。2022年尉氏县服务业增加值增速为2.2%，在开封市辖4个县中排第4位，在河南省102个县（市）中排第71位（见表5）。

表5 2008—2023年尉氏县服务业发展情况

年份	尉氏县服务业增加值（亿元）	占开封市服务业增加值的比重（%）	增加值在开封市的排名	增加值在河南省的排名	尉氏县服务业增加值增速（%）	增速在开封市的排名	增速在河南省的排名
2008	30.9	12.9	1	32	19.0	3	4
2009	35.9	15.0	2	22	15.5	4	30
2010	40.2	16.7	2	29	9.0	4	74
2011	47.8	19.9	2	22	12.9	3	15
2012	53.8	22.4	3	26	9.3	4	64
2013	60.9	25.4	3	24	9.4	4	29
2014	81.6	34.0	2	24	9.7	4	50
2015	94.7	39.5	2	22	13.7	2	18
2016	106.7	44.5	2	24	11.0	4	46
2017	119.7	49.9	3	27	9.5	3	71
2018	133.3	55.6	3	27	7.7	2	77
2019	168.3	70.2	1	20	7.2	3	63
2020	164.3	68.5	1	23	0.7	3	86
2021	175.6	73.2	1	23	8.9	1	46
2022	168.7	13.5	3	34	2.2	4	71
2023	176.3	13.9	—	—	-1.1	—	—

数据来源：历年河南省统计年鉴、尉氏县统计公报及政府网站。

（五）重点企业分析

尉氏县重点企业情况介绍见表6。

表6 尉氏县重点企业情况

序号	公司名称	公司简介
1	河南优德医疗设备股份有限公司	该公司成立于2008年5月，是一家集康复理疗设备研发、生产、销售、服务为一体的国家高新技术企业、国家AAA级信用企业。公司长期致力于国内中、高端康复设备，以及医疗电子产品的研发、生产与销售。公司于2016年11月14日在新三板挂牌，正式进入中国资本市场 2019年年底，国内知名投资机构德福资本携手泰康人寿保险有限责任公司、中国银行下属的投资机构等知名产业投资机构对优德医疗进行了控股权收购

续表

序号	公司名称	公司简介
2	开封市鑫旺棉业有限公司	该公司位于尉氏县小陈工业园区，现总占地近600亩，总产值12亿元，销售收入10亿元，上缴税金2500多万元，现有干部职工1300余人。其中，下岗再就业人员350余人、高级管理人员50人、专业技术人员150余人，党群组织健全。生产规模将达到近35万纱锭，年可生产棉纱70万余吨，已形成集棉花收购、加工、棉纱生产、销售于一体的3个子公司、九大销售部的中大型企业，实现了产业互补互动、协同发展的良好局面 公司现在是尉氏县十大支柱企业和开封市50优强企业、河南省纺织服装50强企业，以及市、省农业产业化重点龙头企业和开封市改革开放30年优秀企业，被河南省原工商局评为"重合同、守信誉"单位；连续两年被河南省委组织部评为全省五好基层党组织单位；连年被评为AA信用企业
3	河南飞皇绝热材料有限公司	该公司成立于2012年，地址位于尉氏县新蔚工业园区，厂房占地面积约62亩，现有厂房28000平方米。公司主要生产内墙腻子、石膏基产品、外墙腻子、砂浆、瓷砖黏接剂等干粉类建筑辅材，以及墙乳胶漆、真石漆、岩片漆等水性涂料 公司自成立以来，先后引进了国内外科技含量和自动化程度较高的先进设备，确保符合节能降耗、环保、安全、附加值高等标准，公司主要购进设备有干粉生产加工设备9套、水性涂料设备2套。预计年产干粉量30万吨、水性涂料10万吨，年产值达5亿元 公司现有员工96人，预计增加招收各种就业人员50~150人，为公司的进一步发展奠定了坚实基础
4	河南昊昌精梳机械股份有限公司	该公司是一家专业生产精梳成套设备的科技创新型企业，是中国纺织机械协会授予的"精梳成套设备研发中心"单位，是国家精梳机标准制定单位，河南省高新技术企业
5	金久龙实业有限公司	该公司是国内从事橡胶传动带生产研发的国家级高新技术企业。主营业务是橡胶传动带的研发、生产、销售，从事货物和技术的进出口业务。公司前身是在成立于1968年的国营尉氏县橡胶厂的基础上改制的股份有限公司。注册资金1亿元，建筑面积12万平方米。主要客户有江淮动力、延长油田、太原钢铁等。在全国设有500多家经销商，产品出口到世界10多个国家和地区

续表

序号	公司名称	公司简介
6	河南比福医药有限公司	该公司隶属河南比福制药股份有限公司，注册资本1000万元，是一家集销售、物流、企业咨询为一体的综合性现代化医药企业。2017年3月，在尉氏县党委及政府的关怀和支持下，落户河南省开封市尉氏县新尉工业园区建业路6号比福制药科技产业园中，产业园总占地面积约500亩，总计划建筑面积15万平方米，项目总投资35亿元，属于河南省A类重点建设项目

四、财政收支分析

从财政收支来看，2023年尉氏县一般公共预算收入为26.0亿元，占开封市一般公共预算收入的16.9%；2022年尉氏县一般公共预算收入达38.1亿元，占开封市一般公共预算收入的19.2%，2008—2022年多个年份在开封市辖4个县中排第1位，在全省的排名总体上不断提前，2022年在河南省102个县（市）中排第11位。2023年尉氏县一般公共预算支出为59.4亿元，占开封市一般公共预算支出的14.3%；2022年尉氏县一般公共预算支出达到71.4亿元，占开封市一般公共预算支出的15.6%，在开封市辖4个县中排第2位，在河南省102个县（市）中排第10位（见表7）。

表7　2008—2023年尉氏县财政收支情况

年份	一般公共预算收入（亿元，%）				一般公共预算支出（亿元，%）			
	尉氏县一般公共预算收入	占开封市一般公共预算收入的比重	在开封市的排名	在河南省的排名	尉氏县一般公共预算支出	占开封市一般公共预算支出的比重	在开封市的排名	在河南省的排名
2008	3.3	12.5	1	35	10.1	13.5	2	45
2009	3.4	11.6	1	38	12.4	12.8	2	51
2010	3.9	10.6	1	40	15.0	12.9	2	44
2011	5.1	10.4	2	37	19.0	13.1	3	42
2012	7.2	11.6	1	30	23.5	13.7	3	46
2013	10.8	13.3	1	20	29.1	14.8	1	32
2014	13.1	13.6	1	19	33.5	15.0	2	32

续表

年份	一般公共预算收入（亿元，%）				一般公共预算支出（亿元，%）			
	尉氏县一般公共预算收入	占开封市一般公共预算收入的比重	在开封市的排名	在河南省的排名	尉氏县一般公共预算支出	占开封市一般公共预算支出的比重	在开封市的排名	在河南省的排名
2015	15.4	14.2	1	17	40.1	15.2	2	24
2016	16.2	14.3	1	19	42.1	14.3	2	25
2017	17.6	14.3	1	19	53.8	16.1	2	15
2018	20.6	14.6	2	19	57.8	15.7	2	23
2019	25.8	16.7	1	14	65.9	15.5	2	20
2020	26.7	16.7	1	14	68.6	15.9	2	21
2021	30.0	16.8	2	12	69.1	15.1	2	11
2022	38.1	19.2	1	11	71.4	15.6	2	10
2023	26.0	16.9	—	—	59.4	14.3	—	—

数据来源：历年河南省统计年鉴，开封市、尉氏县统计公报。

从人均财力看，2023年尉氏县人均一般公共预算收入为3530元，相当于开封市人均一般公共预算收入的108.2%，相当于河南省人均一般公共预算收入的76.8%；2022年人均一般公共预算收入为5166元，相当于开封市人均一般公共预算收入的157.6%，相当于河南省人均预算收入的119.7%，在开封市辖4个县中排第1位，在河南省102个县（市）中排第11位。2023年尉氏县人均一般公共预算支出为8052元，相当于开封市人均一般公共预算支出的91.6%，相当于河南省人均一般公共预算支出的71.4%；2022年人均一般公共预算支出为9685元，相当于开封市人均一般公共预算支出的109.8%，相当于河南省人均一般公共预算支出的89.8%，在开封市辖4个县中排第2位，在河南省102个县（市）中排第18位（见表8）。

从财政自给率看，2023年尉氏县财政自给率为43.8%。2022年尉氏县财政自给率为53.3%，在开封市辖4个县中排第1位，在河南省102个县（市）中排第21位（见表8）。财政自给率较高，地方财政"造血能力"较强，对于转移性支付的依赖程度也就较低。

表 8 2008—2023 年尉氏县人均财力及财政自给率

年份	一般公共预算收入/常住人口	与开封市相比	与河南省相比	在开封市的排名	在河南省的排名	一般公共预算支出/常住人口	与开封市相比	与河南省相比	在开封市的排名	在河南省的排名	尉氏县财政自给率	在开封市的排名	在河南省的排名
2008	433	77.6	40.4	1	43	1333	83.9	55.1	1	60	32.4	1	40
2009	450	71.7	37.9	1	45	1634	79.2	53.4	1	69	27.5	1	42
2010	447	56.5	30.4	1	52	1705	68.5	46.9	3	95	26.2	1	44
2011	583	55.9	32.0	2	52	2166	70.2	48.2	3	96	26.9	1	44
2012	820	62.8	38.3	2	48	2689	74.2	51.2	2	95	30.5	1	38
2013	1234	72.7	48.9	2	43	3341	80.7	57.3	2	85	36.9	1	33
2014	1495	74.3	52.6	2	38	3834	82.1	61.3	2	74	39.0	1	32
2015	1782	78.2	57.3	2	33	4629	83.2	66.0	2	60	38.5	1	32
2016	1885	79.2	58.4	2	33	4895	78.8	64.2	3	66	38.5	1	31
2017	2057	79.9	59.3	2	34	6284	89.5	75.2	2	36	32.7	1	42
2018	2416	82.1	63.3	2	33	6795	88.2	72.7	2	48	35.6	1	36
2019	3045	94.6	74.6	2	27	7772	88.0	75.7	2	36	39.2	1	31
2020	3189	96.1	76.1	2	28	8181	91.7	78.4	2	37	39.0	1	31
2021	3637	97.0	82.7	2	28	8364	87.6	79.3	2	20	43.5	2	39
2022	5166	157.6	119.7	1	11	9685	109.8	89.8	2	18	53.3	1	21
2023	3530	108.2	76.8	—	—	8052	91.6	71.4	—	—	43.8	—	—

数据来源：历年河南省统计年鉴。

五、金融业发展分析

从金融机构年末存贷情况来看，2023年尉氏县金融机构存款年末余额为413.8亿元，占开封市的12.6%。2022年尉氏县金融机构存款年末余额380.3亿元，占开封市的12.7%，在开封市辖4个县中排第2位，在河南省102个县（市）中排第47位。2023年尉氏县金融机构贷款年末余额298.0亿元，占开封市的11.1%。2022年尉氏县金融机构贷款年末余额239.8亿元，占开封市的9.9%，在开封市辖4个县中排第2位，在河南省102个县（市）中排第27位（见表9）。

从存贷比来看，2023年尉氏县存贷比为72.0%，低于开封市9.6个百分点，低于河南省11.1个百分点。2022年尉氏县存贷比为63.1%，在开封市辖4个县中排第2位，在河南省102个县（市）中排第29位，低于开封市17.8个百分点，低于河南省18.5个百分点（见表9）。

从人均存贷款余额来看，2023年尉氏县人均存款余额56124元，相当于开封市人均存款余额的80.6%，相当于河南省人均存款余额的54.8%。2022年尉氏县人均存款余额为51585元，相当于开封市人均存款余额的80.7%，相当于河南省人均存款余额的55.0%，在开封市辖4个县中排第2位，在河南省102个县（市）中排第65位。2023年尉氏县人均贷款余额40422元，相当于开封市人均贷款余额的71.1%，相当于河南省人均贷款余额的47.5%。2022年尉氏县人均贷款余额为32532元，相当于开封市人均贷款余额的62.9%，相当于河南省人均贷款余额的42.5%，在开封市辖4个县中排第2位，在河南省102个县（市）中排第42位（见表10）。

六、居民收入分析

从居民收入看，2023年尉氏县居民人均可支配收入为25462元，相当于开封市居民人均可支配收入的94.0%，相当于河南省居民人均可支配收入的85.1%。2022年尉氏县居民人均可支配收入为24292元，相当于开封市居民人均可支配收入的93.6%，相当于河南省居民人均可支配收入的86.1%，在开封市辖4个县中排第1位，在河南省102个县（市）中排第48位（见表11）。

表 9 2008—2023 年尉氏县金融机构年末存贷款余额情况

年份	存款（亿元，%）尉氏县金融机构存款年末余额	占开封市的比重	在开封市的排名	在河南省的排名	贷款（亿元，%）尉氏县金融机构贷款年末余额	占开封市的比重	在开封市的排名	在河南省的排名	存贷比（%）尉氏县存贷比	开封市存贷比	河南省存贷比	在开封市的排名	在河南省的排名
2008	43.3	9.8	1	63	23.1	9.5	1	48	53.5	55.2	68.0	1	31
2009	50.8	8.9	2	68	33.0	10.0	1	39	65.0	57.8	70.1	1	18
2010	61.2	9.0	2	66	40.3	10.0	1	40	65.9	59.0	68.6	1	13
2011	76.0	9.6	2	64	39.0	8.8	1	47	51.3	56.3	65.7	1	33
2012	97.2	10.1	2	59	49.0	8.8	1	42	50.4	57.7	63.3	1	31
2013	120.2	10.6	1	52	67.0	9.6	1	38	55.8	61.7	62.4	1	29
2014	139.6	11.0	1	47	79.6	9.2	1	38	57.1	67.8	65.8	1	32
2015	162.8	11.2	1	46	85.7	8.4	2	40	52.7	70.1	66.0	2	39
2016	180.8	11.0	2	49	100.7	8.5	2	32	55.7	72.4	67.6	2	28
2017	211.6	11.1	2	45	117.6	8.6	2	29	55.6	71.8	70.7	2	32
2018	237.0	11.5	2	45	131.2	8.8	2	32	55.4	72.8	74.9	2	36
2019	291.9	13.0	1	37	153.8	9.0	2	28	52.7	75.9	80.1	2	47
2020	302.8	12.3	2	43	170.4	8.8	2	31	56.3	78.8	82.2	2	40
2021	335.2	12.8	2	44	198.7	9.2	2	31	59.3	82.6	84.4	2	36
2022	380.3	12.7	2	47	239.8	9.9	2	27	63.1	80.9	81.6	2	29
2023	413.8	12.6	—	—	298.0	11.1	—	—	72.0	81.6	83.1	—	—

数据来源：历年河南省统计年鉴。

— 263 —

表 10 2008—2023 年尉氏县人均存贷款情况

年份	人均存款（元，%）				人均贷款（元，%）			
	尉氏县人均存款余额	在开封市的排名	在河南省的排名	与开封市相比	与河南省相比	尉氏县人均贷款余额	在开封市的排名	在河南省的排名	与开封市相比	与河南省相比

年份	尉氏县人均存款余额	在开封市的排名	在河南省的排名	与开封市相比	与河南省相比	尉氏县人均贷款余额	在开封市的排名	在河南省的排名	与开封市相比	与河南省相比
2008	5725	2	80	60.7	35.4	2022	1	56	38.8	18.4
2009	6688	1	80	55.4	33.1	2290	1	49	32.8	16.2
2010	6944	4	101	47.7	28.2	2858	1	60	33.2	16.9
2011	8656	4	101	51.7	30.7	3193	1	72	33.8	17.3
2012	11115	3	97	54.8	33.1	4131	1	64	35.3	19.4
2013	13787	3	91	57.9	35.1	6194	1	57	42.2	25.2
2014	15983	3	92	60.0	37.3	8435	2	61	46.6	29.9
2015	18806	3	89	61.5	38.3	10059	3	64	46.9	31.0
2016	21004	3	92	60.9	38.0	11616	2	60	46.5	31.1
2017	24711	3	90	61.9	41.1	14060	3	62	49.0	33.1
2018	27846	3	88	64.6	43.0	15552	3	60	49.6	32.1
2019	34417	3	73	73.7	49.0	18121	2	59	51.1	32.2
2020	36117	3	88	70.7	47.0	19742	2	65	49.1	31.2
2021	40592	3	88	73.9	48.7	23392	2	63	51.6	33.3
2022	51585	2	65	80.7	55.0	32532	2	42	62.9	42.5
2023	56124	—	—	80.6	54.8	40422	—	—	71.1	47.5

数据来源：历年河南省统计年鉴。

从居民收入增速看，2023年尉氏县居民人均可支配收入增长4.8%，高于开封市居民人均可支配收入增速0.4个百分点（见表11）。

表11 2017—2023年尉氏县居民人均可支配收入情况

年份	尉氏县居民人均可支配收入（元）	在开封市的排名	在河南省的排名	与开封市相比（%）	与河南省相比（%）	尉氏县居民人均可支配收入增速（%）	开封市居民人均可支配收入增速（%）	尉氏县增速与开封市对比
2017	16615	1	52	90.9	82.4	—	10.1	—
2018	18241	1	51	91.3	83.1	9.8	9.3	0.5
2019	19900	1	54	91.3	83.3	9.1	9.1	0
2020	20920	1	52	104.8	84.3	5.1	3.9	1.2
2021	22771	1	51	92.7	84.9	8.9	8.5	0.4
2022	24292	1	48	93.6	86.1	6.7	5.6	1.1
2023	25462	—	—	94.0	85.1	4.8	4.4	0.4

数据来源：历年河南省统计年鉴。

分城镇、农村居民人均可支配收入看，2023年尉氏县城镇居民人均可支配收入为34545元，相当于开封市城镇居民人均可支配收入的94.1%，相当于河南省城镇居民人均可支配收入的85.9%。2022年尉氏县城镇居民人均可支配收入为33354元，相当于开封市城镇居民人均可支配收入的93.6%，相当于河南省城镇居民人均可支配收入的86.7%，在开封市辖4个县中排第1位，在河南省102个县（市）中排第64位。2023年尉氏县农村居民人均可支配收入为20938元，相当于开封市农村居民人均可支配收入的108.6%，相当于河南省农村居民人均可支配收入的104.4%。2022年农村居民人均可支配收入为19581元，相当于开封市农村居民人均可支配收入的108.2%，相当于河南省农村居民人均可支配收入的104.7%，在开封市辖4个县中排第1位，在河南省102个县（市）中排第40位（见表12）。

从城乡居民收入对比来看，2023年尉氏县城乡居民人均可支配收入比约为1.7∶1。2022年尉氏县城乡居民人均可支配收入比为1.7∶1，城乡收入差距在全省102个县（市）中排第37位（见表12）。

表12 2008—2023年尉氏县分城乡居民人均可支配收入及城乡收入比

年份	城镇 尉氏县城镇居民人均可支配收入	在开封市的排名	在河南省的排名	与开封市相比	与河南省相比	农村 尉氏县农村居民人均可支配收入	在开封市的排名	在河南省的排名	与开封市相比	与河南省相比	城乡收入比 尉氏县城乡居民收入比	在河南省的排名
2008	10006	2	98	63.6	75.6	4760	1	39	109.3	106.9	2.1	30
2009	11168	2	98	65.2	77.7	5111	1	40	108.9	106.3	2.2	32
2010	12218	2	97	64.7	76.7	5622	2	45	104.3	101.8	2.2	36
2011	13945	2	98	64.5	76.6	6798	2	44	104.7	102.9	2.1	37
2012	15800	2	98	65.2	77.3	7752	2	44	104.6	103.0	2.0	38
2013	17496	2	99	65.7	78.1	8736	2	44	104.6	103.1	2.0	37
2014	19246	2	99	66.1	81.3	9748	2	44	104.6	97.8	2.0	37
2015	20662	2	98	66.4	80.8	10829	2	45	105.1	99.8	1.9	38
2016	22484	2	98	67.7	82.6	11638	2	45	104.2	99.5	1.9	40
2017	24886	2	98	69.0	84.2	12774	2	45	105.3	100.4	1.9	42
2018	26979	2	98	92.7	84.6	13942	2	45	105.7	100.8	1.9	41
2019	28973	2	98	92.6	84.7	15355	2	44	106.1	101.3	1.9	40
2020	29578	2	97	92.8	85.1	16458	2	43	107.1	102.2	1.8	37
2021	31784	2	96	93.0	85.7	18023	2	44	107.5	102.8	1.8	37
2022	33354	1	64	93.6	86.7	19581	1	40	108.2	104.7	1.7	37
2023	34545	—	—	94.1	85.9	20938	—	—	108.6	104.4	1.7	—

数据来源：历年河南省统计年鉴。

七、固定资产投资分析

从固定资产投资来看，尉氏县2017年固定资产投资总额达到205.9亿元，2018年起不再公开固定资产投资总额，仅公布增速。从增速来看，2023年尉氏县固定资产投资增长23.5%，高于开封市18.7个百分点，高于河南省21.4个百分点（见表13）。

表13　2008—2023年尉氏县固定资产投资情况

年份	尉氏县固定资产投资总额（亿元）	尉氏县固定资产投资增速（%）	开封市固定资产投资增速（%）	河南省固定资产投资增速（%）	尉氏县增速与开封市对比（%）	尉氏县增速与河南省增速（%）
2008	63.3	20.7	41.7	30.7	−20.9	−10.0
2009	43.4	−31.5	35.8	31.6	−67.3	−63.1
2010	52.8	47.2	39.2	22.2	8.0	25.0
2011	64.9	30.6	33.3	27.0	−2.7	3.6
2012	95.3	38.7	26.1	21.4	12.6	17.3
2013	115.2	22.9	27.6	22.5	−4.7	0.4
2014	133.8	19.1	20.6	19.2	−1.5	−0.1
2015	152.6	16.3	16.6	16.5	−0.3	−0.2
2016	191.5	26.8	15.3	13.7	11.5	13.1
2017	205.9	14.3	9.3	10.4	5.1	3.9
2018	—	13.8	5.8	8.1	8.0	5.7
2019	—	11.5	10.8	8.0	0.7	3.5
2020	—	−6.7	5.4	4.3	−12.1	−11.0
2021	—	13.7	13.1	4.5	0.6	9.2
2022	—	13.9	13.4	6.7	0.5	7.2
2023	—	23.5	4.8	2.1	18.7	21.4

数据来源：历年河南省统计年鉴。

八、社会消费分析

从社会消费情况来看，2023年尉氏县社消零总额为124.5亿元，占全县当年GDP的比重为27.4%。2022年尉氏县社消零总额为121.7亿元，占全县当年GDP的比重为25.8%，在开封市辖4个县中排第3位，在河南省102个县（市）中排第39位。人均社消零额逐年上升，2023年达到17289元；2022年为16513元，在河南省102个县（市）中排第66位（见表14）。

表14　2008—2023年尉氏县社会消费情况

年份	社消零总额（亿元，%）				人均社消零额（元，%）	
	社消零总额	在开封市的排名	在河南省的排名	占GDP的比重	人均社消零额	在河南省的排名
2008	33.9	1	29	23.3	4490	45
2009	40.7	1	28	25.2	5349	42
2010	48.8	1	25	26.4	5539	61
2011	57.9	1	25	26.7	6601	60
2012	67.1	1	25	27.8	7668	59
2013	77.6	1	25	28.5	8899	58
2014	87.9	1	24	30.2	10066	59
2015	99.3	1	23	31.9	11469	58
2016	87.5	2	41	25.9	10163	78
2017	125.5	1	24	34.8	14655	57
2018	128.1	1	25	34.3	15058	57
2019	120.8	2	37	27.6	14245	76
2020	118.2	2	33	27.4	14100	71
2021	131.7	2	31	28.6	15944	68
2022	121.7	3	39	25.8	16513	66
2023	124.5	—	—	27.4	17289	—

数据来源：历年河南省统计年鉴，开封市、尉氏县统计公报。

九、人口规模分析

从人口情况看，尉氏县2023年常住人口为73.7万人，占开封市常住人口的15.6%。2020年尉氏县户籍人口为103.9万人。2022年尉氏县常住人口73.7万人，在开封市辖4个县中排第3位，在河南省102个县（市）

中排第 34 位,人口规模较大。2020 年人口外流 20.0 万人,人口流失率为 19.3%(见表 15)。

从城镇化率看,2013—2023 年尉氏县城镇化率不断提升,2023 年城镇化率为 45.2%。2022 年城镇化率为 44.3%,在全省排第 58 位(见表 15),较开封市城镇化率低 9.2 个百分点,较河南省城镇化率低 12.7 个百分点。

表15 2008—2023 年尉氏县人口情况

年份	户籍人口(万人)	常住人口(万人)	常住人口在开封市的排名	常住人口在河南省的排名	外流人口(万人)	人口流失率(%)	常住人口占开封市的比重(%)	尉氏县城镇化率(%)	城镇化率在河南省的排名
2008	87.2	75.6	2	38	−11.7	−13.4	16.1	—	—
2009	87.7	76.0	2	36	−11.7	−13.3	16.1	—	—
2010	93.6	88.1	2	20	−5.5	−5.9	18.8	—	—
2011	94.1	87.8	2	20	−6.3	−6.7	18.7	—	—
2012	94.7	87.5	2	21	−7.2	−7.6	18.5	—	—
2013	95.2	87.2	2	21	−8.0	−8.4	18.3	31.2	73
2014	95.7	87.4	2	21	−8.3	−8.7	18.3	32.2	77
2015	96.3	86.6	2	22	−9.7	−10.1	18.2	33.6	76
2016	96.8	86.1	2	22	−10.7	−11.1	18.1	35.3	76
2017	97.4	85.6	2	22	−11.8	−12.1	17.9	36.9	78
2018	97.8	85.1	2	21	−12.7	−13.0	17.8	38.4	82
2019	98.3	84.8	2	23	−13.5	−13.7	17.6	40.1	79
2020	103.9	83.9	2	24	−20.0	−19.3	17.4	42.6	59
2021	—	82.6	2	25	—	—	17.3	43.7	59
2022	—	73.7	3	34	—	—	15.7	44.3	58
2023	—	73.7	—	—	—	—	15.6	45.2	—

数据来源:历年河南省统计年鉴。

从就业情况看,2019 年尉氏县从业人数为 53.78 万人。从三产就业结构来看,2008 年以来第一产业从业人员占比较高,不少年份超过第二、第三产业就业人数之和。2019 年第一产业和第二、第三产业从业人员比例为 54∶46(见表 16)。

表16 2008—2019年尉氏县就业情况

年份	从业人员数（万人）	第一产业从业人员数占比（%）	第二产业从业人员数占比（%）	第三产业从业人员数占比（%）
2008	50.01	56	32	12
2009	51.78	53	30	17
2010	58.7	47	33	20
2011	68.05	53	47	
2012	68.67	40	60	
2013	69.04	39	61	
2014	60.37	50	50	
2015	75.76	40	60	
2016	57.34	53	47	
2017	57.43	58	42	
2018	52.52	58	42	
2019	53.78	54	46	

数据来源：历年河南省统计年鉴。

十、公共服务分析

从义务教育情况来看，2022年尉氏县共有中小学208所，在校学生数合计138456人，专任教师数7574人，平均每千名在校中小学生配备专任教师数为54.7人。从医疗卫生情况来看，平均每千名常住人口配备卫生机构床位数、卫生技术人员数逐年上升，医疗资源配备逐步增强，2022年每千人床位数为7.9张，每千人卫生技术人员数为6.4人（见表17）。

表17 2019—2022年尉氏县义务教育和医疗情况

	年份	2019	2020	2021	2022
学校数	合计（所）	204	204	205	208
	小学学校数（所）	167	167	168	171
	初中学校数（所）	37	37	37	37

续表

	年份	2019	2020	2021	2022
在校学生数	合计（人）	139377	140169	139889	138456
	小学在校生数（人）	98993	97892	95417	90812
	初中在校生数（人）	40384	42277	44472	47644
专任教师数	合计（人）	6768	7474	7568	7574
	小学（人）	4007	4307	4235	4244
	初中（人）	2761	3167	3333	3330
医疗卫生	卫生机构床位数/千人	5.7	6.4	6.5	7.9
	卫生技术人员数/千人	4.9	5.0	5.4	6.4

数据来源：历年河南省统计年鉴。

十一、县域发展战略分析

尉氏县在2024年政府工作报告中，将当年的工作目标明确如下：生产总值增长6.5%左右，规上工业增加值增长7.5%左右，固定资产投资增长8%左右，社消零总额增长8%左右，一般公共预算收入增长7%左右，城镇调查失业率5.5%左右，城镇新增就业6500人以上，居民消费价格涨幅控制在3%左右，居民收入增速和经济增长基本同步。

为实现年度经济社会发展目标，尉氏县将重点抓好8个方面的工作：扩大有效需求，提振市场信心；坚持创新驱动，做强转型引擎；加快产业升级，夯实发展支撑；推进城乡融合，实现协调发展；加强生态建设，筑牢绿色屏障；深化改革开放，厚植赶超优势；坚持改善民生，共享发展成果；强化底线思维，提升治理水平。

十二、综述

综上所述，尉氏县县域经济总体实力较强，在开封市辖县域中处于领先地位，在全省的排名也逐渐向前，近年来稳定在前20名。人均GDP高于开封市水平，多个年份增速在全市领先，2022年人均GDP增速列全省第2名。农业基础雄厚，近年来不断加快主导产业布局、传统产业提升和新发展产业培育，现代产业体系初具雏形，制造业在产业结构中占有主要地位。一般公共预算收支均在全省排名靠前，人均财力在省、市地位领先，财政自给率较高；存贷比处在全省第一方阵，经济活跃度相对较高。居民人均可支配收入全市领先，城乡居民可支配收入差距较小。人口外流较多，城镇化率有待提高，非农就业人口占比较低，公共服务水平逐年提升。

根据以上分析，尉氏县经济实力及工业基础较强，多项宏观经济指标总量在全省排名靠前，但人均存贷款在全省排名比较靠后，非农就业人数占比较低。针对此数据表现，我们做了核准和初步分析。一是尉氏县常住人口在全省排名比较靠前，近年来位于前25名，故人均存款余额相对排名靠后。二是非农就业人数占比，截至2019年，农业与非农就业人口之比为54∶46，农业就业人口仍占总就业人口数的大半，一方面，这与尉氏县农业在三次产业中仍占有13%以上的产业结构现状有关；另一方面，也体现出尉氏县非农产业对就业人口的吸纳能力有待提高。

河南省县域经济运行分析：兰考篇

一、兰考县概况

黄河九曲十八弯最后一道弯流经兰考县，兰考县境及其附近出土的石器、陶器等文化遗迹证明，远在五六千年以前就有先民在这一带繁衍生息。史前时期，兰考县境属豫州之地。西周时期，其西部属卫国，东部属戴国。东周王朝春秋时期，春秋五霸首霸齐桓公在葵丘会盟诸侯，葵丘即在今兰考县境内。

现今兰考县地处于开封、菏泽、商丘三角地带的中心部位，东临京九铁路，西依京广铁路，陇海铁路、郑徐高铁横贯全境，106国道、240国道、310国道三条国道在县城交会，连霍、日南两条高速公路穿境而过，是河南"一极两圈三层"中"半小时交通圈"的重要组成部分。

兰考县是"焦裕禄精神"的发源地，是习近平总书记第二批党的群众路线教育实践活动的联系点，是首批全国整区域推进高标准农田建设试点。全县辖13个乡镇、3个街道、464个行政村（社区），市域面积1103平方千米，耕地面积99.3万亩，人均耕地面积1.14亩。2020年户籍人口95.5万人，2023年常住人口77.0万人，2022年城镇化率48.6%。

二、总体经济运行分析

从GDP总量看，2008—2023年间，兰考县GDP总量稳步增长。2023年兰考县GDP达410.48亿元，是2008年的4.6倍，2022年GDP总量在开封市辖4个县中排第3位，在河南省102个县（市）中排第23位，较2008年提升33个位次（见表1）。

从兰考县GDP占开封市GDP的比重看，占比呈增加趋势。2023年兰考县GDP占开封市GDP的比重为16.2%，较2008年提高3.2个百分点（见表1）。从GDP增速看，兰考县GDP增速在大多数年份快于开封市和河南省GDP增速。2023年兰考县GDP增速2.0%，高出开封市1.1个百分点，低于河南省2.1个百分点（见表1）。

表1　2008—2023年兰考县地区生产总值及增速

年份	兰考县GDP	兰考县GDP占开封市的比重	兰考县GDP在开封市的排名	兰考县GDP在河南省的排名	兰考县GDP增速	兰考县GDP增速在开封市的排名	兰考县GDP增速在河南省的排名	兰考县GDP增速与开封市对比	兰考县GDP增速与河南省对比
2008	89.95	13.0	3	56	12.8	3	57	−0.3	0.8
2009	100.24	14.3	3	51	11.8	2	53	−0.3	0.8
2010	124.84	13.5	3	48	12.9	1	35	0.7	0.5
2011	148.77	13.9	3	47	11.7	3	66	−1.2	−0.3
2012	168.98	14.0	3	42	11.2	4	49	0.1	1.1
2013	192.85	14.1	3	39	11.1	2	19	0.3	2.1
2014	213.95	14.3	3	37	11.1	1	14	1.5	2.2
2015	234.56	14.6	3	35	10.1	1	30	0.7	1.7
2016	259.22	14.8	3	34	9.4	1	22	0.9	1.2
2017	282.62	15.0	3	33	9.5	1	13	1.7	1.7
2018	303.65	15.2	3	32	8.1	1	46	1.1	0.5
2019	389.87	16.5	2	23	8.0	1	21	0.8	1.2
2020	383.24	16.2	2	23	1.6	4	84	−0.4	0.5
2021	406.76	15.9	3	25	7.6	2	41	0.4	1.6
2022	426.10	16.0	3	23	4.5	2	58	0.2	1.4
2023	410.48	16.2	—	—	2.0	—	—	1.1	−2.1

数据来源：历年河南省统计年鉴、开封市统计公报和兰考县统计公报。

从人均GDP看，兰考县人均GDP不断增加，2014年以后几乎与开封市平均水平持平，甚至超过开封市水平，但整体上不及河南省平均水平（2019年除外）。兰考县2022年人均GDP达到55717元，占开封市人均GDP的99.4%，占河南省人均GDP的89.7%（见表2）。

从人均GDP增速看，兰考县人均GDP增速在多数年份跑赢开封市增速,但近几年增速相对放缓,居开封市4个县末位,居河南省中下游水平。2022年兰考县人均GDP增速5.0%,在开封市4个县中排第3位,在河南省102个县(市)中排第58位(见表2)。

三、分产业经济运行分析

(一)产业格局与发展方向

近年来,兰考县积极融入郑开同城化建设之中,构建具有兰考特色的"3+5"产业体系,分别为现代家居、新能源和节能环保、绿色食品3个主导产业,民族乐器、生物医药、智能制造、文旅研学、现代物流5个特色产业。

1. 现代家居产业

兰考打造了"一主六副"的现代家居(木制品)产业园区空间发展格局,形成了6个木制品专业配套园区和36个木材加工专业村,目前共有木材加工企业2000余家,其中规上企业174家,产业链完整度达46%,已入驻索菲亚、喜临门、江山欧派、大自然、曲美、皮阿诺6家上市企业和TATA木门、立邦油漆、万华禾香、艺格木门、郁林木业、鼎丰木业等一线品牌企业,解决了8万多群众就业。同时积极建设兰东品牌家居配套产业园、考城户外家居产业园,以承接家居产业链配套企业转移。

2022年兰考县现代家居产业总产值达400亿元。在河南省内家具产业基地位列前茅,现代家居(木制品)产业园区在全国52个木制品园区中排第10位。2023年兰考现代家居产业链产值突破423亿元,品牌家居特色产业集群入围河南省中小企业特色产业集群。

代表性企业有万华禾香板(兰考)有限责任公司、河南索菲亚家居有限责任公司、河南喜临门家居有限责任公司、河南大自然家居有限公司、河南曲美家居有限责任公司等。

2. 新能源和节能环保产业

紧抓全国首个农村能源革命试点与国家级"无废城市"试点的发展机遇,兰考县招引培育一大批循环经济企业布局新能源和节能环保产业,如国家电力投资集团有限公司、河南格林循环电子废弃物处置有限公司、杭萧钢构(兰考)有限公司、兰考瑞华环保电力股份有限公司、中电建兰考

表 2 2008—2022 年兰考县人均 GDP 及增速

年份	人均 GDP 总量（元，%）					人均 GDP 增速（%）				
	兰考县人均 GDP（元）	与开封市相比（%）	与河南省相比（%）	兰考县人均 GDP 在开封市的排名	兰考县人均 GDP 在河南省排名	兰考县人均 GDP 增速（%）	兰考县人均 GDP 增速在开封市的排名	兰考县人均 GDP 增速在河南省的排名	兰考县人均 GDP 增速与开封市对比	兰考县人均 GDP 增速与河南省对比
2008	11999	80.1	66.6	3	67	11.4	4	81	-1.7	-0.4
2009	13304	80.3	68.3	3	65	11.2	2	54	-0.6	1.0
2010	17429	88.2	75.5	3	52	18.8	1	19	6.4	6.2
2011	22079	96.1	77.0	3	48	18.7	1	20	5.2	6.5
2012	25235	97.3	80.1	3	45	11.9	2	51	0.5	2.5
2013	28974	98.8	84.7	3	45	11.8	2	23	0.9	3.4
2014	33129	102.1	89.4	2	43	14.5	1	3	3.7	6.3
2015	37185	105.3	95.0	2	36	12.7	1	5	2.1	5.0
2016	40844	105.8	95.9	2	35	8.7	4	45	0.2	1.2
2017	44194	106.5	94.7	2	37	8.7	1	29	1.0	1.6
2018	47070	99.4	93.9	2	37	7.2	2	60	0.4	-0.1
2019	59942	125.1	106.3	1	24	7.1	4	64	0.3	0.7
2020	49600	100.9	89.5	3	39	0.4	4	88	-1.0	-0.5
2021	52792	99.6	88.9	3	40	7.9	4	51	0.0	1.5
2022	55717	99.4	89.7	3	41	5.0	3	58	-0.5	1.8

数据来源：历年河南省统计年鉴。

生物质制气有限公司、光大环保能源兰考有限公司、河南沐桐环保产业有限公司等。新能源和节能环保产业蓬勃发展，全县可再生能源发电装机达到 116.8 万千瓦、风电 79.4 万千瓦、光伏发电 33.5 万千瓦、生物质发电 3.9 万千瓦。可再生能源发电量 20.5 亿千瓦·时，可再生能源发电量占全社会用电量的比例达到 95%。

3. 绿色食品产业

兰考县积极发展特色农业，培育的蜜瓜、红薯和花生均经过认证成为国家农产品地理标志产品，全县蜜瓜种植面积达 3 万亩，红薯种植面积达 10 万亩，花生种植面积达 25 万亩。

依托正大、禾丰、首农、蒙牛等龙头企业，兰考县畜牧产业集群基本成型，先后获批创建首批全国农业现代化示范区、河南省奶牛现代农业产业园，成功创建全国绿色食品原料标准化生产基地、河南省蜜湖羊种养结合现代农业产业园。

绿色食品产业代表性企业有正大食品（开封）有限公司、兰考晓鸣禽业有限公司、河南省曲大姐食品有限公司、河南五农好食品有限公司等。

4. 民族乐器产业

近年来，兰考大力发展民族乐器产业，形成了集制作、展示、销售、电商、物流、演艺、培训为一体的民族乐器完整产业链。

2023 年全县民族乐器制造企业及配套企业（作坊）200 余家，年产乐器 70 万台（把），音板及配件 500 万套，年产值 30 亿元，市场占有率达到 33%，产品不仅畅销国内，更是远销英国、美国、日本、德国等全球 40 多个国家。

代表性企业有兰考县成源乐器音板有限公司、兰考焦桐乐器股份有限公司、河南中州民族乐器有限公司等。

5. 生物医药产业

2022 年 12 月，河南省药监局在兰考设立河南药品第三方物流试点。2023 年 3 月，河南省药品监督管理局明确提出"支持兰考建设百亿级生物医药产业集群，推动企业高质量聚集，全力助力兰考打造区域领先的生物医药产业高地""支持兰考生物医药产业集约化、平台化、专业化运营，在慧谷健康产业园建设河南省药品第三方物流试点，支持试点企业依法申请并取得《药品经营许可证》"。依托政策加持，当前兰考慧谷健康产业园建设了药品经营企业聚集中心，引进了臻福药业、惠而好医药、康多药业、运实医药、华青药业、维京医药等多家药品生产和经营企业入驻，园区累计完成投资 3500 万元，实现产值 3.6 亿元。

6. 智能制造产业

近年来，兰考县智能制造产业发展迅速，引进了富士康集团、光大集团 2 家世界 500 强企业。富士康在兰考已投产手机玻璃盖板项目、环保材料项目和 5G 手机精密结构件 3 个项目，总投资已达 70 亿元。可直接提供近 2.4 万个就业岗位，极大限度地吸纳贫困农民到园区及周边从事生产服务产业，实现就地、就近就业致富。同时，兰考正在积极争取郑州及其周边有转移意愿的汽车零部件生产企业，瞄准氢能汽车，优先布局未来产业。

7. 文旅研学产业

兰考是"焦裕禄精神"的发源地，同时拥有红色文化和黄河文化两张全国名片。以"焦裕禄精神"红色文化为核心，黄河文化、乡村振兴为支撑，兰考全域旅游研学旅行产业蓬勃发展。2023 年全县共接待海内外游客 185 万人次，同比增长 69.7%，实现旅游收入 1.2 亿元。

8. 现代物流产业

近年来，兰考不断推进与郑州、开封等物流枢纽的连接，谋划推进多式联运陆港、综合保税区、中铁联运建设，扩大兰考融入国内国际双循环的路径和通道。

（二）产业结构分析

兰考县第三产业发展相对较好，一直是县域经济发展中的重要部分。从三次产业占比来看，2023 年兰考县第一产业占比 12.70%；第二产业占比 43.00%；第三产业占比 44.40%；第二、第三产业成为兰考县域经济发展的主要带动力（见表 3 和图 1）。

表3　2008—2023 年兰考县三产结构变化情况

年份	第一产业占比（%）	第二产业占比（%）	第三产业占比（%）
2008	20.51	45.70	33.80
2009	19.39	44.79	35.81

续表

年份	第一产业占比（%）	第二产业占比（%）	第三产业占比（%）
2010	21.63	44.00	34.37
2011	19.88	46.55	33.58
2012	19.02	47.31	33.67
2013	18.16	48.09	33.75
2014	23.65	35.27	34.66
2015	16.67	44.03	39.30
2016	15.27	43.61	41.12
2017	13.85	42.42	43.73
2018	13.27	40.90	45.83
2019	14.93	45.25	39.82
2020	13.43	44.08	42.49
2021	13.77	43.86	42.36
2022	12.90	44.60	42.50
2023	12.70	43.00	44.40

数据来源：历年河南省统计年鉴、兰考县统计公报。

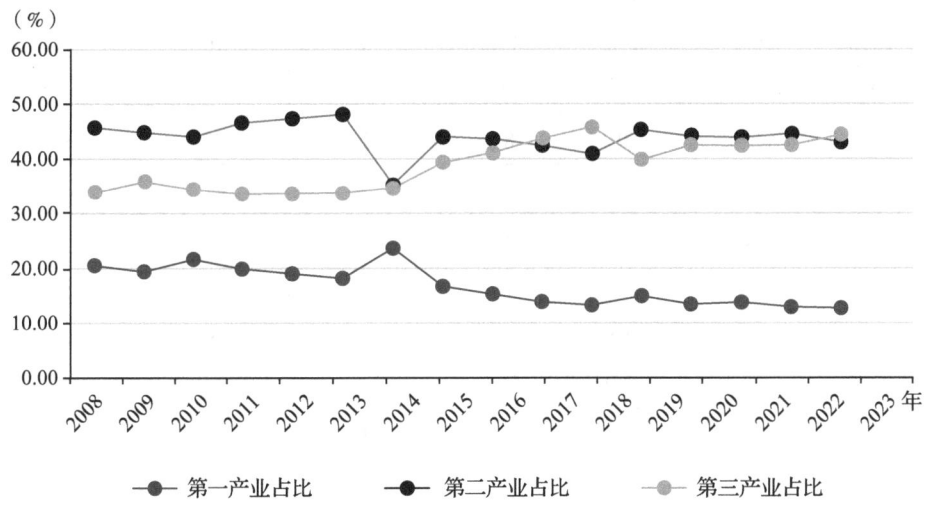

图1　2008—2023年兰考县三产结构变化情况

数据来源：历年河南省统计年鉴、兰考县统计公报。

（三）工业发展情况分析

近年来，兰考县第二产业蓬勃发展，规上工业增加值增速领跑开封市4县。2023年全县规上工业企业267家，规上工业增加值增速2.3%，高于开封市增速2.2个百分点，低于河南省增速2.7个百分点（见表4）。

从兰考县规上工业增加值增速与开封市、河南省增速对比来看，除2009年不及开封市增速（低0.6个百分点）、2023年不及河南省增速（低2.7个百分点）外，其余年份兰考县规上工业增加值增速均快于开封市和河南省增速水平（见表4）。

表4 2008—2023年兰考县工业发展情况

年份	兰考县规上工业增加值增速（%）	开封市规上工业增加值增速（%）	河南省规上工业增加值增速（%）	兰考县规上工业增加值在开封市的排名	兰考县规上工业增加值在河南省的排名	兰考县规上工业企业数（个）
2008	23.7	20.9	19.8	3	56	—
2009	17.2	17.8	14.6	2	70	—
2010	22.6	21.6	19.0	2	52	—
2011	25.0	23.6	19.6	1	38	—
2012	20.0	17.8	14.6	4	40	—
2013	18.1	17.2	11.8	4	16	—
2014	14.2	13.6	11.2	4	34	—
2015	11.3	10.1	8.6	2	50	—
2016	9.9	9.0	8.0	2	41	—
2017	9.8	8.2	8.0	1	18	—
2018	9.1	7.7	7.2	1	33	—
2019	9.8	8.8	7.8	1	10	222
2020	5.3	2.9	0.4	1	32	228
2021	13.2	8.7	6.3	1	14	241
2022	7.0	5.9	5.1	1	47	253
2023	2.3	0.1	5.0	—	—	267

数据来源：历年河南省统计年鉴、兰考县统计公报及政府网站。

（四）服务业发展情况分析

从服务业发展情况看，兰考县服务业增加值总量呈逐年上升趋势，2023年达到182.13亿元。2022年兰考县服务业增加值居开封市第1位，居河南省第23位（见表5）。

从服务业增加值增速看，兰考县近几年服务业增加值增速处于全省中下游位次，2023年为负增长，增速为-0.90%。2022年增速为2.80%，居开封市第3位，居河南省第60位（见表5）。

表5 2008—2023年兰考县服务业发展情况

年份	兰考县服务业增加值（亿元）	兰考县服务业增加值占开封市服务业增加值的比重（%）	兰考县服务业增加值在开封市的排名	兰考县服务业增加值在河南省的排名	兰考县服务业增加值增速（%）	兰考县服务业增加值增速在开封市的排名	兰考县服务业增加值增速在河南省的排名
2008	30.40	13.07	2	36	17.50	4	11
2009	35.90	13.80	1	21	17.50	1	11
2010	42.90	13.32	1	19	17.10	2	7
2011	49.96	11.85	1	18	10.50	4	54
2012	56.90	11.65	1	19	10.70	3	42
2013	65.09	12.26	1	18	10.52	2	12
2014	74.15	12.75	3	30	14.36	1	4
2015	92.19	13.66	3	24	13.00	3	26
2016	106.59	14.23	3	25	12.00	2	17
2017	123.59	14.61	2	23	11.81	1	24
2018	139.15	13.94	1	23	8.50	1	68
2019	155.23	14.35	2	27	7.58	1	57
2020	162.82	14.62	2	24	0.02	4	94
2021	172.32	14.47	2	24	8.60	3	50
2022	181.23	14.52	1	23	2.80	3	60
2023	182.13	14.35	—	—	-0.90	—	—

数据来源：历年河南省统计年鉴及兰考县统计公报。

（五）重点企业

兰考县重点企业的情况见表6。

表6　兰考县龙头公司企业简介

序号	公司名称	公司简介
1	光大生态环保能源（兰考）有限公司	该公司系香港上市公司中国光大国际有限公司在河南省兰考县投资的外商独资企业，主要从事发电、输电、供电等业务。成立于2015年12月25日，公司项目总占地面积约100亩，日均处理生活垃圾900吨，其中一期建设规模日均处理生活垃圾600吨，预留二期300吨。一期项目总投资3.1亿元，年处理生活垃圾21.9万吨
2	河南格林美资源循环有限公司	该公司由国内再生资源行业第一家上市公司格林美股份有限公司于2010年1月投资兴建，位于兰考县产业集聚区，注册资本15625万元，一期占地200亩，在册员工400余名。格林美股份有限公司主营业务是废弃电子电器产品、废塑料、废钢、报废汽车、废五金等再生资源的回收、储运、拆解、处置与销售，各种废物的循环利用与循环再造产品的制造与销售，其中废弃电器电子产品处理项目被列为河南省A类重点项目
3	万华禾香板业（兰考）有限责任公司	该公司由万华禾香板业有限责任公司投资成立。公司一期投资建立年产25万立方米无醛生态板生产线；二期年产800万平方米秸秆生态饰面生产线。项目三期将引进下游家具配套企业，打造中原地区秸秆生态板、板材饰面、智能定制生态家具环环相扣的三大制造体系及智能家居制造为一体的绿色生态家居产业园
4	河南索菲亚家居有限责任公司	该公司是索菲亚家居股份有限公司全资控股子公司。公司成立于2017年2月14日，占地412.8亩，年规划生产34万套定制衣柜及配套家居产品，规划安置就业人数近2000人，全部建成后年产值将超过20亿元
5	河南喜临门家居有限责任公司	该公司是一家生产床垫和软床等软体家具的大型企业，"喜临门"是享誉全球的国潮床垫品牌。公司成立于2017年1月16日，坐落在河南省兰考县科技路与310交叉处东北角，主要生产、加工、销售软体家具、木制品、床上用品等。公司拥有完善的晋升通道，齐全的保险福利，健全的后勤保障及稳定的业务订单

续表

序号	公司名称	公司简介
6	河南大自然家居有限公司	该公司成立于2017年1月16日，由大自然家居（中国）有限公司全资投资注册成立，位于河南省兰考县经济技术开发区，占地24.82万平方米（约373亩），总规划建筑15.87万平方米。公司分两期建设投资，一期投资1.8亿元，建筑面积5万平方米，规划年生产地板360万平方米
7	河南曲美家居有限责任公司	公司以工程类、房地产类的中大型工程订单为主，现已经具备全屋定制、实木家具、软体家具、弯曲木家具、油漆类家具，以及橱柜、木门的生产能力。是集设计、研发、生产、销售于一体的综合性家居基地
8	杭萧钢构（兰考）有限公司	该公司是杭萧钢构股份有限公司控股子公司，总投资约20亿元，产品为：钢结构装配式建筑部品部件、钢管束组合结构住宅体系的钢构件产品、市政钢结构桥梁、空间结构构件等。项目全部建成后，厂房面积达20万平方米，将成为中原地区示范性的钢结构装配式建筑构件产业基地，可安排就业1000余人
9	兰考瑞华环保电力股份有限公司	该公司成立于2008年，注册资本10980万元。公司主营业务为生物质发电，是可再生清洁能源环保项目，每年在兰考及周边地区收购农作物秸秆、花生壳、树皮及树枝等农林废弃物35万吨；在农业秸秆、树皮、树枝等农林废弃物收储、运输、经营等环节，总共解决和涉及农村产业链用工1060人左右
10	中电建兰考生物质制气有限公司	该公司于2018年9月26日在河南省兰考县注册成立，是中电建生态环境集团有限公司控股子公司。主要从事生物质制气和生物质处理技术及设备创新研发、技术咨询、生物质原料收储、生物天然气和有机肥生产及销售；是中电建生态环境集团引领生物质能开发利用、农业循环经济发展，以及生态环境保护等战略性新兴业务，开展生物天然气项目投资建设和运营管理的骨干企业
11	正大食品（开封）有限公司	该公司是正大集团在河南省兰考县投资建立3000万只肉鸡全产业链项目，集肉种鸡、肉鸡养殖、肉鸡屠宰、肉制品深加工、副产品综合利用、冷链物流、连锁专卖及科研开发一体，年加工调理产品6万多吨

续表

序号	公司名称	公司简介
12	兰考县成源乐器音板有限公司	该公司属兰考县民族乐器行业龙头企业,现有职工103人,其中,各类专业技术人才25人。占地面积88亩,建筑面积12000余平方米,各类木材加工设备220套,公司注册资金1000万元
13	上海金不换兰考制药有限公司	该公司始建于1997年,是集研发、生产、销售于一体的综合性医药集团。公司以中西药成品制剂为主,涵盖化学药、中成药、中药饮片、食品及化妆品等产品
14	河南弘辉医疗科技有限公司	该公司成立于2017年(其前身是郑州泉辉迈迪森医疗设备有限责任公司,成立于1999年,致力于感控、防护领域20多年)。公司坐落于河南省兰考县产业集聚区迎宾大道南段西侧,占地65.1亩,总投资2.6亿元。是一家集研发、设计、生产、销售、培训、物流配送、售后服务、技术支持,专业为医疗领域提供国际先进感染控制和医疗防护设备、管理系统、器械、耗材等服务为一体的现代化国家级高新技术企业

四、财政收支分析

从兰考县一般公共预算收支总量及在省、市的位次看,2022年之前,兰考县一般公共预算收支总量及在省、市的位次均不断提高,但2023年收支总量及省、市排名均有所下滑。2023年兰考县一般公共预算收入为33.9亿元,是2008年的17.8倍。2022年一般公共预算收入居开封市第2位,居河南省第12位,分别较2008年提升了1个、54个位次。2023年兰考县一般公共预算支出达到73.5亿元,是2008年的8.5倍。2022年一般公共预算支出居开封市第1位,居河南省第6位,分别较2008年提升2个、58个位次(见表7)。

从兰考县一般公共预算收支占开封市的比重看,2023年兰考县一般公共预算收入占开封市一般公共预算收入的比重为22.0%,相比2008年提高了14.9个百分点。2023年兰考县一般公共预算支出占开封市一般公共预算支出的比重为17.8%,较2008年提升6.3个百分点(见表7)。

从兰考县税收收入及占开封市税收收入的比重看,近年税收总额逐年下降，占开封市的比重整体提高，但多在20%以下。2023年兰考县税收收入实现21.5亿元（见表7）。

从兰考县税收收入占一般公共预算收入的比重看，2014—2019年间，兰考县税收收入占一般公共预算收入的比重超过省、市平均水平，2018年之后，比重开始呈下降趋势。2023年兰考县税收收入占一般公共预算收入的比重达到63.6%（见表7）。

从兰考县人均一般公共预算收支绝对量及占省、市的比重看，2023年兰考县人均一般公共预算收入为4396元，相当于开封市的134.7%，相当于河南省的95.6%；人均一般公共预算支出为9549元，相当于开封市的108.7%，相当于河南省的84.7%（见表8）。

从兰考县人均一般公共预算收支在省、市的排名看，2022年兰考县人均一般公共预算收入居开封市第2位、河南省第14位，与2008年相比，在河南省的排名提升了54个位次；2022年兰考县人均一般公共预算支出居开封市第1位、河南省第5位，与2008年相比，在开封市和河南省的位次分别提升1个、83个位次（见表8）。

从兰考县财政自给率及在省、市的排名看，两者均显著提升。2023年兰考县财政自给率为46.0%，高出开封市财政自给率（37.1%）8.9个百分点，高出河南省财政自给率（40.8%）5.2个百分点。兰考县2022年财政自给率在开封市排第2位，在河南省排第38位，在市、省的排名分别较2008年提升2个、23个位次（见表8）。

兰考县财政自给率与省、市财政自给率对比，2021年以前，兰考县财政自给率不及省、市水平，经过不断追赶，2021年之后，逐渐超过省、市水平并拉大与省、市的差距。

五、金融业发展分析

从兰考县金融机构年末存贷款余额总量看，余额逐年提高，总量稳居开封市第1位，在河南省的位次提升明显。2023年兰考县金融机构存款年末余额达到446.0亿元，是2008年的11.7倍。2022年兰考县金融机构存款年末余额居开封市第1位、河南省第38位，在市、省的排名分别较2008年提升2个、39个位次。2023年兰考县金融机构贷款年末余额达到

表 7 2008—2023 年兰考县财政收支情况

年份	一般公共预算收入（亿元）	占开封市的比重	在开封市的排名	在河南省的排名	一般公共预算支出（亿元）	占开封市的比重	在开封市的排名	在河南省的排名	税收收入	占一般公共预算收入的比重	税收（亿元，%）占开封市税收收入的比重
2008	1.9	7.1	3	66	8.6	11.5	3	64	—	—	—
2009	2.1	7.2	3	65	12.3	12.6	3	56	—	—	—
2010	2.9	7.9	3	57	14.1	12.1	3	56	—	—	—
2011	5.1	10.5	1	36	19.2	13.3	1	39	—	—	—
2012	6.7	10.8	2	31	25.1	14.6	2	38	4.7	70.1	10.5
2013	9.2	11.4	2	28	28.4	14.4	3	36	6.5	70.8	10.9
2014	11.3	11.7	2	23	35.4	15.9	1	20	8.4	74.6	12.2
2015	12.7	11.8	2	22	43.9	16.6	1	14	10.1	79.1	13.4
2016	14.1	12.5	2	21	52.6	17.8	1	9	11.1	78.5	14.2
2017	17.5	14.2	1	20	58.2	17.4	1	10	13.5	77.4	15.5
2018	21.5	15.3	2	16	65.7	17.8	1	10	16.9	78.7	16.5
2019	25.2	16.3	2	15	78.5	18.5	1	8	19.3	76.4	17.0
2020	26.2	16.4	1	15	82.5	19.1	1	8	17.0	64.7	16.5
2021	35.3	19.7	1	11	86	18.8	1	2	24.0	68.1	20.2
2022	37.2	18.7	2	12	81.4	17.8	1	6	22.9	61.7	17.7
2023	33.9	22.0	—	—	73.5	17.8	—	—	21.5	63.6	—

数据来源：历年河南省统计年鉴、开封市、兰考县统计公报。

河南省县域经济运行分析：兰考篇

表 8 2008—2023 年兰考县人均财力及财政自给率

年份	人均一般公共预算收入	与开封市相比	与河南省相比	在开封市的排名	在河南省的排名	人均一般公共预算支出	与开封市相比	与河南省相比	在开封市的排名	在河南省的排名	兰考县财政自给率	在开封市的排名	在河南省的排名
2008	246	44.2	23.0	2	68	1141	71.9	47.2	2	88	21.6	4	61
2009	283	45.1	23.8	2	68	1624	78.7	53.0	2	74	17.4	4	68
2010	431	54.4	29.3	2	56	2076	83.4	57.2	1	64	20.8	3	59
2011	766	73.4	42.1	1	43	2866	92.9	63.8	1	47	26.7	2	45
2012	1003	76.8	46.8	1	44	3751	103.6	71.4	1	40	26.7	2	45
2013	1386	81.7	54.9	1	35	4287	103.6	73.5	1	32	32.3	2	40
2014	1795	89.2	63.2	1	27	5626	120.5	90.0	1	8	31.9	3	43
2015	2013	88.3	64.7	1	28	6933	124.6	98.9	1	6	29.0	4	47
2016	2214	93.1	68.7	1	25	8255	132.9	108.3	1	6	26.8	3	49
2017	2723	105.8	78.6	1	23	9066	129.2	108.5	1	4	30.0	3	45
2018	3317	112.7	86.9	1	18	10144	131.6	108.6	1	6	32.7	2	42
2019	3860	119.9	94.5	1	15	12027	136.2	117.2	1	3	32.1	2	43
2020	3377	101.8	80.5	1	25	10623	119.1	101.8	1	10	31.8	3	45
2021	4616	123.1	104.9	1	13	11246	117.8	106.7	1	5	41.0	3	43
2022	4858	114.8	112.5	2	14	10647	109.3	98.7	1	5	45.6	2	38
2023	4396	134.7	95.6	—	—	9549	108.7	84.7	—	—	46.0	—	—

数据来源：历年河南省统计年鉴及兰考县统计公报。

— 287 —

440.7亿元，是2008年的28.4倍。2022年兰考县金融机构贷款年末余额在开封市排第1位、河南省排第13位，分别较2008年提升2个、69个位次（见表9）。

从兰考县金融机构年末存贷款余额占开封市的比重看，占比不断提高。2023年存款余额占开封市的比重为13.6%，贷款余额占开封市比重的为16.0%，分别较2008年提升了5个、9.7个百分点，其中贷款余额占比增长更快（见表9）。

表9　2008—2023年兰考县金融机构年末存贷款余额情况

年份	存款（亿元，%） 金融机构存款年末余额	在开封市的排名	在河南省的排名	占开封市的比重	贷款（亿元，%） 金融机构贷款年末余额	在开封市的排名	在河南省的排名	占开封市的比重	存贷比（%） 兰考县存贷比	开封市存贷比	河南省存贷比	在开封市的排名	在河南省的排名
2008	38.0	3	77	8.6	15.5	3	82	6.3	40.7	55.2	68.0	3	62
2009	47.1	3	75	8.3	13.1	4	94	4.0	27.8	57.8	70.1	4	97
2010	59.2	3	71	8.7	19.7	3	90	4.9	33.2	59.0	68.6	4	91
2011	74.8	3	66	9.5	21.2	3	91	4.8	28.3	56.3	65.7	4	96
2012	95.4	3	63	9.9	30.2	3	83	5.4	31.6	57.7	63.3	4	87
2013	114.3	3	60	10.1	44.8	3	68	6.4	39.2	61.7	62.4	4	67
2014	127.3	2	60	10.0	62.0	3	57	7.2	48.7	67.8	65.8	3	50
2015	146.0	3	55	10.1	85.8	1	39	8.4	58.7	70.1	66.0	1	26
2016	185.4	1	47	11.3	117.1	1	23	9.9	63.2	72.4	67.6	1	16
2017	220.2	1	43	11.6	149.8	1	19	11.0	68.0	71.8	70.7	1	11
2018	237.0	1	44	11.5	180.5	1	18	12.0	76.2	72.8	74.9	1	5
2019	274.8	2	40	12.2	210.7	1	15	12.4	76.7	75.9	80.1	1	7
2020	307.4	1	40	12.5	244.6	1	15	12.6	79.6	78.8	82.2	1	5
2021	348.3	1	38	13.3	290.4	1	14	13.4	83.4	82.6	84.4	1	6
2022	404.0	1	38	13.5	351.2	1	13	14.5	86.9	80.9	81.6	1	5
2023	446.0	—	—	13.6	440.7	—	—	16.0	98.8	84.0	83.1	—	—

数据来源：历年河南省统计年鉴、兰考县统计公报。

从兰考县存贷比看，2011年起兰考县存贷比不断提高，不断追赶并超过省、市存贷比。2023年兰考县存贷比达到98.8%，高于开封市存贷比14.8个百分点，高于河南省存贷比15.7个百分点。2022年兰考县存贷比在开封市排第1位、河南省排第5位，15年间存贷比在全省的位次提升了57位（见表9）。

兰考县人均存贷款余额方面，绝对量均稳步增长（2020年稍有下降），在全省的位次和占省、市的比重均明显提升，但未达到开封市和河南省的平均水平。

2023年兰考县人均存款余额57916元，是2008年的11.5倍，相当于开封市人均存款余额的83.1%，相当于河南省人均存款余额的56.5%，分别较2008年提升了29.6个、25.3个百分点。2022年兰考县人均存款余额居开封市第1位、河南省第60位，在市、省的排名分别较2008年提升了2个、31个位次（见表10）。

2023年兰考县人均贷款余额为42473元，是2008年的20.6倍，相当于开封市人均贷款余额的72.6%，相当于河南省人均贷款余额的49.9%，分别较2008年提升了33.1个、31.2个百分点。2022年兰考县人均贷款余额居开封市第1位、河南省第16位，在市、省的排名分别较2008年提升了1个、72个位次（见表10）。

表10 2008—2023年兰考县人均存贷款情况

年份	人均存款（元，%）					人均贷款（元，%）				
	兰考县人均存款余额	在开封市的排名	在河南省的排名	与开封市相比	与河南省相比	兰考县人均贷款余额	在开封市的排名	在河南省的排名	与开封市相比	与河南省相比
2008	5054	3	91	53.5	31.2	2059	2	88	39.5	18.7
2009	6235	3	89	51.7	30.8	1734	4	102	24.8	12.2
2010	8745	1	76	60.0	35.5	2903	2	93	33.7	17.2
2011	11147	1	71	66.5	39.6	3159	4	96	33.5	17.1
2012	14273	1	69	70.4	42.6	4514	2	84	38.6	21.2
2013	17256	1	67	72.4	43.9	6757	2	68	46.0	27.5
2014	20233	1	59	75.9	47.2	9855	1	53	54.5	34.9

续表

年份	人均存款（元，%）					人均贷款（元，%）				
	兰考县人均存款余额	在开封市的排名	在河南省的排名	与开封市相比	与河南省相比	兰考县人均贷款余额	在开封市的排名	在河南省的排名	与开封市相比	与河南省相比
2015	23087	1	58	75.5	47.0	13563	1	41	63.3	41.9
2016	29111	1	49	84.4	52.7	18395	1	32	73.7	49.3
2017	34283	1	45	85.8	57.0	23322	1	19	81.4	54.9
2018	36575	1	47	84.9	56.5	27862	1	18	88.9	57.5
2019	42095	1	38	90.2	60.0	32271	1	15	91.1	57.4
2020	39588	1	71	77.5	51.5	31510	1	25	78.3	49.8
2021	45547	1	66	82.9	54.6	37974	1	25	83.7	54.0
2022	52820	1	60	82.6	56.0	39621	1	16	76.6	51.4
2023	57916	—	—	83.1	56.5	42473	—	—	72.6	49.9

数据来源：历年河南省统计年鉴、兰考县统计公报。

六、居民收入分析

兰考县居民人均可支配收入逐年提高，在省、市的位次和占省、市的比重均有所上升，但离省、市的平均水平还有一定差距。

2023年兰考县居民人均可支配收入为24625元，相当于开封市居民人均可支配收入的90.9%，相当于河南省居民人均可支配收入的82.3%。2022年兰考县居民人均可支配收入在开封市排第2位、河南省排第61位（见表11）。

表11 2017—2023年兰考县居民人均可支配收入情况

年份	兰考县居民人均可支配收入（元）	在开封市的排名	在河南省的排名	与开封市相比（%）	与河南省相比（%）	兰考县居民人均可支配收入增速（%）	开封市居民人均可支配收入增速（%）	兰考县增速与开封市增速对比
2017	14992	4	78	82.0	74.3	11.3	10.1	1.2
2018	16490	4	78	82.5	75.1	10.0	9.3	0.7

续表

年份	兰考县居民人均可支配收入（元）	在开封市的排名	在河南省的排名	与开封市相比（%）	与河南省相比（%）	兰考县居民人均可支配收入增速（%）	开封市居民人均可支配收入增速（%）	兰考县增速与开封市增速对比
2019	18228	4	77	83.6	76.3	10.5	9.1	1.5
2020	19203	4	74	84.8	77.4	5.3	3.9	1.4
2021	21927	2	63	89.2	81.8	14.2	8.5	5.7
2022	23449	2	61	90.4	83.1	6.9	5.6	1.3
2023	24625	—	—	90.9	82.3	5.0	4.4	0.6

数据来源：历年河南省统计年鉴、兰考县统计公报。

分常住地来看，兰考县城乡居民人均可支配收入总额逐年提高，其中，农村居民人均可支配收入在全省的位次提升显著，逐渐跻身全省上游水平，但城镇居民人均可支配收入处于全省下游水平，与省、市平均水平差距较大。

2023年兰考县城镇居民人均可支配收入达到32472元，是2008年的3.6倍，相当于开封市城镇居民人均可支配收入的88.5%，相当于河南省城镇居民人均可支配收入的80.7%，占市、省的比重分别较2008年提升了13.3个、12.5个百分点。2022年兰考县城镇居民人均可支配收入在开封市排第2位，在河南省排第80位，分别较2008年提升了1个、15个位次（见表12）。

2023年兰考县农村居民人均可支配收入为19617元，是2008年的5.6倍，相当于开封市农村居民人均可支配收入的101.7%，相当于河南省农村居民人均可支配收入的97.8%，占市、省的比重较2008年分别提升了21.8个、19.6个百分点。2022年兰考县农村居民人均可支配收入在开封市排第2位、河南省排第41位，分别较2008年提升了2个、51个位次（见表12）。

从城乡居民收入对比来看，2023年兰考县城乡居民人均可支配收入比约为1.65∶1，2022年兰考县城乡居民人均可支配收入比为1.6∶1，城乡收入差距在全省排第27位，较2008年前进了40个位次（见表12）。

表 12 2008—2023 年兰考县分城乡居民人均可支配收入及城乡收入比

年份	城镇居民人均可支配收入	在开封市的排名	在河南省的排名	与开封市相比	与河南省相比	农村居民人均可支配收入	在开封市的排名	在河南省的排名	与开封市相比	与河南省相比	城乡居民收入比	城乡收入比在河南省的排名
2008	9030	3	95	75.2	68.2	3481	4	92	79.9	78.2	2.59	67
2009	10115	3	93	77.9	70.4	3789	4	91	80.7	78.8	2.67	69
2010	11430	3	92	83.5	71.8	4429	4	83	82.2	80.2	2.58	67
2011	13030	3	92	83.8	71.6	5236	4	84	80.7	79.3	2.49	67
2012	14724	3	92	83.9	72.0	5984	4	85	80.7	79.5	2.46	68
2013	16538	2	89	84.8	73.8	6756	4	85	80.9	79.7	2.45	70
2014	18357	2	87	86.4	77.5	7545	4	85	81.0	75.7	2.43	73
2015	19651	2	87	85.7	76.8	9072	4	73	88.0	83.6	2.17	56
2016	21124	2	86	85.9	77.6	9943	4	69	89.0	85.0	2.12	56
2017	23068	2	86	85.9	78.0	10907	4	69	89.9	85.8	2.11	56
2018	25029	2	85	86.0	78.5	11911	4	69	90.3	86.1	2.10	53
2019	27231	2	81	87.0	79.6	13126	4	69	90.7	86.6	2.07	53
2020	27749	2	80	87.1	79.9	13978	4	71	90.9	86.8	1.99	55
2021	29904	2	80	87.4	80.6	16784	4	51	100.1	95.7	1.78	38
2022	31302	2	80	87.9	81.3	19580	2	41	108.2	104.7	1.60	27
2023	32472	—	—	88.5	80.7	19617	—	—	101.7	97.8	1.65	—

数据来源：历年河南省统计年鉴、兰考县统计公报。

七、固定资产投资分析

2022—2023年，兰考县固定资产投资增长较快，其中基础设施投资增速最快，工业投资、民间投资和房地产投资均放缓，甚至负增长。

2023年兰考县固定资产投资增长15.8%，高于开封市固定资产投资增速11.0个百分点，高于河南省固定资产投资增速13.7个百分点。其中，2023年，基础设施投资增速达221.3%，工业投资增速为13.7%，房地产投资和民间投资均下降，房地产降幅最大为-29.6%（见表13）。

表13 2008—2023年兰考县固定资产投资情况

年份	兰考县固定资产投资总额	兰考县固定资产投资增速	开封市固定资产投资增速	河南省固定资产投资增速	兰考县增速与开封市增速对比	兰考县增速与河南省增速对比	工业投资增速	房地产投资增速	民间投资增速	基础设施投资增速
2008	27.8	—	41.7	30.7	—	—	—	—	—	—
2009	29.8	—	35.8	31.6	—	—	—	—	—	—
2010	48.6	—	39.2	22.2	—	—	—	—	—	—
2011	63.5	30.7	33.3	27.0	-2.6	3.7	—	—	—	—
2012	80.6	26.8	26.1	21.4	0.8	5.4	34.3	59.5	—	—
2013	103.3	28.3	27.6	22.5	0.7	5.8	10.4	44.0	—	—
2014	123.8	19.8	20.6	19.2	-0.8	0.6	11.1	52.3	—	—
2015	147.8	19.3	16.6	16.5	2.7	2.8	13.5	62.7	—	—
2016	175.0	18.4	15.3	13.7	3.1	4.7	19.7	37.1	—	—
2017	199.0	13.7	9.3	10.4	4.5	3.3	10.0	5.0	11.8	112.4
2018	—	13.2	5.8	8.1	7.4	5.1	5.5	5.0	14.9	23.5
2019	—	10.0	10.8	8.0	-0.8	2.0	-35.6	41.3	-2.7	35.1
2020	—	6.3	5.4	4.3	0.9	2.0	13.0	10.5	-1.9	-15.7
2021	—	12.0	13.1	4.5	-1.1	7.5	36.9	59.9	31.6	-30.7
2022	—	13.6	13.4	6.7	0.2	6.9	46.0	6.6	14.6	74.4
2023	—	15.8	4.8	2.1	11.0	13.7	13.7	-29.6	-6.2	221.3

数据来源：历年河南省统计年鉴、兰考县统计公报。

从兰考县固定资产投资增速与省、市增速对比来看，2011—2023年间，兰考县固定资产投资增速均超过河南省增速水平，绝大多数年份超过开封市增速水平。

从不同类型投资占固定资产投资的比重来看，民间投资占固定资产投资的比重最大，2018年占比最高达到91.0%，近几年有所下降，2023年占比为58.8%。相反，基础设施投资占固定资产投资的比重近年不断提高，2023年占比达43.8%（见表14）。

表14　2017—2023年不同类型投资占固定资产投资的比重

年份	工业投资占固定资产投资的比重（%）	民间投资占固定资产投资的比重（%）	基础设施投资占固定资产投资的比重（%）
2017	—	89.4	17.4
2018	46.0	91.0	18.1
2019	26.9	80.5	13.4
2020	28.6	74.2	10.6
2021	33.5	83.6	6.3
2022	42.1	82.5	9.4
2023	26.9	58.8	43.8

数据来源：历年河南省统计年鉴、兰考县统计公报。

八、社会消费分析

2008—2023年，兰考县社消零总额及其占GDP的比重和其在省、市的位次均不断提高。2017年兰考县社消零总额突破100亿元，2019年突破200亿元，2023年达到237.4亿元（见表15），其中批发和零售业达到203.84亿元，占社消零总额的比重为85.9%，住宿和餐饮业为33.57亿元，占社消零总额的比重为14.1%（见表16）。2022年兰考县社消零总额在开封市排第1位、河南省排第10位，分别较2008年提升了3个、49个位次。

兰考县人均社消零额绝对量逐年增长，2019年超过省、市平均水平，在全省的位次提升明显。2023年兰考县人均社消零额为30832元，是2008年的近10倍，占市、省的比重分别为123.7%、116.4%，分别较2008年提升了66.0个、64.4个百分点。2022年兰考县人均社消零额居开封市第1位、河南省第4位,分别较2008年提升了2个、74个位次(见表15)。

表15 2008—2023年兰考县社会消费情况

年份	社消零总额（亿元，%）				人均社消零额（元）				
	社消零总额	在开封市的排名	在河南省的排名	占GDP的比重	人均社消零额	在开封市的排名	在河南省的排名	与开封市相比	与河南省相比
2008	23.9	4	59	26.6	3181	3	78	57.7	52.0
2009	29.0	3	55	29.0	3841	3	77	68.0	54.5
2010	39.6	3	46	31.7	5842	2	58	74.0	69.3
2011	48.1	3	39	32.3	7172	1	52	76.5	72.7
2012	55.9	3	39	33.1	8353	1	51	77.6	73.9
2013	64.3	3	39	33.4	9710	1	46	78.9	75.9
2014	73.6	3	38	34.4	11703	1	37	84.5	81.9
2015	83.2	3	38	35.5	13155	1	38	83.6	82.5
2016	94.1	1	36	36.3	14775	1	36	83.6	83.6
2017	106.5	3	35	37.7	16573	2	38	83.7	84.5
2018	118.9	2	29	39.2	18358	1	32	89.5	85.1
2019	200.5	1	11	51.4	30705	1	4	143.3	129.5
2020	198.8	1	11	51.9	25608	1	8	123.8	113.1
2021	221.9	1	10	54.5	29020	1	8	124.8	117.6
2022	226.1	1	10	53.1	29560	1	4	123.8	119.6
2023	237.4	—	—	57.8	30832	—	—	123.7	116.4

数据来源:历年河南省统计年鉴,开封市、兰考县统计公报。

表16 2015—2023年兰考县社会消费分行业情况

年份	社消零分行业			
	其中批发和零售业（亿元）	占社消零的比重（%）	其中住宿和餐饮业（亿元）	占社消零的比重（%）
2015	46.1	55.4	17.6	21.1
2016	78.7	83.7	15.4	16.3

续表

年份	社消零分行业			
	其中批发和零售业（亿元）	占社消零的比重（%）	其中住宿和餐饮业（亿元）	占社消零的比重（%）
2017	89.1	83.7	17.4	16.3
2018	98.28	82.6	20.66	17.4
2019	111.00	55.4	21.80	10.9
2020	166.86	83.9	31.96	16.1
2021	188.07	84.8	33.82	15.2
2022	194.70	86.1	31.50	13.9
2023	203.84	85.9	33.57	14.1

数据来源：历年河南省统计年鉴，开封市、兰考县统计公报。

九、人口规模分析

从人口情况看，兰考县2023年常住人口为77.0万人，占开封市常住人口的16.3%。2020年兰考县户籍人口为95.5万人。2022年兰考县常住人口为76.5万人，在开封市排第2位、河南省排第32位，人口规模较大。2020年人口外流17.8万人，人口流失率为18.7%（见表17）。

从城镇化率看，2013—2022年兰考县城镇化率不断提升，2022年城镇化率为48.6%，在全省排第41位，较开封市城镇化率低4.9个百分点，较河南省城镇化率低8.5个百分点（见表17）。

表17 2008—2023年兰考县人口情况

年份	兰考县户籍人口（万人）	兰考县常住人口（万人）	常住人口在开封市的排名	常住人口在河南省的排名	兰考县外流人口（万人）	兰考县人口流失率（%）	常住人口占开封市的比重（%）	兰考县城镇化率（%）	城镇化率在河南省的排名	开封市城镇化率（%）	河南省城镇化率（%）
2008	76.6	75.1	3	39	1.5	2.0	16.0	—		37.7	36.0
2009	77.1	75.6	3	38	1.5	1.9	16.0	—		39.6	37.7
2010	82.4	67.7	3	50	14.7	17.8	14.5	—		36.0	38.8

续表

年份	兰考县户籍人口（万人）	兰考县常住人口（万人）	常住人口在开封市的排名	常住人口在河南省的排名	兰考县外流人口（万人）	兰考县人口流失率（%）	常住人口占开封市的比重（%）	兰考县城镇化率（%）	城镇化率在河南省的排名	开封市城镇化率（%）	河南省城镇化率（%）
2011	82.8	67.1	3	51	15.7	19.0	14.3	—	—	37.8	40.5
2012	83.2	66.9	3	50	16.4	19.7	14.1	—	—	39.7	42.0
2013	83.7	66.3	3	52	17.4	20.8	13.9	31.5	69	41.1	43.6
2014	84.1	62.9	3	56	21.2	25.2	13.2	33.1	69	42.6	45.1
2015	84.6	63.3	3	55	21.4	25.2	13.3	35.6	64	44.2	47.0
2016	85.2	63.7	3	56	21.5	25.3	13.4	37.6	61	45.9	48.8
2017	85.9	64.2	3	55	21.7	25.2	13.5	39.5	58	47.4	50.6
2018	86.5	64.8	3	55	21.7	25.1	13.6	41.6	53	48.8	52.2
2019	87.0	65.3	3	54	21.7	25.0	13.6	43.6	52	50.3	54.0
2020	95.5	77.6	3	34	17.8	18.7	16.1	46.9	40	51.8	55.4
2021	—	76.5	3	33	—	—	16.0	48.0	41	52.9	56.5
2022	—	76.5	2	32	—	—	16.3	48.6	41	53.5	57.1
2023	—	77.0	—	—	—	—	16.3	—	—	54.5	58.1

数据来源：历年河南省统计年鉴，开封市、兰考县统计公报。

从就业情况看，2019年兰考县从业人数为62.3万人。从三产就业结构来看，2008年以来第一产业从业人员占比逐年减少，第二、第三产业从业人员占比逐年提高。2019年第一产业和第二、第三产业从业人员比例为36.5∶63.5（见表18）。

表18　2008—2019年兰考县就业情况

年份	从业人员数（万人）	第一产业从业人员数占比（%）	第二产业从业人员数占比（%）	第三产业从业人员数占比（%）
2008	34.8	69.8	17.8	12.4
2009	50.7	45.6	34.1	20.3
2010	51.2	44.0	34.9	21.1

续表

年份	从业人员数（万人）	第一产业从业人员数占比（%）	第二产业从业人员数占比（%）	第三产业从业人员数占比（%）
2011	50.4	42.8	57.2	
2012	51.0	39.6	60.4	
2013	57.1	35.6	64.4	
2014	56.4	33.7	66.3	
2015	57.5	33.1	66.9	
2016	59.7	32.0	68.0	
2017	62.3	40.0	60.0	
2018	59.7	36.0	64.0	
2019	62.3	36.5	63.5	

数据来源：历年河南省统计年鉴。

十、公共服务分析

基础教育阶段，兰考县学校数、在校学生数有所减少，其中，基础教育学校数由2012年的275所降至2018年的252所，在校学生数由2012年的124030人减少至2018年的117486人（见表19）。

千人卫生机构床位数和千人卫生技术人员数均先提升后又降低，2019年达到最大值，分别为9.19张和9.24人，2023年分别为6.45张和8.26人（见表19）。

表19　2012—2023年兰考县义务教育和医疗情况

年份	学校数（所）			在校学生数（人）			医疗卫生（张，人）	
	合计	小学学校数	初中学校数	合计	小学在校生数	初中在校生数	卫生机构床位数/千人	卫生技术人员数/千人
2012	275	220	55	120430	86810	33620	6.06	5.19
2013	275	223	52	106000	73000	33000	6.30	5.86
2014	276	224	52	108000	73000	35000	7.24	6.53

续表

年份	学校数（所）			在校学生数（人）			医疗卫生（张，人）	
	合计	小学学校数	初中学校数	合计	小学在校生数	初中在校生数	卫生机构床位数/千人	卫生技术人员数/千人
2015	277	224	53	108700	73900	34800	7.51	6.83
2016	277	224	53	111300	75400	35900	7.57	7.46
2017	281	227	54	113069	77617	35452	8.57	7.83
2018	252	200	52	117486	80155	37331	9.04	8.65
2019	—	—	—	—	—	—	9.19	9.24
2020	—	—	—	—	—	—	7.77	7.90
2021	—	—	—	—	—	—	7.09	8.32
2022	—	—	—	—	—	—	6.90	8.28
2023	—	—	—	—	—	—	6.45	8.26

数据来源：历年河南省统计年鉴、兰考县统计公报。

十一、县域发展战略分析

近年来，兰考县紧抓郑开同城化进程的战略发展机遇，做强做大产业体系，推动城乡融合发展，激活县域经济发展动能。

一是做强主导产业。强化家居产业生态，把最初的板材粗加工业发展培育成现代家居产业体系；结合乡村生活垃圾分类，建设循环经济示范园区，推进垃圾收储运和循环利用一体化，推动生产生活方式绿色转型；发展民族乐器产业，形成集制作、展示、销售、物流、演艺为一体的完整产业链；培育奶牛+饲草产业体系并利用土地、劳务等合作社和家庭农场等新型经营组织，促进现代农业高质量发展。

二是构建开放格局。积极融入郑州都市圈，加快纳入郑开同城化，强力"连汴融郑、提级扩能"。

三是抓实创新驱动。高水平建设郑开科创走廊兰考功能区，构建科技创新创业孵化体系，健全"微成长、小升高、高变强"梯次培育机制，促进科研成果转化。

四是构建城乡融合空间新格局。打造郑开兰同城的东部区域中心城市，构建"一主三副多节点"的县域空间一体化格局，形成"中心城区、副中心、特色集镇、示范村"四级城乡空间结构。

十二、综述

近年来，兰考县经济发展充满活力，经济总量、人均GDP、居民收入增长等指标不断实现新突破，农业生产总体稳定、工业经济快速增长、社会消费品市场蓬勃发展、经济结构调整步伐加快、金融机构存款余额稳定增长，总体发展态势良好。

"十四五"末及"十五五"开局，兰考县经济社会发展仍面临以下较大挑战。

第一，创新能力还不强，科技投入不足。创新人才、创新团队缺乏，创新载体和研发平台较少。

第二，主导产业结构的上下游配套能力不强，尚未形成规模较大、配套齐全的产业集群。还不具备分工细致、具有良好协作配套能力的产业链和具有较强竞争力的价值链。

第三，经济规模小，城镇化率低，发展不平衡、不充分问题仍很突出。

未来一段时期，兰考县要抓好乡村振兴和推动黄河流域生态保护和高质量发展两大国家战略给兰考带来的广阔发展空间。一方面，充分发挥承东启西的区位优势，加大招商引资力度，抢抓产业升级和科技创新机遇，积极承接产业转移构筑合作平台，在更高水平、更高层次上参与国内外分工合作；另一方面，进一步将红色资源转化为发展资源，培育发展新动能，构建发展新格局，推动县域经济全方位高质量发展。最后，深刻把握好黄河流域生态保护和高质量发展、中部崛起、乡村振兴等一系列国家战略中蕴藏的发展机会，推进县域经济高质量发展。

河南省县域经济运行分析：通许篇

一、通许县概况

通许县北距开封 45 千米，位于河南省中部偏东北，地处豫东平原。东接杞县、西连尉氏，南邻扶沟、太康，北交开封市祥符区。东西宽 30.5 千米、南北长 34.8 千米，总面积 767 平方千米。处在黄河自孟津向东所形成的巨大冲积扇的南部，是黄河南泛冲击而成的黄淮平原之一部分。地势西高东低，北高南低，由西北向东南呈倾斜状。耕地面积 83.17 万亩、国土面积 115.01 万亩，耕地占国土面积的 72.3%。

通许县地热资源丰富，2022 年，经第二地质环境调查院调查估算，在"通许凸起"中部工作区地下 3000 米以下，储存岩溶热水 1463.96 亿立方米，该项目顺利通过了河南省自然资源厅验收。通许县将依托相当于 29.5 亿吨标准煤的大规模地热资源，开发"通许地热城"新模式，着力打造"中原温泉之乡"。

二、总体经济运行分析

从 GDP 总量来看，2023 年通许县 GDP 为 280.0 亿元，占开封市 GDP 总量的 11.1%。2022 年通许县 GDP 为 303.7 亿元，占开封市 GDP 总量的 11.4%，在开封市下辖 4 个县中排第 4 位，在河南省 102 个县（市）中排第 53 位（见表 1）。

从 GDP 增速来看，2023 年通许县 GDP 增速为 –1.2%，低于开封市 GDP 增速 2.1 个百分点，低于河南省 GDP 增速 5.3 个百分点。2022 年通许县 GDP 增速为 4.3%，在开封市下辖 4 个县中排第 4 位，在河南省 102 个县（市）中排第 63 位（见表 1）。

表1 2008—2023年通许县地区生产总值及增速

年份	通许县GDP（亿元）	通许县GDP在开封市的排名	通许县GDP在河南省的排名	通许县GDP占开封市的比重（%）	通许县GDP增速（%）	通许县GDP增速在开封市的排名	通许县GDP增速在河南省的排名	通许县GDP增速与开封市GDP增速对比	通许县GDP增速与河南省GDP增速对比
2008	85.7	4	62	12.4	13.0	2	54	−0.1	1.0
2009	98.5	4	56	14.0	11.1	4	67	−1.0	0.1
2010	119.0	4	51	12.8	12.4	2	40	0.2	0.0
2011	140.5	4	51	13.1	12.6	2	49	−0.3	0.6
2012	160.2	4	49	13.3	11.4	3	44	0.3	1.3
2013	177.9	4	49	13.1	10.6	4	29	−0.2	1.6
2014	200.1	4	44	13.4	9.2	4	50	−0.4	0.3
2015	214.1	4	43	13.3	9.0	4	58	−0.4	0.6
2016	232.1	4	42	13.2	8.6	4	58	0.1	0.4
2017	245.0	4	45	13.0	7.3	4	82	−0.5	−0.5
2018	259.5	4	48	13.0	7.1	2	77	0.1	−0.5
2019	286.4	4	45	12.1	7.2	3	61	0.0	0.2
2020	278.5	4	45	11.7	2.1	3	72	0.1	0.8
2021	294.7	4	46	11.5	7.4	4	47	0.2	1.1
2022	303.7	4	53	11.4	4.3	4	63	0.0	1.2
2023	280.0	—	—	11.1	−1.2	—	—	−2.1	−5.3

数据来源：历年河南省统计年鉴、通许县人民政府网。

从人均GDP来看，通许县人均GDP高于开封市平均水平，且近年来和河南省平均水平相差不大。2022年通许县人均GDP为56707元，相当于开封市人均GDP的101.1%，相当于河南省人均GDP的91.3%，在开封市下辖4个县中排第2位，在河南省102个县（市）中排第36位。从人均GDP增速来看，2008—2022年通许县人均GDP增速不断波动，但始终保持正增长，2022年增速为5.0%，在开封市下辖4个县中排第4位，在河南省102个县（市）中排第60位（见表2）。

表2 2008—2022年通许县人均地区生产总值及增速

年份	通许县人均GDP（元）	通许县人均GDP在开封市的排名	通许县人均GDP在河南省的排名	通许县人均GDP与开封市相比（%）	通许县人均GDP与河南省相比（%）	通许县人均GDP增速（%）	通许县人均GDP增速在开封市的排名	通许县人均GDP增速在河南省的排名
2008	14836	2	48	99.1	78.6	12.9	2	56
2009	16965	2	43	102.4	83.7	10.5	4	70
2010	20685	2	41	104.7	86.2	13.5	3	53
2011	24792	1	41	107.9	88.9	14.2	3	56
2012	28340	1	40	109.3	92.9	11.7	4	57
2013	31570	1	39	107.6	95.3	10.9	4	37
2014	36557	1	31	112.6	101.6	12.4	2	10
2015	40430	1	28	114.4	105.5	12.7	2	6
2016	44139	1	27	114.3	106.8	9.4	3	26
2017	46853	1	31	112.9	102.5	7.8	4	58
2018	49908	1	31	105.4	98.4	7.8	1	48
2019	55387	2	30	115.6	101.9	7.8	2	39
2020	51429	1	33	104.6	92.8	2.3	2	68
2021	54660	2	35	103.1	92.0	7.9	3	50
2022	56707	2	36	101.1	91.3	5.0	4	60

数据来源：历年河南省统计年鉴。

三、分产业经济运行分析

（一）产业格局与发展方向

通许县围绕"二三二"产业发展定位，推动经济发展稳中有进、稳中向好。

壮大酸辣粉、地热能两大特色产业。加快推进"中国酸辣粉之都"建设，围绕"12450"发展思路，引进淀粉、料包、物流等全产业链配套企业；成立通许县酸辣粉产业协会，举办"数商兴农粉都通许"首届电商直播大赛。加强地热资源阶梯式勘探开发，大力发展温泉、康养、矿泉水等产业，着力打造"中原温泉之乡"。提振特色种植养殖、农副产品精深加工、建材家居三大传统产业。推动特色种植养殖规模化，形成"一县一业""一镇一特""一村一品"产业新格局。推动农副产品精深加工优势化，发展小麦、红薯、蔬菜、花卉及肉禽全产业链。推动建材家居集群化，加快木制品产业园规划提升，成立国有运营公司，着力打造豫东地区最大的木制品加工基地。培育智能制造、生物科技两大新兴产业。重点推进科饶恩智能门窗、华中牧大生物科技、好美特生物制剂扩建等项目建设，加快培育新的经济增长点。

（二）产业结构分析

通许县第一产业占比较高，除2017—2019年之外，第一产业占比均在20%以上，2023年第一产业仍占25.5%。自2017年开始，第三产业占比高于第二产业，2023年三产结构为25.5∶29.9∶44.8（见图1）。

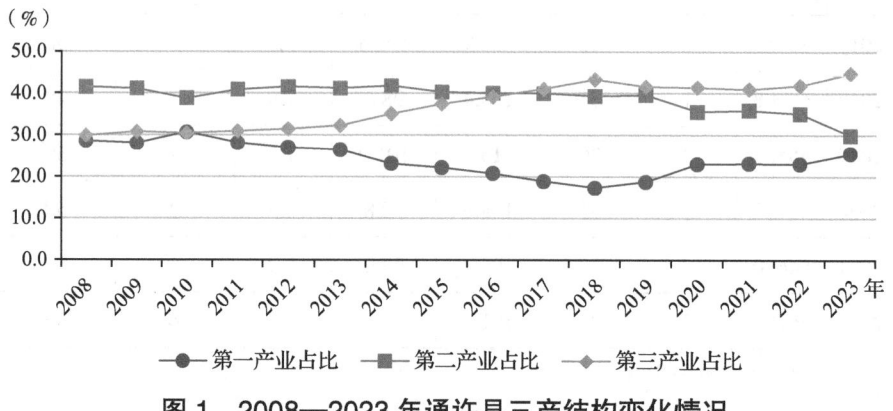

图1　2008—2023年通许县三产结构变化情况

（三）工业发展情况分析

从工业发展情况来看，2023年通许县规上工业增加值大幅下降，增速为-15.0%，低于开封市增速15.1个百分点，低于河南省增速20.0个百分点。2022年通许县规上工业增加值增速为1.3%，在开封市下辖4个县中排第4位，在河南省下辖102个县（市）中排第93位（见表3）。

表3 2008—2023年通许县工业发展情况

年份	通许县规上工业增加值增速（%）	增速在开封市的排名	增速在河南省的排名	开封市规上工业增加值增速（%）	河南省规上工业增加值增速（%）	通许县增速与开封市对比	通许县增速与河南省对比
2008	24.0	2	54	20.9	19.8	3.1	4.2
2009	16.7	4	74	17.8	14.6	−1.1	2.1
2010	22.2	4	62	21.6	19.0	0.6	3.2
2011	24.2	4	50	23.6	19.6	0.6	4.6
2012	21.1	3	30	17.8	14.6	3.3	6.5
2013	18.8	2	13	17.2	11.8	1.6	7.0
2014	14.5	3	23	13.7	11.2	0.8	3.3
2015	10.6	4	59	10.3	8.6	0.3	2.0
2016	9.8	4	44	9.0	8.0	0.8	1.8
2017	8.8	4	55	8.2	8.0	0.6	0.8
2018	7.2	2	72	7.7	7.2	−0.5	0.0
2019	8.3	4	74	8.8	7.8	−0.5	0.5
2020	−3.7	4	93	2.9	0.4	−6.6	−4.1
2021	8.6	4	55	8.7	6.3	−0.1	2.3
2022	1.3	4	93	5.9	5.1	−4.6	−3.8
2023	−15.0	—	—	0.1	5.0	−15.1	−20.0

数据来源：历年河南省统计年鉴、通许县人民政府网。

（四）服务业发展情况分析

从服务业发展情况来看，2023年通许县服务业增加值为125.3亿元，占开封市服务业增加值的9.9%。2022年通许县服务业增加值为127.3亿元，占开封市服务业增加值的10.2%，在开封市下辖4个县中排第4位，在河南省下辖102个县（市）中排第52位（见表4）。

从服务业增加值增速来看，2022年通许县服务业增加值增速为2.8%，在开封市下辖4个县中排第2位，在河南省下辖102个县（市）中排第60位（见表4）。

表4　2008—2023年通许县服务业发展情况

年份	通许县服务业增加值（亿元）	通许县服务业增加值占开封市的比重（%）	通许县服务业增加值在开封市的排名	通许县服务业增加值在河南省的排名	通许县服务业增加值增速（%）	通许县服务业增加值增速在开封市的排名	通许县服务业增加值增速在河南省的排名
2008	25.6	10.9	4	44	21.0	2	2
2009	30.4	11.5	4	35	16.1	3	22
2010	36.2	11.8	4	33	17.3	1	5
2011	43.5	11.9	4	32	14.0	1	10
2012	50.4	12.1	4	32	12.2	2	18
2013	57.5	12.1	4	30	10.3	3	19
2014	70.2	12.1	4	34	10.5	3	23
2015	80.3	12.1	4	34	12.1	4	45
2016	91.0	12.1	4	34	11.3	3	38
2017	100.7	11.9	4	35	7.6	4	94
2018	112.4	11.8	4	38	7.8	3	78
2019	119.3	11.0	4	46	7.1	4	66
2020	115.3	10.4	4	48	1.8	2	61
2021	120.8	10.0	4	53	8.1	4	55
2022	127.3	10.2	4	52	2.8	2	60
2023	125.3	9.9	—	—	-2.1	—	—

数据来源：历年河南省统计年鉴、通许县人民政府网。

（五）重点企业分析

（1）河南省丽星亿源食品有限公司。目前食品公司共有4个生产厂区，总占地面积325亩，建筑面积25万平方米，在职员工1200人，共安装投产16条方便粉丝生产线、6条非油炸面制品生产线，每条生产线日产方便粉丝12万盒，具有年产7.5亿盒方便粉丝及面制品的生产能力，年产值20亿元。拥有国内单体企业最多的酸辣粉生产线，为多个网红品牌代工，自有品牌全新发力，近年成为全国酸辣粉市场的领跑企业。

（2）开封市丽星机械设备有限公司。前身企业成立于20世纪80年代，曾用名通许县丽星粉皮淀粉设备厂，2005年正式更名为开封市丽星机械设备有限公司，是一家专注薯类淀粉深加工设备的生产型企业。先后有18个系列、40多个品牌的食品加工设备。热销产品：自动化水晶粉丝生产线、方便粉丝生产线、粉皮机、方便粉丝烘干线、薯类、豆类系列淀粉加工生产设备和系列气流烘干设备等设备。研制开发的设备销往全国多地，同时出口到朝鲜、越南、马来西亚、阿塞拜疆等国家，对企业的发展起到了积极的促进作用。

（3）河南宇东面粉有限公司。成立于2012年8月，占地面积7.9万多平方米，建设小麦加工生产线2条、面粉深加工生产线1条，主要生产销售小麦粉、面条，日处理小麦3000吨，仓储能力13万吨。公司工程技术研究中心拥有小麦检验常规化验室、面粉品质分析实验室、国标测定（理化）实验室、烘焙实验室。2019年获评河南省智能车间，2023年获评河南省智能工厂。

（4）河南东啟新能源车业有限公司。占地面积400余亩，建设面积12.8万平方米，拥有国内先进的冲压、焊装、涂装、总装四大工艺生产线及整车检测线，倾力打造全国产销量最大的电动汽车制造基地。公司是从事智能续航电动汽车的专业制造商，先后获得省级企业技术中心、高新技术企业和国家级科技中小型企业等荣誉称号。

（5）河南纳森木业有限公司。占地118亩，是一家专门从事浸渍纸、压贴及强化复合地板产品生产的现代化大型综合企业，也是中国地板行业实力较强并享有美誉的企业之一。年产260万方木地板，产品主要出口到乌兹别克斯坦、哈萨克斯坦、俄罗斯等国家。

四、财政收支分析

从财政收支来看，2023年通许县一般公共预算收入为10.2亿元，一般公共预算支出为32.9亿元。2022年通许县一般公共预算收入达13.6亿元，占开封市一般公共预算收入的6.8%，在开封市下辖4个县中排第4位，在河南省下辖102个县（市）中排第57位；一般公共预算支出达到39.0亿元，占开封市一般公共预算支出的8.5%，在开封市下辖4个县中排第4位，在河南省下辖102个县（市）中排第67位（见表5）。

表5 2008—2023年通许县财政收支情况

年份	一般公共预算收入（亿元，%）				一般公共预算支出（亿元，%）			
	一般公共预算收入	占开封市的比重	在开封市的排名	在河南省的排名	一般公共预算支出	占开封市的比重	在开封市的排名	在河南省的排名
2008	1.4	5.4	4	84	6.2	8.3	4	96
2009	1.5	5.1	4	84	8.3	8.5	4	95
2010	1.8	4.9	4	85	9.7	8.4	4	93
2011	2.4	4.8	4	88	13.3	9.2	4	87
2012	3.4	5.4	4	82	15.1	8.8	4	92
2013	5.3	6.5	4	62	18.4	9.3	4	86
2014	6.5	6.7	4	61	20.2	9.1	4	85
2015	7.5	6.9	4	56	23.5	8.9	4	81
2016	7.7	6.8	4	59	30.2	10.2	4	64
2017	8.1	6.6	4	63	32.2	9.6	4	61
2018	10.1	7.2	4	55	34.7	9.4	4	73
2019	10.5	6.8	4	60	36.7	8.6	4	75
2020	10.8	6.7	4	61	34.6	8.0	4	85
2021	12.4	6.9	4	55	25.6	5.6	4	89
2022	13.6	6.8	4	57	39.0	8.5	4	67
2023	10.2	6.6	—	—	32.9	7.9	—	—

数据来源：历年河南省统计年鉴、通许县人民政府网

从人均财力看，通许县人均一般公共预算收入、支出都不断上升，但仍不及省、市平均水平。2022年通许县人均一般公共预算收入为2540元，相当于开封市人均一般公共预算收入的60.0%，相当于河南省人均一般公共预算收入的56.5%，在开封市下辖4个县中排第3位，在河南省下辖102个县（市）中排第51位；人均预算支出为7279元，相当于开封市人均一般公共预算支出的74.7%，相当于河南省人均一般公共预算支出的64.7%，在开封市下辖4个县中排第3位，在河南省下辖102个县（市）中排第48位。从财政自给率看，2022年通许县财政自给率为34.9%，在开封市下辖4个县中排第4位，在河南省下辖102个县（市）中排第51位（见表6）。

表 6 2008—2022 年通许县人均财力及财政自给率

年份	一般公共预算收入/常住人口	人均财力（元，%） 与开封市相比	与河南省相比	在开封市的排名	在河南省的排名	一般公共预算支出/常住人口（元）	与开封市相比	与河南省相比	在开封市的排名	在河南省的排名	财政自给率（%）	在开封市的排名	在河南省的排名
2008	242	43.4	22.6	3	69	1071	67.5	44.3	3	99	22.6	2	59
2009	261	41.6	22.0	3	73	1419	68.7	46.3	3	94	18.4	3	64
2010	318	40.2	21.7	4	77	1714	68.9	47.2	2	93	18.6	4	67
2011	417	40.0	22.9	4	79	2345	76.0	52.2	2	84	17.8	4	70
2012	594	45.4	27.7	4	64	2671	73.7	50.8	3	97	22.2	4	54
2013	936	55.2	37.1	3	50	3273	79.1	56.1	3	88	28.6	4	48
2014	1216	60.4	42.8	3	47	3803	81.5	60.8	3	76	32.0	2	42
2015	1427	62.6	45.9	3	46	4464	80.2	63.7	2	69	32.0	3	45
2016	1473	61.9	45.7	3	48	5751	92.6	75.4	3	35	25.6	4	50
2017	1562	60.7	45.0	3	49	6183	88.1	74.0	3	39	25.3	4	51
2018	1942	66.0	50.9	3	46	6692	86.8	71.6	3	53	29.0	4	47
2019	2044	63.5	50.1	3	47	7113	80.6	69.3	3	61	28.7	3	48
2020	1983	59.8	47.3	3	53	6371	71.4	61.1	3	83	31.1	4	46
2021	2313	61.7	52.6	4	51	4785	50.1	45.4	4	95	48.3	1	33
2022	2540	60.0	56.5	3	51	7279	74.7	64.7	3	48	34.9	4	51

数据来源：历年河南省统计年鉴。

五、金融业发展分析

从金融机构年末存贷情况来看，2023 年通许县金融机构存款年末余额 300.2 亿元，贷款年末余额 189.8 亿元，存贷比为 63.2%。2022 年通许县金融机构存款年末余额 266.6 亿元，占开封市的 8.9%，在开封市下辖 4 个县中排第 4 位，在河南省下辖 102 个县（市）中排第 74 位；金融机构贷款年末余额 157.0 亿元，占开封市的 6.5%，在开封市下辖 4 个县中排第 4 位，在河南省下辖 102 个县（市）中排第 65 位（见表 7）。

从存贷比来看，2022 年通许县存贷比为 58.9%，在开封市下辖 4 个县中排第 4 位，在河南省下辖 102 个县（市）中排第 39 位（见表 7），低于开封市 22.0 个百分点，低于河南省 22.7 个百分点。

表 7　2008—2023 年通许县金融机构年末存贷款余额情况

年份	存款年末余额	占开封市的比重	在开封市的排名	在河南省的排名	贷款年末余额	占开封市的比重	在开封市的排名	在河南省的排名	通许县存贷比	在开封市的排名	在河南省的排名
	存款（亿元，%）				贷款（亿元，%）				存贷比（%）		
2008	33.8	7.6	4	86	11.7	4.8	4	92	34.6	4	79
2009	38.2	6.7	4	94	13.3	4.1	3	93	35.0	3	83
2010	46.0	6.8	4	96	16.2	4.0	4	94	35.2	3	84
2011	58.2	7.4	4	90	18.1	4.1	4	96	31.1	3	91
2012	71.9	7.5	4	82	23.3	4.2	4	93	32.4	3	84
2013	82.2	7.2	4	87	34.9	5.0	4	86	42.4	3	53
2014	94.2	7.4	4	84	44.9	5.2	4	85	47.7	4	51
2015	109.2	7.5	4	82	53.0	5.2	4	83	48.6	4	53
2016	128.0	7.8	4	80	60.9	5.1	4	79	47.6	3	50
2017	145.4	7.6	4	79	73.3	5.4	4	74	50.4	4	49
2018	159.3	7.7	4	81	80.6	5.4	4	72	50.6	4	51
2019	178.4	7.9	4	82	93.5	5.5	4	70	52.4	3	49

续表

年份	存款（亿元，%）				贷款（亿元，%）				存贷比（%）		
	存款年末余额	占开封市的比重	在开封市的排名	在河南省的排名	贷款年末余额	占开封市的比重	在开封市的排名	在河南省的排名	通许县存贷比	在开封市的排名	在河南省的排名
2020	197.0	8.0	4	83	107.1	5.5	4	78	54.4	3	46
2021	227.1	8.6	4	82	125.3	5.8	4	77	55.2	3	46
2022	266.6	8.9	4	74	157.0	6.5	4	65	58.9	4	39
2023	300.2	9.2	—	—	189.8	6.9	—	—	63.2	—	—

数据来源：历年河南省统计年鉴、通许县人民政府网

从人均存贷款余额来看，2022年通许县人均存款余额为49792元，相当于开封市人均存款余额的77.9%，相当于河南省人均存款余额的50.9%，在开封市下辖4个县中排第3位，在河南省下辖102个县（市）中排第74位；人均贷款余额为29331元，相当于开封市人均贷款余额的56.7%，相当于河南省人均贷款余额的36.7%，在开封市下辖4个县中排第3位，在河南省下辖102个县（市）中排第58位（见表8）。

表8　2008—2022年通许县人均存贷款情况

年份	人均存款（元，%）				人均贷款（元，%）			
	人均存款余额	在开封市的排名	在河南省的排名	与开封市相比	与河南省相比	人均贷款余额	在开封市的排名	在河南省的排名	与开封市相比	与河南省相比
2008	5840	1	75	61.9	36.1	2022	3	92	38.8	18.4
2009	6549	2	82	54.3	32.4	2290	2	95	32.8	16.2
2010	8112	2	89	55.7	33.0	2858	3	95	33.2	16.9
2011	10280	2	85	61.3	36.5	3193	3	95	33.8	17.3
2012	12739	2	86	62.8	38.0	4131	3	88	35.3	19.4
2013	14604	2	89	61.3	37.2	6194	3	76	42.2	25.2
2014	17693	2	79	66.4	41.2	8435	3	69	46.6	29.9
2015	20708	2	75	67.7	42.2	10059	2	60	46.9	31.0

续表

年份	人均存款（元，%）					人均贷款（元，%）				
	人均存款余额	在开封市的排名	在河南省的排名	与开封市相比	与河南省相比	人均贷款余额	在开封市的排名	在河南省的排名	与开封市相比	与河南省相比
2016	24405	2	73	70.8	44.2	11616	3	61	46.5	31.1
2017	27881	2	71	69.8	46.4	14060	2	58	49.0	33.1
2018	30724	2	71	71.3	47.5	15552	2	58	49.6	32.1
2019	34586	2	71	74.1	49.3	18121	3	61	51.1	32.2
2020	36298	2	85	71.1	47.2	19742	3	71	49.1	31.2
2021	42401	2	80	77.2	50.8	23392	3	67	51.6	33.3
2022	49792	3	74	77.9	50.9	29331	3	58	56.7	36.7

数据来源：历年河南省统计年鉴

六、居民收入分析

从居民收入看，2022年通许县居民人均可支配收入为23198元，相当于开封市居民人均可支配收入的89.4%，相当于河南省居民人均可支配收入的82.2%，在开封市下辖4个县中排第3位，在河南省下辖102个县（市）中排第63位。从居民收入增速看，2022年通许县居民人均可支配收入增长6.5%，高于开封市居民人均可支配收入增速0.9个百分点（见表9）。

表9　2017—2022年通许县居民人均可支配收入情况

年份	通许县居民人均可支配收入（元）	在开封市的排名	在河南省的排名	与开封市相比（%）	与河南省相比（%）	通许县居民人均可支配收入增速（%）	开封市城乡居民人均可支配收入增速（%）	通许县增速与开封市增速对比
2017	16129	2	58	88.2	80.0	—	10.1	—
2018	17522	2	59	87.7	79.8	8.6	9.3	−0.7
2019	19056	2	63	87.4	79.7	8.8	9.1	−0.3

续表

年份	通许县居民人均可支配收入（元）	在开封市的排名	在河南省的排名	与开封市相比（%）	与河南省相比（%）	通许县居民人均可支配收入增速（%）	开封市城乡居民人均可支配收入增速（%）	通许县增速与开封市增速对比
2020	19967	2	63	100.0	80.5	4.8	3.9	0.9
2021	21773	3	64	88.6	81.2	9.0	8.5	0.5
2022	23198	3	63	89.4	82.2	6.5	5.6	0.9

数据来源：历年河南省统计年鉴

分城镇、农村居民人均可支配收入看，2022年通许县城镇居民人均可支配收入为30519元，相当于开封市城镇居民人均可支配收入的85.7%，相当于河南省城镇居民人均可支配收入的79.3%，在开封市下辖4个县中排第3位，在河南省下辖102个县（市）中排第88位；农村居民人均可支配收入为18952元，略高于开封市及河南省农村居民人均可支配收入，在开封市下辖4个县中排第3位，在河南省下辖102个县（市）中排第46位（见表10）。

从城乡居民收入对比来看，2022年通许县城乡居民人均可支配收入比约为1.6∶1，城乡收入差距在河南省下辖102个县（市）中排第31位（见表10）。

七、固定资产投资分析

从固定资产投资总额来看，通许县2017年达到205.9亿元，2018年起官方不再公开固定资产投资总额，仅公布增速。从增速来看，2023年通许县固定资产投资增速为4.3%，高于开封市4.2个百分点，高于河南省2.2个百分点（见表11）。

表 10　2008—2022 年通许县分城乡居民人均可支配收入及城乡收入比

年份	城镇（元，%） 城镇居民人均可支配收入	在开封市的排名	在河南省的排名	与开封市相比	与河南省相比	农村（元，%） 农村居民人均可支配收入	在开封市的排名	在河南省的排名	与开封市相比	与河南省相比	城乡收入比 城乡收入比	在开封市的排名	在河南省的排名
2008	9394	2	86	59.7	71.0	4601	2	45	105.6	103.3	2.0	2	27
2009	10476	2	89	61.2	72.9	4951	2	45	105.5	103.0	2.1	2	28
2010	11449	2	91	60.6	71.9	5783	1	43	107.3	104.7	2.0	2	24
2011	13064	2	91	60.4	71.8	6993	1	41	107.7	105.9	1.9	2	20
2012	14762	2	91	60.9	72.2	7974	1	42	107.6	106.0	1.9	2	21
2013	16391	3	91	61.6	73.2	8964	1	42	107.3	105.8	1.8	2	22
2014	18064	3	90	62.1	76.3	9987	1	42	107.2	100.2	1.8	2	22
2015	19358	3	90	62.2	75.7	11024	1	44	107.0	101.6	1.8	2	25
2016	20757	3	89	62.5	76.2	11825	1	44	105.9	101.1	1.8	2	27
2017	22906	3	88	63.5	77.5	12991	1	43	107.1	102.1	1.8	1	26
2018	24803	3	88	85.3	77.8	14155	1	43	107.3	102.3	1.8	2	26
2019	26678	3	91	85.2	78.0	15537	1	43	107.4	102.5	1.7	2	25
2020	27113	3	91	85.1	78.0	16506	1	42	107.4	102.5	1.6	2	23
2021	29187	3	90	85.4	78.7	18101	1	42	107.9	103.2	1.6	2	23
2022	30519	3	88	85.7	79.3	18952	3	46	104.7	101.4	1.6	2	31

数据来源：历年河南省统计年鉴。

表 11　2008—2023 年通许县固定资产投资情况

年份	固定资产投资（亿元）	通许县固定资产投资增速（%）	开封市固定资产投资增速（%）	河南省固定资产投资增速（%）	通许县增速与开封市对比	通许县增速与河南省对比
2008	29.0	36.0	41.7	30.7	−5.6	5.3
2009	27.2	−6.4	35.8	31.6	−42.2	−38.0
2010	33.8	24.4	39.2	22.2	−14.8	2.2
2011	43.6	29.1	33.3	27.0	−4.2	2.1
2012	87.4	100.3	26.1	21.4	74.3	78.9
2013	107.2	22.7	27.6	22.5	−4.9	0.2
2014	126.6	18.0	20.6	19.2	−2.6	−1.2
2015	146.2	15.5	16.6	16.5	−1.1	−1.0
2016	185.4	26.8	15.3	13.7	11.6	13.1
2017	205.9	11.1	9.3	10.4	1.8	0.7
2018	—	4.9	5.8	8.1	−0.9	−3.2
2019	—	11.4	10.8	8.0	0.6	3.4
2020	—	8.2	5.4	4.3	2.8	3.9
2021 年	—	13.2	13.1	4.5	0.1	8.7
2022 年	—	13.5	13.4	6.7	0.1	6.8
2023 年	—	4.3	0.1	2.1	4.2	2.2

数据来源：历年河南省统计年鉴、通许县政府工作报告。

八、社会消费分析

从社会消费情况来看，2023 年通许县社消零总额为 104.4 亿元，占当年通许县 GDP 的比重为 37.3%。2022 年通许县社消零总额为 99.8 亿元，在开封市下辖 4 个县（市）中排第 4 位，在河南省下辖 102 个县（市）中排第 57 位；人均社消零额逐年上升，2022 年达到 18640 元，在开封市下辖 4 个县（市）中排第 2 位，在河南省下辖 102 个县（市）中排第 45 位（见表 12）。

表 12　2008—2023 年通许县社会消费情况

年份	社消零总额（亿元，%）				人均社消零额（元）		
	社消零总额	在开封市的排名	在河南省的排名	占 GDP 的比重	人均社消零额	在开封市的排名	在河南省的排名
2008	24.2	3	57	28.3	4184	2	50
2009	29.0	4	56	29.4	4981	2	49
2010	34.1	4	56	28.6	6002	1	53
2011	39.3	4	61	27.9	6932	2	58
2012	45.5	4	62	28.4	8057	2	55
2013	52.7	4	61	29.6	9364	2	54
2014	60.3	4	56	30.1	11336	2	41
2015	68.4	4	55	32.0	12982	2	40
2016	64.8	4	75	27.9	12352	2	57
2017	86.7	4	55	35.4	16623	1	37
2018	89.5	4	56	34.5	17257	2	42
2019	88.5	4	64	30.9	17153	2	45
2020	88.2	4	59	31.7	16255	2	49
2021	98.1	4	57	33.3	18322	2	45
2022	99.8	4	57	32.9	18640	2	45
2023	104.4	—	—	37.3	—	—	—

数据来源：历年河南省统计年鉴、通许县人民政府网

九、人口规模分析

从人口情况看，通许县 2022 年常住人口为 53.5 万人，占全市常住人口的 11.4%，在开封市下辖 4 个县中排第 4 位，在河南省下辖 102 个县（市）中排第 68 位。人口流失率从 2018 年开始超过 20%，2020 年人口外流 14.5 万，人口流失率为 21.0%。2021 年开始河南省不再公布户籍人口（见表 13）。

从城镇化率看，2022 年通许县城镇化率为 43.0%，在开封市下辖 4 个

县中排第 3 位，在河南省下辖 102 个县（市）中排第 67 位（见表 13），低于开封市城镇化率 10.5 个百分点，低于河南省城镇化率 14.1 个百分点。

表 13　2008—2022 年通许县人口情况

年份	户籍人口（万人）	常住人口（万人）	常住人口在开封市的排名	常住人口在河南省的排名	外流人口（万人）	人口流失率（%）	常住人口占开封市的比重（%）	通许县城镇化率（%）	城镇化率在开封市的排名	城镇化率在河南省的排名
2008	60.4	57.9	4	68	2.5	4.1	12.3	—	—	—
2009	60.7	58.3	4	68	2.4	4.0	12.4	—	—	—
2010	62.6	56.8	4	67	5.8	9.3	12.1	—	—	—
2011	62.9	56.6	4	66	6.3	10.0	12.0	—	—	—
2012	63.2	56.5	4	67	6.8	10.7	11.9	—	—	—
2013	63.6	56.3	4	67	7.3	11.4	11.8	30.7	3	78
2014	63.9	53.2	4	70	10.7	16.7	11.1	32.2	3	78
2015	64.2	52.7	4	70	11.5	17.9	11.1	33.5	4	79
2016	64.6	52.5	4	70	12.1	18.8	11.0	35.2	3	77
2017	65.0	52.1	4	71	12.8	19.7	10.9	36.9	4	79
2018	65.2	51.8	4	73	13.4	20.5	10.8	38.4	4	83
2019	65.5	51.6	4	73	13.9	21.3	10.7	39.9	4	83
2020	68.7	54.3	4	69	14.5	21.0	11.2	41.3	3	67
2021	—	53.6	4	68	—	—	11.2	42.4	3	67
2022	—	53.5	4	68	—	—	11.4	43.0	3	67

数据来源：历年河南省统计年鉴

从就业情况看，2019 年通许县从业人数为 38.9 万人。从三产就业结构来看，2008 年以来第一产业从业人员占比较高，自 2013 年开始第二、第三产业就业人数之和超过第一产业从业人员。2019 年第一产业和第二、第三产业从业人员比例为 49∶51（见表 14）。

表 14 2008—2019 年通许县就业情况

年份	从业人员数（万人）	第一产业从业人员数占比（%）	第二产业从业人员数占比（%）	第三产业从业人员数占比（%）
2008	40.4	84	7	9
2009	37.7	72	12	16
2010	43.6	66	16	18
2011	37.9	73	27	
2012	39.7	67	33	
2013	40.4	49	51	
2014	40.6	49	51	
2015	40.5	49	51	
2016	40.8	48	52	
2017	43.4	49	51	
2018	37.9	49	51	
2019	38.9	49	51	

数据来源：历年河南省统计年鉴

十、公共服务分析

从义务教育情况来看，2022 年通许县有小学 59 所，在校生 54176 人，专任教师 2383 人，生师比 22.7∶1；有初中 27 所，在校生 26142 人，专任教师 1766 人，生师比 14.8∶1（见表 15）。

从医疗卫生情况来看，平均每千名常住人口配备卫生机构床位数、卫生技术人员数逐年上升，医疗资源配备逐步优化，2022 年每千人床位数为 6.7 张，每千人卫生技术人员数为 7.0 人（见表 15）。

表 15 2008—2022 年通许县义务教育和医疗情况

年份		2019	2020	2021	2022
学校数	合计（所）	98	93	93	86
	小学学校数（所）	70	64	64	59
	初中学校数（所）	28	29	29	27

续表

年份		2019	2020	2021	2022
在校学生数	合计（人）	83371	82778	81895	80318
	小学在校生数（人）	59086	58991	57538	54176
	初中在校生数（人）	24285	23787	24357	26142
专任教师数	合计（人）	4717	4849	4571	4149
	小学（人）	2794	2801	2653	2383
	初中（人）	1923	2048	1918	1766
医疗卫生	卫生机构床位数/千人	7.4	7.1	6.7	6.7
	卫生技术人员数/千人	5.6	5.7	6.7	7.0

数据来源：历年河南省统计年鉴

十一、县域发展特色产业——酸辣粉

（一）酸辣粉产业发展概况

酸辣粉作为一种小吃，在中国大行其道，也被越来越多的海外人士接受，渐渐走出国门。在泰国、马来西亚都有重庆酸辣粉的身影。全球酸辣粉消费主要集中在亚太地区，其中中国酸辣粉消费额占全球整体消费规模的 90% 以上。

据恒州诚思（YH Research）调研统计，2022 年全球酸辣粉市场规模近 16 亿元，预计未来将持续保持平稳增长的态势，到 2029 年市场规模将接近 43 亿元。

酸辣粉作为中国特色小吃，在国内餐饮市场具备庞大的销售领域，近些年，实现了由煮食向速食、由餐饮业向食品业发展的转变，应用场景逐渐丰富，产品形式不断升级。

酸辣粉是成渝地区广泛流行的传统小吃，因其粉丝晶莹剔透、质地柔韧爽滑，口味咸鲜、酸辣爽口而深受中外食客的喜爱。我国已经占据世界酸辣粉行业的主导地位。我国作为一个经济腾飞的人口大国，有很大的市场空间，很多酸辣粉企业在中国设厂，因此不管是从市场销量还是工业技术方面来说，中国都已掌握了世界酸辣粉行业的主导权。

（二）通许县酸辣粉产业发展优势

通许县依托资源优势、技术优势、产能优势和交通优势，抢抓风口、乘势而上，形成了酸辣粉产业从小到大、上下游协调联动、全产业链深度融合的新局面，推动县域经济高质量发展，探索走出了一条强县富民的新路径。2023年2月，通许县与中国食品工业协会共建的"中国酸辣粉之都"揭牌。2023年通许县酸辣粉产业产值达到33亿元。

资源优势。通许县土壤肥沃、雨量充足，其境内及周边县区红薯、马铃薯等酸辣粉主料种植面积达29万亩，花生种植面积15万亩，蔬菜种植面积65万亩，为酸辣粉产业提供充足的原材料。同时，通许境内地热矿物水资源丰富，是全国优质珍稀水质。在通许，"好水造好粉"态势已经形成。

技术优势。本土企业河南省丽星亿源食品有限公司（以下简称丽星）从1994年开始从事粉皮、粉丝生产，其是粉丝涂布工艺的创造者和发明者。国内上市的第一台粉皮机、第一台水晶粉丝机、第一条酸辣粉生产线均由开封市丽星机械设备有限公司制造，占据了国内全自动涂布蒸煮式粉条（丝）生产设备的近八成市场份额。

永鸿农业科技公司依托省级红薯现代农业产业园，不断优化改良红薯品种，与河南省农业科学院合作建成标准化组培红薯实验室，年产优质红薯种达到2亿株，已成为豫东地区最大的红薯育苗技术研发中心。

产能优势。得天独厚的农业资源和良好的工业基础，培育出了以本土企业丽星、河南谈小爱食品有限公司（以下简称谈小爱）等为龙头的酸辣粉产业集群。截至2023年，全县酸辣粉产业有规上企业30个、粉面产线28条、组装产线27条、其他产线12条，年产酸辣粉7.2亿桶，带动就业6.1万人次，建成了全国最大的酸辣粉生产加工基地，方便粉丝自主和代工产品占据全国市场六成。

交通优势。通许县地处豫东平原，交通区位优越，有3条高速公路交织互通，3条省道穿城而过，形成了四通八达的交通网络。

（三）通许县酸辣粉产业发展路径

通许县采用"农业龙头企业＋合作社＋农户"机制，大量收购马铃薯、花生、辣椒等农产品进行深加工，带动2.32万户农民实现增收。

为了引导产业集聚发展，优化生产要素配置，通许县规划建设了总面积1.8平方千米、总容纳产业体量可达百亿的酸辣粉产业园区。该产业园集生产加工、冷链物流、配料包装、研发质检、生产服务等为一体，除配备有水、电、气等基本生产要素外，还引入热力公司，充分利用通许县特有的地热资源，向园区内企业集中供热，多维度助力产业发展，降低企业经营成本。在物流方面，通许县与京东物流达成了合作意向，在酸辣粉产业园内以"园中园"的形式建设了京东物流产业园，通过现代化的仓储配送设备提高物流效率，为当地企业降低7%左右的物流成本。通许县酸辣粉产业园（一期）已经完工，园区内已有入驻及合作品牌数十家，包括丽星食品、海底捞、食族人、谈小爱、朱晓克等。

为进一步提升产业链的核心竞争力，拔高产业势能，通许县围绕酸辣粉产业不断延链补链强链。在产业链上游，积极对接国内淀粉龙头企业，共同启动了淀粉产业园项目的建设工作，建成后，有年产10万吨的红薯、马铃薯淀粉生产线4条，另有年产2万吨的红薯蛋白生产线和年产15万吨薯渣饲料生产线；每年可辐射通许县及周边30万亩以上优质红薯和马铃薯种植，带动群众增收4.5亿元。该项目将打通通许县酸辣粉产业从红薯种植、淀粉精细加工到酸辣粉成品的完整产业链条。在产业链下游，先后引育朱晓克、汤粉郎、陈九爷、玉先森等堂食品牌，为酸辣粉产业高质量发展开辟新赛道、提供新动能。在这些新力量的加持下，通许县酸辣粉全产业链高质量发展的态势也日渐清晰。

为了更好地支持通许酸辣粉产业发展，河南省、开封市先后出台了《河南省酸辣粉产业发展行动计划》《关于支持通许县酸辣粉产业高质量发展的意见》等文件；通许县还成立了全国首家酸辣粉产业协会，完成了区域公用品牌的征集活动，初步确定《通许县酸辣粉质量标准》，通过组织和品牌的力量，持续赋能产业发展。

（四）通许县酸辣粉产业发展存在的问题及建议

当前，通许县酸辣粉产业发展已形成良好态势，但也存在短板和不足。首先是龙头企业带动力偏弱，通许县酸辣粉龙头企业数量不多，在全国有影响力和知名度的链主企业数量少，对酸辣粉产业带动力有限。其次是品牌影响力有待提高，酸辣粉区域公共品牌建设需加强，缺少中腰部酸辣粉品牌矩阵，对创业主体带动能力不强，全县酸辣粉知名品牌少。据此提出两条建议。

第一，推进市场主体培育壮大工程。加强龙头链主的带动作用，将河南省丽星亿源食品有限公司作为河南省酸辣粉行业链主企业，提升链主企业群链带动力，帮助通许县培育优势品牌。支持通许县酸辣粉企业上市和发展跨境贸易，加强对通许酸辣粉出口通关和上市的指导，扶持通许酸辣粉企业在境外设立自主品牌展示中心、餐饮体验店，开拓酸辣粉国际市场。

第二，加大品牌宣传力度。在开封高铁站、各公交站、主要酒店和宾馆等设立"通许U粉"区域公用品牌广告展示；适时邀请中央和河南省主流媒体对通许酸辣粉品牌进行专访。充分利用酸辣粉行业大会和其他节会的平台优势，精选包装一批有吸引力的项目和产品，利用一切机会向外推荐，吸引知名企业和战略投资者的关注，赢得更多市场。

十二、综述

综上所述，通许县县域经济发展稳中有进。GDP总量在全省居于中游，人均GDP在全省处于中等偏上位次；农业基础雄厚，近年来立足本地农业资源禀赋和发展潜力，瞄准现代化目标，着力培育特色产业优势；一般公共预算收支、人均财力均在全省居于中游，财政自给率较低；人均存贷款余额和存贷比在全省排名中处于中游；居民人均可支配收入在全省排名中处于中等偏下位次，城镇居民人均可支配收入在全省排名靠后，城乡居民可支配收入差距逐渐缩小；外出务工人员多，城镇化率有待提高，公共服务水平逐年提升。

河南省县域经济运行分析：杞县篇

一、杞县概况

杞县位于河南省东部，隶属八朝古都开封市，总面积1243平方千米，耕地133万亩，辖21个乡镇，2022年常住人口92.4万人，是开封市第一人口大县。杞县历史悠久，商朝时建立杞国，距今已有3700年的历史。

杞县是农业大县，素有"中原粮仓"之美称，现已建成大蒜、辣椒、花生、棉花、小麦、菜花、食用菌等农产品生产基地。杞县又是畜牧大县，现已建成规模养殖场1300多家，畜牧业产值已占农业总产值的40%以上。近年来，杞县相继获得"全国棉花产量百强县""全国无公害农产品生产基地县""全国生猪调出大县""全省畜牧业发展重点县""全省农业结构调整十强县""全省产粮大县"等荣誉称号。

二、总体经济运行分析

从GDP总量来看，2022年杞县GDP为427.4亿元，占开封市GDP总量的16.1%，在开封市下辖4个县中排第2位，在河南省下辖102个县（市）中排第22位。2023杞县GDP首次出现下降，降至392.6亿元，一方面是因为全省GDP调整；另一方面是因为规上工业增加值增速、固定资产投资增速等主要指标大幅下降。

从GDP增速来看，2023年杞县GDP增速为–1.0%，低于开封市GDP增速1.9个百分点，低于河南省GDP增速5.1个百分点。2022年杞县GDP增速为4.8%，在开封市下辖4个县中排第1位，在河南省下辖102个县（市）中排第51位（见表1）。

表1 2008—2023年杞县地区生产总值及增速

年份	杞县GDP（亿元）	杞县GDP在开封市的排名	杞县GDP在河南省的排名	杞县GDP占开封市的比重（%）	杞县GDP增速（%）	杞县GDP增速在开封市的排名	杞县GDP增速在河南省的排名	杞县GDP增速与开封市GDP增速对比	杞县GDP增速与河南省GDP增速对比
2008	111.1	2	40	16.1	12.7	4	61	−0.4	0.7
2009	127.0	2	38	18.1	11.3	3	61	−0.8	0.3
2010	156.1	2	31	16.8	11.1	4	76	−1.1	−1.3
2011	178.0	2	32	16.6	11.4	4	70	−1.5	−0.6
2012	202.2	2	29	16.8	11.5	2	38	0.4	1.4
2013	228.5	2	27	16.8	11.0	3	22	0.2	2.0
2014	246.8	2	28	16.5	9.2	3	46	−0.4	0.3
2015	265.6	2	26	16.5	9.5	3	41	0.1	1.1
2016	288.7	2	26	16.5	8.8	3	43	0.3	0.6
2017	310.6	2	27	16.5	7.9	3	60	0.1	0.1
2018	322.9	2	31	16.1	5.5	3	89	−1.5	−2.1
2019	356.2	3	31	15.1	6.8	4	78	−0.4	−0.2
2020	370.8	3	26	15.6	2.4	2	64	0.4	1.1
2021	408.1	2	24	16.0	7.8	1	35	0.6	1.5
2022	427.4	2	22	16.1	4.8	1	51	0.5	1.7
2023	392.6	—	—	15.5	−1.0	—	—	−1.9	−5.1

数据来源：历年河南省统计年鉴、杞县人民政府网。

从人均GDP来看，杞县人均GDP一直低于开封市和河南省平均水平。2022年杞县人均GDP为46252元，相当于开封市人均GDP的82.5%，相当于河南省人均GDP的74.5%，在开封市下辖4个县中排第4位，在河南省下辖102个县（市）中排第61位。从人均GDP增速来看，2008—2022年杞县人均GDP增速不断波动，但始终保持正增长，2022年增速为5.7%，低于开封市人均GDP增速0.1个百分点，高于河南省人均GDP增速2.2个百分点，在开封市下辖4个县中排第2位，在河南省下辖102个县（市）中排第48位（见表2）。

表2 2008—2022年杞县人均地区生产总值及增速

年份	杞县人均GDP（元）	杞县人均GDP在开封市的排名	杞县人均GDP在河南省的排名	杞县人均GDP与开封市相比（%）	杞县人均GDP与河南省相比（%）	杞县人均GDP增速（%）	杞县人均GDP增速在开封市的排名	杞县人均GDP增速在河南省的排名
2008	11097	4	74	74.1	58.8	12.6	3	59
2009	12658	4	69	76.4	62.4	11.0	3	63
2010	15934	4	66	80.7	66.4	13.8	2	48
2011	18636	4	67	81.1	66.8	14.3	2	55
2012	21223	4	58	81.9	69.6	11.8	3	55
2013	24062	4	57	82.0	72.7	11.4	3	28
2014	26428	4	57	81.4	73.4	11.0	3	16
2015	29028	4	56	82.2	75.7	11.7	3	14
2016	31792	4	55	82.3	76.9	9.6	2	16
2017	34400	4	56	82.9	75.2	8.6	3	32
2018	35951	4	57	75.9	70.9	6.0	3	80
2019	39867	4	56	83.2	73.3	7.3	3	53
2020	39586	4	64	80.5	71.4	2.3	3	69
2021	43792	4	62	82.6	73.7	8.3	2	45
2022	46252	4	61	82.5	74.5	5.7	2	48

数据来源：历年河南省统计年鉴

三、分产业经济运行分析

（一）产业格局与发展方向

杞县以大蒜、铝型材为主导产业，不断延伸产业链、提升价值链、打造供应链，加快产业集聚升级。

杞县大蒜种植面积常年稳定在70万亩，产量90万吨，年贮藏能力超100万吨，年加工能力达40万吨，年均交易量达200多万吨，交易额110亿元，公用品牌价值评估达到51.56亿元，目前已经成功创建省级大蒜现代农业产业园，并获得"全国农产品地理标志产品""全国名特优新农产品""第二十二届中国绿色食品博览会金奖"等荣誉。

发展方向：重点围绕一二三产融合做文章，努力把杞县大蒜打造成"品质最优、产量最大、链条最全、带动最强"的富民产业，争创国家级大蒜现代农业产业园区，加快申报大蒜现货交易中心，叫响杞县大蒜品牌，建成享誉国内的"大蒜之乡"。

铝型材产业：杞县依托有10万人常年在郑州、西宁、石家庄等地从事铝材加工产业的优势，鼓励他们回乡创业，积极承接产业转移，各地铝业资源纷纷向杞县集聚。铝型材产业从无到有、从小到大，规划了6000亩的铝型材产业园，总投资200亿元。目前已建成标准化厂房65万多平方米，入驻铝制品及链条企业30余家，年总加工能力达70万吨，已成为中西部最具影响力的铝型材加工基地。杞县铝型材加工体量在全国范围内影响巨大，即将成为继广东大沥、山东临朐、江西安义后，中国第四个铝型材全产业链生产基地。杞县提出"315"计划，利用3年的时间（即到"十四五"末）引进企业100家，产值达到500亿元，打造全国铝型材生产研发基地。

（二）产业结构分析

从三次产业占比来看，2022年杞县第一产业占比24.4%，第二产业占比33.4%，第三产业占比42.2%。从三产结构演变趋势来看，2008年以来，杞县第一产业占比波动下降，第二产业占比基本保持平稳，第三产业占比从24.6%逐步提升到42.2%。2015年起第三产业增加值比重超过第一产业和第二产业，至2022年呈现"三、二、一"梯次（见表3和图1）。

表3 2008—2022年杞县三产结构变化情况

年份	第一产业占比（%）	第二产业占比（%）	第三产业占比（%）
2008	37.8	37.6	24.6
2009	37.6	35.9	26.5
2010	39.5	35.2	25.3
2011	37.4	36.0	26.6
2012	35.8	36.7	27.6

续表

年份	第一产业占比（%）	第二产业占比（%）	第三产业占比（%）
2013	34.5	37.1	28.4
2014	30.9	35.4	33.7
2015	29.0	34.1	37.0
2016	27.0	34.2	38.9
2017	24.6	35.4	40.0
2018	23.3	34.1	42.6
2019	23.5	35.1	41.3
2020	27.5	32.2	40.3
2021	25.7	32.5	41.8
2022	24.4	33.4	42.2

数据来源：历年河南省统计年鉴、杞县统计公报。

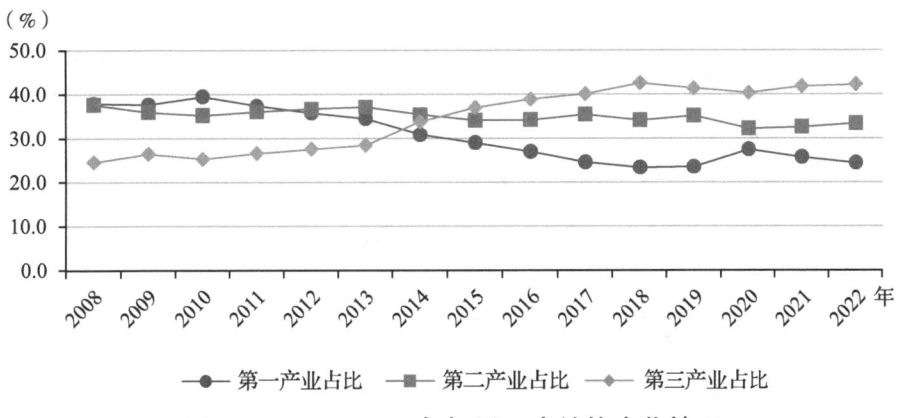

图1　2008—2022年杞县三产结构变化情况

（三）工业发展情况分析

从工业发展情况来看，2023年杞县规上工业增加值大幅下降，增速为-20.0%，低于开封市增速20.1个百分点，低于河南省增速25.0个百分点。2022年杞县规上工业增加值增速为6.9%，在开封市下辖4个县中排第2位，在河南省下辖102个县（市）中排名54位（见表4）。

表4 2008—2023年杞县工业发展情况

年份	杞县规上工业增加值增速（%）	杞县规上工业增加值增速在开封市的排名	杞县规上工业增加值增速在河南省的排名	开封市规上工业增加值增速（%）	河南省规上工业增加值增速	杞县增速与开封市对比	杞县增速与河南省对比
2008	24.5	1	51	20.9	19.8	3.6	4.7
2009	18.7	1	45	17.8	14.6	0.9	4.1
2010	22.4	3	58	21.6	19.0	0.8	3.4
2011	24.4	2	47	23.6	19.6	0.8	4.8
2012	21.1	2	28	17.8	14.6	3.3	6.5
2013	18.8	3	14	17.2	11.8	1.6	7.0
2014	14.6	2	21	13.7	11.2	0.9	3.4
2015	10.8	3	55	10.3	8.6	0.5	2.2
2016	9.8	3	43	9.0	8.0	0.8	1.8
2017	9.1	3	51	8.2	8.0	0.9	1.1
2018	4.6	3	91	7.7	7.2	−3.1	−2.6
2019	8.6	3	57	8.8	7.8	−0.2	0.8
2020	4.6	2	54	2.9	0.4	1.7	4.2
2021	9.2	2	49	8.7	6.3	0.5	2.9
2022	6.9	2	54	5.9	5.1	1.0	1.8
2023	−20.0	—	—	0.1	5.0	−20.1	−25.0

数据来源：历年河南省统计年鉴、杞县政府网站

（四）服务业发展情况分析

从服务业发展情况来看，2022年杞县服务业增加值为180.4亿元，占开封市服务业增加值的14.2%，在开封市下辖4个县中排第2位，在河南省下辖102个县（市）中排第24位（见表5）。

从服务业增加值增速来看，2022年杞县服务业增加值增速为3.5%，在开封市下辖4个县中排第1位，在河南省下辖102个县（市）中排第44位（见表5）。

表5 2008—2022年杞县服务业发展情况

年份	杞县服务业增加值（亿元）	杞县服务业增加值占开封市服务业增加值的比重（%）	杞县服务业增加值在开封市的排名	杞县服务业增加值在河南省的排名	杞县服务业增加值增速（%）	杞县服务业增加值增速在开封市的排名	杞县服务业增加值增速在河南省的排名
2008	27.3	11.4	3	39	23.1	1	1
2009	33.6	12.4	3	30	17.4	2	13
2010	39.5	12.6	3	30	15.5	3	10
2011	47.3	12.7	3	27	13.6	2	12
2012	55.7	13.2	2	21	14.2	1	3
2013	65.0	12.5	2	19	13.0	1	2
2014	83.3	14.4	1	23	11.2	2	12
2015	98.2	14.7	1	21	14.0	1	15
2016	112.2	14.9	1	22	12.5	1	8
2017	124.4	14.7	1	22	9.8	2	68
2018	137.4	14.4	2	24	6.8	4	85
2019	147.3	13.6	3	31	7.3	2	60
2020	149.5	13.5	3	31	1.9	1	56
2021	170.5	14.1	3	25	8.7	2	48
2022	180.4	14.2	2	24	3.5	1	44

数据来源：历年河南省统计年鉴

（五）重点企业分析

杞县重点企业情况介绍见表6。

表6 杞县主要龙头企业情况

序号	单位名称	主营业务及主要产品
1	中粮工科茂盛装备（河南）有限公司	该公司成立于2019年8月，是中粮工程科技股份有限公司在并购开封市茂盛机械有限公司的基础上成立的大型综合性粮食装备研发制造企业。公司专注于仓储物流、粮油加工、农业机械（种子加工）等领域成套装备的研发、制造、安装和服务，现生产30多个系列180种规格的产品，市场覆盖全国，产品畅销北美、欧洲、东南亚、南美、非洲等40多个国家和地区

续表

序号	单位名称	主营业务及主要产品
2	开封市家家福面粉有限公司	该公司是豫中地区生产规模最大、设备最先进的面粉加工企业。公司为扩大再生产和经营，实现小麦专用粉、挂面、方便面、非油炸面生产一体化，于2006年和蒙古国客商签约，共同投资5000万元新建日处理小麦1000吨生产线，占地面积158亩，建筑面积22500平方米。于2008年自筹资金1.5亿元新建河南敬华面业有限公司、开封市金地食品有限公司。公司占地170亩，总建筑面积40000平方米。新上生产线7条，主产非油炸面及挂面，日消耗面粉200吨
3	杞县潘安食品有限公司	该公司是开封市大蒜深加工龙头企业，河南省大蒜行业品牌，也是中国农业大学开封试验站大蒜研发成果转化基地。公司总投资3.5亿元，一期占地83亩，年加工大蒜30000吨、成品蒜片9000吨、蒜粉3000吨、黑蒜700吨，冷藏能力35000吨，自建一套日处理1000立方污水处理工程，产品销售额10亿元。二期计划投资7亿元，占地130亩。"科技创新、人才兴企"是该公司企业文化的重要组成部分。公司计划在蒜片、蒜粉和黑蒜的基础上，开发大蒜提取物（大蒜素）、大蒜胶囊、大蒜功能饮料和大蒜保健品等
4	开封龙宇化工有限公司	该公司是河南能源集团为重点发展新材料产业而成立的全资子公司。公司主要生产、销售各种牌号的聚甲醛、甲醛、三聚甲醛、二氧五环、晶核剂和改性聚甲醛等产品。采用香港富艺国际工程有限公司的共聚甲醛专有生产技术，投资16亿元，设计生产能力4万吨/年，于2010年建成投产
5	杞县东磁新能源有限公司	该公司为横店东磁集团下属分公司，目前公司的主要经营范围是光伏材料的研发，单晶及多晶硅片、电池片、太阳能电池组件的生产销售

续表

序号	单位名称	主营业务及主要产品
6	河南东旺熙朝实业有限公司	该公司是熙朝集团2016年3月16日投资新建的第二家绿色环保型材企业,公司位于大广高速与郑民高速交会处的河南开封市杞县产业集聚区,交通便利,位置优越,总占地面积120000平方米,一期建筑面积60000平方米。公司采用先进的铝型材自动挤压生产线16条(现已建成12条),自动粉末、氟碳、晶泳喷涂120米卧式生产线2条,自动粉末、氟碳、晶泳双粉房(可生产4D木纹)立式生产线1条;高档真空木纹、电泳木纹全自动生产线5条,自动喷砂机2台,全自动机械抛光机1套,全自动拉丝机3台,抛光、染色、电解着色香槟、钛金、红铜、阳极氧化电泳生产线3条;3000多平方米科研办公大楼一栋,3000多平方米员工宿舍楼一栋,企业总投资3.8亿元,产品销量3万吨/年;公司环境优美,设备自动化程度高,销售网络遍布全国30多个省份及海外10多个国家

四、财政收支分析

从财政收支来看,2022年杞县一般公共预算收入达23.4亿元,占开封市一般公共预算收入的15.2%,在开封市下辖4个县中排第3位,在全省的排名总体上不断提前,2022在河南省下辖102个县(市)中排第21位。2022年杞县一般公共预算支出达到61.5亿元,占开封市一般公共预算支出的14.8%,在开封市下辖4个县中排第3位,在河南省下辖102个县(市)中排第22位(见表7)。

表7 2008—2022年杞县财政收支情况

年份	一般公共预算收入(亿元,%)				一般公共预算支出(亿元,%)			
	一般公共预算收入	占开封市的比重	在开封市的排名	在河南省的排名	一般公共预算支出	占开封市的比重	在开封市的排名	在河南省的排名
2008	2.3	8.8	2	52	10.3	13.9	1	41
2009	2.6	8.8	2	51	13.5	13.9	1	37
2010	3.2	8.5	2	51	15.1	13.0	1	41

续表

年份	一般公共预算收入（亿元，%）				一般公共预算支出（亿元，%）			
	一般公共预算收入	占开封市的比重	在开封市的排名	在河南省的排名	一般公共预算支出	占开封市的比重	在开封市的排名	在河南省的排名
2011	4.3	8.8	3	50	19.0	13.1	2	41
2012	6.0	9.7	3	38	25.1	14.6	1	37
2013	8.3	10.3	3	32	29.1	14.8	2	34
2014	10.1	10.5	3	31	31.8	14.2	3	36
2015	12.0	11.1	3	25	37.5	14.2	3	30
2016	13.1	11.5	3	24	41.6	14.1	3	26
2017	14.0	11.4	3	25	45.0	13.4	3	32
2018	15.4	11.0	3	25	49.4	13.4	3	36
2019	17.0	11.0	3	24	61.8	14.6	3	25
2020	18.6	11.6	3	23	58.2	13.5	3	33
2021	21.6	12.1	3	22	58.6	12.8	3	23
2022	23.4	15.2	3	21	61.5	14.8	3	22

数据来源：历年河南省统计年鉴。

从人均财力看，杞县人均一般公共预算收入、支出都不断上升，但仍不及省、市平均水平。2022年杞县人均一般公共预算收入为2533元，相当于开封市人均一般公共预算收入的77.3%，相当于河南省人均一般公共预算收入的56.4%，在开封市下辖4个县中排第4位，在河南省下辖102个县（市）中排第52位；人均一般公共预算支出为6659元，相当于开封市人均一般公共预算支出的75.5%，相当于河南省人均一般公共预算支出的59.2%，在开封市下辖4个县中排第4位，在河南省下辖102个县（市）中排第68位。从财政自给率看，2022年杞县财政自给率为38.0%，在开封市下辖4个县中排第3位，在河南省下辖102个县（市）中排第49位（见表8）。

表 8 2008—2022 年杞县人均财力及财政自给率

年份	一般公共预算收入/常住人口	与开封市相比	与河南省相比	在开封市的排名	在河南省的排名	一般公共预算支出/常住人口	与开封市相比	与河南省相比	在开封市的排名	在河南省的排名	财政自给率	在开封市的排名	在河南省的排名
2008	230	41.2	21.5	4	72	1030	64.8	42.6	4	101	22.3	3	60
2009	259	41.3	21.8	4	74	1348	65.3	44.0	4	100	19.2	2	60
2010	330	41.8	22.5	3	76	1584	63.7	43.6	4	101	20.9	2	58
2011	451	43.2	24.8	3	72	1994	64.6	44.4	4	102	22.6	3	54
2012	632	48.4	29.5	3	58	2637	72.8	50.2	4	100	24.0	3	50
2013	878	51.8	34.8	4	53	3066	74.1	52.6	4	96	28.6	3	47
2014	1094	54.3	38.5	4	52	3456	74.0	55.3	4	93	31.6	4	44
2015	1319	57.9	42.4	4	49	4117	74.0	58.7	4	80	32.0	2	43
2016	1443	60.7	44.7	4	50	4596	74.0	60.3	4	75	31.4	2	42
2017	1555	60.4	44.9	4	50	4999	71.2	59.8	4	81	31.1	2	44
2018	1720	58.5	45.1	4	49	5520	71.6	59.1	4	82	31.2	3	45
2019	1904	59.1	46.6	4	49	6936	78.6	67.6	4	65	27.5	4	50
2020	1977	59.6	47.1	4	54	6197	69.5	59.4	4	90	31.9	2	44
2021	2340	62.4	53.2	3	49	6336	66.4	60.1	3	59	36.9	4	51
2022	2533	77.3	56.4	4	52	6659	75.5	59.2	4	68	38.0	3	49

数据来源：历年河南省统计年鉴。

五、金融业发展分析

从金融机构年末存贷情况来看，2022年杞县金融机构存款年末余额343.2亿元，占开封市的11.4%，在开封市下辖4个县中排第3位，在河南省下辖102个县（市）中排第54位。2022年杞县金融机构贷款年末余额204.1亿元，占开封市的8.4%，在开封市下辖4个县中排第3位，在河南省下辖102个县（市）中排第36位（见表9）。

从存贷比来看，2022年杞县存贷比为59.5%，在开封市下辖4个县中排第3位，在河南省下辖102个县（市）中排第37位（见表9），低于开封市21.4个百分点，低于河南省22.1个百分点。

表9 2008—2022年杞县金融机构年末存贷款余额情况

年份	存款年末余额	占开封市的比重	在开封市的排名	在河南省的排名	贷款年末余额	占开封市的比重	在开封市的排名	在河南省的排名	杞县存贷比	在开封市的排名	在河南省的排名
2008	41.5	9.4	2	71	19.2	7.8	2	66	46.2	2	47
2009	52.8	9.3	1	64	22.0	6.7	2	73	41.6	2	66
2010	67.5	9.9	1	58	27.2	6.8	2	69	40.3	2	71
2011	82.7	10.5	1	55	31.0	7.0	2	66	37.5	2	71
2012	100.6	10.5	1	56	38.5	7.0	2	59	38.3	2	65
2013	116.5	10.3	2	58	54.0	7.7	2	52	46.4	2	48
2014	126.4	9.9	3	61	67.2	7.8	2	49	53.2	2	41
2015	149.7	10.3	2	51	72.9	7.2	3	51	48.7	3	51
2016	174.3	10.6	3	51	80.5	6.8	3	51	46.1	4	55
2017	199.3	10.5	3	52	93.0	6.8	3	51	46.7	4	54
2018	208.9	10.1	3	59	107.7	7.2	3	51	51.6	3	46
2019	240.4	10.7	3	54	117.2	6.9	3	56	48.7	4	61
2020	265.5	10.8	3	57	128.2	6.6	3	62	48.3	4	62
2021	295.8	11.3	3	55	152.7	7.0	3	61	51.6	4	60
2022	343.2	11.4	3	54	204.1	8.4	3	36	59.5	3	37

数据来源：历年河南省统计年鉴。

从人均存贷款余额来看，2022年杞县人均存款余额为37157元，相当于开封市人均存款余额的58.1%，相当于河南省人均存款余额的38.0%，在开封市下辖4个县中排第4位，在河南省下辖102个县（市）中排第101位；2022年杞县人均贷款余额为22100元，相当于开封市人均贷款余额的42.7%，相当于河南省人均贷款余额的27.7%，在开封市下辖4个县中排第4位，在河南省下辖102个县（市）中排第88位（见表10）。

表10 杞县人均存贷款情况

年份	人均存款（元，%）					人均贷款（元，%）				
	人均存款	在开封市的排名	在河南省的排名	与开封市相比	与河南省相比	人均贷款	在开封市的排名	在河南省的排名	与开封市相比	与河南省相比
2008	4138	4	102	43.8	25.6	1912	4	95	36.7	17.4
2009	5263	4	102	43.6	26.0	2190	3	97	31.4	15.5
2010	7066	3	100	48.5	28.7	2849	4	97	33.1	16.9
2011	8667	3	100	51.7	30.8	3248	2	93	34.4	17.6
2012	10578	4	101	52.2	31.5	4052	4	90	34.6	19.0
2013	12292	4	102	51.6	31.3	5699	4	84	38.8	23.2
2014	13746	4	102	51.6	32.0	7310	4	80	40.4	25.9
2015	16434	4	99	53.8	33.5	8002	4	82	37.3	24.7
2016	19272	4	98	55.9	34.9	8889	4	83	35.6	23.8
2017	22128	4	100	55.4	36.8	10325	4	79	36.0	24.3
2018	23321	4	102	54.1	36.0	12027	4	83	38.4	24.8
2019	26973	4	102	57.8	38.4	13147	4	86	37.1	23.4
2020	28266	4	101	55.4	36.8	13652	4	97	33.9	21.6
2021	31998	4	101	58.3	38.4	16519	4	96	36.4	23.5
2022	37157	4	101	58.1	38.0	22100	4	88	42.7	27.7

数据来源：历年河南省统计年鉴。

六、居民收入分析

从居民收入看，2022年杞县居民人均可支配收入为22449元，相当于开封市居民人均可支配收入的86.5%，相当于河南省居民人均可支配收入的79.5%，在开封市下辖4个县中排第4位，在河南省下辖102个县（市）中排第73位。从居民收入增速看，2022年杞县居民人均可支配收入增长6.5%，高于开封市居民人均可支配收入增速0.9个百分点（见表11）。

表11 2017—2022年杞县居民人均可支配收入情况

年份	杞县居民人均可支配收入（元）	在开封市的排名	在河南省的排名	与开封市相比（%）	与河南省相比（%）	杞县居民人均可支配收入增速（%）	开封市城乡居民人均可支配收入增速（%）	杞县增速与开封市增速对比
2017	15572	3	69	85.2	77.2	—	10.1	—
2018	16996	3	69	85.0	77.4	9.1	9.3	−0.2
2019	18485	3	73	84.8	77.3	8.8	9.1	−0.3
2020	19401	3	70	97.2	78.2	5.0	3.9	1.1
2021	21074	4	74	85.8	78.6	8.6	8.5	0.1
2022	22449	4	73	86.5	79.5	6.5	5.6	0.9

数据来源：历年河南省统计年鉴。

分城镇、农村居民人均可支配收入看，2022年杞县城镇居民人均可支配收入为29222元，相当于开封市城镇居民人均可支配收入的82.0%，相当于河南省城镇居民人均可支配收入的75.9%，在开封市下辖4个县中排第4位，在河南省下辖102个县（市）中排第99位；农村居民人均可支配收入为18102元，和开封市农村居民人均可支配收入基本持平，相当于河南省农村居民人均可支配收入的96.8%，在开封市下辖4个县中排第4位，在河南省下辖102个县（市）中排第52位（见表12）。

从城乡居民收入对比来看，2022年杞县城乡居民人均可支配收入比约为1.6∶1，城乡收入差距在河南省102个县（市）中排第32位（见表12）。

表12 2008—2022年杞县分城乡居民人均可支配收入及城乡收入比

年份	城镇居民人均可支配收入	在开封市的排名	在河南省的排名	与开封市相比	与河南省相比	农村居民人均可支配收入	在开封市的排名	在河南省的排名	与开封市相比	与河南省相比	城乡收入比	在开封市的排名	在河南省的排名
2008	8546	4	99	54.3	64.6	4379	3	51	100.6	98.3	2.0	1	24
2009	9572	4	98	55.9	66.6	4718	3	52	100.5	98.1	2.0	1	23
2010	10816	4	98	57.2	67.9	5492	3	46	101.9	99.4	2.0	1	22
2011	12352	4	100	57.2	67.9	6642	3	46	102.3	100.6	1.9	1	17
2012	13946	4	100	57.5	68.2	7592	3	46	102.4	100.9	1.8	1	18
2013	15444	4	100	58.0	69.0	8557	3	46	102.4	101.0	1.8	1	16
2014	17020	4	99	58.5	71.9	9566	3	46	102.7	96.0	1.8	1	17
2015	18322	4	99	58.9	71.6	10608	3	47	103.0	97.7	1.7	1	19
2016	20027	4	96	60.3	73.5	11422	3	47	102.3	97.6	1.8	1	26
2017	22115	4	94	61.3	74.8	12539	3	48	103.4	98.6	1.8	2	27
2018	23927	4	97	82.2	75.1	13660	3	49	103.5	98.8	1.8	1	25
2019	25657	4	97	82.0	75.0	14995	3	49	103.6	98.9	1.7	1	23
2020	26143	4	97	82.0	75.2	16003	3	47	104.1	99.3	1.6	1	20
2021	27982	4	98	81.8	75.4	17527	3	48	104.5	100.0	1.6	1	21
2022	29222	4	99	82.0	75.9	18102	4	52	100.0	96.8	1.6	3	32

数据来源：历年河南省统计年鉴。

七、固定资产投资分析

从固定资产投资来看，2017 年杞县固定资产投资总额达到 265.1 亿元，2018 年起官方不再公开固定资产投资总额，仅公布增速。从增速来看，2023 年杞县固定资产投资增速为 –9.9%，低于开封市 10 个百分点，低于河南省 12 个百分点（见表 13）。

表 13　2008—2023 年杞县固定资产投资情况

年份	固定资产投资（亿元）	杞县固定资产投资增速（%）	开封市固定资产投资增速（%）	河南省固定资产投资增速（%）	杞县增速与开封市对比	杞县增速与河南省对比
2008	41.6	36.7	41.7	30.7	–5.0	6.0
2009	43.4	4.5	35.8	31.6	–31.3	–27.1
2010	62.3	43.3	39.2	22.2	4.1	21.1
2011	82.4	32.3	33.3	27.0	–1.0	5.3
2012	108.9	32.1	26.1	21.4	6.1	10.7
2013	133.8	22.9	27.6	22.5	–4.6	0.4
2014	159.3	19.1	20.6	19.2	–1.5	–0.1
2015	183.5	15.2	16.6	16.5	–1.5	–1.3
2016	232.7	26.8	15.3	13.7	11.6	13.1
2017	265.1	13.9	9.3	10.4	4.7	3.5
2018	—	10.5	5.8	8.1	4.7	2.4
2019	—	8.6	10.8	8.0	–2.2	0.6
2020	—	8.2	5.4	4.3	2.8	3.9
2021	—	13.5	13.1	4.5	0.4	9.0
2022	—	13.5	13.4	6.7	0.1	6.8
2023	—	–9.9	0.1	2.1	–10.0	–12.0

数据来源：历年河南省统计年鉴、杞县政府工作报告。

八、社会消费分析

从社会消费情况来看，2023 年杞县社消零总额为 136.8 亿元，占当年杞县GDP的比重为34.8%。2022年杞县社消零总额为130.8亿元,在开封市下辖4个县中排第2位,在河南省下辖102个县(市)中排第32位;人均社消零额逐年上升,2022年达到14157元,在开封市下辖4个县中排第4位,在河南省下辖102个县(市)中排第81位(见表14)。

表14 2008—2023年杞县社会消费情况

年份	社消零总额(亿元,%)				人均社消零额(元)		
	社消零总额	在开封市的排名	在河南省的排名	占GDP的比重	人均社消零额	在开封市的排名	在河南省的排名
2008	31.2	2	34	28.1	3106	4	80
2009	37.3	2	34	29.4	3715	4	80
2010	41.0	2	38	26.3	4292	4	84
2011	50.4	2	34	28.3	5281	4	83
2012	58.8	2	34	29.1	6180	4	82
2013	67.9	2	34	29.7	7167	4	81
2014	76.7	2	34	31.1	8338	4	77
2015	86.9	2	33	32.7	9541	4	74
2016	69.9	3	64	24.2	7719	4	97
2017	110.6	2	34	35.6	12284	4	74
2018	113.5	3	35	35.1	12671	4	73
2019	115.1	3	42	32.3	12916	4	82
2020	114.9	3	36	31.0	12236	4	84
2021	128.3	3	33	31.4	13881	4	80
2022	130.8	2	32	30.6	14157	4	81
2023	136.8	—	—	34.8	—	—	—

数据来源:历年河南省统计年鉴,杞县政府官网。

九、人口规模分析

从人口情况看,杞县2022年常住人口为92.4万人,占全市常住人口的19.7%,在开封市下辖4个县中排第1位,在河南省下辖102个县(市)

中排第 17 位，人口规模较大。人口流失率从 2017 年开始超过 20%，2020 年人口外流 29.4 万人，人口流失率为 23.8%。2021 年开始河南省不再公布户籍人口（见表 15）。

从城镇化率看，2022 年杞县城镇化率为 40.5%，在开封市下辖 4 个县中排第 4 位，在河南省下辖 102 个县（市）中排第 83 位（见表 15），低于开封市城镇化率 13 个百分点，低于河南省城镇化率 16.5 个百分点。

表 15　2008—2022 年杞县人口情况

年份	户籍人口（万人）	常住人口（万人）	常住人口在开封市的排名	常住人口在河南省的排名	外流人口（万人）	人口流失率（%）	常住人口占开封市的比重（%）	杞县城镇化率（%）	城镇化率在开封市的排名	城镇化率在河南省的排名
2008	105.7	100.3	1	17	5.4	5.1	21.4	—	—	—
2009	106.2	100.4	1	17	5.8	5.5	21.3	—	—	—
2010	109.5	95.6	1	13	13.9	12.7	20.4	—	—	—
2011	110.0	95.4	1	14	14.6	13.2	20.3	—	—	—
2012	110.6	95.1	1	13	15.4	14.0	20.1	—	—	—
2013	111.2	94.8	1	13	16.4	14.7	19.9	30.6	4	79
2014	111.7	92.0	1	15	19.8	17.7	19.2	32.2	4	79
2015	112.3	91.1	1	15	21.2	18.9	19.2	33.5	3	77
2016	113.0	90.6	1	16	22.4	19.9	19.0	35.2	4	78
2017	113.6	90.1	1	16	23.6	20.7	18.9	36.9	2	76
2018	114.2	89.6	1	16	24.6	21.5	18.7	38.4	2	81
2019	114.6	89.1	1	16	25.4	22.2	18.5	40.0	3	82
2020	123.3	93.9	1	20	29.4	23.8	19.4	38.9	4	86
2021	—	92.5	1	19	—	—	19.3	39.9	4	83
2022	—	92.4	1	17	—	—	19.7	40.5	4	83

数据来源：历年河南省统计年鉴。

从就业情况看，2019年杞县从业人数为70.6万人。从三产就业结构来看，2008年以来第一产业从业人员占比较高，自2018年开始第二、第三产业就业人数之和超过第一产业从业人员。2019年第一产业和第二、第三产业从业人员比例为42∶58（见表16）。

表16 2008—2019年杞县就业情况

年份	从业人员数（万人）	第一产业从业人员数占比（%）	第二产业从业人员数占比（%）	第三产业从业人员数占比（%）
2008	65.2	67	15	18
2009	66.3	64	18	18
2010	66.7	64	18	18
2011	65.1	61	39	
2012	73.8	55	45	
2013	73.0	55	45	
2014	74.0	54	46	
2015	67.7	53	47	
2016	67.8	53	47	
2017	70.6	51	49	
2018	68.3	45	55	
2019	70.6	42	58	

数据来源：历年河南省统计年鉴。

十、公共服务分析

从义务教育情况来看，2022年杞县有小学150所，在校生89749人，专任教师5925人，生师比15.1∶1；有初中49所，在校生48345人，专任教师4157人，生师比11.6∶1（见表17）。

从医疗卫生情况来看，平均每千名常住人口配备卫生机构床位数、卫生技术人员数逐年上升，医疗资源配备逐步优化，2022年每千人床位数为4.6张，每千人卫生技术人员数为5.6人（见表17）。

表17 2008—2022年杞县义务教育和医疗情况

年份		2019	2020	2021	2022
学校数	合计（所）	194	190	192	199
	小学学校数（所）	145	142	143	150
	初中学校数（所）	49	48	49	49
在校学生数	合计（人）	143886	139688	136942	138094
	小学在校生数（人）	100617	97429	95240	89749
	初中在校生数（人）	43269	42259	41702	48345
专任教师数	合计（人）	8814	9747	10317	10082
	小学（人）	5170	5872	6327	5925
	初中（人）	3644	3875	3990	4157
医疗卫生	卫生机构床位数/千人	4.3	4.1	4.6	4.6
	卫生技术人员数/千人	4.6	4.6	5.4	5.6

数据来源：历年河南省统计年鉴。

十一、县域发展战略分析

"十四五"时期杞县经济社会发展的奋斗目标是：力争到2025年，将杞县建设成为中国传统农区制造业转型发展示范县、郑州都市外部圈层综合物流重要节点、宜居宜业魅力县城和世界大蒜之都。

杞县2023年政府工作中提到"12355"的总体工作思路，其中，"1"是争创全省县域治理"三起来"示范县"一个目标"；"2"是打造以大蒜和铝型材"两大主导产业"为核心的产业体系；"3"是守好安全生产、社会稳定、网络舆情"三个底线"；"55"是抓住"五个重点"、实现"五个突破"。其中，"五个重点"是以全域文明创建为重点、以招商引资为重点、以改善民生为重点、以优化工作方式为重点、以"五星"支部创建为重点。

十二、县域发展特色产业——杞县大蒜

杞县是我国著名的"大蒜之乡"。全县21个乡镇和产业集聚区均有种植，种植面积常年稳定在70万亩，产量90万吨，大蒜种植面积和产量均

居全国县域首位。与山东省济宁市金乡县对比，金乡县大蒜种植面积超60万亩，近5年平均产量超70万吨。

从仓储能力来看，截至2023年，杞县拥有冷藏企业200多家，年储存能力超100万吨，而金乡县冷库总储量超过400万吨。

从精深加工来看，杞县拥有以潘安食品为龙头的80多家农产品深加工企业，年加工能力达40万吨，所产的蒜片、蒜米、蒜泥、蒜粉、黑蒜、腌制蒜等系列产品畅销国内外。而金乡县现已建成规模以上大蒜加工企业128家，开发了大蒜油、大蒜素、黑蒜胶囊、大蒜多糖等40多种大蒜精深加工产品，产品出口170多个国家和地区，年加工出口量占全国的70%以上。

杞县大蒜虽然在种植面积和产量上超过金乡县，但还存在龙头企业少、经营规模小、产品研发不足、深加工意识不足、向精深加工方向迈进步伐不够迅速等问题。杞县应培育壮大龙头企业，在土地利用，金融政策上给予大力支持，同时在经营管理上提供参展与增加见识的机会；重点延伸深加工产业链，开发大蒜精油、大蒜多糖、大蒜素、胶囊、口服液等多种类型的、符合市场需求的大蒜深加工高端产品；加强大蒜产业链上下游企业的合作与协同，提升杞县大蒜的品牌知名度和市场竞争力，推动杞县大蒜走向世界。

十三、综述

综上所述，杞县县域经济发展稳步提升，主要经济指标在全省的排名也逐渐向前。GDP总量在省、市排名中处于中等偏上位次，人均GDP在省、市排名中处于中等偏下位次；农业基础雄厚，近年来不断壮大优势产业，赋能制造立市；一般公共预算收支均在全省居于上游，人均财力在省、市排名中处于中等偏下位次，财政自给率较低；人均存贷款余额和存贷比在省、市排名中处于中游；居民人均可支配收入在省、市排名中处于中等偏下位次，城镇居民人均可支配收入在省、市排名靠后，城乡居民可支配收入差距逐渐缩小；人口规模大，外出务工人员多，城镇化率有待提高，公共服务水平逐年提升。

市县域研究系列丛书
CCDR

HENANSHENG XIANYU JINGJI YUNXING
FENXI BAOGAO

河南省县域经济运行分析报告（二）

下册

主　编　耿明斋　李燕燕
副主编　赵　岩　李　甜
　　　　徐　涛　原嘉昊

企业管理出版社
ENTERPRISE MANAGEMENT PUBLISHING HOUSE

图书在版编目（CIP）数据

河南省县域经济运行分析报告. 二. 下册 / 耿明斋等主编. -- 北京：企业管理出版社，2025. 3. -- ISBN 978-7-5164-3253-2

Ⅰ. F127.614

中国国家版本馆 CIP 数据核字第 2025ZK7193 号

书　　名：	河南省县域经济运行分析报告（二）：下册
书　　号：	ISBN 978-7-5164-3253-2
作　　者：	耿明斋　李燕燕　等
责任编辑：	赵喜勤
出版发行：	企业管理出版社
经　　销：	新华书店
地　　址：	北京市海淀区紫竹院南路 17 号　　邮编：100048
网　　址：	http://www.emph.cn　　电子信箱：zhaoxq13@163.com
电　　话：	编辑部（010）68456991　　发行部（010）68414644
印　　刷：	北京厚诚则铭印刷科技有限公司
版　　次：	2025 年 4 月第 1 版
印　　次：	2025 年 4 月第 1 次印刷
开　　本：	710mm×1000mm　　1/16
印　　张：	19.5 印张
字　　数：	287 千字
定　　价：	238.00 元（上下册）

版权所有　　翻印必究·印装有误　　负责调换

目 录

河南省县域经济运行分析：渑池篇 /1

  一、渑池县概述 ································· 1
  二、总体经济运行分析 ····························· 1
  三、分产业经济运行分析 ··························· 4
  四、财政收支分析 ································ 9
  五、金融业发展分析 ······························ 12
  六、居民收入分析 ································ 14
  七、固定资产投资分析 ···························· 17
  八、社会消费分析 ································ 17
  九、人口规模分析 ································ 18
  十、公共服务分析 ································ 19
  十一、县域发展战略分析 ·························· 20
  十二、综述 ······································ 21

河南省县域经济运行分析：义马篇 /23

  一、义马市概述 ································· 23
  二、总体经济运行分析 ···························· 23
  三、分产业经济运行分析 ·························· 25
  四、财政收支分析 ································ 29
  五、金融业发展分析 ······························ 31
  六、居民收入分析 ································ 35
  七、固定资产投资分析 ···························· 37
  八、社会消费分析 ································ 37
  九、人口规模分析 ································ 38
  十、公共服务分析 ································ 40
  十一、县域发展战略分析 ·························· 41

十二、综述…………………………………………………………… 42

河南省县域经济运行分析：郏县篇 /43

一、郏县概述…………………………………………………………… 43
二、总体经济运行分析………………………………………………… 43
三、分产业经济运行分析……………………………………………… 45
四、财政收支分析……………………………………………………… 49
五、金融业发展分析…………………………………………………… 52
六、居民收入分析……………………………………………………… 54
七、固定资产投资分析………………………………………………… 56
八、社会消费分析……………………………………………………… 57
九、人口规模分析……………………………………………………… 58
十、公共服务分析……………………………………………………… 59
十一、县域发展特色产业——铁锅铸造业…………………………… 60
十二、综述……………………………………………………………… 61

河南省县域经济运行分析：汝州篇 /62

一、汝州市概况………………………………………………………… 62
二、总体经济运行分析………………………………………………… 62
三、分产业经济运行分析……………………………………………… 64
四、财政收支分析……………………………………………………… 70
五、金融业发展分析…………………………………………………… 72
六、居民收入分析……………………………………………………… 74
七、固定资产投资分析………………………………………………… 76
八、社会消费分析……………………………………………………… 77
九、人口规模分析……………………………………………………… 78
十、公共服务分析……………………………………………………… 79
十一、县域发展特色产业——汝瓷产业……………………………… 80
十二、综述……………………………………………………………… 81

河南省县域经济运行分析：正阳篇 /83

  一、正阳县概况 ·· 83
  二、总体经济运行分析 ·· 83
  三、分产业经济运行分析 ·· 86
  四、财政收支分析 ·· 90
  五、金融业发展分析 ·· 93
  六、居民收入分析 ·· 95
  七、固定资产投资分析 ·· 97
  八、社会消费分析 ·· 97
  九、人口规模分析 ·· 98
  十、公共服务分析 ·· 99
  十一、县域发展特色产业——花生产业 ······················· 100
  十二、综述 ··· 101

河南省县域经济运行分析：平舆篇 /102

  一、平舆县概况 ··· 102
  二、总体经济运行分析 ··· 102
  三、分产业经济运行分析 ··· 105
  四、财政收支分析 ··· 110
  五、金融业发展分析 ··· 112
  六、居民收入分析 ··· 114
  七、固定资产投资分析 ··· 116
  八、社会消费分析 ··· 117
  九、人口规模分析 ··· 118
  十、公共服务分析 ··· 119
  十一、县域发展特色产业——户外休闲产业 ············· 120
  十二、综述 ··· 121

河南省县域经济运行分析：新县篇 /123

  一、新县概述 ··· 123

河南省县域经济运行分析报告（二）：下册

　　二、总体经济运行分析·· 123
　　三、分产业经济运行分析·· 125
　　四、财政收支分析·· 129
　　五、金融业发展分析·· 131
　　六、居民收入分析·· 134
　　七、固定资产投资分析·· 136
　　八、社会消费分析·· 136
　　九、人口规模分析·· 137
　　十、公共服务分析·· 138
　　十一、县域发展特色·· 139
　　十二、综述·· 141

河南省县域经济运行分析：息县篇 /142

　　一、息县概述··· 142
　　二、总体经济运行分析·· 142
　　三、分产业经济运行分析·· 144
　　四、财政收支分析·· 148
　　五、金融业发展分析·· 150
　　六、居民收入分析·· 152
　　七、固定资产投资分析·· 154
　　八、社会消费分析·· 155
　　九、人口规模分析·· 156
　　十、公共服务分析·· 157
　　十一、县域发展特色产业——户外产业····················· 158
　　十二、综述·· 159

河南省县域经济运行分析：新野篇 /160

　　一、新野县概述··· 160
　　二、总体经济运行分析·· 160
　　三、分产业经济运行分析·· 162
　　四、财政收支分析·· 166

五、金融业发展分析	167
六、居民收入分析	171
七、固定资产投资分析	172
八、社会消费分析	173
九、人口规模分析	174
十、公共服务分析	175
十一、县域发展特色产业——玩具制造产业	176
十二、综述	177

河南省县域经济运行分析：淅川篇 /178

一、淅川县概述	178
二、总体经济运行分析	178
三、分产业经济运行分析	180
四、财政收支分析	184
五、金融业发展分析	187
六、居民收入分析	189
七、固定资产投资分析	191
八、社会消费分析	192
九、人口规模分析	193
十、公共服务分析	194
十一、县域发展特色	195
十二、综述	196

河南省县域经济运行分析：原阳篇 /197

一、原阳县概况	197
二、总体经济运行分析	197
三、分产业经济运行分析	200
四、财政收支分析	204
五、金融业发展分析	206
六、居民收入分析	209
七、固定资产投资分析	212

八、社会消费分析 ………………………………………………… 212
　　九、人口规模分析 ………………………………………………… 213
　　十、公共服务分析 ………………………………………………… 214
　　十一、县域发展特色产业——预制菜产业 ……………………… 215
　　十二、综述 ………………………………………………………… 216

河南省县域经济运行分析：新乡篇 /218

　　一、新乡县概况 …………………………………………………… 218
　　二、总体经济运行分析 …………………………………………… 218
　　三、分产业经济运行分析 ………………………………………… 221
　　四、财政收支分析 ………………………………………………… 225
　　五、金融业发展分析 ……………………………………………… 228
　　六、居民收入分析 ………………………………………………… 229
　　七、固定资产投资分析 …………………………………………… 233
　　八、社会消费分析 ………………………………………………… 233
　　九、人口规模分析 ………………………………………………… 234
　　十、公共服务分析 ………………………………………………… 235
　　十一、县域发展特色产业——振动产业 ………………………… 236
　　十二、综述 ………………………………………………………… 237

河南省县域经济运行分析：林州篇 /238

　　一、林州市概况 …………………………………………………… 238
　　二、总体经济运行分析 …………………………………………… 238
　　三、分产业经济运行分析 ………………………………………… 241
　　四、财政收支分析 ………………………………………………… 246
　　五、金融业发展分析 ……………………………………………… 248
　　六、居民收入分析 ………………………………………………… 251
　　七、固定资产投资分析 …………………………………………… 253
　　八、社会消费分析 ………………………………………………… 253
　　九、人口规模分析 ………………………………………………… 254
　　十、公共服务分析 ………………………………………………… 255

目录

  十一、县域发展特色产业——高端装备制造产业 …………… 256

  十二、综述 …………………………………………………………… 257

河南省县域经济运行分析：滑县篇 /259

  一、滑县概况 ………………………………………………………… 259

  二、总体经济运行分析 ……………………………………………… 259

  三、分产业经济运行分析 …………………………………………… 261

  四、财政收支分析 …………………………………………………… 266

  五、金融业发展分析 ………………………………………………… 268

  六、居民收入分析 …………………………………………………… 271

  七、固定资产投资分析 ……………………………………………… 272

  八、社会消费分析 …………………………………………………… 273

  九、人口规模分析 …………………………………………………… 274

  十、公共服务分析 …………………………………………………… 275

  十一、县域发展特色产业——能源新材料产业 ………………… 276

  十二、综述 …………………………………………………………… 277

河南省县域经济运行分析：浚县篇 /278

  一、浚县概况 ………………………………………………………… 278

  二、总体经济运行分析 ……………………………………………… 278

  三、分产业经济运行分析 …………………………………………… 280

  四、财政收支分析 …………………………………………………… 285

  五、金融业发展分析 ………………………………………………… 287

  六、居民收入分析 …………………………………………………… 290

  七、固定资产投资分析 ……………………………………………… 291

  八、社会消费分析 …………………………………………………… 292

  九、人口规模分析 …………………………………………………… 293

  十、公共服务分析 …………………………………………………… 294

  十一、县域发展特色产业——食品加工业 ……………………… 295

  十二、综述 …………………………………………………………… 296

后记 /298

河南省县域经济运行分析：渑池篇

一、渑池县概述

渑池县位于河南省西部，是闻名遐迩的人类远祖起源地和仰韶文化发祥地之一，国土总面积1368平方千米，占河南省总面积的0.82%，占三门峡市总面积的12.98%，其中耕地面积41667公顷（416.67平方千米）。下辖6镇6乡、236个行政村。县政府驻地东距省会郑州170千米、距洛阳市74千米，西距三门峡市58千米。2023年常住人口30.59万人，城镇化率56.18%。

境内已探明原煤、铝矾土、钾长石、重晶石、铁矿等矿藏30余种，探明资源储量达30多亿吨，煤、铝优势明显，铝矾土品位亚洲第一，是全国重点产煤县和河南省优质铝矾土原料生产基地。依托资源、区位、产业优势，建成了全省首批省级产业集聚区，打造了氧化铝及铝基新材料、电子信息和装备制造、食品加工三大主导产业。

二、总体经济运行分析

从GDP总量来看，2023年渑池县GDP总量为242.1亿元，GDP增速为2.0%。2022年渑池县GDP总量为254.5亿元，在三门峡市下辖4个县（县级市）①中排第2位，在河南省102个县（市）中排名由2008年的第33位下降为2022年的第71位。从GDP占比来看，渑池县GDP占三门峡市的比重呈下降趋势，2022年为15.2%（见表1）。

从GDP增速来看，渑池县GDP增速与三门峡市GDP增速趋势一致。2022年渑池县GDP增速为5.2%，高于三门峡市0.6个百分点，高于河南省2.1个百分点，在三门峡市下辖4个县（市）中排第2位，在河南省102个县（市）中排第37位（见表1）。

---

① 全书简称为县（市）。

表 1 2008—2023 年渑池县地区生产总值及增速

年份	渑池县 GDP（亿元）	渑池县 GDP 在三门峡市的排名	渑池县 GDP 在河南省的排名	渑池县 GDP 占三门峡市的比重（%）	渑池县 GDP 增速（%）	渑池县 GDP 增速在三门峡市的排名	渑池县 GDP 增速在河南省的排名	渑池县 GDP 增速与三门峡市 GDP 增速对比	渑池县 GDP 增速与河南省 GDP 增速对比
2008	132.4	2	33	20.2	16.1	2	19	1.0	4.1
2009	135.5	2	33	20.9	12.8	3	34	0.7	1.8
2010	153.4	2	35	17.5	15.7	2	9	0.5	3.3
2011	174.8	2	35	17.0	13.2	3	44	0.1	1.2
2012	189.3	2	35	16.8	13.3	1	11	1.3	3.2
2013	210.8	2	33	17.5	10.8	1	25	1.7	1.8
2014	223.6	2	34	18.0	11.1	1	15	2.1	2.2
2015	230.0	2	36	18.4	5.8	2	95	2.5	-2.6
2016	244.9	2	36	18.5	9.0	1	35	1.5	0.8
2017	269.0	2	36	18.6	8.0	3	57	-0.2	0.2
2018	278.0	2	39	18.2	7.5	2	67	-0.5	-0.1
2019	219.0	2	75	15.2	7.1	3	67	-0.4	0.3
2020	218.0	2	74	15.0	3.2	3	41	0.1	2.1
2021	238.7	2	73	15.1	7.6	1	40	0.1	1.3
2022	254.5	2	71	15.2	5.2	2	37	0.6	2.1
2023	242.1	—	—	14.9	2.0	—	—	0.0	-2.1

数据来源：历年河南省统计年鉴及渑池县统计公报。

从人均GDP来看，渑池县人均GDP始终高于河南省平均水平，但近几年低于三门峡市平均水平。2022年渑池县人均GDP为81977元，相当于三门峡市的99.6%，相当于河南省的132.0%，在三门峡市下辖4个县（市）中排第2位，在河南省102个县（市）中排第11位（见表2）。

表2 2008—2022年渑池县人均地区生产总值及增速

年份	渑池县人均GDP（元）	渑池县人均GDP在三门峡市的排名	渑池县人均GDP在河南省的排名	渑池县人均GDP与三门峡市相比（%）	渑池县人均GDP与河南省相比（%）	渑池县人均GDP增速（%）	渑池县人均GDP增速在三门峡市的排名	渑池县人均GDP增速在河南省的排名
2008	39366	2	9	134.8	208.5	16.8	2	17
2009	40215	2	11	127.1	198.3	12.6	3	33
2010	44864	3	12	114.7	187.1	14.0	3	46
2011	50359	3	12	109.7	180.5	11.5	4	77
2012	54491	3	12	108.2	178.7	13.2	1	26
2013	60555	3	13	112.4	182.9	10.6	1	42
2014	64043	3	14	115.9	178.0	10.8	1	20
2015	65829	2	13	117.8	171.7	5.7	2	95
2016	69945	2	13	119.3	169.3	8.8	1	42
2017	76493	2	13	119.6	167.3	7.5	3	72
2018	78773	2	12	117.1	155.3	6.7	3	72
2019	61952	2	22	89.3	114.0	6.9	3	69
2020	70499	2	13	98.5	127.2	3.4	1	38
2021	76915	2	11	99.0	129.5	7.2	1	59
2022	81977	2	11	99.6	132.0	5.2	2	59

数据来源：历年河南省统计年鉴。

三、分产业经济运行分析

（一）产业格局与发展方向

渑池县主导产业为氧化铝及铝基新材料、电子信息和装备制造、食品加工，东方希望、华能热电、中铝中州铝业等一批大型国有企业、民营企业相继入驻，培育了仰韶酒业、义翔铝业、康耀电子等一批知名企业，2024年，具备氧化铝330万吨、原煤1500万吨、白酒1.2万吨的综合产能，已发展成为全省重要的能源冶金、建材耐材、白酒生产基地。

"十四五"期间发展方向如下。

铝基新材料。以大宗固体废弃物综合利用基地为平台，打造铝及铝基新材料产业园。发挥铝土矿资源优势，稳定氧化铝产能，聚焦特种氧化铝和铝基新材料，积极培育研磨抛光用氧化铝、电力行业高压开关用氧化铝填料、特种氧化铝、陶瓷用氧化铝等氧化铝产品，依托东方希望等龙头企业，谋划实施再生铝及废旧铝深加工项目，进一步扩大产业规模，延伸产业链条。

装备制造。以洛阳副中心城市建设为契机，打造先进制造业产业园，在巩固矿用机械、纺织过滤设备等优势产业，改造提升矿用液压支架、防爆设备、挖掘设备等传统产品，积极培育装备设备再制造的同时，积极做好产业转移承接，大力发展飞地经济，承接洛阳先进制造业项目落户。

现代食品。以果园工贸区为依托，打造食品产业园，紧紧抓住河南省打造食品万亿级产业集群的机遇，以打造休闲食品基地为目标，持续加强与湖南平江商会合作，在巩固主食食品加工的基础上，依托优粮生物、津津友味、大福乐生物、鸿洲生物等龙头企业，鼓励利用小麦蛋白、谷朊粉等开发素食制品、休闲食品，利用大豆蛋白生产风味素食、膨化豆制品、调味豆制品（豆干）等即食休闲产品，积极扩大产业规模和产品市场份额，提升品牌影响力，形成配套齐全的食品产业链。

（二）产业结构分析

2008年以来，渑池县三次产业结构呈现"二、三、一"梯次，但第二产业占比在逐渐下降，第三产业占比逐年增加。2023年三产结构为10.2：45.3：44.5（见图1）。

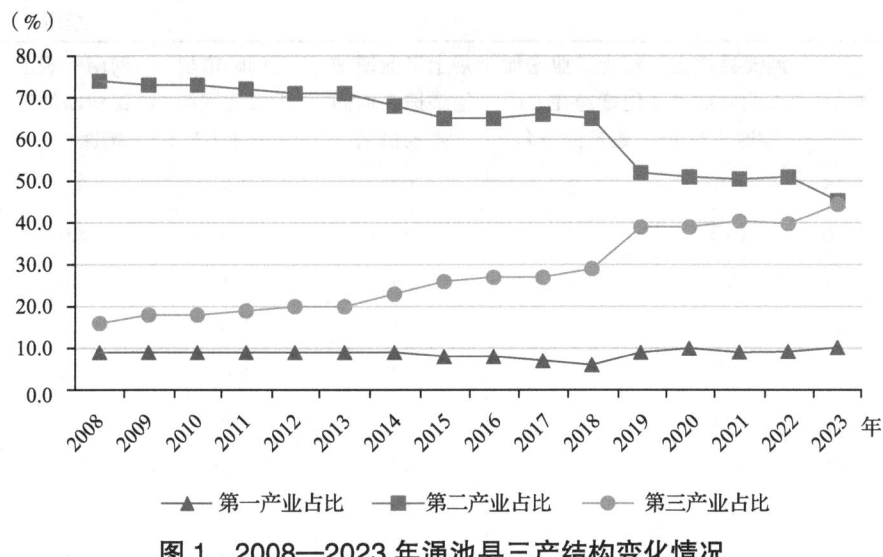

图1 2008—2023年渑池县三产结构变化情况

(三)工业发展情况分析

工业是渑池县经济发展的支柱,渑池县在河南省县域工业30强(2020年)中排第24位。从规上工业增加值增速来看,2023年渑池县规上工业增加值增速为4.9%,高于三门峡市3个百分点,低于河南省0.1个百分点。2022年渑池县规上工业增加值增速为6.8%,在三门峡市下辖4个县(市)中排第2位,在河南省102个县(市)中排第55位(见表3)。

表3 2008—2023年渑池县规上工业发展总体情况

年份	渑池县规上工业增加值增速（%）	规上工业增加值增速在三门峡市的排名	规上工业增加值增速在河南省的排名	三门峡市规上工业增加值增速（%）	河南省规上工业增加值增速（%）
2008	23.0	1	60	19.7	19.8
2009	16.0	3	79	13.5	14.6
2010	21.7	2	69	21.1	19.0
2011	16.8	2	94	16.1	19.6
2012	17.6	2	59	15.0	14.6
2013	14.0	2	68	10.4	11.8
2014	14.3	1	30	10.7	11.2

续表

年份	渑池县规上工业增加值增速（%）	规上工业增加值增速在三门峡市的排名	规上工业增加值增速在河南省的排名	三门峡市规上工业增加值增速（%）	河南省规上工业增加值增速（%）
2015	6.0	2	93	1.8	8.6
2016	10.1	2	31	7.3	8.0
2017	9.4	1	29	9.1	8.0
2018	6.5	2	81	8.0	7.2
2019	8.7	3	50	8.0	7.8
2020	5.0	2	42	4.5	0.4
2021	9.7	4	48	10.9	6.3
2022	6.8	2	55	7.4	5.1
2023	4.9	—	—	1.9	5.0

数据来源：历年河南省统计年鉴及渑池县统计公报。

（四）服务业发展情况分析

自2009年以来，渑池县服务业增加值逐年增长。2023年渑池县服务业增加值达107.7亿元，增速为3.4%；2022年渑池县服务业增加值达101.4亿元，在三门峡市下辖4个县（市）中排第2位，在河南省102个县（市）中排第80位。从服务业增加值增速来看，2022年渑池县服务业增加值增速为3.0%，在三门峡下辖4个县（市）中排第2位，在河南省102个县（市）中排第55位（见表4）。

表4　2008—2023年渑池县服务业发展总体情况

年份	渑池县服务业增加值（亿元）	渑池县服务业增加值占三门峡市服务业增加值的比重（%）	渑池县服务业增加值在三门峡市的排名	渑池县服务业增加值在河南省的排名	渑池县服务业增加值增速（%）	渑池县服务业增加值增速在三门峡市的排名	渑池县服务业增加值增速在河南省的排名
2008	21.8	13.4	2	59	14.2	1	47
2009	24.7	13.5	2	54	11.4	3	77
2010	28.5	13.6	2	54	13.2	1	26

续表

年份	渑池县服务业增加值（亿元）	渑池县服务业增加值占三门峡市服务业增加值的比重（%）	渑池县服务业增加值在三门峡市的排名	渑池县服务业增加值在河南省的排名	渑池县服务业增加值增速（%）	渑池县服务业增加值增速在三门峡市的排名	渑池县服务业增加值增速在河南省的排名
2011	33.7	13.6	2	53	12.8	2	16
2012	37.9	13.6	2	53	9.7	3	58
2013	43.3	13.5	2	51	9.7	2	26
2014	51.0	14.4	2	62	8.4	2	73
2015	58.8	14.5	2	59	11.0	1	71
2016	65.3	14.4	2	61	8.5	2	94
2017	74.0	14.5	2	64	10.0	3	63
2018	81.8	14.4	2	65	7.5	2	79
2019	85.3	14.4	2	80	6.1	3	83
2020	85.8	13.9	2	82	2.0	4	51
2021	96.5	14.1	2	79	10.2	1	25
2022	101.4	14.2	2	80	3.0	2	55
2023	107.7	14.4	—	—	3.4	—	—

数据来源：历年河南省统计年鉴及渑池县统计公报。

服务业分行业看，交通运输、仓储和邮政业与批发和零售业一直处在前两位，其次是金融业与住宿和餐饮业。2022年，交通运输、仓储和邮政业占服务业比重为23.0%，批发和零售业占比为15.9%，金融业占比为5.3%，住宿和餐饮业占比为2.7%（根据表5中数据计算）。

表5　2017—2022年渑池县第三产业分行业发展总体情况

年份	批发和零售业（亿元）	交通运输、仓储和邮政业（亿元）	住宿和餐饮业（亿元）	金融业（亿元）	批发和零售业增速（%）	交通运输、仓储和邮政业增速（%）	住宿和餐饮业增速（%）	金融业增速（%）
2017	13.0	17.3	2.8	5.3	4.1	2.7	6.6	10.1
2018	14.2	18.3	3.1	5.3	8.7	6.2	11.1	0.4
2019	14.6	17.6	3.0	4.6	2.7	−4.1	−3.0	−13.4
2020	15.0	17.4	2.8	5.0	2.8	−1.2	−6.5	9.6
2021	16.0	20.6	2.9	5.0	5.0	21.6	8.8	−2.1
2022	16.1	23.3	2.7	5.4	−3.5	10.3	−8.9	5.2

数据来源：历年三门峡市统计年鉴。

（五）重点企业分析

（1）河南仰韶酒业有限公司。是一家集白酒生产、研发和销售为一体的民营股份制企业。公司结合河南地域、农业、文化特色，运用现代生物技术，自成一格，首创曲融、粮融、工艺融的"三融"酿造工艺体系，酿出陶融型白酒——仰韶彩陶坊，填补了豫酒无独立香型的空白，引领中国高端文化白酒发展方向，打造中国高端文化白酒品牌，实现了品质提升、文化赋能的战略转型。

（2）三门峡义翔铝业有限公司。成立于2004年2月，属于河南能源集团下属义煤公司的全资子公司。公司本着产品高纯化、材料化、系列化的发展理念，主要采用拜耳法生产非冶金级氧化铝，产品有低钠氢氧化铝、低钠氧化铝、微钠氧化铝。产品广泛应用于耐材、刚玉、净水剂、陶瓷、阻燃剂、氟化盐等氢氧化铝、氧化铝深加工行业。

（3）河南康耀电子股份有限公司。成立于2004年，主营ITO透明导电玻璃的研发、生产及销售，于2014年12月19日成功登陆新三板。2024年，全公司占地面积240亩，拥有三门峡、洛阳、孟州三个生产基地，是国内较大的ITO透明导电膜玻璃供应商之一。

四、财政收支分析

从财政收支总体情况来看,渑池县一般公共预算收入在全省县域中处于上游位次,一般公共预算支出在全省县域排名有所下降。2023年渑池县一般公共预算收入为24.5亿元,一般公共预算支出为33.4亿元;2022年渑池县一般公共预算收入达26.0亿元,占三门峡市一般公共预算收入的18.7%,在三门峡下辖4个县(市)中排第1位,在河南省102个县(市)中排第18位;一般公共预算支出达到31.5亿元,占三门峡市一般公共预算支出的11.4%,在三门峡下辖4个县(市)中排第3位,在河南省102个县(市)中排第88位(见表6)。

表6 2008—2023年渑池县财政收支情况

年份	一般公共预算收入 (亿元,%)				一般公共预算支出 (亿元,%)			
	一般公共预算收入	占三门峡市的比重	在三门峡市的排名	在河南省的排名	一般公共预算支出	占三门峡市的比重	在三门峡市的排名	在河南省的排名
2008	7.7	20.8	1	12	11.7	17.8	2	31
2009	8.5	20.5	1	14	13.7	16.0	2	35
2010	10.2	20.4	1	12	15.0	15.7	2	46
2011	12.1	21.0	1	12	18.3	15.4	2	45
2012	14.4	20.9	1	10	20.6	15.0	2	58
2013	16.8	20.5	1	11	22.8	14.8	2	59
2014	19.6	21.2	1	10	25.6	15.5	2	58
2015	19.8	21.0	1	11	28.5	16.5	2	61
2016	22.0	22.0	1	11	29.5	15.7	2	67
2017	23.8	22.0	1	11	31.7	14.9	2	65
2018	25.8	21.5	1	11	39.4	16.1	2	58
2019	28.9	22.0	1	12	39.8	14.9	3	65
2020	27.0	20.0	1	13	37.0	13.7	3	79

续表

年份	一般公共预算收入（亿元，%）				一般公共预算支出（亿元，%）			
	一般公共预算收入	占三门峡市的比重	在三门峡市的排名	在河南省的排名	一般公共预算支出	占三门峡市的比重	在三门峡市的排名	在河南省的排名
2021	28.4	19.9	1	13	37.4	13.7	2	65
2022	26.0	18.7	1	18	31.5	11.4	3	88
2023	24.5	17.4	—	—	33.4	11.8	—	—

数据来源：历年河南省统计年鉴及渑池县统计公报。

从人均财力看，渑池县人均一般公共预算收入超过省、市人均水平；一般公共预算支出近两年不及省、市人均水平。2023年渑池县人均一般预算公共收入为8003元，人均一般公共预算支出为10902元；2022年渑池县人均一般预算公共收入为8365元，相当于三门峡市人均一般预算公共收入的122.7%，相当于河南省人均一般预算公共收入的194.3%，在三门峡市下辖4个县（市）中排第2位，在河南省102个县（市）中排第2位；人均一般公共预算支出达到10164元，相当于三门峡市人均一般预算公共支出的75.2%，相当于河南省人均一般公共预算支出的94.2%，在三门峡市下辖4个县（市）中排第3位，在河南省102个县（市）中排第12位（见表7）。

从财政自给率看，渑池县财政自给率始终高于河南省财政自给率。2023年渑池县财政自给率为73.4%。2022年渑池县财政自给率为82.3%，高于三门峡市31.9个百分点，高于河南省42.4个百分点，在三门峡市下辖4个县（市）中排第2位，在河南省102个县（市）中排第2位（见表7）。

表7 2008—2023年渑池县人均财力及财政自给率

年份	一般公共预算收入/常住人口	与三门峡市相比	与河南省相比	人均一般公共预算收入在三门峡市的排名	人均一般公共预算收入在河南省的排名	一般公共预算支出/常住人口	与三门峡市相比	与河南省相比	人均一般公共预算支出在三门峡市的排名	人均一般公共预算支出在河南省的排名	财政自给率	在三门峡市的排名	在河南省的排名
2008	2273	137.5	212.5	2	4	3462	117.6	143.1	2	4	65.7	2	7
2009	2524	135.6	212.6	2	3	4063	105.8	132.7	2	2	62.1	2	8
2010	2930	131.4	199.5	2	3	4315	101.0	118.8	2	2	67.9	2	5
2011	3488	135.6	191.7	2	3	5262	99.4	117.2	2	2	66.3	2	7
2012	4135	134.4	193.2	2	2	5936	96.5	113.0	2	2	69.7	2	4
2013	4806	131.6	190.5	2	3	6523	94.8	111.9	2	2	73.7	2	4
2014	5614	136.6	197.7	2	3	7335	99.6	117.4	2	2	76.5	2	4
2015	5659	135.5	182.0	2	3	8168	106.3	116.5	2	2	69.3	2	4
2016	6278	141.5	194.7	2	3	8393	101.2	110.1	2	5	74.8	2	3
2017	6753	141.6	194.8	2	4	8981	95.7	107.4	2	5	75.2	2	2
2018	7312	138.3	191.5	2	3	11142	103.8	119.2	2	2	65.6	2	7
2019	8174	141.6	200.2	2	2	11248	95.8	109.6	2	7	72.7	2	2
2020	8707	130.9	207.6	2	2	11937	89.7	114.4	3	4	72.9	1	1
2021	9143	130.8	207.8	2	2	12040	90.2	114.2	3	2	75.9	2	5
2022	8365	122.7	194.3	2	2	10164	75.2	94.2	3	12	82.3	2	2
2023	8003	114.9	174.1	—	—	10902	77.8	96.7	—	—	73.4	—	—

数据来源：历年河南省统计年鉴及渑池县统计公报。

五、金融业发展分析

渑池县金融机构年末存贷款余额逐年增加，但在全省排名比较靠后。2023年渑池县金融机构存款年末余额为237.4亿元，金融机构贷款年末余额为113.9亿元。2022年渑池县金融机构存款年末余额为217.0亿元，占三门峡市的比重为11.8%，在三门峡下辖4个县（市）中排第2位，在河南省102个县（市）中排第92位；金融机构贷款年末余额为89.4亿元，占三门峡市的比重为8.5%，在三门峡下辖4个县（市）中排第4位，在河南省102个县（市）中排第102位（见表8）。

2008年以来，渑池县存贷比呈现波动上升趋势，2023年存贷比为48.0%；2022年存贷比为41.2%，在三门峡下辖4个县（市）中排第4位，在河南省102个县（市）中排第83位（见表8）。

表8 2008—2023年渑池县金融业发展情况

年份	存款年末余额	占三门峡市的比重	在三门峡市的排名	在河南省的排名	贷款年末余额	占三门峡市的比重	在三门峡市的排名	在河南省的排名	渑池县存贷比	在三门峡市的排名	在河南省的排名
2008	45.8	10.9	3	56	15.2	7.1	3	83	33.1	3	85
2009	53.0	10.4	3	61	23.7	8.9	3	68	44.6	3	59
2010	67.3	10.8	3	59	27.2	8.0	3	68	40.5	3	70
2011	73.4	10.7	3	69	30.8	8.1	3	67	41.9	3	56
2012	85.1	10.3	3	73	36.6	7.8	3	65	43.0	3	47
2013	99.2	10.6	3	72	51.3	9.4	3	58	51.7	3	37
2014	106.1	11.3	3	73	54.4	9.3	3	65	51.2	3	45
2015	119.1	11.5	2	71	61.2	9.1	3	66	51.4	3	43
2016	135.1	11.8	2	74	63.4	9.0	3	75	46.9	3	52
2017	147.8	11.9	2	76	75.2	9.7	3	69	50.9	2	47
2018	154.1	12.1	2	85	74.8	9.2	3	85	48.5	4	56

续表

年份	存款（亿元，%）				贷款（亿元，%）				存贷比（%）		
	存款年末余额	占三门峡市的比重	在三门峡市的排名	在河南省的排名	贷款年末余额	占三门峡市的比重	在三门峡市的排名	在河南省的排名	渑池县存贷比	在三门峡市的排名	在河南省的排名
2019	163.2	11.9	2	87	75.3	9.0	4	90	46.1	4	65
2020	182.3	12.1	2	89	85.8	9.3	4	94	47.0	4	66
2021	190.0	11.7	2	91	88.0	9.0	4	97	46.3	4	73
2022	217.0	11.8	2	92	89.4	8.5	4	102	41.2	4	83
2023	237.4	11.8	—	—	113.9	9.6	—	—	48.0	—	—

数据来源：历年河南省统计年鉴及渑池县统计公报。

从人均存贷款来看，渑池县人均存款余额在全省的排名均处于中上游。2023年渑池县人均存款余额为77594元，人均贷款余额为37221元。2022年渑池县人均存款余额为69918元，相当于三门峡市人均存款余额的77.6%，相当于河南省人均存款余额的74.6%，在三门峡下辖4个县（市）中排第2位，在河南省102个县（市）中排第20位；人均贷款余额为28797元，相当于三门峡市人均贷款余额的55.6%，相当于河南省人均贷款余额的37.6%，在三门峡下辖4个县（市）中排第4位，在河南省102个县（市）中排第59位（见表9）。

表9 2008—2023年渑池县人均存贷款情况

年份	人均存款（元，%）				人均贷款（元，%）			
	人均存款	在三门峡市的排名	在河南省的排名	与三门峡市相比	与河南省相比	人均贷款	在三门峡市的排名	在河南省的排名	与三门峡市相比	与河南省相比
2008	13614	3	12	71.6	84.1	4501	3	36	46.6	40.9
2009	15736	3	13	69.0	77.9	7016	3	23	59.2	49.5
2010	19415	3	11	69.2	78.9	7854	3	26	51.5	46.5

续表

年份	人均存款（元，%）					人均贷款（元，%）				
	人均存款	在三门峡市的排名	在河南省的排名	与三门峡市相比	与河南省相比	人均贷款	在三门峡市的排名	在河南省的排名	与三门峡市相比	与河南省相比
2011	21128	3	13	68.8	75.0	8855	3	27	52.0	47.9
2012	24498	3	14	66.2	73.0	10524	3	26	50.2	49.4
2013	28448	3	15	68.1	72.4	14710	3	21	60.1	59.9
2014	30369	3	17	72.5	70.8	15551	3	28	59.6	55.1
2015	34074	2	19	73.9	69.4	17524	3	28	58.7	54.1
2016	38505	3	21	76.0	69.8	18076	3	33	58.2	48.4
2017	41912	3	23	76.6	69.7	21324	2	29	62.7	50.2
2018	43619	3	25	77.7	67.4	21169	3	37	59.5	43.7
2019	46125	3	28	76.4	65.7	21272	4	42	57.6	37.8
2020	58768	2	17	79.4	76.4	27643	4	37	60.8	43.7
2021	61195	2	21	76.8	73.4	28346	4	45	59.2	40.3
2022	69918	2	20	77.6	74.6	28797	4	59	55.6	37.6
2023	77594	—	—	78.2	76.0	37221	—	—	63.6	43.9

数据来源：历年河南省统计年鉴及渑池县统计公报。

六、居民收入分析

从居民收入看，2017年以来渑池县居民人均可支配收入在全省排名处于中上游。2022年渑池县居民人均可支配收入为28963元，相当于三门峡市居民人均可支配收入的103.4%，相当于河南省居民人均可支配收入的102.6%，在三门峡市下辖4个（市）中排第2位，在河南省102个县（市）中排第24位。从居民收入增速看，2022年渑池县居民人均可支配收入增速为2.9%，低于三门峡市居民人均可支配收入增速1.2个百分点（见表10）。

表10　2017—2022年渑池县居民人均可支配收入情况

年份	渑池县居民人均可支配收入（元）	在三门峡市的排名	在河南省的排名	与三门峡市相比（%）	与河南省相比（%）	渑池县居民人均可支配收入增速（%）	三门峡市城乡居民人均可支配收入增速（%）	渑池县增速与三门峡市增速对比
2017	20998	2	19	104.2	104.1	—	9.8	—
2018	22678	2	21	103.3	103.2	8.0	9.0	-1.0
2019	24707	2	21	103.3	103.4	8.9	9.0	-0.1
2020	25721	2	22	103.4	103.7	4.1	3.9	0.2
2021	27841	2	21	103.5	103.8	8.2	8.2	0.0
2022	28963	2	24	103.4	102.6	2.9	4.1	-1.2

数据来源：历年河南省统计年鉴。

分城乡来看，渑池县城镇居民和农村居民人均可支配收入始终高于三门峡市平均水平。2023年渑池县城镇居民人均可支配收入为39373元；农村居民人均可支配收入为23416元；城乡居民人均可支配收入比约为1.7∶1。

2022年渑池县城镇居民人均可支配收入为38264元，相当于三门峡市城镇居民人均可支配收入的105.7%，相当于河南省城镇居民人均可支配收入的99.4%，在三门峡市下辖4个县（市）中排第1位，在河南省102个县（市）中排第14位；农村居民人均可支配收入为21803元，相当于三门峡市农村居民人均可支配收入的113.0%，相当于河南省农村居民人均可支配收入的116.6%，在三门峡市下辖4个县（市）中排第3位，在河南省102个县（市）中排第27位；城乡居民人均可支配收入比约为1.8∶1，在三门峡市下辖4个县（市）中排第3位，在河南省102个县（市）中排第42位，处在中游水平，2008年以来城乡收入差距整体上逐步缩小（见表11）。

表 11 2008—2023 年渑池县城镇、农村居民人均可支配收入

年份	城镇居民人均可支配收入	在三门峡市的排名	在河南省的排名	与三门峡市相比	与河南省相比	农村居民人均可支配收入	在三门峡市的排名	在河南省的排名	与三门峡市相比	与河南省相比	城乡收入比	在三门峡市的排名	在河南省的排名
2008	12890	1	5	104.0	97.4	5200	3	30	111.1	116.7	2.5	3	58
2009	13986	1	6	103.8	97.3	5569	3	30	110.4	115.9	2.5	3	57
2010	15664	1	6	104.2	98.3	6406	3	33	110.7	116.0	2.4	3	56
2011	17904	1	6	104.9	98.4	7669	3	33	110.7	116.1	2.3	3	51
2012	20232	1	6	105.5	99.0	8751	3	33	110.7	116.3	2.3	3	54
2013	22255	1	6	106.3	99.4	9878	3	32	111.0	116.6	2.3	3	52
2014	24325	1	6	107.0	102.8	11079	3	32	112.6	111.2	2.2	3	51
2015	25725	1	6	108.0	100.6	12483	3	30	112.3	115.0	2.1	3	47
2016	27281	1	7	108.0	100.2	13457	3	29	112.5	115.0	2.0	3	47
2017	29845	1	6	108.3	101.0	14722	3	29	112.7	115.7	2.0	3	46
2018	31562	1	12	105.8	99.0	16069	3	29	112.5	116.2	2.0	3	43
2019	34083	1	13	105.9	99.7	17605	3	27	112.6	116.1	1.9	3	41
2020	34744	1	13	106.0	100.0	18855	2	25	112.8	117.1	1.8	2	40
2021	37185	1	13	105.8	100.2	20647	2	24	113.0	117.8	1.8	2	40
2022	38264	1	14	105.7	99.4	21803	3	27	112.9	116.6	1.8	3	42
2023	39373	—	—	105.4	97.9	23416	—	—	—	116.8	1.7	—	—

数据来源：历年河南省统计年鉴及渑池县统计公报。

七、固定资产投资分析

2023年渑池县固定资产投资断崖式下降，增速为-90.4%，低于三门峡市67.1个百分点，低于河南省92.5个百分点。房地产开发投资完成4.9亿元，同比下降62.9%（见表12）。

表12 2008—2023年渑池县固定资产投资情况

年份	固定资产投资（亿元）	渑池县固定资产投资增速（%）	三门峡市固定资产投资增速（%）	河南省固定资产投资增速（%）	房地产投资总量（亿元）	房地产投资增速（%）
2008	71.4	45.3	38.2	30.7	—	—
2009	88.3	23.7	37.2	31.6	—	—
2010	119.7	35.6	22.1	22.2	1.0	—
2011	146.6	22.5	24.8	27.0	0.6	−39.8
2012	180.8	23.4	23.3	21.4	6.5	945.2
2013	213.4	18.0	23.0	22.5	10.6	62.8
2014	256.7	20.3	19.3	19.2	8.2	−21.9
2015	297.9	16.0	15.9	16.5	8.3	1.1
2016	346.3	16.2	15.2	13.7	2.8	−65.9
2017	394.8	14.0	11.5	10.4	1.7	−40.1
2018	—	10.0	10.5	8.1	4.7	174.0
2019	—	10.1	10.2	8.0	13.3	185.5
2020	—	0.4	5.5	4.3	11.9	−10.2
2021	—	2.3	10.4	4.5	13.6	13.7
2022	—	12.1	12.4	6.7	13.4	−0.6
2023	—	−90.4	−23.3	2.1	4.9	−62.9

数据来源：历年河南省统计年鉴、渑池县政府工作报告、渑池县统计公报。

八、社会消费分析

从社会消费情况来看，渑池县社会消费品零售总额（以下简称社消零总额）在全省的排名处于下游，但人均社会消费品零售额（以下简称人均社消零额）在全省的排名均处于中游。2023年渑池县社消零总额为67.6亿元,人均社消零额为22099元;2022年渑池县社消零总额为63.7亿元,在三门峡市下辖4个县(市)中排第2位,在河南省102个县(市)中排第89位;人均社消零额2022年达到20542元,在三门峡市下辖4个县(市)中排第3位,在河南省102个县(市)中排第36位(见表13)。

表13　2008—2023年渑池县社会消费情况

年份	社消零总额（亿元，%）				人均社消零额（元）		
	社消零总额	在三门峡市的排名	在河南省的排名	占GDP的比重	人均社消零额	在三门峡市的排名	在河南省的排名
2008	17.2	2	87	13.0	5122	3	31
2009	20.6	2	87	15.2	6111	3	29
2010	24.5	2	85	16.0	7070	3	33
2011	28.9	2	85	16.5	8308	3	33
2012	33.4	2	85	17.6	9611	3	33
2013	38.3	2	85	18.2	10981	3	33
2014	43.7	2	85	19.5	12501	3	30
2015	48.7	2	84	21.2	13938	3	30
2016	54.0	2	84	22.1	15392	3	31
2017	60.1	2	84	22.3	17053	3	32
2018	63.5	2	83	22.9	17984	3	33
2019	59.3	2	91	27.1	16747	3	47
2020	57.6	2	89	26.4	18565	3	36
2021	63.3	2	88	26.5	20392	3	37
2022	63.7	2	89	25.1	20542	3	36
2023	67.6	—	—	28.0	22099	—	—

数据来源:历年河南省统计年鉴及渑池县统计公报。

九、人口规模分析

从人口情况看,渑池县常住人口在全省县域中排名靠后,但城镇化率水平在全省县域中排名处在上游。2023年末渑池县户籍人口35.6万人,常住人口30.6万人,人口流失率为14.1%,城镇化率56.2%(见表14)。

2022年渑池县常住人口为31.0万人，占三门峡市常住人口的15.2%，在三门峡市下辖4个县（市）中排第3位，在河南省102个县（市）中排第97位。2022年城镇化率为55.2%，在三门峡市下辖4个县（市）中排第2位，在河南省102个县（市）中排第22位（见表14）。

表14 2008—2023年渑池县人口情况

年份	户籍人口（万人）	常住人口（万人）	常住人口占三门峡市比重（%）	常住人口在三门峡市的排名	常住人口在河南省的排名	外流人口（万人）	人口流失率（%）	渑池县城镇化率（%）	城镇化率在三门峡市的排名	城镇化率在河南省的排名
2008	33.6	33.7	15.2	3	95	0.0	−0.1	—	—	—
2009	33.7	33.7	15.1	3	94	0.0	0.1	—	—	—
2010	35.0	34.7	15.5	3	94	0.4	1.0	—	—	—
2011	35.1	34.8	15.5	3	94	0.4	1.1	—	—	—
2012	35.2	34.7	15.6	3	94	0.5	1.4	—	—	—
2013	35.3	34.9	15.6	3	94	0.4	1.2	40.8	2	22
2014	35.5	35.0	15.5	3	94	0.5	1.4	42.8	2	18
2015	35.6	34.9	15.5	3	95	0.6	1.8	44.5	2	21
2016	35.7	35.1	15.6	3	95	0.6	1.8	46.4	2	20
2017	35.9	35.3	15.5	3	94	0.6	1.8	48.4	2	18
2018	35.9	35.3	15.5	3	94	0.6	1.7	50.1	2	18
2019	35.9	35.4	15.5	3	95	0.5	1.5	52.0	2	18
2020	36.0	31.0	15.2	3	97	5.0	13.8	53.7	2	22
2021	35.9	31.1	15.2	3	97	4.8	13.5	54.6	2	22
2022	38.8	31.0	15.2	3	97	7.8	20.1	55.2	2	22
2023	35.6	30.6	15.1	—	—	5.0	14.7	56.2	—	—

数据来源：历年河南省统计年鉴及渑池县统计公报。

十、公共服务分析

从教育情况来看，2022年渑池县有小学32所，在校生26806人，专任教师1426人，生师比18.8∶1。初中23所，在校生16410人，专任教师

1540人，生师比10.7∶1。

从医疗卫生情况来看，平均每千名常住人口配备卫生机构床位数、卫生技术人员数逐年上升，医疗资源配备逐步优化，2022年每千人床位数为8.1张，每千人卫生技术人员数为7.0人（见表15）。

表15　2019—2022年渑池县义务教育和医疗情况

		2019	2020	2021	2022
学校数	合计（所）	68	66	62	55
	小学学校数（所）	44	43	39	32
	初中学校数（所）	24	23	23	23
在校学生数	合计（人）	45858	45841	44769	43216
	小学在校生数（人）	31063	30344	28513	26806
	初中在校生数（人）	14795	15497	16256	16410
专任教师数	合计（人）	3336	3118	3054	2966
	小学（人）	1604	1558	1505	1426
	初中（人）	1732	1560	1549	1540
医疗卫生	卫生机构床位数/千人	6.1	7.1	8.2	8.1
	卫生技术人员数/千人	5.4	6.6	6.8	7.0

数据来源：历年河南省统计年鉴。

十一、县域发展战略分析

综合考虑渑池县的外部环境、区位条件、现有基础和发展潜力等因素，"十四五"时期渑池县的发展定位是——"一城两区一窗口"。

洛阳都市圈与晋陕豫黄河金三角联动发展枢纽城市。充分发挥渑池县位于洛阳都市圈与晋陕豫黄河金三角区域合作示范区叠加区的区位优势，以产业联动发展、生态环境共建、基础设施互联、文化传承利用等为重点，建设洛阳都市圈的西部门户节点和晋陕豫黄河金三角区域合作示范区东部桥头堡，为两大区域发展板块实现有机联动发挥重要作用。

黄河流域绿色生态经济发展示范区。坚持山水林田湖草系统保护与协同治理，构建生态安全空间格局，提升黄河沿线生态环境品质；创新区域联动、绿色发展模式，着力打造国家资源循环利用高地、河南省特色现代农业及现代食品高质高效示范基地，探索一条"生态为基、绿色崛起"的县域经济高质量发展道路。

河南省城乡融合发展示范区。深入实施乡村振兴战略，以农业供给侧结构性改革为主线，以资源要素、特色产业、规划建设、公共服务、居民收入、生态价值等领域的城乡互利共赢及融合发展为突破口，全力推动城乡融合发展，探索出一条山地丘陵地区城乡融合发展新路。

仰韶文化与华夏历史文明展示窗口。以省级全域旅游示范区创建为抓手，在保护传承弘扬仰韶文化、和合文化、红色文化等渑池特色文化资源的基础上，深入挖掘渑池文化蕴含的时代价值和人文价值，推动渑池文化创造性转化和创新性发展，打造渑池仰韶文化名片，建设仰韶文化与华夏历史文明展示窗口。

十二、综述

综上所述，渑池县经济运行状况主要表现为，经济总量持续增加，产业转型步伐加快，突出发展新型工业，重工业中高耗能、低产出的企业逐渐淘汰出局，服务业对经济增长的贡献逐年攀升。近年来，渑池县围绕建设"转型发展先进县、现代农业示范县、文化旅游特色县和三门峡副中心城市"的发展思路，着力调结构、促转型、稳增长、惠民生，全县经济社会持续保持健康平稳发展的良好态势。

渑池县的发展中存在以下问题。

第一，产业结构不优。渑池县规上企业起主导作用的主要是资源开采业、非金属矿物制品这几大行业，其他行业占比较小。在拉动渑池县工业经济增长的同时，也带来了渑池县工业经济的增长严重受少数企业影响的现象。

第二，环保力度加大，使得支撑渑池县经济的部分企业受到较大影响，存在一定程度的减产；另外，原材料的极度紧张，使企业盈利水平下降而自我减产，对渑池县经济发展造成制约。

第三，传统服务业依然是渑池县三产发展的主要支撑，近几年批发和零售业及交通运输、仓储与邮政业等传统服务业增速低于三产平均增速，是制约三产增长的主要原因。

根据以上问题提出如下建议。

第一，注重创新驱动，全力增强发展动力。深入推进产业链创新链"双链融合"，优化创新生态，汇聚创新力量，激活动力源泉。提升企业创新能力。强化企业创新主体地位，推动产品、产业和业态创新。聚焦铝工业、食品加工、先进制造业等产业，实施核心技术攻关工程。鼓励东方希望、仰韶酒业、承明光电、广宇制药等企业组建创新联合体。

第二，加快发展现代服务业。加快发展电子商务、研发设计、物联网等新业态，促进信息服务业成为新的经济增长点，注重培育发展特色文化产业，形成新的经济增长点。

（注：因2024年《河南统计年鉴》和《三门峡市统计年鉴》等尚未发布，本文2023年相关数据来源为各地统计公报，故暂未对2023年数据进行排名，采用2022年数据排名情况撰写。全书同）

河南省县域经济运行分析：义马篇

一、义马市概述

义马位于河南省西部，地处崤函古道，北仰韶峰，南眺洛伊。区划面积112平方千米，辖2个涉农办事处和5个街道办事处，是河南省唯一取消农村建制的县（市）。2022年常住人口13.6万人，城镇化率97.1%。

义马矿产资源丰富。主要特点是储量大、品位高、品种多、埋藏浅、易于开采利用。现已探明煤炭总储量达79亿吨，素有"百里煤城"之称，是我国重要的能源基地之一。境内的国有特大型煤炭企业义煤集团公司是原国家经济贸易委员会确定的520家重点企业之一，义煤集团所属四大煤田之一义马煤田，大部分位于义马市，东西走向25千米，倾斜度2~5千米，含煤面积82.5平方千米，可开采储量11亿吨，所产长焰煤适宜造气、发电，是优良的动力和化工原料用煤。除煤炭资源外，铝土、玻璃石英砂、火礁岩、重晶石、硫铁矿等矿产资源也很丰富，其中铝土矿探明储量1.02亿吨，占河南省总储量的50%以上。

二、总体经济运行分析

从GDP总量来看，2022年义马市GDP总量为158.2亿元，在三门峡市下辖4个县（市）中排第3位，在河南省102个县（市）中排名由2008年的第57位下降到2022年的第99位。从GDP占比来看，义马市GDP占三门峡市的比重呈下降趋势，2022年为9.4%（见表1）。

从GDP增速来看，义马市GDP增速从2008年开始持续下降，2015年为最低值-9.5%，2017年开始转负为正。2022年义马市GDP增速为4.8%，高于三门峡市0.2个百分点，高于河南省1.7个百分点，在三门峡市下辖4个县（市）中排第3位（见表1），在河南省102个县（市）中排第51位。

表1 2008—2022年义马市地区生产总值及增速

年份	义马市GDP（亿元）	义马市GDP在三门峡市的排名	义马市GDP在河南省的排名	义马市GDP占三门峡市的比重（%）	义马市GDP增速（%）	义马市GDP增速在三门峡市的排名	义马市GDP增速与三门峡市对比	义马市GDP增速与河南省对比
2008	89.6	3	57	13.7	19.1	1	4.0	7.1
2009	100.1	3	52	15.5	15.9	1	3.8	4.9
2010	126.0	3	47	14.4	18.6	1	3.4	6.2
2011	155.6	3	41	15.1	15.3	1	2.2	3.3
2012	161.8	3	47	14.3	11.5	4	−0.5	1.4
2013	161.8	3	55	13.4	6.0	4	−3.1	−3.0
2014	154.8	3	66	12.5	4.2	4	−4.8	−4.7
2015	137.1	3	88	11.0	−9.5	4	−12.8	−17.9
2016	127.5	3	93	9.6	−0.3	4	−7.8	−8.5
2017	137.0	3	94	9.5	8.6	2	0.4	0.8
2018	142.7	3	94	9.3	7.3	3	−0.7	−0.3
2019	141.0	3	98	9.8	5.0	4	−2.5	−1.8
2020	137.1	3	99	9.4	3.4	1	0.3	2.3
2021	146.8	3	99	9.3	7.0	4	−0.5	0.7
2022	158.2	3	99	9.4	4.8	3	0.2	1.7

数据来源：历年河南省统计年鉴。

从人均GDP来看，义马市人均GDP始终高于河南省和三门峡市平均水平。2022年义马市人均GDP为116421元，相当于三门峡市的141.5%，相当于河南省的187.5%，在三门峡市下辖4个县（市）中排第1位，在河南省102个县（市）中排第3位（见表2）。

表2 2008—2022年义马市人均地区生产总值及增速

年份	义马市人均GDP（元）	在三门峡市的排名	在河南省的排名	与三门峡市相比（％）	与河南省相比（％）	义马市人均GDP增速（％）	增速在三门峡市的排名	增速在河南省的排名
2008	64662	1	1	221.4	342.5	20.0	1	5
2009	71563	1	1	226.1	352.9	14.9	1	10
2010	88196	1	1	225.5	367.7	16.1	1	31
2011	107175	1	1	233.5	384.1	13.4	2	63
2012	111269	1	1	220.9	364.9	11.4	4	62
2013	111166	1	1	206.4	335.7	5.9	4	98
2014	106013	1	1	191.8	294.6	3.8	4	101
2015	93724	1	3	167.7	244.4	−9.6	4	101
2016	87018	1	3	148.5	210.6	−0.5	4	101
2017	93070	1	5	145.5	203.6	8.1	2	44
2018	96620	1	8	143.6	190.5	6.9	2	70
2019	95295	1	7	137.3	175.3	4.8	4	91
2020	101340	1	4	141.7	182.8	3.3	2	45
2021	108090	1	3	139.1	181.9	6.5	4	69
2022	116421	1	3	141.5	187.5	4.8	3	64

数据来源：历年河南省统计年鉴。

三、分产业经济运行分析

（一）产业格局与发展方向

义马市"十四五"规划纲要中提到要构建"122"现代制造业体系，"1"即做大做强化工新材料主导产业，第一个"2"即培育壮大智能装备制造、电子信息两大战略性新兴产业，第二个"2"即力争到"十四五"末制造业总产值突破200亿元的目标。

（二）产业结构分析

2008年以来，第二产业在义马市的经济发展中一直起着主导作用，占GDP的比重均保持在60%以上。但第二产业占比在持续下降，第三产业占比在持续上升。2017年后，义马市第三产业增加值对GDP增长的贡献率连续保持在30%以上。2022年义马市三产结构为1.1∶64.9∶34.0（见图1）。

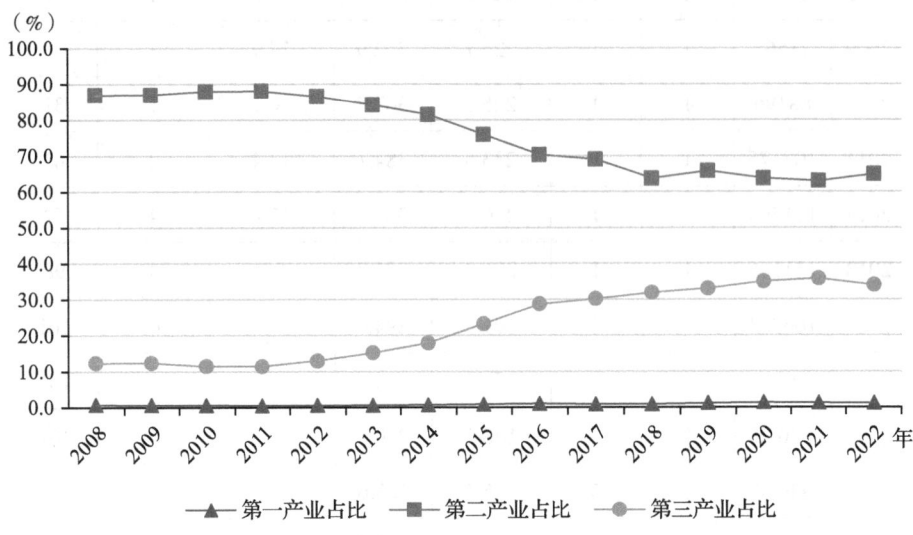

图1　2008—2022年义马市三产结构变化情况

（三）工业发展情况分析

2008以来，义马市规上工业增加值占三门峡市的比重呈下降趋势，2022年占比为14.2%。从增速来看，2015年和2016年义马市规上工业增加值增速出现了负值，随后开始回升，2022年增速为7.4%，高于三门峡市0.6个百分点，在三门峡市下辖4个县（市）中的排第2位，在河南省102个县（市）中排第40位（见表3）。

表3　2008—2022年义马市规上工业发展总体情况

年份	义马市规上工业增加值（亿元）	义马市规上工业增加值占三门峡市的比重（%）	义马市规上工业增加值增速（%）	义马市规上工业增加值增速在三门峡市的排名	义马市规上工业增加值增速在河南省的排名
2008	75	21.3	21.2	2	76
2009	87.1	23.5	16.1	2	77

续表

年份	义马市规上工业增加值（亿元）	义马市规上工业增加值占三门峡市的比重（%）	义马市规上工业增加值增速（%）	义马市规上工业增加值增速在三门峡市的排名	义马市规上工业增加值增速在河南省的排名
2010	104.9	20.7	20.4	4	80
2011	121.4	20.0	15.8	3	96
2012	135.3	20.7	11.4	4	98
2013	143.1	20.9	5.8	4	100
2014	148	19.6	3.4	4	102
2015	128.2	16.6	−13.4	4	101
2016	122.1	14.8	−4.7	4	102
2017	133.5	14.8	9.3	2	31
2018	142.8	14.7	7.0	1	76
2019	148.1	14.1	3.7	4	95
2020	155.7	14.2	5.1	1	40
2021	172.7	14.2	10.9	2	29
2022	185.4	14.2	7.4	2	40

数据来源：历年河南省统计年鉴及义马市统计公报。

（四）服务业发展情况分析

自2009年以来，义马市服务业增加值逐年增长。2022年义马市服务业增加值达53.7亿元，在三门峡市下辖4个县（市）中排第4位，在河南省102个县（市）中排第102位。从服务业增加值增速来看，2022年义马市服务业增加值增速为1.0%，在三门峡下辖4个县（市）中排第4位，在河南省下辖102个县（市）中排第87位（见表4）。

表4　2008—2022年义马市服务业发展总体情况

年份	义马市服务业增加值（亿元）	义马市服务业增加值占三门峡市的比重（%）	义马市服务业增加值在三门峡市的排名	义马市服务业增加值在河南省的排名	义马市服务业增加值增速（%）	义马市服务业增加值增速在三门峡市的排名	义马市服务业增加值增速在河南省的排名
2008	9.9	6.1	4	101	13.5	4	53
2009	12.1	6.6	4	98	12.6	1	56

续表

年份	义马市服务业增加值（亿元）	义马市服务业增加值占三门峡市的比重（%）	义马市服务业增加值在三门峡市的排名	义马市服务业增加值在河南省的排名	义马市服务业增加值增速（%）	义马市服务业增加值增速在三门峡市的排名	义马市服务业增加值增速在河南省的排名
2010	13.8	6.6	4	98	12.0	2	41
2011	16.6	6.7	4	99	15.1	1	5
2012	19.1	6.8	4	98	12.2	1	17
2013	21.7	6.8	4	98	9.7	1	25
2014	27.8	7.9	3	98	10.8	1	17
2015	32.0	7.9	3	98	10.9	2	75
2016	36.6	8.1	3	97	11.7	1	25
2017	41.4	8.1	3	97	10.1	2	62
2018	45.5	8.0	4	98	7.0	3	82
2019	46.7	7.9	4	102	6.1	4	85
2020	48.0	7.8	4	102	3.2	1	20
2021	52.5	7.7	4	102	9.5	4	35
2022	53.7	7.6	4	102	1.0	4	87

数据来源：历年河南省统计年鉴。

从服务业分行业看，交通运输、仓储和邮政业与批发和零售业一直处在前两位，2019年房地产业增加值超过金融业增加值，处在第3位（见表5）。

表5　2016—2022年义马市服务业分行业增加值与增速

年份	批发和零售业（亿元）	交通运输、仓储和邮政业（亿元）	住宿和餐饮业（亿元）	金融业（亿元）	房地产业（亿元）	批发和零售业增速（%）	交通运输、仓储和邮政业增速（%）	住宿和餐饮业增速（%）	金融业增速（%）	房地产业增速（%）
2016	5.1	6.2	1.5	2.9	1.9	3.6	1.2	11.5	20.0	9.2
2017	5.2	6.4	1.6	3.0	2.9	2.5	3.5	3.8	2.9	5.9
2018	5.5	6.8	1.7	3.0	2.5	5.0	5.6	6.4	1.2	-13.1

续表

年份	批发和零售业（亿元）	交通运输、仓储和邮政业（亿元）	住宿和餐饮业（亿元）	金融业（亿元）	房地产业（亿元）	批发和零售业增速（%）	交通运输、仓储和邮政业增速（%）	住宿和餐饮业增速（%）	金融业增速（%）	房地产业增速（%）
2019	6.0	6.6	1.8	3.5	4.2	6.2	2.9	4.3	-4.0	1.6
2020	6.4	6.5	1.7	3.8	4.5	4.8	1.9	-11.0	5.3	-0.6
2021	6.9	7.7	1.7	4.1	4.8	6.1	19.3	6.0	3.7	3.1
2022	7.0	8.7	1.7	4.4	5.0	-2.7	9.5	-7.7	6.6	0.1

数据来源：历年三门峡市统计年鉴。

（五）重点企业分析

（1）河南开祥精细化工有限公司。该公司是河南能源化工集团煤气化公司的下属企业，位于义马市人民路西段煤化工产业集聚区，公司占地面积1050亩，现有员工946人。主要产品成本在同行业处于领先水平，各项单耗在国内处于领先水平，能够应对目前复杂的市场形势，与德国巴斯夫、韩国晓星等世界知名化工企业建立了战略合作伙伴关系，产品远销意大利、加拿大、印度等市场。

（2）河南中车重型装备有限公司。该公司为省级企业技术中心、国家高新技术企业。公司通过了ISO9001质量体系认证、环境/职业健康安全体系认证、EN15085焊接质量体系认证。公司在册员工889人，其中高级工程师9人、工程师41人、国际焊接技师1人、国际焊接工程师3人、国际焊接质检师3人、国际焊工16人。主要业务分为煤机和轨道交通，产品涵盖煤矿机电设备制造及修理，轨道交通砂箱、牵引风机/压缩机安装座、防寒材、窗框骨架、蓄电池箱、风道等产品新造及电力机车C6级修理。

四、财政收支分析

从财政收支总体情况来看，义马市一般公共预算收入在全省县域中处于中上游位次，一般公共预算支出在全省县域中处于下游位次。2022年义马市一般公共预算收入达20.0亿元，占三门峡市一般公共预算收入的

14.4%，在三门峡下辖4个县（市）中排第3位，在河南省102个县（市）中排第30位；一般公共预算支出达到23.2亿元，占三门峡市一般公共预算支出的8.4%，在三门峡下辖4个县（市）中排第4位，在河南省102个县（市）中排第98位（见表6）。

表6　2008—2022年义马市财政收支情况

年份	一般公共预算收入（亿元，%）				一般公共预算支出（亿元，%）			
	一般公共预算收入	占三门峡市的比重	在三门峡市的排名	在河南省的排名	一般公共预算支出	占三门峡市的比重	在三门峡市的排名	在河南省的排名
2008	4.1	11.2	3	27	5.6	8.6	4	99
2009	5.0	12.1	3	25	7.7	9.0	4	97
2010	6.1	12.2	3	25	7.6	8.0	4	102
2011	7.6	13.2	3	23	10.9	9.2	4	100
2012	9.1	13.3	3	22	11.7	8.5	4	102
2013	10.7	13.1	3	21	13.4	8.7	4	99
2014	12.6	13.6	3	20	15.6	9.4	4	96
2015	12.8	13.6	3	20	15.3	8.8	4	101
2016	12.7	12.7	3	26	15.4	8.2	4	101
2017	13.3	12.3	3	28	16.5	7.7	4	101
2018	14.6	12.1	3	28	19.4	8.0	4	99
2019	16.4	12.5	3	27	20.3	7.6	4	102
2020	17.1	12.6	3	27	24.3	9.0	4	100
2021	18.9	13.3	3	29	23.2	8.5	4	96
2022	20.0	14.4	3	30	23.2	8.4	4	98

数据来源：历年河南省统计年鉴。

从人均财力看，义马市人均一般公共预算收支均超过省、市人均水平。2022年义马市人均一般预算公共收入为14745元，相当于三门峡市人均一般预算公共收入的235.4%，相当于河南省人均一般预算公共收入的328.2%，在三门峡市下辖4个县（市）中排第1位，在河南省102个县（市）中排第1位；人均一般公共预算支出达到17115元，相当于三门峡市人均一般公共预算支出的137.7%，相当于河南省人均一般公共预算支出的152.1%，在三门峡市下辖4个县（市）中排第1位，在河南省102个县（市）中排第1位。从财政自给率看，义马市财政自给率始终高于河南省财政自给率。2022年义马市财政自给率为86.2%，高于三门峡市35.8个百分点，高于河南省46.2个百分点，在三门峡市下辖4个县（市）中排第1位，在河南省102个县（市）中排第1位（见表7）。

五、金融业发展分析

义马市金融机构年末存贷款余额逐年增加，但在全省排名均比较靠后。2022年义马市金融机构存款年末余额为177.7亿元，占三门峡市的比重为9.7%，在三门峡市下辖4个县（市）中排第4位，在河南省102个县（市）中排第100位；金融机构贷款年末余额为98.6亿元，占三门峡市的比重为9.3%，在三门峡市下辖4个县（市）中排第3位，在河南省102个县（市）中排第98位（见表8）。

2008年以来，义马市存贷比呈现波动下降趋势。2022年存贷比为55.5%，在三门峡下辖4个县（市）中排第2位，在河南省102个县（市）中排第45位（见表8）。

从人均存贷款来看，义马市人均存贷款余额在省市的排名均处于前列。2022年义马市人均存款余额为130857元，相当于三门峡市人均存款余额的158.0%，相当于河南省人均存款余额的133.8%，在三门峡市下辖4个县（市）中排第1位，在河南省102个县（市）中排第1位；人均贷款余额为72607元，相当于三门峡市人均贷款余额的152.4%，相当于河南省人均贷款余额的91.0%，在三门峡市下辖4个县（市）中排第1位，在河南省102个县（市）中排第2位（见表9）。

表7 2008—2022年义马市人均财力及财政自给率

年份	一般公共预算收入/常住人口	与三门峡市相比	与河南省相比	人均一般公共预算收入在三门峡市的排名	人均一般公共预算收入在河南省的排名	一般公共预算支出/常住人口	与三门峡市相比	与河南省相比	人均一般公共预算支出在三门峡市的排名	人均一般公共预算支出在河南省的排名	财政自给率	财政自给率在三门峡市的排名	财政自给率在河南省的排名
2008	2955	178.8	276.2	2	1	4070	138.2	168.2	2	1	72.6	1	5
2009	3564	191.5	300.3	1	1	5462	142.2	178.3	1	1	65.3	1	3
2010	4198	188.2	285.8	1	1	5260	123.1	144.8	1	1	79.8	1	2
2011	5212	202.6	286.4	1	1	7487	141.4	166.7	1	1	69.6	1	4
2012	6278	204.0	293.3	1	1	8046	130.8	153.2	1	1	78.0	1	1
2013	7326	200.6	290.4	1	1	9190	133.6	157.6	1	1	79.7	1	2
2014	8579	208.8	302.1	1	1	10650	144.7	170.4	1	1	80.6	1	3
2015	8736	209.2	281.0	1	1	10446	136.0	149.0	1	1	83.6	1	2
2016	8659	195.1	268.5	1	1	10510	126.7	137.9	1	1	82.4	1	1
2017	8990	188.5	259.3	1	1	11171	119.1	133.7	1	1	80.5	1	1
2018	9844	186.2	257.8	1	1	13144	122.5	140.7	1	1	74.9	1	1
2019	11075	191.9	271.3	1	1	13724	116.9	133.7	1	1	80.7	1	1
2020	12590	189.3	300.2	1	1	17918	134.6	171.7	1	1	70.3	2	2
2021	13900	198.9	316.0	1	1	17068	127.9	161.9	1	1	81.4	1	3
2022	14745	235.4	328.2	1	1	17115	137.7	152.1	1	1	86.2	1	1

数据来源：历年河南省统计年鉴。

表8 2008—2022年义马市金融业发展情况

年份	存款年末余额	存款（亿元，%）占三门峡市的比重	在三门峡市的排名	在河南省的排名	贷款年末余额	贷款（亿元，%）占三门峡市的比重	在三门峡市的排名	在河南省的排名	义马市存贷比	存贷比（%）在三门峡市的排名	在河南省的排名
2008	55.3	13.1	2	40	28.2	13.1	2	35	50.9	1	35
2009	71.1	14.0	2	32	43.4	16.4	2	25	61.1	1	21
2010	93.4	14.9	2	29	59.4	17.5	2	19	63.6	1	15
2011	101.9	14.8	2	34	67.9	17.8	2	21	66.6	1	10
2012	126.9	15.4	2	32	71.1	15.2	2	25	56.0	2	22
2013	122.8	13.1	2	50	74.8	13.6	2	29	60.9	2	20
2014	106.5	11.3	2	72	77.8	13.3	2	39	73.1	1	9
2015	112.2	10.8	3	78	85.0	12.7	2	41	75.8	1	6
2016	114.6	10.0	3	91	80.5	11.5	2	52	70.2	1	7
2017	117.0	9.4	4	96	81.2	10.5	2	59	69.4	1	10
2018	117.2	9.2	4	100	77.7	9.6	2	79	66.3	1	19
2019	124.0	9.0	4	100	76.7	9.1	3	89	61.8	1	26
2020	136.2	9.0	4	100	85.9	9.3	3	93	63.0	1	24
2021	153.6	9.5	4	100	90.6	9.3	3	95	59.0	2	37
2022	177.7	9.7	4	100	98.6	9.3	3	98	55.5	2	45

数据来源：历年河南省统计年鉴。

表9 2008—2022年义马市人均存贷款情况

年份	人均存款（元，%）				人均贷款（元，%）			
	人均存款	在三门峡市的排名	在河南省的排名	与三门峡市相比	与河南省相比	人均贷款	在三门峡市的排名	在河南省的排名	与三门峡市相比	与河南省相比

年份	人均存款	在三门峡市的排名	在河南省的排名	与三门峡市相比	与河南省相比	人均贷款	在三门峡市的排名	在河南省的排名	与三门峡市相比	与河南省相比
2008	39871	1	1	209.8	246.4	20288	1	1	210.0	184.5
2009	50479	1	1	221.2	249.7	30852	1	1	260.3	217.8
2010	64463	1	1	229.8	261.9	41001	1	1	268.8	243.0
2011	70058	1	1	228.2	248.7	46667	1	1	274.2	252.2
2012	87320	1	1	236.0	260.3	48933	1	1	233.5	229.7
2013	84204	1	1	201.5	214.4	51296	1	1	209.6	208.9
2014	72800	1	1	173.8	169.7	53185	1	1	203.8	188.4
2015	76687	1	1	166.3	156.2	58086	1	1	194.6	179.3
2016	78066	1	1	154.1	141.4	54830	1	1	176.4	146.9
2017	79336	1	1	145.1	132.0	55017	1	1	161.9	129.5
2018	79296	1	1	141.2	122.5	52544	2	1	147.7	108.4
2019	83693	1	1	138.7	119.2	51756	3	1	140.2	92.1
2020	100323	1	1	135.5	130.5	63218	2	1	139.1	100.0
2021	113034	1	1	141.9	135.5	66659	2	1	139.3	94.9
2022	130857	1	1	158.0	133.8	72607	1	2	152.4	91.0

数据来源：历年河南省统计年鉴。

六、居民收入分析

从居民收入看，2017年以来义马市居民人均可支配收入在全省排名处于前列。2022年义马市居民人均可支配收入为35352元，相当于三门峡市居民人均可支配收入的126.2%，相当于河南省居民人均可支配收入的125.3%，在三门峡市下辖4个（市）中排第1位，在河南省102个县（市）中排第2位。从居民收入增速看，2022年义马市居民人均可支配收入增速为3.2%，低于三门峡市居民人均可支配收入增速0.9个百分点（见表10）。

表10 2017—2022年义马市居民人均可支配收入情况

年份	义马市居民人均可支配收入（元）	在三门峡市的排名	在河南省的排名	与三门峡市相比（%）	与河南省相比（%）	义马市居民人均可支配收入增速（%）	三门峡市城乡居民人均可支配收入增速（%）	义马市增速与三门峡市增速对比
2017	26365	1	1	130.9	130.7	—	9.8	—
2018	28449	1	1	129.6	129.5	7.9	9.0	−1.1
2019	30946	1	1	129.4	129.5	8.8	9.0	−0.2
2020	31976	1	1	128.6	128.9	3.3	3.9	−0.6
2021	34256	1	1	127.3	127.8	7.1	8.2	−1.1
2022	35352	1	2	126.2	125.3	3.2	4.1	−0.9

数据来源：历年河南省统计年鉴、义马市统计公报。

分城乡来看，因义马市2020年城镇化率已达到97%，故2020年之后义马市不再统计农村居民人均可支配收入。2022年义马市城镇居民人均可支配收入为35352元，相当于三门峡市城镇居民人均可支配收入的97.6%，相当于河南省城镇居民人均可支配收入的91.9%，在三门峡市下辖4个县（市）中排第3位，在河南省102个县（市）中排第40位。2019年义马市农村居民人均可支配收入为19556元，相当于三门峡市农村居民人均可支配收入的125.0%，相当于河南省农村居民人均可支配收入的129.0%，在三门峡市下辖4个县（市）中排第1位，在河南省102个县（市）中排第12位；城乡居民人均可支配收入比约为1.6∶1，在三门峡市下辖4个县（市）中排第1位，在河南省102个县（市）中排第10位（见表11）。

表 11　2008—2022 年义马市城乡居民人均可支配收入及城乡收入比

年份	城镇 城镇居民人均可支配收入（元）	城镇 在三门峡市的排名	城镇 在河南省的排名	城镇 与三门峡市相比（%）	城镇 与河南省相比（%）	农村 农村居民人均可支配收入（元）	农村 在三门峡市的排名	农村 在河南省的排名	农村 与三门峡市相比（%）	农村 与河南省相比（%）	城乡收入比 城乡收入比	城乡收入比 在三门峡市的排名	城乡收入比 在河南省的排名
2008	12006	3	12	96.9	90.7	5874	1	17	125.5	131.9	2.0	1	28
2009	13039	3	18	96.8	90.7	6285	1	18	124.6	130.7	2.1	1	27
2010	14551	3	20	96.8	91.3	7215	1	18	124.7	130.6	2.0	1	27
2011	16661	3	22	97.7	91.6	8731	1	17	126.0	132.2	1.9	1	25
2012	18744	3	22	97.7	91.7	9951	1	16	125.9	132.2	1.9	1	26
2013	20524	3	24	98.0	91.6	11298	1	15	126.6	133.3	1.8	1	18
2014	22351	3	27	98.3	94.4	12632	1	12	126.6	126.8	1.8	1	16
2015	23397	3	29	98.2	91.5	14031	1	12	126.6	129.3	1.7	1	14
2016	24719	3	32	97.9	90.8	15189	1	12	126.8	129.9	1.6	1	10
2017	270067	3	30	98.2	91.6	16586	1	12	126.8	130.4	1.6	1	11
2018	29084	3	34	97.5	91.2	17905	1	12	125.5	129.5	1.6	1	10
2019	31349	3	37	97.4	91.7	19556	1	12	125.0	129.0	1.6	1	10
2020	31976	3	37	97.5	92.0	—	—	—	—	—	—	—	—
2021	34256	3	38	97.5	92.3	—	—	—	—	—	—	—	—
2022	35352	3	40	97.6	91.9	—	—	—	—	—	—	—	—

数据来源：历年河南省统计年鉴。

七、固定资产投资分析

2022年义马市固定资产投资达到372.8亿元，固定资产投资增速整体呈下降趋势，2022年为0.6%，低于三门峡市11.8个百分点，低于河南省6.1个百分点。房地产投资2022年增速为–18.8%（见表12）。

表12　2009—2022年义马市固定资产投资情况

年份	固定资产投资（亿元）	占三门峡市的比重（%）	义马市固定资产投资增速（%）	房地产投资总量（亿元）	房地产投资增速（%）	房地产投资总量占固定资产投资的比重（%）
2009	75.0	15.3	—	—	—	—
2010	83.1	13.8	10.8	1.8	—	2.2
2011	102.8	13.5	23.6	1.7	–4.5	1.7
2012	128.2	13.8	24.7	7.2	321.1	5.6
2013	151.5	13.4	18.2	9.1	25.8	6.0
2014	182.3	13.5	20.3	9.1	0.9	5.0
2015	212.6	13.5	16.6	7.3	–20.2	3.4
2016	244.7	13.7	15.1	6.1	–16.4	2.5
2017	280.1	14.2	14.5	6.7	9.1	2.4
2018	311.2	14.2	11.1	7.4	11.3	2.4
2019	342.3	14.2	10.0	4.7	–36.7	1.4
2020	360.1	14.2	5.2	4.8	1.7	1.3
2021	370.6	13.2	2.9	—	—	—
2022	372.8	11.8	0.6	—	–18.8	—

数据来源：历年河南省统计年鉴及义马市政府工作报告。

八、社会消费分析

从社会消费情况来看，义马市社消零总额在全省的排名处于下游，但人均社消零额在全省的排名均处于前列。2022年义马市社消零总额为48.0亿元，在三门峡市下辖4个县（市）中排第4位，在河南省102个县（市）

中排第 99 位；2022 年人均社消零额达到 35368 元，在三门峡市下辖 4 个县（市）中排第 1 位，在河南省 102 个县（市）中排第 3 位（见表 13）。

表 13　2008—2022 年义马市社会消费情况

年份	社消零总额（亿元，%）				人均社消零额（元）		
	社消零总额	在三门峡市的排名	在河南省的排名	占GDP的比重	人均社消零额	在三门峡市的排名	在河南省的排名
2008	13.3	3	99	14.8	9553	1	6
2009	15.8	3	97	15.8	11243	1	6
2010	18.7	3	97	14.8	12905	1	6
2011	21.2	4	99	13.6	14577	1	6
2012	24.5	4	99	15.1	16855	1	6
2013	27.9	4	99	17.3	19150	1	6
2014	31.4	4	99	20.3	21490	1	5
2015	35.0	4	98	25.5	23923	1	6
2016	38.7	4	100	30.3	26342	1	6
2017	42.7	4	100	31.2	28969	1	6
2018	47.3	4	100	33.1	31996	1	6
2019	44.6	4	99	31.6	30101	1	5
2020	43.2	4	99	31.5	31804	1	2
2021	47.5	4	99	32.4	34975	1	4
2022	48.0	4	99	30.4	35368	1	3

数据来源：历年河南省统计年鉴。

九、人口规模分析

从人口情况看，义马市常住人口在全省县域中排名靠后，但城镇化率水平在全省县域中排名处在前列。2022 年义马市常住人口为 13.6 万人，占三门峡市常住人口的 6.1%，在三门峡市下辖 4 个县（市）中排第 4 位，在河南省 102 个县（市）中排第 102 位。2022 年义马市城镇化率为 97.1%，在三门峡市下辖 4 个县（市）中排第 1 位，在河南省 102 个县（市）中排第 1 位（见表 14）。

表 14 2008—2022 年义马市人口情况

年份	户籍人口（万人）	常住人口（万人）	常住人口占三门峡市的比重（%）	常住人口在三门峡市的排名	常住人口在河南省的排名	外流人口（万人）	人口流失率（%）	义马市城镇化率（%）	城镇化率在三门峡市的排名	城镇化率在河南省的排名
2008	14.2	13.9	6.3	4	102	0.3	2.2	—	—	—
2009	14.3	14.1	6.3	4	102	0.2	1.2	—	—	—
2010	16.4	14.5	6.5	4	102	1.9	11.7	—	—	—
2011	16.5	14.6	6.5	4	102	1.9	11.8	—	—	—
2012	16.5	14.5	6.5	4	102	2.0	12.1	—	—	—
2013	16.6	14.6	6.5	4	102	2.0	12.1	95.8	1	1
2014	16.6	14.6	6.5	4	102	2.0	12.0	96.1	1	1
2015	16.7	14.6	6.5	4	102	2.1	12.3	96.2	1	1
2016	16.7	14.7	6.5	4	102	2.1	12.3	96.3	1	1
2017	16.8	14.8	6.5	4	102	2.0	12.2	96.4	1	1
2018	16.8	14.8	6.5	4	102	2.0	12.1	96.5	1	1
2019	16.8	14.8	6.5	4	102	2.0	11.9	96.6	1	1
2020	15.0	13.6	6.7	4	102	1.4	9.3	97.0	1	1
2021	—	13.6	6.7	4	102	—	—	97.0	1	1
2022	—	13.6	6.1	4	102	—	—	97.1	1	1

数据来源：历年河南省统计年鉴。

2019 年义马市从业人员数为 8.7 万人，从三次产业从业人员占比情况来看，第一产业就业人数占比 8%，第二、第三产业就业人数占比 92%（见表 15）。

表 15 2008—2019 年义马市就业情况

年份	从业人员数（万人）	第一产业从业人员数占比（%）	第二产业从业人员数占比（%）	第三产业从业人员数占比（%）
2008	8.8	13	68	19
2009	9.1	12	71	17
2010	10.0	11	68	21
2011	11.4	9	91	
2012	11.8	9	91	
2013	11.9	9	91	
2014	12.0	9	91	
2015	10.9	7	93	
2016	10.2	8	92	
2017	9.9	8	92	
2018	9.8	8	92	
2019	8.7	8	92	

数据来源：历年河南省统计年。

十、公共服务分析

从教育情况来看，2022 年义马市有小学 10 所，在校生 8435 人，专任教师 661 人，生师比为 12.8∶1；初中 7 所，在校生 2987 人，专任教师 391 人，生师比为 7.6∶1。从医疗卫生情况来看，2022 年每千人床位数为 11.2 张，每千人卫生技术人员数为 10.3 人（见表 16）。

表 16 2019—2022 年义马市义务教育和医疗情况

	年份	2019	2020	2021	2022
学校数	合计（所）	16	17	17	17
	小学学校数（所）	10	10	10	10
	初中学校数（所）	6	7	7	7
在校学生数	合计（人）	11875	11696	11718	11422
	小学在校生数（人）	9219	8966	8775	8435
	初中在校生数（人）	2656	2730	2943	2987

续表

年份		2019	2020	2021	2022
专任教师数	合计（人）	1171	1184	1237	1052
	小学（人）	661	665	677	661
	初中（人）	510	519	560	391
医疗卫生	卫生机构床位数/千人	11.9	12.9	13.1	11.2
	卫生技术人员数/千人	10.4	10.9	10.8	10.3

数据来源：历年河南省统计年鉴。

十一、县域发展战略分析

综合考虑义马市的外部环境、区位条件、现有基础和发展潜力等因素，"十四五"时期义马市的功能定位是：以"三城三区三基地"建设为引领，凝心聚力，众志成城，决战"十四五"，打一场高质量发展的翻身仗。

现代工业城。化工与装备主业突出，链条完备，体系完整，活力十足的现代工业城。

生态园林城。数量众多，全域布局，花团锦簇，绿荫遍地的精美公园城。

特色卫星城。洛阳都市圈现代工业高度聚集，生态休闲医养特色突出的卫星城。

转型发展示范区。产业升级换代加速、生态修复和生态建设效果突出的资源型城市转型发展示范区。

创新发展引领区。创新要素高度聚集，创新成果转化及时，主导产业技术链价值链走向高端的创新发展引领区。

新型城镇化先行区。结构合理，功能完善，形态时尚，公共产品一体化全覆盖的全域城市化先行区。

现代化工基地。以煤化工为基础，以精细化工为特色的现代化工基地。

综合物流基地。全国重要的煤炭物流和洛阳都市圈重要的工业品及电商消费品综合物流基地。

休闲康养基地。豫西地区环境优美、设施完善、休闲医疗康养基地。

十二、综述

综上所述，义马市受"去产能""新控煤"等系列政策带来的影响，GDP、人均 GDP 等主要经济指标在 2015 年出现下降，GDP 增速在 2016 年实现止跌回升，到 2017 年实现扭负为正，2018 年以来呈现稳中向好态势。但仍存在新兴产业占比偏低、产业转型存在路径依赖、航母型企业较少、民营经济活力不足、生产性服务业对制造业的支撑能力偏弱等问题。

义马市应利用好地处郑洛西城市群重要支点和豫晋陕黄河金三角经济协作区的区位优势，以及河南省唯一煤化工产业集聚区金字招牌，紧紧抓住黄河流域生态保护和高质量发展国家重大战略实施、沿海产业转移等机遇，以工业"三大改造"（绿色化、智能化、技术改造）为引领，围绕提质增效实现"二次转身"，朝着高质量发展奋力前行。

河南省县域经济运行分析：郏县篇

一、郏县概述

郏县历史悠久，文化底蕴深厚，区位优势明显。郏县地处河南省中部，是平顶山市的北大门，是由联合国命名的河南13个"千年古县"之一，是一代"谋圣"张良的故里，北宋大文豪苏洵、苏轼、苏辙父子三人的安息地"三苏园"也坐落于此。郏县位于郑州、洛阳、平顶山、许昌、漯河五市1小时交通圈之内，郑栾高速、洛界公路、郑南西线、南石公路、平郏快速通道在境内交会。

郏县物产丰饶，自然资源丰富。初步探明具有开采价值的矿产资源达19种，储量在40亿吨以上，其中，煤炭资源探明储量18.2亿吨。郏县是河南省粮食生产核心区和高产巩固县，常年粮食总产量在30万吨以上。郏县是中国四大烤烟发源地之一，常年种植面积7万亩以上，是上海烟草集团有限责任公司、四川中烟工业有限责任公司、河南中烟工业有限责任公司的烟叶基地。郏县红牛是全国八大良种黄牛之一，常年存栏量6万头左右，其产出的雪花牛肉可以和进口高端牛肉相媲美，获得全国首届"中国牛·优质牛肉品鉴大会"最高奖"综合评价优胜奖"。

二、总体经济运行分析

从GDP总量来看，2023年郏县GDP为215.8亿元，在平顶山市下辖6个县（市）中排第4位，在河南省102个县（市）中排第82位。

从GDP增速来看，2023年郏县GDP增速为4.1%，与河南省持平，高于平顶山市0.9个百分点。2022年郏县GDP增速为4.1%，在平顶山市下辖6个县（市）中排第4位，在河南省102个县（市）中排第73位（见表1）。

表1　2008—2023年郏县地区生产总值及增速

年份	郏县GDP（亿元）	占平顶山市的比重（%）	在平顶山市的排名	在河南省的排名	郏县GDP增速（%）	增速在平顶山市的排名	增速在河南省的排名	郏县GDP增速与平顶山市对比	郏县GDP增速与河南省对比
2008	77.1	7.2	5	70	14.5	3	31	0.9	2.5
2009	84.1	8.0	5	71	13.0	2	30	3.0	2.0
2010	98.0	7.5	5	72	13.1	2	31	1.9	0.7
2011	115.5	7.8	4	70	12.7	4	46	1.6	0.7
2012	120.7	8.1	4	75	8.8	5	98	2.0	-1.3
2013	133.9	8.6	4	78	9.3	3	64	2.7	0.3
2014	142.3	8.7	4	79	8.7	3	70	1.4	-0.2
2015	149.3	8.9	4	79	9.6	2	40	3.1	1.2
2016	161.8	8.9	4	79	9.4	2	23	1.7	1.2
2017	177.5	8.9	4	80	9.5	1	11	1.5	1.7
2018	186.0	8.7	4	83	6.5	5	83	-1.0	-1.1
2019	196.8	8.3	4	81	8.1	1	19	0.6	1.3
2020	207.0	8.4	4	79	3.5	3	31	0.3	2.4
2021	225.8	8.4	4	77	9.5	2	5	2.4	3.2
2022	232.6	8.2	4	78	4.1	4	73	0.0	1.0
2023	215.8	7.9	4	82	4.1	—	—	0.9	0.0

数据来源：历年河南省统计年鉴及郏县统计公报。

从人均GDP来看，郏县人均GDP低于省、市平均水平。2022年郏县人均GDP为46146元，相当于平顶山市的80.7%，相当于河南省的74.3%，在平顶山市下辖6个县（市）中排第4位，在河南省102个县（市）中排第63位（见表2）。

表2 2008—2022年郏县人均地区生产总值及增速

年份	郏县人均GDP（元）	在平顶山市的排名	在河南省的排名	与平顶山市相比（%）	与河南省相比（%）	郏县人均GDP增速（%）	增速在平顶山市的排名	增速在河南省的排名
2008	14225	4	51	65.9	75.3	14.0	4	36
2009	15392	4	49	67.3	75.9	12.1	2	41
2010	17507	4	51	67.3	73.0	10.3	5	78
2011	20190	4	53	67.8	72.4	10.3	5	88
2012	21045	5	59	69.6	69.0	8.6	5	91
2013	23296	5	59	73.9	70.4	9.0	4	70
2014	24757	5	65	75.0	68.8	8.7	3	73
2015	25999	4	65	76.5	67.8	9.7	2	44
2016	28121	4	66	79.9	68.0	9.2	2	35
2017	30753	4	66	78.8	67.3	9.1	1	20
2018	32173	4	75	74.0	63.4	6.3	5	77
2019	34030	4	83	71.0	62.6	8.1	1	23
2020	40601	4	58	82.2	73.2	4.8	1	15
2021	44676	4	57	82.5	75.2	10.5	1	12
2022	46146	4	63	80.7	74.3	4.4	4	71

数据来源：历年河南省统计年鉴。

三、分产业经济运行分析

（一）产业格局与发展方向

截至2024年，郏县有国家高新技术企业近50家、国家科技型中小企业56家，获批国家级及省级专精特新企业11家，初步形成了以装备制造、食品、医药三大主导产业为引领，郏县红牛、铸铁锅为特色的产业结构。

郏县为做优做大产业，坚持在强链补链上下功夫，狠抓主导产业不放松，支持平顶山平煤机煤矿机械装备有限公司锚定生产智能化、绿色化、产品高端化、品牌化发展方向，加快转型升级；支持平顶山天晟电气有限公司发挥集聚效应，打造全省重要的电气装备制造基地、智能化电气孵化基地；支持圣光集团、河南立科达医疗用品科技有限公司等企业，加快产品迭代升级，打造全国知名的高端医疗器械制造基地；加快绿色食品产业园建设，打造县域经济新的增长极。

（二）产业结构分析

2021年郏县第三产业占比超过第二产业，三次产业结构转变为"三、二、一"梯次。2023年三产结构表现为13.0∶35.9∶51.1（见图1）。

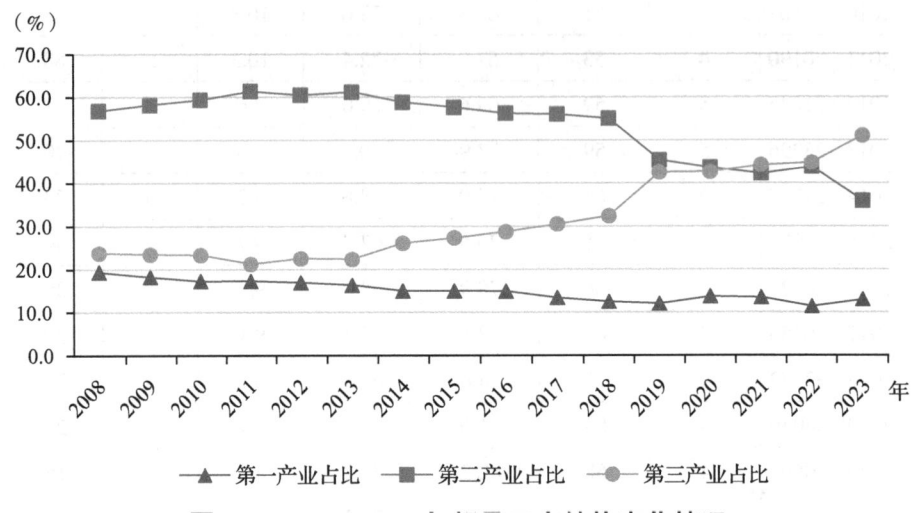

图1 2008—2023年郏县三产结构变化情况

（三）工业发展情况分析

从规上工业增加值增速来看，2023年郏县规上工业增加值增速为10.7%，高于平顶山市7.3个百分点，高于河南省5.7个百分点；2022年增速为2.7%，在平顶山市下辖6个县（市）中排第4位，在河南省102个县（市）中排第89位（见表3）。

（四）服务业发展情况分析

郏县服务业增加值逐年增长，2023年为110.2亿元；2022年为104.1亿元，在平顶山市下辖6个县（市）中排第5位，在河南省102个县（市）中排第76位。从服务业增加值增速来看，2022年郏县服务业增加值增速为3.2%，在平顶山市下辖6个县（市）中排第4位，在河南省102县（市）中排第50位（见表4）。

表3　2008—2023年郏县规上工业发展总体情况

年份	郏县规上工业增加值增速（%）	郏县规上工业增加值增速在平顶山市的排名	郏县规上工业增加值增速在河南省的排名	平顶山市规上工业增加值增速（%）	河南省规上工业增加值增速（%）	与平顶山市规上工业增加值增速对比（%）	与河南省规上工业增加值增速对比（%）
2008	28.3	3	29	19.8	19.8	8.5	8.5
2009	22.7	2	18	11.1	14.6	11.6	8.1
2010	24.0	2	29	15.0	19.0	9.0	5.0
2011	25.8	4	31	15.4	19.6	10.4	6.2
2012	16.0	4	79	8.1	14.6	7.9	1.4
2013	14.7	3	57	7.1	11.8	7.6	2.9
2014	19.0	1	5	10.1	11.2	8.9	7.8
2015	16.9	2	6	6.1	8.6	10.8	8.3
2016	10.0	1	34	7.3	8.0	2.7	2.0
2017	9.1	3	44	8.1	8.0	1.0	1.1
2018	7.2	5	73	7.8	7.2	−0.6	0.0
2019	9.5	3	17	8.7	7.8	0.8	1.7
2020	6.1	4	21	4.9	0.4	1.2	5.7
2021	19.1	4	6	9.4	6.3	9.7	12.8
2022	2.7	4	89	6.4	5.1	−3.7	−2.4
2023	10.7	—	—	3.4	5.0	7.3	5.7

数据来源：历年河南省统计年鉴及郏县统计公报。

表4　2008—2023年郏县服务业发展总体情况

年份	郏县服务业增加值（亿元）	郏县服务业增加值占平顶山市服务业增加值的比重（%）	郏县服务业增加值在平顶山市的排名	郏县服务业增加值在河南省的排名	郏县服务业增加值增速（%）	郏县服务业增加值增速在平顶山市的排名	郏县服务业增加值增速在河南省的排名
2008	18.3	7.2	6	74	13.1	3	59
2009	19.8	6.4	6	74	11.9	3	69

续表

年份	郏县服务业增加值（亿元）	郏县服务业增加值占平顶山市服务业增加值的比重（%）	郏县服务业增加值在平顶山市的排名	郏县服务业增加值在河南省的排名	郏县服务业增加值增速（%）	郏县服务业增加值增速在平顶山市的排名	郏县服务业增加值增速在河南省的排名
2010	22.9	6.8	6	74	14.1	2	19
2011	24.6	5.9	6	82	2.7	5	100
2012	27.2	5.5	6	80	6.3	5	97
2013	30.0	5.5	6	83	6.8	3	84
2014	37.2	6.3	6	88	4.6	5	96
2015	40.8	6.1	6	90	6.7	6	97
2016	46.6	6.1	6	91	12.1	2	16
2017	54.2	6.3	6	91	11.9	2	23
2018	60.3	6.3	6	89	7.0	4	81
2019	83.7	7.6	5	82	8.5	3	28
2020	88.3	7.7	5	79	3.4	1	16
2021	99.9	7.9	5	75	9.6	3	33
2022	104.1	7.9	5	76	3.2	4	50
2023	110.2	8.0	—	—	4.7	—	—

数据来源：历年河南省统计年鉴及郏县统计公报。

（五）重点企业分析

（1）平顶山平煤机煤矿机械装备有限公司。该公司系原国家煤炭部矿用液压支架定点生产厂家，拥有行业领先的各类液压支架专业生产线，具备年产各种型号液压支架8000架的生产能力。液压支架产品装备了全国大型煤炭基地的2000多个工作面，市场知名度、影响力、综合实力等稳居行业第一方阵，创造了多项"第一"。产品远销德国、俄罗斯、乌克兰、越南等国家，是目前中国唯一将产品出口到德国的煤机企业。

（2）平顶山天晟电气有限公司。该公司2011年成立，是一家集高低压输配电设备研发、生产、销售、安装于一体的数字化管理企业，产品覆盖电力变压器、智能调压调容变压器、箱式变电站、高低压成套设备，以及风力、光伏等特种变电站。产品技术性能达到国际同行业先进水平，拥有专利109项，产品均已通过ISO9001管理体系认证、CCC认证、SGS认证等。

（3）圣光集团。该公司是一家从事国际化医疗器械生产制造、国家应急防疫物资生产储备的集团化公司，主营国际老年人医疗康复保健用品制造、国际中药制药、智慧化医药采送、国际医用包装配套服务、终端药店连锁等业务。"圣光"品牌被认定为中国驰名商标；集团产品销售网络遍及全国30多个省、市，2800多个县；药品配送涵盖中部各大省份，业务覆盖5000多家医疗机构；连锁药店近1000家；产品远销欧盟、美洲、中东、非洲等200多个国家和地区。

（4）河南立科达医疗用品科技有限公司。公司是一家集研发设计、模具制造、生产制造、产品注册、销售服务为一体的有限责任医疗器械公司。获得国家高新技术企业、ISO9001质量管理体系、ISO13485质量管理体系、省级专精特新中小企业认证，已取得国家药品监督管理局注册证17个，上市27款产品，获得专利证书51个（其中发明专利3个）。

（5）河南华邦电器炊具有限公司。该公司是该县铁锅行业的龙头企业，公司集研发、生产、营销、服务于一体，是目前国内大型规模设备先进的铸铁锅专业生产制造商。公司年产各种优质铸铁锅500万口，并为国内外知名品牌提供OEM合作，产品畅销全国各地并出口欧美等30多个国家和地区。

四、财政收支分析

从财政收支总体情况来看，2023年郏县一般公共预算收入达15.0亿元，占平顶山市一般公共预算收入的6.3%；一般公共预算支出达31.5亿元，占平顶山市一般公共预算支出的7.4%。2022年郏县一般公共预算收入达13.1亿元，在平顶山市下辖6个县（市）中排第5位，在河南省102个县（市）中排第65位；一般公共预算支出达到39.3亿元，在平顶山市下辖6个县（市）中排第4位，在河南省102个县（市）中排第65位。

从财政自给率看，郏县财政自给率一直低于平顶山市财政自给率。2023年郏县财政自给率为47.7%，低于平顶山市8.1个百分点，高于河南省 6.9 个百分点。2022 年郏县财政自给率为 33.3%，在平顶山市下辖 6 个县（市）中排第 4 位，在河南省 102 个县（市）中排第 54 位（见表 5）。

表 5　2008—2023 年郏县财政收支情况

年份	一般公共预算收入	占平顶山市的比重	在平顶山市的排名	在河南省的排名	一般公共预算支出	占平顶山市的比重	在平顶山市的排名	在河南省的排名	财政自给率	在平顶山市的排名	在河南省的排名
2008	3.0	4.8	5	39	8.0	7.8	6	75	37.9	4	33
2009	3.6	5.2	5	36	10.6	8.0	6	75	34.4	4	30
2010	4.5	5.5	5	34	13.0	8.8	4	62	34.3	4	31
2011	5.4	5.6	4	33	16.2	9.2	4	67	33.3	4	31
2012	6.5	6.0	4	33	19.0	9.1	5	73	33.9	4	32
2013	7.4	6.2	4	38	19.4	8.6	5	81	38.3	4	32
2014	8.3	6.4	4	41	22.7	9.4	4	70	36.7	4	36
2015	7.1	6.0	4	61	22.1	8.5	4	86	32.2	4	42
2016	7.2	5.8	4	65	24.3	10.7	4	83	29.8	4	45
2017	8.0	5.8	4	66	24.5	9.5	5	89	32.8	4	41
2018	8.8	5.7	4	69	27.1	7.5	5	90	32.6	4	44
2019	9.7	5.6	4	73	31.9	7.9	5	88	30.4	4	46
2020	10.4	5.7	4	67	32.5	8.0	5	90	32.0	4	43
2021	12.0	5.9	4	60	25.6	6.6	5	90	46.9	4	35
2022	13.1	5.8	5	65	39.3	9.5	4	65	33.3	4	54
2023	15.0	6.3	—	—	31.5	7.4	—	—	47.7	—	—

数据来源：历年河南省统计年鉴及郏县统计公报。

从人均财力看，2023 年郏县人均一般预算公共收入为 3049 元，相当于平顶山市人均一般公共预算收入的 63.3%，相当于河南省人均一般公共预算收入的 66.3%；人均一般公共预算支出达到 6389 元，相当于平顶山市人均一般公共预算支出的74.0%,相当于河南省人均一般公共预算支出的56.7%。2022年郏县人均一般预算公共收入为2599元,在平顶山市下辖6个县(市)中排第4位,在河南省102个县(市)中排第50位;人均一般公共预算支出达到7812元,在平顶山市下辖6个县(市)中排第2位,在河南省102个县(市)中排第35位(见表6)。

表6 2008—2023年郏县人均财力情况

年份	人均一般公共预算收入(元,%)					人均一般公共预算支出(元,%)				
	一般公共预算收入/常住人口	与平顶山市相比	与河南省相比	在平顶山市的排名	在河南省的排名	一般公共预算支出/常住人口	与平顶山市相比	与河南省相比	在平顶山市的排名	在河南省的排名
2008	557	43.4	52.0	4	36	1470	69.7	60.8	3	45
2009	663	46.2	55.9	4	35	1927	71.8	62.9	3	42
2010	781	47.6	53.2	4	37	2275	75.2	62.6	3	45
2011	939	48.5	51.6	4	35	2821	79.2	62.8	3	52
2012	1125	51.7	52.6	4	36	3316	78.0	63.1	3	66
2013	1290	53.5	51.1	4	38	3371	73.8	57.8	4	82
2014	1451	55.1	51.1	4	39	3953	81.2	63.2	3	66
2015	1236	52.0	39.8	4	52	3840	73.4	54.8	5	96
2016	1254	49.3	38.9	4	53	4209	91.2	55.2	4	93
2017	1390	49.4	40.1	4	54	4239	80.5	50.7	6	99
2018	1527	48.5	40.0	4	57	4689	63.4	50.2	6	99
2019	1674	48.4	41.0	4	57	5509	67.5	53.7	5	96
2020	2055	56.6	49.0	4	49	6423	78.5	61.6	5	80
2021	2379	58.2	54.1	4	47	5073	64.7	48.1	5	90
2022	2599	57.1	57.9	4	50	7812	93.2	69.4	2	35
2023	3049	63.3	66.3	—	—	6389	74.0	56.7	—	—

数据来源:历年河南省统计年鉴及郏县统计公报。

五、金融业发展分析

郏县金融机构年末存贷款余额逐年增加。2023年郏县金融机构存款年末余额为267.0亿元,占平顶山市的比重为6.1%;金融机构贷款年末余额为167.7亿元,占平顶山市的比重为5.5%。2022年郏县金融机构存款年末余额为242.5亿元,在平顶山市下辖6个县(市)中排第6位,在河南省102个县(市)中排第87位;金融机构贷款年末余额为148.6亿元,在平顶山市下辖6个县(市)中排第5位,在河南省102个县(市)中排第75位(见表7)。

从存贷比看,2023年郏县存贷比为62.8%;2022年存贷比为61.3%,在平顶山市下辖6个县(市)中排第4位,在河南省102个县(市)中排第33位(见表7)。

表7 2008—2023年郏县金融机构年末存贷款余额情况

年份	存款年末余额	占平顶山市的比重	在平顶山市的排名	在河南省的排名	贷款年末余额	占平顶山市的比重	在平顶山市的排名	在河南省的排名	郏县存贷比	在平顶山市的排名	在河南省的排名
2008	36.2	4.4	6	80	11.5	2.6	6	93	31.7	6	88
2009	43.1	4.4	6	82	15.7	2.8	6	90	36.4	5	79
2010	55.1	4.8	6	77	22.6	3.3	6	85	41.0	5	68
2011	63.3	5.2	6	80	31.6	4.0	6	63	49.9	3	36
2012	74.2	5.1	6	79	37.8	4.0	6	62	50.9	3	30
2013	91.8	5.5	6	75	50.4	4.8	5	60	54.9	4	31
2014	99.6	5.5	6	75	58.1	4.7	5	62	58.3	4	29
2015	112.4	5.6	6	77	61.5	4.4	5	65	54.5	4	37
2016	138.9	6.1	5	71	68.7	4.3	5	68	49.5	4	46
2017	150.2	5.9	6	73	81.9	4.7	4	58	54.5	4	39
2018	163.6	5.9	6	78	88.0	4.7	4	64	53.8	4	42
2019	177.8	5.8	6	83	97.4	4.7	4	67	54.8	4	42
2020	203.7	6.1	6	81	114.0	4.9	5	71	56.0	4	41

续表

年份	存款（亿元，%）				贷款（亿元，%）				存贷比（%）		
	存款年末余额	占平顶山市的比重	在平顶山市的排名	在河南省的排名	贷款年末余额	占平顶山市的比重	在平顶山市的排名	在河南省的排名	郏县存贷比	在平顶山市的排名	在河南省的排名
2021	216.2	5.9	6	84	135.3	5.1	5	71	62.6	4	31
2022	242.5	6.0	6	87	148.6	5.3	5	75	61.3	4	33
2023	267.0	6.1	—	—	167.7	5.5	—	—	62.8	—	—

数据来源：历年河南省统计年鉴及郏县统计公报。

从人均存贷款来看，2023年郏县人均存款余额为54135元，相当于平顶山市人均存款余额的61.0%，相当于河南省人均存款余额的53.0%；人均贷款余额为33994元，相当于平顶山市人均贷款余额的54.8%，相当于河南省人均贷款余额的40.1%。2022年郏县人均存款余额为48145元，在平顶山市下辖6个县（市）中排第4位，在河南省102个县（市）中排第79位；人均贷款余额为29507元，在平顶山市下辖6个县（市）中排第4位，在河南省102个县（市）中排第55位（见表8）。

表8 2008—2023年郏县人均存贷款情况

年份	人均存款（元，%）					人均贷款（元，%）				
	人均存款	在平顶山市的排名	在河南省的排名	与平顶山市相比	与河南省相比	人均贷款	在平顶山市的排名	在河南省的排名	与平顶山市相比	与河南省相比
2008	6644	5	60	39.8	41.1	2106	5	84	23.2	19.2
2009	7868	5	65	39.5	38.9	2860	5	77	25.1	20.2
2010	9638	5	63	41.6	39.2	3949	5	68	27.9	23.4
2011	11049	5	74	44.3	39.2	5518	4	56	34.2	29.8
2012	12924	6	84	43.7	38.5	6578	5	54	34.7	30.9
2013	15948	5	75	47.5	40.6	8755	5	50	40.9	35.6
2014	17351	5	85	47.4	40.4	10120	4	50	40.4	35.8
2015	19631	5	86	48.4	40.0	10701	4	55	37.8	33.0

续表

年份	人均存款(元,%)					人均贷款(元,%)				
	人均存款	在平顶山市的排名	在河南省的排名	与平顶山市相比	与河南省相比	人均贷款	在平顶山市的排名	在河南省的排名	与平顶山市相比	与河南省相比
2016	24089	5	77	51.7	43.6	11917	4	56	36.7	31.9
2017	25985	5	82	50.0	43.2	14170	4	57	40.1	33.4
2018	28291	5	85	49.6	43.7	15213	4	63	39.9	31.4
2019	30751	5	89	49.9	43.8	16838	4	64	40.3	30.0
2020	40225	3	65	60.0	52.3	22518	4	55	47.9	35.6
2021	42859	5	77	58.1	51.4	26712	4	54	50.7	38.2
2022	48145	4	79	58.9	49.2	29507	4	55	52.5	37.0
2023	54135	—	—	61.0	53.0	33994	—	—	54.8	40.1

数据来源：历年河南省统计年鉴及郏县统计公报。

六、居民收入分析

从居民收入看，2017年以来郏县居民人均可支配收入在全省排名处于中游。2023年郏县居民人均可支配收入为25309元，相当于平顶山市居民人均可支配收入的84.9%，相当于河南省居民人均可支配收入的84.6%。2022年郏县居民人均可支配收入为23961元，在平顶山市下辖6个（市）中排第4位，在河南省102个县（市）中排第53位（见表9）。

从居民收入增速看，2023年郏县居民人均可支配收入增速为5.6%，低于平顶山市居民人均可支配收入增速0.4个百分点（见表9）。

表9 2017—2023年郏县居民人均可支配收入情况

年份	郏县居民人均可支配收入（元）	在平顶山市的排名	在河南省的排名	与平顶山市相比（%）	与河南省相比（%）	郏县居民人均可支配收入增速（%）	平顶山市居民人均可支配收入增速（%）	郏县收入增速与平顶山市对比
2017	15127	4	75	74.5	75.0	11.1	10.0	1.1
2018	16924	4	71	76.4	77.1	9.6	9.1	0.5

续表

年份	郏县居民人均可支配收入（元）	在平顶山市的排名	在河南省的排名	与平顶山市相比（%）	与河南省相比（%）	郏县居民人均可支配收入增速（%）	平顶山市居民人均可支配收入增速（%）	郏县收入增速与平顶山市对比
2019	20022	4	51	83.4	83.8	8.8	8.4	0.4
2020	21000	4	51	84.2	84.6	4.9	3.8	1.1
2021	22866	4	49	85.1	85.3	8.9	7.8	1.1
2022	23961	4	53	85.2	84.9	4.8	4.7	0.1
2023	25309	—	—	84.9	84.6	5.6	6.0	-0.4

数据来源：历年河南省统计年鉴及郏县统计公报

分城乡来看，2023年郏县城镇居民人均可支配收入为37754元，相当于平顶山市城镇居民人均可支配收入的94.4%，相当于河南省城镇居民人均可支配收入的93.8%；农村居民人均可支配收入为17815元，相当于平顶山市农村居民人均可支配收入的92.4%，相当于河南省农村居民人均可支配收入的88.8%。2022年郏县城镇居民人均可支配收入为36086元，在平顶山市下辖6个县（市）中排第4位，在河南省102个县（市）中排第31位；农村居民人均可支配收入为16572元，在平顶山市下辖6个县（市）中排第5位，在河南省102个县（市）中排第67位；城乡居民人均可支配收入比约为2.2∶1，在平顶山市下辖6个县（市）中排第4位，在河南省102个县（市）中排第89位，城乡收入差距较大（见表10）。

表10 2008—2023年郏县城乡居民人均可支配收入及城乡收入比

年份	城镇居民人均可支配收入	在平顶山市的排名	在河南省的排名	与平顶山市相比	与河南省相比	农村居民人均可支配收入	在平顶山市的排名	在河南省的排名	与平顶山市相比	与河南省相比	城乡收入比	在平顶山市的排名	在河南省的排名
2008	9203	5	90	68.0	69.6	4125	5	61	93.3	92.6	2.2	3	39
2009	10262	5	90	69.7	71.4	4459	5	61	93.3	92.8	2.3	3	41
2010	11260	5	94	69.5	70.7	5114	4	58	92.9	92.6	2.2	3	38
2011	12770	5	95	69.6	70.2	6021	4	61	91.5	91.2	2.1	3	39

续表

年份	城镇（元，%）					农村（元，%）					城乡收入比（%）		
	城镇居民人均可支配收入	在平顶山市的排名	在河南省的排名	与平顶山市相比	与河南省相比	农村居民人均可支配收入	在平顶山市的排名	在河南省的排名	与平顶山市相比	与河南省相比	城乡收入比	在平顶山市的排名	在河南省的排名
2012	14352	5	95	69.6	70.2	6844	4	61	91.0	91.0	2.1	3	40
2013	15872	5	95	70.6	70.9	7775	4	60	91.0	91.7	2.0	3	39
2014	17375	5	97	71.2	73.4	8599	4	61	90.6	86.3	2.0	3	41
2015	18621	5	96	72.8	72.8	9422	5	63	90.2	86.8	2.0	4	43
2016	20260	5	94	74.8	74.4	10100	5	65	89.8	86.3	2.0	4	45
2017	22711	5	90	76.7	76.8	10969	5	68	89.7	86.2	2.1	4	52
2018	25769	5	78	80.3	80.8	11974	5	68	90.0	86.6	2.2	4	60
2019	31861	4	33	93.0	93.2	13151	5	68	90.2	86.7	2.4	4	91
2020	32451	4	33	93.2	93.4	14064	5	66	90.4	87.3	2.3	4	90
2021	34782	4	32	93.9	93.8	15497	5	65	91.6	88.4	2.2	4	88
2022	36086	4	31	94.0	93.8	16572	5	67	92.1	88.6	2.2	4	89
2023	37754	—	—	94.4	93.8	17815	—	—	92.4	88.8	2.1	—	—

数据来源：历年河南省统计年鉴及郏县统计公报。

七、固定资产投资分析

从固定资产投资增速来看，2023年郏县固定资产投资出现大幅下降，增速为-8.7%，低于平顶山市11.5个百分点，低于河南省10.8个百分点（见表11）。

表11　2010—2023年郏县固定资产投资情况

年份	郏县固定资产投资增速（%）	平顶山市固定资产投资增速（%）	河南省固定资产投资增速（%）	郏县增速与平顶山市对比（%）	郏县增速与河南省对比（%）
2010	78.3	37.2	22.2	41.1	56.1
2011	52.4	24.3	27	28.1	25.4

续表

年份	郏县固定资产投资增速（%）	平顶山市固定资产投资增速（%）	河南省固定资产投资增速（%）	郏县增速与平顶山市对比（%）	郏县增速与河南省对比（%）
2012	23.5	22.7	21.4	0.8	2.1
2013	22.7	22.6	22.5	0.1	0.2
2014	18.5	17.6	19.2	0.9	−0.7
2015	12.7	9.2	16.5	3.5	−3.8
2016	16.1	6.6	13.7	9.5	2.4
2017	12.0	11.9	10.4	0.1	1.6
2018	16.7	11.1	8.1	5.6	8.6
2019	19.9	9.1	8.0	10.8	11.9
2020	8.6	5.6	4.3	3	4.3
2021	13.4	12.5	4.5	0.9	8.9
2022	22.0	9.6	6.7	12.4	15.3
2023	−8.7	2.8	2.1	−11.5	−10.8

数据来源：历年河南省统计年鉴及郏县统计公报。

八、社会消费分析

从社会消费情况来看，2023年郏县社消零总额为90.1亿元，人均社消零额为18277元。2022年郏县社消零总额为84.5亿元，在平顶山市下辖6个县（市）中排第4位，在河南省102个县（市）中排第71位；人均社消零额为16775元，在平顶山市下辖6个县（市）中排第4位，在河南省102个县（市）中排第63位（见表12）。

表12 2008—2023年郏县社会消费情况

年份	社消零总额（亿元，%）				人均社消零额（元）		
	社消零总额	在平顶山市的排名	在河南省的排名	占GDP的比重	人均社消零额	在平顶山市的排名	在河南省的排名
2008	17.8	4	84	23.0	3265	4	75
2009	21.1	4	85	25.1	3853	4	76

续表

年份	社消零总额（亿元，%）				人均社消零额（元）		
	社消零总额	在平顶山市的排名	在河南省的排名	占GDP的比重	人均社消零额	在平顶山市的排名	在河南省的排名
2010	24.4	4	86	24.8	4260	5	86
2011	28.4	4	86	24.5	4948	5	89
2012	32.8	4	86	27.2	5711	5	88
2013	37.5	4	86	28.0	6503	5	88
2014	42.3	4	86	29.7	7376	4	86
2015	47.5	4	85	31.8	8275	5	87
2016	53.3	4	85	32.9	9242	5	88
2017	59.8	4	85	33.7	10353	4	88
2018	50.7	6	96	27.2	8759	5	98
2019	78.1	4	72	39.7	13513	4	77
2020	75.1	4	71	36.2	14820	4	62
2021	83.3	4	70	36.9	16506	4	62
2022	84.5	4	71	36.3	16775	4	63
2023	90.1	—	—	41.8	18277	—	—

数据来源：历年河南省统计年鉴及郏县统计公报。

九、人口规模分析

从人口情况看，近年来郏县城镇化率水平在全省县域中排名处在下游，2020年人口流失率超过20%。2023年郏县常住人口为49.3万人，占平顶山市常住人口的10.0%，城镇化率为41.9%。2022年郏县常住人口为50.4万人，在平顶山市下辖6个县（市）中排第5位，在河南省102个县（市）中排第72位；城镇化率为40.9%，在平顶山市下辖6个县（市）中排第4位，在河南省102个县（市）中排第81位（见表13）。

表13 2008—2023年郏县人口情况

年份	户籍人口（万人）	常住人口（万人）	常住人口在平顶山市的排名	常住人口在河南省的排名	外流人口（万人）	人口流失率（%）	常住人口占平顶山市的比重（%）	郏县城镇化率（%）	城镇化率在平顶山市的排名	城镇化率在河南省的排名
2008	56.0	54.4	4	72	1.6	2.9	11.2	—	—	—
2009	56.3	54.8	4	72	1.5	2.7	11.2	—	—	—
2010	61.7	57.2	4	65	4.5	7.4	11.6	—	—	—
2011	62.1	57.3	4	64	4.8	7.7	11.6	—	—	—
2012	62.4	57.4	4	65	5.0	8.1	11.6	—	—	—
2013	62.8	57.6	4	65	5.2	8.3	11.6	35.1	4	43
2014	63.2	57.4	4	65	5.8	9.1	11.6	36.4	4	44
2015	63.6	57.5	4	64	6.1	9.6	11.6	37.5	4	47
2016	64.0	57.7	4	64	6.3	9.9	11.8	38.8	4	50
2017	64.2	57.8	4	64	6.4	9.9	11.8	40.6	4	49
2018	64.6	57.8	4	65	6.8	10.5	11.8	42.4	4	48
2019	64.9	57.8	4	64	7.0	10.9	11.7	44.1	4	48
2020	65.3	50.6	5	72	14.6	22.4	10.2	39.0	4	84
2021	—	50.5	4	71	—	—	10.2	40.1	4	81
2022	—	50.4	5	72	—	—	10.2	40.9	4	81
2023	—	49.3	—	—	—	—	10.0	41.9	—	—

数据来源：历年河南省统计年鉴及郏县统计公报。

十、公共服务分析

从教育情况来看，2022年郏县有小学106所，在校生48566人，专任教师3238人，生师比为15.0∶1；初中25所，在校生27087人，专任教师2313人，生师比为11.7∶1（见表14）。

从医疗卫生情况来看，平均每千名常住人口配备卫生机构床位数、卫生技术人员数逐年上升，医疗资源配备逐步优化，2022年每千人床位数为6.4张，每千人卫生技术人员数为6.8人（见表14）。

表14 2019—2022年郏县义务教育和医疗情况

年份		2019	2020	2021	2022
学校数	合计（所）	129	130	131	131
	小学学校数（所）	104	104	106	106
	初中学校数（所）	25	26	25	25
在校学生数	合计（人）	85737	83797	78202	75653
	小学在校生数（人）	56912	55759	51470	48566
	初中在校生数（人）	28825	28038	26732	27087
专任教师数	合计（人）	5540	5539	5521	5551
	小学（人）	3251	3044	3269	3238
	初中（人）	2289	2495	2252	2313
医疗卫生	卫生机构床位数/千人	5.7	6.6	6.2	6.4
	卫生技术人员数/千人	6.1	6.6	6.7	6.8

数据来源：历年河南省统计年鉴。

十一、县域发展特色产业——铁锅铸造业

郏县铁锅铸造业已有600多年历史，制造技术不断改良、创新，实现了传统工艺与现代技术的结合，目前有真不锈、不粘锅、搪瓷锅、珐琅锅等多种类型，拥有相关专利230多项。

郏县是全国最大的铸铁锅生产销售集散地，建成了集铁锅产业研发、质量检测、产品制造与销售于一体的产业园，现有各类铁锅及配套企业60多家，培育出华邦、圣康等一批龙头企业。2020年郏县被中国轻工业联合会、中国五金制品协会授予"中国铸铁锅之都"称号。

郏县年产铁锅约7000万口，占全国铸铁锅产量的70%。郏县铁锅远销20多个国家和地区，德国贝卡、英国TOWER等知名品牌都与郏县的相关企业有稳定合作关系，最好的铁锅目前在欧美市场上售价达1000美元左右。

2023年郏县铸铁锅产业实现总产值31.7亿元人民币，出口总额8970万美元；2024年上半年产值18亿元人民币，出口总额4000万美元。不仅如此，郏县铸铁锅产业亦带动逾1.5万人就业，其中家门口就业占三成，

人均月工资3000～8000元，行业技术骨干月收入高达1.5万元。

十二、综述

郏县经济体量在省、市处于下游，人均GDP在省、市排名中处于中等偏下位次；农业基础雄厚，近年来狠抓主导产业，强化创新引领，推动产业升级；一般公共预算收支均在全省居于中等偏下位次，财政自给率在省、市排名中处于中等位次；人均存贷款余额在省、市排名中处于中等偏下位次，存贷比在省、市排名中处于中等偏上位次；居民人均可支配收入在省、市排名中处于中等位次，城镇居民人均可支配收入在省、市排名处于中等偏上位次，城乡居民可支配收入差距较大；外出务工人员多，城镇化率有待提高，公共服务水平逐年提升。

郏县应继续强化特色优势产业，推动新兴产业发展。

第一，铁锅铸造业。在保持传统铁锅产品优势的基础上，进一步研发新型铁锅产品，如轻量化铁锅、智能铁锅等，满足不同消费者的需求。增强品牌意识，培育一批具有影响力的铁锅品牌，通过参加国内外展会、举办铁锅文化节等活动，提升郏县铁锅品牌的知名度和美誉度。

第二，红牛产业。在产业链上游，引入饲料、遗传育种等企业，建设高标准保种场和核心育种场，提高保种育种技术水平，解决现有保种场设施陈旧、技术落后的问题；在产业链中游，提升屠宰加工厂的深加工能力，开发牛肉干、牛肉罐头等休闲食品和方便食品；在产业链下游，拓展销售渠道，与大型餐饮、商超企业建立稳定合作关系。

第三，聚焦招引高精尖项目。积极培育高低压电气及新能源储能、尼龙包装及碳硅新材料、文旅康养、电子信息和数字经济等新兴产业，为县域经济注入新活力。积极推进企业向高端化、智能化、绿色化发展，实施传统产业设备更新上新、技术改造和数智升级，推动全县工业经济健康蓬勃发展。

河南省县域经济运行分析：汝州篇

一、汝州市概况

汝州市，河南省辖县级市，由平顶山市代管，位于河南省中西部、平顶山市西北部，根据2023年国家统计局统计区划，汝州市辖6个街道、13个镇、2个乡，总面积1573平方千米。截至2023年年末，汝州市常住人口95.68万人，城镇化率为51.2%。

汝州市区位优越，位于郑州都市圈和洛阳都市圈交叉辐射地带，焦枝铁路贯穿南北，宁洛高速、二广高速、林桐高速穿境而过，1小时交通圈通达郑州国际机场、洛阳机场，交通网络四通八达。汝州市历史文化源远流长，是中国"五大名瓷"之一——汝瓷的产地，有中国汝瓷之都的美称；汝州市经济实力较好，2019—2022年连续四年入选"赛迪百强县"榜单。

二、总体经济运行分析

从GDP总量来看，2023年汝州市GDP总量523.9亿元，在平顶山市辖6个县（市）中排第1位；2022年汝州市GDP总量549.3亿元，占平顶山市GDP总量的19.3%，在平顶山市辖6个县（市）中排第1位，GDP总量在河南省102个县（市）中的排名一直处于靠前位置，2022年排第11位。

从GDP增速来看，2023年汝州市GDP增速为5.2%，高于平顶山市GDP增速2.0个百分点，高于河南省GDP增速1.1个百分点；2022年汝州市GDP增速为2.0%，低于平顶山市GDP增速2.1个百分点，低于河南省GDP增速1.1个百分点，在平顶山市辖6个县（市）中排第6位，在河南省102个县（市）中排第92位，处于下游水平（见表1）。

表1　2008—2023年汝州市地区生产总值及增速

年份	GDP总量（亿元，%）				GDP增速（%）				
	汝州市GDP	占平顶山市GDP的比重	在平顶山市的排名	在河南省的排名	汝州市GDP增速	在平顶山市的排名	在河南省的排名	与平顶山市GDP增速对比	与河南省GDP增速对比
2008	210.2	19.7	1	12	14.5	4	32	0.9	2.5
2009	227.3	21.7	1	11	13.5	1	23	3.5	2.5
2010	258.6	19.7	1	13	11.4	4	68	0.2	-1.0
2011	284.0	19.1	1	14	10.2	5	88	-0.9	-1.8
2012	320.4	21.4	1	14	10.1	4	85	3.3	0.0
2013	331.7	21.3	1	14	8.0	5	90	1.4	-1.0
2014	347.8	21.2	1	13	7.0	4	96	-0.3	-1.9
2015	362.3	21.5	1	13	8.6	3	73	2.1	0.2
2016	396.2	21.7	1	13	9.6	1	19	1.9	1.4
2017	430.6	21.6	1	13	9.2	2	16	1.2	1.4
2018	468.0	21.9	1	13	8.5	2	31	1.0	0.9
2019	475.7	20.1	1	11	7.6	4	46	0.1	0.8
2020	485.5	19.8	1	12	3.2	5	45	0.0	2.1
2021	534.6	19.8	1	10	8.2	5	26	1.1	1.9
2022	549.2	19.3	1	11	2.0	6	92	-2.1	-1.1
2023	523.9	19.3	1	—	5.2	—	—	2.0	1.1

数据来源：历年河南省统计年鉴、平顶山市统计年鉴。

从人均GDP来看，2023年汝州市人均GDP为54290元，相当于平顶山市人均GDP的98.6%；2022年汝州市人均GDP为56527元，相当于平顶山市人均GDP的98.8%，在平顶山市辖6个县（市）中排第3位，在河南省102个县（市）中排第38位，处于中上游水平。

从人均GDP增速来看，2023年汝州市人均GDP增速为5.9%，2022年人均GDP增速为2.1%，在平顶山市辖6个县（市）中排第6位，在河南省102个县（市）中排第91位，处于下游水平（见表2）。

表2 2008—2023年汝州市人均地区生产总值及增速

年份	汝州市人均GDP（元）	汝州市人均GDP在平顶山市的排名	汝州市人均GDP在河南省的排名	与平顶山市相比（%）	与河南省相比（%）	汝州市人均GDP增速（%）	汝州市人均GDP增速在平顶山市的排名	汝州市人均GDP增速在河南省的排名
2008	22630	3	29	104.8	119.9	14.3	3	34
2009	24379	3	30	106.6	120.2	13.1	1	25
2010	27774	3	31	106.8	115.8	11.6	4	69
2011	30552	3	33	102.5	109.5	10.4	4	85
2012	34396	2	28	113.7	112.8	9.8	4	86
2013	35568	2	30	112.8	107.4	7.9	5	84
2014	37278	2	29	112.9	103.6	6.9	4	96
2015	38975	2	31	114.7	101.7	9.0	3	59
2016	42551	2	30	120.9	103.0	9.5	1	19
2017	45780	2	33	117.3	100.1	8.0	2	45
2018	48913	2	34	112.5	96.4	6.7	4	73
2019	49077	2	36	102.3	90.3	6.2	6	79
2020	49953	2	37	101.2	90.1	2.2	5	72
2021	54966	2	34	101.6	92.5	8.2	5	46
2022	56527	3	38	98.8	91.0	2.1	6	91
2023	54290	—	—	98.6	90.4	5.9	—	—

数据来源：历年河南省统计年鉴、平顶山市统计年鉴。

三、分产业经济运行分析

（一）产业格局与发展方向

汝州市依托其资源优势和产业基础，构建了"2+2+3"现代产业体系，即做强碳氢新材料和装备制造产业两大主导产业，培育生物医药和绿色食品两大新兴产业，壮大绿色建材、陶瓷制造和数字经济三大优势特色产业。汝州市的发展格局则是以"一区三园"为主抓手："一区"，即汝州经济技术开发区，作为产业发展的核心区域，承载着多个重点项目的建设和运营；"三园"，即碳氢新材料产业园、装备制造产业园、绿色食品产业园。汝瓷产业方面，借助平顶山市委、市政府大力发展汝瓷产业的有利契机，加大力度建设汝瓷小镇，对园区进行整体包装、统一运营、尽快盘活。

在农业方面，汝州市结合本地资源，形成了"东蔬、北林、南牧、西粉"的农业产业布局："东蔬"，利用东部平原地区土壤肥沃、灌溉条件好的优势，发展高效种植业；"北林"，在北部山区大力发展花椒、桑蚕、石榴等林果种植；"南牧"，在南部依托汝州市牧原现代农业综合体有限公司等企业，大力发展畜牧产业；"西粉"，以西部地区为主，发展以甘薯种植和深加工为主的"粉"产业，如小寨村通过成立汝硒薯业科创园，形成了集甘薯育苗、种植、加工、销售于一体的产业格局。

（二）产业结构分析

从三次产业占比来看，汝州市第一产业占比从2008年的11.2%逐步下降至2023年的7.7%；第二产业占比从2008年的60.0%曲折下降至2023年的36.1%；第三产业占比从2008年的28.8%曲折增加到2023年的56.2%。由此可以看出近年来汝州市的支柱产业由第二产业逐年向第三产业转移，呈"三、二、一"梯次（见表3和图1）。

表3　2008—2023年汝州市三产结构变化情况

年份	第一产业占比（%）	第二产业占比（%）	第三产业占比（%）
2008	11.2	60.0	28.8
2009	11.2	62.3	26.6
2010	10.7	61.3	27.9
2011	11.5	57.8	30.7
2012	10.9	57.6	31.4
2013	11.7	53.4	34.9
2014	10.7	49.8	39.5
2015	10.2	46.3	43.5
2016	9.7	43.6	46.7

续表

年份	第一产业占比（%）	第二产业占比（%）	第三产业占比（%）
2017	8.4	41.2	50.4
2018	7.4	40.0	52.6
2019	8.4	40.9	50.8
2020	8.2	42.1	49.6
2021	8.2	42.0	49.8
2022	8.2	41.5	50.3
2023	7.7	36.1	56.2

数据来源：历年河南省统计年鉴、汝州市统计公报及政府网站。

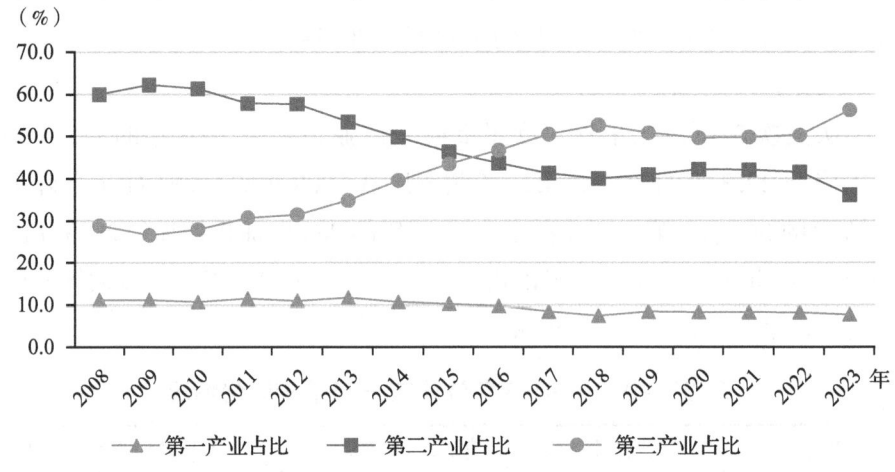

图1　2008—2023年汝州市三产结构变化情况

数据来源：历年平顶山市统计年鉴。

（三）工业发展情况分析

从工业发展情况来看，2023年汝州市规上工业增加值增速为12.5%，高于平顶山市规上工业增加值增速9.1个百分点，高于河南省规上工业增加值增速7.5个百分点；2022年汝州市规上工业增加值增速为-2.3%，在平顶山市辖6个县（市）中排第5位，在河南省102个县（市）中排第98位，低于平顶山市规上工业增加值增速8.7个百分点（见表4），低于河南省规上工业增加值增速7.4个百分点。

表4 2008—2023年汝州市工业发展情况

年份	汝州市规上工业增加值增速（%）	平顶山市规上工业增加值增速（%）	增速与平顶山市对比（%）	汝州市增速在平顶山市的排名	汝州市增速在河南省的排名
2008	33.0	19.8	13.2	2	20
2009	22.6	11.1	11.5	3	19
2010	16.0	15.0	1.0	4	92
2011	12.5	15.4	-2.9	5	101
2012	14.8	8.1	6.7	5	87
2013	8.5	7.1	1.4	5	98
2014	7.3	10.1	-2.8	4	99
2015	9.8	6.1	3.7	3	66
2016	9.4	7.3	2.1	3	64
2017	9.5	8.1	1.4	2	24
2018	9.3	7.8	1.5	3	24
2019	8.0	8.7	-0.7	6	84
2020	5.6	4.9	0.7	5	26
2021	11.9	9.4	2.5	6	22
2022	-2.3	6.4	-8.7	5	98
2023	12.5	3.4	9.1	—	—

数据来源：历年河南省统计年鉴、汝州市统计公报及政府网站。

（四）服务业发展情况分析

从服务业增加值来看，2008—2023年汝州市服务业始终保持较快的上升速度，2023年汝州市服务业增加值为294.5亿元；2022年汝州市服务业增加值为276.2亿元，占平顶山市的比重为20.9%，在平顶山市辖6个县（市）中排第1位，在河南省102个县（市）中排第8位，在全省县（市）中处于领先水平。从服务业增加值增速来看，2023年汝州市服务业增加值增速为3.5%；2022年汝州市服务业增加值增速为2.8%，在平顶山市辖6个县（市）中排第5位，在河南省102个县（市）中排第60位（见表5）。

表5　2008—2023年汝州市服务业发展情况

年份	汝州市服务业增加值（亿元）	占平顶山市服务业增加值的比重（%）	增加值在平顶山市的排名	增加值在河南省的排名	汝州市服务业增加值增速（%）	增速在平顶山市的排名	增速在河南省的排名
2008	60.6	23.7	1	5	17.8	1	8
2009	60.4	19.6	1	6	14.8	1	33
2010	72.2	21.5	1	6	17.4	1	3
2011	87.2	21.1	1	7	15.2	1	3
2012	100.7	20.4	1	7	12.4	1	11
2013	115.6	21.0	1	7	11.0	1	9
2014	137.4	23.3	1	9	9.6	1	53
2015	157.5	23.7	1	9	12.9	2	28
2016	185.0	24.4	1	9	12.8	1	4
2017	217.2	25.4	1	9	11.4	3	27
2018	246.4	25.7	1	9	8.2	3	71
2019	241.6	21.8	1	9	8.1	4	41
2020	240.9	21.1	1	9	1.4	5	71
2021	266.1	21.0	1	8	9.8	2	29
2022	276.2	20.9	1	8	2.8	5	60
2023	294.5	21.3	—	—	3.5	—	—

数据来源：历年河南省统计年鉴、汝州市统计公报及政府网站。

（五）重点企业分析

（1）天瑞集团股份有限公司。该公司创始于1982年，是一家多元化的股份制企业集团，业务涵盖绿色建材、铸造（智能制造）、互联网科技、文化旅游等多个领域。名列中国企业500强第380位，中国制造业500强第195位，并于2020年荣膺第六届中国工业大奖表彰奖。其子公司天瑞水泥集团有限公司是香港上市的中国天瑞集团水泥有限公司（股票代码：1252.HK）的主体，是国家重点支持的12家全国性大型水泥企业之一。其子公司天瑞集团铸造有限公司是国内规模大、技术装备先进、竞争力强的铁路货车铸钢配件生产企业，产能达到30万吨/年，产品出口至美国、澳大利亚等国家。

（2）河南平煤神马汝丰炭材料科技有限公司。该公司成立于2022年，是中国平煤神马集团旗下的企业，由平顶山天安煤业股份有限公司和汝州市汝丰焦化有限公司共同持股，依托集团的强大实力和资源，该公司在化学原料和化学制品制造业领域取得了显著成绩。

（3）润灵科技集团有限公司。该公司成立于2016年，主营业务涵盖中医药大健康领域，包括中药材种植加工购销、中成药、保健用品、医疗器械等，总部位于河南省汝州市产业集聚区霍阳大道东侧，集团下设6个全资子公司，总占地13.3万平方米，现有员工3800人，其中专业技术人才159人，生产人员860人，销售人员2800人，资产总额3.9亿元。

（4）河南仁华生物科技有限公司。该公司成立于2013年，位于汝州经济技术开发区，是集抗生素原料药研发、生产、销售于一体的高新技术企业，主导产品硫酸庆大霉素原料药产能稳居行业第一，产品全球市场份额占比40%以上，销往20多个国家和地区，先后获评河南省农业产业化重点龙头企业、"专精特新"企业、"瞪羚"企业。

（5）河南益和阀门有限公司。该公司成立于2011年，主要从事泵、阀门、压缩机及类似机械制造，是通用设备制造业的重要组成部分，产品广泛服务于电力、洗煤、钢铁、冶金、焦化、污水处理等行业中。

（6）河南汝合再生资源有限公司。该公司成立于2023年，是一家专注于废弃资源综合利用的企业，是正在建设的汽车再制造循环经济产业园中的重要成员，也是重点推进的汝合报废机动车循环再利用项目的重要主体，该项目第一期占地462亩，计划建设标准化厂房21栋，目前第一批建设9栋基本完工，第二期拟占地1000亩，建成标准化的新型产业园区。

四、财政收支分析

从财政收入来看，2023年汝州市一般公共预算收入31.4亿元，占平顶山市一般公共预算收入的13.2%；2022年汝州市一般公共预算收入38.8亿元，占平顶山市一般公共预算收入的17.2%，在平顶山市辖6个县（市）中排第1位，在河南省102个县（市）中排第9位。从财政支出来看，2023年汝州市一般公共预算支出63.8亿元，占平顶山市一般公共预算支出的15.0%；2022年汝州市一般公共预算支出62.5亿元，占平顶山市一般公共预算支出的15.0%，在平顶山市辖6个县（市）中排第1位，在河南省102个县（市）中排第19位（见表6）。

表6 2008—2023年汝州市财政收支情况

年份	一般公共预算收入（亿元，%）				一般公共预算支出（亿元；%）			
	汝州市一般公共预算收入	占平顶山市一般公共预算收入的比重	在平顶山市的排名	在河南省的排名	汝州市一般公共预算支出	占平顶山市一般公共预算支出的比重	在平顶山市的排名	在河南省的排名
2008	6.2	9.9	2	18	12.9	12.6	1	20
2009	7.6	10.8	1	17	16.5	12.6	1	21
2010	9.1	11.2	1	16	19.6	13.2	1	16
2011	11.4	12.0	1	13	23.6	13.4	1	19
2012	13.7	12.7	1	12	30.3	14.4	1	19
2013	16.8	14.1	1	10	32.6	14.4	1	23
2014	18.3	14.0	1	11	36.0	14.9	1	18
2015	20.7	17.5	1	10	45.2	17.4	1	13
2016	23.1	18.5	1	8	49.7	22.0	1	14
2017	30.1	21.9	1	7	60.1	23.4	1	8
2018	31.6	20.5	1	7	62.1	17.1	1	15
2019	33.2	19.4	1	7	70.1	17.3	1	16
2020	35.3	19.5	1	7	78.0	19.1	1	9
2021	37.7	18.5	1	9	47.6	12.2	1	34
2022	38.8	17.2	1	9	62.5	15.0	1	19
2023	31.4	13.2	—	—	63.8	15.0	—	—

数据来源：历年河南省统计年鉴、汝州市统计公报及政府网站。

从人均一般公共预算收入看，2023年汝州市人均预算收入为3282元，相当于平顶山市人均一般公共预算收入的68.1%，相当于河南省人均一般公共预算收入的71.4%；2022年人均预算收入为3983元，相当于平顶山市人均一般公共预算收入的87.5%，相当于河南省人均一般公共预算收入的88.7%，在平顶山市辖6个县（市）中排第3位，在河南省102个县（市）中排第28位。从人均一般公共预算支出看，2023年汝州市人均一般公共预算支出为6672元，相当于平顶山市人均一般公共预算支出的77.3%，相当于河南省人均一般公共预算支出的59.2%；2022年人均一般公共预算支出为6424元，相当于平顶山市人均一般公共预算支出的76.7%，相当于河南省人均一般公共预算支出的57.1%，在平顶山市辖6个县（市）中排第5位，在河南省102个县（市）中排第70位。

从财政自给率看，2023年汝州市财政自给率为49.2%，2022年汝州市财政自给率为62.0%，在平顶山市辖6个县（市）中排第2位，在河南省102个县（市）中排第15位（见表7）。

表7 2008—2023年汝州市人均财力及财政自给率

年份	一般公共预算收入/常住人口	与平顶山市相比	与河南省相比	在平顶山市的排名	在河南省的排名	一般公共预算支出/常住人口	与平顶山市相比	与河南省相比	在平顶山市的排名	在河南省的排名	汝州市财政自给率	在平顶山市的排名	在河南省的排名
2008	666	51.9	62.2	3	31	1391	65.9	57.5	4	53	47.9	2	25
2009	816	56.9	68.7	3	28	1768	65.9	57.7	4	59	46.1	2	24
2010	976	59.5	66.5	3	29	2109	69.7	58.1	4	61	46.3	3	26
2011	1224	63.2	67.3	3	28	2530	71.0	56.3	4	71	48.4	3	21
2012	1468	67.4	68.6	3	26	3250	76.4	61.9	4	68	45.2	3	22
2013	1805	74.8	71.5	3	25	3491	76.5	59.9	3	76	51.7	2	19
2014	1963	74.5	69.1	3	25	3857	79.2	61.7	4	71	50.9	3	22
2015	2231	93.9	71.8	2	23	4881	93.3	69.6	2	48	45.7	2	22
2016	2463	96.8	76.4	1	21	5313	115.1	69.7	2	49	46.4	1	21

续表

年份	人均财力（元，%）									财政自给率（%）		
	一般公共预算收入/常住人口	与平顶山市相比	与河南省相比	在平顶山市的排名	在河南省的排名	一般公共预算支出/常住人口	与平顶山市相比	与河南省相比	在平顶山市的排名	在河南省的排名	汝州市财政自给率	在平顶山市的排名	在河南省的排名
2017	3181	113.1	91.8	1	18	6361	120.9	76.1	1	33	50.0	1	18
2018	3262	103.6	85.4	1	20	6409	86.7	68.6	3	62	50.9	1	17
2019	3422	99.0	83.8	2	23	7220	88.4	70.3	3	58	47.4	2	21
2020	3619	99.6	86.3	2	22	8005	97.8	76.7	2	42	45.2	3	24
2021	3882	94.9	88.3	3	24	4907	62.6	46.5	6	92	79.1	1	4
2022	3983	87.5	88.7	3	28	6424	76.7	57.1	5	70	62.0	2	15
2023	3282	68.1	71.4	—	—	6672	77.3	59.2	—	—	49.2	—	—

数据来源：历年河南省统计年鉴、平顶山市统计年鉴。

五、金融业发展分析

从金融机构年末存款情况来看，2023年汝州市金融机构存款年末余额517.8亿元，占平顶山市金融机构存款年末余额的11.9%；2022年汝州市金融机构存款年末余额463.0亿元，占平顶山市金融机构存款年末余额的11.4%，在平顶山市辖6个县（市）中排第1位，在河南省102个县（市）中排第26位。从金融机构年末贷款情况来看，2023年汝州市金融机构贷款年末余额358.4亿元，占平顶山市金融机构贷款年末余额的11.7%；2022年汝州市金融机构贷款年末余额332.9亿元，占平顶山市金融机构贷款年末余额的11.9%，在平顶山市辖6个县（市）中排第1位，在河南省102个县（市）中排第15位（见表8）。

从存贷比来看，2023年汝州市存贷比为69.2%；2022年汝州市存贷比为71.9%，在平顶山市辖6个县（市）中排第2位，在河南省102个县（市）中排第13位（见表8）。

表8 2008—2023年汝州市金融机构年末存贷款余额情况

年份	存款年末余额	占平顶山市的比重	在平顶山市的排名	在河南省的排名	贷款年末余额	占平顶山市的比重	在平顶山市的排名	在河南省的排名	汝州市存贷比	在平顶山市的排名	在河南省的排名
2008	77.5	9.5	1	16	41.7	9.4	1	17	53.8	1	30
2009	81.8	8.4	1	24	48.6	8.7	1	20	59.4	2	23
201	102.3	9.0	1	21	54.2	7.8	1	23	53.0	2	33
2011	119.9	9.8	1	22	71.1	8.9	1	19	59.3	2	20
2012	155.0	10.6	1	18	90.8	9.7	1	16	58.6	2	18
2013	170.0	10.2	1	20	116.8	11.0	1	13	68.7	2	13
2014	181.3	10.0	1	28	131.1	10.6	1	15	72.3	2	10
2015	217.3	10.8	1	22	148.0	10.5	1	13	68.1	3	14
2016	290.6	12.8	1	16	173.8	10.9	1	12	59.8	3	22
2017	326.0	12.8	1	15	206.7	12.0	1	9	63.4	2	14
2018	359.8	12.9	1	14	237.5	12.7	1	8	66.0	2	20
2019	348.1	11.4	1	20	261.8	12.6	1	8	75.2	2	8
2020	378.8	11.3	1	24	283.7	12.1	1	11	74.9	2	10
2021	418.0	11.4	1	23	305.4	11.6	1	13	73.1	2	14
2022	463.0	11.4	1	26	332.9	11.9	1	15	71.9	2	13
2023	517.8	11.9	—	—	358.4	11.7	—	—	69.2	—	—

数据来源：历年河南省统计年鉴、平顶山市统计年鉴

从人均存款余额来看，2023年汝州市人均存款余额54114元，相当于平顶山市人均存款余额的61.0%，相当于河南省人均存款余额的53.0%；2022年汝州市人均存款余额47581元，相当于平顶山市人均存款余额的58.2%，相当于河南省人均存款余额的48.6%，在平顶山市辖6个县（市）中排第5位，在河南省102个县（市）中排第83位。从人均贷款余额来看，2023年汝州市人均贷款余额为37459元，相当于平顶山市人均贷款余额的60.4%，相当于河南省人均贷款余额的44.2%；2022年汝州市人均贷款余额为34210元，相当于平顶山市人均贷款余额的60.9%，相当于河南

省人均贷款余额的42.9%，在平顶山市辖6个县（市）排第3位，在河南省102个县（市）排第37位（见表9）。

表9　2008—2023年汝州市人均存贷款情况

年份	人均存款（元，%）					人均贷款（元，%）				
	汝州市人均存款余额	在平顶山市的排名	在河南省的排名	与平顶山市相比	与河南省相比	汝州市人均贷款余额	在平顶山市的排名	在河南省的排名	与平顶山市相比	与河南省相比
2008	8328	3	41	49.9	51.5	4480	2	37	49.3	40.7
2009	8757	3	51	44.0	43.3	5204	2	41	45.7	36.7
2010	11020	3	52	47.6	44.8	5835	3	47	41.3	34.6
2011	12879	3	56	51.7	45.7	7638	2	34	47.3	41.3
2012	16625	3	47	56.2	49.6	9744	2	30	51.4	45.7
2013	18230	3	59	54.3	46.4	12517	2	33	58.5	51.0
2014	19425	4	67	53.1	45.3	14051	3	34	56.1	49.8
2015	23465	3	57	57.9	47.8	15981	3	33	56.4	49.3
2016	31047	2	40	66.7	56.2	18573	3	31	57.2	49.8
2017	34489	3	43	66.3	57.4	21869	3	27	61.9	51.5
2018	37152	3	44	65.2	57.4	24527	3	26	64.4	50.6
2019	35878	3	65	58.2	51.1	26985	3	28	64.6	48.0
2020	38865	4	74	58.0	50.5	29104	3	32	61.9	46.0
2021	43068	4	76	58.3	51.6	31465	3	36	59.5	44.8
2022	47581	5	83	58.2	48.6	34210	3	37	60.9	42.9
2023	54114	—	—	61.0	53.0	37459	—	—	60.4	44.2

数据来源：历年河南省统计年鉴、平顶山市统计年鉴。

六、居民收入分析

从居民收入看，2023年汝州市居民人均可支配收入为29489元，相当于平顶山市居民人均可支配收入的98.9%，相当于河南省居民人均可支配收入的98.5%；2022年汝州市居民人均可支配收入为27820元，相当于平顶山市居民人均可支配收入的98.9%，相当于河南省居民人均可支配收入的98.6%，在平顶山市辖6个县（市）中排第3位，在河南省102个县（市）排第29位。从居民收入增速看，2023年汝州市居民人均可支配收入同比增长6.0%。2022年汝州市居民人均可支配收入同比增长3.4%（见表10）。

表10 2017—2023年汝州市居民人均可支配收入情况

年份	汝州市居民人均可支配收入（元）	在平顶山市的排名	在河南省的排名	与平顶山市相比（%）	与河南省相比（%）	汝州市居民人均可支配收入增速（%）
2017	19618	2	30	96.6	97.3	10.2
2018	21556	2	28	97.3	98.1	9.9
2019	23677	3	28	98.6	99.1	9.8
2020	24728	3	27	99.2	99.7	4.4
2021	26921	3	27	100.2	100.4	8.9
2022	27820	3	29	98.9	98.6	3.4
2023	29489	—	—	98.9	98.5	6.0

数据来源：历年河南省统计年鉴、平顶山市统计年鉴。

从城镇居民人均可支配收入看，2023年汝州市城镇居民人均可支配收入为36145元，相当于平顶山市城镇居民人均可支配收入的90.4%，相当于河南省城镇居民人均可支配收入的89.8%；2022年汝州市城镇居民人均可支配收入为34799元，相当于平顶山市城镇居民人均可支配收入的90.7%，相当于河南省城镇居民人均可支配收入的90.4%，在平顶山市辖6个县（市）中排第6位，在河南省102个县（市）排第45位。从农村居民人均可支配收入看，2023年汝州市农村居民人均可支配收入为23584元，相当于平顶山市农村居民人均可支配收入的122.3%，相当于河南省农村居民人均可支配收入的117.6%；2022年农村居民人均可支配收入22101元，相当于平顶山市农村居民人均可支配收入的122.9%，相当于河南省农村居民人均可支配收入的118.2%，在平顶山市辖6个县（市）中排第1位，在河南省102个县（市）排第25位（见表11）。

从城乡居民收入对比来看，2023年汝州市城乡居民人均可支配收入比为1.5∶1，2022年汝州市城乡居民人均可支配收入比为1.6∶1，在平顶山市辖6个县（市）中排第1位，在河南省102个县（市）中排第21位，近年来城乡居民收入差距整体呈缩小趋势（见表11）。

表11 2008—2023年汝州市城乡居民人均可支配收入及城乡收入比

年份	城镇（元，%）					农村（元，%）					城乡收入比	
	汝州市城镇居民人均可支配收入	在平顶山市的排名	在河南省的排名	与平顶山市相比	与河南省相比	汝州市农村居民人均可支配收入	在平顶山市的排名	在河南省的排名	与平顶山市相比	与河南省相比	汝州市城乡居民收入比	在河南省的排名
2008	11032	2	36	81.5	83.4	5102	2	31	115.4	114.5	2.2	35
2009	12252	2	34	83.2	85.2	5530	2	32	115.7	115.0	2.2	34
2010	13556	2	36	83.6	85.1	6443	2	32	117.1	116.6	2.1	32
2011	15427	2	37	84.1	84.8	7783	2	31	118.3	117.9	2.0	30
2012	17386	2	38	84.4	85.0	8888	2	31	118.2	118.1	2.0	31
2013	19208	2	38	85.4	85.8	10062	2	31	117.8	118.7	1.9	29
2014	20956	2	39	85.9	88.5	11126	2	31	117.3	111.6	1.9	29
2015	22270	2	41	87.0	87.1	13060	1	23	125.0	120.3	1.7	17
2016	23884	2	43	88.1	87.7	14145	1	23	125.8	120.9	1.7	15
2017	26130	2	43	88.2	88.4	15460	1	22	126.5	121.6	1.7	16
2018	28508	3	41	88.9	89.4	16882	1	22	127.0	122.1	1.7	17
2019	30903	6	43	90.2	90.4	18571	1	20	127.3	122.5	1.7	18
2020	31428	6	43	90.3	90.4	19648	1	19	126.4	122.0	1.6	17
2021	33655	6	43	90.9	90.7	21511	1	19	127.1	122.7	1.6	18
2022	34799	6	45	90.7	90.4	22101	1	25	122.9	118.2	1.6	21
2023	36145	—	—	90.4	89.8	23584	—	—	122.3	117.6	1.5	—

数据来源：历年河南省统计年鉴、平顶山市统计年鉴。

七、固定资产投资分析

从固定资产投资增速来看，2023年汝州市固定资产投资增长2.5%，低于平顶山市0.3个百分点，高于河南省0.4个百分点；2022年汝州市固

定资产投资增长 -8.8%，低于平顶山市 18.4 个百分点，低于河南省 15.5 个百分点（见表 12）。

表 12　2010—2023 年汝州市固定资产投资情况

年份	汝州市固定资产投资增速（%）	平顶山市固定资产投资增速（%）	河南省固定资产投资增速（%）	汝州市增速与平顶山市对比（%）	汝州市增速与河南省增速（%）
2010	49.1	37.2	22.2	11.9	26.9
2011	23.7	24.3	27	-0.6	-3.3
2012	25.0	22.7	21.4	2.3	3.6
2013	26.2	22.6	22.5	3.6	3.7
2014	17.9	17.6	19.2	0.3	-1.3
2015	17.9	9.2	16.5	8.7	1.4
2016	16.4	6.6	13.7	9.8	2.7
2017	13.7	11.9	10.4	1.8	3.3
2018	13.2	11.1	8.1	2.1	5.1
2019	-14.5	9.1	8.0	-23.6	-22.5
2020	-6.4	5.6	4.3	-12	-10.7
2021	13.2	12.5	4.5	0.7	8.7
2022	-8.8	9.6	6.7	-18.4	-15.5
2023	2.5	2.8	2.1	-0.3	0.4

数据来源：历年河南省统计年鉴、平顶山市统计年鉴。

八、社会消费分析

从社会消费情况来看，2023 年汝州市社消零总额为 296.8 亿元；2022 年汝州市社消零总额为 283.6 亿元，在平顶山市辖 6 个县（市）中排第 1 位，在河南省 102 个县（市）中排第 5 位，占当年汝州市 GDP 的比重为 51.6%；从人均社消零额来看，2023 年汝州市的人均社消零额为 31017 元；2022 年汝州市的人均社消零额为 29147 元，在河南省 102 个县（市）中排第 1 位，在河南省 102 个县（市）中排第 8 位。汝州市的居民消费能力较强，社消零总额和人均社消零额在河南省排名中一直处在靠前的位置，消费驱动经济增长的效果较好（见表13）。

表13　2008—2023年汝州市社会消费情况

年份	社消零总额（亿元，%）				人均社消零额（元）	
	社消零总额	在平顶山市的排名	在河南省的排名	占GDP的比重	人均社消零额	在河南省的排名
2008	42.2	1	19	20.1	4536	43
2009	50.4	1	18	22.2	5399	40
2010	59.8	1	18	23.1	6439	41
2011	70.1	1	18	24.7	7532	44
2012	81.2	1	18	25.3	8710	43
2013	92.6	1	18	27.9	9927	44
2014	104.5	1	17	30.0	11197	44
2015	118.1	1	17	32.6	12758	42
2016	133.0	1	17	33.6	14207	42
2017	150.0	1	18	34.8	15863	46
2018	166.8	1	17	35.6	17227	45
2019	258.9	1	5	54.4	26680	10
2020	255.6	1	5	52.6	26223	7
2021	282.6	1	5	52.9	29123	7
2022	283.6	1	5	51.6	29147	8
2023	296.8	—	—	56.6	31017	—

数据来源：历年河南省统计年鉴，平顶山市、汝州市统计公报。

九、人口规模分析

从人口情况看，2023年汝州市常住人口95.7万人，2022年汝州市常住人口97.3万人，在平顶山市辖6个县（市）中排第1位，在河南省102个县（市）中排第11位。2020年汝州市户籍人口为118.2万人，常住人口97.5万人，人口外流20.8万人，人口流失率为17.6%（见表14）。

从城镇化率看，2023年汝州市城镇化率为51.2%；2022年汝州市城镇化率为50.1%，在平顶山市辖6个县（市）中排第2位，在河南省102个县（市）中排第 35 位（见表 14）。

表 14 2008—2023 年汝州市人口情况

年份	户籍人口（万人）	常住人口（万人）	常住人口在平顶山市的排名	常住人口在河南省的排名	外流人口（万人）	人口流失率（%）	常住人口占平顶山市的比重（%）	汝州市城镇化率（%）	城镇化率在河南省的排名
2008	95.2	93.1	1	18	2.1	2.2	19.1	—	—
2009	95.7	93.4	1	18	2.3	2.4	19.1	—	—
2010	105.1	92.8	1	16	12.3	11.7	18.9	—	—
2011	105.6	93.1	1	15	12.5	11.9	18.9	—	—
2012	106.0	93.2	1	14	12.8	12.1	18.9	—	—
2013	106.5	93.3	1	14	13.3	12.5	18.8	37.7	36
2014	107.1	93.3	1	14	13.8	12.9	18.8	39.4	36
2015	107.7	92.6	1	14	15.1	14.0	18.7	41.3	35
2016	108.4	93.6	1	14	14.8	13.6	19.1	43.3	32
2017	109.1	94.5	1	14	14.5	13.3	19.3	45.3	32
2018	109.6	96.8	1	13	12.8	11.7	19.7	47.2	31
2019	110.1	97.0	1	13	13.1	11.9	19.6	49.2	31
2020	118.2	97.5	1	12	20.8	17.6	19.5	47.9	37
2021	—	97.1	1	11	—	—	19.5	49.4	35
2022	—	97.3	1	11	—	—	19.6	50.1	35
2023	—	95.7	—	—	—	—	19.4	51.2	—

数据来源：历年河南省统计年鉴、平顶山市统计公报。

十、公共服务分析

从义务教育情况来看，2022 年汝州市共有中小学 355 所，在校学生数合计 169465 人，专任教师数 10334 人。从医疗卫生情况来看，平均每千名常住人口配备卫生机构床位数、卫生技术人员数逐年上升，医疗资源配备逐步优化，2022 年汝州市每千人床位数为 7.3 张，每千人卫生技术人员数为 7.2 人（见表 15）。

表15 2019—2022年汝州市义务教育和医疗情况

年份		2019	2020	2021	2022
学校数	合计（所）	443	439	433	355
	小学学校数（所）	385	380	372	295
	初中学校数（所）	58	59	61	60
在校学生数	合计（人）	178206	178026	171821	169465
	小学在校生数（人）	125601	125261	117970	111725
	初中在校生数（人）	52605	52762	53851	57740
专任教师数	合计（人）	8623	8956	9628	10334
	小学（人）	4982	5035	5424	5748
	初中（人）	3641	3921	4204	4586
医疗卫生	卫生机构床位数/千人	6.9	6.8	7.2	7.3
	卫生技术人员数/千人	6.3	6.4	6.7	7.2

数据来源：历年河南省统计年鉴、平顶山市统计年鉴。

十一、县域发展特色产业——汝瓷产业

汝瓷在我国宋代被列为五大名瓷之首，曾是北宋宫廷御用瓷，有着深厚的历史底蕴和极高的文化价值，其承载的文化内涵和艺术价值，使汝瓷产品在陶瓷市场中具有独特的地位。汝州市已经形成了较为完整的汝瓷产业链，包括原料供应、生产制作、研发设计、质量检测、销售推广等环节。

近年来，汝州市汝瓷产值不断增长。2022年汝瓷产业年产值突破12亿元，2023年汝瓷产业年产值保持在12亿元以上。汝州市现有注册陶瓷研究、生产及销售单位841家，专业从业企业300多家，专业生产企业100多家，打响了"朱氏汝瓷""玉松汝瓷""廷怀汝窑""弘宝汝瓷"等一批汝瓷品牌，从业人员达5000余人，还建有汝瓷窑炉500多座。汝瓷产品不仅在国内市场深受消费者的青睐，同时还远销日本、新加坡、澳大利亚、美国、加拿大、英国等30多个国家和地区，在国际市场上具有一定的知名度和市场份额。

汝州市汝瓷产业人才体系逐步完善。现有国家级汝瓷非物质文化遗产代表性传承人3人，省级汝瓷非物质文化遗产代表性传承人7人，市级汝瓷非物质文化遗产传承人200多人，有国家级汝瓷大师3人，省级汝瓷大师80余人。同时，汝州市职业技术学院设置陶瓷专业，每年定向培养陶瓷技能人才480余人，为汝瓷产业发展提供了有力的人才支撑。

以汝瓷小镇为代表的产业集聚区，吸引了80余家本地汝瓷生产、配套、服务企业入驻，建设有汝瓷大师园、河南省陶瓷产品质量监督检验中心、创客源、中国汝瓷博物馆等，集非遗传承、陶瓷材料、陶瓷制造、陶瓷创意、陶瓷商务为一体，实现了资源的集中配置和产业的协同发展。

十二、综述

综上所述，汝州市各经济指标的总量在全省各县（市）排名中处于上游水平，部分人均指标和增速指标处于中下游水平。其中，GDP总量在省、市辖县域中均处于上游水平；人均GDP在省、市辖县域中处于中上游水平；GDP增速和人均GDP增速在全省各县（市）中处于下游水平，近年来经济增速有所放缓；支柱产业由第二产业逐年向第三产业转移，呈"三、二、一"梯次；财政收入和财政支出在省、市辖县域排名中处于上游水平，人均财政收入在全省各县（市）中处于中上游水平，人均财政支出在全省各县（市）中处于中下游水平，财政自给率处于上游水平；存款余额和贷款余额在省、市辖县域排名中均处于上游水平，存贷比较高，金融市场和投资市场活跃度较高；居民人均可支配收入在省、市辖县域中处于中上游水平，城乡居民可支配收入差距整体呈缩小趋势；社消零总额和人均社消零额在省、市辖县域中均处于领先水平，消费驱动经济增长的效果较好；人口流失程度较大，外出务工人员较多，城镇化率处于中上游水平。

根据以上分析，提出以下几点建议。

第一，推动产业转型升级。一方面，推动传统产业改造提升，加大技术改造投入，引入先进的生产技术和设备，提高生产效率和产品质量；另一方面，促进产业融合发展，比如推动汝瓷产业与文化创意产业融合，开发具有文化内涵和创意设计的汝瓷产品，提升产品附加值；同时，培育新兴产业。

第二，培育谋划重大项目。围绕汝州市的产业发展方向和重点领域，深入研究国家、省、市的产业政策和投资导向，谋划一批具有战略性、前瞻性和带动性的重大项目。优化教育资源配置，加强职业院校与企业的合作，根据产业发展需求设置专业课程，培养适应汝州市产业发展的技术技能人才。

第三，完善物流枢纽。加快汝州市客运枢纽站及物流配送中心等物流基础设施项目建设，完善物流园区的道路、仓储、配送等设施，提高物流配送的效率和能力，加强与周边城市的交通连接，构建便捷高效的物流运输通道。

河南省县域经济运行分析：正阳篇

一、正阳县概况

正阳县隶属于驻马店市管辖，位于河南省东南部，地处淮北平原，南与罗山县隔淮河相望，东邻新蔡、息县，北靠汝南、平舆县，西与确山县接壤。总面积 1903 平方千米，地形平坦开阔，土地肥沃，耕地面积 216 万亩。辖 2 个街道、18 个乡镇、295 个行政村。2020 年户籍人口 87.5 万，2022 年常住人口 61.0 万人。

在自然资源方面，正阳县禀赋独特。淮河东西贯穿境内 45 千米，河砂优质且储量丰富。水资源丰富，有"七十二水通正阳"之说。土壤和气候条件非常适宜花生生长，所产花生颗粒饱满、口感香脆，富含蛋白质和多种营养成分，是全国花生种植第一大县，有"中国花生之都"的美称。此外，正阳县还拥有丰富的农产品资源，小麦、水稻等农作物产量可观。

二、总体经济运行分析

从 GDP 总量来看，正阳县在驻马店市排名比较靠后，但在全省的位次有较大提升，从靠后位次逐渐提升到中间位次。2023 年正阳县完成 GDP 268.7 亿元，占驻马店市 GDP 总量的 8.7%。2022 年正阳县完成 GDP 288.0 亿元，在驻马店市辖 9 个县中排第 7 位，在河南省 102 个县（市）中排第 58 位（见表1）。

从 GDP 增速来看，整体呈现下降趋势，增速由 2008 年的 11.8% 下降到 2023 年的 4.5%，与当年驻马店市 GDP 增速持平，高于河南省 GDP 增速 0.4 个百分点。2022 年正阳县 GDP 增速为 5.2%，在驻马店市辖 9 个县中排第 7 位，在河南省 102 个县（市）中排第 37 位（见表1）。

表 1 2008—2023 年正阳县地区生产总值及增速

年份	正阳县 GDP	占驻马店市 GDP 的比重	在驻马店市的排名	在河南省的排名	正阳县 GDP 增速	在驻马店市的排名	在河南省的排名	与驻马店市 GDP 增速对比	与河南省 GDP 增速对比
2008	62.9	7.7	8	92	11.8	8	84	0	-0.2
2009	73.7	8.2	8	86	11.4	3	60	-0.1	0.4
2010	88.0	8.3	7	84	11.5	5	64	-0.1	-0.9
2011	106.7	8.5	7	80	9.6	9	96	-1.7	-2.4
2012	114.3	8.2	8	80	8.8	9	99	-1.6	-1.3
2013	124.2	8.1	8	83	7.9	9	93	-1.6	-1.1
2014	136.0	8.8	8	82	7	9	97	-1.5	-1.9
2015	145.9	8.9	8	81	8.7	7	67	-0.2	0.3
2016	159.8	8.9	8	81	8.4	7	69	-0.1	0.2
2017	174.1	8.7	8	81	8.1	7	56	-0.2	0.3
2018	189.5	7.6	8	79	8.1	7	41	-0.4	0.5
2019	242.4	8.8	6	62	7.2	5	58	-0.2	0.4
2020	255.0	8.9	6	59	3.9	5	24	0.3	2.9
2021	271.6	8.8	6	58	8	6	30	0.8	1.7
2022	288.0	8.8	7	58	5.2	7	37	0	2.1
2023	268.7	8.7	—	—	4.5	—	—	0	0.4

数据来源：历年河南省统计年鉴、正阳县政府网站。

从人均GDP来看，2008—2022年，正阳县人均生产总值不断增加，但与全省、全市人均GDP存在一定差距。2022年正阳县人均GDP为47078元，相当于驻马店市人均GDP的99.9%，相当于河南省人均GDP的75.8%，在驻马店市辖9个县中排第5位，在河南省102个县（市）中排第59位。从人均GDP增速来看，2022年正阳县人均GDP增速为6.5%，较驻马店市人均GDP增速高0.5个百分点，较河南省人均GDP增速高3.0个百分点，在驻马店市辖9个县中排第6位，在河南省102个县（市）中排第24位（见表2）。

表2 2008—2022年正阳县人均地区生产总值及增速

年份	正阳县人均GDP	与驻马店市相比	与河南省相比	在驻马店市的排名	在河南省的排名	正阳县人均GDP增速	在驻马店市的排名	在河南省的排名	与驻马店市人均GDP增速对比	与河南省人均GDP增速对比
2008	8801	83.7	46.6	6	91	11.9	7	71	−0.5	0.1
2009	10408	89.2	51.3	6	87	12.3	4	37	1.3	2.1
2010	13090	93.1	54.6	5	82	17.4	6	24	2.5	4.9
2011	16552	94.0	59.1	5	78	14.4	7	52	−1.8	2.2
2012	17962	90.8	58.3	6	80	10.2	7	82	−2.4	0.8
2013	19806	88.8	58.9	7	83	9.4	8	61	−1.6	1.0
2014	21745	85.8	59.3	7	84	7.3	9	90	−1.3	−0.9
2015	23326	86.4	59.5	7	81	8.7	5	67	0.2	1.0
2016	25494	87.1	60.2	7	81	8.2	6	65	0.1	0.7
2017	27715	85.1	59.0	7	80	7.9	7	55	−0.1	0.8
2018	30253	89.6	58.1	7	80	8.5	6	27	0.4	1.2
2019	38893	99.9	69.0	4	59	7.7	5	42	0.7	1.3
2020	40838	100.1	73.7	4	57	4.3	5	24	0.1	3.6
2021	43884	99.1	73.9	5	61	8.9	4	33	1.7	2.5
2022	47078	99.9	75.8	5	59	6.5	6	24	0.5	3.0

数据来源：历年河南省统计年鉴。

三、分产业经济运行分析

（一）产业格局与发展方向

正阳县近年来产业格局不断优化，呈现出多产业协同发展的良好态势。正阳县明确了"一主一特两辅"的产业格局。"一主"指食品加工产业，这是基于正阳县丰富的农产品资源优势确定的主导方向。正阳县是农业大县、产粮大县，拥有花生、小麦、生猪等丰富的农产品资源。食品加工产业围绕这些农产品进行深度开发和加工，不断延长产业链，提高产品附加值。先后招引了鲁花、君乐宝、牧原等龙头企业，形成了食品加工产业集群。鲁花粮油在正阳县的生产基地为当地的花生加工提供了强大的动力；君乐宝乳业的入驻，推动了正阳县奶制品产业的发展；牧原的生猪养殖和肉食品加工项目，进一步完善了正阳县的食品加工产业链。"一特"指的是高新技术产业，正阳县积极引入高新技术企业，推动产业升级和创新发展，为传统产业赋能。"两辅"则是指装备制造和生物医药产业，作为辅助产业为经济发展提供多元化的支撑。未来，正阳县将继续沿着这一产业格局，加强产业协同，推动各产业融合发展，提升产业整体竞争力。

在特色产业方面：一是花生产业。正阳县是全国花生种植第一大县，花生常年种植面积160余万亩，年产量50余万吨，品牌价值116.51亿元。近年来正阳县不仅注重花生的种植规模，还在花生的深加工方面不断探索，开发出花生油、花生蛋白等多种产品，提高了花生的综合利用价值。二是水稻产业。正阳县南部拥有30万亩优质水稻种植基地。通过采用先进的农业技术，产出的稻米品质优良、口感软糯。随着人们对优质大米的需求不断增加，正阳县的水稻产业发展前景广阔，为农业多元化增添了新的活力。三是果蔬产业。正阳县的果蔬产业发展势头良好，清源街道的特色水果种植取得了显著成效，有金果梨、阳光玫瑰葡萄、黄桃等多种水果。此外，新阮店乡万马村的蔬菜基地拥有现代化大棚22座，主要种植丝瓜、豆角、上海青等绿色蔬菜，不仅丰富了当地居民的菜篮子，还为周边地区提供了优质的蔬菜。

（二）产业结构分析

从三次产业占比来看，2008—2018 年正阳县第一产业占比有较大幅度下降；2019 年起随着第一、第三产业占比向下波动，第二产业占比相应回升。2022 年第一产业占比 24.50%；第二产业占比 37.10%；第三产业占比 38.40%（见表 3 和图 1）。

表 3　2008—2022 年正阳县三产结构变化情况

年份	第一产业占比（%）	第二产业占比（%）	第三产业占比（%）
2008	47.07	29.30	23.63
2009	38.94	32.64	28.43
2010	40.07	31.68	28.25
2011	40.04	32.42	27.54
2012	39.28	31.68	29.04
2013	38.49	31.71	29.79
2014	35.56	28.42	36.02
2015	34.18	27.73	38.09
2016	32.02	27.51	40.46
2017	28.41	28.73	42.86
2018	26.64	28.56	44.80
2019	23.82	38.07	38.11
2020	26.42	35.90	37.68
2021	24.79	36.68	38.53
2022	24.50	37.10	38.40

数据来源：历年河南省统计年鉴、正阳县政府网。

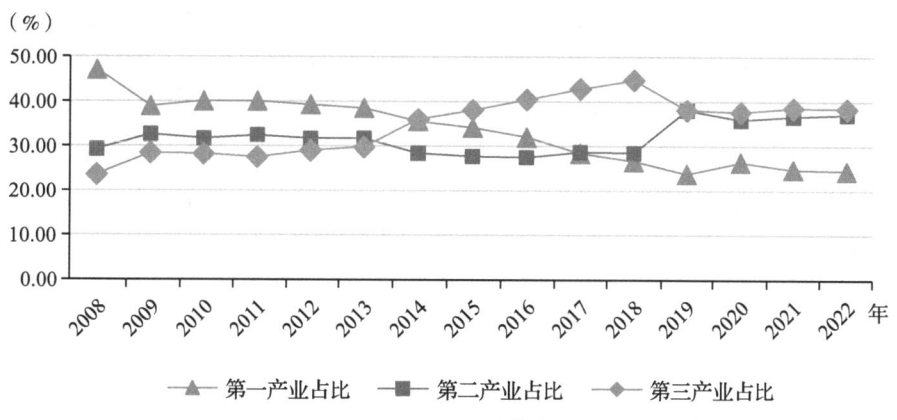

图 1　2008—2022 年正阳县三产结构变化情况

（三）工业发展情况分析

从工业发展情况来看，正阳县规上工业增加值增速变化幅度较大，总体呈现出2008—2012年保持较高增速，2013年以来增速逐渐放缓。2022年正阳县规上工业增加值增速为4.8%，在驻马店市辖9个县中排第8位，在河南省102县（市）中排第81位。规上工业企业数在2016年达到最高值133个，此后年份逐渐减少至2019年的99个，2020年规上工业企业数106个，2023年113个。2023年规上工业增加值增速为2.4%（见表4）。

表4　2008—2023年正阳县工业发展情况

年份	正阳县规上工业增加值增速（%）	驻马店市规上工业增加值增速（%）	正阳县规上工业增加值增速在驻马店市的排名	正阳县规上工业增加值增速在河南省的排名	正阳县规上工业企业数（个）	正阳县规上工业企业主营业务收入（亿元）
2008	25.9	20.8	1	40	95	37.4
2009	21.5	17.6	1	29	116	46.9
2010	23.5	21.5	5	35	120	65.1
2011	24.1	23.9	7	54	101	93.9
2012	21.1	18.6	5	27	101	70.7
2013	13.0	14.7	9	78	110	16.1
2014	11.0	10.5	4	80	119	103.4
2015	9.7	9.2	5	68	131	149.7
2016	9.8	9.3	3	47	133	182.1
2017	9.0	8.7	5	53	109	179.8
2018	9.2	8.5	3	31	109	214.3
2019	8.2	8.1	8	79	99	159.4
2020	4.4	4.7	7	57	106	163.4
2021	7.6	5.3	5	63	—	—
2022	4.8	6	8	81	—	—
2023	2.4	3.5	—	—	113	—

数据来源：历年河南省统计年鉴、驻马店市统计年鉴、正阳县政府网站。

（四）服务业发展情况分析

从服务业发展情况来看，正阳县2008年以来服务业增加值不断增加。2022年正阳县服务业增加值为110.6亿元，占驻马店市服务业增加值的7.9%，在驻马店市辖9个县中排第7位，在河南省102县（市）中排第68位。从服务业增加值增速来看，2022年正阳县服务业增加值增速为4.8%，在驻马店市辖9个县中排首位，在河南省102县（市）中排第6位（见表5）。

表5 2008—2022年正阳县服务业发展情况

年份	正阳县服务业增加值（亿元）	占驻马店市服务业增加值的比重（%）	增加值在驻马店市的排名	增加值在河南省的排名	正阳县服务业增加值增速（%）	增速在驻马店市的排名	增速在河南省的排名
2008	14.9	6.3	9	88	15.1	6	42
2009	21.0	7.4	8	71	16.5	5	19
2010	24.9	7.4	8	69	15.9	1	9
2011	29.4	7.5	8	66	12.2	3	22
2012	33.2	7.4	8	67	10.0	5	53
2013	37.0	7.2	8	67	8.7	7	49
2014	49.0	8.2	7	64	7.9	9	79
2015	55.6	8.1	8	65	12.7	4	32
2016	64.7	8.2	7	63	11.7	3	24
2017	74.6	8.3	7	60	10.2	6	60
2018	84.9	8.2	8	63	9.8	8	52
2019	92.4	8.0	6	73	7.8	7	47
2020	96.1	7.9	6	67	4.4	2	4
2021	104.7	7.9	7	69	10.8	2	15
2022	110.6	7.9	7	68	4.8	1	6

数据来源：历年河南省统计年鉴、正阳县政府网站。

（五）重点企业分析

（1）河南正花食品集团有限公司。该公司成立于2016年3月4日，位于河南省驻马店市正阳县产业集聚区花都大道，注册资本1亿元。主要从事农副产品深加工及销售、物流、农作物种植、货物及技术进出口业务。具体产品包括酱菜、鲜食花生、炒货食品及坚果制品（分装）等的加工生产销售，同时还提供储运、仓库租赁等服务。占地面积200亩，总投资10亿元，建筑面积17万平方米。获得过"袁隆平农业博览奖""2017诚信中国（食品）十大标杆企业"等多项荣誉，被银行评为"AAA级信用企业"。

（2）正阳鲁花浓香花生油有限公司。该公司成立于2017年12月4日，公司位于正阳县产业集聚区鲁花大道16号。其注册资本为1.2亿元，实缴资本1.2亿元。该公司由山东鲁花集团有限公司100%持股。总投资10亿元，占地面积210亩。公司产能强大，年产能达15万吨，可实现销售收入10亿元。公司拥有员工约85人（2023年数据）。其主要经营范围包括生产销售植物油脂、饼粕及加工的副产品和包装产品；花生仁收购、筛选、仓储、销售；生产食品添加剂氮气；进出口贸易等。

（3）正阳牧原肉食品有限公司。该公司成立于2019年5月21日，位于河南省驻马店市正阳县鲁花大道与西四环交叉口路西。企业注册资本为5亿元，实缴资本5亿元。该公司是牧原股份旗下企业，主要从事生猪屠宰、食品生产、销售等相关业务。其拥有先进的生猪屠宰加工生产线，年屠宰生猪能力可达200万头。公司人员规模为600~699人，参保人数673人。公司在发展过程中，注重技术创新和质量管控，致力于为消费者提供安全、优质的猪肉产品。

四、财政收支分析

从财政收支总体情况来看，正阳县一般公共预算收入对全市财政收入的贡献较低，且在全市收入中所占比重低于一般公共预算支出在全市支出中所占的比重，财政收支总量、财政自给率都比较低。2022年正阳县一般公共预算收入10.5亿元，占驻马店市一般公共预算收入的5.2%，在驻马店市辖9个县中排末位，在河南省102县（市）中排第83位。2022年正阳县一般公共预算支出达到45.3亿元，占驻马店市一般公共预算支出的8.3%，在驻马店市辖9个县中排第4位，在河南省102个县（市）排第54位（见表6）。

表6 2008—2022年正阳县财政收支情况

年份	正阳县一般公共预算收入	占驻马店市一般公共预算收入的比重	在驻马店市的排名	在河南省的排名	正阳县一般公共预算支出	占驻马店市一般公共预算支出的比重	在驻马店市的排名	在河南省的排名
	一般公共预算收入（亿元，%）				一般公共预算支出（亿元，%）			
2008	1.1	4.3	9	92	9.1	8.4	6	59
2009	1.3	4.5	9	93	12.3	8.5	6	57
2010	1.7	4.6	9	91	16.1	9.3	3	33
2011	2.2	4.7	9	91	17.5	8.3	5	55
2012	2.8	4.8	9	91	24.8	9.2	4	39
2013	3.3	4.6	9	94	28.1	9.1	4	37
2014	4.0	4.7	9	94	30.7	8.8	4	38
2015	4.8	5.0	9	93	33.7	8.8	4	37
2016	5.4	5.1	9	91	40.5	9.8	4	32
2017	5.8	5.1	9	90	48.7	10.2	3	26
2018	7.0	5.0	9	87	45.2	8.3	6	47
2019	8.2	5.1	9	83	50.0	8.2	6	43
2020	8.7	5.1	9	82	51.8	8.3	5	39
2021	9.4	5.2	9	86	52.6	8.7	1	28
2022	10.5	5.2	9	83	45.3	8.3	4	54

数据来源：历年河南省统计年鉴、正阳县政府网站。

从人均财力看，正阳县人均一般公共预算收入和支出都比较低，但与全市、全省的差距逐渐缩小。2022年正阳县人均一般公共预算收入为1726元，相当于驻马店市人均一般公共预算收入的58.3%，相当于河南省人均一般公共预算收入的40.0%，在河南省102个县（市）中排第78位；人均一般公共预算支出为7419元，相当于驻马店市人均一般公共预算支出的93.8%，相当于河南省人均一般公共预算支出的68.8%。正阳县一般公共预算低收入、高支出造成财政自给率比较低，2022年财政自给率为23.3%，在驻马店市辖9个县中排第8位，在河南省102个县（市）中排第85位（见表7）。

表7 2008—2022年正阳县人均财力及财政自给率

年份	人均一般公共预算收入	与驻马店市相比	与河南省相比	收入在河南省的排名	人均一般公共预算支出	与驻马店市相比	与河南省相比	支出在河南省的排名	正阳县财政自给率	在驻马店市的排名	在河南省的排名
2008	155	46.5	14.5	92	1271	89.9	52.5	65	12.2	7	92
2009	187	49.2	15.8	92	1750	94.0	57.1	60	10.7	8	93
2010	261	51.9	17.8	84	2495	104.7	68.7	29	10.5	9	98
2011	343	51.6	18.9	87	2725	90.8	60.7	59	12.6	7	91
2012	450	52.9	21.0	88	3944	101.7	75.1	31	11.4	7	97
2013	532	51.0	21.1	94	4482	100.4	76.9	28	11.9	8	99
2014	640	45.5	22.5	94	4911	86.1	78.6	29	13.0	8	99
2015	772	49.2	24.8	94	5378	85.7	76.7	32	14.4	7	97
2016	862	50.2	26.7	89	6450	95.7	84.6	16	13.4	7	99
2017	928	49.6	26.8	87	7749	99.9	92.7	11	12.0	9	101
2018	1115	49.6	29.2	86	7253	81.9	77.6	34	15.4	8	93
2019	1311	57.6	32.1	80	8026	92.7	78.2	29	16.3	8	90
2020	1396	57.5	33.3	77	8291	92.9	79.5	34	16.8	8	93
2021	1539	58.7	35.0	78	8579	98.3	81.4	19	17.9	9	96
2022	1726	58.3	40.0	78	7419	93.8	68.8	42	23.3	8	85

数据来源：历年河南省统计年鉴。

五、金融业发展分析

从金融机构存贷总体情况来看,正阳县近年来金融机构存款余额在全市和全省排名位次优于贷款,存贷比较低,但在全省的位次有所提升。2022年正阳县金融机构存款年末余额426.6亿元,占驻马店市金融机构存款年末余额的8.8%,在驻马店市辖9个县中排第4位,在河南省102个县（市）中排第35位。2022年正阳县金融机构贷款年末余额179.1亿元,占驻马店市金融机构贷款年末余额的6.8%,在驻马店市辖9个县中排第5位,在河南省102个县（市）中排第53位。2022年正阳县存贷比为42.0%,低于驻马店市12.1个百分点,低于河南省39.6个百分点,在驻马店市辖9个县中排第7位,在河南省102个县（市）中排第79位（见表8）。

表8　2008—2022年正阳县金融机构年末存贷款余额情况

年份	正阳县金融机构存款年末余额	占驻马店市的比重	在驻马店市的排名	在河南省的排名	正阳县金融机构贷款年末余额	占驻马店市的比重	在驻马店市的排名	在河南省的排名	正阳县存贷比	驻马店市存贷比	河南省存贷比	在驻马店市的排名	在河南省的排名
2008	48.0	7.3	5	50	15.7	4.7	8	81	32.8	51.0	68.0	7	87
2009	60.2	7.6	5	49	21.0	5.0	6	79	34.9	52.9	70.1	6	84
2010	72.7	7.5	5	49	25.1	5.0	7	78	34.6	51.5	68.6	5	86
2011	92.5	7.9	5	45	31.6	5.8	4	64	34.1	46.1	65.7	4	82
2012	110.7	7.7	5	45	42.4	6.6	2	54	38.3	45.0	63.3	2	64
2013	131.3	7.7	5	44	50.8	6.7	4	59	38.7	44.3	62.4	2	69
2014	151.0	7.6	5	42	62.3	6.6	4	55	41.3	47.4	65.8	2	68
2015	173.0	7.7	5	41	69.7	6.3	5	54	40.3	49.9	66.0	3	69
2016	210.5	8.3	5	38	82.9	6.8	5	48	39.4	48.5	67.6	3	70
2017	223.5	7.9	5	42	94.4	6.7	4	49	42.3	50.2	70.7	3	60
2018	247.6	8.0	5	41	112.1	6.9	4	44	45.3	52.6	74.9	2	60

续表

年份	存款（亿元，%）				贷款（亿元，%）				存贷比（%）			
	正阳县金融机构存款年末余额	占驻马店市的比重	在驻马店市的排名	在河南省的排名	正阳县金融机构贷款年末余额	占驻马店市的比重	在驻马店市的排名	在河南省的排名	正阳县存贷比	驻马店市存贷比	河南省存贷比	在驻马店市的排名	在河南省的排名
2019	283.6	8.3	5	39	123.3	7.2	6	52	43.5	50.0	80.1	5	71
2020	329.8	8.5	4	35	148.0	6.6	5	46	44.9	58.2	82.2	6	74
2021	365.8	8.6	4	34	165.6	6.8	5	50	45.3	57.0	84.4	7	79
2022	426.6	8.8	4	35	179.1	6.8	5	53	42.0	54.1	81.6	7	79

数据来源：历年河南省统计年鉴、正阳县政府网站。

正阳县人均存款余额在全省的位次有所提升，人均贷款余额在全省的位次近几年有所下降。2022年正阳县人均存款余额为69889元，相当于驻马店市人均存款余额的78.3%，相当于河南省人均存款余额的74.5%，在驻马店市辖9个县中排第2位，在河南省102个县（市）中排第21位；2022年正阳县人均贷款余额为29334元，相当于驻马店市人均贷款余额的76.7%，相当于河南省人均贷款余额的38.3%，在驻马店市辖9个县中排第5位，在河南省102个县（市）中排第57位（见表9）。

表9 2008—2022年正阳县人均存贷款情况

年份	人均存款（元，%）					人均贷款（元，%）			
	正阳县人均存款余额	在驻马店市的排名	在河南省的排名	与驻马店市相比	与河南省相比	正阳县人均贷款余额	在驻马店市的排名	在河南省的排名	与驻马店市相比	与河南省相比
2008	6695	4	59	78.3	41.4	2192	6	78	50.3	19.9
2009	8597	3	54	83.5	42.5	2999	3	72	55.1	21.2
2010	11272	4	49	84.1	45.8	3898	5	71	56.4	23.1
2011	14365	3	45	86.8	51.0	4904	2	62	64.3	26.5
2012	17617	3	40	85.5	52.5	6756	3	52	72.8	31.7
2013	20971	4	39	84.6	53.4	8115	3	53	73.8	33.0

续表

年份	人均存款（元，%）					人均贷款（元，%）				
	正阳县人均存款余额	在驻马店市的排名	在河南省的排名	与驻马店市相比	与河南省相比	正阳县人均贷款余额	在驻马店市的排名	在河南省的排名	与驻马店市相比	与河南省相比
2014	24148	5	39	74.2	56.3	9971	3	52	64.7	35.3
2015	27634	4	36	75.6	56.3	11128	4	52	61.1	34.3
2016	33537	3	34	81.6	60.8	13207	4	54	66.1	35.4
2017	35536	3	38	77.6	59.1	15013	4	54	65.1	35.3
2018	39690	3	31	79.1	61.3	17975	3	46	68.0	37.1
2019	45545	2	29	93.5	64.9	19801	2	47	81.3	35.2
2020	52762	2	26	95.9	68.6	23685	5	49	73.9	37.5
2021	59673	2	24	97.0	71.5	27006	5	51	77.1	38.4
2022	69889	2	21	78.3	74.5	29334	5	57	76.7	38.3

数据来源：历年河南省统计年鉴。

六、居民收入分析

从居民收入看，2017年以来正阳县居民人均可支配收入在全市、全省县域的位次靠后。2022年正阳县居民人均可支配收入为20072元，相当于驻马店市居民人均可支配收入的84.2%，相当于河南省居民人均可支配收入的71.1%，在驻马店市辖9个县中排末位，在河南省102个县（市）中排第98位（见表10）。

表10 2017—2022年正阳县居民人均可支配收入情况

年份	正阳县居民人均可支配收入（元）	在驻马店市的排名	在河南省的排名	与驻马店市相比（%）	与河南省相比（%）
2017	13853	9	96	84.3	68.7
2018	15147	9	96	84.2	69.0
2019	16478	9	98	83.9	68.9
2020	17270	9	97	84.2	69.6
2021	18892	9	98	84.2	70.5
2022	20072	9	98	84.2	71.1

数据来源：历年河南省统计年鉴、正阳县政府网站。

分城镇、农村居民人均可支配收入看，正阳县城镇居民人均可支配收入位次在全省靠后且近年来不断下降。2022年正阳县城镇居民人均可支配收入为29505元，相当于驻马店市城镇居民人均可支配收入的84.9%，相当于河南省城镇居民人均可支配收入的76.7%，在驻马店市辖9个县中排末位，在河南省102个县（市）中排第96位。2022年正阳县农村居民人均可支配收入为16005元，相当于驻马店市农村居民人均可支配收入的97.8%，相当于河南省农村居民人均可支配收入的85.6%，在驻马店市辖9个县中排第8位，在河南省102个县（市）中排第76位。2022年正阳县城乡居民人均可支配收入比约为1.8∶1，处在全省中等水平，且2008年以来城乡收入差距不断缩小（见表11）。

表11 2008—2022年正阳县城乡居民人均可支配收入及城乡收入比

年份	正阳县城镇居民人均可支配收入	在驻马店市的排名	在河南省的排名	与驻马店市相比	与河南省相比	正阳县农村居民人均可支配收入	在驻马店市的排名	在河南省的排名	与驻马店市相比	与河南省相比	正阳县城乡居民收入比	在河南省的排名
2008	9650	9	84	85.4	72.9	3818	6	73	97.9	85.7	2.5	62
2009	10566	9	85	85.8	73.5	4137	5	70	98.1	86.1	2.6	61
2010	11760	7	84	85.8	73.8	4771	6	70	98.1	86.4	2.5	57
2011	13477	9	88	85.3	74.1	5756	5	67	99.2	87.2	2.3	52
2012	15041	9	89	85.1	73.6	6539	5	68	99.1	86.9	2.3	52
2013	16470	9	90	84.8	73.5	7356	5	67	98.9	86.8	2.2	51
2014	18042	9	91	84.6	76.2	8070	6	70	97.6	81.0	2.2	52
2015	19116	9	91	84.6	74.7	8958	8	75	97.6	82.5	2.1	55
2016	20397	9	92	84.4	74.9	9710	8	78	97.7	83.0	2.1	55
2017	22213	9	93	84.3	75.2	10623	8	80	97.7	83.5	2.1	54
2018	24063	9	95	84.7	75.5	11596	8	80	97.7	83.8	2.1	52
2019	25831	9	96	84.9	75.5	12728	8	80	97.8	83.9	2.0	51
2020	26202	9	96	85.0	75.4	13536	8	80	97.6	84.0	1.9	49
2021	28180	9	96	84.9	76.0	14930	8	77	97.8	85.2	1.9	50
2022	29505	9	96	84.9	76.7	16005	8	76	97.8	85.6	1.8	52

数据来源：历年河南省统计年鉴、正阳县政府网站。

七、固定资产投资分析

从固定资产投资情况来看，2010—2022 年正阳县固定资产投资增速波动趋势基本与省、市一致，个别年份波动幅度略大于省、市水平。2022 年正阳县固定资产投资增速为 13.7%，高于驻马店市固定资产投资增速 0.2 个百分点，高于河南省固定资产投资增速 7 个百分点（见表 12）。

表 12 2010—2022 年正阳县固定资产投资情况

年份	正阳县固定资产投资增速（%）	驻马店市固定资产投资增速（%）	河南省固定资产投资增速（%）
2010	56.2	18.9	22.2
2011	25.6	25.0	27.0
2012	21.6	21.7	21.4
2013	22.8	22.1	22.5
2014	19.4	17.7	19.2
2015	18.5	17.8	16.5
2016	16.3	16.7	13.7
2017	12.1	11.9	10.4
2018	11.0	10.9	8.1
2019	11.8	12.0	8.0
2020	6.2	6.5	4.3
2021	12.6	12.8	4.5
2022	13.7	13.5	6.7

数据来源：历年河南省统计年鉴、正阳县政府网站。

八、社会消费分析

从社会消费情况来看，2022 年正阳县社消零总额为 75.3 亿元，在驻马店市辖 9 个县中排第 6 位，在河南省 102 个县（市）中排第 78 位；2022 年正阳县人均社消零额为 12338 元，在驻马店市辖 9 个县中排第 6 位，在河南省 102 个县（市）中排第 91 位（见表 13）。

表13　2008—2022年正阳县社会消费情况

年份	社消零总额（亿元）			人均社消零额（元）		
	社消零总额	在驻马店市的排名	在河南省的排名	人均社消零额	在驻马店市的排名	在河南省的排名
2008	21.4	5	74	2987	5	83
2009	27.2	5	65	3879	5	75
2010	30.0	7	72	4654	4	77
2011	35.5	7	71	5512	6	78
2012	41.2	7	70	6554	7	76
2013	46.6	7	71	7444	7	77
2014	51.9	7	72	8309	7	78
2015	58.9	7	70	9407	7	76
2016	66.4	7	68	10578	7	73
2017	74.7	7	67	11882	7	76
2018	83.0	6	60	13309	6	69
2019	72.8	4	76	11691	4	90
2020	71.0	4	74	11365	4	87
2021	73.4	6	78	11977	6	91
2022	75.3	6	78	12338	6	91

数据来源：历年河南省统计年鉴、正阳县政府网站。

九、人口规模分析

从人口情况看，2022年常住人口为61.0万人，常住人口占驻马店市的8.8%，在驻马店市辖9个县中排第6位，在河南省102个县（市）中排第54位。2020年正阳县户籍人口87.5万人，人口外流25.0万人，人口流失率为28.5%。城镇化率不断提升，2022年正阳县城镇化率为38.6%，在河南省102个县（市）中排第88位（见表14）。

表14 2008—2022年正阳县人口情况

年份	户籍人口（万人）	户籍人口在河南省的排名	常住人口（万人）	常住人口在驻马店市的排名	常住人口在河南省的排名	外流人口（万人）	人口流失率（%）	常住人口占驻马店市的比重（%）	正阳县城镇化率（%）	城镇化率在河南省的排名
2008	77.0	42	71.7	6	43	5.3	6.9	9.3	—	—
2009	77.3	42	70.0	7	44	7.3	9.5	9.1	—	—
2010	80.7	45	64.5	7	55	16.2	20.1	8.9	—	—
2011	81.1	44	64.4	7	55	16.7	20.6	9.1	—	—
2012	81.5	45	62.8	7	57	18.7	22.9	9.1	—	—
2013	82.0	47	62.6	7	57	19.4	23.6	9.1	26.8	95
2014	82.4	47	62.5	7	57	19.9	24.1	10.3	28.1	97
2015	82.8	47	62.6	7	57	20.2	24.4	10.2	29.7	97
2016	83.3	47	62.8	7	57	20.6	24.7	10.2	31.4	97
2017	83.8	47	62.9	7	57	20.9	25.0	10.2	33.1	97
2018	84.2	47	62.4	7	60	21.8	25.9	10.1	34.4	97
2019	84.5	47	62.3	7	60	22.2	26.3	8.8	35.8	97
2020	87.5	46	62.5	6	54	25.0	28.5	8.9	37.1	89
2021	—	—	61.3	6	54	—	—	8.9	38.1	88
2022	—	—	61.0	6	54	—	—	8.8	38.6	88

数据来源：历年河南省统计年鉴、正阳县政府网站。

十、公共服务分析

从义务教育情况来看，2022年正阳县共有中小学232所，在校学生数合计114743人，专任教师数7749人，平均每千名在校中小学生配备专任教师数为68人。从医疗卫生情况来看，平均每千名常住人口配备卫生机构床位数、卫生技术人员数逐年上升，医疗资源配备逐步优化，2022年每千人床位数为6.4张，每千人卫生技术人员数为5.5人（见表15）。

表15　2019—2022年正阳县义务教育和医疗情况

年份		2019	2020	2021	2022
学校数（所）	合计	238	239	238	232
	小学学校数	208	208	207	203
	初中学校数	30	31	31	29
在校学生数（人）	合计	122110	121942	117852	114743
	小学在校生数	85492	82260	76428	70168
	初中在校生数	36618	39682	41424	44575
专任教师数（人）	合计	7329	7536	7870	7749
	小学	4330	4344	4404	4160
	初中	2999	3192	3466	3589
医疗卫生（张，人）	卫生机构床位数/千人	5.0	6.5	6.2	6.4
	卫生技术人员数/千人	4.4	5.5	5.5	5.5

数据来源：历年河南省统计年鉴。

十一、县域发展特色产业——花生产业

正阳县地处淮北平原，土壤肥沃，气候适宜，具有悠久的花生种植历史。早在明清时期，正阳县就有种植花生的传统。这里的农民凭借着丰富的种植经验和适宜的自然条件，逐渐将花生种植发展成为当地的主要农业产业之一。

在长期的种植过程中，正阳县的花生品种不断优化，种植技术不断提高。从传统的人工种植到现代化的机械作业，正阳县的花生种植逐步走向规模化、标准化和产业化。近年来，正阳县花生常年种植面积稳定在170万亩左右，花生年产量约50万吨，约占河南省花生总产量的1/10，占全国花生总产量的2%，是全国重要的花生生产基地之一，全国花生种植面积最大、产量最高的县。在良好的气候条件和科学的种植管理下，正阳县花生的单产水平也在不断提高，为保障国家油脂安全和促进农民增收做出了重要贡献。

在延链补链上，正阳县积极与科研机构合作，加大花生种子研发力度，通过选育优良品种，提高花生的产量和品质。正阳县已经培育出多个

适合当地种植的花生优良品种，如正阳小白沙等。大力推广标准化种植技术，提高花生种植的规模化、机械化水平。通过建立花生种植示范基地，引导农民科学种植，提高花生的产量和品质。拥有众多花生加工企业，形成了以花生油、花生蛋白、花生休闲食品等为主的加工产业体系。这些企业通过技术创新和产品升级，不断提高花生的附加值，形成了较为完整的花生产业链。2023年，正阳县花生产品加工企业达到120多家，花生产业总产值约150亿元，其中花生油加工产业产值约50亿元，花生蛋白加工产业产值约30亿元，花生休闲食品加工产业产值约20亿元。

十二、综述

正阳县自2008年以来，经济总量在全市排名靠后，但在全省位次有所提升，增速近年呈下降趋势，人均GDP与省、市存在差距。产业格局明确，以食品加工产业为主导，高新技术产业为特色，装备制造和生物医药产业为辅助。特色花生产业优势突出，种植面积与产量全国领先，但产业结构仍需优化，工业发展增速不稳定且规上企业数量有波动。财政收支方面，预算收入低、支出压力大、财政自给率低。金融机构存贷比低，人均存款余额位次提升，但人均贷款余额排名下降。居民收入在全市、全省排名靠后，城乡收入比中等且差距缩小。社会消费在全市排名居中、全省排名靠后。常住人口在全市的占比一般，人口流失率高，城镇化率低且排名靠后。公共服务中义务教育有基础，医疗卫生资源逐步增强。总体来看，正阳县经济基础较为薄弱，产业发展不均衡，财政金融支持不足，居民收入与消费有待提高，人口与公共服务方面需加大投入，以提升吸引力和生活质量。未来应在经济、产业、财政、民生等多方面精准发力，推动县域经济社会高质量发展。

河南省县域经济运行分析：平舆篇

一、平舆县概况

平舆县位于河南省东南部，隶属驻马店市管辖，东与新蔡县、安徽省临泉县接壤，西与汝南县相邻，南与正阳县交界，北与项城市、上蔡县毗邻。处于两省（河南、安徽）三市（驻马店、周口、阜阳）接合部。总面积1284平方千米。2022年常住人口为71.4万人，下辖3个街道、11个镇、5个乡。

平舆县属淮河流域，系汝河水系，境内河网水系发达，淮河支流洪河和汝河流经县境，洪河县境内长50.2千米，流域面积939平方千米，占全县面积的73.1%；汝河县境内长20.5千米，流域面积290平方千米，占全县面积的22.6%。这里地势平坦，西北略高于东南，气候温暖，雨水充沛，城区25平方千米以内深层地下水为锶－偏硅酸复合型优质饮用天然矿泉水，储量达2.113亿立方米。

平舆县是农业大县，耕地面积135万亩，粮食作物以小麦、玉米为主，白芝麻是特色经济作物，常年种植面积在40万亩以上，有"中原百谷首，平舆芝麻王"之称。工业上，皮革皮具产业曾兴盛一时，"庙皮"闻名，东和店镇皮毛交易市场有"中原皮都"之称，如今建筑防水产业蓬勃发展，平舆被誉为"中国建设工程防水之乡"。电子商务发展迅速，实现了平台、企业、物流、服务紧密结合，旅游业也逐渐兴起，有蓝天芝麻小镇景区、平舆上河城景区等景点。

二、总体经济运行分析

从GDP总量来看，平舆县在全市排名比较稳定，但在全省的位次有较大提升。2023年平舆县完成GDP 300.4亿元，占驻马店市GDP总量的9.7%。2022年平舆县完成GDP 310.4亿元，在驻马店市辖9个县中排第

4位，在河南省102个县（市）中排第45位（见表1）。

从GDP增速来看，整体呈现下降趋势，增速由2008年的13.0%下降到2023年的5.7%，高于当年驻马店市GDP增速1.2个百分点，高于河南省GDP增速1.6个百分点。2022年平舆县GDP增速为5.4%，在驻马店市辖9个县中排第3位，在河南省102个县（市）中排第26位（见表1）。

表1　2008—2023年平舆县地区生产总值及增速

年份	平舆县GDP	占驻马店市GDP的比重	在驻马店市的排名	在河南省的排名	平舆县GDP增速	在驻马店市的排名	在河南省的排名	与驻马店市GDP增速对比	与河南省GDP增速对比
2008	73.9	9.1	4	77	13.0	1	53	1.2	1.0
2009	83.0	9.2	4	73	12.7	1	35	1.2	1.7
2010	99.8	9.5	4	71	12.9	1	38	1.3	0.5
2011	118.3	9.4	4	65	12	3	62	0.7	0.0
2012	132.1	9.5	4	63	9.6	7	89	−0.8	−0.5
2013	147.6	9.6	4	62	10.3	2	36	0.8	1.3
2014	165.5	10.7	4	61	7.3	8	94	−1.2	−1.6
2015	175.8	10.7	4	62	8.9	5	60	0	0.5
2016	192.3	10.7	4	61	8.8	2	41	0.3	0.6
2017	213.3	10.6	4	60	8.3	4	44	0	0.5
2018	233.0	9.4	4	57	8.9	6	17	0.4	1.3
2019	254.6	9.3	4	55	7.3	4	52	−0.1	0.5
2020	265.2	9.3	4	53	4.7	2	7	1.1	3.7
2021	293.2	9.5	4	48	9.2	1	10	2	2.9
2022	310.4	9.5	4	45	5.4	3	26	0	2.3
2023	300.4	9.7	—	—	5.7	—	—	1.2	1.6

数据来源：历年河南省统计年鉴、平舆县政府网站。

从人均GDP来看，2008—2022年，平舆县人均生产总值不断增加，与全市、全省人均GDP仍然存在一定差距。2022年平舆县人均GDP为

43334元，相当于驻马店市人均GDP的91.9%，相当于河南省人均GDP的70.6%，在驻马店市辖9个县中排第7位，在河南省102个县（市）中排第68位。从人均GDP增速来看，2022年平舆县人均GDP增速为6.4%，高于驻马店市人均GDP增速0.4个百分点，高于河南省人均GDP增速2.9个百分点，在驻马店市辖9个县中排第7位，在河南省102个县（市）中排第25位（见表2）。

表2　2008—2022年平舆县人均地区生产总值及增速

年份	平舆县人均GDP	与驻马店市相比	与河南省相比	在驻马店市的排名	在河南省的排名	平舆县人均GDP增速	在驻马店市的排名	在河南省的排名	与驻马店市人均GDP增速对比	与河南省人均GDP增速对比
2008	8497	80.8	45.0	7	95	13.2	4	53	0.8	1.4
2009	9783	83.8	48.2	7	94	15.4	1	8	4.4	5.2
2010	12677	90.1	52.9	6	87	21.7	2	5	6.7	9.2
2011	16029	91.0	57.2	6	79	19.5	3	17	3.3	7.3
2012	18250	92.3	59.2	5	76	11.8	5	54	−0.9	2.4
2013	20547	92.2	61.1	6	77	11.1	6	31	0.1	2.7
2014	23080	91.0	62.9	6	77	7.5	8	89	−1.0	−0.7
2015	24518	90.8	62.5	6	77	8.9	4	61	0.4	1.2
2016	26785	91.5	63.3	6	78	8.6	4	50	0.6	1.1
2017	29609	90.9	63.1	5	74	7.9	6	51	−0.1	0.8
2018	32457	96.1	62.3	5	71	9.2	3	18	1.1	2.0
2019	35729	91.7	63.4	6	74	8.1	2	19	1.1	1.7
2020	36808	90.2	66.4	7	74	4.1	6	27	−0.1	3.4
2021	40535	91.6	68.2	7	69	8.7	5	36	1.6	2.3
2022	43334	91.9	70.6	7	68	6.4	7	25	0.4	2.9

数据来源：历年河南省统计年鉴。

三、分产业经济运行分析

（一）产业格局与发展方向

平舆县已经形成了以皮革皮具、建筑防水、户外休闲及白芝麻加工为主导的产业格局。

平舆县的皮革皮具产业曾经是重要产业，在产业高峰时期规模较大，企业众多，但当前企业数量和生产规模有所波动。过去该产业在当地经济中占据重要地位，是传统优势产业，不过随着市场竞争加剧和产业升级需求转变，其在产业链中的主导地位有所削弱。

作为中国建筑工程防水之乡，平舆建筑防水产业基础雄厚，发展态势良好。目前汇聚建筑防水企业 2000 多家，综合产值突破 600 亿元，在当地经济中地位显著。其在产业链中处于中上游，在原材料生产、技术研发、施工等环节实力强劲、竞争力高，在全国建筑防水领域知名度和影响力较大。

平舆县户外休闲产业发展势头强劲，企业订单充足，生产繁忙。已形成户外加工和模具、金属管材、包装材料等全产业链。现有户外休闲用品生产及配套企业 90 家，产业集群效应明显。该产业作为新兴的主导产业，在产业链中处于核心地位，带动作用强，吸引上下游企业集聚，为当地经济发展注入新活力。

平舆县白芝麻加工产业立足"平舆白芝麻原产地保护产品"的品牌优势，将一产白芝麻种植、二产白芝麻加工、三产白芝麻文化旅游深度融合。目前已开发出芝麻叶速食面等多种产品，市场反响良好。种植面积稳定，加工企业不断发展壮大，产业规模逐渐扩大。白芝麻加工是平舆县特色产业之一，在产业链中处于基础地位，为相关产业提供原材料和产品支持。

（二）产业结构分析

从三次产业占比来看，平舆县第一产业占比不断下降，2013 年起第二产业占比逐渐下降，第三产业占比有较大提升。2022 年第一产业占比 17.78%；第二产业占 41.63%；第三产业占比 40.59%（见表 3 和图 1）。

表3 2008—2022年平舆县三产结构变化情况

年份	第一产业占比（%）	第二产业占比（%）	第三产业占比（%）
2008	28.43	42.07	29.50
2009	27.52	42.91	29.58
2010	28.60	42.27	29.13
2011	27.00	43.84	29.16
2012	26.51	44.83	28.66
2013	24.96	45.86	29.18
2014	22.25	44.02	33.73
2015	21.47	43.04	35.49
2016	19.93	42.26	37.81
2017	17.71	43.30	38.99
2018	16.54	42.80	40.67
2019	17.31	41.80	40.89
2020	18.49	40.81	40.70
2021	17.85	41.23	40.92
2022	17.78	41.63	40.59

数据来源：历年河南省统计年鉴、平舆县政府网。

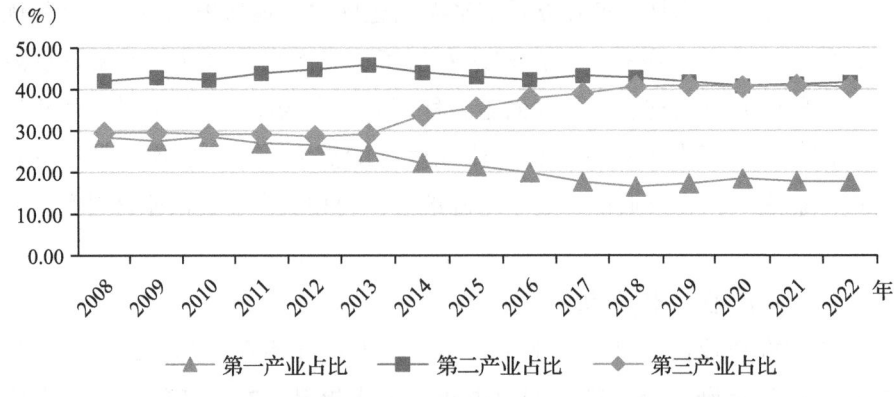

图1 2008—2022年平舆县三产结构变化情况

（三）工业发展情况分析

从工业发展情况来看，平舆县规上工业增加值增速变化幅度较大，总体呈现出 2008—2013 年保持较高增速，2014 以来增速逐渐减慢。2022 年平舆县规上工业增加值增速为 7.0%，在驻马店市辖 9 个县中排第 1 位，在河南省 102 个县（市）中排第 49 位。规上工业企业数在 2016 年达到最高值 193 个，此后年份逐渐减少至 2019 年的 115 个，2020 年规上工业企业数 150 个，2023 年 193 个。2023 年平舆县规上工业增加值增速为 6.3%（见表 4）。

表 4 2008—2023 年平舆县工业发展情况

年份	平舆县规上工业增加值增速（%）	驻马店市规上工业增加值增速（%）	在驻马店市的排名	在河南省的排名	平舆县规上工业企业数（个）	平舆县规上工业企业主营业务收入（亿元）
2008	25.4	20.8	3	43	98	63.1
2009	20.6	17.6	3	34	109	74.8
2010	25.3	21.5	1	19	128	89.0
2011	25.5	23.9	5	35	143	139.7
2012	21.3	18.6	3	24	142	195.3
2013	15.9	14.7	5	44	157	89.7
2014	10.8	10.5	5	82	140	286.2
2015	9.1	9.2	9	84	167	362.3
2016	9.0	9.3	8	76	193	411.8
2017	9.2	8.7	2	36	175	424.4
2018	9.2	8.5	1	25	168	189.5
2019	8.7	8.1	3	49	115	147.2
2020	5.5	4.7	2	30	150	169.4
2021	8.3	5.3	3	57	—	—
2022	7.0	6.0	1	49	162	—
2023	6.3	3.5	2	—	193	—

数据来源：历年河南省统计年鉴、驻马店市统计年鉴、平舆县政府网站。

（四）服务业发展情况分析

从服务业发展情况来看，2008年以来，平舆县服务业增加值不断增加。2022年平舆县服务业增加值为126.0亿元，占驻马店市服务业增加值的9.0%，在驻马店市辖9个县中排第4位，在河南省102个县（市）中排第53位。从服务业增加值增速来看，2022年平舆县服务业增加值增速为4.3%，在驻马店市辖9个县中排第4位，在河南省102个县（市）中排第19位（见表5）。

表5 2008—2022年平舆县服务业发展情况

年份	平舆县服务业增加值（亿元）	占驻马店市服务业增加值的比重(%)	在驻马店市的排名	在河南省的排名	平舆县服务业增加值增速（%）	在驻马店市的排名	在河南省的排名
2008	21.8	9.3	3	60	16.7	2	20
2009	24.6	8.6	3	55	16.6	4	18
2010	29.1	8.7	3	51	14.3	5	18
2011	34.5	8.8	3	47	11.1	7	40
2012	37.8	8.5	3	55	7.2	9	94
2013	43.1	8.4	3	52	10.2	4	20
2014	55.8	9.4	3	51	15.9	3	3
2015	62.4	9.1	3	52	12.2	7	43
2016	72.7	9.2	3	47	12.1	1	12
2017	83.2	9.2	3	48	9.9	7	66
2018	94.8	9.2	4	47	10.0	6	48
2019	104.1	9.0	5	57	7.0	8	67
2020	107.9	8.9	4	56	4.7	2	2
2021	120.0	9.1	4	55	10.6	3	19
2022	126.0	9.0	4	53	4.3	4	19

数据来源：历年河南省统计年鉴、平舆县政府网站。

（五）重点企业分析

（1）河南蓝翎环科防水材料有限公司。该公司成立于2017年6月8日，注册资本1.18亿元，被评为国家级专精特新重点"小巨人"企业、国家级绿色工厂、新四板企业、高新技术企业、A级纳税人。公司经营范围包括防水、防腐、保温、装饰材料的研发、生产、销售及相关货物进出口业务，防水、防腐、保温工程、室内外装修装饰工程施工。其生产基地占地面积226亩，拥有年产1000万平方米SBS改性沥青防水卷材生产线6条，年产300万平方米高分子防水卷材生产线7条，年产2万吨防水涂料生产线2条，主要产品有DFA非固化橡胶沥青防水涂料、高分子强力交叉膜自粘防水卷材、自粘聚合物改性沥青防水卷材等200多种。一期年产值可达36亿元；二期年产值可达100亿元。公司设立了河南省蓝翎防水防护院士工作站、河南省建筑防水防护工程研究中心、河南省新型建筑防水材料工程技术研究中心、河南省防水材料生产及实施技术国际联合实验室等多个省部级科研平台，截至2023年，拥有核心技术专利82项，协助修编国家及地方防水标准31项。曾获国家级绿色工厂、2022年度国家知识产权优势企业、2022年河南省质量标杆工业企业、河南省优秀民营企业称号等多项荣誉。

（2）河南中牛实业有限公司。该公司成立于2017年3月，注册资本5000万元。公司主营业务为牛皮、成品革生产，产品涵盖纳帕革、油蜡革、摔纹革等多种类型，包括防污抑菌的硅胶牛皮等特色产品。其拥有12条达到国际先进水平的生产线，设备精良，工艺精湛。现有总面积9万多平方米，重要合作伙伴包括顾家家居、敏华控股、红蜻蜓、百丽等。与平舆县政府合作兴建的中原生态皮革转型发展示范园是省、市重点项目。2024年第一季度完成139万平方米的生产量，预计全年达1115万平方米，随着中原生态皮革转型发展示范园逐步建成，发展潜力巨大。

（3）河南泰普森休闲用品有限公司。该公司成立于2019年10月8日，注册资本5000万元，由浙江泰普森科技有限公司100%控股。主要经营户外休闲用品加工销售，是省级创新型企业、2022年度河南省创新型中小企业，拥有多种专利。其平舆一期项目占地面积110亩、建筑面积11.23万平方米，自2019年投产产值上升；二期项目占地面积600亩，于2023年7月投产，是河南户外产业集聚群核心项目。

四、财政收支分析

从财政收支总体情况来看，平舆县一般公共预算收入对驻马店市财政收入的贡献较低，且低于一般公共预算支出在全市支出中所占的比重，财政收支总量、财政自给率都比较低。2022年平舆县一般公共预算收入14.7亿元，占驻马店市一般公共预算收入的7.2%，在驻马店市辖9个县中排第6位，在河南省102个县（市）中排第53位。2022年平舆县一般公共预算支出达到48.6亿元，占驻马店市一般公共预算支出的8.9%，在驻马店市辖9个县中排第3位，在河南省102个县（市）中排第42位（见表6）。

表6 2008—2022年平舆县财政收支情况

年份	一般公共预算收入（亿元，%）				一般公共预算支出（亿元，%）			
	平舆县一般公共预算收入	占驻马店市一般公共预算收入的比重	在驻马店市的排名	在河南省的排名	平舆县一般公共预算支出	占驻马店市一般公共预算支出的比重	在驻马店市的排名	在河南省的排名
2008	1.8	7.0	2	68	9.7	9.0	4	53
2009	2.2	7.6	2	61	12.4	8.6	5	53
2010	3.0	8.2	1	54	16.0	9.3	4	34
2011	3.9	8.4	1	56	20.3	9.5	3	34
2012	4.4	7.4	1	60	24.3	9.0	5	41
2013	5.1	7.0	3	67	26.6	8.6	5	43
2014	5.9	6.8	4	70	29.5	8.5	5	39
2015	6.6	6.8	4	68	33.5	8.7	5	39
2016	7.2	6.8	5	66	34.8	8.4	5	44
2017	8.0	7.0	5	67	40.5	8.5	5	43
2018	9.6	6.9	6	61	49.1	9.0	4	37
2019	11.3	7.1	6	54	55.0	9.0	4	36
2020	12.5	7.3	6	52	52.4	8.4	4	38
2021	13.7	7.5	6	51	44.7	7.4	2	43
2022	14.7	7.2	6	53	48.6	8.9	3	42

数据来源：历年河南省统计年鉴、平舆县政府网站。

从人均财力看，平舆县人均一般公共预算收入和支出都比较低，但与全市、全省的差距逐渐缩小。2022年平舆县人均一般公共预算收入为2064元，相当于驻马店市人均一般公共预算收入的69.6%，相当于河南省人均一般公共预算收入的47.8%，在河南省102个县（市）中排第59位；人均一般公共预算支出6807元，相当于驻马店市人均一般公共预算支出的86.0%，相当于河南省人均一般公共预算支出的63.1%。2022年平舆县财政自给率为30.3%，在驻马店市辖9个县中排第6位，在河南省102个县（市）中排第62位（见表7）。

表7 2008—2022年平舆县人均财力及财政自给率

年份	人均一般公共预算收入	与驻马店市相比	与河南省相比	在河南省的排名	人均一般公共预算支出	与驻马店市相比	与河南省相比	在河南省的排名	平舆县财政自给率	在驻马店市的排名	在河南省的排名
2008	204	61.3	19.1	79	1116	79.0	46.1	93	18.3	4	72
2009	269	70.8	22.7	71	1500	80.5	49.0	86	18.0	3	65
2010	401	79.6	27.3	60	2144	90.0	59.0	58	18.7	3	66
2011	543	81.6	29.8	58	2786	92.8	62.0	53	19.5	3	62
2012	609	71.7	28.5	60	3379	87.1	64.3	60	18.0	4	66
2013	705	67.6	28.0	72	3702	83.0	63.5	65	19.1	4	70
2014	818	58.2	28.8	76	4114	72.1	65.8	55	19.9	4	77
2015	915	58.3	29.4	75	4668	74.3	66.6	57	19.6	4	77
2016	997	58.1	30.9	70	4842	71.9	63.5	68	20.6	4	70
2017	1110	59.3	32.0	65	5618	72.5	67.2	57	19.8	4	70
2018	1350	60.0	35.4	61	6882	77.7	73.6	46	19.6	4	69
2019	1591	70.0	39.0	60	7735	89.3	75.4	39	20.6	5	69
2020	1710	70.5	40.8	58	7189	80.5	68.9	61	23.8	4	55
2021	1906	72.6	43.3	59	6217	71.2	59.0	64	30.6	7	59
2022	2064	69.6	47.8	59	6807	86.0	63.1	66	30.3	6	62

数据来源：历年河南省统计年鉴。

五、金融业发展分析

从金融机构存贷总体情况来看，平舆县近年来金融机构存款余额在全市和全省排名位次优于贷款，存贷比较低，但在全省的位次有所提升。2022年平舆县金融机构存款年末余额439.5亿元，占驻马店市金融机构存款年末余额的9.0%，在驻马店市辖9个县中排第2位，在河南省102个县（市）中排第30位。2022年平舆县金融机构贷款年末余额219.0亿元，占驻马店市金融机构贷款年末余额的8.3%，在驻马店市辖9个县中排第2位，在河南省102个县（市）中排第33位。2022年平舆县存贷比为49.8%，低于驻马店市4.3个百分点，低于河南省31.8个百分点，在驻马店市辖9个县中排第3位，在河南省102个县（市）中排第60位（见表8）。

表8 2008—2022年平舆县金融机构年末存贷款余额情况

年份	金融机构存款年末余额	占驻马店市的比重	在驻马店市的排名	在河南省的排名	金融机构贷款年末余额	占驻马店市的比重	在驻马店市的排名	在河南省的排名	平舆县存贷比	驻马店市存贷比	河南省存贷比	在驻马店市的排名	在河南省的排名
	存款（亿元，%）				贷款（亿元，%）				存贷比（%）				
2008	57.3	8.7	2	35	17.8	5.3	6	73	31.0	51.0	68.0	8	90
2009	65.6	8.3	4	43	20.6	4.9	7	80	31.4	52.9	70.1	8	91
2010	84.2	8.7	2	36	26.0	5.2	6	76	30.8	51.5	68.6	8	96
2011	101.7	8.7	2	35	25.8	4.8	8	83	25.4	46.1	65.7	9	100
2012	125.4	8.8	2	34	28.8	4.5	8	85	23.0	45.0	63.3	9	101
2013	155.4	9.1	2	28	37.3	4.9	8	82	24.0	44.3	62.4	9	102
2014	178.6	9.0	3	30	48.2	5.1	7	78	27.0	47.4	65.8	9	100
2015	199.7	8.9	3	30	60.7	5.4	6	68	30.4	49.9	66.0	9	97
2016	227.3	9.0	2	29	71.3	5.8	6	62	31.4	48.6	67.6	9	89
2017	251.1	8.9	3	32	87.6	6.2	5	55	34.9	50.3	70.7	7	81

续表

年份	存款（亿元，%）				贷款（亿元，%）				存贷比（%）				
	金融机构存款年末余额	占驻马店市的比重	在驻马店市的排名	在河南省的排名	金融机构贷款年末余额	占驻马店市的比重	在驻马店市的排名	在河南省的排名	平舆县存贷比	驻马店市存贷比	河南省存贷比	在驻马店市的排名	在河南省的排名
2018	275.3	8.9	3	34	111.2	6.8	5	45	40.4	52.6	74.9	5	70
2019	306.0	8.9	2	33	136.6	8.0	3	41	44.6	50.0	80.1	4	69
2020	345.9	9.0	2	32	172.9	7.7	2	30	50.0	58.2	82.2	3	59
2021	377.2	8.9	2	31	199.6	8.2	1	30	52.9	57.0	84.4	3	56
2022	439.5	9.0	2	30	219.0	8.3	2	33	49.8	54.1	81.6	3	60

数据来源：历年河南省统计年鉴、平舆县政府网站。

人均存款余额、人均贷款余额在全省的位次有所提升。2022年平舆县人均存款余额为61533元，相当于驻马店市人均存款余额的69.0%，相当于河南省人均存款余额的65.6%，在驻马店市辖9个县中排第6位，在河南省102个县（市）中排第44位。2022年平舆县人均贷款余额为30653元，相当于驻马店市人均贷款余额的80.2%，相当于河南省人均贷款余额的40.1%，在驻马店市辖9个县中排第4位，在河南省102个县（市）中排第51位（见表9）。

表9　2008—2022年平舆县人均存贷款情况

年份	人均存款（元，%）				人均贷款（元，%）			
	平舆县人均存款余额	在驻马店市的排名	在河南省的排名	与驻马店市相比	与河南省相比	平舆县人均贷款余额	在驻马店市的排名	在河南省的排名	与驻马店市相比	与河南省相比
2008	6574	5	61	76.9	40.6	2038	9	89	46.8	18.5
2009	7944	5	62	77.1	39.3	2492	9	90	45.7	17.6
2010	11256	5	50	84.0	45.7	3468	8	82	50.2	20.6

续表

年份	人均存款（元，%）					人均贷款（元，%）				
	平舆县人均存款余额	在驻马店市的排名	在河南省的排名	与驻马店市相比	与河南省相比	平舆县人均贷款余额	在驻马店市的排名	在河南省的排名	与驻马店市相比	与河南省相比
2011	13974	5	49	84.4	49.6	3549	9	89	46.5	19.2
2012	17420	4	44	84.5	51.9	4004	9	93	43.1	18.8
2013	21669	3	35	87.4	55.2	5193	9	92	47.3	21.1
2014	24915	3	35	76.6	58.1	6721	9	87	43.6	23.8
2015	27840	3	35	76.2	56.7	8461	7	79	46.4	26.1
2016	31625	4	36	76.9	57.3	9919	6	75	49.6	26.6
2017	34791	5	40	76.0	57.9	12134	5	68	52.6	28.6
2018	38555	4	35	76.8	59.5	15576	5	57	59.0	32.1
2019	43029	3	33	88.3	61.3	19204	4	53	78.8	34.2
2020	47477	6	45	86.3	61.7	23738	4	48	74.1	37.5
2021	52508	6	45	85.4	63.0	27790	4	48	79.3	39.5
2022	61533	6	44	69.0	65.6	30653	4	51	80.2	40.1

数据来源：历年河南省统计年鉴。

六、居民收入分析

从居民收入看，2017年以来平舆县居民人均可支配收入在全市位次靠前、全省县域位次居中。2022年平舆县居民人均可支配收入为23496元，相当于驻马店市居民人均可支配收入的98.5%，相当于河南省居民人均可支配收入的83.3%，在驻马店市辖9个县中排第2位，在河南省102个县（市）中排第60位（见表10）。

表10　2017—2022年平舆县居民人均可支配收入情况

年份	平舆县居民人均可支配收入（元）	在驻马店市的排名	在河南省的排名	与驻马店市相比（%）	与河南省相比（%）
2017	15936	2	60	97.0	79.0
2018	17449	2	60	97.0	79.4
2019	18929	2	64	96.4	79.2
2020	19943	2	64	97.2	80.4
2021	21970	2	62	97.9	81.9
2022	23496	2	60	98.5	83.3

数据来源：历年河南省统计年鉴、平舆县政府网站。

2022年平舆县城镇居民人均可支配收入为34436元，相当于驻马店市城镇居民人均可支配收入的99.0%，相当于河南省城镇居民人均可支配收入的89.5%，在驻马店市辖9个县中排首位，在河南省102个县（市）中排第49位。2022年平舆县农村居民人均可支配收入为16621元，相当于驻马店市农村居民人均可支配收入的101.6%，相当于河南省农村居民人均可支配收入的88.9%，在驻马店市辖9个县中排第4位，在河南省102个县（市）中排第65位。2022年平舆县城、乡居民人均可支配收入比约为2.1∶1，处在全省靠后水平（见表11）。

表11　2008—2022年平舆县城乡居民人均可支配收入及城乡收入比

年份	平舆县城镇居民人均可支配收入	在驻马店市的排名	在河南省的排名	与驻马店市相比	与河南省相比	平舆县农村居民人均可支配收入	在驻马店市的排名	在河南省的排名	与驻马店市相比	与河南省相比	平舆县城乡居民收入比	在河南省的排名
2008	10406	6	64	92.0	78.6	3813	7	74	97.8	85.6	2.7	82
2009	11416	4	61	92.7	79.4	4136	6	71	98.1	86.0	2.8	80
2010	12717	3	59	92.8	79.8	4780	2	69	98.3	86.5	2.7	75
2011	14676	3	59	92.9	80.7	5780	3	66	99.6	87.5	2.5	72
2012	16495	3	59	93.3	80.7	6578	4	66	99.7	87.4	2.5	71

续表

年份	城镇（元，%）					农村（元，%）					城乡收入比	
	平舆县城镇居民人均可支配收入	在驻马店市的排名	在河南省的排名	与驻马店市相比	与河南省相比	平舆县农村居民人均可支配收入	在驻马店市的排名	在河南省的排名	与驻马店市相比	与河南省相比	平舆县城乡居民收入比	在河南省的排名
2013	18178	2	59	93.6	81.2	7439	4	66	100.0	87.8	2.4	69
2014	20048	2	58	94.0	84.7	8287	4	65	100.2	83.2	2.4	70
2015	21496	2	58	95.1	84.0	9233	5	67	100.6	85.1	2.3	77
2016	23129	3	57	95.7	84.9	10036	5	67	101.0	85.8	2.3	75
2017	25281	3	53	96.0	85.5	11029	4	66	101.5	86.7	2.3	76
2018	27457	2	53	96.6	86.1	12028	4	66	101.4	87.0	2.3	78
2019	29503	1	58	97.0	86.3	13224	4	66	101.6	87.2	2.2	76
2020	29985	1	56	97.2	86.3	14091	4	65	101.6	87.5	2.1	77
2021	32396	1	54	97.6	87.3	15577	4	64	102.0	88.8	2.1	76
2022	34436	1	49	99.0	89.5	16621	4	65	101.6	88.9	2.1	83

数据来源：历年河南省统计年鉴、平舆县政府网站。

七、固定资产投资分析

从固定资产投资增速来看，2008—2022年平舆县固定资产投资增速波动趋势基本与省、市一致。2022年平舆县固定资产投资增速为25.4%，高于驻马店市固定资产投资增速0.4个百分点，低于河南省固定资产投资增速1.6个百分点（见表12）。

表12 2008—2022年平舆县固定资产投资情况

年份	平舆县固定资产投资增速（%）	驻马店市固定资产投资增速（%）	河南省固定资产投资增速（%）
2008	22.3	18.9	22.2
2009	25.4	25.0	27.0
2010	23.5	21.7	21.4
2011	25.0	22.1	22.5

续表

年份	平舆县固定资产投资增速（%）	驻马店市固定资产投资增速（%）	河南省固定资产投资增速（%）
2012	17.3	17.7	19.2
2013	19.9	17.8	16.5
2014	18.7	16.7	13.7
2015	12.2	11.9	10.4
2016	11.2	10.9	8.1
2017	12.1	12.0	8.0
2018	6.9	6.5	4.3
2019	12.6	12.8	4.5
2020	13.7	13.5	6.7
2021	22.3	18.9	22.2
2022	25.4	25.0	27.0

数据来源：历年河南省统计年鉴、平舆县政府网站。

八、社会消费分析

从社会消费情况来看，2022年平舆县社消零总额为80.5亿元，在驻马店市辖9个县中排第4位，在河南省102个县（市）中排第74位。2022年平舆县人均社消零额为11270元，在驻马店市辖9个县中排第8位，在河南省102个县（市）中排第95位（见表13）。

表13　2008—2022年平舆县社会消费情况

年份	社消零总额（亿元）			人均社消零额（元）		
	社消零总额	在驻马店市的排名	在河南省的排名	人均社消零额	在驻马店市的排名	在河南省的排名
2008	19.0	8	81	2177	7	98
2009	24.8	8	80	3006	7	93
2010	32.0	5	66	4270	7	85
2011	38.5	5	64	5287	7	82
2012	50.2	3	50	6967	5	68

续表

年份	社消零总额（亿元）			人均社消零额（元）		
	社消零总额	在驻马店市的排名	在河南省的排名	人均社消零额	在驻马店市的排名	在河南省的排名
2013	57.3	3	50	7984	5	68
2014	64.0	3	49	8923	5	69
2015	72.5	3	49	10106	5	67
2016	81.6	3	48	11351	4	65
2017	92.2	3	48	12778	4	65
2018	74.8	8	72	10468	7	90
2019	72.4	5	78	10180	7	93
2020	70.6	5	76	9690	9	96
2021	78.1	4	75	10874	8	95
2022	80.5	4	74	11270	8	95

数据来源：历年河南省统计年鉴、平舆县政府网站。

九、人口规模分析

从人口情况看，2022 年平舆县常住人口为 71.4 万人，常住人口占驻马店市的 10.4%，在驻马店市辖 9 个县中排第 3 位，在河南省 102 个县（市）中排第 39 位。2020 年平舆县户籍人口 117.2 万人，人口外流 44.4 万人，人口流失率为 37.9%。城镇化率不断提升，2022 年为 44.3%，在河南省 102 个县（市）中排第 58 位（见表 14）。

表 14　2008—2022 年平舆县人口情况

年份	户籍人口（万人）	户籍人口在河南省的排名	常住人口（万人）	常住人口在驻马店市的排名	常住人口在河南省的排名	外流人口（万人）	人口流失率（%）	常住人口占驻马店市的比重（%）	平舆县城镇化率（%）	城镇化率在河南省的排名
2008	96.5	23	87.1	3	24	9.4	9.7	11.3	—	—
2009	97.0	23	82.6	4	29	14.4	14.8	10.7	—	—
2010	98.1	27	74.8	4	36	23.3	23.7	10.3	—	—

续表

年份	户籍人口（万人）	户籍人口在河南省的排名	常住人口（万人）	常住人口在驻马店市的排名	常住人口在河南省的排名	外流人口（万人）	人口流失率（%）	常住人口占驻马店市的比重（%）	平舆县城镇化率（%）	城镇化率在河南省的排名
2011	98.6	26	72.8	3	37	25.9	26.2	10.3	—	—
2012	99.1	26	72.0	3	39	27.1	27.4	10.4	—	—
2013	99.6	26	71.7	3	40	27.9	28.0	10.4	33.5	52
2014	100.1	26	71.7	3	40	28.4	28.4	11.8	34.9	53
2015	100.6	27	71.7	3	39	28.9	28.7	11.7	36.7	51
2016	101.3	27	71.9	3	39	29.4	29.0	11.7	38.5	52
2017	101.9	26	72.2	3	38	29.7	29.1	11.7	40.2	53
2018	102.3	26	71.4	3	40	30.9	30.2	11.5	41.7	52
2019	102.6	26	71.1	3	40	31.5	30.7	10.1	43.2	53
2020	117.2	21	72.9	3	40	44.4	37.9	10.4	42.8	56
2021	—	—	71.8	3	39	—	—	10.4	43.8	57
2022	—	—	71.4	3	39	—	—	10.4	44.3	58

数据来源：历年河南省统计年鉴、平舆县政府网站。

十、公共服务分析

从义务教育情况来看，2022年平舆县共有中小学136所，在校学生数合计138344人，专任教师数10612人，平均每千名在校中小学生配备专任教师数为77人。从医疗卫生情况来看，平均每千名常住人口配备卫生机构床位数、卫生技术人员数逐年上升，医疗资源配备逐步优化，2022年每千人床位数为6.7张，每千人卫生技术人员数为7.3人（见表15）。

表15　2019—2022年平舆县义务教育和医疗情况

年份		2019	2020	2021	2022
学校数（所）	合计	137	137	139	136
	小学学校数	108	108	110	107
	初中学校数	29	29	29	29

续表

年份		2019	2020	2021	2022
在校学生数（人）	合计	134217	137650	139089	138344
	小学在校生数	96123	98764	96965	91896
	初中在校生数	38094	38886	42124	46448
专任教师数（人）	合计	7026	7375	10571	10612
	小学	4592	4869	7071	6799
	初中	2434	2506	3500	3813
医疗卫生（张，人）	卫生机构床位数/千人	8.3	9.2	6.7	6.7
	卫生技术人员数/千人	6.3	7.2	7.1	7.3

数据来源：历年河南省统计年鉴。

十一、县域发展特色产业——户外休闲产业

20世纪八九十年代，浙江永康（县级市，由金华市代管）五金制造业蓬勃发展，为户外休闲产业的诞生提供了技术、工艺和产业氛围等方面的基础条件。当时，一些企业开始尝试利用五金制造技术生产简单的户外用品，如折叠桌椅、烧烤用具等，逐渐涉足户外休闲产业领域。这一时期，虽然产业规模较小，但为后续的发展奠定了基础。2010年以后，永康户外休闲产业进入快速成长阶段，企业不断加大研发投入，在产品设计和功能创新方面取得了显著进展。近年来，随着消费升级和人们对健康生活方式的追求，永康户外休闲产业进入转型升级阶段。企业更加注重品牌建设和市场营销，通过线上线下相结合的方式，提升品牌知名度和产品销量。同时，产业融合趋势明显，户外休闲产业与旅游、文化等产业相互融合，催生了新的商业模式和发展机遇。例如，一些企业与旅游景区合作，打造户外休闲体验项目，为消费者提供更加丰富的户外休闲体验。

2015年前后，一个偶然的机遇，平舆县负责招商引资工作的干部发现在浙江蓬勃发展的户外休闲产业，出于提升竞争力的需要，急于在内地寻求落地空间。于是，县政府果断决策，帮助解决该产业在平舆县落地所遇到的一系列问题，使得该产业相关企业到平舆县聚集，很快形成了颇具规模的户外休闲产业集群。截至2024年，平舆县户外产业园集聚生产企

业 30 家、配套企业 53 家，形成了较为庞大的产业集群。这些企业涵盖了户外休闲产业的各个环节，形成了协同发展的良好局面。2024 年上半年，平舆县户外休闲产业产值突破 50 亿元，同比增长 217%，发展势头强劲。预计全年产值超 100 亿元，显示出了巨大的发展潜力。产品类型丰富多样，包括折叠桌椅、帐篷、户外小拖车、花园用品、渔具、沙滩装备等上万种。

平舆县户外休闲产业已形成了完整的产业链，从原材料采购到生产、加工、销售一体化运营，这种高度集聚的产业模式有助于降低成本、提高效率和促进创新。相比国内一些分散的产业区域，平舆县在产业协同发展上更具优势。但相较于国内一些传统的户外休闲产业发达地区，如浙江永康等地，平舆县户外休闲品牌在全国范围内的知名度还有待提高，在品牌建设和市场推广方面需要进一步加强。在设计、研发和营销等高端领域，平舆县面临人才短缺的问题，对高端人才的吸引力相对不足，可能影响产业向高端化、精细化方向发展。

平舆县户外休闲产业未来应在以下方面发力。一是加强创新驱动。鼓励企业加大研发投入，与高校、科研机构建立合作关系，培养和引进创新人才，重点突破核心技术和关键工艺，提高产品的附加值和竞争力。二是优化物流体系。政府和企业共同努力，完善物流基础设施建设，吸引更多的物流企业入驻，探索建立物流产业园区，通过规模效应降低物流成本。同时，利用现代信息技术优化物流配送流程，提高物流效率。三是提升国际市场竞争力。加强对国际市场的研究，建立风险预警机制，提高企业应对汇率波动、贸易壁垒等风险的能力。积极参与国际展会和交流活动，加强品牌推广，树立平舆县户外休闲产品的国际品牌形象。此外，鼓励企业开展跨境电商业务，拓展国际销售渠道。四是强化人才支撑。制定优惠政策吸引高端人才，包括设计师、工程师、营销专家等。在本地高校和职业院校开设相关专业课程，培养适应产业发展需求的技能型人才。建立人才培训和服务平台，为企业和人才提供对接和交流的机会。

十二、综述

综上所述，平舆县经济运行呈现出多维度的特点。在经济总量方面，地区生产总值在驻马店市占一定比重，排名较为稳定，但在全省位次提升，GDP 增速虽呈下降趋势，但仍有多数年份高于省、市水平。人均 GDP 逐年增加，但与省、市相比有差距。

产业发展是平舆经济的重要支柱。产业格局上，皮革皮具产业有过辉煌但现规模有波动；建筑防水产业发展良好，企业众多、产值高，在全国有影响力；户外休闲产业发展迅猛，已形成全产业链，产值增长快、潜力巨大；白芝麻加工产业深度融合一二三产业，发展态势积极。产业结构上，第一产业占比持续降低；第二产业在 2013 年后逐渐下降，第三产业占比不断提升。工业发展中规上工业增加值增速有变化，企业数量有起伏。服务业增加值持续增加，增速表现良好。重点企业如河南蓝翎环科等在行业内表现突出，对经济的支撑作用明显。

财政收支方面，一般公共预算收入占全市的比重低，收支总量和自给率均较低，不过人均财力与省、市的差距在缩小。金融业发展中，存款余额排名优于贷款，存贷比低但有所改善。居民收入上，人均可支配收入在全市、全省排名靠后，城乡收入存在差距。固定资产投资增速与省、市波动趋势一致，社会消费在全市、全省排名处于中等或靠后位置。人口方面，常住人口较多但人口外流严重，城镇化率有待提高。在公共服务上，教育资源丰富，医疗卫生资源配备逐步优化。户外休闲产业虽发展快但面临品牌和人才问题，好在已有明确的发展方向。总体来看，平舆县经济发展有优势也有挑战，需进一步优化发展策略。

河南省县域经济运行分析：新县篇

一、新县概述

新县位于河南省信阳市东南部、大别山腹地、鄂豫两省交接地带，素有"红色首府、将军故里、诗画江南"之美誉。森林覆盖率达78.6%，蓝天常在，碧水长流，被誉为"天然氧吧"，年空气优良天数稳居省市前列，是河南省两个国家生态县之一。全县总面积1612平方千米。2023年常住人口26.8万人，城镇化率为54.3%。

境内资源丰富，盛产板栗、银杏、茶叶、油茶、中药材、山野菜和猕猴桃，其品质、产量均居河南省之冠，其银杏种植基地是全国四大银杏基地之一，被誉为"银杏之乡"。全县有杉木30万亩、板栗32万亩、茶叶7.5万亩、银杏林3万亩。境内有金钱豹、大鲵、甲板龟、穿山甲等国家一级保护动物；山上植物2100多种，有香果树、珙桐、水松、金钱松、银杏等珍稀树种；已探明的各种矿产有40余种，是全国花岗石、石英石储量最大的县和天然金红石重要产区之一。享有"山上藏金，地下藏银"的美称。

二、总体经济运行分析

从GDP总量来看，2023年新县GDP总量为168.3亿元，占信阳市的比重为5.7%。2022年新县GDP总量为190.1亿元，在信阳市下辖8个县中排第8位，在河南省下辖102个县（市）中排第92位（见表1）。

从GDP增速来看，2023年新县GDP增速为3.2%。2022年新县GDP增速为3.7%，高于信阳市0.5个百分点，高于河南省0.6个百分点，在信阳市下辖8个县中排第6位，在河南省下辖102个县（市）中排第76位（见表1）。

表1　2008—2023年新县地区生产总值及增速

年份	新县GDP（亿元）	新县GDP在信阳市的排名	新县GDP在河南省的排名	新县GDP占信阳市的比重（％）	新县GDP增速（％）	新县GDP增速在信阳市的排名	新县GDP增速在河南省的排名	新县GDP增速与信阳市GDP增速对比	新县GDP增速与河南省GDP增速对比
2008	47.3	8	99	5.5	12.1	7	75	−0.1	0.1
2009	50.6	8	99	5.2	11.7	8	55	−1.1	0.7
2010	59.6	8	99	5.5	11.2	5	74	−0.6	−1.2
2011	69.1	8	98	5.4	12.1	4	57	1.0	0.1
2012	78.3	8	98	5.6	10.2	7	86	−0.5	−0.1
2013	89.8	8	98	5.7	9.8	1	50	0.7	0.8
2014	100.5	8	98	5.7	9.1	2	51	0.2	0.2
2015	108.8	8	97	5.8	10.0	1	32	1.1	1.6
2016	117.9	8	96	5.8	8.8	1	44	0.5	0.6
2017	127.6	8	97	5.7	8.7	1	32	2.0	0.9
2018	141.0	8	96	5.9	8.3	6	37	0.0	0.7
2019	163.0	8	92	5.9	6.0	6	88	−0.3	−0.8
2020	164.1	8	94	5.9	2.3	4	69	0.4	1.2
2021	180.9	8	93	5.9	6.6	4	59	0.1	0.3
2022	190.1	8	92	5.9	3.7	6	76	0.5	0.6
2023	168.3	—	—	5.7	3.2	—	—	0.7	−0.9

数据来源：历年河南省统计年鉴及新县统计公报。

从人均GDP来看，新县人均GDP始终高于河南省和信阳市的平均水平。2023年新县人均GDP为62908元，相当于信阳市人均GDP的129.8%，和河南省人均GDP基本持平。2022年新县人均GDP为68765元，在信阳市下辖8个县中排第1位，在河南省下辖102个县（市）中排第21位（见表2）。

表2 2008—2023年新县人均地区生产总值及增速

年份	新县人均GDP（元）	新县人均GDP在信阳市的排名	新县人均GDP在河南省的排名	新县人均GDP与信阳市相比（%）	新县人均GDP与河南省相比（%）	新县人均GDP增速（%）	新县人均GDP增速在信阳市的排名	新县人均GDP增速在河南省的排名
2008	16499	1	39	131.5	87.4	11.6	6	75
2009	17375	1	42	126.0	85.7	10.0	8	79
2010	20926	1	40	117.3	87.2	13.7	6	50
2011	25070	1	39	121.7	89.9	15.9	5	38
2012	27590	1	41	123.5	90.5	6.8	8	100
2013	30884	1	42	124.7	93.3	7.1	4	92
2014	34927	1	34	127.1	97.1	10.2	1	33
2015	38506	1	34	131.3	100.4	12.1	1	11
2016	41972	1	33	133.8	101.6	9.4	2	25
2017	45010	1	35	132.3	98.4	8.3	2	40
2018	49240	1	32	133.3	97.1	7.0	7	69
2019	56252	1	29	131.9	103.5	4.7	7	93
2020	58728	1	23	130.5	105.9	2.2	7	73
2021	65104	1	21	131.9	109.6	7.2	4	60
2022	68765	1	21	132.9	110.7	4.2	6	75
2023	62908	—	—	129.8	104.7	6.5	—	—

数据来源：历年河南省统计年鉴及新县统计公报。

三、分产业经济运行分析

（一）产业格局与发展方向

近年来，新县聚焦生物医药、装备制造"1+1"产业布局，持续推进优势产业延链补链，以产业高端化、智能化、绿色化撑起高质量发展"脊梁"。

生物医药强势发力。作为贴膏剂行业龙头的羚锐制药持续"领跑",县域中医药产业"育苗种植、生产加工、产品研发、销售服务"链条正在形成。装备制造逆势崛起。长园装备、炜盛电子、春泉智源等科技创新型企业迈向"专精特新",已然成为推动新县发展的"强引擎"和"硬支撑"。

（二）产业结构分析

新县是以林业为主的山区县,第一产业占比较大。2018年第三产业占比超过第二产业,三次产业结构转变为"三、二、一"梯次。2023年新县三产结构为17.5∶33.5∶49.0（见图1）。

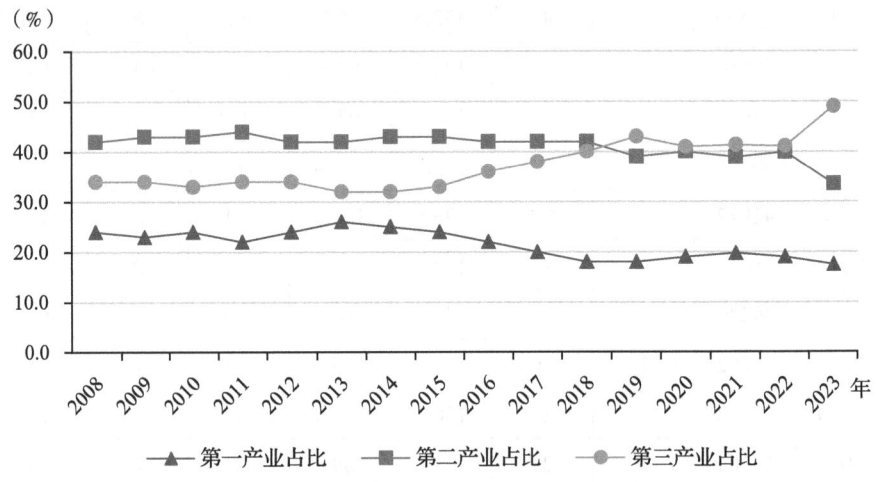

图1　2008—2023年新县三产结构变化情况

数据来源：历年河南省统计年鉴及新县统计公报。

（三）工业发展情况分析

从工业发展来看,2008—2023年间,除2012年、2019年和2021年外,其余年份新县规上工业增加值增速均高于信阳市水平,2023年增速为5.5%,高于信阳市3.5个百分点,高于河南省0.5个百分点；2022年增速为5.9%,在信阳市下辖8个县中排第6位,在河南省下辖102个县（市）中排第71位（见表3）。

表3 2008—2023年新县规上工业发展总体情况

年份	新县规上工业增加值增速（％）	新县规上工业增加值增速在信阳市的排名	新县规上工业增加值增速在河南省的排名	信阳市规上工业增加值增速	新县增速与信阳市对比（％）
2008	26.0	3	38	23.7	2.3
2009	21.2	5	30	20.2	1.0
2010	21.2	6	75	21.0	0.2
2011	26.4	1	23	21.8	4.6
2012	14.3	8	89	16.5	−2.2
2013	18.0	1	18	14.7	3.3
2014	14.4	3	26	12.3	2.1
2015	12.8	2	30	10.1	2.7
2016	9.5	5	60	8.8	0.7
2017	6.6	5	85	4.5	2.1
2018	7.8	4	68	7.6	0.2
2019	6.1	7	92	8.5	−2.4
2020	4.3	3	61	4.0	0.3
2021	7.9	5	61	9.1	−1.2
2022	5.9	6	71	3.2	2.7
2023	5.5	—	—	2.0	3.5

数据来源：历年河南省统计年鉴及新县统计公报。

（四）服务业发展情况分析

自2008年以来，新县服务业增加值逐年增长。2023年新县服务业增加值达82.5亿元；2022年为78.1亿元，在信阳市下辖8个县中排第8位，在河南省下辖102个县（市）中排第95位。从服务业增加值增速来看，2022年新县服务业增加值增速为1.3％，在信阳市下辖8个县中排第8位，在河南省下辖102个县（市）中排第83位（见表4）。

表4 2008—2023年新县服务业发展总体情况

年份	新县服务业增加值（亿元）	新县服务业增加值占信阳市服务业增加值的比重（%）	新县服务业增加值在信阳市的排名	新县服务业增加值在河南省的排名	新县服务业增加值增速（%）	新县服务业增加值增速在信阳市的排名	新县服务业增加值增速在河南省的排名
2008	16.0	6.1	8	83	14.0	7	49
2009	17.3	5.8	8	86	10.6	8	80
2010	19.8	5.8	8	84	12.2	6	38
2011	23.2	5.7	8	84	11.5	5	31
2012	26.2	5.7	8	84	11.3	5	29
2013	29.1	5.5	8	85	8.1	7	65
2014	32.1	5.3	8	93	8.8	7	64
2015	36.3	5.4	8	93	12.3	3	41
2016	42.2	5.4	8	93	12.2	1	10
2017	48.4	5.4	8	94	11.7	4	26
2018	56.5	5.4	8	94	12.7	6	9
2019	69.4	5.7	8	94	7.5	7	59
2020	67.7	5.3	8	95	1.4	5	73
2021	74.8	5.3	8	95	7.2	7	72
2022	78.1	5.3	8	95	1.3	8	83
2023	82.5	5.3	—	—	3.2	—	—

数据来源：历年河南省统计年鉴及新县统计公报。

（五）重点企业分析

（1）河南羚锐制药股份有限公司。公司是以药品、医疗器械生产经营为主业的国家高新技术企业和A股上市公司，2023年营业总收入33.11亿元。公司拥有百余种骨科、心病科、脑病科、麻醉科产品，其中包括通络祛痛膏、壮骨麝香止痛膏、培元通脑胶囊、丹鹿通督片、胃疼宁片、参芪降糖胶囊、芬太尼透皮贴剂等国家中药保护品种和国家医保产品、基药产品。其中羚锐制药百亿贴膏剂生产基地领先国内,羚锐信阳健康产业园为国内先进的大型口服药生产基地。

(2)长园装备制造有限公司。公司产品主要有智能裁剪机、智能铺布机、智能吊挂系统和智能制造整合设备,致力于打造集自动化、信息化和智能化于一体的智慧服装产业集群,为服装工业4.0的实现而奋斗。公司依托深厚的技术底蕴、卓越的研发实力和快速的专业服务保障,整合全球优质的合作伙伴资源,产品远销日本、印度、巴西、美国、德国和英国等众多国家和地区。

(3)信阳炜盛电子科技有限公司。公司是上市企业汉威科技集团全资子公司,2021年通过招商引资落地新县。主要生产建设热释电、半导体、气体流量等智能传感器及水气检测仪器仪表等。可日产半导体气体传感器7.5万支、热释电传感器20万支,是华为、小米、格力、美的、海尔等知名企业的传感器重要供应商。

四、财政收支分析

从财政收支总体情况来看,新县一般公共预算收支在全省县域中处于下游位次。2023年新县一般公共预算收入为8.6亿元,一般公共预算支出为35.0亿元。2022年新县一般公共预算收入为8.1亿元,占信阳市一般公共预算收入的5.9%,在信阳市下辖8个县中排第7位,在河南省下辖102县(市)中排第96位;一般公共预算支出为34.0亿元,占信阳市一般公共预算支出的5.3%,在信阳市下辖8个县中排第8位,在河南省下辖102个县(市)中排第80位(见表5)。

从财政自给率看,2023年新县财政自给率为24.5%;2022年为23.8%,在信阳市下辖8个县中排第2位,在河南省下辖102个县(市)中排第83位(见表5)。

表5 2008—2023年新县财政收支情况

年份	一般公共预算收入（亿元，%）				一般公共预算支出（亿元，%）				财政自给率（%）		
	一般公共预算收入	占信阳市的比重	在信阳市的排名	在河南省的排名	一般公共预算支出	占信阳市的比重	在信阳的市的排名	在河南省的排名	财政自给率	在信阳市的排名	在河南省的排名
2008	1.1	4.2	7	95	6.5	5.4	8	92	16.1	4	83
2009	1.2	4.2	8	98	9.6	6.2	8	90	12.3	4	85
2010	1.3	3.9	8	99	9.4	5.4	8	95	14.3	4	83
2011	1.7	3.8	8	99	11.4	5.1	8	97	14.7	4	82
2002	1.9	3.4	8	101	14.9	5.4	8	93	12.8	5	90
2013	2.3	3.4	8	102	16.1	5.3	8	95	14.2	5	94
2014	2.7	3.4	8	102	17.4	5.2	8	93	15.4	5	95
2015	3.8	4.2	8	101	21.4	5.7	8	89	17.8	2	88
2016	4.2	4.5	8	100	21.9	5.4	8	91	19.4	1	81
2017	5.0	5.0	8	97	23.4	5.3	8	91	21.3	1	63
2018	6.1	5.5	7	96	27.3	5.2	8	89	22.2	1	61
2019	6.6	5.6	7	96	29.5	5.0	8	91	22.5	1	59
2020	6.7	5.5	8	98	30.3	5.0	8	91	22.2	1	63
2021	7.6	5.6	7	96	30.7	4.9	8	77	24.8	1	76
2022	8.1	5.9	7	96	34.0	5.3	8	80	23.8	2	83
2023	8.6	6.1	—	—	35.0	5.4	—	—	24.5	—	—

数据来源：历年河南省统计年鉴及新县统计公报。

从人均财力看，新县人均一般公共预算收入近几年超过信阳市，但不及河南省的人均水平；人均一般公共预算支出超过省、市人均水平。2023年新县人均一般预算公共收入为3204元，人均一般公共预算支出为13099元。2022年新县人均一般预算公共收入为2926元，相当于信阳市人均一般预算公共收入的131.7%，相当于河南省人均一般预算公共收入的65.1%，在信阳市下辖8个县中排第1位，在河南省下辖102个县

（市）中排第41位；人均一般公共预算支出达到12305元，相当于信阳市人均一般公共预算支出的118.2%，相当于河南省人均一般公共预算支出的109.3%，在信阳市下辖8个县中排第1位，在河南省下辖102个县（市）中排第2位（见表6）。

表6 2008—2023年新县人均财力情况

年份	一般公共预算收入/常住人口（元）	与信阳市相比（%）	与河南省相比（%）	在信阳市的排名	在河南省的排名	一般公共预算支出/常住人口（元）	与信阳市相比（%）	与河南省相比（%）	在信阳市的排名	在河南省的排名
2008	364	97.5	34.1	1	47	2260	126.0	93.4	1	13
2009	400	96.8	33.7	1	49	3247	143.8	106.0	1	7
2010	486	87.0	33.1	1	49	3403	119.5	93.7	1	7
2011	609	83.9	33.4	1	51	4143	113.6	92.3	1	7
2012	652	75.2	30.5	1	56	5096	117.7	97.0	1	5
2013	787	73.9	31.2	1	59	5549	116.1	95.2	1	7
2014	943	75.2	33.2	1	57	6106	117.2	97.7	1	5
2015	1365	96.0	43.9	1	48	7670	131.0	109.4	1	5
2016	1504	102.4	46.6	1	46	7770	124.2	101.9	1	7
2017	1763	113.3	50.9	1	45	8261	119.5	98.8	1	8
2018	2095	122.6	54.9	1	41	9440	115.5	101.0	1	8
2019	2284	124.0	55.9	1	39	10160	110.2	99.0	2	10
2020	2416	124.1	57.6	1	43	10889	111.1	104.4	2	8
2021	2751	125.7	62.5	1	41	11080	109.6	105.1	1	6
2022	2926	131.7	65.1	1	41	12305	118.2	109.3	1	2
2023	3204	136.8	69.7	—	—	13099	122.5	116.2	—	—

数据来源：历年河南省统计年鉴及新县统计公报。

五、金融业发展分析

新县金融机构存贷款年末余额逐年增加，但在全省排名均比较靠后。

2023年新县金融机构存款年末余额为265.3亿元，金融机构贷款年末余额为108.3亿元。2022年新县金融机构存款年末余额为230.0亿元，占信阳市的比重为4.6%，在信阳市下辖8个县中排第8位，在河南省下辖102个县（市）中排第89位；金融机构贷款年末余额为95.8亿元，占信阳市的比重为4.0%，在信阳市下辖8个县中排第8位，在河南省下辖102个县（市）中排第100位（见表7）。

2008年以来，新县存贷比呈现先上升后下降趋势。2023年新县存贷比为40.8%，2022年存贷比为41.6%，在信阳市下辖8个县中排第3位，在河南省下辖102个县（市）中排第82位（见表7）。

表7 2008—2023年新县金融业发展情况

年份	存款年末余额（亿元）	占信阳市的比重（%）	在信阳市的排名	在河南省的排名	贷款年末余额（亿元）	占信阳市的比重（%）	在信阳市的排名	在河南省的排名	新县存贷比（%）	在信阳市的排名	在河南省的排名
2008	33.1	4.6	8	92	13.4	3.8	7	87	40.4	2	63
2009	40.9	4.6	8	87	15.9	3.4	8	89	38.8	3	69
2010	49.6	4.7	8	86	19.8	3.5	8	89	39.8	4	73
2011	57.4	4.5	8	93	23.3	3.7	8	88	40.6	4	63
2012	70.4	4.6	8	89	30.2	4.1	8	82	42.9	2	50
2013	82.5	4.5	8	84	36.9	4.1	8	83	44.8	2	50
2014	94.3	4.5	8	82	43.8	4.0	8	87	46.4	2	55
2015	102.8	4.3	8	89	49.2	3.8	8	88	47.9	2	55
2016	115.3	4.3	8	89	53.2	3.7	8	88	46.1	2	54
2017	126.9	4.2	8	92	59.3	3.7	8	86	46.7	2	53
2018	140.2	4.4	8	89	63.2	3.7	8	88	45.0	2	61
2019	155.6	4.5	8	90	71.3	3.7	8	92	45.9	2	66
2020	174.9	4.5	8	91	78.8	3.8	8	95	45.1	2	73
2021	196.8	4.5	8	90	87.8	3.9	8	98	44.6	2	81
2022	230.0	4.6	8	89	95.8	4.0	8	100	41.6	3	82
2023	265.3	4.8	—	—	108.3	4.2	—	—	40.8	—	—

数据来源：历年河南省统计年鉴及新县统计公报。

从人均存贷款来看，新县人均存款余额在省、市的排名均处于中上游。2023年新县人均存款余额为99163元，人均贷款余额为40479元。2022年新县人均存款余额为83337元，相当于信阳市人均存款余额的102.1%，相当于河南省人均存款余额的85.2%，在信阳市下辖8个县中排第2位，在河南省下辖102个县（市）中排第9位；人均贷款余额为34699元，相当于信阳市人均贷款余额的88.8%，相当于河南省人均贷款余额的43.5%，在信阳市下辖8个县中排第2位，在河南省下辖102个县（市）中排第35位（见表8）。

表8 2008—2023年新县人均存贷款情况

年份	人均存款（元，%）					人均贷款（元，%）				
	人均存款余额	在信阳市的排名	在河南省的排名	与信阳市相比	与河南省相比	人均贷款余额	在信阳市的排名	在河南省的排名	与信阳市相比	与河南省相比
2008	11506	1	18	105.6	71.1	4644	2	29	87.8	42.2
2009	13880	1	19	106.0	68.7	5380	2	40	77.6	38.0
2010	18034	2	15	104.3	73.3	7181	2	32	76.8	42.6
2011	20786	2	14	100.2	73.8	8442	2	31	81.6	45.6
2012	24136	2	15	100.5	72.0	10350	2	28	89.4	48.6
2013	28449	2	14	99.1	72.4	12734	2	31	89.3	51.8
2014	33030	2	13	101.0	77.0	15333	2	29	88.7	54.3
2015	36776	2	14	99.1	74.9	17599	2	27	87.3	54.3
2016	40835	2	17	97.7	74.0	18839	2	27	84.1	50.5
2017	44751	2	17	94.8	74.5	20903	2	30	85.3	49.2
2018	48495	1	15	98.1	74.9	21836	2	34	82.1	45.0
2019	53549	1	12	99.4	76.3	24551	2	33	83.1	43.7
2020	62753	3	11	100.3	81.6	28281	2	36	85.8	44.7
2021	71087	2	11	100.8	85.2	31692	2	35	88.0	45.1
2022	83337	2	9	102.1	85.2	34699	2	35	88.8	43.5
2023	99163	—	—	107.5	96.8	40479	—	—	93.9	47.5

数据来源：历年河南省统计年鉴及新县统计公报。

六、居民收入分析

从居民收入看，2017年以来新县居民人均可支配收入在全省排名处于中游。2023年新县居民人均可支配收入为27009元，和信阳市居民人均可支配收入基本持平，相当于河南省居民人均可支配收入的90.2%。2022年新县居民人均可支配收入为25227元，在信阳市下辖8个县中排第2位，在河南省下辖102个县（市）中排第41位。从居民人均可支配收入增速看，2023年新县居民人均可支配收入增速为7.1%，和信阳市居民人均可支配收入增速持平（见表9）。

表9　2017—2023年新县居民人均可支配收入情况

年份	新县居民人均可支配收入（元）	在信阳市的排名	在河南省的排名	与信阳市相比（%）	与河南省相比（%）	新县居民人均可支配收入增速（%）	信阳市城乡居民人均可支配收入增速（%）	新县增速与信阳市增速对比
2017	17376	2	44	99.4	86.1	—	10.3	—
2018	18960	2	43	99.0	86.3	9.1	9.6	−0.5
2019	20669	2	44	98.8	86.5	9.0	9.3	−0.2
2020	21631	2	44	98.9	87.2	4.7	4.5	0.2
2021	23764	2	43	99.2	88.6	9.9	9.5	0.4
2022	25227	2	41	99.4	89.4	6.2	6.0	0.2
2023	27009	—	—	99.4	90.2	7.1	7.1	0.0

数据来源：历年河南省统计年鉴及新县统计公报。

分城乡来看，新县城镇居民人均可支配收入始终低于省、市平均水平。2023年新县城镇居民人均可支配收入为35218元，相当于信阳市城镇居民人均可支配收入的96.4%，相当于河南省城镇居民人均可支配收入的87.5%；农村居民人均可支配收入为19666元，和省、市水平基本持平。2022年新县城镇居民人均可支配收入为33621元，在信阳市下辖8个县中排第3位，在河南省下辖102个县（市）中排第57位；农村居民人均可支配收入为 18083 元，在信阳市下辖 8 个县中排第 3 位，在河南省下辖 102 个县（市）中排第 53 位；城乡居民人均可支配收入比约为 1.9∶1，在信阳市下辖 8 个县中排第 3 位，在河南省下辖 102 个县（市）中排第 52 位，处在中游水平，2008 年以来城乡收入差距整体上逐步缩小（见表 10）。

表10　2008—2023 年新县城乡居民可支配收入及城乡收入比

年份	城镇居民人均可支配收入	在信阳市的排名	在河南省的排名	与信阳市相比	与河南省相比	农村居民人均可支配收入	在信阳市的排名	在河南省的排名	与信阳市相比	与河南省相比	城乡收入比	在信阳市的排名	在河南省的排名
2008	10592	6	55	96.1	80.1	4550	2	47	106.5	102.2	2.3	1	48
2009	11675	5	53	96.9	81.2	4877	2	47	105.6	101.5	2.4	2	49
2010	12924	5	53	96.8	81.1	5340	3	51	100.5	96.7	2.4	3	53
2011	14798	5	53	96.9	81.3	6102	4	58	99.2	92.4	2.4	4	62
2012	16670	5	53	96.6	81.5	6961	4	58	99.3	92.5	2.4	4	62
2013	18512	5	53	96.7	82.7	7946	3	54	99.5	93.8	2.3	3	59
2014	20289	6	55	96.3	85.7	8855	3	55	99.9	88.9	2.3	3	58
2015	21718	5	52	96.8	84.9	9880	3	56	100.4	91.0	2.2	3	61
2016	23180	6	55	96.7	85.1	10707	3	55	100.5	91.5	2.2	3	58
2017	25174	5	58	96.6	85.2	11756	4	56	100.5	92.4	2.1	4	58
2018	27263	6	60	96.4	85.5	12826	4	56	100.6	92.7	2.1	4	56
2019	29267	6	64	96.2	85.6	14077	4	56	100.5	92.8	2.1	4	56
2020	29808	4	60	96.3	85.8	15097	4	54	100.5	93.7	2.0	4	53
2021	32312	4	56	96.5	87.1	16721	3	52	100.8	95.4	1.9	4	54
2022	33621	3	57	96.6	87.4	18083	3	53	100.9	96.7	1.9	3	52
2023	35218	—	—	96.4	87.5	19566	—	—	101.1	98.1	1.8	—	—

数据来源：历年河南省统计年鉴及新县统计公报。

七、固定资产投资分析

从固定资产投资增速来看，2023年新县固定资产投资增长20.7%，高于信阳市21.6个百分点，高于河南省18.6个百分点（见表11）。

表11 2010—2023年新县固定资产投资情况

年份	新县固定资产投资增速（%）	信阳市固定资产投资增速（%）	河南省固定资产投资增速（%）	新县增速与信阳市对比s（%）	新县增速与河南省增速（%）
2010	15.1	10.3	22.2	4.8	−7.1
2011	24.5	26.8	27.0	−2.3	−2.5
2012	21.5	22.3	21.4	−0.7	0.1
2013	15.0	23.0	22.5	−8.0	−7.5
2014	20.7	19.1	19.2	1.6	1.5
2015	19.7	17.5	16.5	2.2	3.2
2016	21.3	9.6	13.7	11.7	7.6
2017	18.1	8.9	10.4	9.2	7.7
2018	12.0	9.7	8.1	2.3	3.9
2019	13.8	10.6	8.0	3.2	5.8
2020	8.7	5.8	4.3	2.9	4.4
2021	17.1	11.6	4.5	5.5	12.6
2022	12.8	12.9	6.7	−0.1	6.1
2023	20.7	−0.9	2.1	21.6	18.6

数据来源：历年河南省统计年鉴及新县统计公报。

八、社会消费分析

从社会消费情况来看，新县社消零总额在全市、全省的排名均处于下游，但人均社消零额在全省的排名均处于上游。2023年新县社消零总额为67.3亿元，人均社消零额为25159元。2022年新县社消零总额为64.1亿元，在信阳市下辖8个县中排第8位，在河南省下辖102个县（市）中排第88位；人均社消零额为23212元，在信阳市下辖8个县中排第1位，在河南省下辖102个县（市）中排第23位（见表12）。

表12 2008—2023年新县社会消费情况

年份	社消零总额（亿元，%）				人均社消零额（元）		
	社消零总额	在信阳市的排名	在河南省的排名	占GDP的比重	人均社消零额	在信阳市的排名	在河南省的排名
2008	16.2	8	90	34.3	5630	1	24
2009	19.4	8	90	38.3	6582	1	26
2010	22.7	8	91	38.1	8253	1	20
2011	23.5	8	93	34.1	8529	2	29
2012	27.2	8	93	34.8	9342	2	37
2013	31.0	8	93	34.5	10693	2	37
2014	35.6	8	92	35.4	12479	2	31
2015	40.4	8	91	37.1	14436	1	26
2016	44.9	8	92	38.0	15883	1	27
2017	49.7	8	93	38.9	17528	1	29
2018	54.4	8	93	38.5	18793	2	29
2019	59.9	8	90	36.7	20616	1	27
2020	57.2	8	90	34.8	20510	1	27
2021	62.3	8	90	34.5	22511	1	29
2022	64.1	8	88	33.7	23212	1	23
2023	67.3	—	—	40.0	25159	—	—

数据来源：历年河南省统计年鉴及新县统计公报。

九、人口规模分析

从人口情况看，新县常住人口在全省县域中排名靠后，但城镇化率水平在全省县域中排名处在上游。2023年新县常住人口为26.8万人，占信阳市常住人口的4.4%，城镇化率为54.3%。2022年新县常住人口为27.6万人，在信阳市下辖8个县中排第8位，在河南省下辖102个县（市）中排第99位；城镇化率为53.4%，在信阳市下辖8个县中排第2位，在河南省下辖102个县（市）中排第26位（见表13）。

表13　2008—2023年新县人口情况

年份	户籍人口（万人）	常住人口（万人）	常住人口占信阳市的比重（%）	常住人口在信阳市的排名	常住人口在河南省的排名	外流人口（万人）	人口流失率（%）	新县城镇化率（%）	城镇化率在信阳市的排名	城镇化率在河南省的排名
2008	33.9	28.8	4.3	8	99	5.1	14.9	—	—	—
2009	34.0	29.5	4.3	8	99	4.6	13.5	—	—	—
2010	35.6	27.5	4.5	8	100	8.1	22.6	—	—	—
2011	35.8	27.6	4.5	8	100	8.2	22.9	—	—	—
2012	36.0	29.2	4.6	8	99	6.8	19.0	—	—	—
2013	36.2	29.0	4.5	8	99	7.2	19.8	41.4	2	18
2014	36.4	28.6	4.5	8	99	7.8	21.4	42.6	2	20
2015	36.6	28.0	4.4	8	99	8.7	23.7	44.4	2	22
2016	36.9	28.3	4.4	8	99	8.6	23.3	45.9	2	22
2017	37.1	28.4	4.4	8	99	8.7	23.5	47.5	2	22
2018	37.2	28.9	4.5	8	99	8.3	22.3	49.0	2	22
2019	37.4	29.1	4.5	8	99	8.3	22.3	50.3	2	24
2020	38.2	27.9	4.5	8	99	10.3	27.0	51.8	2	26
2021	—	27.7	4.5	8	99	—	—	52.8	2	26
2022	—	27.6	4.5	8	99	—	—	53.4	2	26
2023	—	26.8	4.4	—	—	—	—	54.3	—	—

数据来源：历年河南省统计年鉴。

十、公共服务分析

从教育情况来看，2022年新县有小学26所，在校生24498人，专任教师1374人，生师比17.8∶1；有初中22所，在校生12541人，专任教师1558人，生师比8.0∶1（见表14）。

从医疗卫生情况来看，平均每千名常住人口配备卫生机构床位数、卫生技术人员数逐年上升，医疗资源配备逐步优化，2022年每千人床位数为4.1张，每千人卫生技术人员数为5.0人（见表14）。

表 14 2019—2022 年新县义务教育和医疗情况

年份		2019	2020	2021	2022
学校数	合计（所）	53	54	54	48
	小学学校数（所）	31	32	32	26
	初中学校数（所）	22	22	22	22
在校学生数	合计（人）	40423	39555	38158	37039
	小学在校生数（人）	24924	25570	25133	24498
	初中在校生数（人）	15499	13985	13025	12541
专任教师数	合计（人）	3051	3161	3011	2932
	小学（人）	1465	1524	1399	1374
	初中（人）	1586	1637	1612	1558
医疗卫生	卫生机构床位数／千人	3.6	3.9	4.0	4.1
	卫生技术人员数／千人	4.2	4.4	4.8	5.0

数据来源：历年河南省统计年鉴。

十一、县域发展特色

（一）涉外劳务

信阳涉外职业技术学院作为国家乡村振兴局确定的全国唯一的国际就业扶贫教育培训示范基地，尤其关注国内外就业市场需求导向，围绕紧缺职业与工种，开展专业化、特色化、系统化、精准化出国劳务培训，畅通与韩国、日本等发达国家和中国上海、深圳等发达城市1300多家企业的就业渠道，仅向日本、韩国等20多个国家输出就业达3.95万人次，直接带动2.6万名贫困群众脱贫致富。

新县是河南涉外劳务输出第一县、全国外派劳务基地县，全县在国外务工人数常年稳定在8000人左右，人均年收入达15万元人民币，年实现外汇收入超过1亿美元。以劳务为媒，务工人员与输入国人民结下了深厚友谊，成了中国的"民间"大使，外派劳务带动大批国外客商来该县旅游观光、投资和进行劳务合作。全县共有5000余人回国创办经济实体，直接带动3万多人脱贫致富，涌现了韩光莹、戴大举、杨志贵等一大批回国创业典型，达到了"出国一人、致富一家，一人创业，带动一方"的诚信劳务经济倍增效应。

（二）红色生态旅游

1. 新县红色生态旅游现状

作为鄂豫皖苏区首府所在地，新县红色资源厚重。近年来，新县加快推进红色旅游、红色研学培训产业发展，"红色首府、将军故里"品牌效应日益凸显，红色文旅市场吸引力不断提升，综合带动作用明显增强。

做大红色旅游。立足红色资源优势，加强与湖北省、安徽省各市县合作，构建大别山红色旅游联合体，推动鄂豫皖红色资源的整体性保护和开发利用。新县是全国12大红色旅游经典景区和30条红色旅游精品线路之一，5处景点被列入全国100个重点建设的红色旅游经典景区。2023年，新县接待游客1377万余人次，同比增长32.9%；实现旅游收入92.88亿元，同比增长26.4%。

做优红色培训。建成大别山干部学院、大别山商学院、大别山露营公园、羚锐健康学院，扶持发展红色培训机构26家、研学旅行营地（基地）23处，累计培训学员超70万人次，大别山红色教育旅游区域品牌价值达38.62亿元。

做强富民产业。依托红绿资源，实施大别山（新县）"百村传承、百村振兴"三年行动计划，打造红色乡村52个，推动农区变景区、民房变客房、产品变礼品、农民变股东，实现乡村全面振兴发展。截至2024年，全县发展农家乐、乡村民宿820余家，开发各类红色文创产品340种，全县旅游从业人员5万余人，真正实现了一业旺带动百业兴。

2. 新县红色旅游发展面临的问题

第一，旅游产品形式单一。新县红色景点大都是平面的陈列展览，且仍以静态方式呈现给游览者。游客主要通过现场导游讲解或者展厅文字、图片和橱窗物品陈列等形式的展示和介绍进行参观游览，体验感不强，影响红色旅游效果。

第二，专业人才缺乏。缺乏具备红色文化和旅游相关专业知识的人才，缺乏具备管理和运营红色文化旅游的专业团队。

3. 新县红色旅游发展的对策建议

第一，开发新型红色旅游产品。增加VR、AR、全息投影、沉浸式空间等有吸引力、感染力的陈展方式和技术手段，完整呈现战争场景和革命历史，以引导游客产生情感共鸣，发挥应有的爱国主义教育和旅游体验功能。将革命历史场景与生态环境、自然景观相结合，创建一个虚拟的 3D 旅游场景，构建一个具有地域文化氛围的历史和现实的空间维度。

第二，培养人才队伍。鼓励高校和培训机构加强与旅游企业的合作，开设专门的红色文化与旅游相关课程，确保学生和培训人员获得更多的学科知识，培养具备全面知识背景的专业人才。提供各种激励措施，如岗位补贴、住房优惠、编制等，吸引有潜力的人才留在新县，为当地的红色旅游发展贡献他们的才能。

十二、综述

新县是典型的山区林业县，经济体量总体偏小，但人均 GDP 在全省排名处于上游。产业结构上，第一产业占比较大，初步形成以油茶为主导、茶业和中药材并重、多种产业同步发展的"1+2+N"特色产业模式，同时近年来依托丰富的红色资源发展全域旅游，第三产业占比超过第二产业。人均财政支出在省市排名中处于前列，财政自给率较低。金融存贷比在全省排名近年来不断下滑，经济活跃度有所减弱。居民人均可支配收入在省市排名中处于中等位次，城乡居民可支配收入差距逐渐缩小；人口规模偏小，外出务工人员较多，城镇化率在省、市排名中处于前列。

新县应依托丰富的红色历史、绿色生态资源，积极对接河南商城县、湖北麻城市、安徽金寨县，共同探索全域旅游省际合作新模式。高质量发扬大别山精神，用好用活大别山干部学院这个新县发展的绝佳 IP。依托羚锐集团龙头优势，进一步延伸产业链，提升中药材产业化发展水平；推动中药材产业与文化旅游、美丽乡村和康养小镇建设等相结合，推进新县中药材产业高质量发展。

河南省县域经济运行分析：息县篇

一、息县概述

息县位于河南省东南部、信阳市东北部，是大别山革命老区的重要组成部分，总面积1892平方千米，2022年常住人口66万人。据息县县志记载，自公元前682年建县至今，息县近3000年不易其名，古今相续、绵延至今，堪称"郡县制"的活化石，被誉为"中华第一古县"。

千里淮河在息县境内流长74.5千米，全县有可耕地196.5万亩，常年粮食种植面积240万亩，粮食产量保持在20亿斤左右，占全省的1/60，连续九年蝉联"全国粮食生产先进县"称号的县，为国家粮食安全做出了积极贡献。

二、总体经济运行分析

从GDP总量来看，2022年息县GDP总量为310.2亿元，在信阳市下辖8个县中排第3位，在河南省下辖102个县（市）中排第46位（见表1）。

从GDP增速来看，2023年息县GDP增速为2.8%。2022年息县GDP增速为5.4%，高于信阳市2.2个百分点，高于河南省2.3个百分点，在信阳市下辖8个县中排第1位，在河南省下辖102个县（市）中排第26位（见表1）。

表1 2008—2023年息县地区生产总值及增速

年份	息县GDP（亿元）	息县GDP在信阳市的排名	息县GDP在河南省的排名	息县GDP占信阳市的比重（%）	息县GDP增速（%）	息县GDP增速在信阳市的排名	息县GDP增速在河南省的排名	息县GDP增速与信阳市GDP增速对比	息县GDP增速与河南省GDP增速对比
2008	76.3	3	72	8.8	12.0	8	79	−0.2	0.0
2009	87.5	3	68	9.0	12.8	1	32	0.0	1.8
2010	104.6	3	64	9.6	12.2	3	48	0.4	−0.2
2011	122.3	3	60	9.6	12.2	3	55	1.1	0.2
2012	135.1	3	60	9.6	10.2	5	82	−0.3	0.1
2013	152.8	3	59	9.7	8.6	8	81	−0.5	−0.4
2014	165.6	3	60	9.4	8.6	8	75	−0.3	−0.3
2015	178.0	3	60	9.5	8.7	7	68	−0.2	0.3
2016	189.6	3	62	9.3	8.2	6	79	−0.1	−0.3
2017	203.0	3	65	9.1	7.5	4	77	0.8	−0.3
2018	225.1	3	62	9.4	8.7	3	24	0.4	1.1
2019	253.9	3	56	9.2	3.3	8	99	−3.0	−3.5
2020	259.0	3	56	9.4	2.0	5	75	0.1	0.9
2021	288.0	3	53	9.4	6.5	5	60	0.0	0.2
2022	310.2	3	46	9.7	5.4	1	26	2.2	2.3
2023	—	—	—	—	2.8	—	—	0.3	−1.3

数据来源：历年河南省统计年鉴及息县政府工作报告。

从人均GDP来看，息县人均GDP始终低于河南省和信阳市平均水平。2022年息县人均GDP为46908元，相当于信阳市人均GDP的90.6%，相当于河南省人均GDP的75.5%，在信阳市下辖8个县中排第6位，在河南省下辖102个县（市）中排第60位（见表2）。

表2　2008—2022年息县人均地区生产总值及增速

年份	息县人均GDP（元）	息县人均GDP在信阳市的排名	息县人均GDP在河南省的排名	息县人均GDP与信阳市相比（%）	息县人均GDP与河南省相比（%）	息县人均GDP增速（%）	息县人均GDP增速在信阳市的排名	息县人均GDP增速在河南省的排名
2008	9922	8	83	79.1	52.6	11.5	8	78
2009	11267	8	79	81.7	55.6	11.7	3	47
2010	13274	8	81	74.4	55.3	10.6	8	77
2011	15398	8	84	74.7	55.2	11.2	8	81
2012	16661	8	90	74.6	54.6	8.0	3	93
2013	18633	8	90	75.2	56.3	7.4	3	90
2014	20384	8	90	74.2	56.7	9.6	3	45
2015	21645	8	91	73.8	56.5	7.4	8	89
2016	23293	8	90	74.3	56.4	9.3	3	29
2017	25954	8	87	76.3	56.8	9.2	1	17
2018	29397	8	82	79.6	58.0	11.9	1	1
2019	34452	8	81	80.8	63.4	7.3	2	55
2020	38459	8	67	85.5	69.4	4.6	1	16
2021	43345	8	65	87.8	73.0	7.9	1	49
2022	46908	6	60	90.6	75.5	5.9	1	43

数据来源：历年河南省统计年鉴。

三、分产业经济运行分析

（一）产业格局与发展方向

息县依托现有资源禀赋培育优势产业，以承接东部地区产业转移为重点，确立了"以纺织服装、食品加工为主导产业，以户外用品制造、食品大健康为产业转型升级重点方向，以节能环保、新一代信息技术、新能源汽车为重点培育新兴产业，以现代物流、科技服务、中介服务、教育培训为现代服务业发展重点"的"2（2）+3+1"现代产业体系。

（二）产业结构分析

息县是典型的农业县，第一产业占比较大。2018年第三产业占比超过第二产业，三次产业结构转变为"三、二、一"梯次。2022年息县三产结构为22.0∶32.5∶45.5（见图1）。

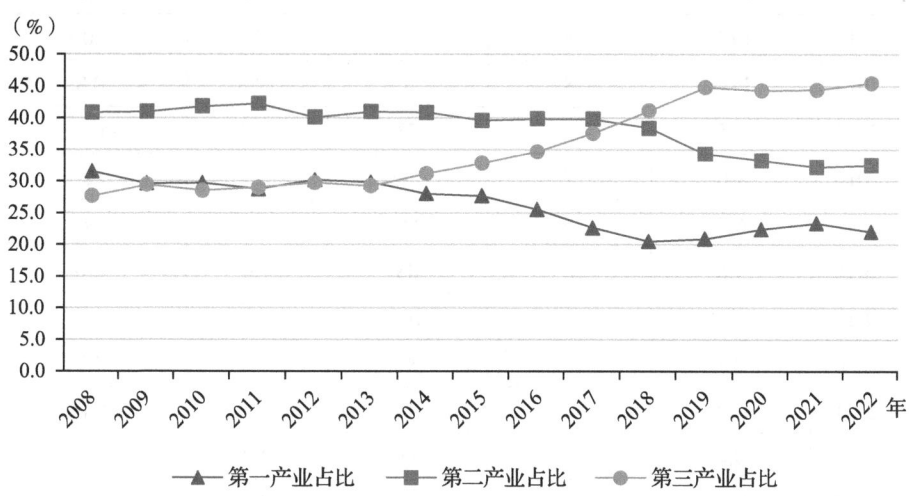

图1　2008—2022年息县三产结构变化情况

数据来源：历年河南省统计年鉴。

（三）工业发展情况分析

从工业增加值增速来看，2023年息县规上工业增加值增速为7.7%，高于信阳市5.7个百分点，高于河南省2.7个百分点。2022年增速为9.4%，在信阳市下辖8个县中排第1位，在河南省下辖102个县（市）中排第18位（见表3）。

表3　2008—2023年息县规上工业发展总体情况

年份	息县规上工业增加值增速（%）	息县规上工业增加值增速在信阳市的排名	息县规上工业增加值增速在河南省的排名	信阳市规上工业增加值增速	息县增速与信阳市对比（%）
2008	24.6	8	49	23.7	0.9
2009	18.7	8	46	20.2	−1.5
2010	22.1	5	64	21.0	1.1
2011	24.2	5	52	21.8	2.4

续表

年份	息县规上工业增加值增速（%）	息县规上工业增加值增速在信阳市的排名	息县规上工业增加值增速在河南省的排名	信阳市规上工业增加值增速	息县增速与信阳市对比（%）
2012	15.7	7	83	16.5	−0.8
2013	14.7	8	58	14.7	0.0
2014	11.5	8	76	12.3	−0.8
2015	9.5	8	73	10.1	−0.6
2016	9.0	7	74	8.8	0.2
2017	6.2	6	89	4.5	1.7
2018	5.6	8	88	7.6	−2.0
2019	−3.2	8	100	8.5	−11.7
2020	2.3	8	87	4.0	−1.7
2021	10.5	4	38	9.1	1.4
2022	9.4	1	18	3.2	6.2
2023	7.7	—	—	2.0	5.7

数据来源：历年河南省统计年鉴及息县政府工作报告。

（四）服务业发展情况分析

自2008年以来，息县服务业增加值逐年增长。2022年息县服务业增加值为141.0亿元，在信阳市下辖8个县中排第3位，在河南省下辖102个县（市）中排第45位。从服务业增加值增速来看，2022年息县服务业增加值增速为3.6%，在信阳市下辖8个县中排第2位，在河南省102县（市）中排第40位（见表4）。

表4　2008—2022年息县服务业发展总体情况

年份	息县服务业增加值（亿元）	息县服务业增加值占信阳市三产增加值的比重（%）	息县服务业增加值在信阳市的排名	息县服务业增加值在河南省的排名	息县服务业增加值增速（%）	息县服务业增加值增速在信阳市的排名	息县服务业增加值增速在河南省的排名
2008	21.1	8.0	5	64	12.9	8	62
2009	25.7	8.6	3	47	17.9	1	7

续表

年份	息县服务业增加值（亿元）	息县服务业增加值占信阳市三产增加值的比重（%）	息县服务业增加值在信阳市的排名	息县服务业增加值在河南省的排名	息县服务业增加值增速（%）	息县服务业增加值增速在信阳市的排名	息县服务业增加值增速在河南省的排名
2010	29.8	8.7	4	47	12.6	5	36
2011	35.5	8.8	4	44	12.5	3	19
2012	40.2	8.7	4	45	11.3	4	28
2013	44.6	8.4	4	47	7.8	8	70
2014	51.6	8.6	4	61	10.3	2	29
2015	58.4	8.6	3	60	11.7	4	57
2016	65.7	8.4	3	60	11.3	5	35
2017	76.3	8.5	3	59	12.3	1	14
2018	92.6	8.9	3	52	16.2	1	1
2019	113.8	9.3	3	49	12.6	1	1
2020	114.8	9.0	3	50	2.2	2	46
2021	128.0	9.2	3	47	8.1	3	58
2022	141.0	9.5	3	45	3.6	2	40

数据来源：历年河南省统计年鉴。

（五）重点企业分析

（1）阿尔本（息县）科技有限公司。原公司成立于1992年，经过近30年的行业深耕，现已发展成为一家集品牌设计、智能制造、个性化定制销售为一体，具有ODM能力的综合型服装企业。2018年到息县设厂，目前息县工厂已经有超1000名员工。

（2）河南豫道农业科技发展有限公司。公司是集红薯育苗、种植、储存、精深加工及销售为一体的全产业链企业，并带动息县建设500亩脱毒薯苗育苗基地、30000亩红薯种植基地。豫道酸辣粉在各大电商平台上销售火爆，曾创下单日突破8万单的业绩。

（3）河南北斯立户外体育用品有限公司。公司成立于2022年，专业制造帐篷。在抖音平台，北斯立产品日销售约400件，日营业额约8万元，目前年营业收入大约4000万元。

（4）河南尚晟智能家居有限公司。公司是一家专业从事户外休闲家具及用品设计研发、生产销售的ODM制造商。产品通过跨境电商平台销往美国、加拿大、欧洲等市场，2022年度销售额达8000多万美元。2022年，该项目入驻息县纺织服装产业园，总占地110亩，建筑面积9万平方米，项目满产后产值可达10亿元。

四、财政收支分析

从财政收支总体情况来看，2022年息县一般公共预算收入为10.1亿元，占信阳市一般公共预算收入的7.3%，在信阳市下辖8个县中排第3位，在河南省下辖102县（市）中排第86位；一般公共预算支出为69.1亿元，占信阳市一般公共预算支出的10.8%，在信阳市下辖8个县中排第2位，在河南省下辖102个县（市）排第11位（见表5）。

从财政自给率看，2022年为14.6%，在信阳市下辖8个县中排第7位，在河南省下辖102个县（市）中排第100位（见表5）。

表5 2008—2022年息县财政收支情况

年份	一般公共预算收入（亿元，%）				一般公共预算支出（亿元，%）				财政自给率（%）		
	一般公共预算收入	占信阳市的比重	在信阳市的排名	在河南省的排名	一般公共预算支出	占信阳市的比重	在信阳市的排名	在河南省的排名	财政自给率	在信阳市的排名	在河南省的排名
2008	1.4	5.7	4	82	10.8	9.0	2	37	13.2	5	87
2009	1.6	5.7	4	82	14.1	9.2	2	31	11.4	6	89
2010	1.9	5.4	5	83	16.7	9.6	2	31	11.1	8	95
2011	2.1	4.8	6	94	21.2	9.5	2	30	10.1	8	102
2012	2.7	4.8	6	95	25.4	9.2	2	36	10.6	7	100

续表

年份	一般公共预算收入（亿元，%）				一般公共预算支出（亿元，%）				财政自给率（%）		
	一般公共预算收入	占信阳市的比重	在信阳市的排名	在河南省的排名	一般公共预算支出	占信阳市的比重	在信阳市的排名	在河南省的排名	财政自给率	在信阳市的排名	在河南省的排名
2013	3.1	4.5	6	97	26.6	8.7	2	42	11.6	7	101
2014	3.7	4.6	6	96	29.2	8.7	2	41	12.7	7	100
2015	4.2	4.6	6	95	32.8	8.7	2	41	12.8	8	102
2016	4.7	5.0	6	96	35.2	8.7	3	41	13.4	8	98
2017	5.2	5.2	6	95	41.5	9.3	2	38	12.6	7	98
2018	6.8	6.1	3	88	56.4	10.7	2	25	12.0	7	100
2019	8.1	6.8	2	86	79.9	13.4	2	7	10.1	8	102
2020	8.8	7.2	2	81	86.7	14.2	1	5	10.1	8	102
2021	10.2	7.5	2	79	64.9	10.4	2	17	15.7	7	99
2022	10.1	7.3	3	86	69.1	10.8	2	11	14.6	7	100

数据来源：历年河南省统计年鉴。

从人均财力看，息县人均一般公共预算收入不及省、市人均水平；近几年一般公共预算支出与全市人均水平基本持平。2022年息县人均一般公共预算收入为1524元，相当于信阳市人均一般公共预算收入的68.6%，相当于河南省人均一般公共预算收入的33.9%，在信阳市下辖8个县中排第7位，在河南省下辖102个县（市）中排第90位；人均一般公共预算支出达到10465元，相当于信阳市人均一般公共预算支出的100.5%，相当于河南省人均一般公共预算支出的93.0%，在信阳市下辖8个县中排第2位，在河南省下辖102个县（市）中排第8位（见表6）。

表6 2008—2022年息县人均财力情况

年份	一般公共预算收入/常住人口（元）	与信阳市相比（%）	与河南省相比（%）	人均一般公共预算收入在信阳市的排名	人均一般公共预算收入在河南省的排名	一般公共预算支出/常住人口（元）	与信阳市相比（%）	与河南省相比（%）	人均一般公共预算支出在信阳市的排名	人均一般公共预算支出在河南省的排名
2008年	185	49.6	17.3	7	86	1400	78.1	57.9	7	50
2009年	205	49.8	17.3	8	88	1799	79.6	58.7	7	56
2010年	233	41.7	15.9	8	96	2103	73.8	57.9	8	62
2011年	269	37.1	14.8	8	101	2661	72.9	59.2	8	65
2012年	324	37.4	15.2	8	102	3073	71.0	58.5	8	80
2013年	378	35.5	15.0	8	102	3268	68.3	56.0	8	89
2014年	456	36.4	16.1	8	102	3598	69.0	57.6	8	88
2015年	504	35.4	16.2	8	102	3930	67.1	56.0	8	91
2016年	595	40.5	18.4	8	101	4430	70.8	58.1	8	84
2017年	666	42.8	19.2	8	100	5301	76.7	63.4	8	75
2018年	906	53.0	23.7	8	98	7526	92.1	80.5	5	28
2019年	1117	60.7	27.4	7	92	11029	119.7	107.4	1	8
2020年	1320	67.8	31.5	6	80	13017	132.8	124.8	1	2
2021年	1538	70.3	35.0	6	79	9800	96.9	92.9	4	11
2022年	1524	68.6	33.9	7	90	10465	100.5	93.0	2	8

数据来源：历年河南省统计年鉴。

五、金融业发展分析

息县金融机构年末存贷款余额逐年增加，2022年金融机构存款年末余额为437.6亿元，占信阳市的8.7%，在信阳市下辖8个县中排第3位，在河南省下辖102个县（市）中排第32位；金融机构贷款年末余额为172.8亿元，占信阳市的7.2%，在信阳市下辖8个县中排第4位，在河南省下辖102个县（市）中排第58位（见表7）。

从存贷比来看，2022年息县存贷比为39.5%，在信阳市下辖8个县中排第4位，在河南省下辖102个县（市）中排第86位（见表7）。

表7 2008—2022年息县金融业发展情况

年份	存款年末余额	占信阳市的比重	在信阳市的排名	在河南省的排名	贷款年末余额	占信阳市的比重	在信阳市的排名	在河南省的排名	息县存贷比	在信阳市的排名	在河南省的排名
2008	72.0	9.9	2	19	20.5	5.8	4	59	28.5	7	94
2009	84.3	9.5	2	19	25.9	5.5	4	59	30.7	7	92
2010	94.2	8.9	2	26	31.3	5.5	5	56	33.2	8	92
2011	117.5	9.3	2	24	37.1	5.9	5	50	31.6	8	90
2012	136.3	8.9	2	27	41.3	5.6	5	55	30.3	8	92
2013	162.2	8.9	2	27	48.7	5.4	6	62	30.0	8	94
2014	189.9	9.1	2	24	56.2	5.1	6	63	29.6	8	99
2015	215.2	9.1	2	23	62.0	4.8	6	64	28.8	8	99
2016	241.8	9.0	2	25	70.6	4.9	6	64	29.2	8	97
2017	265.5	8.7	2	27	80.4	5.1	4	61	30.3	8	92
2018	285.8	8.9	2	30	97.4	5.7	4	57	34.1	6	87
2019	309.1	8.9	2	30	119.9	6.3	3	53	38.8	5	84
2020	349.1	9.0	3	31	142.4	6.9	3	51	40.8	3	84
2021	371.1	8.5	3	33	154.4	6.9	4	58	41.6	4	87
2022	437.6	8.7	3	32	172.8	7.2	4	58	39.5	4	86

数据来源：历年河南省统计年鉴。

从人均存贷款来看，2022年息县人均存款余额为66280元，相当于信阳市人均存款余额的81.2%，相当于河南省人均存款余额的67.8%，在信阳市下辖8个县中排第7位，在河南省下辖102个县（市）中排第28位；人均贷款余额为26177元，相当于信阳市人均贷款余额的67.0%，相当于河南省人均贷款余额的32.8%，在信阳市下辖8个县中排第6位，在河南省下辖102个县（市）中排第66位（见表8）。

表8 2008—2022年息县人均存贷款情况

年份	人均存款（元，%）					人均贷款（元，%）				
	人均存款余额	在信阳市的排名	在河南省的排名	与信阳市相比	与河南省相比	人均贷款余额	在信阳市的排名	在河南省的排名	与信阳市相比	与河南省相比
2008	9334	3	29	85.7	57.7	2660	7	65	50.3	24.2
2009	10788	4	33	82.4	53.4	3308	7	65	47.7	23.4
2010	11869	7	43	68.6	48.2	3936	8	70	42.1	23.3
2011	14780	7	41	71.3	52.5	4665	8	68	45.1	25.2
2012	16487	7	48	68.7	49.2	5000	8	77	43.2	23.5
2013	19941	7	45	69.5	50.8	5991	8	79	42.0	24.4
2014	23407	7	42	71.6	54.6	6931	8	84	40.1	24.6
2015	25817	8	45	69.6	52.6	7436	8	88	36.9	22.9
2016	30447	7	43	72.9	55.2	8893	8	82	39.7	23.8
2017	33936	7	47	71.9	56.5	10276	8	80	41.9	24.2
2018	38143	6	38	77.2	58.9	12993	8	75	48.8	26.8
2019	42657	6	36	79.2	60.8	16551	6	65	56.1	29.4
2020	52389	6	28	83.7	68.1	21369	5	59	64.8	33.8
2021	56016	6	35	79.4	67.2	23313	6	68	64.8	33.2
2022	66280	7	28	81.2	67.8	26177	6	66	67.0	32.8

数据来源：历年河南省统计年鉴。

六、居民收入分析

从居民收入看，2022年息县居民人均可支配收入为22585元，相当于信阳市居民人均可支配收入的89.0%，相当于河南省居民人均可支配收入的80.0%，在信阳市下辖8个县中排第7位，在河南省下辖102个县（市）中排第70位。从居民收入增速看，2022年息县居民人均可支配收入增速为6.0%，和信阳市居民人均可支配收入增速持平（见表9）。

表9　2017—2022年息县居民人均可支配收入情况

年份	息县居民人均可支配收入（元）	在信阳市的排名	在河南省的排名	与信阳市相比（%）	与河南省相比（%）	息县居民人均可支配收入增速（%）	信阳市城乡居民人均可支配收入增速（%）	息县增速与信阳市增速对比
2017	15502	7	70	88.7	76.9	—	10.3	—
2018	16974	7	70	88.6	77.3	9.5	9.6	−0.1
2019	18502	7	72	88.4	77.4	9.0	9.3	−0.2
2020	19400	7	71	88.7	78.2	4.9	4.5	0.4
2021	21298	7	70	88.9	79.4	9.8	9.5	0.3
2022	22585	7	70	89.0	80.0	6.0	6.0	0

数据来源：历年河南省统计年鉴。

分城乡来看，息县城乡居民人均可支配收入始终低于河南省和信阳市平均水平。2022年息县城镇居民人均可支配收入为33322元，相当于信阳市城镇居民人均可支配收入的95.7%，相当于河南省城镇居民人均可支配收入的86.6%，在信阳市下辖8个县中排第7位，在河南省下辖102个县（市）中排第66位；农村居民人均可支配收入为16518元，相当于信阳市农村居民人均可支配收入的92.2%，相当于河南省农村居民人均可支配收入的88.3%，在信阳市下辖8个县中排第7位，在河南省下辖102个县（市）中排第69位；城乡居民人均可支配收入比约为2.0∶1，在信阳市下辖8个县中排第8位，在河南省下辖102个县（市）中排第74位，2008年以来城乡收入差距整体上逐步缩小（见表10）。

表10　2008—2022年息县人民生活情况

年份	城镇居民人均可支配收入	在信阳市的排名	在河南省的排名	与信阳市相比	与河南省相比	农村居民人均可支配收入	在信阳市的排名	在河南省的排名	与信阳市相比	与河南省相比	城乡收入比	在信阳市的排名	在河南省的排名
2008	10534	7	56	95.6	79.6	3713	7	79	86.9	83.4	2.8	8	88
2009	11525	7	55	95.7	80.2	4020	7	77	87.1	83.6	2.9	8	87

续表

年份	城镇（元，%）					农村（元，%）					城乡收入比		
	城镇居民人均可支配收入	在信阳市的排名	在河南省的排名	与信阳市相比	与河南省相比	农村居民人均可支配收入	在信阳市的排名	在河南省的排名	与信阳市相比	与河南省相比	城乡收入比	在信阳市的排名	在河南省的排名
2010	12823	7	55	96.1	80.5	4637	7	73	87.3	83.9	2.8	8	82
2011	14701	7	57	96.3	80.8	5380	7	78	87.5	81.5	2.7	8	88
2012	16560	7	55	96.0	81.0	6121	7	80	87.3	81.3	2.7	7	85
2013	18400	7	56	96.1	82.2	6987	7	78	87.5	82.4	2.6	7	84
2014	20167	7	56	95.8	85.2	7772	7	79	87.6	78.0	2.6	7	84
2015	21588	7	56	96.2	84.4	8907	7	77	90.5	82.1	2.4	8	85
2016	23021	7	59	96.1	84.5	9807	7	72	92.1	83.8	2.3	8	83
2017	25079	7	61	96.2	84.8	10733	7	75	92.0	84.4	2.3	8	85
2018	27186	7	61	96.1	85.3	11731	7	75	92.0	84.8	2.3	8	83
2019	29157	7	66	95.8	85.3	12863	7	75	91.8	84.8	2.3	8	82
2020	29667	7	65	95.9	85.4	13821	7	73	92.0	85.8	2.1	8	80
2021	32055	7	62	95.7	86.4	15301	7	71	92.2	87.3	2.1	8	79
2022	33322	7	66	95.7	86.6	16518	7	69	92.2	88.3	2.0	8	74

数据来源：历年河南省统计年鉴。

七、固定资产投资分析

从固定资产投资增速来看，2022年息县固定资产投资增长13.6%，高于信阳市0.7个百分点，高于河南省6.9个百分点（见表11）。

表11 2012—2022年息县固定资产投资情况

年份	息县固定资产投资增速（%）	信阳市固定资产投资增速（%）	河南省固定资产投资增速（%）	息县增速与信阳市对比（%）	息县增速与河南省增速（%）
2012	20.0	22.3	21.4	−2.3	−1.4
2013	22.0	23.0	22.5	−1.0	−0.5

续表

年份	息县固定资产投资增速（%）	信阳市固定资产投资增速（%）	河南省固定资产投资增速（%）	息县增速与信阳市对比（%）	息县增速与河南省增速（%）
2014	17.5	19.1	19.2	-1.6	-1.7
2015	20.9	17.5	16.5	3.5	4.4
2016	20.7	9.6	13.7	11.1	7.0
2017	18.0	8.9	10.4	9.1	7.6
2018	9.0	9.7	8.1	-0.7	0.9
2019	13.9	10.6	8.0	3.3	5.9
2020	9.9	5.8	4.3	4.1	5.6
2021	19.0	11.6	4.5	7.4	14.5
2022	13.6	12.9	6.7	0.7	6.9

数据来源：历年河南省统计年鉴及息县政府工作报告。

八、社会消费分析

从社会消费情况来看，2022年息县社消零总额为108.6亿元，在信阳市下辖8个县中排第4位，在河南省下辖102个县（市）中排第50位；人均社消零额为16452元，在信阳市下辖8个县中排第7位，在河南省下辖102个县（市）中排第68位（见表12）。

表12　2008—2022年息县社会消费情况

年份	社消零总额（亿元，%）				人均社消零额（元）		
	社消零总额	在信阳市的排名	在河南省的排名	占GDP的比重	人均社消零额	在信阳市的排名	在河南省的排名
2008	28.7	3	39	37.7	3724	7	64
2009	34.4	3	40	39.4	4406	7	64
2010	40.5	3	40	38.7	5102	7	66
2011	48.0	3	40	39.2	6034	7	67
2012	55.6	3	41	41.2	6731	8	73
2013	63.4	3	41	41.5	7791	8	73

续表

年份	社消零总额（亿元，%）				人均社消零额（元）		
	社消零总额	在信阳市的排名	在河南省的排名	占GDP的比重	人均社消零额	在信阳市的排名	在河南省的排名
2014	73.1	3	40	44.1	9007	7	66
2015	82.1	3	40	46.1	9854	8	73
2016	91.8	3	38	48.4	11556	7	60
2017	101.2	3	41	49.8	12932	7	64
2018	94.7	4	48	42.1	12638	8	75
2019	103.5	4	52	40.7	14278	7	74
2020	98.8	4	51	38.1	14818	7	63
2021	107.0	3	50	37.2	16153	7	66
2022	108.6	4	50	35.0	16452	7	68

数据来源：历年河南省统计年鉴。

九、人口规模分析

从人口情况看，息县常住人口在全省县域中排名中游，但城镇化率水平较低。人口流失率较高，2020年外流人口46.0万人，人口流失率达40.8%。2022年息县常住人口为66.0万人，占信阳市常住人口的10.7%，在信阳市下辖8个县中排第2位，在河南省下辖102个县（市）中排第48位；城镇化率为39.7%，在信阳市下辖8个县中排第8位，在河南省下辖102个县（市）中排第87位（见表13）。

表13　2008—2022年息县人口情况

年份	户籍人口（万人）	常住人口（万人）	常住人口占信阳市的比重（%）	常住人口在信阳市的排名	常住人口在河南省的排名	外流人口（万人）	人口流失率（%）	息县城镇化率（%）	城镇化率在信阳市的排名	城镇化率在河南省的排名
2008	94.5	77.2	11.5	2	35	17.3	18.3	—	—	—
2009	94.9	78.1	11.5	2	34	16.8	17.7	—	—	—
2010	101.1	79.4	13.0	2	27	21.7	21.5	—	—	—

续表

年份	户籍人口（万人）	常住人口（万人）	常住人口占信阳市的比重（%）	常住人口在信阳市的排名	常住人口在河南省的排名	外流人口（万人）	人口流失率（%）	息县城镇化率（%）	城镇化率在信阳市的排名	城镇化率在河南省的排名
2011	101.6	79.5	13.0	2	28	22.1	21.7	—	—	—
2012	102.1	82.7	12.9	2	25	19.5	19.1	—	—	—
2013	102.6	81.3	12.8	2	27	21.3	20.7	32.9	8	61
2014	103.2	81.1	12.7	2	27	22.0	21.4	34.2	7	61
2015	103.7	83.4	13.0	2	26	20.4	19.6	35.7	8	63
2016	104.3	79.4	12.3	2	29	24.9	23.9	37.2	8	65
2017	104.9	78.2	12.1	2	32	26.7	25.5	38.8	8	65
2018	105.6	74.9	11.6	2	34	30.7	29.1	40.2	8	67
2019	106.1	72.5	11.2	2	38	33.6	31.7	41.5	8	68
2020	112.6	66.6	10.7	2	48	46.0	40.8	37.5	8	88
2021	—	66.2	10.7	2	47	—	—	38.8	8	87
2022	—	66.0	10.7	2	48	—	—	39.7	8	87

数据来源：历年河南省统计年鉴。

十、公共服务分析

从教育情况来看，2022 年息县有小学 141 所，在校生 76132 人，专任教师 4766 人，生师比 16.0∶1；有初中 41 所，在校生 42627 人，专任教师 3885 人，生师比 11.0∶1（见表 14）。

从医疗卫生情况来看，平均每千名常住人口配备卫生机构床位数、卫生技术人员数逐年上升，医疗资源配备逐步优化，2022 年每千人床位数为 5.3 张，每千人卫生技术人员数为 5.4 人（见表 14）。

表 14　2019—2022 年息县义务教育和医疗情况

	年份	2019	2020	2021	2022
学校数	合计（所）	178	181	181	182
	小学学校数（所）	140	141	140	141
	初中学校数（所）	38	40	41	41

续表

年份		2019	2020	2021	2022
在校学生数	合计（人）	130635	127456	122624	118759
	小学在校生数（人）	85943	84158	81296	76132
	初中在校生数（人）	44692	43298	41328	42627
专任教师数	合计（人）	8467	8582	8715	8651
	小学（人）	5058	4891	4738	4766
	初中（人）	3409	3691	3977	3885
医疗卫生	卫生机构床位数/千人	4.6	5.0	5.4	5.3
	卫生技术人员数/千人	4.4	5.1	5.3	5.4

数据来源：历年河南省统计年鉴。

十一、县域发展特色产业——户外产业

（一）全球户外市场达千亿美元

发达国家户外运动产业发展历史悠久，经济发展水平、政策、基础设施为三大核心驱动因素。户外运动起步于18世纪末到19世纪初的探险及科考活动，第二次世界大战后在欧美率先得到普及，实现大众化，欧美户外运动参与率在50%以上。2022年全球户外用品行业营收规模约2002亿美元。

（二）中国户外用品行业稳健发展

20世纪90年代，户外运动传入中国，因其倡导"自然、健康、自由、快乐"的生活方式，逐渐成为人们回归自然、放松身心的重要方式。同时，户外运动具有一定的挑战性和刺激性，在年轻群体中大受欢迎，户外运动的空间不断延伸。2000年后，我国户外运动向大众延伸，户外用品市场井喷式增长。2022年，中国户外用品行业市场规模已达1971亿元。但中国户外运动渗透率仅为28%，与海外超50%的渗透率相比仍有较大的上升空间。

从市场主体的数量来看，截至2024年2月，我国拥有27.9万余家户外运动相关企业。从地域分布上看，浙江、广东并列第一，户外运动相关企业均达4.1万家，河南、山东、四川位居前列，户外运动相关企业数量分别1.7万家、1.7万家及1.6万余家。

（三）息县户外休闲产业发展强劲

近年来，息县抓住沿海地区户外休闲产业向内地转移的契机，把户外休闲产业作为全县主导产业进行培育，出台一系列优惠政策，使得当地在户外家具、户外帐篷、户外运动器材等领域的发展已经呈现一定的产业规模，与产业配套的模具、铝管、藤条、包装材料等关联企业逐步齐全，产业链逐步完善。初步形成了多点开花、效应集聚、独具特色的纺织户外产业集群。

2022年，息县陆续招引入驻了全球市场占有率达70%的国内户外行业龙头企业泰普森集团、浙江临海尚莱公司，以及行路、行嘉、北斯立、瑞扬等一批户外"瞪羚"企业，同年实现年出货近3000集装箱，总产值12.99亿元，主营业务收入11.59亿元，从业人员5582人。据统计，全县现有纺织户外用品企业18家，纺织户外产业相关企业80多家，规上企业12家。

（四）息县户外休闲产业发展建议

第一，聚焦轻纺服饰产业链上中下游优势区域，组织招商小分队到江苏南通、浙江绍兴、广东广州等轻纺产业外溢地区，高频对接东丽酒伊织染、宜宾弘曲线业等行业龙头、单项冠军，争取实现新的突破。利用泰普森集团、临海尚莱公司等链主型企业和产业联盟等，持续加大以商招商。

第二，深入实施增品种、提品质、创品牌"三品"专项行动，学习行业龙头企业的先进技术和管理经验，与国际国内知名品牌合作，借助龙头企业带动，大力提升息县户外区域品牌知名度。

十二、综述

近年来，息县经济发展呈现蓬勃之势，2022年经济体量突破300亿元，GDP增速、规上工业增加值增速、固定资产投资增速均居全市第一。息县牢固树立"工业立县、项目兴县"的发展理念，按照"壮大主导产业强实力、培育新兴产业增活力、提升特色产业添魅力"的工作思路，充分发挥息县人口大县、农业大县的优势，紧紧围绕纺织服装、食品加工两大主导产业延链补链强链，培育了酸辣粉、户外休闲产业等亮点，在当下的消费时代找到了自身的新赛道。

河南省县域经济运行分析：新野篇

一、新野县概述

新野县地处河南省西南部，县域总面积1062平方千米，辖8镇、5乡、2个街道，耕地107万亩。是国家现代农业示范区、国家级出口牛肉质量安全示范区、中国棉纺织名城、全国农产品质量安全县、全国无公害蔬菜生产基地示范县、全国粮食生产先进县、全国农业机械化示范县、全国科技工作先进县、全国一二三产业融合发展试点示范县、全国一二三产业融合发展先导区。

新野县区位独特，资源丰富。新野地处郑州、西安、武汉三大都市圈的地理核心，处于宛襄两大副中心城市的中间节点，有利于向北围绕南阳副中心城市向心发展，向南融入汉江生态经济带协同发展。新野县境内高速、国道、省道纵横交汇，距郑万高铁邓州东站仅13.8千米，唐河复航、白河通航、邓桐高速、南襄高速等项目正在实施，区位优势、交通优势更加凸显。新野县拥有省批9.52平方千米的先进制造业开发区、6.2平方千米的肉牛产业化集群示范区，营商环境连续两年稳居省市第一方阵，产业发展、招商引资的载体平台完备。

二、总体经济运行分析

从GDP总量来看，2023年新野县GDP为312.7亿元，在南阳市下辖11个县（市）中排第4位，在河南省下辖102个县（市）中排第43位。

从GDP增速来看，2023年新野县GDP增速为4.1%，与河南省持平，但低于南阳市0.7个百分点。2022年新野县GDP增速为5.0%，在南阳市下辖11个县（市）中排第5位，在河南省下辖102个县（市）中排第44位（见表1）。

表1　2008—2023年新野县地区生产总值及增速

年份	新野县GDP（亿元）	新野县GDP占南阳市的比重（%）	新野县GDP在南阳市的排名	新野县GDP在河南省的排名	新野县GDP增速（%）	新野县GDP增速在南阳市的排名	新野县GDP增速在河南省的排名	新野县GDP增速与南阳市GDP增速对比	新野县GDP增速与河南省GDP增速对比
2008	142.4	8.7	4	28	12.9	4	56	0.8	0.9
2009	142.8	8.3	3	29	10.0	7	92	0.0	−1.0
2010	165.7	8.5	3	28	12.2	3	47	0.6	−0.2
2011	195.9	8.9	3	29	11.2	4	73	0.0	−0.8
2012	197.5	8.4	3	30	11.5	2	43	1.4	1.4
2013	203.7	8.2	3	35	9.4	6	60	0.7	0.4
2014	218.3	8.2	3	35	9.1	6	54	0.6	0.2
2015	237.4	8.3	3	34	10.5	5	22	1.5	2.1
2016	259.6	8.7	3	33	9.7	6	17	1.3	1.5
2017	261.7	8.2	3	38	4.2	10	97	−2.6	−3.6
2018	280.1	8.0	3	38	7.4	7	70	0.2	−0.2
2019	263.4	6.9	3	52	7.2	4	56	0.3	0.4
2020	275.5	7.0	3	48	3.0	6	49	0.8	1.9
2021	303.6	7.0	3	41	9.0	7	18	0.0	2.7
2022	318.0	7.0	3	42	5.0	5	44	0.2	1.9
2023	312.7	6.8	4	43	4.1	—	—	−0.7	0

数据来源：历年河南省统计年鉴及新野县统计公报。

从人均GDP来看，新野县人均GDP超过南阳市，但低于河南省平均水平。2023年新野县人均GDP为53176元，相当于南阳市的111.1%，相当于河南省的88.5%。2022年新野县人均GDP为53519元，在南阳市下辖11个县（市）中排第4位，在河南省下辖102个县（市）中排第44位（见表2）。

表2 2008—2023年新野县人均地区生产总值及增速

年份	新野县人均GDP（元）	新野县人均GDP在南阳市的排名	新野县人均GDP在河南省的排名	新野县人均GDP与南阳市相比（%）	新野县人均GDP与河南省相比（%）	新野县人均GDP增速（%）	新野县人均GDP增速在南阳市的排名	新野县人均GDP增速在河南省的排名
2008	21056	3	33	139.6	111.5	12.8	4	58
2009	20942	2	34	129.3	103.3	9.1	6	90
2010	25242	3	33	139.1	105.2	16.6	2	28
2011	31446	2	30	156.7	112.7	17.2	2	29
2012	31993	3	32	147.0	104.9	12.5	1	40
2013	33064	3	33	142.2	99.8	9.6	7	57
2014	35652	2	33	133.8	99.1	9.8	9	43
2015	38911	2	32	135.8	101.5	10.9	6	22
2016	42459	2	31	142.9	102.7	9.5	4	21
2017	42388	3	41	132.2	92.7	3.2	10	98
2018	44623	2	40	126.1	88.0	5.6	8	84
2019	41661	4	54	107.6	76.6	6.4	8	76
2020	45582	4	48	113.1	82.2	3.5	4	33
2021	50679	4	46	112.9	85.3	10.7	4	10
2022	53519	4	44	113.0	86.2	5.9	4	42
2023	53176	—	—	111.1	88.5	5.2	—	—

数据来源：历年河南省统计年鉴及新野县统计公报。

三、分产业经济运行分析

（一）产业格局与发展方向

新野县工业基础良好，主导产业特色鲜明，规上工业企业有185家，培育形成了以河南新野纺织股份有限公司为龙头的纺织服装产业集群，产业规模居全省首位；光电电子信息产业以南阳鼎泰高科有限公司为龙头，形成了以 PCB 微钻针、电路板、光学模块、能源模块等多环节配套的产业链；玩具制造产业"从无到有"，全产业链快速发展，着力打造"玩具制造之都"。

新野县农业产业化水平较高，肉牛产业是全国首批优势特色产业集群（豫西南肉牛产业集群），蔬菜素有"南新野、北寿光"之称，是豫西南最大的花生交易集散地。

（二）产业结构分析

新野县第一产业占比较高，2019 年第三产业占比超过第二产业，三次产业结构转变为"三、二、一"梯次。2023 年三产结构为 20.8∶22.9∶56.3（见图 1）。

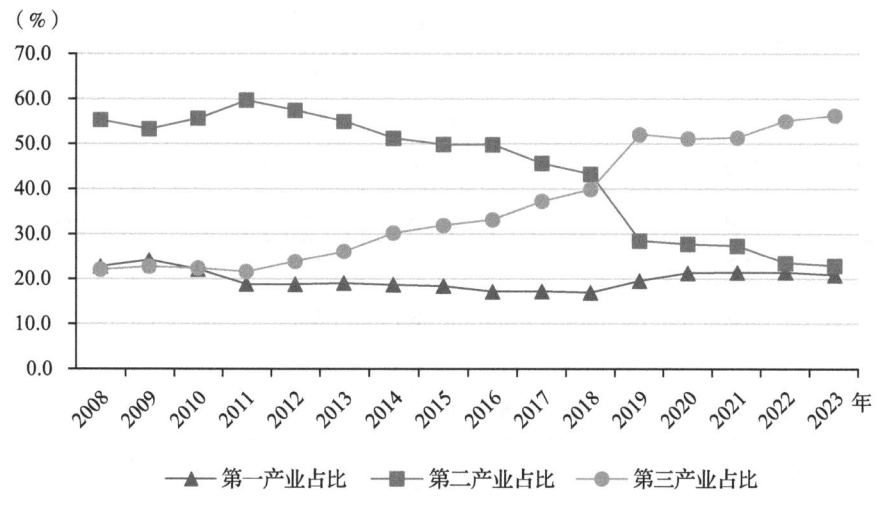

图 1　2008—2023 年新野县三产结构变化情况

（三）工业发展情况分析

从规上工业增加值增速来看，2023 年新野县规上工业增加值增速为 3.2%，低于南阳市 2.8 个百分点，低于河南省 1.8 个百分点。2022 年增速为 6.6%，在南阳市下辖 11 个县（市）中排第 10 位，在河南省下辖 102 个县（市）中排第 62 位（见表 3）。

表3 2008—2023年新野县规上工业发展总体情况

年份	新野县规上工业增加值增速（%）	新野县规上工业增加值增速在南阳市的排名	新野县规上工业增加值增速在河南省的排名	南阳市规上工业增加值增速（%）	河南省规上工业增加值增速（%）	新野县规上工业增加值增速与南阳市对比（%）	新野县规上工业增加值增速与河南省对比（%）
2008	21.3	5	75	20.1	19.8	1.2	1.5
2009	15.6	9	84	14.0	14.6	1.6	1.0
2010	22.8	8	46	22.4	19.0	0.4	3.8
2011	21.1	7	76	21.8	19.6	−0.7	1.5
2012	19.2	5	44	16.3	14.6	2.9	4.6
2013	13.7	8	71	11.8	11.8	1.9	1.9
2014	12.0	6	64	11.2	11.2	0.8	0.8
2015	14.4	4	15	9.8	8.6	4.6	5.8
2016	10.3	8	27	8.8	8.0	1.5	2.3
2017	−3.1	10	99	6.1	8.0	−9.2	−11.1
2018	5.7	8	86	6.6	7.2	−0.9	−1.5
2019	8.5	5	67	8.1	7.8	0.4	0.7
2020	4.7	7	52	4.3	0.4	0.4	4.3
2021	10.5	6	39	10.5	6.3	0.0	4.2
2022	6.6	10	62	6.8	5.1	−0.2	1.5
2023	3.2	—	—	6.0	5.0	−2.8	−1.8

数据来源：历年河南省统计年鉴及新野县统计公报。

（四）服务业发展情况分析

新野县服务业增加值逐年增长，2023年为176.0亿元；2022年为164.3亿元，在南阳市下辖11个县（市）中排第4位，在河南省下辖102个县（市）中排第38位。从服务业增加值增速来看，2022年新野县服务业增加值增速为3.8%，在南阳市下辖11个县（市）中排第7位，在河南省下辖102县（市）中排第35位（见表4）。

表4　2008—2023年新野县服务业发展总体情况

年份	新野县服务业增加值（亿元）	占南阳市服务业增加值的比重（%）	在南阳市的排名	在河南省的排名	新野县服务业增加值增速（%）	增速在南阳市的排名	增速在河南省的排名
2008	31.4	7.5	4	28	13.4	9	54
2009	32.4	6.9	4	32	11.7	9	74
2010	37.0	6.9	4	32	12.1	5	40
2011	42.2	6.8	4	35	6.2	11	93
2012	47.1	6.8	4	36	8.2	10	83
2013	53.2	6.8	4	35	8.4	8	54
2014	65.9	6.9	4	38	9.8	8	42
2015	75.7	6.9	4	37	13.2	6	25
2016	86.0	7.0	4	38	11.3	3	33
2017	97.4	7.0	4	38	9.6	4	70
2018	111.6	7.1	4	39	10.9	4	31
2019	137.0	7.0	4	38	7.2	5	61
2020	140.6	7.0	4	37	3.3	2	18
2021	155.8	7.0	4	36	11.0	5	13
2022	164.3	7.0	4	38	3.8	7	35
2023	176.0	7.0	—	—	5.5	—	—

数据来源：历年河南省统计年鉴及新野县统计公报。

（五）重点企业分析

（1）河南新野纺织股份有限公司。公司年产高档织物用纱22万吨，服装面料1.6亿米，年销售收入61亿元，利润4亿元，经济效益连续20多年位居全国棉纺织行业前列和全省同行业首位。

（2）南阳鼎泰高科有限公司。是广东鼎泰高科的子公司，是一家专门研发生产销售钻针、槽刀、铣刀的高新技术企业，产品主要应用于PCB线路板钻孔工艺，涉及3C、PCB、汽车、光电、模具等领域。2020年公司生产的 PCB 钻针销量跃居全球首位，全球市场占有率达 19%，成为线路板行业微钻领域全球龙头供应商。

（3）南阳市明迪玩具有限公司。公司成立于 2019 年，主要研发、设计、生产、加工、销售益智类积木玩具，是新野县打造玩具产业园的龙头企业。2019 年年底投产后，当年实现销售收入 3000 万元，利税 400 万元。

四、财政收支分析

从财政收支总体情况来看，2023 年新野县一般公共预算收入达 12.0 亿元，占南阳市一般公共预算收入的 4.1%；一般公共预算支出达 37.7 亿元，占南阳市一般公共预算支出的 4.6%。2022 年新野县一般公共预算收入达 10.5 亿元，在南阳市下辖 11 个县（市）中排第 9 位，在河南省下辖 102 县（市）中排第 84 位；一般公共预算支出达到 34.6 亿元，在南阳市下辖 11 个县（市）中排第 10 位，在河南省下辖 102 个县（市）中排第 79 位（见表 5）。

表 5　2008—2023 年新野县财政收支情况

年份	一般公共预算收入（亿元，%）				一般公共预算支出（亿元，%）			
	一般公共预算收入	占南阳市的比重	在南阳的市排名	在河南的省排名	一般公共预算支出	占南阳市的比重	在南阳的市排名	在河南省的排名
2008	2.3	4.5	8	51	8.4	4.7	8	70
2009	2.5	4.4	7	54	10.2	4.5	9	79
2010	2.9	4.1	8	60	12.4	4.3	7	69
2011	3.5	4.0	8	62	15.3	4.9	9	74
2012	4.0	3.8	9	69	19.2	5.0	9	70
2013	4.7	3.8	9	73	21.3	5.0	10	68
2014	5.7	4.0	9	72	22.7	5.0	10	71
2015	6.4	4.1	9	71	26.9	5.2	8	66
2016	6.8	4.1	9	71	28.3	5.2	9	72
2017	7.1	4.1	9	74	30.3	5.2	9	70

续表

年份	一般公共预算收入（亿元，%）				一般公共预算支出（亿元，%）			
	一般公共预算收入	占南阳市的比重	在南阳的市排名	在河南的省排名	一般公共预算支出	占南阳市的比重	在南阳的市排名	在河南省的排名
2018	7.7	4.3	9	79	32.6	5.0	10	80
2019	8.3	4.3	9	79	35.6	5.1	9	78
2020	8.6	4.2	9	85	39.7	5.3	9	71
2021	9.4	4.2	9	85	32.3	4.3	10	76
2022	10.5	4.1	9	84	34.6	4.5	10	79
2023	12.0	4.1	—	—	37.7	4.6	—	—

数据来源：历年河南省统计年鉴及新野县统计公报。

从人均财力看，2023年新野县人均一般预算公共收入为2052元，相当于南阳市人均一般预算公共收入的67.3%，相当于河南省人均一般预算公共收入的44.6%；人均一般公共预算支出达到6457元，相当于南阳市人均一般公共预算支出的74.7%，相当于河南省人均一般公共预算支出的57.3%。从财政自给率看，新野县财政自给率低于南阳市和河南省财政自给率。2023年新野县财政自给率为31.8%，低于南阳市3.5个百分点，低于河南省9.0个百分点。2022年新野县财政自给率为30.4%，在南阳市下辖11个县（市）中排第4位，在河南省下辖102个县（市）中排第61位（见表6）。

五、金融业发展分析

新野县金融机构年末存贷款余额逐年增加。2023年新野县金融机构存款年末余额为426.7亿元，金融机构贷款年末余额为215.3亿元。2022年新野县金融机构存款年末余额为382.3亿元，占南阳市的比重为5.8%，在南阳市下辖11个县（市）中排第6位，在河南省下辖102个县（市）中排第45位；金融机构贷款年末余额为189.7亿元，占南阳市的比重为5.2%，在南阳市下辖11个县（市）中排第7位，在河南省下辖102个县（市）中排第44位。

表 6　2008—2023 年新野县人均财力及财政自给率

年份	一般公共预算收入/常住人口	与南阳市相比	与河南省相比	人均一般公共预算收入在南阳市的排名	人均一般公共预算收入在河南省的排名	一般公共预算支出/常住人口	与南阳市相比	与河南省相比	人均一般公共预算支出在南阳市的排名	人均一般公共预算支出在河南省的排名	财政自给率	财政自给率在南阳市的排名	财政自给率在河南省的排名
2008	340	66.5	31.7	5	51	1233	69.4	50.9	7	74	27.6	3	46
2009	359	64.8	30.3	5	55	1496	66.5	48.8	8	87	24.0	3	45
2010	453	67.4	30.9	5	51	1972	69.5	54.3	6	72	23.0	6	52
2011	568	66.0	31.2	5	54	2476	81.0	55.1	6	75	22.9	5	52
2012	644	63.1	30.1	5	57	3104	81.5	59.1	8	79	20.7	5	56
2013	758	61.8	30.0	5	63	3471	81.8	59.5	7	78	21.8	6	61
2014	935	66.2	32.9	5	59	3714	82.1	59.4	8	83	25.2	4	58
2015	1048	66.9	33.7	5	60	4416	85.8	63.0	6	72	23.7	5	59
2016	1118	67.0	34.7	5	61	4624	84.4	60.7	6	74	24.2	4	54
2017	1148	65.2	33.1	5	62	4876	83.0	58.3	9	84	23.5	4	54
2018	1221	66.1	32.0	6	73	5138	78.0	55.0	10	92	23.8	4	55
2019	1322	65.8	32.4	5	77	5636	78.3	54.9	9	93	23.5	4	55
2020	1425	68.5	34.0	6	76	6579	85.9	63.1	8	77	21.7	5	66
2021	1586	67.9	36.1	6	76	5422	69.9	51.4	10	83	29.3	4	62
2022	1770	66.3	39.4	7	74	5830	72.7	51.8	10	83	30.4	4	61
2023	2052	67.3	44.6	—	—	6457	74.7	57.3	—	—	31.8	—	—

数据来源：历年河南省统计年鉴及新野县统计公报。

从存贷比看,2023 年新野县存贷比为 50.5%;2022 年存贷比为 49.6%,在南阳市下辖 11 个县(市)中排第 8 位,在河南省下辖 102 个县(市)中排第 62 位(见表 7)。

表 7　2008—2023 年新野县金融机构年末存贷款余额情况

年份	存款(亿元,%)				贷款(亿元,%)				存贷比(%)		
	存款年末余额	占南阳市的比重	在南阳市的排名	在河南省的排名	贷款年末余额	占南阳市的比重	在南阳市的排名	在河南省的排名	新野县存贷比	在南阳市的排名	在河南省的排名
2008	52.7	5.7	4	45	30.7	5.6	2	27	58.2	3	21
2009	65.9	5.8	4	42	43.6	6.2	2	24	66.1	2	15
2010	79.0	5.4	5	41	48.1	5.8	3	29	60.9	2	21
2011	89.6	5.1	5	48	53.5	5.5	3	28	59.7	2	18
2012	105.2	5.0	5	50	58.4	5.2	4	31	55.5	2	24
2013	124.4	5.0	5	49	73.2	5.5	4	31	58.9	3	24
2014	138.0	5.0	5	48	85.6	5.5	3	30	62.1	3	23
2015	158.7	5.2	5	48	92.6	5.4	4	32	58.3	4	29
2016	187.6	5.4	5	45	100.2	5.3	4	34	53.4	5	38
2017	201.7	5.4	5	50	110.6	5.2	5	35	54.8	5	36
2018	224.2	5.5	5	50	118.3	5.0	7	41	52.8	6	43
2019	254.0	5.5	6	50	139.1	5.3	6	37	54.8	5	41
2020	292.5	5.5	7	48	157.7	5.3	5	38	53.9	5	49
2021	329.7	5.7	6	46	175.9	5.3	7	41	53.3	6	53
2022	382.3	5.8	6	45	189.7	5.2	7	44	49.6	8	62
2023	426.7	5.8	—	—	215.3	5.1	—	—	50.5	—	—

数据来源:历年河南省统计年鉴及新野县统计公报。

从人均存贷款来看,新野县人均存款余额在省、市的排名均处于中上游。2023 年新野县人均存款余额为 73147 元,相当于南阳市人均存款余额的 95.2%,相当于河南省人均存款余额的 71.6%;人均贷款余额为 36904

元，相当于南阳市人均贷款余额的82.3%，相当于河南省人均贷款余额的43.6%。2022年新野县人均存款余额为64506元，在南阳市下辖11个县（市）中排第5位，在河南省下辖102个县（市）中排第32位；人均贷款余额为32001元，在南阳市下辖11个县（市）中排第4位，在河南省下辖102个县（市）中排第45位（见表8）。

表8 2008—2023年新野县人均存贷款情况

年份	人均存款（元，%）					人均贷款（元，%）				
	人均存款	在南阳市的排名	在河南省的排名	与南阳市相比	与河南省相比	人均贷款	在南阳市的排名	在河南省的排名	与南阳市相比	与河南省相比（%）
2008	7754	3	46	84.5	47.9	4516	2	35	82.3	41.1
2009	9640	3	43	85.2	47.7	6373	2	31	92.3	45.0
2010	12566	4	41	87.7	51.1	7647	2	30	94.9	45.3
2011	14529	4	43	82.9	51.6	8676	2	29	90.3	46.9
2012	17031	4	45	82.1	50.8	9454	2	32	86.2	44.4
2013	20237	4	44	82.4	51.5	11910	3	35	90.6	48.5
2014	22619	4	46	82.0	52.7	14037	3	35	90.3	49.7
2015	26019	4	43	84.9	53.0	15175	3	36	88.2	46.8
2016	30616	4	42	88.8	55.5	16351	3	37	86.9	43.8
2017	32446	5	51	85.8	54.0	17793	3	36	83.1	41.9
2018	35384	5	54	85.0	54.6	18670	4	43	78.4	38.5
2019	40266	5	46	84.6	57.4	22053	4	39	81.4	39.2
2020	48531	5	39	89.0	63.1	26166	4	41	84.7	41.4
2021	55366	5	36	92.1	66.4	29530	4	42	85.5	42.0
2022	64506	5	32	94.0	65.9	32001	4	45	84.2	40.1
2023	73147	—	—	95.2	71.6	36904	—	—	82.3	43.6

数据来源：历年河南省统计年鉴及新野县统计公报。

六、居民收入分析

从居民收入看，2017年以来新野县居民人均可支配收入在全省排名处于中上游。2023年新野县居民人均可支配收入为28565元，和南阳市居民人均可支配收入基本持平，相当于河南省居民人均可支配收入的95.4%。2022年新野县居民人均可支配收入为26911元，在南阳市下辖11个（市）中排第2位，在河南省下辖102个县（市）中排第33位（见表9）。

从居民收入增速看，2023年新野县居民人均可支配收入增速为6.1%，低于南阳市居民人均可支配收入增速0.9个百分点（见表9）。

表9　2017—2023年新野县居民人均可支配收入情况

年份	新野县居民人均可支配收入（元）	在南阳市的排名	在河南省的排名	与南阳市相比（%）	与河南省相比（%）	新野县居民人均可支配收入增速（%）	南阳市居民人均可支配收入增速（%）	新野县增速与南阳市增速对比
2017	19689	2	29	103.0	97.6	—	9.7	—
2018	21221	2	29	101.9	96.6	7.8	8.9	−1.1
2019	22743	2	31	100.5	95.1	7.2	8.7	−1.5
2020	23495	2	32	100.1	94.7	3.3	3.7	−0.4
2021	25486	2	32	100.0	95.1	8.5	8.6	−0.1
2022	26911	2	33	100.2	95.4	5.6	5.4	0.2
2023	28565	—	—	99.4	95.4	6.1	7.0	−0.9

数据来源：历年河南省统计年鉴及新野县统计公报。

分城乡来看，新野县城镇居民人均可支配收入在南阳市和河南省处于上游水平。2023年新野县城镇居民人均可支配收入为39814元，和省、市水平基本持平；农村居民人均可支配收入为20435元，和省、市水平基本持平。2022年新野县城镇居民人均可支配收入为36532元，在南阳市下辖11个县（市）中排第3位，在河南省下辖102个县（市）中排第26位；农村居民人均可支配收入为21222元，在南阳市下辖11个县（市）中排第2位，在河南省下辖102个县（市）中排第32位；城乡居民人均可支配收入比约为1.7∶1，在南阳市下辖11个县（市）中排第1位，在河南省下辖102个县（市）中排第38位，2008年以来城乡收入差距整体上逐步缩小（见表10）。

表10　2008—2023年新野县城乡居民可支配收入及城乡收入比

年份	城镇（元，%）					农村（元，%）					城乡收入比		
	城镇居民人均可支配收入	在南阳市的排名	在河南省的排名	与南阳市相比	与河南省相比	农村居民人均可支配收入	在南阳市的排名	在河南省的排名	与南阳市相比	与河南省相比	城乡收入比	在南阳市的排名	在河南省的排名
2008	11655	3	21	94.0	88.5	5210	1	29	114.0	117.0	2.2	2	40
2009	12739	3	28	94.4	88.6	5561	1	31	112.8	115.7	2.3	2	40
2010	14217	3	27	94.3	89.2	6489	2	31	114.5	117.5	2.2	2	37
2011	16307	2	26	94.3	89.6	8086	1	24	119.3	122.4	2.0	1	33
2012	18459	3	26	94.4	90.3	9387	1	24	121.1	124.7	2.0	1	32
2013	20508	3	25	94.7	91.6	10495	1	24	120.2	123.8	2.0	1	34
2014	22436	3	24	94.6	94.8	11692	2	25	120.0	117.3	1.9	1	31
2015	23984	3	25	95.4	93.8	12986	1	24	120.5	119.7	1.8	1	33
2016	25832	3	22	96.0	94.9	13970	1	24	119.4	119.4	1.8	1	33
2017	28165	2	21	96.7	95.3	15186	1	24	119.4	119.4	1.9	1	34
2018	30165	3	26	96.3	94.6	16416	2	25	118.6	118.7	1.8	1	34
2019	32095	3	29	96.0	93.8	17590	2	29	116.0	116.0	1.8	1	33
2020	32545	3	30	96.0	93.7	18452	2	31	114.7	114.6	1.8	1	34
2021	34986	3	28	96.7	94.3	19918	2	31	113.2	113.6	1.8	1	36
2022	36532	3	26	96.7	94.9	21222	2	32	113.0	113.5	1.7	1	38
2023	39814	—	—	100.0	99.0	20435	—	—	100.0	101.9	1.9	—	—

数据来源：历年河南省统计年鉴及新野县统计公报。

七、固定资产投资分析

从固定资产投资增速来看，2023年新野县固定资产投资出现大幅下降，增速为-10.9%，低于南阳市16.7个百分点，低于河南省13.0个百分点（见表11）。其中，工业投资下降4.8%，占固定资产投资的比重为64.1%；民间投资下降13.2%，占固定资产投资的比重为80%。

表11　2010—2023年新野县固定资产投资情况

年份	新野县固定资产投资增速（%）	南阳市固定资产投资增速（%）	河南省固定资产投资增速（%）	新野县增速与南阳市对比（%）	新野县增速与河南省对比（%）
2010	23.8	21.6	22.2	2.2	1.6
2011	21.0	27	27	−6.0	−6.0
2012	23.1	24.2	21.4	−1.1	1.7
2013	22.5	23.3	22.5	−0.8	0.0
2014	18.2	19.1	19.2	−0.9	−1.0
2015	19.2	17.5	16.5	1.7	2.7
2016	21.7	16.7	13.7	5.0	8.0
2017	2.7	9.9	10.4	−7.2	−7.7
2018	9.5	9.6	8.1	−0.1	1.4
2019	20.8	10.4	8.0	10.4	12.8
2020	11.6	5.5	4.3	6.1	7.3
2021	12.7	13.1	4.5	−0.4	8.2
2022	13.6	13.2	6.7	0.4	6.9
2023	−10.9	5.8	2.1	−16.7	−13.0

数据来源：历年河南省统计年鉴及新野县统计公报。

八、社会消费分析

从社会消费情况来看，新野县社消零总额在2019年大幅下降。2023年新野县社消零总额为108.3亿元，人均社消零额为18565元。2022年新野县社消零总额为102.1亿元，在南阳市下辖11个县（市）中排第7位，在河南省下辖102个县（市）中排第56位；人均社消零额为17232元，在南阳市下辖11个县（市）中排第8位，在河南省下辖102个县（市）中排第58位（见表12）。

表12 2008—2023年新野县社会消费情况

年份	社消零总额（亿元，%）				人均社消零额（元）		
	社消零总额	在南阳市的排名	在河南省的排名	占GDP的比重	人均社消零额	在南阳市的排名	在河南省的排名
2008	40.8	4	20	28.6	5999	3	18
2009	48.4	4	19	33.9	7075	3	19
2010	57.1	4	19	34.5	9081	2	15
2011	66.1	4	20	33.7	10715	2	14
2012	76.5	4	20	38.7	12387	2	14
2013	86.6	4	20	42.5	14087	2	14
2014	99.1	4	18	45.4	16250	2	14
2015	112.6	4	18	47.4	18459	2	14
2016	126.6	4	18	48.8	20656	2	14
2017	139.5	4	20	53.3	22438	2	14
2018	141.7	5	22	50.6	22358	3	14
2019	96.5	6	56	36.6	15293	7	58
2020	91.6	6	56	33.2	15187	8	59
2021	99.8	6	55	32.9	16758	8	59
2022	102.1	7	56	32.1	17232	8	58
2023	108.3	—	—	34.6	18565		

数据来源：历年南阳市统计年鉴及新野县统计公报。

九、人口规模分析

从人口情况看，新野县城镇化率水平在全省县域中处于中游，2020年人口流失率接近30%。2023年新野县常住人口为58.3万人，占南阳市常住人口的6.1%，城镇化率为48.2%。2022年新野县常住人口为59.3万人，在南阳市下辖11个县（市）中排第5位，在河南省下辖102个县（市）中排第57位；城镇化率为47.1%，在南阳市下辖11个县（市）中排第6位，在河南省下辖102个县（市）中排第45位（见表13）。

表13　2008—2023年新野县人口情况

年份	户籍人口（万人）	常住人口（万人）	常住人口在南阳市的排名	常住人口在河南省的排名	外流人口（万人）	人口流失率（%）	常住人口占南阳市的比重（%）	新野县城镇化率（%）	城镇化率在南阳市的排名	城镇化率在河南省的排名
2008	75.3	68.0	5	46	7.3	9.7	6.8	—	—	—
2009	75.9	68.4	5	46	7.5	9.8	6.8	—	—	—
2010	81.3	62.9	7	60	18.4	22.6	6.1	—	—	—
2011	81.6	61.7	7	59	19.9	24.4	6.1	—	—	—
2012	82.2	61.8	7	59	20.5	24.9	6.1	—	—	—
2013	82.6	61.5	7	60	21.1	25.6	6.1	33.9	6	47
2014	83.1	61.0	7	60	22.1	26.6	6.1	35.0	6	51
2015	83.3	61.0	7	61	22.3	26.8	6.1	36.7	5	52
2016	83.8	61.3	7	60	22.5	26.8	6.1	38.4	6	54
2017	84.1	62.2	6	59	21.9	26.1	6.3	40.0	6	55
2018	84.3	63.4	6	57	21.0	24.9	6.4	41.3	8	57
2019	84.6	63.1	6	58	21.5	25.4	6.5	42.7	8	58
2020	85.2	60.3	5	56	24.9	29.3	6.2	45.5	6	44
2021	—	59.6	5	56	—	—	6.2	46.5	6	44
2022	—	59.3	5	57	—	—	6.2	47.1	6	45
2023	—	58.3	—	—	—	—	6.1	48.2	—	—

数据来源：历年河南省统计年鉴及新野县统计公报。

十、公共服务分析

从教育情况来看，2022年新野县有小学94所，在校生63651人，专任教师4684人，生师比13.6∶1；有初中25所，在校生41922人，专任教师3245人，生师比12.9∶1（见表14）。

从医疗卫生情况来看，平均每千名常住人口配备卫生机构床位数、卫生技术人员数逐年上升，医疗资源配备逐步优化，2022年每千人床位数为5.5张，每千人卫生技术人员数为5.3人（见表14）。

表 14 2019—2022 年新野县义务教育和医疗情况

	年份	2019	2020	2021	2022
学校数	合计（所）	121	122	121	119
	小学学校数（所）	96	97	96	94
	初中学校数（所）	25	25	25	25
在校学生数	合计（人）	122945	121445	116720	105573
	小学在校生数（人）	82722	78492	73059	63651
	初中在校生数（人）	40223	42953	43661	41922
专任教师数	合计（人）	7025	7389	8047	7929
	小学（人）	4401	4470	4748	4684
	初中（人）	2624	2919	3299	3245
医疗卫生	卫生机构床位数/千人	4.9	5.1	5.3	5.5
	卫生技术人员数/千人	4.3	4.6	5.3	5.3

数据来源：历年河南省统计年鉴。

十一、县域发展特色产业——玩具制造产业

2018 年以来，新野县紧抓沿海玩具制造业向内地转移的有利机遇，以实施返乡创业工程为抓手，拓展招商渠道，助推产业发展。初步形成了集模具开发、生产加工、电商销售于一体的产业发展格局，"玩具制造之都"的轮廓越来越清晰。预计到 2025 年玩具产业总产值达 50 亿元，2035 年达到 100 亿元。以下是新野县发展玩具制造产业的主要做法。

第一，大力实施返乡创业工程。新野县先后出台了《关于支持农民工返乡创业的实施意见》《新野县回乡创业优惠政策》等扶持政策，对返乡创业企业在税收、用地、信贷、厂房租赁等多方面予以政策支持；实行产业链招商，明确一名县委常委任玩具制造产业链链长，建立健全专门的玩具产业招商队伍，紧盯重点区域、重点人员，大力开展乡情招商、以商招商，产业集群发展态势初步显现。

第二，注重产业集群化链式发展。成立玩具行业协会，在行业研究、政策咨询、行业标准等方面为玩具企业提供指引；瞄准广州、东莞、汕头

等地，围绕产业链上下游企业，实施延链补链强链行动，引进玩具用电机、五金配件、包装、模具等项目的同时，将本土的锂电池、光学镜片等配套企业纳入产业供应链，形成玩具研发、设计、模具、电商、物流全产业链发展格局。

第三，不间断常态化开展玩具产业招商。新野县主要领导多次率领招商团队赴汕头、上海等玩具产业的前沿地区开展招商对接洽谈活动，并积极做好承接谋划。特别是谋划在新野县建立150亩左右的玩具产业园区，集模具服务、注塑机装备、玩具生产企业、电商销售平台为一体，为打造中部玩具制造之都提供完备平台。现已吸引以明迪玩具为龙头，包括星梦科教、中跃科技、祥宠玩具、暴龙玩具在内的18家玩具企业落户新野，带动3000余人务工就业，产业集聚效应持续显现，发展态势蓬勃向前。

十二、综述

新野县是典型的平原县，经济体量在全省处于中游。产业结构上，第一产业占比相对较高，围绕肉牛、蔬菜、花生等农业主导产业和林果花卉、中药材、黄酒、猕猴等优势特色产业，构建"3+N"产业体系。财政支出在省、市排名靠后，财政自给率较低。金融存贷比在省、市的排名近年来不断下滑，经济活跃度有所减弱。居民人均可支配收入在省、市的排名处于中等位次，城乡居民可支配收入差距逐渐缩小；外出务工人员较多，城镇化率在省、市的排名处于中等位次。

新野县应继续深化纺织服装、光电电子信息、玩具制造等传统主导产业的转型升级，通过技术改造、设备更新、产品升级等方式，提高产业附加值和市场竞争力。加强产业规划布局，通过完善园区基础设施、优化营商环境、提供政策支持等措施，吸引更多企业入驻园区，形成产业集群效应。继续巩固和扩大畜牧业的发展优势，特别是肉牛、蔬菜、花生等特色产业，通过引进优良品种、推广科学养殖技术、加强疫病防控等措施，提高畜牧业生产效益和产品质量。

河南省县域经济运行分析：淅川篇

一、淅川县概述

淅川县地处豫鄂陕三省七县市接合部，全县总面积2820平方千米。是南水北调中线核心水源区和渠首所在地，千里调水，始于淅川。全县水源区面积占国土总面积的92.8%，丹江口水库有1050平方千米，淅川境内面积有506平方千米，水源区最核心的部分在淅川，丹江口水库水质常年稳定保持在Ⅱ类以上标准。

近年来，淅川县服从服务南水北调大局，围绕建设水清民富县强美丽淅川，以水质保护、绿色发展为主线，以创建国家生态文明建设示范区为载体，强力实施"生态立县、旅游兴县、工业强县、创新活县"四大战略，突出抓好生态产业、旅游开发、工业经济、城乡建设、脱贫攻坚五个重点，全面加快经济社会转型，推动淅川经济健康快速发展。

二、总体经济运行分析

从GDP总量来看，2023年淅川县GDP为273.4亿元。2022年淅川县GDP为284.5亿元，在南阳市下辖11个县（市）中排第8位，在河南省下辖102个县（市）中排第59位（见表1）。

从GDP增速来看，2023年淅川县GDP增速为5.2%。2022年淅川县GDP增速为5.0%，在南阳市下辖11个县（市）中排第5位，在河南省下辖102个县（市）中排第44位（见表1）。

表1 2008—2023年淅川县地区生产总值及增速

年份	淅川县GDP（亿元）	淅川县GDP占南阳市的比重（%）	淅川县GDP在南阳市的排名	淅川县GDP在河南省的排名	淅川县GDP增速（%）	淅川县GDP增速在南阳市的排名	淅川县GDP增速在河南省的排名	淅川县GDP增速与南阳市对比（%）	淅川县GDP增速与河南省对比（%）
2008	103.4	6.3	6	45	13.2	3	50	1.1	1.2
2009	110.8	6.5	6	45	10.9	3	74	0.9	−0.1
2010	126.4	6.5	6	46	12.2	4	49	0.6	−0.2
2011	145.4	6.6	6	48	15.3	2	20	4.1	3.3
2012	155.8	6.7	6	51	10.8	4	68	0.7	0.7
2013	170.0	6.8	6	51	9.8	5	53	1.1	0.8
2014	180.6	6.7	6	53	8.4	9	79	−0.1	−0.5
2015	194.6	6.8	6	53	10.3	1	27	1.3	1.9
2016	211.7	7.1	6	52	9.1	7	28	0.7	0.9
2017	214.2	6.7	7	59	4.3	9	95	−2.5	−3.5
2018	228.9	6.5	7	60	7.7	5	59	0.5	0.1
2019	233.4	6.1	8	66	7.9	1	24	1.0	1.1
2020	245.4	6.2	8	62	3.4	2	33	1.2	2.3
2021	271.1	6.2	8	59	9.2	5	12	0.2	2.9
2022	284.5	6.2	8	59	5.0	5	44	0.2	1.9
2023	273.4	6.0	—	—	5.2	—	—	0.4	1.1

数据来源：历年河南省统计年鉴及2023年淅川县经济运行情况简析。

从人均GDP来看，淅川县人均GDP超过南阳市，但一直低于河南省平均水平。2022年淅川县人均GDP为53418元，相当于河南省的86.0%，在南阳市下辖11个县（市）中排第5位，在河南省下辖102个县（市）中排第45位（见表2）。

表2 2008—2022年淅川县人均地区生产总值及增速

年份	淅川县人均GDP（元）	淅川县人均GDP在南阳市的排名	淅川县人均GDP在河南省的排名	淅川县人均GDP与南阳市相比（%）	淅川县人均GDP与河南省相比（%）	淅川县人均GDP增速（%）	淅川县人均GDP增速在南阳市的排名	淅川县人均GDP增速在河南省的排名
2008	15703	6	45	104.1	83.2	12.8	3	57
2009	16709	4	44	103.2	82.4	10.2	3	75
2010	18713	4	47	103.1	78.0	10.1	8	79
2011	21396	4	51	106.6	76.7	14.6	5	48
2012	23096	4	50	106.1	75.7	11.7	4	58
2013	25204	4	54	108.4	76.1	9.8	6	54
2014	27070	4	55	101.6	75.2	9.6	10	50
2015	29424	4	54	102.7	76.7	11.2	5	19
2016	31979	4	54	107.7	77.4	9.0	7	37
2017	32535	5	63	101.4	71.2	4.9	9	94
2018	35750	5	60	101.0	70.5	10.8	3	5
2019	37292	5	65	96.3	68.6	10.4	1	1
2020	45425	5	49	112.7	81.9	5.4	1	11
2021	50588	5	47	112.7	85.2	10.2	5	16
2022	53418	5	45	112.8	86.0	5.6	7	49

数据来源：历年河南省统计年鉴。

三、分产业经济运行分析

（一）产业格局与发展方向

淅川县紧紧围绕"高水平建强现代化省域副中心城市、高质高效推进中国式现代化南阳实践"这一主题，按照"生态优先、绿色发展"思路，探索走好"生态产业化、产业生态化"的产业转型升级之路。第一产业推动传统种植业向现代农业转型，发展生态高效林果产业，实现生态效益和经济效益双赢。第二产业推动工业向先进制造业转型，着力培育汽车零部件、现代中药、新型建材、新能源新材料四大百亿级产业集群，坚持以项目强龙头、补链条、壮集群，做强产业链。第三产业以创建国家全域旅游示范区为载体，打造文旅产业"升级版"，把资源优势转化为发展优势，实现绿水青山与金山银山的有机统一。

（二）产业结构分析

淅川县第一产业占比较高，2019年第三产业占比超过第二产业，三次产业结构转变为"三、二、一"梯次。2023年三产结构为20.2∶29.5∶50.8（见图1）。

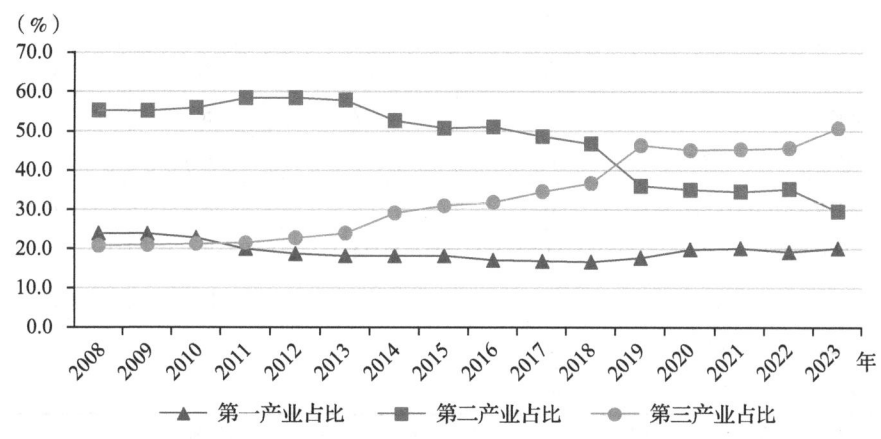

图1　2008—2023年淅川县三产结构变化情况

（三）工业发展情况分析

从规上工业增加值增速来看，在2008—2023年间，除2017年外，淅川县规上工业增加值增速均高于南阳市水平，2023年增速为7.3%，高于南阳市1.3个百分点。2022年增速为7.8%，在南阳市下辖11个县（市）中排第2位，在河南省下辖102个县（市）中排第34位（见表3）。

表3　2008—2023年淅川县规上工业发展总体情况

年份	淅川县规上工业增加值增速（%）	淅川县规上工业增加值增速在南阳市的排名	淅川县规上工业增加值增速在河南省的排名	南阳市规上工业增加值增速（%）	淅川县增速与南阳市对比（%）
2008	22.4	2	68	20.1	2.3
2009	18.2	4	53	14.0	4.2
2010	26.4	2	6	22.4	4.0

续表

年份	淅川县规上工业增加值增速（%）	淅川县规上工业增加值增速在南阳市的排名	淅川县规上工业增加值增速在河南省的排名	南阳市规上工业增加值增速（%）	淅川县增速与南阳市对比（%）
2011	36.2	1	2	21.8	14.4
2012	19.1	6	45	16.3	2.8
2013	14.0	6	69	11.8	2.2
2014	13.0	5	48	11.2	1.8
2015	11.3	8	49	9.8	1.5
2016	10.6	6	21	8.8	1.8
2017	1.0	9	97	6.1	−5.1
2018	8.3	4	55	6.6	1.7
2019	8.5	6	68	8.1	0.4
2020	5.3	4	34	4.3	1.0
2021	10.8	4	30	10.5	0.3
2022	7.8	2	34	6.8	1.0
2023	7.3	—	—	6.0	1.3

数据来源：历年河南省统计年鉴及2023年淅川县经济运行情况简析。

（四）服务业发展情况分析

淅川县服务业增加值逐年增长，2023年为138.8亿元；2022年为129.6亿元，在南阳市下辖11个县（市）中排第7位，在河南省下辖102个县（市）中排第50位。从服务业增加值增速来看，2022年淅川县服务业增加值增速为3.6%，在南阳市下辖11个县（市）中排第8位，在河南省下辖102县（市）中排第40位（见表4）。

表4　2008—2023年淅川县服务业发展总体情况

年份	淅川县服务业增加值（亿元）	淅川县服务业增加值占南阳市的比重（%）	淅川县服务业增加值在南阳市的排名	淅川县服务业增加值在河南省的排名	淅川县服务业增加值增速（%）	淅川县服务业增加值增速在南阳市的排名	淅川县服务业增加值增速在河南省的排名
2008	21.6	5.1	7	62	17.4	2	12
2009	23.3	4.9	7	62	12.5	5	59

续表

年份	淅川县服务业增加值（亿元）	淅川县服务业增加值占南阳市的比重（%）	淅川县服务业增加值在南阳市的排名	淅川县服务业增加值在河南省的排名	淅川县服务业增加值增速（%）	淅川县服务业增加值增速在南阳市的排名	淅川县服务业增加值增速在河南省的排名
2010	26.9	5.0	7	61	13.1	1	27
2011	31.4	5.1	7	61	9.7	2	62
2012	35.5	5.1	7	59	9.8	3	56
2013	40.7	5.2	7	57	10.8	2	11
2014	52.6	5.5	7	58	9.2	9	58
2015	60.3	5.5	7	58	13.2	4	23
2016	67.3	5.4	7	58	9.6	9	86
2017	74.0	5.3	7	63	6.8	11	100
2018	84.0	5.4	7	64	10.2	7	41
2019	108.0	5.5	7	54	8.3	1	35
2020	110.7	5.5	7	53	3.0	3	24
2021	122.8	5.5	7	50	11.6	2	8
2022	129.6	5.5	7	50	3.6	8	40
2023	138.8	5.5	—	—	5.9	—	—

数据来源：历年河南省统计年鉴及2023年淅川县经济运行情况简析。

（五）重点企业分析

（1）南阳淅减汽车减振器有限公司。公司是以生产汽车减振器、汽车齿轮、高速列车减振器及城市轨道减振器三块产业为主的上市集团公司，公司注册资金为3.2亿港元，总资产19亿元，下辖淅川、南阳、上海、意大利等7个子公司，具备年生产2000万支汽车减振器、30万套汽车弧齿、10万支轨道交通减振器的研发和生产能力。主要为一汽大众、上海大众、吉利汽车、宇通客车、中车集团等40多家车辆厂配套，综合竞争力位居全国同行业前列。

（2）河南福森实业集团。集团以中医药健康产业为龙头，主要涉及医药制造、新能源、大健康饮品、生态旅游、中药材种植、教育、房地产等行业，是下辖22个子公司的多元化综合性企业集团。集团旗下核心子公司福森药业有限公司于2018年在香港联合交易所主板挂牌上市，是国内目前剂型较全的制药企业之一和最大的双黄连类感冒药制造商，公司主导产品双黄连口服液、双黄连注射液产销量位居全国前列。自2012年开始，连年上缴地方财政超亿元，并保持南阳市工业企业纳税前5名、淅川县企业纳税第1名。

（3）河南淅川淅水集团有限公司。是一家以生产经营水泥、熟料、商品混凝土、砂石骨料为主业，以金融、物流、工艺、工程建设为副业的跨行业、跨地区股份制企业。集团现有员工680余人，总资产17亿元，设计年产熟料130万吨、水泥300万吨、商品混凝土200万立方米、砂石骨料1000万吨，年产值16亿元，利税4亿元左右。完成产销各类建材商品总量1056万吨，实现销售收入13.4亿元、缴纳税金1.07亿元，是淅川县支柱企业、重大贡献企业之一。

四、财政收支分析

从财政收支总体情况来看，2023年淅川县一般公共预算收入达16.6亿元，一般公共预算支出达58.1亿元。2022年淅川县一般公共预算收入达14.6亿元，占南阳市一般公共预算收入的5.7%，在南阳市下辖11个县（市）中排第5位，在河南省下辖102县（市）中排第54位；一般公共预算支出达到59.0亿元，占南阳市一般公共预算支出的7.7%，在南阳市下辖11个县（市）中排第3位，在河南省下辖102个县（市）排第25位（见表5）。

表5　2008—2023年淅川县财政收支情况

年份	一般公共预算收入（亿元，%）				一般公共预算支出（亿元，%）			
	一般公共预算收入	占南阳市的比重	在南阳市的排名	在河南省的排名	一般公共预算支出	占南阳市的比重	在南阳市的排名	在河南省的排名
2008	2.8	5.4	4	43	11.0	6.2	4	35
2009	3.0	5.4	4	45	14.0	6.2	3	32

续表

年份	一般公共预算收入（亿元，%）				一般公共预算支出（亿元，%）			
	一般公共预算收入	占南阳市的比重	在南阳市的排名	在河南省的排名	一般公共预算支出	占南阳市的比重	在南阳市的排名	在河南省的排名
2010	7.4	10.6	1	20	22.0	7.6	2	9
2011	9.6	11.0	1	19	24.9	8.1	3	16
2012	13.5	13.1	1	13	32.4	8.4	2	14
2013	15.9	12.9	1	12	39.0	9.1	2	11
2014	7.0	5.0	6	53	34.0	7.5	4	30
2015	7.8	5.0	6	52	37.5	7.3	3	31
2016	8.4	5.0	5	49	39.8	7.2	4	33
2017	8.5	4.9	8	57	44.2	7.6	3	34
2018	9.2	5.1	8	65	50.2	7.7	3	33
2019	10.0	5.1	8	67	60.6	8.6	3	26
2020	10.8	5.3	5	62	60.7	8.2	3	27
2021	12.2	5.4	5	58	60.9	8.2	3	21
2022	14.6	5.7	5	54	59.0	7.7	3	25
2023	16.6	5.7	—	—	58.1	7.1	—	—

数据来源：历年河南省统计年鉴及2023年淅川县经济运行情况简析。

从人均财力看，2022年淅川县人均一般公共预算收入为2739元，和南阳市基本持平，相当于河南省人均一般公共预算收入的61.0%；人均一般公共预算支出达到11092元，相当于南阳市人均一般公共预算支出的138.3%，相当于河南省人均一般公共预算支出的98.6%。从财政自给率看，淅川县财政自给率低于南阳市和河南省水平。2022年淅川县财政自给率为24.7%，低于南阳市10.5个百分点，低于河南省15.2个百分点，在南阳市下辖11个县（市）中排第9位，在河南省下辖102个县（市）中排第78位（见表6）。

表6 2008—2022年淅川县人均财力及财政自给率

年份	一般公共预算收入/常住人口	与南阳市相比	与河南省相比	人均财力（元，%） 收入在南阳市的排名	收入在河南省的排名	一般公共预算支出/常住人口	与南阳市相比	与河南省相比	支出在南阳市的排名	支出在河南省的排名	财政自给率	财政自给率（%） 财政自给率在南阳市的排名	财政自给率在河南省的排名
2008	418	81.9	39.1	3	44	1665	93.8	68.8	3	30	25.1	6	53
2009	454	81.8	38.2	3	44	2112	93.9	68.9	3	38	21.5	6	53
2010	1071	159.2	72.9	2	26	3209	113.1	88.3	2	14	33.4	2	34
2011	1427	165.9	78.4	2	23	3707	121.3	82.5	1	16	38.5	2	30
2012	2003	196.2	93.6	1	17	4791	125.8	91.2	1	12	41.8	1	27
2013	2370	193.4	93.9	1	17	5800	136.6	99.5	1	5	40.9	1	27
2014	1059	75.0	37.3	4	54	5142	113.7	82.3	3	24	20.6	11	75
2015	1176	75.0	37.8	4	54	5668	110.1	80.9	3	24	20.8	9	72
2016	1269	76.0	39.3	4	51	6003	109.5	78.7	2	27	21.1	7	68
2017	1304	74.1	37.6	4	57	6762	115.0	80.9	3	30	19.3	9	73
2018	1475	79.9	38.6	4	58	8025	121.8	85.9	1	21	18.4	9	81
2019	1604	79.8	39.3	4	59	9694	134.7	94.4	1	12	16.5	10	89
2020	1997	96.0	47.6	4	51	11270	147.1	108.0	1	6	17.7	8	86
2021	2281	97.7	51.9	4	52	11425	147.4	108.4	1	3	20.0	10	88
2022	2739	102.6	61.0	4	47	11092	138.3	98.6	1	5	24.7	9	78

数据来源：历年河南省统计年鉴。

五、金融业发展分析

淅川县金融机构年末存贷款余额逐年增加。2023年淅川县金融机构存款年末余额为398.5亿元，金融机构贷款年末余额为215.1亿元；2022年金融机构存款年末余额为369.4亿元，占南阳市的比重为5.6%，在南阳市下辖11个县（市）中排第7位，在河南省下辖102个县（市）中排第50位；金融机构贷款年末余额为187.1亿元，占南阳市的比重为5.1%，在南阳市下辖11个县（市）中排第8位，在河南省下辖102个县（市）中排第45位（见表7）。

从存贷比看，2023年淅川县存贷比为54.0%；2022年存贷比为50.7%，在南阳市下辖11个县（市）中排第7位，在河南省下辖102个县（市）中排第57位（见表7）。

表7　2008—2023年淅川县金融机构年末存贷款余额情况

年份	存款（亿元，%）					贷款（亿元，%）					存贷比（%）		
	存款年末余额	占南阳市的比重	在南阳市的排名	在河南省的排名		贷款年末余额	占南阳市的比重	在南阳市的排名	在河南省的排名		淅川县存贷比	在南阳市的排名	在河南省的排名
2008	47.9	5.2	5	52		27.3	4.9	6	38		56.9	4	25
2009	60.8	5.3	5	48		33.6	4.8	6	37		55.3	4	32
2010	93.7	6.4	4	28		40.7	4.9	6	38		43.4	9	61
2011	114.5	6.5	3	25		51.2	5.3	4	31		44.7	7	48
2012	128.2	6.1	4	30		59.4	5.3	3	30		46.4	5	39
2013	147.9	6.0	4	34		71.1	5.4	5	33		48.1	7	46
2014	158.6	5.8	4	38		79.7	5.1	6	37		50.3	7	46
2015	173.2	5.6	4	40		89.5	5.2	5	35		51.7	6	42
2016	203.9	5.9	4	40		98.7	5.2	5	36		48.4	8	49
2017	227.2	6.0	4	41		115.8	5.4	4	32		51.0	6	45
2018	246.4	6.0	4	42		135.0	5.8	3	28		54.8	4	40

续表

年份	存款（亿元，%）				贷款（亿元，%）				存贷比（%）		
	存款年末余额	占南阳市的比重	在南阳市的排名	在河南省的排名	贷款年末余额	占南阳市的比重	在南阳市的排名	在河南省的排名	淅川县存贷比	在南阳市的排名	在河南省的排名
2019	268.6	5.8	5	44	148.5	5.6	3	31	55.3	4	39
2020	301.1	5.7	6	45	159.1	5.3	4	35	52.8	6	53
2021	322.3	5.6	7	50	177.4	5.3	5	39	55.0	5	47
2022	369.4	5.6	7	50	187.1	5.1	8	45	50.7	7	57
2023	398.5	5.5	—	—	215.1	5.1	—	—	54.0	—	—

数据来源：历年河南省统计年鉴及2023年淅川县经济运行情况简析。

从人均存贷款来看，淅川县人均存款余额在省、市的排名均处于中上游。2022年淅川县人均存款余额为69406元，和南阳市人均存款余额基本持平，相当于河南省人均存款余额的71.0%，在南阳市下辖11个县（市）中排第3位，在河南省下辖102个县（市）中排第22位；人均贷款余额为35163元，相当于南阳市人均贷款余额的92.5%，相当于河南省人均贷款余额的44.0%，在南阳市下辖11个县（市）中排第3位，在河南省下辖102个县（市）中排第33位（见表8）。

表8　2008—2022年淅川县人均存贷款情况

年份	人均存款（元，%）				人均贷款（元，%）			
	人均存款	在南阳市的排名	在河南省的排名	与南阳市相比	与河南省相比	人均贷款	在南阳市的排名	在河南省的排名	与南阳市相比	与河南省相比
2008	7246	4	53	79.0	44.8	4121	3	43	75.1	37.5
2009	9153	4	47	80.9	45.3	5061	3	44	73.3	35.7
2010	13648	2	35	95.3	55.4	5927	4	46	73.6	35.1
2011	17015	2	30	97.1	60.4	7605	3	35	79.2	41.1

续表

年份	人均存款（元，%）					人均贷款（元，%）				
	人均存款	在南阳市的排名	在河南省的排名	与南阳市相比	与河南省相比	人均贷款	在南阳市的排名	在河南省的排名	与南阳市相比	与河南省相比
2012	18965	2	35	91.5	56.5	8794	4	37	80.2	41.3
2013	21972	2	34	89.5	56.0	10563	4	39	80.4	43.0
2014	23977	3	40	86.9	55.9	12055	5	42	77.6	42.7
2015	26178	3	41	85.4	53.3	13526	4	42	78.7	41.7
2016	30773	3	41	89.2	55.7	14894	4	42	79.1	39.9
2017	34734	3	42	91.9	57.8	17703	4	37	82.7	41.7
2018	39350	2	33	94.5	60.8	21559	3	35	90.6	44.5
2019	42943	3	35	90.2	61.2	23739	3	37	87.6	42.2
2020	55900	3	21	102.5	72.7	29540	3	30	95.6	46.7
2021	60462	3	22	100.6	72.5	33282	3	33	96.4	47.4
2022	69406	3	22	101.2	71.0	35163	3	33	92.5	44.0

数据来源：历年河南省统计年鉴。

六、居民收入分析

从居民收入看，2017 年以来淅川县居民人均可支配收入在全省排名处于中游。2022 年淅川县居民人均可支配收入为 24715 元，相当于南阳市居民人均可支配收入的 92.0%，相当于河南省居民人均可支配收入的 87.6%，在南阳市下辖 11 个（市）中排第 7 位，在河南省下辖 102 个县（市）中排第 46 位（见表 9）。

从居民收入增速看，淅川县居民人均可支配收入增速均高于南阳市，2022 年增速为 5.9%，高于南阳市居民人均可支配收入增速 0.5 个百分点（见表 9）。

表9　2017—2022 年淅川县居民人均可支配收入情况

年份	淅川县居民人均可支配收入（元）	在南阳市的排名	在河南省的排名	与南阳市相比（%）	与河南省相比（%）	淅川县居民人均可支配收入增速（%）	南阳市城乡居民人均可支配收入增速（%）	淅川县增速与南阳市增速对比
2017	17258	7	46	90.3	85.6	10.7	9.7	1.0
2018	18857	7	45	90.6	85.9	9.3	8.9	0.4
2019	20630	7	45	91.1	86.3	9.0	8.7	0.3
2020	21484	7	45	91.5	86.6	4.1	3.7	0.4
2021	23340	7	46	91.6	87.1	8.6	8.6	0.0
2022	24715	7	46	92.0	87.6	5.9	5.4	0.5

数据来源：历年河南省统计年鉴。

分城乡来看，淅川县城镇居民人均可支配收入在南阳市和河南省处于上游水平。2022 年淅川县城镇居民人均可支配收入为 37363 元，略低于省、市水平，在南阳市下辖 11 个县（市）中排第 2 位，在河南省下辖 102 个县（市）中排第 19 位；农村居民人均可支配收入为 16581 元，相当于南阳市农村居民人均可支配收入的 88.3%，相当于河南省农村居民人均可支配收入的 88.7%，在南阳市下辖 11 个县（市）中排第 8 位，在河南省下辖 102 个县（市）中排第 66 位。城乡居民人均可支配收入比约为 2.3∶1，在河南省下辖 102 个县（市）中排第 93 位，城乡收入差距较大（见表 10）。

表10　2008—2022 年淅川县城乡居民人均可支配收入及城乡收入比

年份	城镇居民人均可支配收入	在南阳市的排名	在河南省的排名	与南阳市相比	与河南省相比	农村居民人均可支配收入	在南阳市的排名	在河南省的排名	与南阳市相比	与河南省相比	城乡收入比	在南阳市的排名	在河南省的排名
2008	11291	4	29	91.1	85.3	3916	8	69	85.7	87.9	2.9	8	90
2009	12488	4	32	92.5	86.9	3994	8	79	81.0	83.1	3.1	10	99
2010	14037	4	30	93.1	88.1	4237	9	92	74.8	76.7	3.3	10	100
2011	16213	3	28	93.8	89.1	5322	8	82	78.5	80.6	3.0	10	100

续表

年份	城镇（元，%）					农村（元，%）					城乡收入比		
	城镇居民人均可支配收入	在南阳市的排名	在河南省的排名	与南阳市相比	与河南省相比	农村居民人均可支配收入	在南阳市的排名	在河南省的排名	与南阳市相比	与河南省相比	城乡收入比	在南阳市的排名	在河南省的排名
2012	18442	3	27	94.4	90.2	6383	8	72	82.3	84.8	2.9	10	98
2013	20581	2	23	95.0	91.9	7259	8	72	83.2	85.7	2.8	10	97
2014	22681	2	23	95.7	95.8	8191	8	67	84.1	82.2	2.8	10	97
2015	24267	2	18	96.0	94.9	9130	8	69	84.7	84.1	2.7	11	99
2016	25942	2	21	96.4	95.3	9991	8	68	85.4	85.4	2.6	11	98
2017	28046	3	24	96.3	94.9	11094	8	65	87.2	87.2	2.5	11	97
2018	30598	2	21	97.7	96.0	12114	8	65	87.5	87.6	2.5	11	96
2019	33230	2	17	99.4	97.2	13338	8	65	87.9	88.0	2.5	11	96
2020	33728	2	19	99.5	97.1	14152	8	64	88.0	87.9	2.4	11	95
2021	35803	2	22	99.0	96.5	15475	8	67	87.9	88.3	2.3	11	95
2022	37363	2	19	98.9	97.1	16581	8	66	88.3	88.7	2.3	11	93

数据来源：历年河南省统计年鉴。

七、固定资产投资分析

从固定资产投资增速来看，自2018年来，淅川县固定资产投资增速均高于南阳市和河南省固定资产投资增速。2023年淅川县固定资产投资增长6.1%，高于南阳市0.3个百分点，高于河南省4.0个百分点（见表11）。

表11　2010—2023年淅川县固定资产投资情况

年份	淅川县固定资产投资增速（%）	南阳市固定资产投资增速（%）	河南省固定资产投资增速（%）	淅川县增速与南阳市对比（%）	淅川县增速与河南省增速（%）
2010	20.3	21.6	22.2	−1.3	−1.9
2011	26.6	27.0	27.0	−0.4	−0.4
2012	17.2	24.2	21.4	−7.0	−4.2

续表

年份	淅川县固定资产投资增速（%）	南阳市固定资产投资增速（%）	河南省固定资产投资增速（%）	淅川县增速与南阳市对比（%）	淅川县增速与河南省增速（%）
2013	22.6	23.3	22.5	-0.7	0.1
2014	18.2	19.1	19.2	-0.9	-1.0
2015	19.5	17.5	16.5	2.0	3.0
2016	9.1	16.7	13.7	-7.6	-4.6
2017	3.9	9.9	10.4	-6.0	-6.5
2018	16.2	9.6	8.1	6.6	8.1
2019	22.1	10.4	8.0	11.7	14.1
2020	12.6	5.5	4.3	7.1	8.3
2021	13.3	13.1	4.5	0.2	8.8
2022	15.7	13.2	6.7	2.5	9.0
2023	6.1	5.8	2.1	0.3	4.0

数据来源：历年河南省统计年鉴及2023年淅川县经济运行情况简析。

八、社会消费分析

从社会消费情况来看，淅川县社消零总额在南阳市的排名处于中游，人均社消零额在全省的位次稍有下降。2023年淅川县社消零总额为137.0亿元。2022年淅川县社消零总额为126.8亿元，在南阳市下辖11个县（市）中排第5位，在河南省下辖102个县（市）中排第34位；人均社消零额为23818元，在南阳市下辖11个县（市）中排第2位，在河南省下辖102个县（市）中排第21位（见表12）。

表12 2008—2023年淅川县社会消费情况

年份	社消零总额（亿元，%）				人均社消零额（元）		
	社消零总额	在南阳市的排名	在河南省的排名	占GDP的比重	人均社消零额	在南阳市的排名	在河南省的排名
2008	32.6	6	31	31.5	4925	7	36
2009	39.6	6	32	35.7	5955	6	34

续表

年份	社消零总额（亿元，%）				人均社消零额（元）		
	社消零总额	在南阳市的排名	在河南省的排名	占GDP的比重	人均社消零额	在南阳市的排名	在河南省的排名
2010	47.3	6	26	37.4	6888	7	34
2011	55.3	6	27	38.1	8221	7	34
2012	64.3	6	26	41.3	9515	7	35
2013	72.8	6	27	42.8	10817	7	35
2014	82.8	6	25	45.8	12511	7	29
2015	93.8	6	26	48.2	14182	7	28
2016	105.3	6	25	49.7	15887	7	26
2017	117.0	6	26	54.6	17880	7	27
2018	118.5	6	30	51.8	18930	7	28
2019	115.7	5	41	49.6	18494	2	34
2020	112.1	5	39	45.7	20821	2	25
2021	123.7	5	36	45.6	23207	2	23
2022	126.8	5	34	44.6	23818	2	21
2023	137.0	—	—	50.1	—	—	—

数据来源：历年南阳市统计年鉴及2023年淅川县经济运行情况简析。

九、人口规模分析

从人口情况看，淅川县城镇化率水平在全省县域中排名处于中上游，近几年人口流失率超过20%。2022年淅川县常住人口为53.2万人，占南阳市常住人口的5.5%，在南阳市下辖11个县（市）中排第9位，在河南省下辖102个县（市）中排第69位；人口外流18.5万人，人口流失率为25.8%；城镇化率为53.5%，在南阳市下辖11个县（市）中排第3位，在河南省下辖102个县（市）中排第25位（见表13）。

表13 2008—2022年淅川县人口情况

年份	户籍人口（万人）	常住人口（万人）	常住人口在南阳市的排名	常住人口在河南省的排名	外流人口（万人）	人口流失率（%）	常住人口占南阳市的比重（%）	淅川县城镇化率（%）	城镇化率在南阳市的排名	城镇化率在河南省的排名
2008	74.7	66.2	6	53	8.6	11.4	6.6	—	—	—
2009	74.0	66.5	6	53	7.5	10.2	6.6	—	—	—
2010	77.2	68.6	5	49	8.6	11.1	6.7	—	—	—
2011	75.9	67.3	5	50	8.6	11.3	6.6	—	—	—
2012	70.5	67.6	5	48	2.9	4.1	6.7	—	—	—
2013	70.8	67.3	5	48	3.5	5.0	6.7	35.7	3	38
2014	71.2	66.1	5	52	5.0	7.1	6.6	36.8	3	40
2015	71.5	66.2	5	50	5.3	7.5	6.6	38.5	3	42
2016	71.9	66.3	5	49	5.6	7.8	6.6	40.1	3	42
2017	72.3	65.4	5	53	6.9	9.5	6.6	41.7	3	43
2018	72.6	62.6	7	59	10.0	13.7	6.4	43.3	3	43
2019	72.7	62.6	7	59	10.1	13.9	6.4	44.6	3	44
2020	72.2	53.9	9	70	18.3	25.3	5.5	52.0	3	25
2021	72.0	53.3	9	70	18.7	26.0	5.5	53.0	3	25
2022	71.7	53.2	9	69	18.5	25.8	5.5	53.5	3	25

数据来源：历年河南省统计年鉴。

十、公共服务分析

从教育情况来看，2022年淅川县有小学117所，在校生58715人，专任教师3410人，生师比17.2∶1；有初中25所，在校生31947人，专任教师3724人，生师比8.6∶1（见表14）。

从医疗卫生情况来看，平均每千名常住人口配备卫生机构床位数、卫生技术人员数逐年上升，医疗资源配备逐步优化，2022年每千人床位数为6.9张，每千人卫生技术人员数为6.4人（见表14）。

表 14 2019—2022 年淅川县义务教育和医疗情况

	年份	2019	2020	2021	2022
学校数	合计（所）	136	139	142	142
	小学学校数（所）	112	114	117	117
	初中学校数（所）	24	25	25	25
在校学生数	合计（人）	93936	93805	92467	90662
	小学在校生数（人）	61294	62248	61134	58715
	初中在校生数（人）	32642	31557	31333	31947
专任教师数	合计（人）	6655	6922	7025	7134
	小学（人）	3505	3571	3549	3410
	初中（人）	3150	3351	3476	3724
医疗卫生	卫生机构床位数/千人	4.3	5.6	6.7	6.9
	卫生技术人员数/千人	4.4	5.3	6.1	6.4

数据来源：历年河南省统计年鉴。

十一、县域发展特色

淅川县围绕"生态立县"战略，将生态林业建设与水质保护、乡村振兴、全域旅游相结合，让"生态绿"成为淅川最动人的底色。

（一）生态农业

近年来，淅川县坚持生态产业化、产业生态化发展思路，瞄准规模化、标准化、有机化、品牌化方向，先后整合各类资金 12.8 亿元，发展石榴、大樱桃、杏李等特色林果 23 万亩，打造精品化示范园 14 个、标准化果园 8.2 万亩，建成保鲜库 76 个，库容达 4.6 万吨。

为促进生态林果产业健康发展，淅川县整合涉农资金，每年投入林果补贴资金 2000 多万元，从果园灌溉、生物物理防治，到数字监控等方面实施精细化管理，推动林果产业提质增效。同时，积极发挥"林长+科技特派员"作用，组建"县、乡、村、户"四级技术明白人队伍 1000 余人，向果农传授特色林果栽培、管护等技术，累计培训果农 1300 余人次。

同时，依托渠首、丹江、水源地等招牌效应，淅川县创建了农产品区域公用品牌"淅有山川",借助国家级电子商务进农村综合示范县项目,建设县乡村三级电商服务体系,让渠首林果通过网络走出淅川、走向全国。库区10万群众依靠林果吃上"生态饭"。

（二）生态旅游

淅川县以创建国家森林城市为载体,大力推动林旅融合发展,植树、种花、造景同步进行,推动"为林而林"向"为游而林"转变,把群众镶入生态旅游产业链上增收致富。

淅川县已建设国家级湿地公园1个、省级森林公园3个,打造省级以上乡村旅游示范村和观光园10余个、环库环城林业旅游点13个,建成国家4A级旅游景区3个、3A级景区4个,打造星级酒店8家、精品民宿16家、农家乐700余家。2023年,"渠首淅川,一个中原看海的地方"话题火爆网络,淅川县累计接待游客808万人次,实现旅游综合收入50.24亿元,3万名群众吃上了"旅游饭"。

十二、综述

淅川县作为南水北调中线工程渠首所在地和核心水源区,肩负着"确保一泓清水永续北送"的政治责任,面对既要保水质安全又要促经济发展的现实课题。近年来,淅川县经济总量、一般公共预算收入、居民人均可支配收入、社销零等指标均处在全省中游,经济发展稳中有进。

未来发展中,淅川县应以"水清、民富、县强"为目标,以绿色发展为统领,推动三次产业转型升级。农业上,因地制宜发展生态高效林果产业,持续抓好软籽石榴、杏李、柑橘等林果改良提质,新发展食用菌等特色产业,提升"淅有山川"公用品牌影响力和带动力。工业上,继续壮大汽车零部件、现代中医药、新材料、新能源四大产业集群,奋力打造"中国减震器之都",以龙头企业带动整个产业链的发展。服务业上,依托丰富的旅游资源,争创国家全域旅游示范区,把楚文化、商圣文化、南水北调水文化融入景区发展,培育更多创新型文旅业态,利用抖音等新媒体,丰富宣传形式,加大推介力度,打响"渠首淅川 诗画丹江"旅游品牌。

河南省县域经济运行分析：原阳篇

一、原阳县概况

原阳县，隶属于河南省新乡市，坐落于河南省北部，黄河北岸，处于新乡都市区联动发展地带、中原城市群关键区域，是豫北区域极具潜力的重要节点县域。依据 2023 年官方统计数据，原阳县共辖 3 个街道、9 个镇、4 个乡，全县总面积 1339 平方千米，常住人口约 72.38 万人，城镇化率达到 42.22%。

原阳县的交通条件优越，大广高速、晋新高速等多条高速线路在境内交会穿梭，107 国道、327 国道纵横延展，编织起密集高效的交通脉络，使原阳县成为豫北交通网络中的关键一环，有力促进了原阳县与周边地区的交流互通。原阳县历史底蕴厚重悠长，是官渡之战的古战场所在地，留存有陈平祠、玲珑塔等丰富的历史遗迹，承载着千年岁月的记忆。原阳县自然资源得天独厚，黄河裹挟泥沙冲积而成的广袤平原，土壤肥沃，是远近闻名的"中原粮仓"，盛产优质小麦、水稻等粮食作物。在产业发展方面，原阳县的食品加工产业独树一帜，集聚了众多知名食品企业，产品远销各地；汽车零部件制造、智能家居等产业也齐头并进，构建起坚实的工业根基。原阳县持续推进产业结构优化，深度挖掘历史文化资源，大力发展文化旅游产业，依托黄河生态打造特色旅游线路。

二、总体经济运行分析

从 GDP 总量来看，2023 年原阳县 GDP 总量 280 亿元。2022 年原阳县 GDP 总量 279 亿元，占新乡市 GDP 总量的 8.06%，在新乡市辖 8 个县（市）中排第 4 位，GDP 总量在河南省 102 个县（市）中的排名一直处于中下游，2022 年排第 62 位（见表 1）。

从 GDP 增速来看，2023 年原阳县 GDP 增速为 3.0%，高于新乡市 GDP 增速 1.5 个百分点，低于河南省 GDP 增速 1.1 个百分点。2022 年原阳县 GDP 增速为 5.9%，高于新乡市 GDP 增速 0.6 个百分点，高于河南省 GDP 增速 2.8 个百分点，在新乡市辖 8 个县（市）中排第 7 位，在河南省 102 个县（市）中排第 14 位（见表 1）。

表 1　2008—2023 年原阳县地区生产总值及增速

年份	GDP 总量（亿元，%）				GDP 增速（%）			
	原阳县 GDP	占新乡市 GDP 的比重	在新乡市的排名	在河南省的排名	原阳县 GDP 增速	在新乡市的排名	在河南省的排名	与新乡市 GDP 增速 Z 对比	与河南省 GDP 增速对比
2008	64	7.10	5	89	14.2	6	34	0.3	2.1
2009	66	6.65	5	94	10.8	7	75	−2.2	−0.1
2010	76	6.42	5	93	11.9	6	55	−2.3	−0.6
2011	92	6.15	6	94	12.0	7	63	−2.6	0.1
2012	93	5.74	6	96	11.9	5	34	0.5	1.8
2013	96	5.46	7	97	7.8	6	95	−1.7	−1.2
2014	109	5.69	7	96	9.6	4	34	0.3	0.7
2015	117	5.92	6	95	6.1	5	93	0.1	−2.2
2016	129	5.93	6	92	9.3	4	25	1.0	1.2
2017	152	6.43	4	90	11.5	1	2	3.4	3.7
2018	163	6.11	4	90	7.8	1	57	0.7	0.2
2019	232	7.99	4	69	8.3	1	9	1.3	1.3
2020	247	8.20	3	61	4.7	4	8	1.5	3.4
2021	264	8.17	3	61	7.4	4	46	0.8	1.1
2022	279	8.06	4	62	5.9	7	14	0.6	2.8
2023	280	8.37	—	—	3.0	—	—	1.5	−1.1

数据来源：历年河南省统计年鉴、新乡市统计年鉴。

从人均GDP来看，2023年原阳县人均GDP为38625元，相当于新乡市人均GDP的70.9%，相当于河南省人均GDP的64.3%。2022年原阳县人均GDP为38184元，相当于新乡市人均GDP的68.0%，相当于河南省人均GDP的64.8%，在新乡市辖8个县（市）中排第8位，在全省102个县（市）中排第86位，处于下游位次（见表2）。

从人均GDP增速来看，2023年原阳县人均GDP增速为4.4%；2022年人均GDP增速为7.7%，在新乡市辖8个县（市）中排第5位，在河南省102个县（市）中排第12位，处于中上游位次（见表2）。

表2 2008—2023年原阳县人均地区生产总值及增速

年份	原阳县人均GDP（元）	原阳县人均GDP在新乡市的排名	原阳县人均GDP在河南省的排名	原阳县人均GDP与新乡市相比（%）	原阳县人均GDP与河南省相比（%）	原阳县人均GDP增速（%）	原阳县人均GDP增速在新乡市的排名	原阳县人均GDP增速在河南省的排名
2008	9881	7	84	61.0	52.3	14.6	6	32
2009	10182	7	90	56.6	50.2	10.9	7	64
2010	11684	7	93	55.1	48.7	11.0	5	73
2011	13940	7	93	53.2	50.0	11.4	4	78
2012	14150	7	98	49.5	46.4	12.0	5	49
2013	14632	7	101	47.0	44.2	7.4	6	88
2014	16539	7	101	49.1	46.0	9.4	4	54
2015	17736	7	101	51.3	46.3	6.2	5	92
2016	19596	7	99	51.8	47.4	9.7	2	12
2017	23817	7	96	58.1	52.1	12.0	1	1
2018	25066	7	97	54.2	49.4	8.2	1	31
2019	35663	5	75	76.6	65.6	8.4	1	14
2020	32667	8	91	67.7	59.7	5.7	2	8
2021	35539	8	89	68.3	60.7	9.4	3	23
2022	38184	8	86	68.0	64.8	7.7	5	12
2023	38625	—	—	70.9	64.3	4.4	—	—

数据来源：历年河南省统计年鉴、新乡市统计年鉴。

三、分产业经济运行分析

（一）产业格局与发展方向

原阳县已构建起以现代农业为基础，食品加工、汽车零部件制造产业为重点，多产业联动共进的产业格局。一是现代农业。原阳县凭借优越的自然条件，构建了"科技农业+绿色种植+生态养殖"的现代化农业发展模式。农业产业链不断延伸，关联项目日益丰富。拥有大规模优质水稻种植基地，是著名的"中国大米之乡"，且在蔬菜种植、奶牛养殖等领域颇具规模，形成了从种植养殖到农产品初加工的完整产业体系。二是食品加工产业。原阳县汇聚了克明面业、阿利茄汁面等多家知名食品加工企业及众多上下游配套企业。产业聚焦于米面制品加工、休闲食品制造、调味品生产等领域，部分产品在全国市场占据较高份额，品牌影响力不断扩大，正逐步开拓海外市场。三是汽车零部件制造产业。原阳县大力发展汽车零部件制造产业，吸引了多家专注于汽车发动机零部件、底盘零部件制造的企业入驻，如万向系统制动器有限公司等。产业集中于轻量化材料零部件、新能源汽车关键零部件等前沿领域，通过持续技术创新，提升产品性能与品质，积极融入全球汽车产业供应链。

（二）产业结构分析

从三次产业占比来看，原阳县第一产业占比从2008年的26.82%曲折下降至2023年的18.80%；第二产业占比从2008年的45.73%曲折下降至2023年的33.60%；第三产业占比从2008年的27.45%曲折增加到2023年的47.60%。由此可以看出，近年来原阳县的支柱产业由第二产业逐年向第三产业转移，呈"三、二、一"梯次（见表3和图1）。

表3 2008—2023年原阳县三产结构变化情况

年份	第一产业占比（%）	第二产业占比（%）	第三产业占比（%）
2008	26.82	45.73	27.45
2009	25.97	47.32	26.71
2010	25.67	49.92	24.41
2011	24.85	52.53	22.62

续表

年份	第一产业占比（%）	第二产业占比（%）	第三产业占比（%）
2012	26.22	48.98	24.80
2013	26.54	47.28	26.17
2014	25.22	47.54	27.24
2015	22.98	46.39	30.63
2016	21.21	46.41	32.38
2017	18.28	47.92	33.80
2018	17.67	47.36	34.97
2019	14.51	38.23	47.26
2020	17.35	36.94	45.70
2021	16.67	36.35	46.98
2022	18.39	37.68	43.93
2023	18.80	33.60	47.60

数据来源：历年河南省统计年鉴、原阳县统计公报及政府网站。

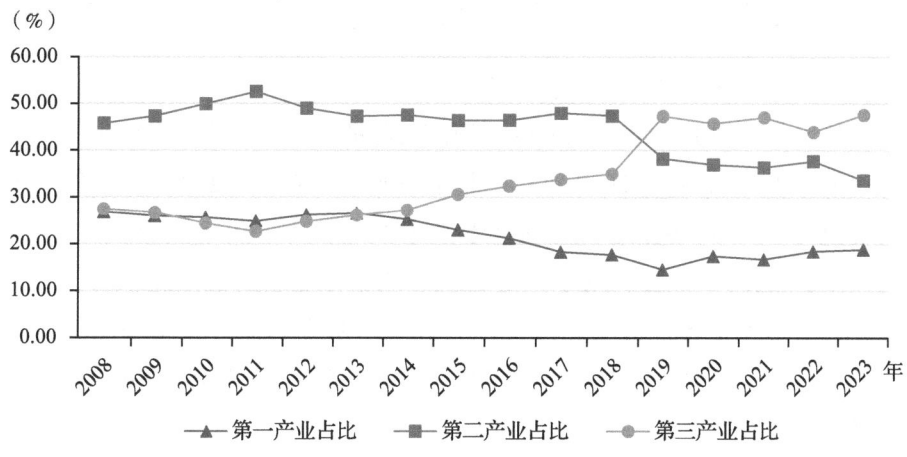

图1 2008—2023年原阳县三产结构变化情况

数据来源：历年新乡市统计年鉴。

（三）工业发展情况分析

从工业发展情况来看，2023年原阳县规上工业增加值增速为1.0%，与新乡市规上工业增加值增速持平；2022年原阳县规上工业增加值增速为7.7%，在新乡市辖8个县（市）中排第6位，在河南省102个县（市）中排第36位，高于新乡市规上工业增加值增速0.1个百分点（见表4）。

表4 2016—2023年原阳县工业发展情况

年份	原阳县规上工业增加值增速（%）	新乡市规上工业增加值增速（%）	增速与新乡市对比（%）	原阳县增速在新乡市的排名	原阳县增速在河南省的排名
2016	13.4	8.5	4.9	3	8
2017	18.9	8.7	10.2	1	1
2018	11.9	8.2	3.7	2	5
2019	12.4	8.5	3.9	1	2
2020	13.3	5.9	7.4	1	5
2021	13.2	8.3	4.9	1	13
2022	7.7	7.6	0.1	6	36
2023	1.0	1.0	0.0	—	—

数据来源：历年河南省统计年鉴、原阳县统计公报及政府网站。

（四）服务业发展情况分析

从服务业增加值来看，2023年原阳县服务业增加值为133亿元，占新乡市的比重为8.18%；2022年原阳县服务业增加值为132亿元，占新乡市的比重为8.39%，在新乡市辖8个县（市）中排第3位，在河南省102个县（市）中排第49位，处于中游位次。从服务业增加值增速来看，2023年原阳县服务业增加值增速为4.1%；2022年原阳县服务业增加值增速为4.9%，在新乡市辖8个县（市）中排第3位，在河南省102个县（市）中排第5位，处于上游位次（见表5）。

表5 2008—2023年原阳县服务业发展情况

年份	原阳县服务业增加值（亿元）	占新乡市服务业增加值的比重（%）	增加值在新乡市的排名	增加值在河南省的排名	原阳县服务业增加值增速（%）	增速在新乡市的排名	增速在河南省的排名
2008	18	6.57	5	77	11.4	4	72
2009	18	5.85	4	83	14.8	2	35
2010	19	5.38	4	89	4.9	7	97
2011	21	4.92	4	92	5.2	7	96
2012	23	4.67	5	92	7.9	4	87
2013	25	4.55	5	92	5.2	5	96
2014	30	4.23	6	95	4.4	5	98
2015	36	4.65	5	94	3.6	6	100
2016	42	4.79	5	94	10.9	5	53
2017	51	5.15	5	93	13.3	3	8
2018	57	5.23	5	93	8.0	1	75
2019	110	8.28	3	53	6.8	3	71
2020	113	8.26	3	51	1.8	5	60
2021	124	8.29	3	49	8.2	7	54
2022	132	8.39	3	49	4.9	3	5
2023	133	8.18	—	—	4.1	—	—

数据来源：历年河南省统计年鉴、原阳县统计公报及政府网站。

（五）重点企业分析

（1）新乡市雨轩清真食品股份有限公司。该公司是农业产业化国家重点龙头企业、国家级肉羊产业集群链主企业。该公司集肉羊养殖、肉羊屠宰及牛羊肉深加工、冷链仓储物流、国际贸易于一体。近年来，公司大力发展养殖业，与河南牧业经济学院联合培育了河南省首个肉羊"芯片"——黄淮肉羊。2023年，雨轩黄河滩羊首次出口到阿拉伯国家，标志着公司生产的产品获得了国际市场认可。

（2）河南迪一米业有限公司。该公司是新乡市农业产业化重点龙头企业，位于原阳县城南工业区。主要从事稻米生产加工，拥有年加工6万吨稻谷的生产线1条，引进日本佐竹碾米机、瑞士布勒色选机等先进设备，实现了生产过程自动化控制。公司已通过ISO9001：2008国际质量管理体系认证，部分产品取得有机转换产品认证证书，"迪一"牌大米曾荣获全国农产品加工业博览会"优质产品奖"。

（3）九多肉多食品集团有限公司。该公司是农业产业化国家重点龙头企业、省级专精特新中小企业。位于原阳县产业集聚区，成立于2016年2月，主营品牌"九多肉多"。下设3个全资子公司，主要是以畜禽肉类和蔬菜为原料，加工熟肉制品和系列配菜，实行集中加工、连锁配送的生产经营模式。销售网络遍布河南省内各地市及乡镇，省外市场已辐射到江苏、河北等多个省份，门店数量众多且发展势头良好。

（4）东古电气集团有限公司。该公司是一家以生产输配电设备为主，同时涉足电气安装、国际贸易、新型建材、酒店服务、文化传媒，集科、工、贸于一体的管理现代化、经营多元化、市场全球化，跨区域、跨行业的全国性无区域企业集团。先后获得了高新技术企业、河南省百家优秀企业、AAA级信用企业等荣誉。主要生产高低压电气设备及变频自动化系统，产品主要为国家电网、电力系统、市政工程等提供完整、可靠的输配电设备。

（5）河南宏达木业集团。该公司始建于1994年，最初为原阳县宏达胶合板厂，如今已成为拥有南北中及对外扩展区四大区域的综合性企业集团，有员工2100多名，下辖16个子公司。自1999年以来，公司向西班牙等国出口高档装饰板材，相继开拓了英国、日本、韩国、美国、澳大利亚、西班牙、新西兰等17个国外市场。先后荣获国家级扶贫龙头企业、国家级高新技术企业等各类荣誉数百项。

四、财政收支分析

从财政收入来看，2023年原阳县一般公共预算收入13.16亿元，占新乡市一般公共预算收入的5.45%。2022年原阳县一般公共预算收入11.93亿元，占新乡市一般公共预算收入的5.26%，在新乡市辖8个县（市）中排第4位，在河南省102个县（市）中排第71位。从财政支出来看，

2023年原阳县一般公共预算支出37.10亿元,占新乡市一般公共预算支出的7.57%。2022年原阳县一般公共预算支出35.91亿元,占新乡市一般公共预算支出的7.53%,在新乡市辖8个县（市）中排第5位,在河南省102个县（市）中排第77位（见表6）。

表6　2008—2023年原阳县财政收支情况

年份	原阳县一般公共预算收入	占新乡市一般公共预算收入的比重	在新乡市的排名	在河南省的排名	原阳县一般公共预算支出	占新乡市一般公共预算支出的比重	在新乡市的排名	在河南省的排名
2008	1.71	3.51	6	70	8.21	8.27	7	72
2009	1.97	3.53	6	71	11.19	8.50	7	64
2010	2.01	2.86	6	79	12.63	7.92	7	67
2011	2.66	2.93	6	81	14.33	7.12	6	81
2012	3.47	3.20	6	76	17.78	7.36	6	79
2013	4.59	3.54	6	74	19.67	7.35	6	79
2014	6.12	4.40	6	66	21.22	7.59	6	79
2015	6.52	4.51	6	69	24.45	7.86	6	77
2016	7.04	4.76	6	68	26.24	8.06	6	80
2017	8.01	5.04	6	68	31.22	8.48	6	66
2018	10.01	5.80	4	59	37.12	9.19	6	61
2019	11.01	5.88	4	56	40.66	8.75	6	63
2020	11.47	5.91	4	55	40.88	8.64	6	67
2021	12.36	5.94	3	56	32.98	6.51	6	72
2022	11.93	5.26	4	71	35.91	7.53	5	77
2023	13.16	5.45	—	—	37.10	7.57	—	—

数据来源：历年河南省统计年鉴、原阳县统计公报及政府网站。

从人均一般公共预算收入看，2023年原阳县人均一般公共预算收入为1818元，相当于新乡市人均一般公共预算收入的46.11%，相当于河南省人均一般公共预算收入的39.55%；2022年原阳县人均一般公共预算收入为1642元，相当于新乡市人均一般公共预算收入的44.59%，相当于河南省人均一般公共预算收入的38.03%，在新乡市辖8个县（市）中排第7位，在河南省102个县（市）中排第82位。从人均一般公共预算支出看，2023年原阳县人均一般公共预算支出为5126元，相当于新乡市人均一般公共预算支出的64.09%，相当于河南省人均一般公共预算支出的45.48%；2022年人均一般公共预算支出为4941元，相当于新乡市人均预算支出的63.91%，相当于河南省人均一般公共预算支出的45.83%，在新乡市辖8个县（市）中排第8位，在河南省102个县（市）中排第102位（见表7）。

从财政自给率看，2023年原阳县财政自给率为35.47%；2022年原阳县财政自给率为33.23%，在新乡市辖8个县（市）中排第5位，在河南省102个县（市）中排第55位（见表7）。

五、金融业发展分析

从金融机构年末存款情况来看，2023年原阳县金融机构存款年末余额281亿元，占新乡市金融机构存款年末余额的5.48%；2022年原阳县金融机构存款年末余额253亿元，占新乡市金融机构存款年末余额的5.38%，在新乡市辖8个县（市）中排第6位，在河南省102个县（市）中排第81位。从金融机构年末贷款情况来看，2023年原阳县金融机构贷款年末余额192亿元，占新乡市金融机构贷款年末余额的5.7%；2022年原阳县金融机构贷款年末余额171亿元，占新乡市金融机构贷款年末余额的5.7%，在新乡市辖8个县（市）中排第4位，在河南省102个县（市）中排第59位（见表8）。

从存贷比来看，2023年原阳县存贷比为68.2%；2022年原阳县存贷比为67.7%，在新乡市辖8个县（市）中排第1位，在河南省102个县（市）中排第20位（见表8）。

表 7 2008—2023 年原阳县人均财力及财政自给率

年份	一般公共预算收入/常住人口	与新乡市相比	与河南省相比	在新乡市的排名	在河南省的排名	一般公共预算支出/常住人口	与新乡市相比	与河南省相比	在新乡市的排名	在河南省的排名	原阳县财政自给率	在新乡市的排名	在河南省的排名
2008	263	29.76	24.62	7	65	1265	70.22	52.26	6	66	20.83	5	65
2009	305	30.10	25.68	7	61	1729	72.54	56.45	5	62	17.63	5	67
2010	305	24.73	20.78	7	79	1915	68.56	52.73	6	75	15.93	5	75
2011	406	25.33	22.31	7	81	2190	61.58	48.77	8	95	18.54	5	67
2012	527	27.56	24.60	7	76	2700	63.39	51.41	7	94	19.50	5	60
2013	697	30.55	27.60	7	74	2985	63.31	51.18	7	98	23.34	5	56
2014	927	38.05	32.64	6	60	3215	65.67	51.43	8	99	28.84	4	49
2015	992	39.24	31.90	7	69	3717	68.38	53.04	8	98	26.68	5	50
2016	1075	41.69	33.34	6	64	4006	70.60	52.55	7	99	26.85	5	48
2017	1228	44.56	35.44	6	59	4789	75.03	57.29	5	85	25.65	4	50
2018	1540	51.64	40.34	5	56	5711	81.89	61.12	4	78	26.96	7	49
2019	1691	52.49	41.43	5	56	6243	78.06	60.82	4	80	27.09	7	51
2020	1525	49.21	36.37	6	71	5438	71.94	52.12	8	100	28.05	7	51
2021	1683	49.85	38.25	6	72	4488	54.66	42.57	8	99	37.49	6	50
2022	1642	44.59	38.03	7	82	4941	63.91	45.83	8	102	33.23	5	55
2023	1818	46.11	39.55	—	—	5126	64.09	45.48	—	—	35.47	—	—

数据来源：历年河南省统计年鉴、新乡市统计年鉴。

表 8　原阳县 2008—2023 年金融机构年末存贷款余额情况

年份	存款（亿元，%）				贷款（亿元，%）				存贷比（%）		
	存款年末余额	占新乡市的比重	在新乡市的排名	在河南省的排名	贷款年末余额	占新乡市的比重	在新乡市的排名	在河南省的排名	原阳县存贷比	在新乡市的排名	在河南省的排名
2008	34	4.42	7	90	29	5.7	4	33	85.9	2	6
2009	41	4.41	7	85	29	4.7	5	51	70.7	3	12
2010	53	4.64	6	81	28	3.9	6	66	52.6	6	34
2011	65	4.95	6	78	28	3.6	6	80	43.2	5	52
2012	75	5.10	6	78	33	3.8	4	74	43.8	5	45
2013	87	5.05	6	79	35	3.4	4	85	40.1	6	62
2014	94	4.94	6	85	42	3.6	5	88	45.3	5	60
2015	108	5.12	6	83	58	4.5	4	75	53.3	4	38
2016	122	5.25	6	85	75	5.6	4	57	61.2	2	20
2017	140	5.52	5	82	99	6.6	3	45	70.6	1	8
2018	158	5.62	5	83	106	6.1	4	52	67.2	1	14
2019	185	5.95	5	75	133	6.5	4	45	71.5	1	13
2020	212	5.81	5	75	149	6.3	3	45	70.0	1	15
2021	228	5.57	6	81	159	5.9	4	52	69.9	1	22
2022	253	5.38	6	81	171	5.7	4	59	67.7	1	20
2023	281	5.48	—	—	192	5.7	—	—	68.2	—	—

数据来源：历年河南省统计年鉴、新乡市统计年鉴。

从人均存款余额来看，2023 年原阳县人均存款余额 38841 元，相当于新乡市人均存款余额的 46.34%，相当于河南省人均存款余额的 37.92%，2022 年原阳县人均存款余额 34841 元，相当于新乡市人均存款余额的 45.66%，相当于河南省人均存款余额的 37.15%，在新乡市辖 8 个县（市）中排第 8 位，在河南省 102 个县（市）中排第 102 位。从人均贷款余额来看，2023 年原阳县人均贷款余额为 26505 元，相当于新乡市人均贷款余额的 48.18%，相当于河南省人均贷款余额的 31.15%；2022 年原阳县人均贷款余额为 23593 元，相当于新乡市人均贷款余额的 48.31%，相当于河南省人均贷款余额的 30.82%，在新乡市辖 8 个县（市）中排第 7 位，在河南省 102 个县（市）中排第 81 位（见表 9）。

表 9 2008—2023 年原阳县人均存贷款情况

年份	人均存款（元，%）					人均贷款（元，%）				
	原阳县人均存款余额	在新乡市的排名	在河南省的排名	与新乡市相比	与河南省相比	原阳县人均贷款余额	在新乡市的排名	在河南省的排名	与新乡市相比	与河南省相比
2008	5168	8	89	37.49	31.94	4440	7	40	48.33	40.38
2009	6409	8	86	37.59	31.71	4533	7	48	40.30	32.01
2010	8047	8	90	40.16	32.69	4230	7	64	33.91	25.07
2011	9889	8	91	42.85	35.11	5007	7	75	36.25	27.06
2012	11436	8	95	43.91	34.10	5007	7	76	32.69	23.51
2013	13207	8	97	43.54	33.63	5294	7	89	28.98	21.56
2014	14199	8	100	42.71	33.10	6425	6	89	31.22	22.76
2015	16443	7	98	44.53	33.49	8759	5	77	39.26	27.03
2016	18640	8	102	46.01	33.77	11400	5	64	48.85	30.54
2017	21499	8	101	48.81	35.78	15167	5	53	58.20	35.71
2018	24276	8	100	50.06	37.49	16302	4	54	54.66	33.62
2019	28471	8	99	53.07	40.55	20369	4	44	58.36	36.23
2020	28261	8	102	48.36	36.75	19783	5	70	52.83	31.28
2021	30989	8	102	46.79	37.15	21652	5	77	49.85	30.81
2022	34841	8	102	45.66	37.15	23593	7	81	48.31	30.82
2023	38841	—	—	46.34	37.92	26505	—	—	48.18	31.15

数据来源：历年河南省统计年鉴、新乡市统计年鉴。

六、居民收入分析

从居民收入看，2023 年原阳县居民人均可支配收入为 23297 元，相当于新乡市居民人均可支配收入的 76.81%，相当于河南省居民人均可支配收入的77.83%；2022年原阳县居民人均可支配收入为22067元，相当于新乡市居民人均可支配收入的76.33%，相当于河南省居民人均可支配收入的78.19%，在新乡市辖8个县（市）中排第7位，在河南省102个县（市）中排第76位。从居民收入增速看，2023年原阳县居民人均可支配收入同比增长5.6%；2022年原阳县居民人均可支配收入同比增长7.0%（见表10）。

表10 2017—2023年原阳县居民人均可支配收入情况

年份	原阳县居民人均可支配收入（元）	在新乡市的排名	在河南省的排名	与新乡市相比（%）	与河南省相比（%）	原阳县居民人均可支配收入增速（%）
2017	14740	7	81	70.68	73.08	—
2018	16261	7	80	71.96	74.03	10.3
2019	17972	7	78	73.17	75.19	10.5
2020	19039	7	77	74.67	76.74	5.9
2021	20619	7	78	75.09	76.90	8.3
2022	22067	7	76	76.33	78.19	7.0
2023	23297	—	—	76.81	77.83	5.6

数据来源：历年河南省统计年鉴、新乡市统计年鉴。

从城镇居民人均可支配收入看，2023年原阳县城镇居民人均可支配收入为32588元，相当于新乡市城镇居民人均可支配收入的83.21%，相当于河南省城镇居民人均可支配收入的84.68%；2022年原阳县城镇居民人均可支配收入为30919元，相当于新乡市城镇居民人均可支配收入的81.94%，相当于河南省城镇居民人均可支配收入的80.34%，在新乡市辖8个县（市）中排第7位，在河南省102个县（市）中排第86位。从农村居民人均可支配收入看，2023年原阳县农村居民人均可支配收入为19260元，相当于新乡市农村居民人均可支配收入的88.83%，相当于河南省农村居民人均可支配收入的96.05%；2022年农村居民人均可支配收入17933元，相当于新乡市农村居民人均可支配收入的88.25%，相当于河南省农村居民人均可支配收入的95.91%，在新乡市辖8个县（市）中排第7位，在河南省102个县（市）中排第55位（见表11）。

从城乡居民收入对比来看，2023年原阳县城乡居民人均可支配收入比为1.7∶1；2022年原阳县城乡居民人均可支配收入比为1.7∶1，在河南省102个县（市）中排第39位，近年来城乡居民收入差距整体呈缩小趋势（见表11）。

表11　2008—2023年原阳县城乡居民人均可支配收入及城乡收入比

年份	城镇（元，%）					农村（元，%）					城乡收入比	
	原阳县城镇居民人均可支配收入	在新乡市的排名	在河南省的排名	与新乡市相比	与河南省相比	原阳县农村居民人均可支配收入	在新乡市的排名	在河南省的排名	与新乡市相比	与河南省相比	原阳县城乡居民收入比	在河南省的排名
2008	8477	8	101	65.21	64.07	4085	7	64	81.08	91.72	2.1	29
2009	9516	8	100	67.16	66.21	4404	7	63	81.08	91.62	2.2	31
2010	10680	8	100	67.80	67.04	5091	7	60	81.57	92.16	2.1	31
2011	12361	8	99	68.72	67.94	6150	7	55	81.64	93.13	2.0	32
2012	14034	8	98	69.62	68.65	7035	7	54	81.36	93.49	2.0	33
2013	15676	7	97	70.92	69.99	8055	7	53	82.80	95.04	1.9	32
2014	17401	7	96	72.55	73.51	8981	7	52	83.70	90.12	1.9	34
2015	18606	7	97	73.40	72.75	9901	7	54	84.10	91.23	1.9	35
2016	20002	7	97	74.38	73.45	10673	7	57	84.18	91.25	1.9	35
2017	22102	7	95	76.03	74.78	11762	7	54	85.42	92.48	1.9	35
2018	24124	7	94	77.05	75.69	12944	7	54	86.64	93.59	1.9	35
2019	26271	7	93	78.13	76.81	14277	7	54	87.35	94.15	1.8	35
2020	27033	7	92	79.28	77.79	15276	7	51	87.43	94.83	1.8	35
2021	29196	7	89	80.55	78.71	16651	7	54	88.00	94.97	1.8	34
2022	30919	7	86	81.94	80.34	17933	7	55	88.25	95.91	1.7	39
2023	32588	—	—	83.21	84.68	19260	—	—	88.83	96.05	1.7	—

数据来源：历年河南省统计年鉴、新乡市统计年鉴。

七、固定资产投资分析

从固定资产投资增速来看，2023年原阳县固定资产投资增长 -2.6%，高于新乡市2.8个百分点，低于河南省9.3个百分点；2022年原阳县固定资产投资增长18.0%，高于新乡市4.3个百分点，高于河南省11.3个百分点（见表12）。

表12 2014—2023年原阳县固定资产投资情况

年份	原阳县固定资产投资增速（%）	新乡市固定资产投资增速（%）	河南省固定资产投资增速（%）	原阳县增速与新乡市增速对比（%）	原阳县增速与河南省增速对比（%）
2014	—	18.2	19.2	—	—
2015	—	2.7	16.5	—	—
2016	—	4.4	13.7	—	—
2017	—	9.5	10.4	—	—
2018	13.1	9.4	8.1	3.7	5.0
2019	31.4	11.6	8.0	19.8	23.4
2020	11.0	6.4	4.3	4.6	6.7
2021	15.3	12.1	4.5	3.2	10.8
2022	18.0	13.7	6.7	4.3	11.3
2023	-2.6	-5.4	6.7	2.8	-9.3

数据来源：历年河南省统计年鉴、新乡市统计年鉴。

八、社会消费分析

从社会消费情况来看，2023年原阳县社消零总额为78.1亿元；2022年原阳县社消零总额为85.9亿元，在新乡市辖8个县（市）中排第2位，在河南省102个县（市）中排第68位，占原阳县GDP的比重为30.8%。从人均社消零额来看，2023年原阳县的人均社消零额为10793元；2022年原阳县的人均社消零额为11814元，在新乡市辖8个县（市）中排第6位，在河南省102个县（市）中排第93位（见表13）。

表13 2008—2023年原阳县社会消费情况

年份	社消零总额（亿元，%）				人均社消零额（元）		
	社消零总额	在新乡市的排名	在河南省的排名	占GDP的比重	人均社消零额	在新乡市的排名	在河南省的排名
2008	17.4	4	86	27.1	2673	7	90
2009	18.9	4	94	28.6	2919	7	95
2010	22.2	4	92	29.0	3359	7	98
2011	21.5	7	98	23.5	3285	7	101
2012	25.0	7	98	26.9	3795	7	101
2013	28.4	7	98	29.5	4308	7	101
2014	38.2	4	89	35.0	5790	7	100
2015	34.2	7	99	29.3	5207	7	101
2016	48.9	3	88	38.0	7458	7	100
2017	54.9	3	88	36.2	8419	7	97
2018	56.3	3	86	34.5	8662	7	99
2019	77.4	3	73	33.4	11890	6	87
2020	74.8	3	72	30.3	9953	6	93
2021	82.3	3	71	31.2	11206	6	93
2022	85.9	2	68	30.8	11814	6	93
2023	78.1	—	—	27.9	10793	—	—

数据来源：历年河南省统计年鉴，新乡市、原阳县统计公报。

九、人口规模分析

从人口情况看，2023年原阳县常住人口72.38万人；2022年原阳县常住人口72.68万人，在新乡市辖8个县（市）中排第3位，在河南省102个县（市）中排第38位。2020年原阳县户籍人口为82.56万人，常住人口75.18万人，人口流出7.38万人，人口流失率为8.94%（见表14）。

从城镇化率看，2023年原阳县城镇化率为42.22%；2022年原阳县城镇化率为41.18%，在河南省102个县（市）中排第80位（见表14）。

表14 2008—2023年原阳县人口情况

年份	户籍人口（万人）	常住人口（万人）	常住人口在新乡市的排名	常住人口在河南省的排名	外流人口（万人）	人口流失率（%）	常住人口占新乡市的比重（%）	原阳县城镇化率（%）	城镇化率在河南省的排名
2008	—	64.91	4	56	—	—	11.78	—	—
2009	—	64.72	4	56	—	—	11.72	—	—
2010	72.03	65.95	4	54	6.08	8.44	11.55	—	—
2011	—	65.45	4	54	—	—	11.56	—	—
2012	—	65.85	4	54	—	—	11.61	—	—
2013	—	65.90	4	54	—	—	11.60	27.76	92
2014	—	66.01	4	53	—	—	11.56	29.26	93
2015	—	65.76	4	52	—	—	11.50	30.64	93
2016	—	65.50	4	54	—	—	11.41	31.97	93
2017	—	65.20	4	54	—	—	11.30	33.66	94
2018	—	65.00	4	53	—	—	11.23	35.25	95
2019	—	65.12	4	55	—	—	11.21	37.07	95
2020	82.56	75.18	3	35	7.38	8.94	12.01	39.85	80
2021	—	73.48	3	35	—	—	11.91	40.56	80
2022	—	72.68	3	38	—	—	11.79	41.18	80
2023	—	72.38	—	—	—	—	11.82	42.22	—

数据来源：历年河南省统计年鉴、新乡市统计公报、人口普查数据。

十、公共服务分析

从义务教育情况来看，2023年原阳县共有中小学179所，在校学生数合计111885人，专任教师数据缺失。从医疗卫生情况来看，2023年每千人床位数为5.74张，每千人卫生技术人员数为6.76人（见表15）。

表15　2020—2023年原阳县义务教育和医疗情况

年份		2020	2021	2022	2023
学校数	合计（所）	179	183	181	179
	小学学校数（所）	131	133	131	131
	初中学校数（所）	48	50	50	48
在校学生数	合计（人）	111933	110413	111642	111885
	小学在校生数（人）	77975	76493	75700	73118
	初中在校生数（人）	33958	33920	35942	38767
专任教师数	合计（人）	4903	4768	4896	—
	小学（人）	3021	2981	3031	—
	初中（人）	1882	1787	1865	—
医疗卫生	卫生机构床位数/千人	4.68	5.02	5.43	5.74
	卫生技术人员数/千人	5.74	5.91	6.09	6.76

数据来源：历年河南省统计年鉴、新乡市统计年鉴。

十一、县域发展特色产业——预制菜产业

从产业规模来看，截至2023年年底，原阳县拥有河南九豫全食品有限公司、新乡市雨轩清真食品股份有限公司、河南三味真厨食品销售有限公司等知名预制菜企业156家，产品种类突破4000种；2023年预制菜全产业链营收突破200亿元，力争在"十四五"末突破500亿元；规划建设用地5510亩、总投资150亿元的中国（原阳）预制菜创新示范产业园正在建设中，38家企业已开工建设，16家企业即将投产。

从主营市场来看，面向郑州及周边城市数千万人口市场，原阳县的预制菜产品可快速供应到这些地区，满足当地餐饮企业、超市、便利店以及消费者的需求，九多肉多食品集团等企业的产品销售网络覆盖周边江苏、河北、山东、山西、陕西、安徽、湖北等省份的部分地市，将原阳预制菜推向了更广阔的国内市场。同时，原阳县的预制菜为众多餐饮企业提供了标准化、便捷化的食材解决方案，如阿利茄汁面、姐弟俩土豆粉、巴奴毛肚火锅等知名餐饮品牌都与原阳预制菜企业有合作，部分预制菜企业还为

学校、机关单位、企业食堂等提供团餐预制菜。

从未来规划来看，原阳县将通过健全双组长机制，在招商引资等方面发力，依托中国（原阳）预制菜创新示范产业园，谋划储备89个项目，投资50亿元打造增长极。完善产业链，加强原料基地建设，利用冷链物流优势，拓展销售渠道，建设电商直播基地。同时，开展矩阵式宣传，提升"老家河南吃在原阳"品牌影响力，加速产业园5个园区建设，推动产业协同形成集群，提升产业竞争力。

十二、综述

综上所述，原阳县各经济指标的总量和人均指标在全省各个县（市）排名中处于中下游位次，部分增速指标处于上游位次。其中，GDP总量在全省各县（市）中处于中游位次；人均GDP在全省各县（市）中处于中下游位次；GDP增速和人均GDP增速在全省各县（市）中处于中上游位次，近年来经济增速增长较快；支柱产业由第二产业逐年向第三产业转移，呈"三、二、一"梯次；财政收入和财政支出在全省各县（市）中处于中下游位次，人均财政收入在全省各县（市）中处于中下游位次，人均财政支出在全省各县（市）中处于下游位次，财政自给率处于中游位次；存款余额和贷款余额在全省各县（市）中均处于中下游位次，存贷比较高，金融市场和投资市场活跃度较高；居民人均可支配收入在全省各县（市）中处于下游位次，城乡居民可支配收入差距整体呈缩小趋势；社消零总额和人均社消零额在全省各县（市）中均处于中下游位次；对人口的吸引力较弱，属于人口净流出城市，城镇化率处于中下游位次。

根据以上分析，提出以下几点建议。

第一，优化产业结构，加大对第三产业的扶持力度，尤其是现代服务业，如金融服务、文化旅游服务等。同时，推动传统制造业如汽车零部件制造产业的智能化、绿色化转型，给予技术改造升级的企业税收优惠、财政补贴等支持。

第二，实施财政金融协同政策，财政方面，优化财政支出结构，加大对教育、医疗、基础设施建设的投入，提升公共服务水平，吸引人才流入。金融方面，鼓励金融机构创新金融产品和服务，针对中小企业融资难问题，设立专项信贷基金，降低融资门槛，提高贷款额度，促进企业发展。

第三，出台人才吸引与培育政策，提供住房补贴、子女教育优惠、人才公寓等福利，吸引外地高素质人才，加强与本地高校、职业院校的合作，根据本地产业需求定向培养专业技术人才，为产业发展提供人才支撑。

第四，推动预制菜产业升级，完善从农田到餐桌的全产业链质量监管体系，确保产品质量安全。加强品牌建设，鼓励企业打造各自的特色品牌，提升品牌附加值。加强冷链物流体系建设，降低物流成本，拓展国内外市场。

河南省县域经济运行分析：新乡篇

一、新乡县概况

新乡县，隶属于河南省新乡市，地处河南省北部，位于新乡市西南部。其处在豫北经济区和中原城市群的核心地带，是连接豫北地区与中原地区的重要枢纽县域。新乡县下辖1个街道、6个镇、1个乡，县域总面积约375平方千米。截至2023年年底，常住人口约33.87万人，城镇化率达到58.47%。新乡县交通条件十分便利，京广铁路、太石铁路在此交汇，京港澳高速、菏宝高速穿境而过，107国道、230国道等多条干线公路纵横交错，构成了便捷的交通网络，极大地促进了新乡县与周边城市及全国各地的人员往来、物资流通和经济交流。

新乡县历史文化源远流长。这里是仰韶文化、龙山文化的重要发祥地之一，留存着诸多历史遗迹。自然资源方面，新乡县地处黄河、海河两大水系，水资源较为丰富且土壤肥沃，适宜农作物生长。这里盛产小麦、玉米、蔬菜等农产品，是豫北地区重要的农业产区。在产业发展领域，新乡县成绩斐然。工业上，形成了以化工、机械制造、食品加工、轻纺等为主导的产业体系。化工产业技术先进，产品多样，在国内市场占据一定份额；机械制造产业发展迅速，生产的多种机械设备远销国内外。农业方面，通过推广现代化农业技术，实现了规模化、高效化生产，农产品品质优良。

二、总体经济运行分析

从GDP总量来看，2023年新乡县GDP总量263亿元；2022年新乡县GDP总量254亿元，占新乡市GDP总量的7.34%，在新乡市辖8个县（市）中排第5位，GDP总量在河南省102个县（市）中的排名逐年下降，2022年排第72位（见表1）。

从 GDP 增速来看，2023 年新乡县 GDP 增速为 3.8%，高于新乡市 GDP 增速 2.3 个百分点，低于河南省 GDP 增速 0.3 个百分点；2022 年新乡县 GDP 增速为 6.3%，高于新乡市 GDP 增速 1.0 个百分点，高于河南省 GDP 增速 3.2 个百分点，在新乡市辖 8 个县（市）中排第 3 位，在河南省 102 个县（市）中排第 8 位（见表 1）。

表 1　2008—2023 年新乡县地区生产总值及增速

年份	新乡县GDP	占新乡市GDP的比重	在新乡市的排名	在河南省的排名	新乡县GDP增速	在新乡市的排名	在河南省的排名	与新乡市GDP增速对比	与河南省GDP增速对比
2008	123	13.59	2	36	20.5	2	2	6.6	8.4
2009	133	13.45	2	34	19.0	1	1	6.0	8.1
2010	158	13.29	2	30	16.6	2	5	2.4	4.1
2011	198	13.27	2	28	18.2	1	5	3.6	6.3
2012	181	11.18	3	37	15.9	1	4	4.5	5.8
2013	197	11.15	3	37	10.4	2	32	0.9	1.4
2014	201	10.47	3	41	8.0	7	89	−1.3	−0.9
2015	203	10.27	3	51	4.8	7	97	−1.2	−3.5
2016	212	9.79	3	52	5.1	8	101	−3.2	−3.0
2017	185	7.84	3	74	4.2	8	96	−3.9	−3.6
2018	189	7.08	3	80	4.6	7	97	−2.5	−3.0
2019	211	7.28	5	77	7.7	5	40	0.7	0.7
2020	218	7.22	5	75	3.9	5	21	0.7	2.6
2021	239	7.41	5	72	7.8	3	38	1.2	1.5
2022	254	7.34	5	72	6.3	3	8	1.0	3.2
2023	263	7.86	—	—	3.8	—	—	2.3	−0.3

数据来源：历年河南省统计年鉴、新乡市统计年鉴。

从人均 GDP 来看，2023 年，新乡县人均 GDP 为 77902 元，相当于新乡市人均 GDP 的 143.0%，相当于河南省人均 GDP 的 129.7%。2022 年新乡县人均GDP为75694元，相当于新乡市人均GDP的134.8%，相当于河南省人均GDP的128.4%，在新乡市辖8个县（市）中排第1位，在河南省102个县（市）中排第14位，处于上游（见表2）。

从人均GDP增速来看，2023年人均GDP增速为3.2%，2022年人均GDP增速为7.2%，在新乡市辖8个县（市）中排第5位，在河南省102个县（市）中排第17位，处于中上游（见表2）。

表2　2008—2023年新乡县人均地区生产总值及增速

年份	新乡县人均GDP（元）	新乡县人均GDP在新乡市的排名	新乡县人均GDP在河南省的排名	新乡县人均GDP与新乡市相比（%）	新乡县人均GDP与河南省相比（%）	新乡县人均GDP增速（%）	新乡县人均GDP增速在新乡市的排名	新乡县人均GDP增速在河南省的排名
2008	38691	1	10	239.0	204.9	21.0	4	49
2009	42140	1	8	234.2	207.8	19.2	4	78
2010	48261	1	8	227.7	201.2	12.7	3	67
2011	58512	1	8	223.3	209.7	14.6	4	70
2012	53587	1	15	187.4	175.7	15.9	3	66
2013	58029	1	15	186.4	175.2	9.9	3	69
2014	59072	1	15	175.3	164.2	7.8	3	60
2015	59476	1	16	172.1	155.1	4.4	3	71
2016	61902	1	17	163.7	149.8	4.6	2	83
2017	53600	1	23	130.9	117.2	3.6	5	95
2018	54562	1	24	118.1	107.6	3.9	6	102
2019	60665	1	23	130.3	111.6	7.3	5	99
2020	62670	1	19	129.9	114.6	5.2	5	90
2021	70620	1	19	135.7	120.5	10.4	5	99
2022	75694	1	14	134.8	128.4	7.2	5	17
2023	77902	—	—	143.0	129.7	3.2	—	—

数据来源：历年河南省统计年鉴、新乡市统计年鉴。

三、分产业经济运行分析

（一）产业格局与发展方向

新乡县已然构建起以化工、机械制造为支柱，现代农业与新兴服务业协同共进的产业格局。一是化工产业。作为新乡县的传统优势产业，化工产业技术积淀深厚，形成了涵盖基础化工原料、精细化工产品等多元领域的产业集群，在国内化工市场占据重要地位。二是机械制造产业。众多企业聚焦于高端装备制造、智能机械设备等领域，产品远销国内外多个国家和地区，推动生产过程的自动化与智能化升级，提高生产效率和产品质量。三是现代农业。凭借优越的自然环境和先进的农业技术，打造了"智慧农业＋高效种植＋生态养殖"的现代农业发展模式。四是新兴服务业。近年来电商产业蓬勃兴起，众多本地特色农产品和工业制成品通过电商平台走向全国市场。物流行业也在不断升级，现代化物流园区的建设，完善了仓储、运输、配送等一体化服务体系，为产业发展提供了有力支撑。

（二）产业结构分析

从三次产业占比来看，新乡县第一产业占比从2008年的6.61%曲折下降至2023年的4.26%；第二产业占比从2008年的78.85%曲折下降至2023年的55.97%；第三产业占比从2008年的14.54%曲折增加到2023年的39.78%。由此可以看出，近年来新乡县的支柱产业由第二产业逐年向第三产业转移，但仍呈"二、三、一"梯次（见表3和图1）。

表3　2008—2023年新乡县三产结构变化情况

年份	第一产业占比（%）	第二产业占比（%）	第三产业占比（%）
2008	6.61	78.85	14.54
2009	6.20	80.83	12.96
2010	6.07	82.27	11.66
2011	5.82	83.77	10.41
2012	6.59	80.41	13.00
2013	6.51	80.36	13.12
2014	6.75	72.47	20.78

续表

年份	第一产业占比（%）	第二产业占比（%）	第三产业占比（%）
2015	6.44	71.93	21.63
2016	4.30	72.91	22.79
2017	4.85	65.28	29.86
2018	4.36	63.83	31.80
2019	4.12	58.90	36.98
2020	5.38	58.05	36.57
2021	5.12	57.32	37.56
2022	4.10	57.50	38.40
2023	4.26	55.97	39.78

数据来源：历年河南省统计年鉴、新乡县统计公报及政府网站。

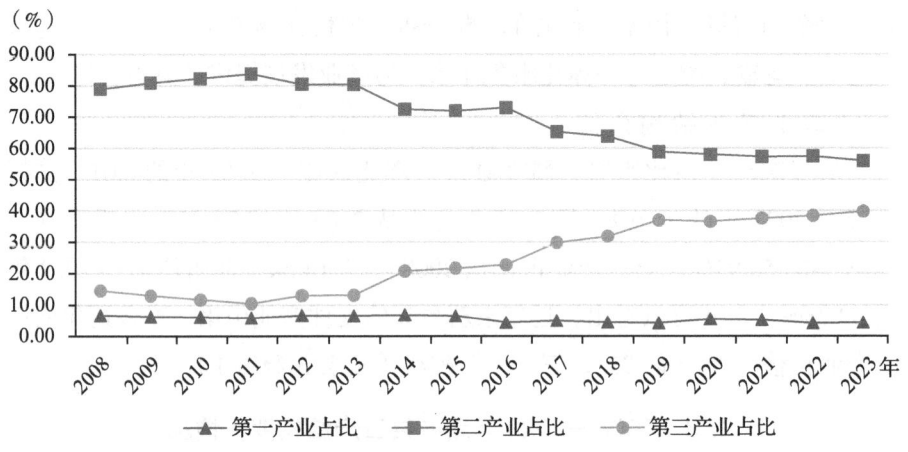

图1　2008—2023年新乡县三产结构变化情况

数据来源：历年新乡市统计年鉴。

（三）工业发展情况分析

从工业发展情况来看2023年新乡县规上工业增加值增速为4.4%，高于新乡市规上工业增加值增速1.0个百分点；2022年新乡县规上工业增加值增速为8.8%，在新乡市辖8个县（市）中排第4位，在河南省102个县（市）中排第24位，高于新乡市规上工业增加值增速1.2个百分点（见表4）。

表4　2016—2023年新乡县工业发展情况

年份	新乡县规上工业增加值增速（%）	新乡市规上工业增加值增速（%）	新乡县增速与新乡市对比（%）	新乡县增速在新乡市的排名	新乡县增速在河南省的排名
2016	5.2	8.5	−3.3	7	97
2017	2.0	8.7	−6.7	8	96
2018	3.6	8.2	−4.6	8	96
2019	8.3	8.5	−0.2	7	76
2020	4.9	5.9	−1.0	6	45
2021	10.6	8.3	2.3	4	36
2022	8.8	7.6	1.2	4	24
2023	4.4	1.0	3.4	—	—

数据来源：历年河南省统计年鉴、新乡县统计公报及政府网站。

（四）服务业发展情况分析

从服务业增加值来看，2023年新乡县服务业增加值为105亿元，占新乡市的比重为6.42%；2022年新乡县服务业增加值为98亿元，占新乡市的比重为6.19%，在新乡市辖8个县（市）中排第6位，在河南省102个县（市）中排第83位，处于中下游。从服务业增加值增速来看，2023年新乡县服务业增加值增速为4.2%；2022年新乡县服务业增加值增速为6.2%，在新乡市辖8个县（市）中排第1位，在河南省102个县（市）中排第1位，处于领先水平（见表5）。

表5　2008—2023年新乡县服务业发展情况

年份	新乡县服务业增加值（亿元）	占新乡市服务业增加值的比重（%）	增加值在新乡市的排名	增加值在河南省的排名	新乡县服务业增加值增速（%）	增速在新乡市的排名	增速在河南省的排名
2008	18	6.65	4	76	10.5	5	77
2009	17	5.74	5	87	8.7	7	89
2010	18	5.32	5	91	4.2	8	98
2011	21	4.88	5	93	6.1	5	94

续表

年份	新乡县服务业增加值（亿元）	占新乡市服务业增加值的比重（%）	增加值在新乡市的排名	增加值在河南省的排名	新乡县服务业增加值增速（%）	增速在新乡市的排名	增速在河南省的排名
2012	24	4.76	4	90	7.0	6	95
2013	26	4.66	4	91	5.0	6	99
2014	42	5.95	4	79	3.4	7	100
2015	44	5.70	4	86	3.7	5	99
2016	48	5.56	4	86	6.1	8	102
2017	55	5.55	4	89	10.7	5	46
2018	60	5.52	4	91	5.8	3	89
2019	78	5.90	6	89	8.7	1	23
2020	80	5.82	6	89	0.9	7	81
2021	90	6.00	6	85	12.6	1	1
2022	98	6.19	6	83	6.2	1	1
2023	105	6.42	—	—	4.2	—	—

数据来源：历年河南省统计年鉴、新乡县统计公报及政府网站。

（五）重点企业分析

（1）河南心连心化学工业集团股份有限公司。该公司建于1969年，2003年改为股份制企业，2009年在香港联合交易所上市。现拥有河南新乡、新疆玛纳斯、江西九江三大生产基地，总资产318亿元，员工8500余人。是国家高新技术企业，拥有国家企业技术中心、中国氮肥（心连心）技术研究中心、博士后科研工作站等科研平台。2024年，尿素产销量位居全国第一，复合肥产销量位居全国第六，产品还借助"一带一路"倡议，通过中老泰班列等方式出口到泰国等东南亚国家。先后被评为中国500强企业、中国民营企业制造业500强等，2023年入选国家知识产权示范企业名单和国家技术创新示范企业名单。

（2）新乡新亚纸业集团股份有限公司。该公司是河南省造纸行业龙头企业，省百户重点企业，省循环经济试点企业，2008年度中国造纸协会统计公布的入围全国造纸行业20强企业。拥有总资产25亿元，年造纸能力80万吨，产品分文化用纸、包装用纸、生活用纸三大系列，品种齐全，规格多样。拥有省级技术研发中心，坚持产学研结合，在制浆造纸工艺、资源循环利用、环保综合治理等领域取得30余项科技成果，其中麦草半化学浆黑液碱回收技术荣获全国节能减排科技进步奖二等奖。

（3）河南神州精工制造股份有限公司。该公司在封头行业中，是国内市场占有率高达60%的骨干企业，其主导产品核设备封头及压型件处于行业领先地位。产品广泛应用于石油、化工、电力、核工业等领域，为国家重大工程项目提供了关键设备部件。

（4）河南威猛振动设备股份有限公司。该公司在国内振动筛分市场占有率排名前三，入选国家制造业单项冠军示范企业。全力打造复频筛设计平台、热能利用智能化平台、循环经济工艺平台三大创新平台，拥有筛分领域核心专利600余项，自主研发的超级复合筛改变了传统筛分模式。

（5）新乡市高服机械股份有限公司。该公司入选国家级专精特新"小巨人"企业，在细分领域产品市场竞争力、市场占有率居国内领先地位。专注精细筛分领域，研发出国内首套新型超精细气流筛分机，开创了旋振筛、超声筛等多项新产品。

（6）新乡富元食品有限公司。该公司是农业产业化省级龙头企业、河南省科技型中小企业。拥有现代化速冻加工车间2万余平方米，国内先进的速冻生产线8条及国内先进的研发、检测设备。年产水饺2万余吨，汤圆、粽子、面点产量约2万余吨，饼系列产品3万余吨，年产值2亿元。主要从事"霍嘉""冰蓉"品牌系列速冻食品的研发、生产、销售，主要产品有水饺、汤圆、粽子、手抓饼、馅饼等13大系列120多个品种。

四、财政收支分析

从财政收入来看，2023年新乡县一般公共预算收入13.00亿元，占新乡市一般公共预算收入的5.38%；2022年新乡县一般公共预算收入11.12亿元，占新乡市一般公共预算收入的4.90%，在新乡市辖8个县（市）中排第5位，在河南省102个县（市）中排第77位。从财政支出来看，

2022年新乡县一般公共预算支出19.31亿元，占新乡市一般公共预算支出的4.05%，在新乡市辖8个县（市）中排第8位，在河南省102个县（市）中排第102位（见表6）。

表6 2008—2023年新乡县财政收支情况

年份	一般公共预算收入（亿元，%）				一般公共预算支出（亿元，%）			
	新乡县一般公共预算收入	占新乡市一般公共预算收入的比重	在新乡市的排名	在河南省的排名	新乡县一般公共预算支出	占新乡市一般公共预算支出的比重	在新乡市的排名	在河南省的排名
2008	4.76	9.76	2	23	7.70	7.76	5	80
2009	5.01	8.96	2	26	10.25	7.79	5	77
2010	6.01	8.53	2	26	11.80	7.40	5	78
2011	7.00	7.72	2	26	13.54	6.73	7	85
201	6.30	5.81	3	34	12.87	5.33	7	99
2013	7.07	5.46	3	40	14.12	5.27	7	98
2014	7.79	5.60	3	47	13.88	4.96	7	101
2015	7.24	5.00	4	59	15.56	5.00	7	99
2016	7.04	4.76	5	67	14.53	4.46	8	102
2017	8.19	5.15	5	62	14.82	4.03	8	102
2018	9.53	5.52	5	62	17.49	4.33	8	102
2019	10.37	5.54	5	61	22.58	4.86	7	99
2020	10.74	5.53	5	64	22.88	4.83	8	101
2021	10.63	5.11	5	73	17.45	3.44	8	102
2022	11.12	4.90	5	77	19.31	4.05	8	102
2023	13.00	5.38	—	—	—	—	—	—

数据来源：历年河南省统计年鉴、新乡县统计公报及政府网站。

从人均一般公共预算收入看，2023年新乡县人均一般公共预算收入为3838元，相当于新乡市人均一般公共预算收入的97.35%，相当于河南省人均一般公共预算收入的83.49%；2022年人均一般公共预算收入为3299元，相当于新乡市人均一般公共预算收入的89.60%，相当于河南省人均一般公共预算收入的76.42%,在新乡市辖8个县(市)中排第3位,在河南省102个县(市)中排第37位。从人均一般公共预算支出看,2022年新乡县人均一般公共预算支出为5730元,相当于新乡市人均一般公共预算支出的74.12%,相当于河南省人均一般公共预算支出的53.14%,在新乡市辖8个县(市)中排第5位,在河南省102个县(市)中排第87位(见表7)。

从财政自给率看,2022年新乡县财政自给率为57.57%,在新乡市辖8个县(市)中排第2位,在河南省102个县(市)中排第18位(见表7)。

表7 2008—2023年新乡县人均财力及财政自给率

年份	人均一般公共预算收入/常住人口	与新乡市相比	与河南省相比	在新乡市的排名	在河南省的排名	人均一般公共预算支出/常住人口	与新乡市相比	与河南省相比	在新乡市的排名	在河南省的排名	新乡县财政自给率	在新乡市的排名	在河南省的排名
2008	1501	169.54	140.25	1	10	2429	134.88	100.38	1	9	61.78	1	14
2009	1585	156.50	133.50	1	13	3242	136.02	105.86	1	8	48.87	2	21
2010	1774	143.74	120.77	1	13	3481	124.58	95.82	1	6	50.96	2	18
2011	2081	129.83	114.36	2	14	4024	113.12	89.59	1	10	51.73	2	17
2012	1857	97.18	86.76	2	21	3795	89.10	72.26	2	38	48.93	2	20
2013	2080	91.24	82.45	2	22	4158	88.20	71.30	2	40	50.03	2	22
2014	2288	93.91	80.56	2	23	4078	83.31	65.24	3	57	56.11	2	17
2015	2115	83.68	68.03	2	25	4549	83.68	64.90	3	66	46.49	2	21
2016	2051	79.53	63.60	3	29	4230	74.55	55.49	6	92	48.49	2	18
2017	2369	85.93	68.33	3	29	4286	67.15	51.27	6	98	55.27	2	14
2018	2740	91.90	71.78	3	28	5027	72.07	53.79	6	94	54.52	2	14
2019	2974	92.28	72.84	3	29	6476	80.97	63.08	3	76	45.92	3	23
2020	3130	101.00	74.65	2	30	6670	88.23	63.92	3	73	46.93	2	21
2021	3174	94.05	72.16	3	34	5208	63.43	49.40	6	87	60.95	1	18
2022	3299	89.60	76.42	3	37	5730	74.12	53.14	5	87	57.57	2	18
2023	3838	97.35	83.49	—	—	—	—	—	—	—	—	—	—

数据来源:历年河南省统计年鉴、新乡市统计年鉴。

五、金融业发展分析

从金融机构年末存款情况来看，2023年新乡县金融机构存款年末余额316亿元，占新乡市金融机构存款年末余额的6.16%；2022年新乡县金融机构存款年末余额284亿元，占新乡市金融机构存款年末余额的6.04%，在新乡市辖8个县（市）中排第4位，在河南省102个县（市）中排第69位。从金融机构年末贷款情况来看，2023年新乡县金融机构贷款年末余额199亿元，占新乡市金融机构贷款年末余额的5.9%；2022年新乡县金融机构贷款年末余额180亿元，占新乡市金融机构贷款年末余额的6.0%，在新乡市辖8个县（市）中排第3位，在河南省102个县（市）中排第52位（见表8）。

从存贷比来看，2023年新乡县存贷比为63.0%；2022年新乡县存贷比为63.3%，在新乡市辖8个县（市）中排第2位，在河南省102个县（市）中排第28位（见表8）。

表8 2008—2023年新乡县金融机构年末存贷款余额情况

年份	存款年末余额	占新乡市的比重	在新乡市的排名	在河南省的排名	贷款年末余额	占新乡市的比重	在新乡市的排名	在河南省的排名	新乡县存贷比	在新乡市的排名	在河南省的排名
2008	62	8.12	3	31	48	9.6	2	12	78.6	3	9
2009	84	8.88	3	20	61	9.8	2	10	72.8	2	10
2010	96	8.43	3	24	80	11.2	2	9	83.1	2	7
2011	106	8.11	3	31	100	12.8	2	7	94.3	1	3
2012	117	7.94	3	39	114	13.1	2	7	97.3	1	2
2013	126	7.31	3	47	125	12.1	2	9	99.6	1	2
2014	119	6.25	4	68	98	8.4	3	23	82.8	1	4
2015	128	6.07	4	69	99	7.8	3	25	77.4	1	5
2016	143	6.16	4	70	100	7.5	3	33	70.1	1	8
2017	162	6.37	4	70	98	6.5	4	46	60.3	2	20
2018	174	6.18	4	69	114	6.6	3	43	65.7	2	21
2019	197	6.33	4	67	136	6.7	3	42	68.8	2	15

续表

年份	存款（亿元，%）				贷款（亿元，%）				存贷比（%）		
	存款年末余额	占新乡市的比重	在新乡市的排名	在河南省的排名	贷款年末余额	占新乡市的比重	在新乡市的排名	在河南省的排名	新乡县存贷比	在新乡市的排名	在河南省的排名
2020	227	6.21	4	69	148	6.3	4	47	65.1	2	22
2021	248	6.07	4	71	165	6.1	3	51	66.3	2	23
2022	284	6.04	4	69	180	6.0	3	52	63.3	2	28
2023	316	6.16	—	—	199	5.9	—	—	63.0	—	—

数据来源：历年河南省统计年鉴、新乡市统计年鉴。

从人均存款余额来看，2023年新乡县人均存款余额93298元，相当于新乡市人均存款余额的111.31%，相当于河南省人均存款余额的91.10%；2022年新乡县人均存款余额84330元，相当于新乡市人均存款余额的110.51%，相当于河南省人均存款余额的89.91%，在新乡市辖8个县（市）中排第2位，在河南省102个县（市）中排第8位。从人均贷款余额来看，2023年新乡县人均贷款余额为58804元，相当于新乡市人均贷款余额的106.90%，相当于河南省人均贷款余额的69.10%；2022年新乡县人均贷款余额为53418元，相当于新乡市人均贷款余额的109.38%，相当于河南省人均贷款余额的69.79%，在新乡市辖8个县（市）中排第1位，在河南省102个县（市）中排第7位（见表9）。

六、居民收入分析

从居民收入看，2023年新乡县居民人均可支配收入为33473元，相当于新乡市居民人均可支配收入的110.37%，相当于河南省居民人均可支配收入的111.83%；2022年新乡县居民人均可支配收入为31929元，相当于新乡市居民人均可支配收入的110.44%，相当于河南省居民人均可支配收入的113.14%，在新乡市辖8个县（市）中排第1位，在河南省102个县（市）中排第7位。从居民收入增速看，2023年新乡县居民人均可支配收入同比增长4.8%，2022年新乡县居民人均可支配收入同比增长6.6%（见表10）。

表 9 2008—2023 年新乡县人均存贷款情况

年份	新乡县人均存款余额	人均存款（元，%）在新乡市的排名	在河南省的排名	与新乡市相比	与河南省相比	新乡县人均贷款余额	人均贷款（元，%）在新乡市的排名	在河南省的排名	与新乡市相比	与河南省相比
2008	19455	1	5	141.13	120.25	15281	1	3	166.35	138.96
2009	26423	1	3	155.00	130.73	19244	1	3	171.09	135.87
2010	28445	1	3	141.96	115.57	23634	1	3	189.45	140.05
2011	31496	1	2	136.47	111.83	29691	1	2	214.96	160.46
2012	34569	1	2	132.74	103.07	33650	1	2	219.69	157.99
2013	37100	1	4	122.30	94.48	36941	1	2	202.19	150.41
2014	34878	1	9	104.90	81.30	28860	1	3	140.24	102.23
2015	37484	2	13	101.50	76.35	29006	1	4	130.01	89.52
2016	41686	2	15	102.90	75.51	29208	1	6	125.16	78.24
2017	46770	2	13	106.19	77.82	28190	1	10	108.17	66.38
2018	49894	2	13	102.89	77.06	32765	1	9	109.86	67.57
2019	56606	2	9	105.51	80.63	38919	1	7	111.51	69.23
2020	66213	2	8	113.31	86.10	43093	1	7	115.09	68.14
2021	74026	2	7	111.76	88.75	49106	1	6	113.05	69.89
2022	84330	2	8	110.51	89.91	53418	1	7	109.38	69.79
2023	93298	—	—	111.31	91.10	58804	—	—	106.90	69.10

数据来源：历年河南省统计年鉴、新乡市统计年鉴。

表10 2017—2023年新乡县居民人均可支配收入情况

年份	新乡县居民人均可支配收入（元）	在新乡市的排名	在河南省的排名	与新乡市相比（%）	与河南省相比（%）	新乡县居民人均可支配收入增速（%）
2017	22347	1	11	107.15	110.79	—
2018	24255	1	10	107.34	110.43	8.5
2019	26455	1	10	107.71	110.68	9.1
2020	27845	1	9	109.21	112.23	5.3
2021	29962	1	8	109.12	111.75	7.6
2022	31929	1	7	110.44	113.14	6.6
2023	33473	—	—	110.37	111.83	4.8

数据来源：历年河南省统计年鉴、新乡市统计年鉴。

从城镇居民人均可支配收入看，2023年新乡县城镇居民人均可支配收入为40037元，相当于新乡市城镇居民人均可支配收入的102.23%，相当于河南省城镇居民人均可支配收入的104.04%；2022年新乡县城镇居民人均可支配收入为38203元，相当于新乡市城镇居民人均可支配收入的101.25%，相当于河南省城镇居民人均可支配收入的99.27%，在新乡市辖8个县（市）中排第2位，在河南省102个县（市）中排第15位。从农村居民人均可支配收入看，2023年新乡县农村居民人均可支配收入为26331元，相当于新乡市农村居民人均可支配收入的121.44%，相当于河南省农村居民人均可支配收入的131.31%；2022年农村居民人均可支配收入24701元，相当于新乡市农村居民人均可支配收入的121.55%，相当于河南省农村居民人均可支配收入的132.11%，在新乡市辖8个县（市）中排第2位，在河南省102个县（市）中排第10位（见表11）。

从城乡居民收入对比来看，2023年新乡县城乡居民人均可支配收入比为1.5∶1，2022年新乡县城乡居民人均可支配收入比为1.5∶1，在河南省102个县（市）中排第20位，近年来城乡居民收入差距整体呈缩小趋势（见表11）。

表 11 2008—2023 年新乡县城乡居民人均可支配收入及城乡收入比

年份	新乡县城镇居民人均可支配收入	城镇（元，%） 在新乡市的排名	在河南省的排名	与新乡市相比	与河南省相比	新乡县农村居民人均可支配收入	农村（元，%） 在新乡市的排名	在河南省的排名	与新乡市相比	与河南省相比	城乡居民收入比 新乡县城乡居民收入比	在河南省的排名
2008	11587	1	23	89.13	87.57	6097	1	16	121.02	136.89	1.9	17
2009	12980	1	22	91.60	90.31	6606	1	13	121.63	137.42	2.0	17
2010	14640	1	18	92.94	91.90	7652	1	10	122.61	138.52	1.9	15
2011	16924	1	18	94.08	93.01	9438	1	9	125.29	142.91	1.8	13
2012	19039	2	19	94.44	93.13	10812	1	9	125.04	143.68	1.8	12
2013	20886	2	20	94.49	93.25	12304	1	7	126.48	145.18	1.7	10
2014	22870	2	20	95.36	96.61	13559	1	7	126.37	136.05	1.7	10
2015	24253	2	19	95.68	94.83	14783	2	8	125.57	136.21	1.6	10
2016	25829	2	23	96.05	94.84	15744	2	10	124.17	134.60	1.6	12
2017	28102	2	22	96.67	95.07	17035	2	11	123.72	133.93	1.6	12
2018	30460	2	23	97.29	95.56	18414	2	11	123.26	133.14	1.7	14
2019	32927	2	25	97.92	96.27	20145	2	11	123.26	132.85	1.6	13
2020	33717	2	21	98.88	97.03	21394	2	10	122.45	132.82	1.6	15
2021	36246	2	16	100.00	97.71	23063	2	10	121.89	131.54	1.6	19
2022	38203	2	15	101.25	99.27	24701	2	10	121.55	132.11	1.5	20
2023	40037	—	—	102.23	104.04	26331	—	—	121.44	131.31	1.5	—

数据来源：历年河南省统计年鉴、新乡市统计年鉴。

七、固定资产投资分析

从固定资产投资增速来看，2022年新乡县固定资产投资增长20.1%，高于新乡市6.4个百分点，高于河南省13.4个百分点（见表12）。

表12　2014—2023年新乡县固定资产投资情况

年份	新乡县固定资产投资增速（%）	新乡市固定资产投资增速（%）	河南省固定资产投资增速（%）	新乡县增速与新乡市增速对比（%）	新乡县增速与河南省增速对比（%）
2014	3.0	18.2	19.2	−15.2	−16.2
2015	3.0	2.7	16.5	0.3	−13.5
2016	3.1	4.4	13.7	−1.3	−10.6
2017	9.8	9.5	10.4	0.3	−0.6
2018	11.3	9.4	8.1	1.9	3.2
2019	15.3	11.6	8.0	3.7	7.3
2020	20.1	6.4	4.3	13.7	15.8
2021	10.3	12.1	4.5	−1.8	5.8
2022	20.1	13.7	6.7	6.4	13.4
2023	—	−5.4	6.7	—	—

数据来源：历年河南省统计年鉴、新乡市统计年鉴。

八、社会消费分析

从社会消费情况来看，2023年新乡县社消零总额为58.9亿元；2022年新乡县社消零总额为55.4亿元，在新乡市辖8个县（市）中排第7位，在河南省102个县（市）中排第94位，占当年新乡县GDP的比重为21.8%。从人均社会消费情况来看，2023年新乡县的人均社消零额为17390元；2022年新乡县的人均社消零额为16453元，在新乡市辖8个县（市）中排第3位，在河南省102个县（市）中排第67位（见表13）。

表13 2008—2023年新乡县社会消费情况

年份	社消零总额（亿元，%）				人均社消零额（元）		
	社消零总额	在新乡市的排名	在河南省的排名	占GDP的比重	人均社消零额	在新乡市的排名	在河南省的排名
2008	14.6	6	95	11.9	4593	3	41
2009	15.5	7	98	11.6	4911	3	50
2010	18.2	7	99	11.5	5366	3	63
2011	21.6	6	97	10.9	6416	3	62
2012	25.0	6	97	13.8	7379	3	62
2013	28.6	6	97	14.5	8413	3	62
2014	32.4	6	97	16.1	9524	3	61
2015	36.3	5	96	17.9	10620	2	61
2016	38.8	8	99	18.3	11299	2	66
2017	43.2	8	99	23.4	12475	2	70
2018	47.9	8	99	25.3	13768	2	64
2019	51.5	7	94	24.4	14773	3	67
2020	49.4	7	94	22.7	14408	3	67
2021	54.1	7	94	22.6	16162	3	65
2022	55.4	7	94	21.8	16453	3	67
2023	58.9	—	—	22.4	17390	—	—

数据来源：历年河南省统计年鉴，新乡市、新乡县统计公报。

九、人口规模分析

从人口情况看，2023年新乡县常住人口33.87万人；2022年新乡县常住人口33.70万人，在新乡市辖8个县（市）中排第8位，在河南省102个县（市）中排第92位。2020年新乡县户籍人口为37.71万人，常住人口34.30万人，人口流出3.41万人，人口流失率为9.04%（见表14）。

从城镇化率看，2023年新乡县城镇化率为58.47%；2022年新乡县城镇化率为57.45%，在河南省102个县（市）中排第18位（见表14）。

表 14 2008—2023 年新乡县人口情况

年份	户籍人口（万人）	常住人口（万人）	常住人口在新乡市的排名	常住人口在河南省的排名	外流人口（万人）	人口流失率（%）	常住人口占新乡市的比重（%）	新乡县城镇化率（%）	城镇化率在河南省的排名
2008	—	31.72	8	96	—	—	5.76	—	—
2009	—	31.62	8	98	—	—	5.73	—	—
2010	33.60	33.90	8	96	−0.30	−0.89	5.94	—	—
2011	—	33.65	8	96	—	—	5.95	—	—
2012	—	33.92	8	96	—	—	5.98	—	—
2013	—	33.97	8	96	—	—	5.98	48.38	9
2014	—	34.03	8	96	—	—	5.96	49.86	8
2015	—	34.21	8	96	—	—	5.98	51.06	10
2016	—	34.34	8	96	—	—	5.98	52.26	10
2017	—	34.59	8	96	—	—	5.99	53.94	11
2018	—	34.79	8	96	—	—	6.01	55.51	11
2019	—	34.86	8	96	—	—	6.00	57.18	11
2020	37.71	34.30	8	92	3.41	9.04	5.48	56.13	17
2021	—	33.50	8	92	—	—	5.43	56.83	18
2022	—	33.70	8	92	—	—	5.47	57.45	18
2023	—	33.87	—	—	—	—	5.53	58.47	—

数据来源：历年河南省统计年鉴、新乡市统计公报、人口普查数据。

十、公共服务分析

从义务教育情况来看，2023 年新乡县共有中小学 96 所，在校学生数合计 44915 人，专任教师数合计 2863 人。从医疗卫生情况来看，2023 年新乡县每千人床位数为 4.11 张，每千人卫生技术人员数为 5.59 人（见表 15）。

表15 2020—2023年新乡县义务教育和医疗情况

	年份	2020	2021	2022	2023
学校数	合计（所）	95	94	94	96
	小学学校数（所）	74	73	73	75
	初中学校数（所）	21	21	21	21
在校学生数	合计（人）	50275	48687	46512	44915
	小学在校生数（人）	33564	31943	29812	28419
	初中在校生数（人）	16711	16744	16700	16496
专任教师数	合计（人）	3001	2920	2835	2863
	小学（人）	1641	1563	1515	1437
	初中（人）	1360	1357	1320	1426
医疗卫生	卫生机构床位数/千人	3.92	4.11	4.08	4.11
	卫生技术人员数/千人	5.40	5.43	5.49	5.59

数据来源：历年河南省统计年鉴、新乡市统计年鉴。

十一、县域发展特色产业——振动产业

从特色产品来看，新乡县的振动产业以生产各类振动筛分设备为主，包括圆振动筛、直线振动筛、高频振动筛等，这些设备能够对颗粒状、粉状物料进行精确筛选和分级，广泛应用于矿山、冶金、煤炭、化工、电力等多个行业。

从产业规模来看，新乡县振动设备生产企业多达334家，配套生产企业110余家，形成了庞大的产业集群，龙头企业有河南威猛振动设备股份有限公司、新乡市高服机械股份有限公司等。这种集群效应使得企业间共享资源、技术和人才，降低生产成本。该产业占全国行业总产值的30%，国内市场占有率达63%，产品远销亚洲、美洲、欧洲等80多个国家和地区，年销售额在全国同行业中名列前茅，是新乡县的重要出口产业之一。

从主营市场来看，主要面向国内工业领域，如矿山开采、冶金、化工等，这些设备能够满足国内大规模工业生产对于物料筛选和分级的高精度、高效率需求。在国际市场上，产品出口主要集中在亚洲、欧洲和美洲

市场。亚洲市场中印度、东南亚国家等对其产品有较大需求，用于基础设施建设和矿业开发；欧洲市场则侧重于高端制造业和化工行业，对设备的精度和质量要求较高；美洲市场主要是矿业和农业领域，如美国、巴西等国的矿山和粮食加工企业是主要客户。

十二、综述

综上所述，新乡县各经济指标的总量和人均指标在全省各个县（市）排名中处于中下游，部分增速指标处于上游。其中，GDP 总量在全省各县（市）中处于中下游；人均 GDP 在全省各县（市）中处于上游；GDP 增速和人均 GDP 增速在全省各县（市）中处于中上游；支柱产业由第二产业逐年向第三产业转移，目前仍呈"二、三、一"梯次；财政收入和财政支出在全省各县（市）中处于中下游，人均财政收入在全省各县（市）中处于中上游，人均财政支出在全省各县（市）中处于中下游，财政自给率处于中上游；存款余额在全省各县（市）中处于中下游，贷款余额处于中上游，存贷比较高，金融市场和投资市场活跃度较高；居民人均可支配收入在全省各县（市）中处于上游，城乡居民可支配收入差距整体呈缩小趋势；社消零总额和人均社消零额在全省各县（市）中均处于中下游；对人口的吸引力较弱，属于人口净流出城市，城镇化率处于中上游水平。

河南省县域经济运行分析：林州篇

一、林州市概况

林州市地处河南省最北部，由安阳市代管。东与安阳县、鹤壁市淇滨区接壤，南与辉县市、卫辉市为邻，西与山西省平顺县、壶关县毗连，北隔漳河与河北省涉县相望。县域总面积2046平方千米。据林州市第三次全国国土调查主要数据公报，林州市的耕地面积为81.81万亩。截至2023年，林州市常住人口为95万人左右。其行政区划包括4个街道、15个镇、1个乡，下辖542个行政村。

林州市属暖温带大陆性季风气候，四季分明。域内山地、丘陵、平原兼具，独特的地理条件孕育了丰富的农林资源。林州是重要的农业产区，盛产核桃、花椒、柿子等特色农产品，素有"核桃之乡""花椒之乡"的美誉。工业方面，林州市形成了以装备制造、新材料、新能源等为主导的产业体系。建筑产业更是闻名遐迩，林州建筑企业遍布全国，是"中国建筑之乡"。多年来，林州斩获诸多荣誉，诸如全国绿化模范市、国家园林城市、国家卫生城市、全国文化先进市、全国科技进步先进市等。

二、总体经济运行分析

从GDP总量来看，林州市在安阳市排名比较靠前，在全省的位次也有所提升。2023年林州市地区生产总值651.0亿元，占安阳市GDP总量的26.2%；2022年林州市GDP为657.4亿元，在安阳市辖5个县（市）中排第1位，在河南省102个县（市）中排第8位（见表1）。

从GDP增速来看，整体呈现下降趋势，林州市GDP增速由2008年的19.6%下降到2023年的3.4%，高于当年安阳市GDP增速0.2个百分点，低于河南省GDP增速0.7个百分点；2022年林州市GDP增速为4.8%，在安阳市辖5个县（市）中排第1位，在河南省102个县（市）中排第51位（见表1）。

表1 2008—2023年林州市地区生产总值及增速

年份	GDP总量（亿元，%）				GDP增速（%）				
	林州市GDP	占安阳市GDP的比重	在安阳市的排名	在河南省的排名	林州市GDP增速	在安阳市的排名	在河南省的排名	与安阳市GDP增速对比	与河南省GDP增速对比
2008	230.7	22.3	1	9	19.6	1	5	6.5	7.6
2009	271.9	24.6	1	6	17.9	2	3	5.7	6.9
2010	316.5	24.1	1	7	13.1	2	32	0	0.7
2011	368.4	23.6	1	9	14.7	1	24	2.6	2.7
2012	403.8	25.4	1	8	12.9	1	18	5.4	2.8
2013	424.1	25.2	1	9	9.5	2	58	1	0.5
2014	446.5	24.9	1	10	8.9	3	61	2.5	0.0
2015	455.5	24.3	1	10	8	4	89	0.66	−0.4
2016	491.7	27.2	1	10	8.6	4	54	0.6	0.4
2017	551.6	24.3	1	9	7.6	4	70	0.4	−0.2
2018	590.9	24.7	1	9	6.3	5	86	−0.4	−1.3
2019	535.9	24.0	1	8	6.2	2	85	3.5	−0.6
2020	559.9	24.3	1	8	4.6	2	11	1.3	3.5
2021	615.3	25.3	1	8	6.8	1	56	2.1	0.5
2022	657.4	26.2	1	8	4.8	2	51	2.4	1.7
2023	651.0	26.2	—	—	3.4	—	—	0.2	−0.7

数据来源：历年河南省统计年鉴、林州市政府网站。

从人均GDP来看，2008—2023年林州市人均GDP不断增加，高于全省、全市人均GDP水平。2023年林州市人均GDP为70100元，相当于安阳市人均GDP的152.2%，相当于河南省人均GDP的116.7%；2022年林州市人均生产总值为70458元，在安阳市辖5个县（市）中排第1位，在河南省102个县（市）中排名20位。从人均GDP增速来看，2022年林州市人均GDP增速为5.9%，高于安阳市人均GDP增速2.9个百分点，高于河南省人均GDP增速2.4个百分点，在安阳市辖5个县（市）中排第2位，在河南省102个县（市）中排第44位；2023年林州市人均GDP增速为3.9%，高于安阳市人均GDP增速0.3个百分点，低于河南省人均GDP增速0.5个百分点（见表2）。

表2　2008—2023年林州市人均地区生产总值及增速

年份	林州市人均GDP	与安阳市相比	与河南省相比	在安阳市的排名	在河南省的排名	林州市人均GDP增速	在安阳市的排名	在河南省的排名	与安阳市人均GDP增速对比	与河南省人均GDP增速对比
2008	27890	137.7	147.7	1	22	19.8	1	7	6.7	8.0
2009	32853	152.3	162.0	1	17	17.9	2	5	6.7	7.7
2010	39180	154.7	163.4	1	15	15.9	3	33	2.0	3.4
2011	46607	161.8	166.4	1	17	17.2	1	28	4.3	5.0
2012	51101	166.9	165.8	1	16	13.0	2	30	4.6	3.6
2013	53764	162.4	159.9	1	17	9.7	2	55	0.6	1.3
2014	56566	160.7	154.2	1	17	8.8	4	69	0.2	0.6
2015	57448	156.6	146.5	1	18	7.5	4	87	0.4	-0.2
2016	61534	155.4	145.3	1	18	7.7	4	78	0.2	0.2
2017	68501	156.2	145.9	1	16	6.8	4	81	-0.3	-0.3
2018	72813	175.1	139.7	1	14	5.5	5	87	-0.8	-1.7
2019	65723	152.8	116.6	1	17	5.7	2	82	4.0	-0.7
2020	59481	141.0	107.3	1	21	2.3	4	70	0.0	1.4
2021	65285	146.1	109.9	1	20	6.7	3	66	1.6	0.3
2022	70458	152.0	113.4	1	20	5.9	2	44	2.9	2.4
2023	70100	152.2	116.7	—	—	3.9	—	—	0.3	-0.5

数据来源：历年河南省统计年鉴。

三、分产业经济运行分析

（一）产业格局与发展方向

"十四五"以来，林州市产业格局不断优化与发展。工业上，着力构建"两主一新一未来"产业格局，即提升装备制造、精品钢深加工两大主导产业，做大电子新材料新兴产业，前瞻布局绿色储能等未来产业。农业方面，积极推进"一镇一业"发展策略，加强一二三产深度融合，提升农业产业化水平。服务业领域，传统服务业不断优化升级，新兴业态也在蓬勃兴起。

红旗渠国家级经济技术开发区内的林州产业集聚区，以高端装备制造和高新技术产业为主导，如汽配和煤机制造等产业。以河南凤宝特钢有限公司为龙头的钢铁产业，完善了生铁—炼钢—优特钢—无缝钢管产业链条；以林丰铝电有限责任公司和大唐林州热电有限公司为龙头的铝电产业，形成了发电—电解铝—高性能铝合金—铝深加工产业链。

林州市积极打造各类农业产业基地，如东姚小米、茶店菊花、横水红薯和桂林辣椒等，拥有31家省级和市级农业龙头企业、99家家庭农场，以及500多个农民专业合作经济组织。茶店镇的菊花产业尤为突出，不仅开发了多种菊茶品种和菊花饮品，还发展了菊花精油提取、护肤品开发等高附加值产业，并与旅游观光结合，形成全产业链发展模式。

林州有着深厚的建筑文化底蕴，如今已成为"中国建筑之乡"，建筑企业数量众多，遍布全国乃至海外部分地区。林州建筑队伍技术精湛，业务涵盖房屋建筑、市政工程、公路桥梁、装饰装修等多个领域，在各类建筑工程中展现出卓越的施工能力，并且积极推动建筑产业现代化转型，加强科技创新，引入新型建筑材料和先进施工技术，提升建筑工程的质量和效率。

（二）产业结构分析

从三次产业占比来看，林州市第一产业占比平稳慢速下降，2008—2018年期间第二产业占比逐渐下降；第三产业占比上升。2019年以来趋势较为平缓。2023年第一产业占比2.24%；第二产业占比48.30%；第三产业占比49.46%（见表3和图1）。

表3 2008—2023年林州市三产结构变化情况

年份	第一产业占比（%）	第二产业占比（%）	第三产业占比（%）
2008	6.76	70.02	23.23
2009	5.82	70.27	23.91
2010	5.62	71.31	23.07
2011	5.37	68.11	26.52
2012	5.21	67.50	27.29
2013	5.17	65.74	29.09
2014	5.11	59.10	35.79
2015	4.47	55.22	40.31
2016	4.28	52.81	42.91
2017	3.57	52.08	44.35
2018	3.02	48.80	48.18
2019	2.16	50.23	47.61
2020	2.73	51.49	45.78
2021	2.36	51.98	45.66
2022	2.27	52.06	45.67
2023	2.24	48.30	49.46

数据来源：历年河南省统计年鉴、林州市政府网。

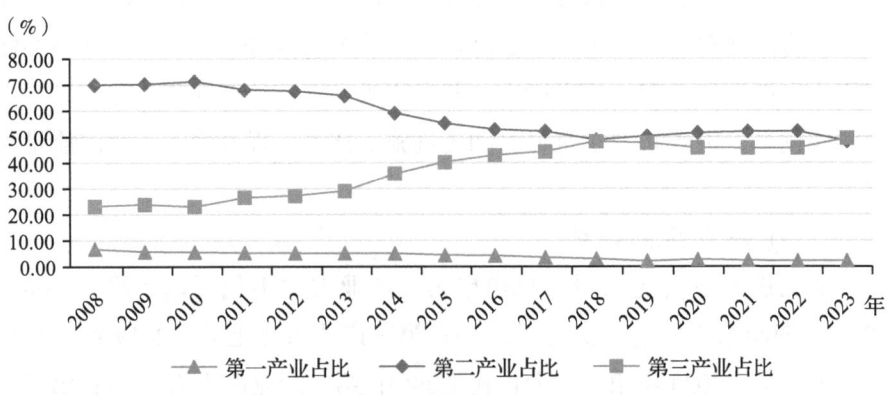

图1 2008—2023年林州市三产结构变化情况

（三）工业发展情况分析

从工业发展情况来看，林州市规上工业增加值增速变化幅度较大，总体呈现出 2008—2011 年保持较高增速，2012 年以后增速逐渐下降。2022 年林州市规上工业增加值增速为 5.5%，在安阳市辖 5 个县（市）中排第 3 位，在河南省 102 县（市）中排第 75 位；2023 年规上工业增加值增速为 5.7%（见表 4）。

表 4 2008—2023 年林州市工业发展情况

年份	林州市规上工业增加值增速（%）	安阳市规上工业增加值增速（%）	在安阳市的排名	在河南省的排名
2008	27.6	18.0	1	31
2009	25.9	15.2	1	3
2010	18.8	19.7	4	85
2011	23.0	18.0	2	60
2012	17.4	9.5	2	64
2013	12.4	12.4	4	83
2014	10.7	10.7	4	83
2015	7.0	5.6	4	92
2016	7.4	7.3	4	89
2017	6.3	6.5	5	88
2018	−1.0	2.8	5	100
2019	8.8	0.8	3	44
2020	10.8	5.0	3	7
2021	8.6	2.8	1	53
2022	5.5	2.4	3	75
2023	5.7	2.8	—	—

数据来源：历年河南省统计年鉴、安阳市统计年鉴、林州市政府网站。

（四）服务业发展情况分析

从服务业发展情况来看，2008 年以来林州市服务业增加值不断增加。2022 年林州市服务业增加值为 300.2 亿元，占安阳市服务业增加值的 25.6%，在安阳市辖 5 个县（市）中排第 1 位，在河南省 102 县（市）中排第 7 位；2023 年林州市服务业增加值 322.0 亿元，服务业增加值增速为 4.7%（见表 5）。

表5 2008—2023年林州市服务业发展情况

年份	林州市服务业增加值（亿元）	占安阳市服务业增加值的比重（%）	增加值在安阳市的排名	增加值在河南省的排名	林州市服务业增加值增速（%）	增速在安阳市的排名	增速在河南省的排名
2008	53.6	19.7	1	10	17.0	1	16
2009	65.0	21.2	1	5	12.2	1	63
2010	73.0	21.0	1	5	9.4	2	69
2011	97.7	22.3	1	5	10.8	2	46
2012	110.2	23.0	1	5	9.7	2	59
2013	123.4	23.6	1	5	8.1	2	63
2014	159.8	24.6	1	7	9.1	2	61
2015	183.6	24.8	1	8	12.2	3	44
2016	211.0	24.9	1	7	12.1	2	15
2017	244.6	25.2	1	7	10.5	4	55
2018	284.7	26.0	1	7	12.6	1	10
2019	255.1	25.3	1	7	8.9	2	17
2020	256.3	24.3	1	7	2.5	2	38
2021	280.9	24.7	1	7	9.0	1	45
2022	300.2	25.6	1	7	4.5	1	12
2023	322.0	26.0	—	—	4.7	—	—

数据来源：历年河南省统计年鉴、林州市政府网站。

（五）重点企业分析

（1）红旗渠建设集团有限公司。该公司成立于1978年，前身为林州市建筑工程三公司，是河南省建筑施工骨干大型现代化企业集团。资产总额近20亿元，拥有员工数千人，涵盖从建筑设计、施工管理到工程监理等多领域专业人才。具有房屋建筑工程施工总承包特级资质，以及市政公用工程施工总承包一级、建筑装修装饰工程专业承包一级等资质。承建和参建众多国家和地方重点工程,包括各类大型住宅、商业综合体、公共建筑等项目。业务范围遍布全国,与国内知名房地产企业、政府部门展开合作,以优质工程质量赢得良好口碑。荣获5项鲁班奖,有60余项工程获得省部级优质工程奖,有100余项工程被评为省级安全文明工地,多次被评为全国优秀施工企业、全国守合同重信用企业等。

(2)林州重机集团股份有限公司。该公司成立于2002年,在深圳证券交易所上市。旗下拥有多家子公司,其中包括林州重机铸锻有限公司,员工总数达数千人。以煤炭综采设备制造为主业,能够生产液压支架、刮板输送机、采煤机等多种煤炭开采设备,年生产能力达数万台套。积极布局新业务领域,在军工装备制造方面,研发生产多种适用于特殊场景的装备;在煤矿运营服务方面,为客户提供全方位的解决方案。产品不仅畅销国内各大煤炭产区,还出口到多个国家和地区。与国内大型煤炭企业如神华集团、中煤集团等建立了长期稳定的合作关系,为其提供优质的设备和服务。被认定为国家高新技术企业、国家技术创新示范企业,多次获得河南省省长质量奖、河南省优秀民营企业等荣誉。

(3)河南光远新材料股份有限公司。该公司成立于2011年,是河南省重点电子材料产业公司。占地面积500余亩,拥有员工1000余人,其中专业技术人员占比达30%以上。拥有多条先进的电子级玻璃纤维生产线,具备年产电子级玻璃纤维纱数万吨的生产能力。专注于电子级玻璃纤维产品的研发、生产和销售,主要产品包括无碱玻璃纤维纱、电子布等,产品具有拉伸强度高、耐高温性能好、电绝缘性能优异等特点,广泛应用于电子、航空航天、新能源等领域。建有省级企业技术中心、工程实验室等研发平台,与国内多所高校开展产学研合作,不断提升产品的技术含量和市场竞争力。产品在国内市场占有率较高,并出口到欧美、日韩等多个国家和地区,与国内外众多知名企业如生益科技、建滔集团等建立了长期稳定的合作关系。被认定为国家高新技术企业、国家专精特新"小巨人"企业,荣获河南省制造业头雁企业、河南省民营企业100强等荣誉,2023年荣登科创中国榜单。

(4)林州凤宝管业有限公司。该公司成立于2003年,占地面积80余万平方米,现有员工2000余人,其中中高级专业技术人员300余人。拥有完整的无缝钢管生产产业链，具备年产钢200万吨、无缝钢管150万吨的生产能力。采用先进的生产工艺和设备，如德国西马克连轧管机组、奥地利奥钢联LF精炼炉等，能够生产多种规格和材质的无缝钢管，产品广泛应用于石油、化工、电力、机械等行业。建有河南省特种无缝钢管工程技术研发中心，不断研发新产品、新工艺，拥有多项自主知识产权。产品畅销国内市场，同时出口到欧美、中东、东南亚等30多个国家和地区。与中国石油、中国石化、中国海油等国内大型企业建立长期稳定的合作关系。拥有专业化的物流运输团队，能够为客户提供高效、便捷的物流服务。"凤宝"商标为中国驰名商标，公司被评为国家高新技术企业、河南省质量标杆企业，多次荣获河南省名牌产品称号。

（5）林州中农颖泰生物肽有限公司。该公司成立于2011年，是一家专注于生物肽研发、生产和销售的高新技术企业。占地面积100余亩，拥有员工200余人，其中研发人员50余人。拥有先进的生物技术研发平台和生产设备，具备年产生物肽数千吨的生产能力。专注于生物肽产品的研发和生产，产品广泛应用于饲料、食品、医药等领域。与中国农业科学院、河南农业大学等多所高校和科研机构建立了长期合作关系，不断开展技术创新和产品研发，拥有多项专利技术。产品在国内市场得到广泛认可，与众多大型饲料企业、食品企业建立了合作关系。同时，积极拓展国际市场，产品出口到东南亚、欧洲等多个国家和地区。被认定为国家高新技术企业、河南省专精特新中小企业，荣获河南省科技进步奖等奖项。

四、财政收支分析

从财政收支总体情况来看，林州市一般公共预算收入占安阳市财政收入的比重，高于一般公共预算支出占安阳市支出的比重，财政收支总量、财政自给率都比较高。2022年林州市一般公共预算收入43.5亿元，占安阳市一般公共预算收入的19.6%，在安阳市辖5个县（市）中排第1位，在河南省102县（市）中排第7位；2022年林州市一般公共预算支出达到68.1亿元，占安阳市一般公共预算支出的15.9%，在安阳市辖5个县（市）中排第1位，在河南省102个县（市）中排第12位；2023年林州市一般公共预算收入50.0亿元，一般公共预算支出72.5亿元（见表6）。

表6　2008—2023年林州市财政收支情况

年份	一般公共预算收入（亿元，%）				一般公共预算支出（亿元，%）			
	林州市一般公共预算收入	占安阳市一般公共预算收入的比重	在安阳市的排名	在河南省的排名	林州市一般公共预算支出	占安阳市一般公共预算支出的比重	在安阳市的排名	在河南省的排名
2008	7.0	14.0	2	16	13.1	13.8	1	18
2009	8.1	14.6	2	15	18.4	15.1	1	9
2010	9.1	13.9	2	15	18.2	12.9	3	24
2011	10.3	13.3	2	16	22.8	13.0	3	26
2012	11.4	13.7	1	17	27.9	13.6	2	28
2013	12.7	13.8	1	18	30.7	14.2	2	28
2014	14.0	13.6	1	17	32.9	14.1	2	33
2015	15.3	14.0	1	19	39.2	14.3	2	27
2016	16.6	14.2	1	18	41.6	14.3	2	28
2017	20.0	15.5	1	16	44.5	14.1	2	33
2018	25.0	16.2	1	12	56.8	15.7	2	24
2019	30.3	18.4	1	10	66.6	16.5	2	19
2020	33.3	19.1	1	10	70.0	16.2	2	18
2021	40.0	19.9	1	7	66.6	14.9	1	15
2022	43.5	19.6	1	7	68.1	15.9	1	12
2023	50.0	21.2	—	—	72.5	16.2	—	—

数据来源：历年河南省统计年鉴、林州市政府网站。

从人均财力看，林州市人均一般公共预算收入近年来增幅明显，2018年起超过安阳市水平，2022年超过全省水平。2022年林州市人均一般公共预算收入为4672元，相当于安阳市人均一般公共预算收入的114.0%，相当于河南省人均一般公共预算收入的108.2%，在河南省102个县（市）中排第16位；人均一般公共预算支出7305元，相当于安阳市人均一般公共预算支出的92.3%，相当于河南省人均一般公共预算支出的67.7%。林州市财政自给率比较高，2022年财政自给率为64.0%，在安阳市辖5个县（市）中排第1位，在河南省102个县（市）中排第12位（见表7）。

表7 2008—2022年林州市人均财力及财政自给率

年份	人均一般公共预算收入	与安阳市相比	与河南省相比	在河南省的排名	人均一般公共预算支出	与安阳市相比	与河南省相比	在河南省的排名	林州市财政自给率	在安阳市排名	在河南省排名
2008	845	88.0	79.0	24	1581	86.6	65.3	36	53.5	2	21
2009	978	92.5	82.4	23	2224	95.4	72.6	31	44.0	2	27
2010	1149	91.3	78.2	23	2303	84.7	63.4	41	49.9	2	19
2011	1295	86.2	71.2	25	2876	84.9	64.0	46	45.0	2	25
2012	1448	88.0	67.7	27	3540	87.8	67.4	46	40.9	2	28
2013	1610	88.9	63.8	29	3896	91.5	66.8	54	41.3	2	26
2014	1777	87.6	62.6	29	4169	90.6	66.7	52	42.6	2	27
2015	1925	89.9	61.9	29	4919	92.1	70.2	47	39.1	2	30
2016	2073	90.5	64.3	28	5182	91.1	68.0	53	40.0	2	28
2017	2479	98.2	71.5	27	5508	89.3	65.9	63	45.0	1	25
2018	3070	103.2	80.4	23	6964	99.8	74.5	42	44.1	1	25
2019	3710	117.4	90.9	19	8165	104.8	79.5	27	45.4	2	26
2020	3504	109.8	83.6	23	7364	93.6	70.6	58	47.6	1	20
2021	4283	115.8	97.4	18	7130	86.3	67.6	40	60.1	2	19
2022	4672	114.0	108.2	16	7305	92.3	67.7	47	64.0	1	12

数据来源：历年河南省统计年鉴。

五、金融业发展分析

从金融机构存贷总体情况来看，林州市近年来金融机构存款余额、贷款余额在全省的位次都比较靠前。2022年林州市金融机构存款年末余额793.9亿元，占安阳市金融机构存款年末余额的19.4%，在安阳市辖5个县（市）中排第1位，在河南省102个县（市）中排第3位；2022年林州市金融机构贷款年末余额383.7亿元,占安阳市金融机构贷款年末余额的14.7%,在安阳市辖5个县(市)中排第1位,在河南省102个县(市)中排第7位。2022年林州市存贷比为48.3%,低于安阳市15.4个百分点,低于河南省33.7个百分点,在安阳市辖5个县(市)中排末位,在河南省102个县(市)中排第64位(见表8)。

表8 2008—2022年林州市金融机构年末存贷款余额情况

年份	存款(亿元,%)			贷款(亿元,%)			存贷比(%)				
	林州市金融机构存款年末余额	占安阳市的比重	在安阳市的排名	在河南省的排名	林州市金融机构贷款年末余额	占安阳市的比重	在安阳市的排名	在河南省的排名	林州市存贷比	安阳市存贷比	河南省存贷比	在安阳市的排名	在河南省的排名
2008	149.1	19.9	1	2	56.3	14.6	1	4	37.8	51.5	68.0	5	70
2009	173.0	19.6	1	3	68.4	13.8	1	6	39.5	56.0	69.0	4	68
2010	193.1	19.5	1	3	88.2	14.8	1	6	45.7	60.3	70.0	3	53
2011	216.1	18.6	1	3	102.0	16.1	1	6	47.2	54.6	71.0	2	44
2012	258.6	19.1	1	2	91.0	13.2	1	15	35.2	50.8	72.0	5	73
2013	301.6	19.0	1	1	107.4	14.3	1	16	35.6	47.5	73.0	5	80
2014	350.6	19.5	1	2	133.0	15.1	1	14	37.9	49.0	74.0	3	79
2015	387.3	19.4	1	3	137.2	13.6	1	15	35.4	50.6	75.0	5	85
2016	436.7	19.9	1	3	155.0	13.4	1	16	35.5	52.8	76.0	5	80
2017	483.7	19.6	1	3	167.1	12.8	1	16	34.6	52.6	77.0	5	82
2018	529.8	19.6	1	4	205.8	14.1	1	13	38.9	54.2	78.0	5	77
2019	574.8	19.7	1	4	256.6	15.3	1	10	44.6	57.3	79.0	4	68
2020	656.3	19.9	1	2	297.6	15.4	1	7	45.3	58.6	80.0	5	70
2021	729.3	20.0	1	2	342.5	15.2	1	7	47.0	61.9	81.0	5	70
2022	793.9	19.4	1	3	383.7	14.7	1	7	48.3	63.7	82.0	5	64

数据来源:历年河南省统计年鉴、林州市政府网站。

林州市人均存款余额在全省的位次有所提升，人均贷款余额在全省的位次有所下降。2022年林州市人均存款余额为85194元，相当于安阳市人均存款余额的112.9%，相当于河南省人均存款余额的90.9%，在安阳市辖5个县（市）中排第2位，在河南省102个县（市）中排第5位；2022年林州市人均贷款余额为41175元，相当于安阳市人均贷款余额的85.7%，相当于河南省人均贷款余额的53.8%，在安阳市辖5个县（市）中排第2位，在河南省102个县（市）中排第25位（见表9）。

表9 2008—2022年林州市人均存贷款情况

年份	人均存款（元，%）					人均贷款（元，%）				
	林州市人均存款余额	在安阳市的排名	在河南省的排名	与安阳市相比	与河南省相比	林州市人均贷款余额	在安阳市的排名	在河南省的排名	与安阳市相比	与河南省相比
2008	17977	1	7	125.2	111.1	6789	1	13	91.8	61.7
2009	20947	1	7	123.6	103.6	8279	1	17	87.3	58.4
2010	24459	1	6	127.6	99.4	11178	1	12	96.7	66.2
2011	27293	1	7	120.9	96.9	12884	1	14	104.6	69.6
2012	32792	1	4	123.1	97.8	11533	1	23	85.2	54.2
2013	38227	1	3	122.8	97.3	13613	1	24	92.0	55.4
2014	44393	1	3	126.0	103.5	16844	1	20	97.6	59.7
2015	48660	1	3	124.9	99.1	17232	1	30	87.4	53.2
2016	54427	1	4	127.1	98.6	19316	1	25	85.4	51.7
2017	59853	1	4	124.2	99.6	20683	1	31	81.6	48.7
2018	65005	1	3	124.7	100.4	25256	1	22	89.4	52.1
2019	70470	1	2	125.4	100.4	31460	1	17	97.7	56.0
2020	69023	1	4	114.9	89.8	31295	1	26	88.9	49.5
2021	78056	2	4	115.9	93.6	36654	2	27	88.0	52.2
2022	85194	2	5	112.9	90.9	41175	2	25	85.7	53.8

数据来源：历年河南省统计年鉴。

六、居民收入分析

从居民收入看，2017年以来林州市居民人均可支配收入在全市、全省县域位次靠前。2022年林州市居民人均可支配收入为31802元，相当于安阳市居民人均可支配收入的111.8%，相当于河南省居民人均可支配收入的112.7%，在安阳市辖5个县（市）中排第1位，在河南省102个县（市）中排第8位（见表10）。

表10　2017—2022年林州市居民人均可支配收入情况

年份	林州市居民人均可支配收入（元）	在安阳市的排名	在河南省的排名	与安阳市相比（%）	与河南省相比（%）
2017	23359	1	7	110.7	115.8
2018	25118	1	8	110.0	114.4
2019	27122	1	8	110.0	113.5
2020	28086	1	8	110.0	113.2
2021	30369	1	7	111.0	113.3
2022	31802	1	8	111.8	112.7

数据来源：历年河南省统计年鉴、林州市政府网站。

分城镇、农村居民人均可支配收入看，林州市城镇、农村居民人均可支配收入位次在全省略有上升。2022年林州市城镇居民人均可支配收入为37444元，相当于安阳市城镇居民人均可支配收入的97.3%，相当于河南省城镇居民人均可支配收入的97.3%，在安阳市辖5个县（市）中排第1位，在河南省102个县（市）中排第17位。2022年林州市农村居民人均可支配收入为25979元，相当于安阳市农村居民人均可支配收入的133.2%，相当于河南省农村居民人均可支配收入的138.9%，在安阳市辖5个县（市）中排第1位，在河南省102个县（市）中排第6位。2022年，林州市城乡居民人均可支配收入比约为1.4∶1，城乡收入差距较小（见表11）。

表11 2008—2022年林州市城乡居民人均可支配收入及城乡收入比

年份	城镇（元，%） 林州市城镇居民人均可支配收入	在安阳市的排名	在河南省的排名	与安阳市相比	与河南省相比	农村（元，%） 林州市农村居民人均可支配收入	在安阳市的排名	在河南省的排名	与安阳市相比	与河南省相比	城乡收入比 林州市城乡居民收入比	在河南省的排名
2008	11587	1	22	85.0	87.6	6358	1	8	122.5	142.7	1.8	11
2009	13024	1	19	87.9	90.6	6916	1	7	123.6	143.9	1.9	11
2010	14713	1	17	89.7	92.4	8007	1	8	125.9	144.9	1.8	10
2011	17008	1	16	91.0	93.5	9998	1	6	120.9	151.4	1.7	9
2012	19172	1	16	91.1	93.8	11222	1	6	130.2	149.1	1.7	10
2013	21219	1	13	92.2	94.7	12614	1	5	130.4	148.8	1.7	8
2014	23269	1	13	92.4	98.3	13942	1	5	130.5	139.9	1.7	8
2015	24841	1	14	93.7	97.1	15706	1	5	134.0	144.7	1.6	6
2016	26991	1	11	95.8	99.1	16877	1	5	133.7	144.3	1.6	8
2017	29108	1	13	95.7	98.5	18312	1	5	133.7	144.0	1.6	7
2018	31000	1	15	94.8	97.3	19950	1	5	134.5	144.2	1.6	5
2019	33117	1	21	94.7	96.8	21845	1	5	135.7	144.1	1.5	4
2020	33570	1	22	95.0	96.6	22679	1	6	133.7	140.8	1.5	5
2021	35952	1	19	96.0	96.9	24581	1	6	133.4	140.2	1.5	5
2022	37444	1	17	97.3	97.3	25979	1	6	133.2	138.9	1.4	6

数据来源：历年河南省统计年鉴、林州市政府网站。

七、固定资产投资分析

从固定资产投资增速来看，2010—2022年，林州市增速波动趋势基本与省、市一致，个别年份波动幅度略大于省、市。2022年林州市固定资产投资增速为10.8%，低于安阳市固定资产投资增速2.1个百分点，高于河南省固定资产投资增速4.1个百分点（见表12）。

表12 2010—2022年林州市固定资产投资情况

年份	林州市固定资产投资增速（%）	安阳市固定资产投资增速（%）	河南省固定资产投资增速（%）
2010	11.0	10.6	22.2
2011	25.1	29.0	27.0
2012	27.8	21.7	21.4
2013	32.1	23.0	22.5
2014	13.5	18.4	19.2
2015	16.3	16.4	16.5
2016	17.7	13.3	13.7
2017	10.1	9.9	10.4
2018	-24.8	-21.2	8.1
2019	-17.7	-11.5	8.0
2020	3.4	6.4	4.3
2021	4.3	12.6	4.5
2022	10.8	12.9	6.7

数据来源：历年河南省统计年鉴、林州市政府网站。

八、社会消费分析

从社会消费情况来看，2022年林州市社消零总额为165.1亿元，在安阳市辖5个县（市）中排第2位，在河南省102个县（市）中排第21位；2022年林州市人均社消零额为17715元，在安阳市辖5个县（市）中排第1位，在河南省102个县（市）中排第54位（见表13）。

表13 2008—2022年林州市社会消费情况

年份	社消零总额（亿元）			人均社消零额（元）		
	社消零总额	在安阳市的排名	在河南省的排名	人均社消零额	在安阳市的排名	在河南省的排名
2008	37.8	1	24	4559	1	42
2009	45.1	1	22	5457	1	39
2010	56.2	1	20	7124	1	32
2011	66.4	1	19	8393	1	30
2012	76.9	1	19	9755	1	32
2013	87.5	1	19	11084	1	30
2014	94.3	1	23	11936	1	35
2015	105.6	1	22	13264	1	35
2016	118.2	1	22	14731	1	37
2017	131.2	1	23	16234	1	40
2018	139.4	1	23	17106	1	46
2019	162.1	2	21	19871	1	31
2020	154.5	2	20	16248	1	50
2021	64.1	3	87	6864	5	102
2022	165.1	2	21	17715	1	54

数据来源：历年河南省统计年鉴、林州市政府网站。

九、人口规模分析

从人口情况看，2022年林州市常住人口为93.2万人，常住人口占安阳市的17.2%，在安阳市辖5个县（市）中排第2位，在河南省102个县（市）中排第15位。2020年林州市户籍人口113.8万人，人口外流18.8万人，人口流失率为16.5%。城镇化率不断提升，2022年林州市城镇化率为58.4%，在河南省102个县（市）中排第15位（见表14）。

表14 2008—2022年林州市人口情况

年份	户籍人口（万人）	户籍人口在河南省的排名	常住人口（万人）	常住人口在安阳市的排名	常住人口在河南省的排名	外流人口（万人）	人口流失率（%）	常住人口占安阳市的比重（%）	林州市城镇化率（%）	城镇化率在河南省的排名
2008	100.1	20	82.9	3	28	17.1	17.1	15.9	—	—
2009	100.4	20	82.6	3	28	17.8	17.7	15.8	—	—
2010	104.9	21	78.9	3	28	25.9	24.7	15.3	—	—
2011	105.3	21	79.2	3	29	26.1	24.8	15.4	—	—
2012	105.6	21	78.9	3	28	26.8	25.3	15.5	—	—
2013	106.0	21	78.9	3	29	27.1	25.6	15.5	45.8	13
2014	106.5	21	79.0	3	29	27.6	25.9	15.5	47.5	13
2015	107.1	21	79.6	3	29	27.5	25.7	15.5	49.5	13
2016	107.7	22	80.2	3	28	27.5	25.5	15.6	51.5	13
2017	108.4	22	80.8	3	28	27.6	25.4	15.8	53.5	12
2018	108.9	22	81.5	3	27	27.4	25.2	15.7	55.0	12
2019	109.3	22	81.6	3	28	27.8	25.4	15.7	56.6	12
2020	113.8	22	95.1	2	19	18.8	16.5	17.4	56.8	15
2021	—	—	93.4	2	15	—	—	17.2	57.8	15
2022	—	—	93.2	2	15	—	—	17.2	58.4	15

数据来源：历年河南省统计年鉴、林州市政府网站。

十、公共服务分析

从义务教育情况来看，2022年林州市共有中小学210所，在校学生数合计155163人，专任教师数8424人，平均每千名在校中小学生配备专任教师数为54人。从医疗卫生情况来看，2022年林州市每千人卫生机构床位数为6.1张，每千人卫生技术人员数为4.7人（见表15）。

表15 2019—2022年林州市义务教育和医疗情况

年份		2019	2020	2021	2022
学校数（所）	合计	240	230	230	210
	小学学校数	193	182	181	160
	初中学校数	47	48	49	50
在校学生数（人）	合计	158573	160291	159239	155163
	小学在校生数	109502	108398	105134	99721
	初中在校生数	49071	51893	54105	55442
专任教师数（人）	合计	7218	7406	8271	8424
	小学	3789	3739	4236	4258
	初中	3429	3667	4035	4166
医疗卫生（张，人）	卫生机构床位数/千人	5.9	5.6	5.9	6.1
	卫生技术人员数/千人	5.2	4.6	4.8	4.7

数据来源：历年河南省统计年鉴。

十一、县域发展特色产业——高端装备制造产业

多年来，林州市凭借优越的地理位置与丰富的资源优势，不断吸引各类工业企业入驻，为高端装备制造产业积累了大量的技术、资金与人才资源。同时，林州市政府大力推动产业转型升级，积极出台一系列鼓励政策，为高端装备制造产业的萌芽提供了肥沃的土壤。近年来，林州市与多所知名高校和科研机构建立了紧密的合作关系，如与郑州大学、河南科技大学等展开产学研合作，借助高校的科研力量攻克技术难题，为产业发展提供了强大的技术支撑。

当下，林州市高端装备制造产业呈现出蓬勃发展的良好态势，规模持续扩张。以林州产业集聚区为核心承载区域，已吸引了众多行业领军企业入驻，形成了产业集群效应。其中，林州重机集团股份有限公司作为行业龙头，在煤炭综采设备制造领域成绩斐然，拥有多项自主知识产权，产品不仅畅销国内各大煤炭产区，还远销海外多个国家和地区。林州市高端装备制造产业已涵盖了煤炭机械、汽车零部件、通用航空设备等多个细分领

域，企业数量达到数百家，从业人员数万人。

林州市高端装备制造企业高度重视技术创新，不断加大研发投入。多数企业建立了自己的研发中心，与国内外科研机构开展深度合作。形成了完善的配套体系，从原材料供应到零部件加工，再到整机装配，产业链上下游企业之间紧密协作，形成了高效的产业协同效应。以汽车零部件制造为例，本地的钢铁企业能够为汽车零部件生产提供优质的原材料，周边的零部件加工企业能够快速响应主机厂的需求，实现了供应链的高效运转。

然而，随着全球高端装备制造产业的快速发展，市场竞争日益激烈，林州市高端装备制造企业面临着巨大的市场竞争压力。同时，尽管林州市高端装备制造产业拥有一定数量的技术人才，但高端人才短缺问题依然突出，特别是在人工智能、大数据、新能源等新兴技术领域，缺乏既懂技术又懂管理的复合型人才。再者，高端装备制造产业具有投资大、回报周期长的特点，企业在技术研发、设备更新、市场拓展等方面需要大量的资金支持，目前林州市部分企业融资渠道相对有限，主要依赖银行贷款和企业自有资金，融资成本较高，融资难度较大，制约了企业的进一步发展壮大。

未来，林州市应鼓励企业积极参加国内外各类高端装备制造展会，加强品牌宣传与推广，提高林州高端装备制造产品的知名度和市场影响力。支持企业开展国际合作，通过并购、合资等方式，拓展海外市场渠道，提升企业的国际化经营水平。加大对高端装备制造人才的培养力度，与高校合作开设相关专业课程，定向培养企业所需人才。制定更加优惠的人才政策，吸引国内外高端人才和创新团队来林州创业就业。建立人才激励机制，提高人才待遇，为人才提供良好的发展空间。政府引导金融机构加大对高端装备制造企业的信贷支持力度，创新金融产品和服务。鼓励企业通过资本市场进行融资，如发行债券、上市等。设立产业投资基金，引导社会资本投入高端装备制造产业，为企业的发展提供充足的资金保障。

十二、综述

综上所述，林州市县域经济在多年发展中展现出独特优势与发展潜力，同时也面临着诸多挑战。

经济总量上，林州市在安阳市占据重要地位，GDP 总量名列前茅，在全省的排名也较为突出。GDP 增速近年来呈下降趋势，反映出经济发展进入结构调整与转型的关键时期。人均 GDP 表现出色，持续高于全省、全市平均水平。产业结构上，林州市构建了多元且特色鲜明的产业格局。财政金融方面，一般公共预算收入对全市贡献较大，人均财力近年来增幅明显，财政自给率较高。金融机构存贷款余额在全省位次靠前，但存贷比低于省、市平均水平。居民收入上，人均可支配收入在全市、全省县域中排名靠前，城乡居民收入差距较小，2022 年城乡收入比约为 1.4∶1。固定资产投资增速与省、市波动趋势基本一致，社会消费活跃，社消零总额在省、市排名较为靠前。人口规模上，常住人口数量稳定，城镇化率不断提升，2022 年达 58.4%。公共服务持续改善，义务教育阶段学校与师资配备不断优化，医疗卫生资源逐步增加，每千人卫生机构床位数和卫生技术人员数稳步增长。

总体而言，林州市县域经济基础扎实，特色产业优势明显，但在经济增速放缓、产业升级压力、人才资金瓶颈等方面仍需突破。未来，林州市应聚焦产业创新，加大人才培养与引进力度，拓宽融资渠道，强化品牌建设与市场拓展，推动经济高质量、可持续发展，向经济强县目标大步迈进。

河南省县域经济运行分析：滑县篇

一、滑县概况

滑县位于河南省北部，隶属安阳市管辖。东与濮阳携手相连，南与新乡毗邻而居，西与浚县交界接壤，北与内黄紧密相依。县域面积1814平方千米，耕地面积达到195.21万亩。截至2023年，滑县常住人口总数为114.5万人。滑县行政区划为3个街道、14个镇、6个乡，还有1个省级产业集聚区、1个滑县大运河遗产保护示范区和1个滑东新区，下辖744个行政村。

滑县气候湿润，土壤肥沃，有着广阔的耕地资源，适宜多种农作物生长，是典型的农业大县，是全国粮食生产先进县、中国小麦第一县、河南第一产粮大县，有"豫北粮仓"的美誉。同时，滑县工业发展迅速，已形成食品加工、纺织印染、医药化工等工业主导产业。滑县还荣获全国粮食生产先进县"十二连冠"、全国平安建设先进县、全国安全生产先进县、全国食品工业强县等称号。

二、总体经济运行分析

从GDP总量来看，滑县在安阳市排名比较靠前，在全省的位次也有所提升。2023年滑县GDP为411.4亿元，占安阳市GDP总量的16.5%；2022年滑县GDP为421.6亿元，在安阳市辖5个县（市）中排第2位，在河南省102个县（市）中排第24位（见表1）。

从GDP增速来看，整体呈现下降趋势，由2008年的10.2%下降到2023年的3.0%，低于当年安阳市GDP增速0.2个百分点，低于河南省GDP增速1.1个百分点；2022年滑县GDP增速为2.5%，在安阳市辖5个县（市）中排第4位，在河南省102个县（市）中排第86位（见表1）。

表1 2008—2023年滑县地区生产总值及增速

年份	GDP总量（亿元，%）				GDP增速（%）				
	滑县GDP	占安阳市GDP的比重	在安阳市的排名	在河南省的排名	滑县GDP增速	在安阳市的排名	在河南省的排名	与安阳市GDP增速对比	与河南省GDP增速对比
2008	117.1	11.3	3	38	10.2	4	94	−2.9	−1.8
2009	123.2	11.1	3	39	10.2	4	86	−2	−0.8
2010	136.7	10.4	3	42	10.5	5	90	−2.6	−1.9
2011	152.6	9.8	3	45	9.5	5	97	−2.6	−2.5
2012	163.8	10.3	3	45	9.5	3	90	2	−0.6
2013	183.0	10.9	3	44	9	3	73	0.5	0.0
2014	198.7	11.1	3	45	8.8	4	65	2.4	−0.1
2015	211.3	11.3	3	44	9.1	3	54	1.76	0.7
2016	228.9	12.7	3	45	8.7	3	46	0.7	0.5
2017	247.3	10.9	3	44	9.2	1	17	2	1.4
2018	263.5	11.0	3	45	7	4	80	0.3	−0.6
2019	372.6	16.7	2	27	5.8	3	90	3.1	−1.0
2020	391.7	17.0	2	21	2.6	4	59	−0.7	1.5
2021	409.8	16.8	2	23	6.3	3	64	1.6	0.0
2022	421.6	16.8	2	24	2.5	4	86	0.1	2.1
2023	411.4	16.5	—	—	3.0	—	—	−0.2	−1.1

数据来源：历年河南省统计年鉴、滑县政府网站。

从人均GDP来看，2008—2023年，滑县人均生产总值不断增加，但与全省、全市人均GDP存在较大差距。2023年滑县人均GDP 35793元，相当于安阳市人均GDP的77.7%，相当于河南省人均GDP的59.6%；2022年滑县人均GDP 36497元，在安阳市辖5个县（市）中排第3位，在河南省102个县（市）中排名94位。从人均GDP增速来看，2022年滑县人均GDP增速为3.1%，较安阳市人均GDP增速高0.1个百分点，低于河南省人均GDP增速0.4个百分点，在安阳市辖5个县（市）中排第4位，在河南省102个县（市）中排第87位；2023年滑县人均GDP增速为3.50%，较安阳市人均GDP增速低0.1个百分点，低于河南省人均GDP增速0.9个百分点（见表2）。

表2 2008—2023年滑县人均地区生产总值及增速

年份	滑县人均GDP	与安阳市相比	与河南省相比	在安阳市的排名	在河南省的排名	滑县人均GDP增速	在安阳市的排名	在河南省的排名	与安阳市人均GDP增速对比	与河南省人均GDP增速对比
2008	10321	51.0	54.7	5	82	10.3	4	89	−2.8	−1.5
2009	10805	50.1	53.3	5	84	9.6	4	84	−1.5	−0.6
2010	11366	44.9	47.4	5	95	4.8	5	95	−9.1	−7.7
2011	12376	43.0	44.2	5	100	6.8	5	98	−6.1	−5.4
2012	13981	45.7	45.4	5	100	15.2	1	10	6.9	5.8
2013	16233	49.0	48.3	5	97	13.3	1	11	4.2	4.9
2014	17885	50.8	48.8	5	96	10.5	3	28	1.9	2.3
2015	19079	52.0	48.7	5	96	9.4	3	47	2.4	1.7
2016	20792	52.5	49.1	5	97	9.3	3	28	1.8	1.8
2017	22814	52.0	48.6	5	99	10.9	1	4	3.8	3.8
2018	24585	59.1	47.2	5	100	8.2	2	32	1.9	1.0
2019	34677	80.6	61.5	3	80	5.6	3	83	4.0	−0.8
2020	33491	79.4	60.4	3	87	2.5	3	62	0.3	1.6
2021	35248	78.9	59.3	3	92	7.0	2	65	1.9	0.6
2022	36497	78.7	58.8	3	94	3.1	4	87	0.1	−0.4
2023	35793	77.7	59.6	—	—	3.5	—	—	−0.1	−0.9

数据来源：历年河南省统计年鉴。

三、分产业经济运行分析

（一）产业格局与发展方向

"十四五"以来，滑县依据自身资源及发展积淀，产业发展态势良好，产业格局逐步成型。农业根基稳固并向现代化迈进，身为全国产粮大县，2023年新增5万亩高标准农田，总量达150万亩，切实保障粮食供应。农业机械化率高达90%，智能化监测助力生产，农产品精深加工渐成规模，转化率升至65%，有力推动三产融合。工业领域，主导产业与传统产业协同发展，装备制造、食品加工、纺织服装表现突出。装备制造凭技术创新抢占区域市场，食品加工借本地资源打造品牌，上半年产值增长18%。纺织服装融入新技术，提升附加值约25%。服务业伴随居民消费升级活力涌现，传统服务业优化升级，新兴业态蓬勃生长，电商园区汇聚300余家主体，年网络零售额超8亿元，物流降本增效显著。

道口烧鸡产业承载历史底蕴，近年标准化、规模化进程加速。品牌建设成果斐然，荣获多项荣誉，品牌价值攀升至50亿元。特色农业以优质小麦、辣椒、大蒜为代表，与龙头企业紧密合作，通过订单农业、基地建设实现规模化种植与产业化经营。优质小麦种植稳定，良种覆盖率高，辣椒种植合作社与企业签约带动农户增收，农产品竞争力与附加值持续提升，为滑县迈向产业强县筑牢根基。

（二）产业结构分析

从三次产业占比来看，滑县第一产业占比在2008—2018年间有较大幅度下降，2019年起逐渐稳定。第二产业占比波动幅度较小。随着第一产业占比向下波动，第三产业占比相应提升。2023年第一产业占比18.17%；第二产业占比34.28%；第三产业占比47.55%（见表3和图1）。

表3　2008—2023年滑县三产结构变化情况

年份	第一产业占比（%）	第二产业占比（%）	第三产业占比（%）
2008	42.82	36.25	20.93
2009	40.38	37.40	22.21
2010	38.25	39.68	22.07
2011	36.79	40.84	22.38
2012	36.04	40.00	23.95
2013	35.36	40.37	24.27
2014	32.29	37.94	29.77
2015	31.06	36.89	32.05
2016	28.91	36.81	34.29

续表

年份	第一产业占比（%）	第二产业占比（%）	第三产业占比（%）
2017	23.49	38.60	37.91
2018	22.25	37.94	39.81
2019	18.09	38.59	43.32
2020	19.72	37.05	43.22
2021	19.41	36.23	44.36
2022	19.20	36.70	44.10
2023	18.17	34.28	47.55

数据来源：历年河南省统计年鉴、滑县政府网。

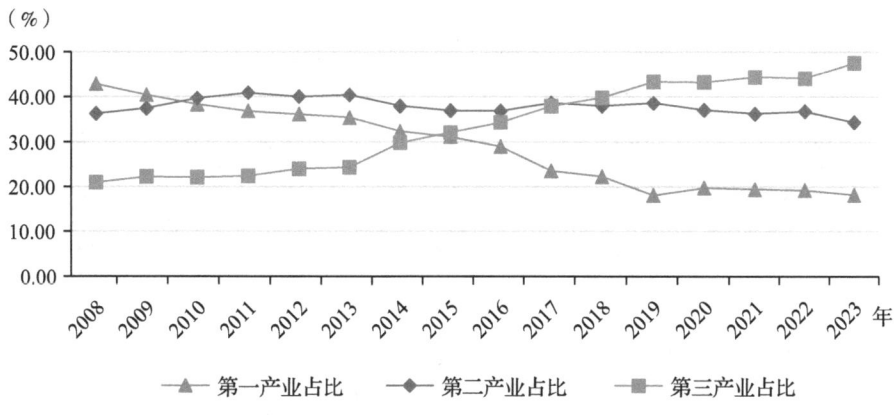

图1　2008—2023年滑县三产结构变化情况

（三）工业发展情况分析

从工业发展情况来看，滑县规上工业增加值增速变化幅度较大，总体呈现出2008—2011年保持较高增速，2012以来增速逐渐降低。2022年滑县规上工业增加值增速为3.3%，在安阳市辖5个县（市）中排第4位，在河南省102县（市）中排第86位；2023年规上工业增加值增速为2.0%（见表4）。

表4　2008—2023年滑县工业发展情况

年份	滑县规上工业增加值增速（％）	安阳市规上工业增加值增速（％）	滑县规上工业增加值增速在安阳市的排名	滑县规上工业增加值增速在河南省的排名
2008	24.0	18.0	4	55
2009	24.9	15.2	3	8
2010	23.2	19.7	3	44
2011	22.7	18.0	4	63
2012	15.8	9.5	4	82
2013	14.5	12.4	3	60
2014	12.1	10.7	3	62
2015	11.6	5.6	3	47
2016	9.9	7.3	3	40
2017	9.4	6.5	2	28
2018	8.3	2.8	3	56
2019	9.7	0.8	2	13
2020	3.7	5.0	4	77
2021	0.9	2.8	3	92
2022	3.3	2.4	4	86
2023	2.0	2.8	—	—

数据来源：历年河南省统计年鉴、安阳市统计年鉴、滑县政府网站。

（四）服务业发展情况分析

从服务业发展情况来看，2008年以来滑县服务业增加值不断增加。2022年滑县服务业增加值为186.2亿元，占安阳市服务业增加值的15.9%，在安阳市辖5个县（市）中排第2位，在河南省102县（市）中排第21位；2023年滑县服务业增加值为195.6亿元，服务业增加值增速为3.8%（见表5）。

表5 2008—2023年滑县服务业发展情况

年份	滑县服务业增加值（亿元）	滑县服务业增加值占安阳市服务业增加值的比重（%）	滑县服务业增加值在安阳市的排名	滑县服务业增加值在河南省的排名	滑县服务业增加值增速（%）	滑县服务业增加值增速在安阳市的排名	滑县服务业增加值增速在河南省的排名
2008	24.5	9.0	3	48	8.5	4	92
2009	27.4	8.9	3	43	8.8	3	88
2010	30.2	8.7	3	45	7.0	5	89
2011	34.1	7.8	3	49	7.9	5	80
2012	39.2	8.2	3	48	11.9	1	22
2013	44.4	8.5	3	48	10.0	1	22
2014	59.2	9.1	3	44	11.7	1	8
2015	67.7	9.1	3	44	13.0	1	27
2016	78.5	9.3	3	43	12.8	1	5
2017	93.8	9.6	3	41	12.8	1	11
2018	104.9	9.6	3	43	7.3	5	80
2019	161.4	16.0	2	24	6.3	4	82
2020	169.3	16.1	2	21	2.9	1	27
2021	181.8	16.0	2	22	8.0	3	60
2022	186.2	15.9	2	21	0	4	93
2023	195.6	15.8	—	—	3.8	—	—

数据来源：历年河南省统计年鉴、滑县政府网站。

（五）重点企业分析

（1）河南利生面业有限公司。该公司成立于2016年5月23日，注册地址为滑县新区长江路西段路南，注册资本3360万元，是滑县政府重点招商引资项目，隶属山东利生集团。公司占地面积101亩，现有员工80人，中高级以上专业技术管理人员20名，日处理小麦500吨。公司采用国际上先进的布勒生产设备和国内先进的"冷碾磨"加工工艺，以滑县及周边地区优质小麦为原料，生产精制面粉，年处理小麦15万吨，年生产面粉11万吨。其产品共有四大系列30多个品种，具有粉色白、筋力高、质感细腻、营养丰富等特点，除直供河南全省以外，还远销山西、陕西及云南、桂林、四川等地。此外，公司先后与种业公司、农业合作社签订了优质小麦推广种植并回收的合作协议，在滑县、长垣、延津等周边县市铺设直营网点 400 个。

（2）安阳中盈化肥有限公司。该公司成立于 2010 年 11 月，隶属于盈德气体集团，位于河南省滑县新区中盈路 1 号。该公司总投资 32 亿元，规划面积 1500 亩，一期占地面积 720 亩。是河南省重点化肥建设项目，也是河南省首家采用大型先进气化工艺的化肥生产装置，以煤为原料、以电为主要动力，年生产能力为 46 万吨合成氨、80 万吨尿素，是同行业单套产能最大的企业。其主打产品"众盈"牌尿素已全面投放市场，含氮量、缩二脲、粒度、水分等各项指标均优于国家标准。公司日产尿素 2700 吨左右，不仅保障了河南当地的化肥供应，还承担着山东、安徽等邻近地区的化肥供给任务。现有职工 530 人。2021 年 1 月 15 日，其合成车间被授予"全国石油和化学工业先进集体"称号。

（3）河南华鹰机械设备有限公司。该公司成立于 2011 年，位于滑县新区，是国家高新技术企业、省级专精特新企业和特种设备制造许可证获得企业，也是国内液压工程机械的生产基地。总投资 5000 万元，占地面积 5.8 万平方米，拥有雄厚的设计研发能力，有多名机械工程师、液压工程师、机电工程师组成的强大产品开发设计队伍。主要生产液压智能升降平台，产品畅销国内外。其自主研发的液压升降平台设备可升举 8~33 米，载重 3~10 吨，配有大型高空操作平台，可供多人同时高空作业，也可放置各种类型生产加工设备，还可依据客户要求加工定制。公司生产的高空压瓦机、履带蜘蛛吊等设备应用广泛，如钢结构搭建、物品吊装等领域。此外，公司在特种机械制造方面已获得 16 项国家专利，其中发明专利 1 项、实用新型专利 15 项，并先后通过了 CNAS、GB/T、ISO9001：2008 等多个国际质量体系认证。

四、财政收支分析

从财政收支总体情况来看，滑县一般公共预算收入占全市财政收入的比重较低，且低于一般公共预算支出在全市支出中所占的比重，财政收支总量、财政自给率都比较低。2022 年滑县一般公共预算收入 18.9 亿元，占安阳市一般公共预算收入的8.5%，在安阳市辖5个县（市）中排第3位，在河南省102县（市）中排第32位；2022年滑县一般公共预算支出达到67.2亿元，占安阳市一般公共预算支出的15.7%，在安阳市辖5个县（市）中排第2位，在河南省102个县（市）中排第15位。2023年滑县一般公共预算收入21.2亿元，一般公共预算支出73.7亿元（见表6）。

表6　2008—2023年滑县财政收支情况

年份	一般公共预算收入（亿元，%）				一般公共预算支出（亿元，%）			
	滑县一般公共预算收入	占安阳市一般公共预算收入的比重	在安阳市的排名	在河南省的排名	滑县一般公共预算支出	占安阳市一般公共预算支出的比重	在安阳市的排名	在河南省的排名
2008	2.2	4.4	3	53	12.4	13.1	3	25
2009	2.5	4.5	3	53	17.1	14.0	3	18
2010	3.0	4.6	3	55	20.7	14.7	1	12
2011	3.8	4.9	4	59	26.4	15.1	1	10
2012	4.9	5.8	4	56	35.0	17.1	1	11
2013	6.3	6.9	4	50	38.0	17.5	1	12
2014	8.0	7.8	4	45	42.2	18.0	1	11
2015	9.4	8.5	4	40	50.5	18.5	1	7
2016	10.2	8.7	4	38	50.8	17.4	1	11
2017	10.7	8.3	3	39	58.3	18.4	1	9
2018	12.2	7.9	3	40	65.7	18.2	1	11
2019	13.8	8.4	3	38	71.3	17.6	1	14
2020	14.7	8.4	3	36	74.0	17.2	1	13
2021	16.2	8.1	3	36	64.3	14.3	2	18
2022	18.9	8.5	3	32	67.2	15.7	2	15
2023	21.2	9.0	—	—	73.7	16.5	—	—

数据来源：历年河南省统计年鉴、滑县政府网站。

从人均财力看，滑县人均一般公共预算收入和支出都比较低，与全市、全省的差距较大。2022年滑县人均一般公共预算收入为1639元，相当于安阳市人均一般公共预算收入的40.0%，相当于河南省人均一般公共预算收入的38.0%，在河南省102个县（市）中排第83位；2022年人均一般公共预算支出 5824 元，相当于安阳市人均一般公共预算支出的 73.6%，相当于河南省人均一般公共预算支出的 54.0%。滑县财政自给率比较低，2022 年财政自给率为 28.1%，在安阳市辖 5 个县（市）中排第 4 位，在河南省 102 个县（市）中排第 68 位（见表 7）。

表 7　2008—2022 年滑县人均财力及财政自给率

年份	人均财力（元，%）								财政自给率（%）		
	人均一般公共预算收入	与安阳市相比	与河南省相比	在河南省的排名	人均一般公共预算支出	与安阳市相比	与河南省相比	在河南省的排名	滑县财政自给率	在安阳市的排名	在河南省的排名
2008	195	20.3	18.2	85	1094	59.9	45.2	95	17.8	4	74
2009	218	20.6	18.3	84	1495	64.1	48.8	88	14.6	4	77
2010	238	18.9	16.2	93	1635	60.1	45.0	99	14.5	4	82
2011	316	21.0	17.4	94	2192	64.7	48.8	94	14.4	5	84
2012	425	25.9	19.9	92	3063	76.0	58.3	83	13.9	5	85
2013	569	31.4	22.6	91	3412	80.1	58.5	81	16.7	5	81
2014	723	35.6	25.4	90	3804	82.7	60.9	75	19.0	5	82
2015	845	39.5	27.2	89	4565	85.4	65.1	63	18.5	5	83
2016	928	40.5	28.8	81	4642	81.6	60.9	72	20.0	5	75
2017	997	39.5	28.8	82	5438	88.1	65.1	68	18.3	4	78
2018	1135	38.2	29.7	84	6132	87.9	65.6	72	18.5	4	78
2019	1282	40.6	31.4	84	6613	84.8	64.4	73	19.4	5	74
2020	1256	39.4	30.0	87	6334	80.5	60.7	86	19.8	4	74
2021	1397	37.8	31.8	86	5558	67.3	52.7	79	25.1	4	74
2022	1639	40.0	38.0	83	5824	73.6	54.0	84	28.1	4	68

数据来源：历年河南省统计年鉴。

五、金融业发展分析

从金融机构存贷总体情况来看，近年来滑县金融机构存款余额、贷款余额在全省的位次都比较靠前。2022 年滑县金融机构存款年末余额 604.4

亿元，占安阳市金融机构存款年末余额的14.8%，在安阳市辖5个县（市）中排第2位，在河南省102个县（市）中排第10位。2022年滑县金融机构贷款年末余额348.5亿元，占安阳市金融机构贷款年末余额的13.4%，在安阳市辖5个县（市）中排第2位，在河南省102个县（市）中排名14位。2022年滑县存贷比为57.7%，低于安阳市6个百分点，低于河南省23.9个百分点，在安阳市辖5个县（市）中排第2位，在河南省102个县（市）中排第42位（见表8）。

表8 2008—2022年滑县金融机构年末存贷款余额情况

年份	存款（亿元，%）				贷款（亿元，%）				存贷比（%）				
	金融机构存款年末余额	占安阳市的比重	在安阳市的排名	在河南省的排名	金融机构贷款年末余额	占安阳市的比重	在安阳市的排名	在河南省的排名	滑县存贷比	安阳市存贷比	河南省存贷比	在安阳市的排名	在河南省的排名
2008	67.5	9.0	3	22	25.9	6.7	3	43	38.4	51.5	68.0	4	66
2009	83.3	9.4	3	21	31.7	6.4	3	46	38.1	56.0	70.1	5	72
2010	99.6	10.0	3	23	41.5	6.9	3	37	41.6	60.3	68.6	5	67
2011	122.7	10.6	3	20	50.8	8.0	3	32	41.4	54.6	65.7	4	57
2012	145.1	10.7	3	22	58.0	8.4	3	32	39.9	50.8	63.3	3	60
2013	173.6	11.0	3	19	79.7	10.6	2	26	45.9	47.5	62.4	2	49
2014	202.5	11.3	3	18	91.9	10.5	2	24	45.4	49.0	65.8	2	58
2015	230.3	11.5	3	18	98.6	9.8	3	26	42.8	50.6	66.0	2	65
2016	271.3	12.4	3	19	106.2	9.1	3	30	39.1	52.8	67.6	3	71
2017	313.0	12.7	3	18	120.1	9.2	3	28	38.4	52.6	70.7	4	70
2018	353.6	13.1	3	15	139.8	9.6	3	26	39.5	54.2	74.9	4	73
2019	399.2	13.7	3	14	169.6	10.1	3	24	42.5	57.3	80.1	5	72
2020	467.0	14.2	2	11	220.5	11.4	3	22	47.2	58.6	82.2	3	64
2021	535.5	14.7	2	10	286.7	12.7	2	15	53.5	61.9	84.4	2	51
2022	604.4	14.8	2	10	348.5	13.4	2	14	57.7	63.7	81.6	2	42

数据来源：历年河南省统计年鉴、滑县政府网站。

人均存贷款余额在全省的位次均有所提升。2022 年滑县人均存款余额为 52366 元，相当于安阳市人均存款余额的 69.4%，相当于河南省人均存款余额的 55.9%，在安阳市辖 5 个县（市）中排第 4 位，在河南省 102 个县（市）中排第 64 位。2022 年滑县人均贷款余额为 30196 元，相当于安阳市人均贷款余额的 62.9%，相当于河南省人均贷款余额的 39.5%，在安阳市辖 5 个县（市）中排第 4 位，在河南省 102 个县（市）中排第 54 位（见表 9）。

表 9 2008—2022 年滑县人均存贷款情况

年份	滑县人均存款余额	在安阳市的排名	在河南省的排名	与安阳市相比	与河南省相比	滑县人均贷款余额	在安阳市的排名	在河南省的排名	与安阳市相比	与河南省相比
2008	5936	4	72	41.3	36.7	2279	5	76	30.8	20.7
2009	7285	4	72	43.0	36.0	2775	5	83	29.3	19.6
2010	7886	4	93	41.1	32.0	3284	5	88	28.4	19.5
2011	10203	4	89	45.2	36.2	4221	4	78	34.3	22.8
2012	12717	4	87	47.8	37.9	5079	4	75	37.5	23.8
2013	15585	4	80	50.1	39.7	7156	4	63	48.4	29.1
2014	18279	4	75	51.9	42.6	8295	4	71	48.0	29.4
2015	20806	4	74	53.4	42.4	8907	4	75	45.2	27.5
2016	24777	4	67	57.9	44.9	9694	4	76	42.8	26.0
2017	29166	4	67	60.5	48.5	11190	4	77	44.1	26.3
2018	33019	4	66	63.3	51.0	13056	4	73	46.2	26.9
2019	37028	4	62	65.9	52.7	15732	4	71	48.8	28.0
2020	39956	4	68	66.5	52.0	18870	4	75	53.6	29.8
2021	46304	4	62	68.8	55.5	24793	4	60	59.5	35.3
2022	52366	4	64	69.4	55.9	30196	4	54	62.9	39.5

数据来源：历年河南省统计年鉴。

六、居民收入分析

从居民收入看，2017年以来滑县居民人均可支配收入在全市、全省县域位次靠后。2022年滑县居民人均可支配收入为20799元，相当于安阳市居民人均可支配收入的73.1%，相当于河南省居民人均可支配收入的73.7%，在安阳市辖5个县（市）中排第4位，在河南省102个县（市）中排第91位（见表10）。

表10 2017—2022年滑县居民人均可支配收入情况

年份	滑县居民人均可支配收入（元）	在安阳市的排名	在河南省的排名	与安阳市相比（%）	与河南省相比（%）
2017	14301	4	89	67.8	70.9
2018	15766	4	90	69.1	71.8
2019	17313	4	91	70.2	72.4
2020	18208	4	89	71.3	73.4
2021	19762	4	89	72.2	73.7
2022	20799	4	91	73.1	73.7

数据来源：历年河南省统计年鉴、滑县政府网站。

分城镇、农村居民人均可支配收入看，滑县城镇、农村居民人均可支配收入在全省的位次不断下降。2022年滑县城镇居民人均可支配收入为31985元，相当于安阳市城镇居民人均可支配收入的83.1%，相当于河南省城镇居民人均可支配收入的83.1%，在安阳市辖5个县（市）中排第4位，在河南省102个县（市）中排第75位。2022年滑县农村居民人均可支配收入为16254元，相当于安阳市农村居民人均可支配收入的83.3%，相当于河南省农村居民人均可支配收入的86.9%，在安阳市辖5个县（市）中排第5位，在河南省102个县（市）中排第73位。2022年滑县城乡居民人均可支配收入比约为2.0∶1，在全省处于中等靠后位次（见表11）。

表11 2008—2022年滑县城乡居民人均可支配收入及城乡收入比

| 年份 | 城镇（元，%） ||||| 农村（元，%） ||||| 城乡收入比 ||
	城镇居民人均可支配收入	在安阳市的排名	在河南省的排名	与安阳市相比	与河南省相比	农村居民人均可支配收入	在安阳市的排名	在河南省的排名	与安阳市相比	与河南省相比	滑县城乡居民收入比	在河南省的排名
2008	10622	4	53	77.9	80.3	4627	4	42	89.2	103.9	2.3	45
2009	11489	4	56	77.6	79.9	4766	4	48	85.2	99.1	2.4	50
2010	12527	4	67	76.4	78.6	4998	4	64	78.6	90.5	2.5	64
2011	14064	4	71	75.3	77.3	5300	5	83	64.1	80.3	2.7	81
2012	15808	4	74	75.1	77.3	6052	5	83	70.2	80.4	2.6	80
2013	17588	4	73	76.4	78.5	6839	5	83	70.7	80.7	2.6	81
2014	19452	4	71	77.3	82.2	7598	5	84	71.1	76.2	2.6	81
2015	20747	4	70	78.3	81.1	9079	5	72	77.5	83.7	2.3	73
2016	22184	4	73	78.8	81.5	9942	5	70	78.8	85.0	2.2	70
2017	24136	4	72	79.3	81.7	10906	5	70	79.6	85.7	2.2	71
2018	26212	4	73	80.2	82.2	11898	5	71	80.2	86.0	2.2	71
2019	28178	4	76	80.6	82.4	13076	5	72	81.2	86.2	2.2	65
2020	28685	4	74	81.2	82.5	14005	5	68	82.5	86.9	2.0	64
2021	30962	4	74	82.6	83.5	15230	5	73	82.7	86.9	2.0	70
2022	31985	4	75	83.1	83.1	16254	5	73	83.3	86.9	2.0	68

数据来源：历年河南省统计年鉴、滑县政府网站。

七、固定资产投资分析

从固定资产投资增速来看，2010—2022年滑县固定资产投资增速波动趋势基本与省、市一致，个别年份波动幅度略大于省、市。2022年滑县固定资产投资增速为18.9%，高于安阳市固定资产投资增速6个百分点，高于河南省固定资产投资增速12.2个百分点（见表12）。

表12 2010—2022年滑县固定资产投资情况

年份	滑县固定资产投资增速（%）	安阳市固定资产投资增速（%）	河南省固定资产投资增速（%）
2010	47.2	10.6	22.2
2011	22.1	29.0	27.0
2012	25.4	21.7	21.4
2013	25.7	23.0	22.5
2014	17.2	18.4	19.2
2015	18.0	16.4	16.5
2016	17.0	13.3	13.7
2017	13.7	9.9	10.4
2018	13.2	−21.2	8.1
2019	−33.5	−11.5	8.0
2020	5.0	6.4	4.3
2021	13.8	12.6	4.5
2022	18.9	12.9	6.7

数据来源：历年河南省统计年鉴、滑县政府网站。

八、社会消费分析

从社会消费情况来看，2022年滑县社消零总额为185.1亿元，在安阳市辖5个县（市）中排第1位，在河南省102个县（市）中排第17位。2022年滑县人均社消零额为16036元，在安阳市辖5个县（市）中排第2位，在河南省102个县（市）中排第72位（见表13）。

表13 2008—2022年滑县社会消费情况

年份	社消零总额（亿元）			人均社消零额（元）		
	社消零总额	在安阳市的排名	在河南省的排名	人均社消零额	在安阳市的排名	在河南省的排名
2008	28.2	3	43	2478	5	93
2009	33.6	3	43	2941	5	94
2010	42.0	2	37	3325	5	99

续表

年份	社消零总额（亿元）			人均社消零额（元）		
	社消零总额	在安阳市的排名	在河南省的排名	人均社消零额	在安阳市的排名	在河南省的排名
2011	49.3	2	38	4101	5	96
2012	57.1	2	38	5000	5	97
2013	64.7	2	38	5809	5	97
2014	73.6	2	39	6642	5	95
2015	83.1	2	39	7507	5	96
2016	93.1	2	37	8506	5	96
2017	104.3	2	39	9719	3	95
2018	115.4	2	32	10771	3	86
2019	172.1	1	17	15967	2	53
2020	168.6	1	17	14430	2	66
2021	164.0	2	23	14185	2	78
2022	185.1	1	17	16036	2	72

数据来源：历年河南省统计年鉴、滑县政府网站。

九、人口规模分析

从人口情况看，2022年滑县常住人口为115.4万人，占安阳市常住人口的21.3%，在安阳市辖5个县（市）中排第1位，在河南省102个县（市）中排第5位。2020年滑县户籍人口150.3万人，人口外流33.4万人，人口流失率为22.2%。滑县城镇化率不断提升，2022年为38.4%，在河南省102个县（市）中排第90位（见表14）。

表14 2008—2022年滑县人口情况

年份	户籍人口（万人）	户籍人口在河南省的排名	常住人口（万人）	常住人口在安阳市的排名	常住人口在河南省的排名	外流人口（万人）	人口流失率（%）	常住人口占安阳市的比重（%）	滑县城镇化率（%）	城镇化率在河南省的排名
2008	126.4	8	113.8	1	8	12.6	10.0	21.8	—	—
2009	127.1	8	114.3	1	7	12.8	10.1	21.9	—	—
2010	133.2	7	126.3	1	3	6.9	5.2	24.4		

续表

年份	户籍人口（万人）	户籍人口在河南省的排名	常住人口（万人）	常住人口在安阳市的排名	常住人口在河南省的排名	外流人口（万人）	人口流失率（%）	常住人口占安阳市的比重（%）	滑县城镇化率（%）	城镇化率在河南省的排名
2011	133.9	7	120.3	1	4	13.6	10.2	23.4	—	—
2012	134.5	7	114.1	1	4	20.4	15.2	22.5	—	—
2013	135.2	7	111.4	1	5	23.8	17.6	21.9	23.4	100
2014	135.9	7	110.8	1	5	25.1	18.5	21.8	25.1	100
2015	136.7	7	110.7	1	5	26.0	19.0	21.6	27.2	100
2016	137.6	7	109.5	1	6	28.1	20.4	21.3	29.1	100
2017	138.4	7	107.3	1	7	31.1	22.5	20.9	31.1	100
2018	139.1	7	107.1	1	7	32.0	23.0	20.7	33.1	100
2019	139.7	7	107.8	1	7	31.9	22.8	20.8	35.0	100
2020	150.3	7	116.9	1	5	33.4	22.2	21.3	36.4	92
2021	—	—	115.6	1	5	—	—	21.3	37.8	90
2022	—	—	115.4	1	5	—	—	21.3	38.4	90

数据来源：历年河南省统计年鉴、滑县政府网站。

十、公共服务分析

从义务教育情况来看，2022年滑县共有中小学351所，在校学生数合计219093人，专任教师数11841人，平均每千名在校中小学生配备专任教师数为54人。从医疗卫生情况来看，2022年滑县每千人卫生机构床位数为5.7张，每千人卫生技术人员数为5.9人（见表15）。

表15 2019—2022年滑县义务教育和医疗情况

	年份	2019	2020	2021	2022
学校数（所）	合计	343	349	352	351
	小学学校数	292	296	298	297
	初中学校数	51	53	54	54

续表

年份		2019	2020	2021	2022
在校学生数（人）	合计	220560	222002	220389	219093
	小学在校生数	160772	158359	150729	141378
	初中在校生数	59788	63643	69660	77715
专任教师数（人）	合计	10292	10547	11302	11841
	小学	6704	6779	7173	7269
	初中	3588	3768	4129	4572
医疗卫生（张，人）	卫生机构床位数/千人	6.2	5.6	5.8	5.7
	卫生技术人员数/千人	5.8	5.3	5.7	5.9

数据来源：历年河南省统计年鉴。

十一、县域特色产业——能源新材料产业

滑县的能源新材料产业起源较早，其中炭材料产业已有35年发展历程，且依托南开大学、湖南大学等高校科研力量，不断进行科研攻关。2021年8月，滑县设立煤化工产业园。2022年12月，又规划建设能源新材料循环再生工业园，为产业发展奠定了坚实基础。

滑县能源新材料产业规模不断扩大，发展态势良好。滑县煤化工产业园入驻企业3家，其中安阳中盈化肥有限公司一期项目总投资32亿元，年产12.8亿立方米合成气、42万吨合成氨、72万吨尿素。滑县能源新材料循环再生工业园内有河南京能滑州热电有限责任公司、安阳盈德气体有限公司等7家重点企业，投资53.4亿元的盈德气体清洁制气项目已签约，投资6.2亿元的风电、2.1亿元的储能项目已开工。此外，河南省大潮炭能科技有限公司建成国内唯一一条年产600吨的超级电容炭生产线，并将打造万吨级生物质先进碳材料产业园。

滑县能源新材料产业也存在一些问题。在技术创新方面，整体技术水平虽有提升，但与发达地区相比仍有差距，部分核心技术和高端产品研发能力不足。人才短缺问题也较为突出，缺乏专业技术人才和创新型人才，限制了产业的进一步发展。产业链延伸方面，虽已形成一定产业链，但在高附加值产品开发和产业链上下游拓展上还有待加强。针对这些问题，建

议加强与高校、科研机构合作，建立产学研用协同创新机制，加大对关键技术和前沿技术的研发投入，提高产业技术创新能力。同时，制定优惠政策吸引人才，加强人才培养和引进力度。此外，鼓励企业加大在高附加值产品研发和生产上的投入，加强产业链上下游企业间的合作，推动产业链向高端化、精细化方向发展。

十二、综述

经济总量上，滑县 GDP 在安阳市排名靠前、全省排名有升，2023 年达 411.4 亿元，占安阳市 GDP 总量的 16.5%，不过增速渐缓，2023 年为 3.0%，稍落后于市、省平均水平。人均 GDP 持续增长但与全市、全省比仍有差距，2023 年人均 GDP 为 35793 元。产业格局特色鲜明，农业根基深厚，工业主导产业协同发展，装备制造、食品加工等竞争力渐显；服务业活力迸发，电商、物流发展迅猛。财政收支上，收入占全市的比重低、支出占比高，财政自给率低；金融领域存款余额与贷款余额在省、市排名靠前，但存贷比低于市、省平均水平，人均存贷款有差距。居民收入方面，人均可支配收入在市、省县域排名靠后，城乡收入有一定差距。固定资产投资增速波动与省、市大体一致，社会消费旺盛，社消零总额在市、省排名靠前。人口规模上，常住人口占安阳市的 20% 左右，城镇化率稳步提升但仍较低。公共服务持续完善，教育、医疗资源配置逐步优化。值得关注的是，能源新材料产业虽起步早、规模扩张快，有高校科研支撑，却也面临技术创新不足、人才短缺、产业链待延伸等问题。总体而言，滑县既有优势产业积淀与发展潜力，又亟待突破瓶颈，未来需聚焦短板、强化创新、优化产业生态，以实现经济高质量、可持续发展，向产业强县大步迈进。

河南省县域经济运行分析：浚县篇

一、浚县概况

浚县地处河南省北部，位于太行山与华北平原过渡地带，隶属鹤壁市管辖。东接内黄县、滑县；西连淇县、鹤壁市淇滨区；南与卫辉市隔河相望；北与汤阴县接壤。行政区划面积约966平方千米，下辖7个镇、4个街道办事处。截至2022年年底，常住人口约62.6万人；2020年年底，户籍人口约75.3万人。

浚县自然资源与矿产资源丰富多样。耕地面积达108万亩，土地肥沃，利于农耕，粮食产量稳定。水资源总量1.52亿立方米，淇河、卫河等穿境而过。生物资源受气候滋养，农作物丰富，生态适宜动植物繁衍。煤炭资源有一定规模，在浚县—辉县一带2000米以浅煤炭远景资源量超100亿吨。

在产业发展上，农业占据重要地位，是重要的粮食产区，农产品加工业也逐渐兴起，如面粉加工等产业不断发展壮大，带动了相关产业链的延伸与拓展。工业方面，形成了以食品加工、机械制造、化工等为主导的产业格局。同时，作为国家历史文化名城，境内拥有大伾山、浮丘山等众多历史文化遗迹和景点，浚县的文化旅游业蓬勃发展。

二、总体经济运行分析

从GDP总量来看，浚县在鹤壁市排名比较稳定，在全省位次有较大提升。2023年浚县GDP 275.5亿元，占鹤壁市GDP总量的26.7%；2022年浚县GDP为305.4亿元，在鹤壁市辖2个县中排第1位，在河南省102个县（市）中排第49位（见表1）。

从GDP增速来看，浚县GDP增速整体呈现下降趋势，由2008年的10.5%下降到2023年的1.7%，低于当年鹤壁市GDP增速1.4个百分点，低于河南省GDP增速2.4个百分点；2022年浚县GDP增速为4.2%，在鹤壁市辖2个县中排第2位，在河南省102个县（市）中排第67位（见表1）。

表1 2008—2023年浚县地区生产总值及增速

年份	GDP总量（亿元，%）				GDP增速（%）				
	浚县GDP	占鹤壁市GDP的比重	在鹤壁市的排名	在河南省的排名	浚县GDP增速	在鹤壁市的排名	在河南省的排名	与鹤壁市GDP增速对比	与河南省GDP增速对比
2008	75.2	22.0	2	74	10.5	2	92	−3	−1.5
2009	82.7	21.9	2	74	11.3	2	62	−1.5	0.3
2010	96.3	22.5	2	74	11.9	1	56	−1.3	−0.5
2011	117.5	23.0	2	66	14.1	2	33	1.2	2.1
2012	121.2	21.9	2	74	12.1	2	32	1.2	2.0
2013	141.3	22.7	2	68	12.1	2	10	−0.4	3.1
2014	161.5	23.7	2	63	11.2	1	13	1.1	2.3
2015	169.5	23.8	2	64	8.1	2	87	0.1	−0.3
2016	179.7	23.4	2	68	7.8	2	92	−0.1	−0.4
2017	199.4	24.0	2	67	9.8	1	7	1.5	2.0
2018	215.5	25.0	2	66	8.6	1	28	2.7	1.0
2019	286.7	29.0	1	44	7.9	2	28	0.8	1.1
2020	273.7	27.9	1	49	−7.7	2	95	−9.7	−8.8
2021	293.8	27.6	1	47	4.8	2	80	−1.5	−1.5
2022	305.4	27.6	1	49	4.2	2	67	−0.1	1.1
2023	275.5	26.7	1	—	1.7	2	—	−1.4	−2.4

数据来源：历年河南省统计年鉴、浚县政府网站。

从人均GDP来看，2008—2022年，浚县人均GDP不断增加，但与全市、全省人均GDP仍然存在一定差距。2022年浚县人均GDP为48778元，相当于鹤壁市人均GDP的69.3%，相当于河南省人均GDP的79.5%，在鹤壁市辖2个县中排第2位，在河南省102个县（市）中排第55位。从人均GDP增速来看，2022年浚县人均GDP增速为4.2%，较鹤壁市人均GDP增速低2.1个百分点，高于河南省人均GDP增速0.7个百分点，在鹤壁市辖2个县中排第2位，在河南省102个县（市）中排第76位（见表2）。

表2 2008—2022年浚县人均地区生产总值及增速

年份	人均GDP总量（元，%）					人均GDP增速（%）				
	浚县人均GDP	与鹤壁市相比	与河南省相比	在鹤壁市的排名	在河南省的排名	浚县人均GDP增速	在鹤壁市的排名	在河南省的排名	与鹤壁市人均GDP增速对比	与河南省人均GDP增速对比
2008	11439	49.5	60.6	2	71	11.4	2	80	−2.7	−0.4
2009	13386	52.8	66.0	2	64	18.5	1	4	6.8	8.3
2010	15008	52.6	62.6	2	71	7.7	1	89	−0.4	−4.8
2011	17703	55.7	63.2	2	72	10.3	1	86	2.6	−1.9
2012	18218	52.9	59.1	2	77	11.8	2	53	1.5	2.4
2013	21109	54.2	62.8	2	74	11.4	2	27	0.0	3.0
2014	24102	56.6	65.7	2	70	11.1	1	15	1.3	2.9
2015	25224	56.5	64.3	2	73	7.8	2	83	−0.3	0.1
2016	26631	55.6	62.9	2	79	7.4	2	88	0.0	−0.1
2017	29462	57.6	62.7	2	76	9.4	1	12	1.8	2.3
2018	31717	55.9	60.9	2	77	8.2	1	33	2.7	1.0
2019	42103	60.4	74.7	2	53	8.1	1	22	2.3	1.7
2020	43747	69.7	78.9	2	52	−8.2	2	95	−9.0	−9.1
2021	46947	69.1	79.0	2	51	4.8	2	84	−3.7	−1.6
2022	48778	69.3	79.5	2	55	4.2	2	76	−2.1	0.7

数据来源：历年河南省统计年鉴。

三、分产业经济运行分析

（一）产业格局与发展方向

近年来，浚县加快建设工业、农业、文旅"三个强县"。工业发展呈现多元化格局。在绿色食品产业方面，聚焦快餐休闲食品与饮料饮品产业集群打造。众多企业如河南米立方食品有限公司、河南链多多食品有限公司等扎根于此，利用当地丰富的农产品资源进行深加工，不断拓展产品线，提高产品附加值。智能家居产业着重培育智能系统门窗及装配式装饰装修新材料产业集群，企业加大研发投入，提升产品智能化水平与环保性能，部分智能门窗企业产品已广泛应用于周边城市建筑项目，市场份额逐步扩大。浚县产业集聚区已建成面积9平方千米，入驻企业126家，2024年规上工业企业93家。企业通过与高校加强科研合作不断推动技术创新，如河南特创生物科技有限公司在可降解制品材料生产上取得显著进展。

浚县农业发展基础深厚且成果丰硕。粮食种植以小麦、玉米为主导，种植面积稳定，常年粮食种植面积超180万亩，产量达100万吨以上，高标准农田面积为91.6万亩，建成30万亩高标准农田示范方，为粮食丰收奠定坚实基础。特色农产品如善堂花生、小河白菜、新镇韭菜等独具地域特色，声名远扬。畜禽养殖方面，成功培育黄淮肉羊新品种，规模养殖场达585个，畜牧业产值22.3亿元。农产品加工领域涵盖花生加工、油脂加工等多元类型，有市级以上农业产业化龙头企业74家。

文旅产业依托丰富的历史文化资源蓬勃发展。全县拥有名胜古迹300多处、非物质文化遗产81项。近年来旅游接待人数与收入持续攀升，2024年1—10月，接待游客415.3万人，收入3.48亿元。浚县古城景区入选第二批国家级夜间文化和旅游消费集聚区，西大街获评河南省旅游休闲街区等荣誉，充分彰显了文旅发展的活力与潜力。

（二）产业结构分析

从三次产业占比来看，浚县第一产业占比不断下降；第二产业占比稳定；第三产业占比不断提升。2022年第一产业占比12.20%；第二产业占比52.00%；第三产业占比35.80%（见表3和图1）。

表3　2008—2022年浚县三产结构变化情况

年份	第一产业占比（%）	第二产业占比（%）	第三产业占比（%）
2008	29.31	55.74	14.95
2009	26.43	52.33	21.24
2010	25.39	52.99	21.62
2011	23.78	55.24	20.98

续表

年份	第一产业占比（%）	第二产业占比（%）	第三产业占比（%）
2012	24.02	53.91	22.08
2013	21.38	56.89	21.73
2014	19.28	55.27	25.45
2015	17.90	54.28	27.82
2016	16.90	55.02	28.08
2017	13.84	57.94	28.22
2018	13.35	57.00	29.65
2019	10.23	57.27	32.50
2020	12.75	51.87	35.38
2021	10.66	54.19	35.14
2022	12.20	52.00	35.80

数据来源：历年河南省统计年鉴、浚县政府网。

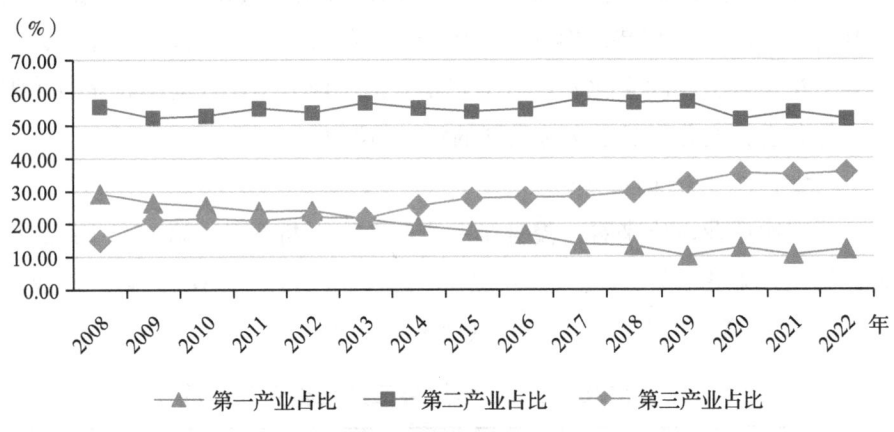

图1　2008—2022年浚县三产结构变化情况

（三）工业发展情况分析

从工业发展情况来看，浚县规上工业增加值增速变化幅度较大，总体呈现出2008—2013年保持较高增速，2018年以来增速逐渐下降。2022年浚县规上工业增加值增速为3.1%，在鹤壁市辖2个县中排第2位，在河南省102个县（市）中排第88位（见表4）。

表4 2008—2022年浚县工业发展情况

年份	浚县规上工业增加值增速（%）	浚县规上工业增加值增速在鹤壁市的排名	浚县规上工业增加值增速在河南省的排名
2008	22.7	1	65
2009	16.9	1	71
2010	16.0	1	94
2011	22.0	1	68
2012	19.0	1	47
2013	18.1	1	17
2014	13.3	1	43
2015	9.6	2	71
2016	10.6	2	22
2017	10.2	1	14
2018	13.0	1	4
2019	8.5	2	62
2020	5.5	2	29
2021	7.0	2	74
2022	3.1	2	88

数据来源：历年河南省统计年鉴。

（四）服务业发展情况分析

从服务业发展情况来看，2008年以来浚县服务业增加值不断增加。2022年浚县服务业增加值为109.2亿元，占鹤壁市服务业增加值的27.7%，在鹤壁市辖2个县中排第1位，在河南省102个县（市）中排第69位。从服务业增加值增速来看，2022年浚县服务业增加值增速为3.8%，在鹤壁市辖2个县中排第1位，在河南省102个县（市）中排第35位（见表5）。

表5 2008—2022年浚县服务业发展情况

年份	浚县服务业增加值（亿元）	占鹤壁市服务业增加值的比重（%）	在鹤壁市的排名	在河南省的排名	浚县服务业增加值增速（%）	浚县服务业增加值增速在鹤壁市的排名	浚县服务业增加值增速在河南省的排名
2008	11.2	18.1	1	98	5.0	1	101
2009	17.6	25.2	1	84	7.0	2	98
2010	20.8	26.6	1	80	13.0	1	31
2011	24.7	27.2	1	80	12.9	1	14
2012	26.8	26.0	1	82	5.4	2	101
2013	30.7	26.7	1	80	11.4	1	7
2014	41.1	25.8	1	82	9.6	1	51
2015	47.2	25.4	1	81	8.7	2	91
2016	50.4	24.4	1	85	7.3	2	101
2017	56.3	24.2	1	87	11.2	1	33
2018	63.9	24.6	1	86	8.3	1	69
2019	93.2	27.3	1	69	5.7	1	90
2020	96.8	27.7	1	66	1.1	1	76
2021	103.3	27.4	1	71	6.0	2	80
2022	109.2	27.7	1	69	3.8	1	35

数据来源：历年河南省统计年鉴、浚县政府网站。

（五）重点企业分析

（1）鹤壁李子园食品有限公司。该公司成立于2017年1月5日，坐落于河南省浚县，是浙江李子园食品股份有限公司全资子公司。总投资超3亿元，建成6条全自动生产线，年产能达10万多吨，主营乳制品、饮料等食品生产，产品畅销全国。作为浚县绿色食品产业集群的龙头企业，有力推动区域绿色食品产业链完善与产业层次提升，在产业链中占据关键地位并带动上下游协同发展。凭借总公司销售渠道与市场资源，与各地经销商、零售商广泛合作。企业注重科技创新，拥有 21 条专利信息，展现出较强的技术实力。其注册资本为 6000 万元，人员规模为 200～299 人，在规模与实力上均在当地食品行业处于领先地位，对浚县食品产业发展贡献显著。

（2）河南科饶恩门窗有限公司。该公司是河南贝迪塑业旗下分公司，综合性现代化家居系统节能企业，于 2014 年在浚县成立。型材年产能 12 万吨，节能门窗 100 万平方米，高性能玻璃 150 万平方米，产品畅销全国并出口 40 多个国家。主营业务围绕型材与系统门窗展开，型材品类丰富多样，系统门窗高端且多样，在塑钢门窗业地位显著，参与行业标准制定。与万科等房企合作，并出口海外。企业重视技术创新，与高校合建商学院培训员工，引进国外专家组成核心团队，手握 100 多项国家专利，在技术与市场方面均展现出强劲实力，有力推动浚县智能家居产业发展。

（3）河南至真集团有限公司。该公司组建于 2008 年，位于河南省浚县产业集聚区，注册资本 2.7 亿元，总资产 7.5 亿元，总占地面积 3200 亩，员工 3000 多人，其中高级技术人员 180 多人。以种鸭（鹅）养殖、肉鸭（鹅）孵化、商品鸭（鹅）饲养、畜禽屠宰、冷冻调理食品、休闲食品加工等为一体，创建了"集团＋农户"的合作模式，走出了一条农业产业化发展之路。先后荣获全国供销合作总社重点龙头企业、河南省农业产业化省重点龙头企业等多项荣誉，并通过了多项认证，其产品"大华至真"被评为中国最受消费者喜爱的肉类品牌，公司被评为全国肉鸭加工十强企业。

四、财政收支分析

从财政收支总体情况来看，浚县一般公共预算收入对全市财政收入的贡献较低，且低于一般公共预算支出在全市支出中所占的比重，财政收支总量、财政自给率都比较低。2022 年浚县一般公共预算收入 7.6 亿元，占鹤壁市一般公共预算收入的 9.9%，在鹤壁市辖 2 个县中排第 2 位，在河南省 102 个县（市）中排第 98 位。2022 年浚县一般公共预算支出达到 61.6 亿元，占鹤壁市一般公共预算支出的 30.5%，在鹤壁市辖 2 个县中排第 1 位，在河南省 102 个县（市）中排第 21 位（见表 6）。

表6 2008—2022年浚县财政收支情况

年份	浚县一般公共预算收入	占鹤壁市一般公共预算收入的比重	在鹤壁市的排名	在河南省的排名	浚县一般公共预算支出	占鹤壁市一般公共预算支出的比重	在鹤壁市的排名	在河南省的排名
2008	1.5	9.2	2	81	7.4	22.9	1	86
2009	1.7	9.3	2	80	10.1	21.8	1	81
2010	2.0	9.1	2	80	12.0	20.3	1	76
2011	2.7	9.7	2	78	18.0	24.2	1	54
2012	3.3	10.0	2	86	19.1	22.9	1	71
2013	4.3	10.8	2	80	22.6	26.0	1	60
2014	5.3	11.3	2	80	24.1	25.7	1	64
2015	6.0	11.4	2	79	26.0	22.6	1	69
2016	6.6	11.9	2	72	28.2	24.4	1	73
2017	7.1	12.0	2	72	27.8	22.7	1	82
2018	7.9	12.2	2	77	30.7	23.5	1	84
2019	8.2	11.8	2	81	36.6	25.4	1	76
2020	6.6	9.3	2	99	33.5	21.5	1	87
2021	7.1	9.6	2	98	55.4	32.6	1	26
2022	7.6	9.9	2	98	61.6	30.5	1	21

数据来源：历年河南省统计年鉴、浚县政府网站。

从人均财力看，浚县人均一般公共预算收入与全市、全省的差距巨大。2022年浚县人均一般公共预算收入为1222元，相当于鹤壁市人均一般公共预算收入的24.8%，相当于河南省人均一般公共预算收入的28.3%，在河南省102个县（市）中排第100位；人均一般公共预算支出9845元，相当于鹤壁市人均一般公共预算支出的76.5%，相当于河南省人均一般公共预算支出的91.3%。2022年浚县财政自给率为12.4%，在鹤壁市辖2个县中排第2位，在河南省102个县（市）中排第102位（见表7）。

表7 2008—2022年浚县人均财力及财政自给率

年份	人均财力（元，%）								财政自给率（%）		
	人均一般公共预算收入	与鹤壁市相比	与河南省相比	在河南省的排名	人均一般公共预算支出	与鹤壁市相比	与河南省相比	在河南省的排名	浚县财政自给率	在鹤壁市的排名	在河南省的排名
2008	222	20.0	20.7	73	1131	49.9	46.7	91	19.6	2	67
2009	272	21.7	22.9	70	1632	50.7	53.3	70	16.6	2	70
2010	302	21.4	20.6	80	1801	47.8	49.6	86	16.8	2	72
2011	408	23.0	22.4	80	2712	57.7	60.4	61	15.1	2	80
2012	489	23.8	22.8	81	2861	54.5	54.5	91	17.1	2	71
2013	641	25.9	25.4	82	3366	62.0	57.7	83	19.1	2	71
2014	794	27.0	28.0	78	3602	61.3	57.6	87	22.0	2	67
2015	892	27.2	28.7	83	3855	54.0	55.0	95	23.1	2	64
2016	982	28.4	30.4	73	4177	58.1	54.8	94	23.5	2	57
2017	1054	28.6	30.4	74	4101	54.3	49.1	101	25.7	2	49
2018	1157	29.2	30.3	81	4507	56.2	48.2	100	25.7	2	52
2019	1203	28.2	29.5	87	5380	60.7	52.4	99	22.4	2	60
2020	1061	23.5	25.3	98	5358	53.9	51.4	101	19.8	2	75
2021	1129	24.1	25.7	100	8848	81.8	83.9	16	12.8	2	101
2022	1222	24.8	28.3	100	9845	76.5	91.3	16	12.4	2	102

数据来源：历年河南省统计年鉴。

五、金融业发展分析

从金融机构存贷总体情况来看，浚县贷款余额在全省的排名明显下降，近年来金融机构存款余额在全市和全省排名位次优于贷款，存贷比较低，在全省的位次明显下降。2022年浚县金融机构存款年末余额308.9亿元，占鹤壁市金融机构存款年末余额的26.2%，在鹤壁市辖2个县中排第1位，在河南省102个县（市）中排第64位。2022年浚县金融机构贷款年末余额143.1亿元，占鹤壁市金融机构贷款年末余额的

16.7%，在鹤壁市辖2个县中排第2位，在河南省102个县（市）中排第76位。2022年浚县存贷比为46.3%，低于鹤壁市26.1个百分点，低于河南省35.3个百分点，在鹤壁市辖2个县中排第2位，在河南省102个县（市）中排第71位（见表8）。

表8　2008—2022年浚县金融机构年末存贷款余额情况

年份	存款（亿元，%） 金融机构存款年末余额	占鹤壁市的比重	在鹤壁市的排名	在河南省的排名	贷款（亿元，%） 金融机构贷款年末余额	占鹤壁市的比重	在鹤壁市的排名	在河南省的排名	存贷比（%） 浚县存贷比	鹤壁市存贷比	河南省存贷比	在鹤壁市的排名	在河南省的排名
2008	40.5	19.7	2	72	30.2	18.6	2	28	74.4	78.8	68.0	2	10
2009	48.8	18.5	2	74	41.8	18.6	2	29	85.7	85.6	70.1	2	7
2010	55.0	19.3	1	78	45.3	16.9	2	31	82.5	94.1	68.6	2	8
2011	60.5	19.8	1	85	48.4	17.1	2	35	80.0	92.7	65.7	2	5
2012	71.8	19.6	1	83	63.1	18.8	2	29	87.9	91.8	63.3	2	4
2013	85.4	20.1	1	82	79.9	20.5	2	25	93.6	91.4	62.4	2	4
2014	94.3	19.7	1	83	89.6	20.4	2	26	95.1	91.8	65.8	2	3
2015	111.7	20.8	1	79	95.9	19.8	2	29	85.9	90.3	66.0	2	3
2016	133.3	22.4	1	76	108.9	20.3	2	26	81.7	90.3	67.6	2	3
2017	144.9	22.5	1	80	116.3	19.6	2	31	80.2	92.3	70.7	2	3
2018	162.5	24.3	1	79	122.4	20.1	2	37	75.3	91.1	74.9	2	6
2019	187.2	24.6	1	73	131.8	20.3	2	46	70.4	85.3	80.1	2	14
2020	218.6	25.5	1	73	140.6	20.0	1	54	64.3	82.1	82.2	2	23
2021	265.6	26.0	1	65	153.9	19.0	2	60	58.0	79.5	84.4	2	39
2022	308.9	26.2	1	64	143.1	16.7	2	76	46.3	72.4	81.6	2	71

数据来源：历年河南省统计年鉴、浚县政府网站。

人均存款余额、人均贷款余额在全省的位次均有所下降。2022年浚县人均存款余额为49338元，相当于鹤壁市人均存款余额的65.7%，相当于河南省人均存款余额的52.6%，在鹤壁市辖2个县中排第2位，在河南省102个县（市）中排第77位。2022年浚县人均贷款余额为22849元，相当于鹤壁市人均贷款余额的42.0%，相当于河南省人均贷款余额的29.9%，在鹤壁市辖2个县中排第2位，在河南省102个县（市）中排第85位（见表9）。

表9　2008—2022年浚县人均存贷款情况

年份	人均存款（元，%）					人均贷款（元，%）				
	人均存款余额	在鹤壁市的排名	在河南省的排名	与鹤壁市相比	与河南省相比	人均贷款余额	在鹤壁市的排名	在河南省的排名	与鹤壁市相比	与河南省相比
2008	6164	2	69	42.8	38.1	4583	2	31	40.3	41.7
2009	7886	2	64	43.2	39.0	6756	2	27	43.2	47.7
2010	8266	2	86	45.5	33.6	6819	2	35	39.9	40.4
2011	9135	2	97	47.3	32.4	7304	2	40	40.7	39.5
2012	10742	2	99	46.6	32.0	9445	2	33	44.6	44.3
2013	12741	2	100	47.9	32.4	11924	2	34	49.0	48.6
2014	14071	2	101	47.1	32.8	13378	2	37	48.8	47.4
2015	16576	2	97	49.7	33.8	14231	2	39	47.3	43.9
2016	19730	2	96	53.4	35.7	16119	2	38	48.3	43.2
2017	21360	2	102	53.9	35.5	17134	2	42	46.8	40.3
2018	23878	2	101	58.1	36.9	17987	2	45	48.1	37.1
2019	27487	2	100	58.9	39.2	19344	2	51	48.5	34.4
2020	34937	2	92	63.9	45.4	22463	2	56	50.1	35.5
2021	42423	2	79	65.3	50.9	24591	2	61	47.6	35.0
2022	49338	2	77	65.7	52.6	22849	2	85	42.0	29.9

数据来源：历年河南省统计年鉴。

六、居民收入分析

从居民收入看，2022年浚县居民人均可支配收入为48878元，相当于鹤壁市居民人均可支配收入的82.1%，相当于河南省居民人均可支配收入的90.2%，在鹤壁市辖2个县中排第2位，在河南省102个县（市）中排第39位（见表10）。

表10 2017—2022年浚县居民人均可支配收入情况

年份	浚县居民人均可支配收入（元）	在鹤壁市的排名	在河南省的排名	与鹤壁市相比（%）	与河南省相比（%）
2017	17964	2	39	80.7	89.1
2018	19521	2	39	81.0	88.9
2019	21228	2	39	78.3	88.8
2020	22121	2	39	81.6	89.2
2021	23922	2	40	81.5	89.2
2022	48878	2	39	82.1	90.2

数据来源：历年河南省统计年鉴。

2022年浚县城镇居民人均可支配收入为30958元，相当于鹤壁市城镇居民人均可支配收入的82.0%，相当于河南省城镇居民人均可支配收入的80.4%，在鹤壁市辖2个县中排第2位，在河南省102个县（市）中排第84位。2022年浚县农村居民人均可支配收入为23331元，相当于鹤壁市农村居民人均可支配收入的101.5%，相当于河南省农村居民人均可支配收入的99.5%，在鹤壁市辖2个县中排第2位，在河南省102个县（市）中排第17位。2022年浚县城乡居民人均可支配收入比约为1.3∶1，城乡收入差距小，在河南省排第3位，处于全省领先水平（见表11）。

表 11 2008—2022 年浚县城乡居民人均可支配收入及城乡收入比

年份	城镇（元，%）					农村（元，%）					城乡收入比	
	城镇居民人均可支配收入	在鹤壁市的排名	在河南省的排名	与鹤壁市相比	与河南省相比	农村居民人均可支配收入	在鹤壁市的排名	在河南省的排名	与鹤壁市相比	与河南省相比	城乡居民收入比	在河南省的排名
2008	9649	2	85	77.2	72.9	5542	2	21	100.9	124.4	1.7	6
2009	10807	2	77	79.3	75.2	5930	2	23	99.8	123.4	1.8	8
2010	11888	2	80	78.9	74.6	6846	2	22	100.5	123.9	1.7	5
2011	13588	2	83	78.7	74.7	8318	2	22	100.6	126.0	1.6	5
2012	15250	2	87	79.1	74.6	9449	2	22	100.6	125.6	1.6	5
2013	16915	2	86	79.7	75.5	10839	2	22	102.2	127.9	1.6	1
2014	18445	2	86	79.8	77.9	11956	2	21	102.1	120.0	1.5	1
2015	19661	2	86	80.1	76.9	13266	2	20	102.1	122.2	1.5	3
2016	20967	2	88	80.1	77.0	14360	2	19	102.4	122.8	1.5	3
2017	22979	2	87	80.6	77.7	15709	2	19	102.5	123.5	1.5	3
2018	24933	2	87	81.2	78.2	17107	2	19	102.7	123.7	1.5	3
2019	27112	2	85	82.6	79.3	18781	1	17	102.8	123.9	1.4	3
2020	27546	2	85	82.4	79.3	19938	2	17	101.9	123.8	1.4	3
2021	29667	2	81	82.6	80.0	21653	2	18	101.5	123.5	1.4	3
2022	30958	2	84	82.0	80.4	23331	2	17	101.5	99.5	1.3	3

数据来源：历年河南省统计年鉴、浚县政府网站。

七、固定资产投资分析

从固定资产投资增速来看，2010—2022 年，浚县固定资产投资增速波动趋势基本与省、市一致。2022 年浚县固定资产投资增速为 15.5%，高于鹤壁市固定资产投资增速 1.7 个百分点，高于河南省固定资产投资增速 8.8 个百分点（见表 12）。

表12 2010—2022年浚县固定资产投资情况

年份	浚县固定资产投资增速（%）	鹤壁市固定资产投资增速（%）	河南省固定资产投资增速（%）
2010	47.7	10.8	22.2
2011	28.8	25.5	27.0
2012	28.6	22.4	21.4
2013	19.2	17.2	22.5
2014	23.2	20.8	19.2
2015	20.4	17.7	16.5
2016	16.9	16.8	13.7
2017	11.1	11.5	10.4
2018	12.2	7.7	8.1
2019	10.9	11.3	8.0
2020	6.4	6.3	4.3
2021	10.0	13.2	4.5
2022	15.5	13.8	6.7

数据来源：历年河南省统计年鉴。

八、社会消费分析

从社会消费情况来看，2022年浚县社消零总额为107.4亿元，在鹤壁市辖2个县中排第1位，在河南省102个县（市）中排第51位。2022年浚县人均社消零额为17157元，在鹤壁市辖2个县中排第1位，在河南省102个县（市）中排第59位（见表13）。

表13 2008—2022年浚县社会消费情况

年份	社消零总额（亿元）			人均社消零额（元）		
	社消零总额	在鹤壁市的排名	在河南省的排名	人均社消零额	在鹤壁市的排名	在河南省的排名
2008	15.8	1	92	2399	2	95
2009	20.9	1	86	3383	2	87
2010	23.1	1	89	3481	2	96
2011	26.9	1	89	4059	2	98

续表

年份	社消零总额（亿元）			人均社消零额（元）		
	社消零总额	在鹤壁市的排名	在河南省的排名	人均社消零额	在鹤壁市的排名	在河南省的排名
2012	31.5	1	88	4713	2	98
2013	35.9	1	88	5351	2	98
2014	40.4	1	88	6024	2	98
2015	45.4	1	87	6738	2	98
2016	50.9	1	87	7538	2	98
2017	57.1	1	87	8416	2	98
2018	61.9	1	85	9086	2	96
2019	98.5	1	54	14457	2	71
2020	94.4	1	52	15084	1	60
2021	104.8	1	52	16743	1	60
2022	107.4	1	51	17157	1	59

数据来源：历年河南省统计年鉴、浚县政府网站。

九、人口规模分析

从人口情况看，2022 年浚县常住人口为 62.6 万人，常住人口占鹤壁市的 39.8%，在鹤壁市辖 2 个县中排第 1 位，在河南省 102 个县（市）中排第 53 位。2020 年浚县户籍人口 75.3 万人，人口外流 12.7 万人，人口流失率为 16.9%。浚县城镇化率波动上升，2022 年为 38.2%，在河南省 102 个县（市）中排第 91 位（见表 14）。

表 14 2008—2022 年浚县人口情况

年份	户籍人口（万人）	户籍人口在河南省的排名	常住人口（万人）	常住人口在鹤壁市的排名	常住人口在河南省的排名	外流人口（万人）	人口流失率（%）	常住人口占鹤壁市的比重（%）	浚县城镇化率（%）	城镇化率在河南省的排名
2008	67.8	57	65.8	1	54	2.0	2.9	46.0	—	—
2009	63.9	65	61.9	1	60	2.1	3.2	43.0	—	—
2010	68.8	64	66.5	1	53	2.3	3.3	42.3	—	—
2011	69.1	65	66.2	1	53	2.9	4.2	41.9	—	—

续表

年份	户籍人口（万人）	户籍人口在河南省的排名	常住人口（万人）	常住人口在鹤壁市的排名	常住人口在河南省的排名	外流人口（万人）	人口流失率（%）	常住人口占鹤壁市的比重（%）	浚县城镇化率（%）	城镇化率在河南省的排名
2012	69.5	64	66.8	1	51	2.7	3.9	42.0	—	—
2013	69.9	64	67.0	1	49	2.9	4.1	41.9	29.0	89
2014	70.3	64	67.0	1	47	3.3	4.7	41.9	30.8	86
2015	70.7	64	67.4	1	47	3.4	4.7	41.9	32.8	84
2016	71.2	64	67.6	1	47	3.6	5.0	42.0	34.9	81
2017	71.6	64	67.8	1	46	3.8	5.3	41.9	36.9	77
2018	72.0	64	68.1	1	46	3.9	5.4	41.9	38.8	76
2019	72.3	65	68.1	1	45	4.2	5.8	41.8	40.4	76
2020	75.3	58	62.6	1	53	12.7	16.9	39.9	37.1	90
2021	—	—	62.6	1	53	—	—	39.8	37.7	91
2022	—	—	62.6	1	53	—	—	39.8	38.2	91

数据来源：历年河南省统计年鉴、浚县政府网站。

十、公共服务分析

从义务教育情况来看，2022年浚县共有中小学177所，在校学生数合计85747人，专任教师数5508人，平均每千名在校中小学生配备专任教师数为64人。从医疗卫生情况来看，平均每千名常住人口配备卫生机构床位数、卫生技术人员数逐年上升，医疗资源配备逐步优化，2022年每千人床位数为4.4张，每千人卫生技术人员数为4.3人（见表15）。

表15　2019—2022年浚县义务教育和医疗情况

年份		2019	2020	2021	2022
学校数（所）	合计	195	193	186	177
	小学学校数	171	169	167	159
	初中学校数	24	24	19	18

续表

年份		2019	2020	2021	2022
在校学生数（人）	合计	92577	91024	87603	85747
	小学在校生数	65355	64090	60952	56621
	初中在校生数	27222	26934	26651	29126
专任教师数（人）	合计	4949	5068	5394	5508
	小学	3263	3360	3598	3572
	初中	1686	1708	1796	1936
医疗卫生（张，人）	卫生机构床位数/千人	3.8	4.1	4.4	4.4
	卫生技术人员数/千人	2.8	4.2	4.4	4.3

数据来源：历年河南省统计年鉴。

十一、县域发展特色产业——食品加工业

浚县食品加工业发展源远流长，长期以来凭借当地丰富的农产品资源奠定了坚实基础。早期主要以传统的家庭作坊式加工为主，如简单的小麦磨粉、花生炒制等，规模较小且加工方式较为粗放。后来逐渐向规模化、工业化方向迈进。如今，浚县已成为全国食品工业强县，食品加工业在县域经济中占据举足轻重的地位。众多企业蓬勃发展，涵盖了从粮食加工、油脂生产到休闲食品制造等多个领域。在粮食加工方面，有企业将小麦加工成各类面粉、面条及速冻食品等；花生加工产业更是形成了从种植到炒货、压榨油、特色食品等完整链条，善堂镇成为华北最大的花生集散地。这些企业不仅在国内市场站稳脚跟，部分产品还远销海外，为浚县的经济增长和就业创造了良好条件。

浚县食品加工业特色显著。一是资源依托性强，充分利用本地大量的小麦、花生等农产品，保障了原材料的稳定供应且成本较低。二是产业链较为完整，从田间到餐桌各个环节紧密相连，促进了产业协同发展，提高了产品附加值。然而，也面临一些问题。一方面，企业规模参差不齐，多数中小企业技术水平相对落后，缺乏现代化的加工工艺和设备，产品质量和生产效率难以提升；另一方面，品牌建设力度不足，虽然有一些知名品

牌，但整体品牌影响力有限，在全国乃至国际市场上的知名度和美誉度有待进一步提高。此外，食品安全监管压力较大，部分小作坊式企业存在卫生条件不达标、质量把控不严等隐患。

针对企业规模和技术问题，政府应加大扶持力度，出台优惠政策鼓励企业进行技术改造和升级，如提供专项资金支持企业引进先进的加工设备和技术人才，推动中小企业向规模化、现代化方向发展。对于品牌建设，应整合资源，打造浚县食品统一的地域品牌形象，通过参加国内外食品展销会、举办美食文化节等活动，加强宣传推广，提升品牌知名度。同时，鼓励企业加大品牌研发投入，开发具有特色的高端产品。在食品安全监管方面，要强化监管体系建设，加强对食品加工企业的日常监督检查，提高食品生产标准和准入门槛，对违规企业加大处罚力度，确保食品安全。此外，还应加强产学研合作，促进食品加工业与科研院校的对接，推动科技创新成果在企业中的转化应用，为浚县食品加工业的持续健康发展注入新动力。

十二、综述

综上所述，浚县在经济、社会等多方面呈现出鲜明的特点与发展态势。经济运行上，GDP总量在全市排名稳定，但在全省的位次有较大提升，不过增速整体下降。人均GDP不断增加却仍低于全市、全省平均水平。产业格局逐步优化，工业形成多元化布局，绿色食品与智能家居产业发展突出，规上工业增加值增速有起伏；农业基础深厚，粮食与特色农产品产量可观，农产品加工业兴起；文旅产业依托丰富资源蓬勃发展，旅游接待人数与收入持续攀升。产业结构也在不断调整，第一产业占比下降，第二产业占比稳定，第三产业占比提升。

财政收支方面，一般公共预算收入对全市贡献较低，支出占比相对较高，财政自给率低，人均财力与全市、全省差距明显。金融业存贷比偏低，存款余额排名优于贷款余额。城乡收入差距较小，处于全省领先水平。固定资产投资增速波动与省、市一致，常住人口规模占鹤壁市的一定比例，城镇化率不断提升，但仍处于较低水平，公共服务中教育资源与医疗卫生资源逐步改善。

浚县特色食品加工业从传统作坊走向规模化、工业化，虽已取得显著成就，成为全国食品工业强县，但面临企业规模、技术、品牌建设及食品安全监管等问题。未来需政府大力扶持，在技术改进、品牌打造、安全监管及产学研合作等多方面精准发力，以推动各产业，尤其是食品加工业持续健康发展，实现经济社会全面提升，进一步缩小与发达地区的差距并发挥自身特色优势，在区域发展中扮演更为重要的角色。

后 记

县域经济是以县城为中心、乡镇为纽带、农村为腹地，城乡连接、功能完备的区域经济形态，作为国民经济的基本单元，是支撑经济社会发展的重要基石。河南省县域数量大、地域广、人口多，县域经济发展的规模和水平，直接关系到河南现代化强省的实现程度。因此，我们自2022年上半年起，依据河南统计年鉴、相关地市统计年鉴及统计公报等公开数据，开始有计划地分批、分期对河南省辖102个县域单元（县及县级市）的经济运行情况进行梳理分析，现已梳理完成首批共30个县（县级市），汇编成册，由企业管理出版社于2024年出版《河南省县域经济运行分析报告》（上下册）一书，与同年出版的《河南省市域经济运行分析报告》共同组成"市县域研究系列丛书"首批书目。

2024年，我们又完成了第二批共30个县域单元的经济运行情况分析，与首批30篇在地域分布上形成补充，即《河南省县域经济运行分析报告（二）》（上下册），再次交由企业管理出版社出版。至此，我们已经完成了共60篇县（市）域经济运行分析报告，对河南省18个地市所辖县域均有涉及。

本书结构上循例由总序、正文和后记等组成，总序和后记由耿明斋撰写，正文部分篇章前后顺序基本按照豫中、东、西、南、北大致区域划分排列，具体分工如下：赵岩负责撰写虞城、夏邑、宁陵、尉氏、正阳、平舆、林州、滑县、浚县诸篇；原嘉昊负责撰写中牟、荥阳、登封、长葛、禹州、郸城、鹿邑、汝州、原阳、新乡诸篇；李甜负责撰写通许、杞县、渑池、义马、郏县、新县、息县、新野、淅川诸篇；徐涛负责撰写柘城、兰考等。全书实际上是中原经济发展研究院团队集体智慧的结晶，先

— 298 —

后　记

是由我提出计划和指导思想，然后由运营总监屈桂林负责组织任务安排和推进落实，每篇初稿完成后由导师领衔深入讨论，最后由主撰者修改定稿。尤其是从数据选取到成文结构，都经过多轮讨论，反复推敲才最终形成固定程式与模板。在此过程中，王永苏、周立、李燕燕、王建国、王保海等诸位导师扮演了关键角色。赵岩负责书稿整理及校对，刘一玲编审和赵喜勤编辑为本书出版做了大量工作，在此一并表示感谢！

此外，还特别感谢河南省中原发展研究基金会对该项目研究和本书编撰出版所给予的资助。

耿明斋

2025 年 2 月 25 日